KB125043

한 권으로 끝내는

심리학

한 권으로 끝내는

심리학

초판 1쇄 인쇄일 2020년 2월 5일
초판 1쇄 발행일 2020년 2월 15일

지은이 리사 J. 코헨 **옮긴이** 이아린
펴낸이 김지영 **펴낸곳** 지브레인[Gbrain]
제작·관리 김동영 **마케팅** 조명구

출판등록 2001년 7월 3일 제2005-000022호
주소 04021 서울시 마포구 월드컵로 7길 88 2층
전화 (02)2648-7224 **팩스** (02)2654-7696

ISBN 978-89-5979-637-3 (03180)

- 책값은 뒤표지에 있습니다.
- 잘못된 책은 교환해 드립니다.

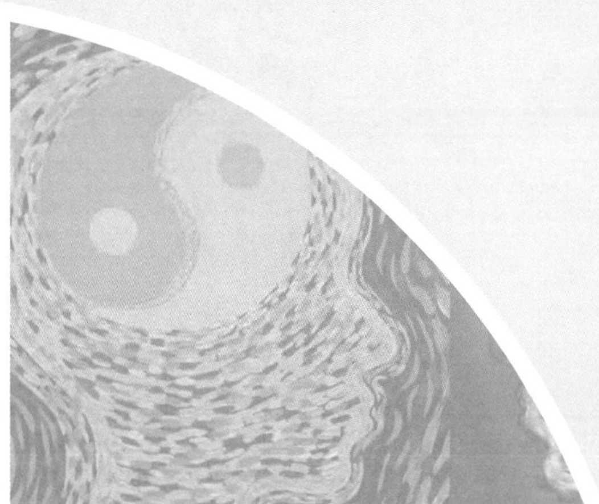

한 권으로 끝내는

심리학

리사 J. 코헨 지음 이아린 옮김

들어가는 말

나는 아주 어렸을 때부터 심리학의 매력에 빠져들었다. 언제부턴가 사람들이 무엇 때문에 특정한 행동을 보이고 그 행동의 배경에 어떤 사연이 담겨 있는지 궁금했다. 또한 행동이라는 겉포장을 뜯어버리고 그 속에서 작동하는 시스템이 무엇인지 보고 싶었다. 수십 년이 지난 지금도 나는 여전히 심리학에 매료되어 있다. 인간이 시도하고 행동하는 모든 것은 결국 심리에서 비롯된다. 사람들이 생각하고 느끼고 행동하는 방식이 각기 다른 이유가 무엇일까? 사랑하고 미워하고 먹고 일하고 춤추는 방식이 왜 사람마다 다른 것일까? 인간의 심리 가운데 몇 퍼센트가 유전의 영향을 받고 몇 퍼센트가 환경의 영향을 받는 것일까? 이런 식의 질문은 전 세계에 존재하는 수만 개의 연구실과 상담실에서 매일같이 제기되고 있는 것이다. 지금은 역사상 그 어느 때보다 이렇게 해묵은 질문의 해답을 얻기 쉬운 때라 할 수 있다. 물론 인간의 마음이라는 놀라운 신비를 완전히 이해할 순 없겠지만 우리는 이미 심리 작용에 관해 상당 부분을 파악했고 또 앞으로도 많은 사실들을 파악해나갈 수 있을 테니 말이다. 이런 발견은 수많은 사람들의 고통을 줄이고 삶의 질을 향상시키는 데 도움이 된다.

흥미로운 점은 심리학 분야의 대가들이 예전만큼 대중에 널리 알려져 있지 않다는 점이다. 50년 전만 해도 지나가는 사람에게 지그문트 프로이트Sigmund Freud, 스키너B. F. Skinner, 장 피아제Jean Piaget와 같은 심리학자들의 이름을 물으면 대부분 알고 있었다. 그 당시에는 심리학의 중요성과 일상생활과 심리학의 관련성에 대한 인식이 높았다. 지금은 심리학이 기여하는 바에 대한 대중의 인식이 그리 높지 않다. 그것은 대중심리학이 인기를 얻으면서 아이러니하게도 심리학이라는 과학 분야가 오히려 희생양으로 전락해버렸기 때문인지도 모른다. 토크쇼나 잡지를 보면 온갖 심리적인 주제로 가득 찬 것을 알 수 있다. 닥터 필Dr. Phil, 닥터 로라Dr. Laura, 닥터 조이스 브러더스Dr.

Joyce Brothers 같은 인물들은 누구나 다 아는 이름이다. 하지만 대중심리학의 오락적인 요소가 지나치게 부각되는 바람에 진지한 과학으로서의 진가마저 파묻혀버린 것은 아닐까?

심리학은 학문 분야에서도 인기가 많다. 대학교와 대학원에서 심리학은 매우 인기 있는 전공 학과다. 그러나 학교에서는 진지함이 지나친 나머지 심리학이 본래 가지고 있는 오락적인 가치가 빛을 발하지 못하고 있다. 따라서 심리학은 두 갈래로 나뉘어 있다고 볼 수 있다. 재미있지만 철저하지 않은 대중심리학과 진지하지만 전문가가 아닌 이상 쉽게 이해할 수 없는 학술적인 심리학으로 말이다.

이 책은 그 중간에 해당되는 것으로, 일반 대중이 이해하고 공감하기 쉬우면서도 정확하고 과학적인 근거를 제시하는 심리학을 설명하기 위해 쓰였다.

첫 번째 섹션은 심리학의 기본에 대한 개요를 설명하고 있다. 전통적으로 교과서에서 다루어지는 심리학의 역사, 선구자, 주요 이론의 변화, 심리의 과학, 뇌와 행동의 관계, 심리학의 발달 주기를 주로 다루고 있다.

후반부에서는 일상생활에서 제기되는 의문을 해결하는 데 심리학의 과학적인 방법들이 어떻게 적용되어왔는지 살펴볼 것이다. 이 부분을 읽으면 광범위한 인간의 활동에 심리학이 어떤 직접적인 관계를 맺고 있는지 알 수 있을 것이다. 심리학이 사랑, 결혼, 가족, 성생활에 대해 알려줄 수 있는 것은 무엇이고, 행복이나 돈과의 관계에 대해 알려주는 것은 무엇인지 설명하고 있다. 제7장은 집단 심리와 직장, 여론 조성, 선입견과 인종차별 문제에 관한 집단역학을 살펴본다. 제8장부터 제10장까지는 비정상적인 심리 상태를 다루고 있다. 제8장은 정신병리학, 정신 질환의 종류, 심리요법, 정신 질환 치료제 등 임상 심리를 다룬다. 제9장은 정신적 충격인 트라우마의 심리를, 제10장은 심리와 법이 교차하는 법의학을 살펴볼 것이다.

이 책은 복잡한 주제를 간단히 이해할 수 있도록 대략 1000개의 질문에 대한 답변을 짧으면 한 문단, 길어야 두 문단 정도의 길이로 구성해놓았다. 원만한 글의 흐름을 위해 질문들을 주의 깊게 선별하긴 했지만 이 책은 언제든 펼쳐 들고 편하게 훑어볼 수 있는 그런 종류의 책이다. 처음부터 끝까지 순서대로 읽어도 되고, 특별히 관심 있는 질문들만 골라서 볼 수도 있다.

독자들이 마음대로 읽어주길 바라지만 본래 과학이란 앞서 이루어진 연구를 토대로 발전에 발전을 거듭하는 특성을 가지고 있다. 때문에 이 책 후반부에 나오는 내용 가운데에는 전반부에서 소개된 주제나 인물들을 참고로 하는 경우도 있다. 이 책을 읽다가 생소한 개념이나 인물, 문제점을 보게 되면 인덱스에 적힌 대로 관련 주제를 다룬 부분을 찾아보면 될 것이다.

이 책을 저술하면서 나는 학술 저널용 과학 논문을 작성할 때와 마찬가지로 과학적인 기준을 적용했다. 또한 여러 참고 문헌을 통해, 그렇지 않으면 적어도 믿을 만한 참고 문헌을 통해 뒷받침된 결론만 포함시키고자 했다. 학술 저널에서는 어떤 내용을 인용하면 문장 중간이라도 바로 그 뒤에 출처를 게재한다. 과학적인 정확성을 위해 이런 방식이 필요하지만 책을 읽기에는 다소 불편함이 따라 우리는 이 책 뒷부분에 참고 도서 목록을 따로 실어놓았다. 특정 분야에 대해 좀 더 알고 싶은 독자라면 거기에서 관련 도서를 찾아볼 수 있을 것이다.

이 책은 일반인들을 위한 책이다. 조금이라도 심리에 흥미를 느끼는 사람이라면 누구든 이 책을 통해 심리학에 관한 많은 정보를 얻을 수 있을 것이다. 대학에서 심리학을 공부한 이래 줄곧 관심을 가져왔는가? 자기 자신이나 가족의 심리적인 문제가 얽힌 경험이 있는가? 정신 건강 분야에 종사하고 싶은 생각을 가지고 있는가? 아니면 그저 사람들이 어떤 행동을 보이는 이유가 궁금할 뿐인가? 그렇다면 《한 권으로 끝내는 심리학》을 읽어라.

이 책은 일반인들을 위한 것이지만 기존 교과서의 참고서로 활용될 수도 있다. 애착 이론Attachment Theory이나 행동주의Behaviorism를 찾아보고 싶다거나 뇌와 행동의 관계에 대한 기본적인 개념 혹은 주요 심리학 이론에 관한 개요를 훑어보고 싶다면 이 책이 도움이 될 것이다.

이유가 무엇이든 간에 이 책을 읽고 난 후에는 심리학이 얼마나 매력적인지, 그리고 일상생활에 심리학이 얼마나 중요한지 좀 더 이해할 수 있게 되길 바란다.

리사 J. 코헨 Ph. D.

옮긴이의 말

심리는 우리의 일부다. 심리학의 역사는 비교적 짧은 편이지만 심리는 인류와 그 역사를 함께해왔다. 그럼에도 심리는 어렵다. 사람의 행동과 마음을 읽는 것도, 심리와 철학이 무슨 관련이 있는 것인지, 전두엽이 어느 부분을 말하고 어떤 역할을 하는 것인지 복잡하기만 하다.

아니다. 심리는 쉽다. 여자들의 심리와 남자들의 심리를 신문 · 방송 · 책은 쏟아낸다. 하지만 과연 그럴까? 사춘기 아이들은 다 반항적이고 어른들은 다 잔소리가 많을까? 우리는 과연 심리에 관해 무엇을 알고 있을까?

어렵게만 느껴지는 심리학의 이론과 지나치게 단순화시키는 경향이 있는 대중심리학을 절묘하면서도 정확하고 상세하게 접목시켜 놓은 심리학의 모든 것! 인류의 조상에서부터 내가 태어나 죽기까지 평생에 걸쳐 반드시 알아야 할 심리의 기본이《누구나 심리학》, 이 한 권에 모두 들어 있다. 대중심리학을 읽기 전 먼저 알아야 할 심리학의 이론들! 가장 최근까지 소개된 심리학 이론부터 범죄 심리학까지 심리학의 모든 것들이 담겼다.

누군가가 사이코패스라고 의심이 되는가? 사이코패스는 어떤 특성을 가지고 있을까? 나이가 들면 정말 시간이 빨리 갈까? 자신을 납치한 사람과 사랑에 빠진 여자는 과연 정상인 걸까? 나이가 들면 아무 쓸모도 없는 것일까? 결혼을 하면 행복할까? 남자가 바람피우는 것은 단순히 바람기나 유전자 때문일까? 비싼 와인이 더 맛있긴 한 걸까? 심리치료가 효과가 있을까? 심리에 관해 궁금한 것이 무엇이든 이 책이 답을 제시해줄 것이다.

이아린

제3장

141 뇌와 행동

제4장

211 심리 발달

제5장

311 일상생활의 심리: 사랑, 결혼, 임신

제6장

373 일상생활의 심리: 동기와 행복 추구

제7장

415 집단역학과 공론

제 8 장

제 9 장

제 10 장

제 1 장

심리학 개요

심리학의 기초

심리학이란?

심리학은 마음과 행동을 체계적으로 연구하는 것이다. 심리학은 매우 광범위한 분야로 동기, 정보 처리, 정상적인 행동과 비정상적인 행동, 정신 건강과 정신 질환, 개인과 집단 그리고 살아가면서 사람들이 하는 기능 등이 포함된다.

일상생활과 심리학은 어떤 관련이 있을까?

심리학은 일상생활의 모든 면과 관련이 있다. 심리는 우리가 사랑하고 고통을 느끼고 열망하는 이유와 방법, 아이들을 키우는 방법, 사회에서의 성패와 그 이유와 밀접한 관련이 있다. 때로는 심리의 과학이 추상적으로 여겨질 때도 있지만 그 영향은 사람들이 생각하고 느끼고 행동하는 모든 면에 미친다.

심리학은 생물학, 사회학과 어떤 관련이 있을까?

사람의 마음은 독자적으로 작용하는 것이 아니다. 사람의 마음은 생물학적이고 사회학적인 정황에 따라 달라진다. 따라서 심리는 생물학, 특히 뇌의 생물학과 집단행동을 연구하는 사회학을 이어주는 접점 역할을 한다.

심리학자는 어떤 일을 할까?

심리학은 과학적인 연구 성과와 연구 결과의 적용이 모두 중요시되는 매우 다채로운 분야다. 심리학자들은 과학자, 임상의, 교사, 저자, 상담사, 평가사로 활동하는데, 실증적인 연구, 치료, 평가를 하며, 정부, 학교, 사법 체계 등과 같은 다양한 영역에서 정신 상태나 정신 장애를 평가한다. 또한 기업체, 학교, 군대, 경찰, 스포츠 팀, 심지어 록밴드까지 광범위한 문제에 관한 상담을 해주기도 한다. 인간의 행동을 연구하는 심리학은 사람이 관여하는 분야라면 모두 적용될 수 있다.

심리학자와 정신과 의사는 어떻게 다를까?

심리학자와 정신과 의사가 하는 일은 중복되는 부분이 많다. 둘 다 정신 질환을 진단하고 평가할 수 있으며 심리 치료를 제공할 수 있고 연구를 행할 수도 있다. 그러나 심리학자와 정신과 의사는 상당히 다른 교육을 받은 사람들로, 취득한 학위나 경험이 다르다. 일반적으로 심리학자가 마음과 행동에 관한 교육을 받은 사람이라면, 정신과 의사는 정신 질환 분야의 전문가라 할 수 있다. 심리학자들은 학계에서 가장 높은 학위로 심리학 박사[Ph. D. 또는 Psy. D.]가 있다.

심리학자들은 대개 약을 처방하지 못한다. 또 모든 심리학자들이 임상적인 일에 종사하는 것은 아니다. 이와 대조적으로 정신과 의사는 의학 분야의 교육을 받은 사람들이다. 정신과 의사들은 모두 의학과를 졸업하고 의사 면허를 취득한 이들로, 그들이 받는 교육은 거의 임상적인 것과 관련이 있으며 심각한 정신 질환의 진단과 약물 치료를 중점적으로 다룬다.

한국심리학회 분과에는 어떤 것들이 있을까?

*(한국심리학회 홈페이지 참조)

1946년에 설립된 한국심리학회는 분과라고 불리는 다음과 같은 관심 집단으로 나뉘어 있다.

건강 심리학회	산업 및 조직 심리학회	임상 심리학회
문화 및 사회문제 심리학회	상담 심리학회	중독 심리학회
발달 심리학회	소비자광고 심리학회	측정평가 심리학회
법 심리학회	여성 심리학회	코칭 심리학회
사회 및 성격 심리학회	인지 및 생물 심리학회	학교 심리학회

심리학 이전의 심리학

심리학이라는 분야는 언제 생겼을까?

17세기에 일어난 과학혁명의 힘을 빌려 심리 작용에 대한 과학적인 연구가 시작되었기 때문에 심리학은 비교적 새로운 분야라 할 수 있다. 맨 처음 심리학을 독립적인 과학으로 창시한 사람은 빌헬름 분트Wilhelm Wundt, 1832~1920다. 그는 1879년 라이프치히 대학교에서 심리학을 연구하기 위해 처음으로 과학적 실험실을 설치했다. 분트는 체계적인 자아 성찰을 통한 인간의 의식 연구에 관심을 가졌다. 따라서 분트의 협력자들은 물리적인 자극에 대한 자기 자신의 감각적인 경험을 보고하도록 훈련받았다.

심리학이 생기기 전에는 무엇이 있었을까?

현대 심리학은 과학혁명의 산물이다. 과학적인 방법의 기초를 형성하는 원인과 관찰을 체계적으로 적용하지 않았다면 현대 심리학은 탄생하지 못했을 것이다. 그렇다고 해서 현대 심리학이 선례가 없었던 것은 아니다. 서양 역사에는 오늘날 알려진 바와 같이 이른바 심리학의 조상이라고 할 수 있는 선구자들이 많았다. 지난 몇 세기 동안 존재했던 고대 그리스 철학, 중세 기독교, 포스트르네상스 철학자들이 모두 오늘날 우리가 알고 있는 심리학과 다르면서도, 대부분 현대 심리학의 근간이 된 심리에 관한 핵심적인 의문점을 제기했다.

고대 그리스인들은 심리에 대해 어떤 말을 했을까?

2500년 전, 고대 그리스 철학자들은 신들의 변덕이 아닌 자연 세상에 대해 놀라울 정도로 고차원적인 의문을 품었다. 따라서 세상에서 인류가 차지하는 위치에 대한 궁금증이 자연스럽게 뒤따랐다. 지식은 무엇이고, 우리는 어떻게 그것을 얻을까? 감정과 우리의 관계는 무엇일까? 이런 질문에 대한 답 가운데에는 현대적인 관점에서 말도 안 되는 것처럼 생각되는 것도 있지만 대부분은 놀라울 정도로 현재까지 통용되고 있다.

'심리학을 뜻하는 사이컬러지[Psychology]'라는 용어의 그리스 어원은 무엇일까?

'Psychology'라는 용어는 영혼을 의미하는 'psyche(프시케)'와 합리적이고 조리 있는 말을 뜻하는 'logos(로고스)'에서 비롯되었다. 그러나 마음에 대해 그리스인들이 가지고 있던 개념은 우리가 가지고 있는 개념과는 상당히 다르다는 점을 명심해야 한다. 일반적으로 그리스인들은 복잡한 주관적인 경험은 강조하지 않고 사실을 근거로 마음을 이해했다.

호메로스는 마음에 대한 개념을 가지고 있었을까?

호메로스의 전설적인 서사시 《일리아드*Iliad*》와 《오디세이*Odyssey*》는 기원전 8세기에 탄생했다. 비록 호메로스의 서사시가 시대를 초월한 열정과 드라마를 담고 있긴 해도 그가 인간 심리를 이해한 방식은 오늘날 우리가 가지고 있는 관점과는 전혀 다르다. 호메로스는 의식에 대한 진정한 개념을 가지고 있지 않았으므로 자기 자신의 감정이나 생각에 따라 행동하는 등장인물들도 없었다. 등장인물들이 동기를 갖게 되는 이유는 신들의 변덕에 의해서였다. 오디세우스가 행동하도록 조종한 것은 아테나였다. 정신적인 삶, 의식에 대한 추상적인 아이디어는 존재하지 않고 인식은 형체가 있는 신체적인 용어로 이해되었다. 나중에 의식이라는 의미를 띠게 되는 그리스어 누스noos(나중에는 nous로 바뀌었다)는 원래 비전이나 시야와 같은 구체적인 의미로 이해되었다. 이후에 영혼이나 마음을 지칭하게 된 프시케라는 용어는 호메로스 시대에는 삶을 물리적으로 나타내는 피나 숨이라는 의미만 가졌었다.

그리스인들은 언제부터 심리에 관심을 갖게 되었을까?

소크라테스 이전의 철학자들은 기원전 5세기 초, 6세기에 살았다. 알크마이온Alkmaion, 프로타고라스Protagoras, 데모크리토스Democritos 그리고 히포크라테스Hippocrates는 현대 사상에 놀라울 정도로 잘 들어맞는 개념을 창시한 사람들이다. 신에게서 눈을 돌려 자연 세계에 초점을 맞췄던 그들은 정신적인 활동의 원인이 누스nous에 있다고 생각했고 뇌 안에 있다고 생각한 사람들도 있었다. 이런 철학자들 가운데 몇몇은 세상에 대해 우리가 갖고 있는 지식이 감각적인 기관을 통해서만 학습된다고 믿었다. 우리가 보고, 듣고, 냄새 맡고, 만지는 것만 알 수 있기 때문에 모든 인간의 지식은 주관적일 수밖에 없으며 사람마다 다를 수밖에 없다. 인간의 지식에 대한 이런 상대론에 대한 믿음은 현대 심리학에도 그대로 적용된다.

모든 고대 그리스인들이 현대 과학의 불을 밝히는 데 일조했을까?

현대의 관점에서 볼 때 고대 그리스인의 아이디어가 모두 일리 있는 것은 아니다. 예를 들어 히포크라테스는 정신 질환의 원인이 담즙과 담, 혈액 사이의 불균형이라고 믿었고 알크마이온은 사람이 지각한 것이 공기를 통해 뇌에 전달된다고 믿었다. 그렇지만 심리 작용에 대해 생물학적 설명을 찾으려 했던 시도는 현대적인 관점과 놀라울 정도로 유사하다.

네 가지 체액이란?

히포크라테스B.C. 460~377는 거의 2000년 동안 의학 이론에 영향을 미친 네 가지 체액론을 주장한 사람이다. 히포크라테스의 생리학적 이론은 온 세상이 땅, 공기, 불, 물로 구성되어 있다고 믿었던 또 다른 소크라테스 이전의 철학자인 엠페도클레스Empedocles, B.C. 492~432의 아이디어를 근거로 삼았다. 엠페도클레스의 네 가지 요소에 상응하는 신체적인 요소는 각각 흑담즙, 황담즙, 혈액, 점액이었다. 히포크라테스는 즐거움, 슬픔과 같은 모든 심리 작용이 뇌에 의한 것이라고 하면서도 정신 건강과 신체 건강이 네 가지 체액의 조화로운 균형에 달렸다고 믿었다. 5세기 뒤에 로마 의사였던 갈레노스Galenos, 130~201는 히포크라테스의 아이디어를 확장해 인성의 유형학을 창시했다. 흑담즙에서 비롯되는 우울한 성격은 우울한 사람으로 만들고 황담즙에서 비롯되는 화를 잘 내는 성격은 분노하게 하며 혈액에서 비롯되는 즐거운 성격은 열정적이고, 용감하며, 호색적인 성향을 띠고, 점액에서 비롯되는 냉담한 성격은 차분하고 쉽게 동요되지 않는 성향을 띤다. 이런 성격의 유형은 각각의 성격과 관련된 체액이 과다해서 빚어진다고 믿었다. 비록 현대 과학은 이 이론을 인정하지 않지만 갈레노스가 사용한 용어들은 아직도 성격을 설명하는 데 이용되고 있다.

플라톤과 아리스토텔레스는 심리에 관해 어떤 사상을 가지고 있었을까?

가장 유명한 그리스 철학자인 플라톤Platon, B.C. 428~347과 아리스토텔레스Aristoteles, B.C. 384~322는 서양 사고에 지대한 영향을 끼쳤다. 두 사람 모두 심리에 관해 유명했던 것은 아니지만 마음에 대한 서양식 개념에 영향을 미친 것은 사실이다. 플라톤은 원인으로만 파악할 수 있는 추상적인 개념이나 형태에 진실이 놓여 있다고 믿었다. 따라서 감각을 통해 얻는 데이터는 일시적인 것이므로 환상에 불과하다. 개념과 범주를 파악하는 타고난 정신적인 능력에 대한 개념은 현대 인지심리학과 신경과학Neuroscience과 일치한다. '감각 데이터'를 무시한 부분은 제외하고 말이다. 자연 세계에 푹 빠져 있던 아리스토텔레스는 지식이 자연 관찰에 대한 체계적이고 논리적인 추론에서 비롯된다고 믿었다. 그는, 논리적인 추론 능력은 타고났지만 우리가 가진 지식의 내용은 감각을 통해서만 파악될 수 있다는 생각을 가졌다. 아리스토텔레스는 현대 과학의 기반을 예견한 사람이다.

플라톤의 사상이 프로이트보다 앞섰다고 할 수 있을까?

플라톤은 또한 감정과 감정 통제에 관한 사상도 가지고 있었는데 그것은 프로이트가 자아Ego와 원초아Id에 대한 이론을 주장하기 훨씬 전의 일이었다. 플라톤이 영혼을 식욕, 이성 그리고 기질(영혼의 영적인 부분이라고 알려지기도 했다)로 나눈 것은 프로이트가 마음을 원초아, 자아, 초자아Superego로 나누었던 것과 연관지어졌다. 플라톤은 또한 날개 달린 한 쌍의 말이 끄는 마차에 영혼을 비유하여 설명했던 것처럼 신체적인 열정을 통제하면 열망을 보다 고귀한 목적으로 바꿀 수 있다고 믿었다.

그의 비유에 따르면, 말 한 마리는 신의 말처럼 영원히 죽지 않고 영적인 아름다움의 묵상을 동경한다. 또 다른 말은 언젠가는 죽을 말로 동물적인 열정과 열망을 향해 땅으로 추락한다. 영혼이 진정한 행복을 얻기 위해서는 동물적인 욕구를 가진 말을 길들여야 한다. 속세적인 말은 원초아와, 마차는 자아와 연관 지을 수 있다. 좀 더 대충 연관 짓는다면 불멸의 말을 초자아와 연관 지을 수도 있을 것이다.

인생에는 목적이 있을까?

아르스토텔레스는 모든 것에 목적이 있다고 믿었다. 예를 들어 도토리는 떡갈나무가 되게 되어 있고 사람은 생각하고 추론하게 되어 있다.

아리스토텔레스는 이 땅의 모든 것이 텔로스Telos, 즉 목적을 가지고 태어났다고 믿었다. 도토리는 떡갈나무로 자라기 위해 태어났으며, 칼은 자르기 위해, 그리고 빵 굽는 사람은 빵을 굽기 위해 태어났다고 말이다. 이성을 가진 유일한 동물인 인류의 목적은 이성적으로 살아가는 것이다. 그것이 우리의 목적이다. 그 목적에 따라 산다면 우리는 고결하게 살아갈 것이고, 따라서 행복하게 살 수 있다.

텔로스에는 본질적인 텔로스와 비본질적인 텔로스, 두 종류가 있다. 본질적인 텔로스는 도토리에게 나무가 되는 고유의 프로그램이 있는 것과 같이 유기체의 목적도 본질적으로 타고난다는 것이다. 비본질적인 텔로스는 신성처럼 외부의 힘에 의해 부여된 목적을 일컫는다.

그러나 현대적인 관점은 인생에 목적이 있다고 보지 않는다. 자연선택에 관한 다윈설에 따르면 유전적인 변형은 우연히 발생하며, 주변에 적응하고 생물의 종의 생존을 도모할 때에만 변형된 유전자가 유지될 수 있다고 한다. 우리는 그 이유가 우리의 텔로스 때문이 아니라 우리가 그런 식으로 우연히 진화해왔기 때문이라고 믿는다. 논리적으로 생각할 수 있는 능력 때문에 인류가 생존해왔던 것이다.

목적론적인 관점은 다른 현대적인 관점과 더 잘 들어맞는다. 인본주의 심리학자였던 에이브러햄 매슬로Abraham Maslow, 1908~1970는 인격이 완전히 꽃을 피우고 완전한 정서적인 잠재력을 실현하는 자아실현Self-actualization 상태를 추구하게 되어 있다고 믿었다. 따라서 그것이 곧 우리의 텔로스다.

프로이트 또한 목적론의 영향을 받았을지도 모른다. 그가 아리스토텔레스를 연구한 프란츠 브렌타노Franz Brentano, 1838~1917와 함께 연구를 했으니 말이다.

로마의 국부였던 키케로는 마음에 어떤 기여를 했을까?

로마인들은 철학적인 연구보다 법률, 엔지니어링, 전쟁 분야에서 실용적인 성과를 거둔 것으로 더 잘 알려져 있지만 일부 사람들이 심리에 기여한 바는 살펴볼 필요가 있다. 유명한 로마의 연설가였던 키케로Cicero, B.C. 106~42는 열정에 관한 자세한 설명을 남겼다. 그는 열정을 불안감, 두려움, 기쁨 또는 즐거움, 그리고 라틴어로 리비도libido라고 불리는 욕망, 이렇게 네 가지 범주로 나누었다. 프로이트가 리비도라는 용어를 사용한 것은 키케로의 영향인지도 모른다.

로마 제국이 몰락한 후 그리스의 사상은 어떻게 되었을까?

그리스 철학자들의 사상은 로마 제국 시대 내내 퍼져나가 기원후 4세기에 로마 제국이 몰락할 때까지 영향력을 유지했다. 그 당시에는 기독교가 로마 제국의 공식 종교였는데 로마가 몰락한 이후 유일하게 살아남은 것은 기독교 교회밖에 없다. 이교도적인 철학 사상의 많은 부분이 교회의 가르침으로 통합되었지만(예를 들어 영혼은 죽지 않는다는 플라톤의 사상처럼) 기독교 신학에 맞지 않는 것은 모두 이단으로 간주되었다. 기독교가 지배하던 대부분의 유럽에서는 근대 시대가 도래할 때까지 이런 상태가 유지되었다. 따라서 심리에 대한 의문 역시 중세 기독교의 관점에 입각해 다뤄졌다.

중세 기독교에서는 심리에 대한 의문을 어떤 식으로 간주했을까?

일반적으로 중세 기독교에서는 현세에서의 행복보다 다음 세상에 더 초점을 맞췄다. 진정한 행복은 이 세상이 아니라 천국에서만 찾을 수 있으며 천국에 들어갈 수 있는 방법은 오로지 신앙심을 통해서만 찾을 수 있다고 말이다. 자유의지는 기원후 첫 1000년 동안 가장 영향력 있는 신학자인 성 아우구스티누스St. Augustinus, 354~430에 의해 강조되었다. 모든 사람들은 저마다 신을 따를지 말지 선택할 자유의지를 가지고 있다. 섹스와 육체적인 욕망은 아이를 낳기 위해 결혼을 통해 이루어지지 않는 한 사악한 것으로 간주되었다. 악마에 대한 믿음도 만연했는데 정신 질환은 주로 악마에 사로

잡힌 결과로 여겼다.

악령에 사로잡혔다는 믿음과 심리학은 어떤 관련이 있을까?

중세 시대와 과학 전前의 유럽에서는 악마에 대한 생각이 만연하여 모든 질병과 불행이 사탄이나 그보다 못한 악마와 악귀 때문에 발생한다고 믿었다. 특히 정신 질환은 악령에 사로잡혔기 때문인 것으로 인식되었다. 중세에는 예수가 악귀를 쫓았다고 믿었고, 신부들도 예수처럼 악귀 쫓는 일을 했다. 오늘날까지도 악령에 사로잡혔다고 믿는 사람들이 있다.

한때 유럽에서는 정신 질환을 악마와 마귀에 사로잡히는 것이라고 믿었다. 중세 시대에는 세상에서 벌어지는 대부분의 고통의 책임이 사탄에게 있다고 믿었다.

중세에 이슬람 세계에서는 어떤 일이 벌어지고 있었나?

이슬람 예언자 마호메트Mahomet, 570~632가 죽은 후 한 세기 동안 이슬람 군대가 전 로마 제국의 남부에 해당하는 지역을 에워싸며 지중해 남부와 동부 거의 대부분을 정복했다. 그리스·로마의 선진 문화 대부분이 1000년 동안 잊혔던 북유럽과는 대조적으로 고대 학자들의 고문이 중세 이슬람 시대에 보존되었고 아랍 세계에는 학습 센터가 몇 곳 설립되기도 했다. 또한 아랍 세계에서 이븐시나Ibn Sina로 알려진 아비센나Avicenna, 980~1037는 고대 철학을 이슬람 교리와 통합하는 데 전념했다.

비록 놀라울 정도로 힘겨운 유랑 생활을 하긴 했지만 《의학 정전*Canon of Medicine*》이라는, 의학 역사상 가장 영향력 있는 책을 저술했던 아비센나는 정신 질환에 대해서도 매우 잘 알고 있었다. 의사였던 그는 히포크라테스와 갈레노스의 네 가지 체액에 대한 믿음을 지지했으며, 심리적 장애를 일으키는 데 뇌가 하는 역할도 믿었다. 내면의 감각에 대한 그의 이론은 인지, 기억, 상상력 사이의 관계를 다룬 것이다. 그는 심지어 각기 다른 심리적 기능이 뇌의 어느 부분에 의해 통제되는지에 대해 추측하기도 했다.

심리에 대한 보다 현대적인 접근은 언제부터 시작되었을까?

15~16세기의 르네상스 이후 문화적·지적 가치에 대한 변화의 물결이 밀려와 세상 밖으로 향했던 관심이 다시 이 세상으로 향하게 되었다. 철학자들은 고대 그리스인들이 가졌던 궁금증을 다시 살펴보기 시작했고, 그런 궁금증들을 토대로 마음을 바라보는 새로운 방식을 만들어나갔다. 심리학이라는 학문 자체는 아직 존재하지 않았지만 철학은 후에 심리학이라고 불리게 되는 것의 초석을 다져나갔다. 주목할 만한 철학자들로는 르네 데카르트René Descartes, 1596~1650, 베네딕투스 데 스피노자Benedict de Baruch Spinoza, 1632~1677, 토머스 홉스Thomas Hobbes, 1588~1679, 존 로크John Locke, 1632~1704가 있다.

데카르트는 심리학의 역사에 어떤 기여를 했을까?

기본적으로 데카르트가 심리학에 기여한 바는 정신이라는 개념을 철학의 전면에 내세우고 구심점으로 삼았다는 것이다. 그의 유명한 명언 '코기토 에르고 숨Cogito ergo sum(나는 생각한다, 고로 나는 존재한다)'은 생각이라는 정신적인 기능을 존재에 대한 근거로 삼은 것이다. 자연 세계를 주의 깊게 관찰하며 동물을 해부하기도 했던 그는 자연주의자로서 정신과 신체적 작용 사이의 관계에 지대한 관심을 가졌다. 실제로 마음과 몸이 독립적인 실체라는 데카르트의 이원론Cartesian Dualism은 오늘날까지도 논쟁의 대상이 되고 있다.

데카르트는 뇌와 신경 체계의 작용을 이해했을까?

생리학과, 물을 기본으로 하는 수압 역학에 대한 지식의 영향을 받은 데카르트는 정신적 · 물리적 과정을 복잡한 역학으로 해석했다. 이는 프로이트의 수압설에 영향을 주기도 했다. 데카르트는 외부 세상에 대한 인상이 우리의 감각 기관(눈, 코, 귀)에서 형성되어 동물 정기(정화된 혈액으로 채워진 생명을 주는 유동체)가 뇌로 유입된다고 했다. 그러면 뇌는 신경을 통해 유동체를 우리 몸으로 내려보내 근육이 확대되고 움직이게 된다. 이런 식으로 소화, 호흡과 같은 중요한 기능과 감각, 식욕, 열정과 같은 심리 작용이 발생한다. 그는 또한 뇌의 맨 아랫부분에 놓인 송과체가 영혼과 육체적인 몸이 교류하는 곳이라고도 했다.

스피노자는 심리학의 역사에 어떤 기여를 했을까?

베네딕투스 데 스피노자는 17세기 네덜란드에서 살았던 세파르디, 즉 스페인 태생의 유대인이었다. 최초의 근대 철학자 중 하나로 꼽는 그는 그 당시 그의 글에 이단적인 내용이 포함되었다는 이유로 1656년에 유대인 공동체에서 파문을 당했다. 스피노자는 우리의 기본적인 심리적 추구가 우리 자신의 행복과 생존을 도모하고 보호하는 것이라고 믿었는데, 그런 생각은 진화심리학의 근간이 되었다. 그는 또한 세 가지 기본적인 감정이 즐거움, 고통 그리고 욕망이며 이 모든 것이 우리의 행복을 알려주는 신호라고 믿었다. 이는 프로이트의 쾌락 원리의 초석이 되었다. 스피노자는 상황에 대한 인지적 판단에 따라 감정 반응이 달라진다고 가르치기도 했다. 다시 말해 우리가 상황을 어떻게 생각하느냐에 따라 우리가 느끼는 감정이 달라진다는 것이다. 따라서 생각을 바꾸면 감정을 바꿀 수 있다. 이것은 에런 벡Aaron Beck과 앨버트 엘리스Albert Ellis가 20세기 중반에 개척했던 인지 치료를 뒷받침하는 기본 원리다.

여러 사상들의 관계에 대해 토머스 홉스는 어떤 관점을 가졌을까?

토머스 홉스1588~1679는 정치철학과, '자연 상태'의 삶이 "외롭고 가난하며 더럽고 잔인하고 짧은 것"이라는 관점으로 유명하다. 하지만 그는 인지와 기억에 대한 사상도 가지고 있었다. 홉스는 우리의 모든 지식이 감각 인상에서 비롯된다고 믿었다. 기억은 초기 감각 인상이 남은 것으로 바람이 멎은 후에도 계속되는 파도와 같은 것이다. 그는 감각 인상이 처음 발생한 시간이 비슷한 경우, 기억 속에서 생각이 연결된다는 점에 주목했다. 이런 연상 기억 장치는 20세기에 일어난 심리학 운동이었던 행동주의의 기반이 되었다.

존 로크는 초기 사상을 어떻게 발전시켰을까?

정치 사상가로도 잘 알려져 있는 존 로크1632~1704는 생각을 초기 감각 인상인 감각과 초기 감각 인상에 대한 마음의 행동인 반성, 두 부류로 나누었다. 다시 말해 지각Perception과 인지Cognition를 구별했다는 것이다. 뿐만 아니라 정의, 사랑, 순백과 같은 추상적인 개념처럼 복잡한 생각은 단순한 생각들이 결합하여 발생하는 것으로 여겼다. 인지가 단순한 생각에서 복잡한 생각으로 발전한다는 개념은 피아제Piaget를 비롯한 20세기 인지심리학자들에게 영향을 미쳤다.

민속심리학이란 무엇이고, 일상생활 중에 갖게 되는 문제들을 어떤 식으로 다룰까?

철학자들만 심리적인 궁금증을 해결하려고 노력한 것은 아니다. 심리적인 문제가 일상생활과 밀접한 연관이 있는 만큼 많은 사람들이 심리의 원리를 생각해냈을 것이라고 예상할 수 있다. 대개 경구나 속담을 통해 표현되는 민속심리학Folk psychology이 이런 생각 가운데 일부를 담아 여러 세대를 거쳐 구전되었다. 다음은 수년에 걸쳐 전해진 민속심리학의 지혜를 담은 속담 가운데 일부를 나열한 것이다.

- 잠자는 개는 건드리지 마라.
- 돌다리도 두드리고 건너라.
- 티끌 모아 태산.
- 빈 수레가 요란하다.
- 괴로움 뒤에는 기쁨이 있다.
- 화를 풀지 않은 채 잠들지 마라.
- 사람마다 취향이 다르다.
- 떨어져 있으면 더 애틋해지는 법.
- 매를 아끼면 아이를 망친다.
- 나이를 먹으면 변화가 불가능하다.
- 유비무환.
- 소탐대실.
- 입이 가벼우면 화를 당한다.
- 셋이면 사이가 갈라지게 된다.
- 마지막에 웃는 자가 최후의 승자다.
- 신은 스스로 돕는 자를 돕는다.
- 시장이 반찬이다.
- 오만하면 파멸이 온다.
- 어리석은 이는 돈을 오래 지니고 있지 못하는 법이다.
- 호랑이 없는 곳에서는 토끼가 왕이다.
- 콩 심은 데 콩 나고 팥 심은 데 팥 난다.
- 바란다고 해서 다 이루어지는 것은 아니다.
- 모험을 하지 않으면 아무것도 얻을 수가 없다.
- 누군가를 사랑한다면 구속하지 마라.
- 눈에 보이지 않으면 마음도 멀어진다.

다른 문화의 심리학

다른 문화에서는 심리적인 문제를 어떻게 다루었을까?

심리학은 삶에 대한 인간의 기본적인 궁금증을 다룬다. 우리는 왜 이런 식으로 행동하는가? 우리는 왜 이런 식으로 느끼는가? 우리는 왜 고통을 받는가? 우리는 왜 사랑을 하는가? 우리는 왜 이런 것을 원하는가? 과학적인 방법이라는 렌즈를 통해 이런 기본적인 궁금증들을 살펴본 것은 현대 심리학이 유일하다. 그렇지만 역사상 여러 문화 속에서 사람들은 이런 궁금증들을 해결하기 위해 노력했고, 그들만의 해답을 찾아냈다.

샤머니즘은 심리와 어떤 관계가 있을까?

샤먼은 공동체와 영혼의 세상을 이어주는, 전통적이고 전근대적인 사회에 존재했던 사람이다. 영적인 영역으로 떠나기 위해 그들은 춤이나 음악, 향정신성 식물을 이용해 무아지경에 이른다. 샤머니즘은 몽골 스텝 지대에서부터 아메리카 토착민에 이르기까지 널리 퍼져 있다.

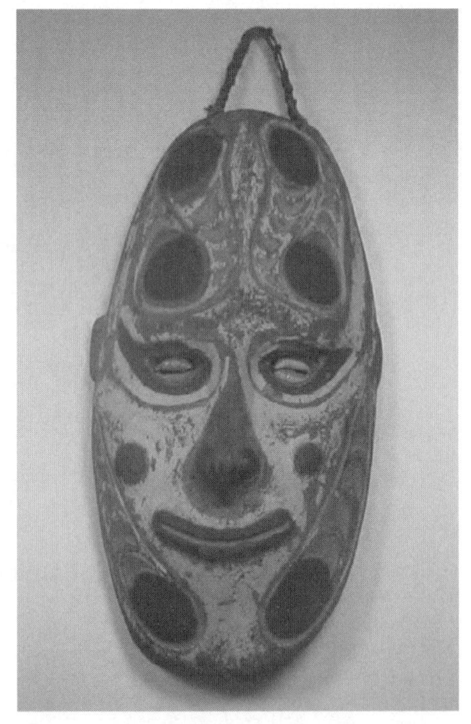

샤먼들이 사용했던 것과 유사한 파푸아뉴기니의 마스크. 샤머니즘은 세상이 영혼으로 채워져 있다고 믿는 여러 문화에서 쉽게 찾아볼 수 있다.

샤머니즘적인 관행은 문화에 따라 다르지만 샤머니즘적인 사회는 세상이 영혼으로 가득 채워져 있으며, 이런 영혼들과 적절한 의식 절차를 통해 교감을 나누면 정신적 · 신체적 질병을 고칠 수 있고 좋은 날씨를 가져다주며 사회의 조화를 유지하게 해준다고 믿는 공통점을 가지고 있다. 그리고 황홀한 무아지경을 개인적 변화를 이루는 상태라고 강조한다. 뿐만 아니라 개인의 내면 정신 상태가 조상이나 동물, 자연 경관과 같은 외부의 힘에 의해 생기거나 적어도 영향을 받는다고 여긴다.

동양의 종교가 가진 심리적인 개념에는 어떤 것이 있을까?

동양의 종교라 함은 일반적으로 아시아권 문화를 지칭하는 말이다. 아시아에는 여러 개의 종교적인 전통이 있는데 대부분 수천 년 전에 생겨났다. 동양 종교로 가장 많이, 그리고 가장 널리 알려진 것으로는 불교와 힌두교가 있다.

불교의 교리 가운데 심리와 관련 있는 것은 무엇일까?

불교의 기본 교리 중 하나가 자신이 독립적이고 개별적이며 완전한 것이라는 착각에서 고통이 생겨난다는 것이다. 서양인들이 자아라고 부르는 것이나, 자아를 자족적이고 분리된 주체로 여기는 생각에 감정적으로 매여 있는 사람들은 모두 고통받게 되어 있다. 행복이나 즐거움은 우리 모두가 속한 끝없는 현실을 위해 영원히 살 수 없는 제한된 자신에 대한 애착을 버려야만 찾을 수 있다. 명상을 비롯한 숙고의 연습이 우리 모두의 내면에 놓인 영적인 지식을 활용할 수 있는 가장 좋은 방법이다.

힌두교의 어떤 면이 심리와 관련이 있을까?

힌두교는 6000년 전에 생긴 고대 종교이다. 힌두교에도 많은 변화가 일긴 했지만 일관되게 지켜지는 것도 있다. 본래 힌두교에서 파생된 불교와 마찬가지로 힌두교에서도 우리 모두가 속하는 다차원적이고 전체를 아우르는 영적인 통일이 강조된다. 힌두교의 많은 신들은 이런 우주의 신이 발현한 것에 불과하다. 고통은 무지에서 비롯되고 계몽은 모든 현실의 조화와, 개별적으로 떨어져 있다는 착각의 본질에 대한 이해에서 비롯된다. 힌두교에서도 숙고하는 연습이 중요하다.

동양 종교의 교리는 현대 서양 심리학과 어떤 관계가 있을까?

자아와 자기 초월에 대한 동양의 사상은 많은 서양 심리학자들에게도 받아들여졌다. 이런 사상은 자신에게 과도하게 애착하는 나르시시즘이라는 서양 심리학 이론과 일치한다. 숙고하는 연습 또한 마음 챙김 연습과 변증법적 행동 치료DTB, Dialectical Behavior Therapy와 같이 현대 심리 치료에 포함되어 있다.

세 가지 주요 일신교는 심리에 대한 의문점을 어떻게 다루었을까?

기독교, 유대교, 이슬람교 등 주요 일신교 사이에는 큰 차이가 존재하지만 모두 진리와 도덕, 행복의 근원인 유일신을 믿는다는 공통점을 가지고 있다. 따라서 이 세 종교에서 인간의 심리는 모두 하나님과의 관계에 의해 정의되고 형성된다. 행복은 하나님에게 자신을 맡기거나 복종하고 하나님의 말씀에 따라 살면서 하나님과 가까워지면 찾을 수 있는 것이다. 또한 고통은 하나님으로부터 멀어질 때 생긴다.

기독교는 죄에 대한 발달된 개념을 가지고 있는데, 죄는 곧 하나님의 길에 들어서지 못하는 것을 의미한다. 기독교는 또한 악마에 대해서도 이야기하는데 파괴적이고 사회적으로 인정받지 못하는 행동이 악마에게서 비롯된다고 믿는다. 진리는 성전이나 기도를 통해 하나님에 의해서 드러나는 것이다. 하나님의 진리에 대해 각기 다른 해석이 있긴 하지만 하나님의 진리는 절대적인 것으로 그 외에는 어떤 진리도 없다.

역사와 선구자

심리학이 태어날 당시 과학적인 분위기는 어땠을까?

심리학이 독립적인 분야로 발전할 때는 과학혁명이 시작된 지 200년이 지나 있었다. 그동안 그전 철학자들은 꿈꾸지도 못했을 신경 체계, 뇌, 몸 안의 화학 작용과 전기 작용에 관한 많은 사실들이 알려졌다. 과학적인 방법은 지속적으로 진화했으며 기술의 발전으로 정교한 측정이 가능해지기도 했다. 따라서 1880년대 말 심리학이 등장했을 때 심리학 지지자들은 이 새로운 분야가 다른 분야의 과학만큼이나 가치 있다는 것을 입증하는 데 열중했다.

빌헬름 분트를 심리학의 아버지로 여기는 이유는 무엇일까?

빌헬름 분트Wilhelm Wundt, 1832~1920가 과학적인 방법으로 심리적인 궁금증을 해결하고자 한 최초의 인물은 아니다. 그러나 오로지 심리 연구만을 위해 최초로 과학적인 연구소를 설립한 사람이 분트였다. 그는 1879년 라이프치히 대학교에 연구소를 설립했다. 그전에 헤르만 헬름홀츠Hermann Helmholtz, 1821~1894와 구스타프 페히너Gustav Fechner, 1801~1887가 감각의 이해에 중대한 기여를 했지만 그들 중 스스로를 심리학자라고 여기는 사람은 없었다. 그에 비해 분트는 심리학을 과학의 한 분야로 정립시키는 데 특히 집중했다.

감각의 본질에 관심이 있었던 그는 객관적인 측정법과 고도로 훈련된 내성법을 합쳤다. 연구원들은 자기 자신의 지각과 감각적인 경험을 주의 깊게 살펴보는 법을 배웠다. 분트는 감각의 역학을 수학적인 정밀함으로 측정하는 데 초점을 맞췄다. 그는 또한 수백 명의 학생들을 가르치며 심리학이 생긴 이후 처음 몇십 년 동안 주요 인물들을 훈련시키는 역할을 하기도 했다. 마음의 요소를 파악하는 데 초점을 맞춘 그의 이론을 가리켜 구조주의Structuralism라고 한다.

골상학이란?

심리학에 관한 초기 연구가 모두 과학을 근거로 한 것은 아니다. 골상학Phrenology은 프란츠 요제프 갈Franz Joseph Gall, 1758~1828이 19세기 초에 창시한 것이다. 갈은 특정한 심리적 특성을 뇌의 특정 부분과 연결 지을 수 있다고 믿었다. 이런 개인적인 특성 가운데 하나가 뚜렷하게 나타나면 그 특성을 담당하는 뇌의 일부가 다른 부분보다 커지면서 두개골을 밖으로 밀어낸다고 생각했다. 그러면 이렇게 커진 뇌의 일부분이 두개골에 부딪히게 된다. 따라서 두개골의 형태를 주의 깊게 검사하면 그 사람의 심리적인 윤곽을 알 수 있다는 것이다.

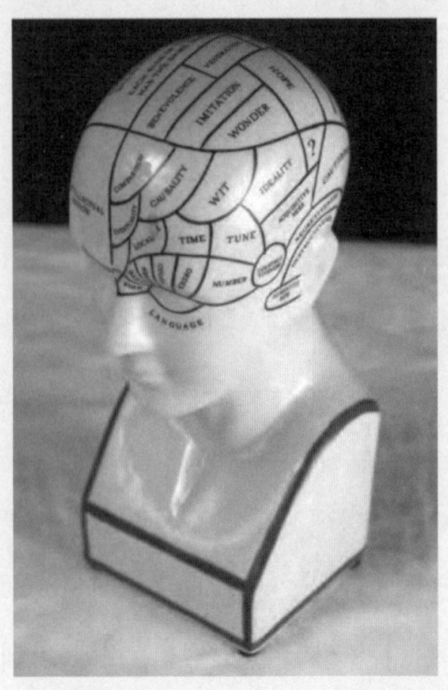

골상학 흉상은 19세기에 대단히 유행했다.(iStock)

갈은 수백 명의 두개골을 측정한 경험적인 기법을 바탕으로 이 같은 결론을 내렸지만 편파적인 방법을 사용해 자신의 이론에 맞는 연구 결과만 선별했다. 골상학이 창시된 후 한 세기 동안 꽤 많은 인기를 얻으면서 골상학 흉상이 유행하다가 현대 과학의 발전으로 골상학의 오류가 입증되면서 20세기 들어 인기를 잃었다. 우생학Eugenics과 마찬가지로 골상학은 인종차별적이고 사회적인 편견을 가진 이론을 정당화하는 데 이용되기도 했으며, 아리아인의 우월성을 입증하기 위해 나치가 이용하기도 했다. 그러나 기능의 국재화Localization of function라는, 각기 다른 심리적 기능에 대응하는 뇌의 영역을 연구하도록 신경과학자들에게 도전 의식을 불어넣은 점은 긍정적으로 평가된다.

윌리엄 제임스가 미국 심리학의 아버지로 불리는 이유가 무엇일까?

윌리엄 제임스William James, 1842~1910는 미국 최초의 심리학 교수이다. 1872년 하버드 대학교에 생리학 교수로 채용된 그는 1889년 심리학 교수라는 새로운 직함을 받았다. 분트와 같이 그 역시 심리학이라는 새로운 분야를 세상을 알렸다. 또한 분트처럼 많은 학생들을 가르쳤는데 학생들을 통해 그의 생각이 세상으로 전파되었다. 결국에는 심리학을 넘어 다른 분야에까지 관심을 보이게 되었지만 그가 저술한《심리학 원리 *Principles of Psychology*》는 오랫동안 심리학의 발전에 크나큰 영향을 끼쳤다.

심리학에 대한 제임스의 접근 방식은 분트와 어떻게 다른가?

제임스는 분트의 연구소가 실시했던 원자론적인 심리학 연구 방식에 어려움을 겪었다. 그와 유사한 방법을 이용해 자기 연구소를 운영하긴 했지만 제임스는 분트를 비롯한 여러 사람들이 연구했던 정신생리학이 가장 작고 결국은 가장 흥미롭지 않은 심리 현상에만 초점을 맞춘다고 생각했다. 그는, 경험의 본질이 지속적인데 의식의 순간들을 개별적이고 분리된 단위로 다루는 것은 맞지 않다고 믿었다. 그는 의식의 흐름을 믿었던 것이다. 또한 자아의 의미와 연속성과 같은 전체론적인 관계에 관심을 보였다. 내가 나라는 것을 어떻게 알 수 있을까? 시간이 흘러도 연속적인 자기의식을 갖게 되는 이유가 무엇일까?

이 같은 전체론적인 접근 방식과 원자론적인 접근 방식의 마찰은 심리학의 역사는 물론 일반 자연과학 분야에도 계속 일고 있다. 뭔가를 연구할 때 그것을 가장 작은 단위로 나누어야 할까, 아니면 유기적 통일체로 이해해야 할까? 그러나 분트와 마찬가지로 제임스 역시 의식을 연구하는 방법으로 내성을 이용했는데, 이후 행동주의 심리학자들은 이를 맹렬히 반대했다.

제임스의 기능주의는 분트의 구조주의와 어떻게 다를까?

제임스는 특히 마음이 행동에 어떤 영향을 끼치는지, 세상에서 제 역할을 다하는 데 어떤 도움을 주는지에 많은 관심을 가졌다. 그는 마음의 요소가 무엇인지 파악하는 데는 별 관심이 없었는데 이는 분트의 구조주의와 더 가깝다. 실제로 제임스는 실용주의라고 불리는 철학파를 위해 심리학을 저버린다. 실용주의는 믿음이 가지는 가치가 정확성보다는 주어진 환경 속에서 그 역할을 다하도록 사람들을 도와주는 효과에 더 있다고 주장했다.

프랜시스 골턴은 누구일까?

어린 시절 신동이자 찰스 다윈의 사촌이었던 프랜시스 골턴이 심리 연구 방법에 기여한 바는 아직까지도 영향력을 지니고 있다. 하지만 그의 우생학은 그만큼 인정받지 못하고 있다.

프랜시스 골턴Francis Galton, 1822~1911은 한 번도 제대로 된 심리학 교육을 받은 적이 없었지만 매우 혁신적이고 창의적이었던 만큼 심리학 연구 방법에 오랫동안 지대한 영향을 끼쳤다. 아프리카 탐험, 기상학에 관한 새로운 발견 등 다양한 시도 끝에 중년이었던 그는 지능의 유전에 대한 궁금증을 갖게 되었다. 지능 역시 키나 머리카락 색깔처럼 가족에게 유전될까? 그의 친인척들 중에 뛰어난 지능을 가진 사람들이 많았기 때문에 이런 분야의 연구를 선택하게 된 것인지도 모른다. 신동이었던 그는 유명한 의사이자 식물학자인 이래즈머스 다윈Erasmus Darwin의 손자이자 찰스 다윈Charles Darwin의 사촌이었다.

프랜시스 골턴이 기여한 것은 무엇인가?

지능의 유전 가능성을 입증하기 위해 그가 연구했던 방법은 오늘날까지도 널리 이용되고 있을 정도로 대단히 혁신적이었다. 그중에는 상관관계Correlation에 대한 통계 기법(두 가지 특성이 함께 증가하거나 감소하는 비율이 어느 정도 되는지 가늠해보는 수학 테스트), 일란성 쌍둥이와 이란성 쌍둥이에 대한 비교, 자기 보고 설문지Self-report questionnaire와 언어 연상 테스트의 사용, '유전과 환경', '평균으로의 회귀'라는 개념이 있다. 평균으로의 회귀는 여러 차례 측정을 반복할수록 극단적인 값이 중앙치Median로 모이는 특성이 있다는 골턴의 관찰에서 비롯되었다. 예를 들어 키가 큰 부모의 경우 자녀들의 키는 그만큼 크지 않은 경우가 많다는 것이다. 그는 우생학 분야에도 기여했는데 이에 대해서는 잘 알려져 있지 않다.

사회적 편견은 심리 측정에 어떤 영향을 끼칠 수 있을까?

심리학과 일반 사회과학의 초기 역사는 사회적 편견을 나타내는 여러 사례들로 얼룩져 있다. 19세기 초 프란츠 요제프 갈은 뇌의 각 부분마다 담당하는 인격 특성이 각기 다르다는 골상학 연구를 시작했다. 갈은 자신이 주장하는 이론을 뒷받침하기 위해 두개골의 과학적인 측정을 근거로 삼으려는 노력을 했으나 편견적인 생각에 들어맞는 데이터만 수집하고 분석하는 결과를 낳았다.

이후 골상학 지지자들은 인종차별과 사회 계층의 차별을 정당화하는 데 골상학을 이용하려 했다. 또한 사회 다윈주의Social Darwinism의 지지자인 허버트 스펜서Hebert Spencer, 1820~1903도 다윈의 자연선택 이론이 사회의 불평등을 정당화한다고 해석했다. 프랜시스 골턴이 실시했던 뛰어난 지능의 유전 가능성에 대한 연구는 사회 엘리트 계층의 선별적인 출산을 도모하고 사회적으로 불이익을 당하는 계층의 출산을 금지하기도 했다.

처음 개발된 심리 테스트 또한 과학적인 객관성과 사회적 편견 간 혼란의 희생양이 되었다. 최초의 지능 테스트는 부유하고 영어를 모국어로 사용하는 미국 태생에게 유리한 사회적으로 편향된 질문들로 가득 차 있어 가난하고 교육받지 못한 이민자들과 유색인종에게는 불리했다. 실험자가 가진 모든 편견의 영향력을 최소화하기 위해 심리의 과학이 보다 정교한 방법론을 개발했지만 사람이 행하는 한, 과학은 언제나 사람이 저지르는 실수에 영향받을 가능성이 있다. 하지만 더 많은 연구를 통해 자체적인 실수를 교정할 수 있다는 점이 과학의 묘미라 할 수 있다.

우생학이란?

지능의 유전 가능성에 대한 골턴의 관심은 이론에만 그치지 않았다. 그는 그것을 사회 정책에 적용하여 지능이 높은 가족들만 자녀를 낳고 그렇지 못한 사람들은 자녀를 낳지 못하게 하길 원했다. 이런 생각은 몇 권의 책에 실렸고 이후 학부와 국제사회로 퍼지게 되었다. 그러나 지능 개발에 미치는 환경의 영향, 특히 사회 계층의 영향, 인종차별, 교육받을 가능성을 완전히 무시했다는 점 때문에 이 이론은 편견적이고 인종차별적인 용도로 이용되었다. 유전적으로 '적합하지 않은' 사람들의 인권 문제도 간과되었다. 우생학은 1920년대 미국 이민 정책에 영향을 끼쳐 동부 유럽과 남부 유럽 출신 이민자들의 이민 제한을 정당화하는 데 일조했다. 하지만 나치가 우생학을 대량 학살 정책의 근거로 삼은 이후부터는 더 이상 지지받지 못했다.

에밀 크레펠린과 오이겐 블로일러는 정신 질환에 대한 시각에 어떤 영향을 끼쳤을까?

에밀 크레펠린Emil Kraepelin, 1856~1926과 오이겐 블로일러Eugen Bleuler, 1857~1939는 모두 정신과 의사였지만 정신 질환 진단에 그들이 기여한 바는 정신 건강 분야 전체에 지대한 영향을 끼쳤다. 정신과는 19세기 초에 독립적인 의학 분야가 되었다. 심각한 정신 질환을 다뤘던 초기 정신과는 정상적인 심리 작용에 초점을 맞춘 초기 심리학과 겹치는 부분이 거의 없었다. 그러나 이후 임상 심리의 발달로 인해 정신과와 심리학이 밀접한 관계를 갖게 되었다.

독일의 정신과 의사인 에밀 크레펠린은 조울증과, 이후 정신분열증으로 불리는 조발성 치매Dementia praecox를 최초로 구별한 사람이다. 그는 조울증을 보다 긍정적인 예후를 가진 비교적 가벼운 질환으로 여겼다. 그에 비해 조발성 치매는 치료 가능성이 거의 없는, 점점 악화되는 질환이라고 생각했다. 물론 19세기에 이런 증상을 효과적으로 치료하는 약물 같은 것은 마련되지 않았다.

스위스의 정신과 의사인 오이겐 블로일러는 유명한 브루크휠츨리 정신과 요양소 소장을 지낸 사람으로, 그리스어로 '정신분열증'에 해당하는 단어를 이용해 'Schizophrenia(정신분열증)'라는 용어를 만들었다. 정신분열증에 여러 질환이 속한다고 믿었던 그는 그 증상을 파과성(난폭한 흥분 상태, 킬킬거리는 웃음, 엉뚱한 행동, 급속한 기분 변화 등의 특징을 보이는 정신분열증 - 옮긴이), 긴장병(흥분과 혼미를 주된 증상으로 보이는 정신분열증 - 옮긴이), 편집증(체계적이고 지속적인 망상을 나타내는 정신분열증 - 옮긴이)으로 나누었다. 그는 또한 정신분열증으로 인해 자기만의 세상에 빠지는 자폐증이라는 용어를 창시하기도 했다.

지그문트 프로이트

프로이트는 어떤 사람이었을까?

지그문트 프로이트Sigmund Freud, 1856~1939는 빈의 신경학자로, 20세기에 가장 영향력 있는 인물 가운데 하나다. 정신분석Psychoanalysis을 창시한 그는 무의식, 어린 시절의 영향, 억제된 감정이라는 개념을 창시하고 심리 치료를 세상에 알린 인물이다. 비록 그의 이론 가운데 상당 부분이 아직까지도 논란거리가 되고 있지만 많은 그의 업적이 당연시될 정도로 우리 문화에 필수적인 부분이 되었다.

정신분석의 아버지 프로이트는 20세기 가장 영향력 있는 인물 가운데 하나로 꼽힌다.

프로이트 정신분석 이론의 주요 원리는 무엇일까?

여느 심리학 선구자들과 달리 프로이트는 정상인보다 비정상적인 사람에게 더 많은 관심을 가졌다. 의사라는 직업상 자연히 비정상적인 사람들을 대하기 쉬웠던 그는 정신병 연구를 통해 마음에 대한 이론을 정립했다. 40여 년에 걸쳐 바뀌고 발전했기 때문에 그의 생각을 한마디로 요약하기는 어렵지만 몇 가지 핵심 개념은 있다. 그중 대표적인 것으로는 역동적 무의식Dynamic unconscious, 리비도(성욕)와 공격성(타나토스Thanatos, 공격적인 본능들로 이루어진 죽음 본능)의 본능, 어린 시절 겪은 갈등이 성인이 되었을 때 정신병과 인격에 미치는 영향 등을 꼽을 수 있다.

프로이트는 무의식에 대해 어떤 관점을 가졌나?

의식적인 생각에만 전념하던 초기 심리학자들과 달리 프로이트는 우리의 감정, 바람, 생각이 의식 밖에서도 작용할 수 있다는 발상에 매료되었다. 또 받아들일 수 없는 바람과 충동은 불안감으로부터 자신을 보호하기 위해 무의식속으로 밀려들어가게 된다. 그러나 이런 억제된 욕망은 인식되지 않는 상태로 가만히 있는 것이 아니라 다시 돌아와 대개 변형된 형태로 자신에게 해를 끼친다. 정신분석은 이처럼 부분적으로 표출된 충동을 치료하고자 했다.

프로이트는 본능에 관해 어떤 이론을 펼쳤나?

프로이트는 살아가는 데 두 가지의 기본적인 욕구가 있다고 믿었다. 그 하나가 리비도이고, 다른 하나가 공격성이다. 성욕으로 정의되는 리비도란 좀 더 엄밀히 말하면 다양한 감각적 쾌락을 일컫는데, 프로이트는 기본적으로 리비도를 중시했다. 그는 또 제1차 세계대전의 대학살을 겪고 나서 타나토스라는 죽음 본능을 추가하기도 했다. 이후 타나토스는 주로 공격적인 본능으로 해석되었다. 프로이트는 본능이 전기 충전처럼 작용하기 때문에 행동을 통해 표출되어야 한다고 주장했다.

하지만 그는 사회가 성욕과 공격성의 자유로운 표출을 금한다고 느꼈다. 그가 신경증이라고 불렀던 정신병은 본능적인 욕구와 이를 억제해야 할 필요성 사이의 갈등과 관련이 있다. 아래로 흐르는 물처럼 본능은 표출을 강요하기 때문에 억제되면 집착,

강박관념, 히스테리성 불평(실제 신체적 원인 없이 나타나는 신체적인 증상)과 같은 또 다른 표출로 나타나게 된다. 본능에 대한 이런 유체와 같은 개념은 이후 수압 모델Hydraulic model이라 불리게 되었다.

오늘날의 관점에서 보면 이 이론이 이상하게 들릴지 모르지만 그가 환자의 행동을 관찰하면서 알게 된 내용을 그 당시 과학적인 모델로 정립하고자 했다는 사실은 쉽게 알 수 있다.

어린 시절은 프로이트의 이론에 어떻게 들어오게 되었을까?

프로이트는 본능적인 만족감을 가져다주는 신체의 일부인 성감대가 어린 시절에는 예측할 수 있는 단계에 따라 달라진다고 믿었다. 그의 심리 성적 단계 이론에는 구강기, 항문기, 남근기, 성욕기가 있다. 예를 들어 항문기의 특성으로는 인색함, 돈에 대한 걱정, 통제에 대한 열망이 있다. 어느 단계에서든 아이가 만족감을 덜 느끼거나 지나치게 많이 느끼면 그 단계에 머무를 수 있기 때문에 결국에는 심리적 교착 상태에 빠지게 된다.

신경증 증상은 어떤 사람의 특징적인 심리 성적 단계를 나타내는 것이다. 예를 들어 집착과 강박관념은 항문기로의 회귀를 뜻한다. 비록 프로이트의 본능 이론 가운데 상당 부분이 비판받고 있지만 어린 시절 발달 과정에서 겪는 문제가 이후의 발달을 저지하고 성인의 정신병으로 이어진다는 개념은 프로이트의 가장 큰 업적 가운데 하나로 꼽힌다.

프로이트를 획기적이라고 여기는 이유는 무엇인가?

프로이트가 획기적이라고 할 수 있는 이유로 몇 가지를 꼽을 수 있다. 무엇보다 무의식적인 열정이 동물적인 열정과 문명화의 제약 사이에 벌어지는 전쟁, 즉 우리의 삶 자체를 지배할 수 있다는 인식을 가져다주었다. 특히 성욕을 강조한 그는 그전까지 금기시되어오던 주제를 논의 대상으로 부각시켰다. 둘째, 그는 어린 시절의 경험과 충격이 성인이 된 후 감정 조절에 미치는 영향에 대한 사람들의 관심을 불러일으켰다. 셋째, 그가 발명한 정신분석법은 전 심리 치료 분야의 선봉이 되었다.

정신분석 자체는 더 이상 심리 치료 기법으로 이용되지 않지만 지금도 프로이트의 정신분석 침상을 그대로 본뜬 다양한 형태의 심리 치료를 볼 수 있다. 또한 그는 감정적인 사람과 비이성적인 사람을 과학의 영역에 포함시켰다. 프로이트 이전에도 시인과 예술가 그리고 철학자들이 정신분석의 중요성을 제기하긴 했으나 이런 궁금증을 과학적으로 살펴본 사람은 없었다.

프로이트의 생각은 얼마나 독창적이었을까?

프로이트가 이런 이론을 무無에서 창조해낸 것은 아니다. 그의 아이디어 가운데 많은 부분이 그전에 존재했던 철학에서 비롯되었다. 예를 들어 독일 철학자 아르투어 쇼펜하우어Arthur Schopenhauer, 1788~1860는 1819년에 무의식적인 성적 본능이 가장 우선이라고 적기도 했다. 또한 심리 치료를 최초로 실시한 임상의도 프로이트가 아니었다. 1909년까지 심리 치료에 대한 프로이트의 접근법은 많은 경쟁적인 심리 치료 형태 가운데 하나에 불과했다. 그런데 19세기 초의 심리 치료는 그 방법이 매우 잔인한 데다 대부분 최면과 연상에만 초점을 맞추었던 형태라, 궁극적으로 이후의 심리 치료 발전에 가장 지대한 영향을 준 것은 프로이트의 정신분석이었다.

프로이트에 대한 논란거리로는 무엇이 있을까?

프로이트는 자신을 비난하는 사람들과의 다툼으로 악명이 높으며 현재까지도 논쟁의 대상이 되는 인물이다. 처음부터 프로이트의 이론은 독단적인 경향을 보였다. 프로이트가 비록 자신의 발상에 대해 융통성을 보이며 자신의 이론을 여러 번 수정하긴 했지만 자신을 추종하는 사람들이 제기한 다른 의견에 대해서는 관대하지 못했다. 그는 리비도가 활동 에너지의 으뜸이라는 데 의문을 제기한 카를 융Carl Jung과 알프레트 아들러Alfred Adler를 모두 버렸다.

그 당시에는 빅토리아 시대에 거의 공개적으로 논의되는 일이 없었던 성욕을 강조했다는 점에서 그의 이론은 특히 논란의 대상이 되었다. 유아기 성욕에 대한 강조는 변태적으로 여겼다. 그러나 19세기 중반의 프로이트의 이론이 주로 비판을 받은 이유는 과학적인 데이터가 부족하다는 점 때문이었다. 비록 그가 정신분석을 과학으로 만들려고 노력했지만 그는 한 번도 실증적인 연구 방법을 통해 자신의 이론을 테스트해본 적이 없었고 임상 환자의 관찰에만 의존했다.

프로이트의 이론은 어떻게 해서 히치콕의 고전 영화에까지 활용되었을까?

프로이트의 이론이 대중문화에 파고든 훌륭한 예로 1960년도에 상영된 앨프리드 히치콕의 고전 서스펜스 영화 〈사이코Psycho〉를 들 수 있다. 유명한 샤워 장면에서 마리온 크레인Marion Crane(재닛 리Janet Leigh 분)은 노먼 베이츠Norman Bates(앤서니 퍼킨스Anthony Perkins 분)가 휘두른 칼에 찔려 죽는다. 어머니에게 지나치게 집착하던 베이츠가 어머니가 다른 남자와 애정 행각을 벌인 사실을 알고 나서 질투심에 휩싸여 어머니를 살해했지만 동시에 어머니를 살려두고 싶었던 그는 그녀의 시신을 지하에 보존함과 동시에 어머니를 자신의 또 다른 자아로 삼는다. 마침내 그는 그의 관심 대상이 될 만한 사람을 제거하기 위해 어머니의 옷을 입은 채 마리온을 살해한다. 이처럼 오이디푸스 콤플렉스를 확실하게 드러내는 주제는 분명 프로이트와 정신분석 이론에서 비롯된 것이다.

프로이트의 이론은 현대 문화에 어떤 영향을 끼쳤을까?

프로이트는 우리가 잘 알아차리지 못할 정도로 현대 문화에 지대한 영향을 끼쳤다. 말실수, 농담, 꿈의 무의식적인 의미에 대한 관심은 프로이트에서 비롯되었다고 할 수 있다. 어린 시절의 경험이 성인이 된 후의 감정 조절에 미치는 영향, 성욕의 중요성,

감정을 발설하는 것의 가치에 대한 중요성은 물론이고 이제 국제적으로 형성된 심리 치료의 모든 점이 프로이트에서 비롯되었다. 프로이트의 발상은 또한 초현실주의자, 버지니아 울프Virginia Woolf, 앨프리드 히치콕Alfred Hitchcock과 같은 20세기 유명 예술인과 작가들의 상상력을 사로잡기도 했다.

존 왓슨과 스키너

존 왓슨은 누구인가?

존 왓슨John B. Watson, 1878~1958은 미국 행동주의 심리학의 창시자다. 분트와 제임스가 활성화시킨 내성의 강조에 반대한 그는 오로지 관찰할 수 있는 행동만이 심리학 연구 대상이 될 수 있다고 믿었다. 그는 내성법이 부정확하고 증명할 수 없으며 따라서 믿을 수 없는 주관적인 판단에 의지하는 것이라고 비판했다. 러시아 심리학자인 이반 파블로프Ivan Pavlov, 1849~1936의 연합 조건형성Associative conditioning에 영향을 받은 그는 심리의 모든 면이 자극-반응 연쇄Stimulus-response chain의 결과라고 생각했다.

또한 미로 속의 쥐를 초기 연구 대상으로 삼았던 왓슨은 동물의 자극-반응 행동 연쇄가 인간의 자극-반응 행동 연쇄와 크게 다르지 않다고 주장하면서 동물과 인간에 대한 연구를 한층 더 세분화했다. 다시 말해서 그는, 주의 깊게 관찰된 자극에 대한 동물이나 사람의 행동만이 가치 있는 심리학 연구 주제라고 믿었다. 또한 그런 연구의 목적이 행동의 예측과 통제라고 생각했다.

이런 관점은 〈행동주의자의 관점에서 보는 심리Psychology as the Behaviorist Sees It〉라는 제목으로 1913년에 발표한 논문에 분명히 드러났다. 이후에는 행동주의가 그보다 덜 제한적이었지만 이처럼 관찰 가능한 행동을 중시하고 주관적인 경험을 경멸하던 분위기는 20세기 중반까지 미국 심리학계를 주도했다.

왓슨의 인생에서 특이했던 점은 무엇인가?

왓슨은 대단히 극적이고 어려운 삶을 살았다. 가난한 집안에 태어난 데다 알코올 중독과 바람기, 게다가 폭력까지 행사하던 아버지는 왓슨이 열두 살 때 가족을 버리고 떠났다. 그런 환경에서 자라야 했던 왓슨은 심리학 분야의 선구자보다 범죄자가 되기 쉬운 삶을 살았다. 실제로 열여섯 살의 나이에 사우스캐롤라이나 대학 학장을 설득해 대학에 입학하기 전까지 그는 두 번이나 체포되기도 했다.

학장에게 간청하며 그가 보여주었던 뻔뻔스럽기까지 한 자신감은 나중에 그의 성공에 불을 붙이기도 했던 야망과 대담함의 배경이 되었다. 학교에서 뛰어난 성적을 올렸던 그는 대학생에서 대학원생, 시카고 대학교 조교로 급격히 발전했으며 서른 살의 나이에 존스홉킨스 대학교 심리학부 회장이 되었다. 그는 서른일곱의 나이에 미국 심리학회 회장이 되기도 했다.

하지만 안타깝게도 그는 조심성 없이 바람을 피우다 아내가 그의 외도 증거를 찾아내 대학교 학장에게 보이는 바람에 사임하게 되었다. 1920년대에는 그런 스캔들이 명성에 큰 타격을 입혔는데, 그로 인해 결국 심리학자라는 왓슨의 경력도 끝나버렸다. 그러나 전혀 굴하지 않고 제이 월터 톰슨J. Walter Thompson 광고 회사에 취직한 그는 다양한 가정용품 광고 캠페인에 자신의 심리학적 전문성을 적용하기도 했다. 그는 외도했던 여성과 결혼하여 두 명의 아이를 낳았지만 불행하게도 꽤 젊은 나이에 그녀가 세상을 떠났는데, 여러 면에서 볼 때 그에게는 상당한 상실감을 안겨준 듯하다.

우리는 왓슨의 고통스러운 어린 시절과 심리학 이론 선택 사이에 관계가 있다는 것을 짐작할 수 있다. 정서적으로 어려움을 겪던 아이가 정신에 대한 탐구를 피했던 것이 순전히 우연이었을까? 물론 행동주의의 어떤 면에 왓슨이 끌렸는지는 모르겠지만 미국 심리학계를 지배했던 영향력이 한 개인의 심리적인 갈등 때문에 생겨났다고 비약할 수는 없다.

스키너는 어떤 인물인가?

벌허스 프레데릭 스키너Burrhus Frederick Skinner, 1904~1990는 유명한 행동주의 옹호자다.

스키너는 행동주의 연구로 유명했다.

그는 《월든 투*Walden Two*》, 《행동주의*About Behaviorism*》를 비롯해 몇 권의 책을 저술했는데 이 책들을 통해 심리학에 관한 자신의 관점, 특히 관찰 가능한 행동만 과학적인 연구 대상이 될 수 있다는 생각을 분명히 밝혔다. 그보다 앞서 존재했던 존 왓슨처럼 그 역시 천부적인 홍보 능력을 가지고 있었으며 자신의 생각을 대중에게 전달하는 방법을 알고 있었다.

스키너는 행동주의에 오랜 시간 영향력 있는 기여를 한 사람으로, 행동주의 이론과 그 이론을 일상적인 문제에 적용하는 데 관심을 가졌다. 그가 이룬 가장 중요한 두 가지 업적으로 조작적 조건형성 원리Principle of operant conditioning와 행동 수정 기법Techniques of behavioral modification을 들 수 있다. 그는 또한 교육적인 방법과 동물 훈련 기법에도 관심을 가졌다. 스키너의 급진적인 행동주의는 최근 수십 년 동안 인기를 얻지 못하고 있지만 그의 핵심 아이디어는 아직도 그대로 남아 있다. 그의 아이디어가 인간 심리의 모든 점을 설명해주지는 못해도 다양한 행동에 관한 중요한 통찰을 가져다주는 것은 사실이기 때문이다. 게다가 그가 개발한 기법들은 아직도 방대한 분야에서 기본적인 도구로 활용되고 있다.

스키너의 조작적 조건형성 개념은 무엇일까?

에드워드 손다이크Edward Thorndike의 효과 법칙Law of effect을 바탕으로 스키너는 동물과 인간이 보상과 벌을 통해 학습하는 방식을 정교하게 다듬었다. 행동이 보상을 받으면 그 행동은 반복될 가능성이 높지만 벌을 받으면 그 행동이 반복될 가능성은 줄어든다. 쥐를 비롯한 여러 동물 연구를 통해 스키너는 상과 벌의 타이밍과 빈도, 예측 가능성이 행동 변화에 어떤 영향을 주는지 자세히 탐구했다. 조작적 조건형성의 이런 기본적인 개념들이 인간과 동물의 학습된 행동 기반으로 간주되었다. 이제는 조작적 조건형성이 설명할 수 없는, 복잡한 형태의 생각이 존재한다는 것을 알지만 그 원리는 학습과 기억의 기본 형태에 관한 많은 점을 알려준다.

스키너가 행동 수정에 기여한 바는 무엇일까?

스키너가 이룬 또 하나의 업적은 쥐를 비롯한 동물 연구를 행동 수정이라는 심리 치료의 새로운 형태로 만들었다는 점이다. 행동주의의 목적이 행동의 예측과 통제라고 선언한 사람은 존 왓슨이지만, 그는 일상생활에 적용될 수 있는 구체적인 기법을 만드는 데에는 별다른 성과를 이루지 못했다.

왓슨과는 대조적으로 스키너는 강화 수반성Reinforcement contingencies의 조작, 즉 상과 벌의 조작을 통해 사람의 행동을 변화시키는 방법에 관한 규칙을 만들었다. 스키너는 행동을 변화시키는 데 벌보다 보상을 이용하는 것을 선호했다. 벌에 의존하다 보면 문제를 해결하기보다 오히려 더 많은 문제를 일으킨다고 느꼈기 때문이다. 그가 행동 수정 기법을 개발한 이유는 본래 정신이상 증상을 보이는 정신과 환자들에게 활용하기 위해서였는데 그의 기법은 다양하게 변형되어 비행 청소년과 정서 장애아를 다루는 데 이용되기도 했다. 또 동물 훈련, 자녀 양육을 비롯한 다양한 분야에서 유사한 기법이 활용되기도 한다.

스키너 상자란?

스키너가 이룬 또 다른 혁신은 스키너 상자Skinner box다. 스키너 상자는 동물이 상자를 빠져나가는 방법을 관찰하기 위해 과학자들이 이용하는 손다이크의 퍼즐 상자를 개조한 것이다. 이를테면 쥐가 지렛대를 누르는 것과 같은 행동을 계수 기법과 연결하여 행동을 보이는 횟수가 자동으로 기록되게 한 것이 스키너가 이룬 혁신이다. 이런 식으로 각기 다른 행동 강화 조건에 대한 행동의 빈도를 비교한다. 예를 들면 지렛대를 누를 때마다 음식 덩어리가 나올 때 쥐가 지렛대를 누르는 횟수와, 지렛대를 눌러도 음식이 나오지 않을 때 쥐가 지렛대를 누르는 횟수를 비교할 수 있다.

스키너가 교육적인 측면에 기여한 바는 무엇일까?

스키너는 또한 교육에 조작적 조건형성 원리를 적용하는 데도 관심을 가졌다. 그는 가르쳐야 할 내용을 일련의 작은 단계로 제시하는 프로그램 학습Programmed learning이라는 개념을 창안했다. 이 개념에 따르면, 학습이 단계별로 진행되고 각각의 단계를 숙지하면 긍정적인 보상이 주어진다. 이 방법은 전체가 아닌 부분에만 제한적으로 집중하게 하고 창의적인 사고를 양성하지 못한다는 비판을 받기도 했지만 여전히 대부분의 전산화된 훈련의 기초가 되고 있다.

스키너는 딸을 스키너 상자에서 키웠을까?

스키너는 또한 '특수 아기 침대Air crib'라고 불렀던 일종의 아기 침대를 개발했다(그는 그것을 '아기 돌보기', '자녀 길들이기'라 부르기도 했다). 그것은 크고 밝으며 온도 조절이 되는 어린아이용 상자였다. 그는 둘째 딸 데버러를 생후 몇 년 동안 그 상자 안에서 키웠다. 일반 사람들이 생각하는 것과 달리 그 상자는 쥐가 레버를 눌러야 음식이 나오는 스키너 상자가 아니었다. 그보다는 널찍한 아기 침대에 가까웠다.

비평가들은 그가 기이한 기술을 이용해 아이를 키운 탓에 그의 딸이 악영향을 받았을 것이라고 생각했지만 스키너는 그로 인해 자신의 딸이 받은 고통은 없으며 잘 자라 대학도 졸업했고 사회에 잘 적응하며 살아가는 예술가가 되었다고 주장했다.

장 피아제

장 피아제는 누구일까?

장 피아제Jean Piaget, 1896~1980는 스위스 심리학자로 인지 발달 연구의 선구자다. 아이러니하게도 피아제는 정식 심리학 교육을 받은 적이 없다. 자연과학 분야 박사 학위를 받았음에도 불구하고 피아제는 프로이트, 스키너와 함께 심리학 전 분야에서 가장 영향력 있는 인물로 꼽힌다. 그는 열 살 때 처음으로 백변 참새에 관한 과학 논문을 출간했는데 출판업자는 그가 그렇게 특별한 젊은이인 줄 알아보지 못했다. 10대 초 4년 동안 스위스 뇌샤텔 자연사 박물관에서 연체동물을 분류했다. 열다섯 살 때부터 열여덟 살 때까지 학술적인 논문을 몇 편 더 출간했고, 비슷한 시기에 그는 사뮈엘 코르누Samuel Cornut 대부를 찾아갔다.

장 피아제는 아이의 지능 발달 이해에 크게 기여했다.

피아제의 교육이 자연과학 분야에만 국한되어 있다고 느낀 코르누는 그에게 철학을 알려주었다. 그로 인해 피아제는 지식의 철학적 연구인 인식론에 관심을 갖게 되어 '지식이란 무엇인가?', '지식은 어디에서 오는가?'와 같은 궁금증이 그의 연구 기초가 된다.

지능 테스트 연구에서 피아제는 어떤 영향을 받았을까?

사회 초년 시절 피아제는 파리에 있는 테오도르 시몽Théodore Simon 밑에서 연구했다. 시몽은 알프레드 비네Alfred Binet와 더불어 비네-시몽 지능 테스트를 만들었는데, 이 테스트는 동종의 테스트 가운데 처음으로 성공을 거둔 것이었다. 피아제의 역할은 각각의 나이 대에 대한 기대 점수를 정하기 위해 다섯 살부터 여덟 살에 해당되는 아이들의 답을 기록하는 것이었다. 아이들의 답변 가운데 옳은 답을 기록하는 것이 그의 일이었지만 그는 나이마다 아이들이 전형적으로 저지르는 실수 패턴에 더 관심이 많았다. 그것은 그가 주변 세상에 대한 아이들의 지적인 이해의 발달에 관심을 갖게 되는 계기가 되었다. 그로부터 60년 동안 피아제는 아이들의 행동을 자세히 연구했다. 그렇게 모은 데이터를 가지고 그 주제에 관한 방대한 논문을 작성하여 지능 발달에 대한 우리의 관점을 바꿔놓았다.

피아제가 발견한 것은 무엇일까?

피아제의 가장 큰 업적은 심리학자의 초점을 우리가 아는 것에서 우리가 알게 되는 방법으로 돌려놓았다는 것이다. 그는 마음이 정보를 정리하고 바꾸는 방법, 다시 말해 정보를 구체화하는 방법을 연구했다. 마음은 검은 스크린이 아니다. 보이는 것을 그대로 반영하는 카메라나 거울도 아니다. 마음은 지식에 적극 참여하는 개체다. 마음은 정보를 받아들여 적극적으로 체계화시킨다. 그런 정보의 구체화와 변형을 통해 현실의 관점이 구성된다. 이 개념을 일컬어 지식에 대한 피아제의 구성주의적Constructivist 관점이라고 부른다. 또한 마음이 정보를 체계화하는 방식은 아동 발달기에 따라 바뀐다. 때문에 나이 어린 아이들은 나이 많은 아이나 어른에 비해 아는 것이 적기만 한 것이 아니라 아는 방법 또한 다르다.

피아제의 연구가 중요한 이유는?

프로이트는 욕망에 대해 알려주었고, 행동주의자들은 행동에 대해 알려주었으며, 피아제는 우리가 생각하는 방식과 어린 시절 생각이 발달하는 방법을 알려주었다. 어쩌면 그 누구보다 환경을 이해하는 방법과 환경을 해석하는 과정을 잘 알려준 사람이 피아제인지도 모른다. 그의 연구는 발달심리학, 인지심리학, 교육심리학 등 심리학의 여러 분야에 상당한 영향을 끼쳤다.

피아제는 유전/환경 논쟁에 대해 어떤 생각을 가졌나?

초기 그리스 철학자들 시절부터 이어져온 논쟁 가운데 지식이 타고난 것인지 아니면 경험을 통해 얻는 것인지가 있다. 이 오래된 딜레마에 대한 피아제의 해법은, 지식은 타고나기도 하고 배우기도 한다는 주장이었다. 우리가 아는 것은 배우는 것이지만 그것을 아는 방법은 타고난 능력에 달렸다는 것이다.

아이들은 어떻게 행동을 통해 배우는 것일까?

비록 다른 형태의 정보도 중요하지만 피아제는 아이들이 처음 세상에 대해 배우는 기본적인 방식이 행동이라고 믿었다. 행동을 통해 아이들은 환경을 탐구하고 접한다. 이런 만남에 대한 기억이 아이들의 마음속에 지식으로 자리 잡는 것이다. 그렇게 자리 잡은 기억은 나중에 경험을 해석하는 틀로 작용하고, 그것은 다시 세상에 대해 자신이 가지고 있는 지식을 수정한다. 예를 들어 한 아이에게 딸랑이를 주었다고 하자. 아이가 어쩌다 그것을 흔들었더니 소리가 났다. 나중에 또 다른 딸랑이를 주면 아이는 그것을 받는 즉시 흔들면서 딸랑이가 흔드는 물건이라는 기본적인 개념을 갖게 된다.

스키마란 무엇인가?

스키마[Schema]란 사건의 패턴을 보여주는 지도로서, 지식의 구성 요소라고 할 수 있다. 세상에 대해 아기가 가지는 기초 지식은 행동 스키마[Action schema]나 감각 운동 스키마[Sensory-Motor schema]를 통해 형성된다. 이는 곧 아이가 엄지손가락을 입에 물거나 자전거 바퀴가 계속 도는 모습을 보는 것처럼 오직 즉각적인 감각이나 직접적인 행동을 통해서만 세상을 알 수 있다는 것을 뜻한다. 생후 9개월가량 지나면 이런 행동 스키마가 마음속에 독립적으로 존재하기 시작한다. 다시 말해 아기는 실제로 벌어지지 않는 사건을 생각할 수 있다. 아이의 정신적인 삶이 시작된 것이다. 사건에 대한 정신적인 표현은 개념 스키마Conceptual schema라고 불린다. 개념 스키마를 나타내는 징후 중에 대상 연속성Object permanence이라는 것이 있다. 예를 들어 아기에게 딸랑이를 보여 준 뒤 베개 속에 감추면 아기가 시야에서 사라진 물건을 찾기 시작하는 행동이 생후 9개월 정도에 나타난다.

동화와 조절은 무엇일까?

동화Assimilation와 조절Accommodation은 아이들이 새로운 지식을 얻는 방식이다. 동화는 새로운 정보를 기존에 가지고 있는 스키마에 맞춰 이해하는 것이고, 조절은 새로운 정보를 이해할 수 있게 기존의 스키마를 바꾸는 것을 뜻한다. 이런 식으로 스키마가 발달한다. 조절은 새로운 정보에 의해 스키마가 수정된다는 것을 의미한다. 예를 들어 아기에게 이전에 줬던 딸랑이와 다른 형태의 딸랑이를 건네준다고 하자. 모양이 다르기 때문에 아기는 그것을 다른 식으로 쥐어야 한다. 따라서 딸랑이를 쥐는 스키마가 새로운 행동에 맞게 조절된다.

동화는 조절을 보완하는 것으로, 새로운 정보가 기존 스키마에 맞춰지는 것을 의미한다. 예를 들어 새로운 딸랑이를 주면 아기는 그것을 쥐고 흔들려 한다. 이는 기존에 가지고 있던 딸랑이 스키마에 새로운 행위를 동화시키는 것을 뜻한다. 발달이 이루어지는 동안 동화와 조절이 동시에 일어난다.

피아제의 이론은 어떤 식으로 비판받았나?

피아제는 지식의 지적인 내용에만 치중한 탓에 비판을 받았다. 그는 인지 발달에 대한 문화, 감정, 관찰 학습, 구두 지시의 영향에는 거의 관심을 두지 않았다. 그러나 이후 연구를 통해 세상에 대한 아이의 지식은(어른의 지식도 마찬가지다) 이 모든 요소에 의해 영향을 받는 것으로 드러났다. 그렇더라도 그의 연구 영역이 제한적이었다는 것일 뿐, 피아제의 연구가 가치 없다는 것은 아니다. 그가 아이들의 정신적인 삶을 모두 설명해주진 못했지만 초기 인지 발달에 관해 상당히 많은 내용을 알려준 것은 사실이니 말이다.

그의 이론 형성에 피아제의 아이들은 어떤 역할을 했을까?

피아제 연구의 기본 아이디어 대부분은 세 자녀인 자클린, 로랑, 뤼시엔에 대한 집중적이고 조직적인 관찰에서 비롯되었다. 정규교육을 받은 심리학자였던 아내 역시 그의 연구에 도움을 주었다. 사실 그녀는 피아제가 가르치던 학생이었다.

이렇듯 지나친 관심이 아이들에게 정서적인 영향을 끼쳤을지 모른다고 의심할 수도 있겠지만 피아제의 연구는 절대 아이들을 침해하거나 실험적인 것이 아니었다. 그는 자연스러운 방식에 의존하여 아이들의 행동을 관찰했고 자연스러운 상황, 이를테면 장난감을 조작하는 것처럼 최소한으로 조작된 환경을 아이들이 어떻게 이해하는지 물어보는 선에서 그쳤다.

대상 연속성이란?

장 피아제가 창안한 대상 연속성의 개념은 물체가 구체적으로 제시되지 않았을 때도 마음속으로 물체의 이미지를 떠올릴 수 있는 능력을 말한다. 피아제는 자기 아이들의 행동을 관찰하다가 이 개념을 창시하게 되었다. 그는 생후 8~9개월 이전에는 딸랑이처럼 아기가 좋아하는 물건을 감춰도 아기가 찾지 않는다는 사실을 발견했다. 한번 시야에서 사라지면 마음속에서도 사라지는 것이다. 그러나 대상 연속성이 발달한 후에는 아이가 물건을 찾는 행동을 보인다. 예를 들어 아이에게 장난감을 빼앗아 베개 속에 감추면 아이는 물건을 찾기 위해 베개를 들춘다. 이런 탐색 행동은 물체가 눈에 보이지 않을 때도 아이가 그 물체를 생각한다는 사실을 보여준다.

제 2 장

주요 심리학 운동

주요 심리학 이론에는 어떤 것이 있을까?

역사는 비교적 짧은 편이지만 심리학에도 몇 가지 주요 운동이 있었다. 그중에서 행동주의, 게슈탈트 이론Gestalt theory, 인본주의 심리학Humanistic psychology, 애착 이론Attachment theory, 사회생물학Sociobiology, 신경생물학적 이론, 인지과학Cognitive science을 가장 중요한 것으로 꼽을 수 있다. 이런 운동 중에는 이전에 존재했던 이론에서 자연스럽게 파생된 것도 있고, 이전의 방식에 대한 반발로 생겨난 것도 있다.

가장 현대적인 심리학자들은 하나의 이론적인 관점에 얽매이지 않는다. 그러나 이런 운동은 심리학의 역사를 형성했고, 현대 심리학자들의 연구와 일의 방향에 끊임없이 영향을 주고 있다. 따라서 현대 연구 결과의 진가를 제대로 인식하기 위해서는 심리학 역사에서 일어났던 주요 운동을 이해하는 것이 중요하다.

행동주의

행동주의란?

행동주의는 행동을 관찰하는 것만이 가치 있는 연구 대상이 된다고 여기는 심리학파를 말한다. 행동주의자들은 정신적인 현상을 객관적으로 측정하는 것이 불가능하기 때문에 입증하기도 불가능하다고 믿는다. 따라서 행동 변화, 특히 고전적 조건형성 Classical conditioning(또는 연합 조건형성이나 파블로프 식 조건형성)과 조작적 조건형성의 근본 작용에 초점을 맞춘다. 이런 기본적인 학습 원칙은 인간과 포유류, 조류와 같은 동물들 사이에서 비슷한 작용을 한다.

주요 행동주의자로는 존 왓슨, 에드워드 손다이크, 스키너를 꼽을 수 있다. 프로이트의 정신분석, 교육심리학, 기타 정신심리학파가 공존하긴 했지만 20세기 중반까지 미국 심리학은 행동주의가 주도했다.

손다이크의 효과 법칙이란?

에드워드 손다이크Edward Thorndike, 1874~1947는 원래 헨리 제임스Henry James의 학생이었으나 의식에 매료된 제임스와는 다른 연구를 펼쳤다. 참고로 그는 손다이크 사전의 공동 저자이기도 하다. 대학원생 시절 닭을 연구하기 시작한 손다이크는 점차 개와 고양이에 대한 관찰로 연구 대상을 넓혔다. 그는 탈출할 방법이 하나밖에 없는 퍼즐 상자 속에 동물을 집어넣고 동물이 어떻게 빠져나가는지를 연구했다. 관찰 결과, 동물들은 처음에는 시행착오를 통해 우연히(예를 들어 페달을 밟거나 줄을 무는 식으로) 출구를 찾았지만 여러 차례 시도를 반복함에 따라 출구를 찾는 시간은 줄어들었다.

이 연구를 토대로 손다이크는 두 가지 학습 규칙을 만들었다. 효과 법칙에 따르면, 행동의 결과에 따라 행동이 반복적으로 일어날 가능성이 달라진다고 한다. 다시 말해 반응이 만족스러운 결과로 이어지면 (고양이가 줄을 잡아당기면 문이 열리는 것처럼) 고양이가 줄을 다시 잡아당길 가능성이 커진다. 반대로 행동이 부정적인 영향을 주면 동물이 그 행동을 반복할 가능성은 줄어든다.

이 개념은 나중에 스키너가 주장한 조작적 조건형성 이론의 기초가 됐다. 손다이크의 효과 법칙은 또한 연합 조건형성 이론에 기여하기도 했다. 연합 조건형성이란 자극과 반응이 연관 지은 횟수와 자극과 반응의 상관관계의 강도에 따라 연합의 강도가 달라진다는 것이다. 손다이크는 이렇게 토머스 홉스와 같은 철학자들의 연합주의를 과학적인 틀 속에 집어넣었다.

마음의 블랙박스 이론Black box theory이란?

이것은 마음이 자극과 반응 사이에 집어넣은 불투명한 검은 상자에 불과하다는 생각을 나타낸다. 아무도 그 속을 들여다볼 수 없기 때문에 이를 연구하는 것은 헛된 일이라는 것이다. 행동주의자들의 이런 극단적인 반유심론Antimentalism은 자주 비판의 대상이 되었고 1960년대 발생한 인지혁명에 의해 마침내 사라졌다. 행동 변화의 기본원리에 관해서는 행동주의자들이 심리학에 기여한 바가 크지만 주관적인 경험의 가치를 폄하하고 무시한 것은 극히 제한적인 관점이라 할 수 있다.

행동주의자들은 학습을 어떻게 이해했을까?

학습에 대한 이론이라는 설명이 가장 잘 들어맞는 행동주의는 실제로 학습 이론이라 불리기도 한다. 그러나 행동주의는 학습이라는 심리 작용을 행동에 입각한 용어로 해석했다. 따라서 학습은 주어진 자극에 반응하여 새로운 행동이 반복적이고 일관적으로 이루어져야 성립될 수 있다.

파블로프가 개를 이용했던 유명한 실험은 무엇인가?

이반 파블로프는 본래 동물의 소화 과정에 관심을 보인 러시아 과학자였다. 개가 음식을 어떻게 소화시키는지 연구하고 있을 때 그는 먹이 공급 시간 직전에 주인의 목소리를 듣거나 주인의 모습을 보기만 해도 개가 침을 흘리는 경향이 있다는 사실을 알아차렸다. 다시 말해 실제로 음식이 없어도 개들이 침을 흘린다는 것이다. 처음에는 이런 현상이 소화에 대한 연구를 방해했지만 나중에는 연구의 초점이 되어버렸다.

파블로프는 식사 시간 직전에 개가 주인의 목소리를 듣거나 주인의 모습을 보기만 해도 침을 흘리는 모습을 관찰한 뒤 고전적 조건형성이라는 이론을 창안했다.

파블로프의 연구는 연합 조건형성 또는 '파블로프 식' 조건형성이라고도 알려진 고전적 조건형성 이론의 밑거름이 되었다.

감정은 어떻게 다뤄졌을까?

엄격한 행동주의자의 경우 모든 감정적인 표현을 배제했지만 학습 이론은 전적으로 감정에 의존한다. 손다이크의 효과 법칙과 그에 따른 조작적 조건형성에서 행동이 일어날 가능성이 증가하거나 감소하는 것은 감정적인 영향에 따라 달라진다. 어떤 행동이 긍정적인 감정(보상)을 받으면 그 행동은 증가하고 부정적인 감정(벌)을 이끌어내면 줄어든다. 동물의 감정을 이야기하는 것은 좀 더 어려운 일이지만 현대 과학자들은 간단한 감정 작용이 학습 이론과 관련 있다고 추정한다. 따라서 즐거움과 고통이라는 감정의 표현은 동물과 인간 모두에게 적용된다.

연합 조건형성 또는 고전적 조건형성은 무엇인가?

고전적 조건형성, 파블로프 식 조건형성이라고 불리기도 하는 연합 조건형성은 사람이나 동물이 특정한 자극에 특별한 방식으로 반응하도록 조건화되는 학습의 한 형태를 가리킨다. 중립적인 자극이 감정적으로 의미 있는 자극과 짝을 짓게 되면 중립적 자극은 두 번째 자극과 결부되어 두 번째 자극이 이끌어내는 반응과 같은 반응을 이끌어낸다. 예를 들어 한 아이가 특정한 향수와 사랑하는 할머니를 연관 짓도록 배우면 아이는 그 향수에 대해 긍정적인 반응을 보인다. 반대로, 아이가 병원에 가는 것을 아픈 주사와 연관 지어 생각하면 아이는 병원에 가는 것을 두려워할 것이다. 이런 기본적인 개념이 자녀 양육, 광고, 정치 선전, 중독 치료, 동물 훈련 등에 이용된다.

조건 자극과 무조건 자극의 차이는 무엇일까?

무조건 자극[Unconditioned stimulus]은 학습되지 않은 자연스러운 반응을 이끌어내는 자극을 말한다. 예를 들어 아이는 주사를 맞으면 아프다는 것을 배우지 않아도 자연스럽게 알게 된다. 개가 먹이를 먹을 때 즐거움을 느낀다는 것은 굳이 배우지 않아도 자연스럽게 안다. 조건 자극[Conditioned stimulus]은 본래 의미 없는 자극과 조건 자극이 짝지어져 특정한 반응을 일으키는 것을 말한다. 아이가 할머니와 연관 짓는 향수는 조건 자극이다. 아이가 주사와 연관 지어 떠올리는 병원 역시 조건 자극에 해당된다.

조건 반응과 무조건 반응의 차이는 무엇일까?

무조건 반응은 할머니를 사랑하거나 주사를 맞고 아픔을 느끼는 것처럼 학습되지 않은, 타고난 반응을 말한다. 조건 반응은 할머니의 향수나 병원을 두려워하는 것처럼 학습된 반응을 말한다.

고전적 조건형성은 일상생활과 어떤 관련이 있을까?

고전적 조건형성은 일상생활 곳곳에 스며들어 있다. 이를테면 생선을 싫어하는 것처럼 특정 음식을 기피하거나 개를 두려워하는 것과 같은 공포증을 갖거나 파리와 낭만적인 휴가를 연관 짓는 것처럼 긍정적인 연상을 할 때 나타나는 행동이 고전적 조건형성이다. 수많은 광고 캠페인에 젊고 아름답고 몸에 딱 달라붙는 옷을 입은 모델들이 등장하는 이유가 우연이 아니다. 판매 제품이 세탁기든 종이 클립이든 자동차든 광고주는 소비자들이 자사의 제품을 젊고 아름답고 섹시한 것과 연관 짓기를 바란다.

고전적 조건형성은 동물의 행동과 어떤 관련이 있을까?

인간이 아닌 동물들은 복잡한 이성, 상징적인 생각, 언어와 같은 고급 인지 능력이 떨어지기 때문에 기본적으로 연합 조건형성을 통해 학습하게 된다. 고양이가 소파 위에 앉아 그르렁거리는 것을 좋아하는가? 그렇다면 고양이가 소파를 애정, 관심과 연관 짓는 게 아닐까? 당신이 신발을 신으면 개가 짖으면서 꼬리를 흔드는가? 그렇다면 개가 당신의 신발과 산책을 연관 짓는 것은 아닐까?

조작적 조건형성은 무엇인가?

스키너가 주장한 조작적 조건형성 이론에 따르면, 행동은 그에 연관된 자극보다 행동의 결과에 더 많은 영향을 받는다고 한다. 조작적 조건형성은 손다이크의 효과 법칙을 토대로 개발된 것이다. 행동의 결과가 긍정적이라면 행동이 강화되어 다시 일어날 가능성이 커진다. 그러나 행동의 결과가 부정적이라면 벌을 받게 되고 따라서 반복될 가능성도 줄어든다.

강화물이란 무엇인가?

강화물強花物이란 행동이 반복될 가능성을 높여주는 행동의 결과를 말한다. 예를 들어 아이가 짜증을 냈는데 아이를 달래기 위해 아이스크림을 준다면 짜증을 내는 행동은 강화된다. 강화물에는 정적 강화Positive reinforcement와 부적 강화Negative reinforcement가 있다.

정적 강화와 부적 강화의 차이점은?

보상이라 불리기도 하는 정적 강화는 행동의 긍정적인 결과를 나타내는 것으로, 행동이 반복될 가능성을 높여준다. 예를 들어 직원이 자신의 업무를 훌륭하게 수행했을 때 칭찬을 받는 것처럼 말이다. 부적 강화는 벌을 주는 것이 아니라 행동을 보인 결과, 발생할 수 있는 부정적인 상황을 없애는 것을 뜻한다. 다이어트를 통해 살을 빼는 경우가 부적 강화에 해당된다.

쥐가 미로를 빠져나갔을 때 치즈를 받는 것은 정적 강화의 한 예다.(iStock)

1980년대에 색소폰과 새끼 고양이를 어깨에 얹은 남자가 뉴욕 시 지하철역에 자주 나타난 적이 있었다. 그는 아주 큰 소리로 귀에 거슬리는 색소폰 연주를 했는데, 지나가는 승객들이 돈을 줘야 연주를 멈췄다. 그가 이용한 것이 부적 강화의 원리다(이 경우에는 공갈이라고 불릴 수도 있지만 말이다).

처벌은 어느 정도 효과가 있을까?

처벌은 특정 행동이 발생하는 빈도를 줄이기 위한 목적으로 행동에 대한 부정적인 결과를 보이는 것이다. 싸움을 한 아이에게 외출 금지 명령을 내리는 경우가 처벌에 해당되며, 그 목적은 싸움이라는 특정 행동을 줄이고자 하는 것이다. 마찬가지로 사법제도 또한 질서 있는 법치 사회를 유지하기 위해 처벌에 의존한다. 처벌을 통해 상당한 효과를 보기도 하지만 단점도 있다. 초기 행동주의자들은 정신적인 측면을 고려하지 않았지만 이제는 지나치게 심한 처벌이 가해질 경우 분노, 두려움, 원망과 같은 감정을 불러일으키며 사람들이 규칙을 따르기보다는 체제를 속이려는 반발심을 키울 수 있다는 사실이 밝혀졌다. 스키너 또한 처벌이 단기적인 효과만 보일 뿐 대안 행동을 가르치지 않는다고 주장하면서 처벌을 신뢰하지 않았다.

작은 앨버트Little Albert는 누구인가?

1920년부터 존 왓슨은 인간에 대한 고전적 조건형성을 연구할 목적으로 앨버트 B.라는 이름의 아기에게 일련의 실험을 실시한다. 이 실험들은 조건 학습 원리를 성공적으로 뒷받침해주었지만 왓슨은 자신의 연구 방법이 아기에게 미치는 정서적 영향에 대해서는 냉담할 정도로 둔감했다.

앨버트가 생후 9개월가량 되었을 때 왓슨은 아기에게 흰쥐, 토끼, 개, 원숭이, 흰 수염이 달린 가면과 수염이 없는 가면 등 여러 가지 하얀 털이 난 것을 보여주었다. 그러고는 흰쥐를 보여줄 때마다 쇠파이프에 망치질을 해서 요란한 소리를 냈다. 이 일은 앨버트가 단순히 흰쥐를 보기만 해도 두려움을 느낄 때까지 여러 차례 반복되었다. 그 후 진행된 실험에서 앨버트는 토끼, 개, 산타클로스 가면과 같은 흰 털이 달린 물체에 대해서도 두려움을 느끼는 반응을 보였다. 이런 일반화된 두려움은 처음 실험이 실시되고 여러 달이 지난 후에도 지속적으로 나타났다.

요즘은 피험자의 인권을 보호하기 위해 모든 연구 기관에 인간 실험 대상 검토 위원회를 설치해야만 한다.

조작적 조건형성은 일상생활과 어떤 관련이 있을까?

조작적 조건형성은 일상생활의 거의 모든 면에서 찾아볼 수 있다. 우리가 일해서 돈을 벌거나 상사로부터 인사고과 평가를 받거나 사려 깊은 행동에 대해 친구가 고마워하거나 세금 납부 기한을 놓쳐 연체료를 내거나 주차 위반 과태료를 무는 것이 모두 조작적 조건형성을 나타내는 사례들이다.

조작적 조건형성은 동물들의 삶과 어떤 관련이 있을까?

대부분의 동물 훈련은 조작적 조건형성과 관련이 있다. 고양이가 싱크대 위에 올라가면 물총을 쏘거나 바닥에서 한 바퀴 구른 강아지에게 간식을 주는 행위가 모두 조작적 조건형성을 이용하는 것이다. 심지어 비둘기들도 조련사가 원하는 행동에 근접한 행동을 보일 때마다 반복적으로 보상해줌으로써 레버를 부리로 쪼는 것 같은 특정한 행동을 하도록 훈련시킬 수 있다.

고전적 조건형성은 약물 중독과 어떤 관련이 있을까?

고전적 조건형성은 약물 중독 과정의 중심 원리다. 중독 치료는 약물에 대한 갈망을 통제하는 것을 중점적으로 다룬다. 문제의 약물을 사용하고 싶은 다급함, 즉 갈망은 매우 강력해서 약물 중독에서 벗어나려 해도 여러 차례 중독 증상이 재발할 때가 많다. 갈망은 고전적 조건형성 과정을 통해 외적 단서와 내적 단서에 의해 느끼게 된다. 다시 말해 마약용품이나 자신이 술을 마시곤 하던 술집처럼 마약 복용을 떠올리게 하는 요소를 마주하면 그 연관성으로 인해 갈망하게 되는 것이다. 이것은 기본적으로 파블로프가 개를 관찰하면서 알아차렸던 조건형성 과정과 똑같다. 외적 단서로는 환경적인 요소(사람, 장소, 물건)가 있고, 내적 단서로는 마약 복용에 이르게 했던 감정, 생각, 신체적인 감각 등이 포함된다.

소거란?

고전적 조건형성의 자극과 반응이나 조작적 조건형성의 행동과 강화 사이의 연관성이 무너지기 시작하면 행동은 소거[Extinction]된다. 행동이 더 이상 나타나지 않을 때 그 행동은 소거되었다고 한다. 그것은 애초에 바람직하지 않은 행동이었을 경우 긍정적인 일이지만 가치 있는 행동이었을 경우에는 부정적인 일이 되기도 한다. 일반적으로 전에 있었던 강화나 무조건 자극이 더 이상 수반되지 않는 경우 행동은 결국 소거되고 만다. 직원들에게 월급을 주지 않는다면 아마 직원들은 더 이상 그 회사에 나가지 않을 것이다. 신발을 신고 나서도 개를 데리고 산책을 나가지 않는다면 개는 당신이 신발을 신는다 해도 더 이상 꼬리를 흔들지 않을 것이다. 그리고 운동화와 산책 사이의 연관도 사라지게 된다.

강화 조건은 학습에 어떤 영향을 미칠까?

조건형성 원리는 매우 단순해 보이지만 실제로는 그렇게 단순하지 않다. 여러 요소들이 조건형성의 효과에 영향을 미친다. 타이밍, 특히 무조건 자극과 조건 자극을 구별하는 시간이 중요하다. 운동화를 신자마자 개를 산책시키러 나간다면 개가 신발과 산책을 연관 짓기는 힘들 것이다.

마찬가지로 행동이 결과와 연관되려면 행동이 일어나고 얼마 지나지 않아 강화가 뒤따라야 한다. 사람들이 지구 온난화를 수십 년 동안 알고 있었음에도 불구하고 최근까지 별 효과를 보지 못한 것이 바로 이런 이유 때문이다. 결과가 즉각적이지 않은 것이다. 젊은 사람들에게 건강한 습관을 주입하는 것이 어려운 이유도 마찬가지다. 스스로를 돌보는 행동에 대한 결과가 수십 년 동안 나타나지 않기 때문이다. 강화 계획 역시 학습에 영향을 미친다. 어떤 행동을 보일 때마다 매번 강화해야 할까? 어떤 종류의 강화가 뒤따라야 행동이 소거될 가능성이 줄어들까?

간헐적 강화가 행동의 소거를 방지하는 데 더 효과적인 이유는 무엇일까?

행동이 어느 순간에만 강화되는 간헐적 강화는 행동이 소거되지 못하게 막는 최상의 방법이다. 사람들이 어떤 행동을 보일 때마다 매번 강화되지는 않을 것이라고 예상한다면 행동이 강화되지 않더라도 그 행동을 멈출 가능성은 줄어든다. 따라서 그 행동을 포기하기까지 더 오랜 시간이 걸리는 것이다. 간헐적 강화가 언제 일어날지 예측할 수 없다면 행동이 소거되는 것을 더 효과적으로 방지할 수 있을 것이다.

간헐적 강화는 도박에 어떻게 이용될까?

도박을 할 때 베팅하는 행동은 간헐적이고 예기치 못한 방식으로 보상을 받는다. 도박꾼이 이기지 못해도 도박꾼은 계속 베팅을 하면서 조만간 다시 돈을 딸 거라고 믿는다. 도박꾼이 베팅할 때마다 돈을 땄다면 몇 번 지고 난 후에는 베팅과 돈을 따는 것 사이의 연관성이 없어졌다고 느껴 도박하는 행동을 멈추게 될 것이다. 따라서 간헐적이고 예기치 못한 강화 계획으로 인해 카지노는 도박꾼들이 최대한 오래 도박을 하게 하는 이점을 누리는 것이다.

행동주의를 신봉하는 사람들 사이에서조차 행동주의가 문제되기 시작한 이유는?

행동주의의 지배가 지속되면서 그 이론적 틀의 한계가 뚜렷해졌다. 동물들이 행동주의 이론만으로는 설명할 수 없는 행동들을 계속해서 보였던 것이다. 예를 들어 스키너는 적절한 강화 계획만 마련한다면 모든 종류의 동물에게 모든 행동을 가르칠 수 있다고 생각했다. 하지만 그렇지 않은 것으로 드러났다. 똑같은 행동이라도 어떤 동물은 쉽게 배우는 반면 어떤 동물은 가르치는 데 한참 걸렸다. 또 동물에 따라서는 전혀 가르칠 수 없는 행동도 있었다. 쥐에게 손잡이를 눌러 먹이를 얻는 법을 가르치는 것은 쉽지만 고양이에게 똑같은 행동을 가르치기는 어렵다. 이런 결과는 동물 종의 유전적 특징에 따라 배울 수 있는 것과 없는 것의 한계가 다르다는 점을 알려준다. 즉, 가르칠 수 있는 것에 제한이 있었던 것이다.

톨먼의 업적은 어떻게 해서 행동주의 시대의 끝을 알리는 계기로 작용했나?

에드워드 체이스 톨먼Edward Chase Tolman, 1886~1959은 행동주의 연구원들이 가장 좋아하는 주제인 쥐의 미로 찾기 행동을 연구한 열렬한 행동주의자였다. 하지만 그는 예상과 달리 쥐들이 자극과 반응의 관계만으론 설명할 수 없는 행동을 보이는 것을 반복적으로 관찰하게 된다. 그는 미로 속에 놓인 쥐가 특정한 길을 선택하기까지 자주 행동을 멈추고 주변을 둘러보며 다른 길들을 확인한다는 사실을 발견했다. 이런 행동과 그가 관찰한 비슷한 유형의 많은 행동들이 일종의 심리 과정을 의미하는 것이라고밖에 달리 설명할 방법을 찾지 못했던 그는 쥐의 머릿속에 미로의 구조에 대한 그림이 있기 때문에 그런 행동을 보이는 것이라고 생각했다. 이런 식으로 톨먼은 행동주의가 중심이 된 심리학에 마음이라는 개념을 도입했다. 심지어 미로 속을 돌아다니는 쥐조차도 문제에 대해 생각하는 심리 과정을 보인다고 말이다.

미로 속을 돌아다니는 쥐를 통해 어떻게 심리 과정의 증거를 찾을 수 있었을까?

톨먼은 기대와 심상 지도라는 개념을 행동주의에 도입했다. 단순히 각각의 행동에 대한 보상 횟수가 많다는 이유만으로 쥐를 비롯한 동물들이 가장 많이 보상받은 행동을 자동적으로 반복하지는 않았다. 자극과 반응 사이에 일종의 사고 과정이 일어났던 것이다. 좀 더 구체적으로 설명하면 쥐들이 과거 경험을 토대로 앞으로 사건이 어떻게 진행될지 기대치를 세운 것처럼 보였다. 그런 다음 자신이 가지고 있는 기대치를 새로운 상황에서 얻은 정보에 대비하여 결정을 내렸다.

이런 식의 심상 지도는 피아제가 주창한 정신적 스키마 개념과 동일한 것으로 인지심리학, 발달심리학, 임상심리학 등 여러 심리학 분야에서 중요한 개념으로 자리 잡게 되었다.

인지혁명이란 무엇인가?

1950년대와 1960년대에는 여러 방면의 발달이 합쳐 인지혁명Cognitive revolution이라 불리는 이론심리학의 폭발적인 변화를 가져왔다. 인류학, 언어학, 전산과 같은 다양한 분야의 연구가 심리 과정의 과학적인 연구를 향해 발전해나갔다. 심리학계에서는 기억력, 지각, 성격을 비롯한 정신적인 현상이 계속해서 진보해나갔다.

정통 행동주의자들조차 심리 과정을 발견하기 시작했다. 이런 다방면의 발전이 합쳐 마음이 다시 한 번 주요 연구 대상으로 부상했다. 심리학의 블랙박스 모델은 거부되었고 인지, 즉 사고 과정 자체에 많은 관심이 쏠렸다. 이에 기여한 주요 인물로는 울릭 나이서Ulric Neisser, 하워드 켄들러Howard Kendler, 조지 맨들러George Mandler와 진 맨들러Jean Mandler가 있다. 또한 인지 과정에 대한 새로운 관심과 함께 유럽에서 시작되었다가 제2차 세계대전 이후 미국으로 건너온 게슈탈트 심리학Gestalt Psychology이라는 이전 운동이 다시 부활했다.

게슈탈트 심리학

게슈탈트 심리학의 기본 개념은 무엇일까?

19세기 초에 시작된 게슈탈트 심리학은 그 당시 이론심리학, 특히 왓슨의 행동주의, 분트의 구성주의와 대조되는 중대한 개념을 제공했다. 그러나 게슈탈트 심리학은 생긴 지 수십 년이 지난 후에야 비로소 완전한 영향력을 갖게 되었다. 게슈탈트 심리학은 1910년에 움직임의 지각을 연구한 막스 베르트하이머Max Wertheimer, 1880~1943가 창시했다.

게슈탈트 심리학의 핵심 개념은 마음이 유기적 통일체, 즉 게슈탈트로 정보를 정리한다는 것이다. 다시 말해 마음은 감각 자극을 수동적으로 받아들이는 것이 아니라 적극적으로 정보를 체계화한다. 뿐만 아니라 지식은 정보의 독립적인 일부가 합쳐 이루어지는 것이 아니다. 각 부분의 역학적 관계를 통해 마음이 전체를 만들어낸다. 게슈탈트 심리학은 전체론적인 이론이다.

게슈탈트란?

게슈탈트는 지각과 관련된 전체를 뜻하며 각 부분의 관계에 의해 만들어진다. 우리는 이런 관계에 대한 인식을 근거로 세상의 지식을 지각한다. 예를 들어 우리가 테이블이라고 인식하는 것을 생각해보자. 테이블이 클 수도 있고 작을 수도 있으며 금속이나 나무로 되어 있을 수도 있고 진한 색이나 밝은 색으로 되어 있을 수도 있지만 우리는 납작하고 수평한 면이 한 개 이상의 지지대를 가지고 있으면 그 물체를 테이블로 인식한다. 테이블의 게슈탈트는 각 부분 사이의 관계에 의해 결정되는 것이다.

게슈탈트라는 개념은 지각과 어떤 관련이 있을까?

게슈탈트 심리학은 우리의 감각 기관이 자극을 받아야 지각할 수 있다는 가정에 반박한다. 감각의 자극은 상황에 따라 다르게 나타나기 때문에 마음이 게슈탈트를 인식할 수 있게 우리의 지각을 적극적으로 체계화하지 않는다면 똑같은 물체나 사람이라도 각기 다른 상황에서는 다르게 인식될 수밖에 없다. 예를 들어 이웃 주민이 살을 빼거나 다른 옷을 입거나 머리를 잘랐다고 해도 우리는 그 사람을 똑같은 사람으로 인식한다. 분명 각각의 상황에서 우리가 받는 감각적인 정보는 저마다 다른데도 불구하고 우리는 그를 이웃 사람이라고 인식하는 것이다.

게슈탈트 심리학의 선구자는 누구일까?

막스 베르트하이머가 게슈탈트 심리학의 아버지라고 알려져 있다. 달리는 기차 안에 있을 때 움직임을 착각한다는 사실을 발견한 이후 그는 처음으로 이 분야에 관심을 가지게 되었다. 기차 밖의 지형은 움직이지 않는데도 불구하고 기차가 달릴 때에는 마치 뒤로 움직이는 것처럼 보이는 것이다. 이 같은 경험은 모두 해본 적이 있을 것이다. 그러나 베르트하이머에게는 이 현상이 마음의 작용을 들여다보는 고유한 창이 되었다. 그가 1910년 프랑크푸르트 대학교에서 처음 연구를 시작했을 때 그보다 조금 어린 두 심리학자, 볼프강 쾰러와 쿠르트 코프카Kurt Koffka, 1886~1941가 그의 연구에 동참

했다. 그들은 함께 다양한 실험을 하면서 움직임에 대한 착각을 연구했다. 베르트하이머가 파이 현상Phi effect이라고 이름 붙인 현상을 발견하게 된 연구를 계기로 그들은 오랫동안 함께 게슈탈트 연구와 이론에 전념한다. 그러다 1930년대 중반 이 세 사람은 모두 미국으로 이주했다. 히틀러가 권력을 잡기 전에 코프카가 먼저 미국으로 떠났고, 베르트하이머와 쾰러가 그의 뒤를 따랐다.

게슈탈트 이론이 중요한 이유는?

게슈탈트 이론은 연구 결과보다 심오한 철학적 의미로 인해 중요성을 갖는다고 할 수 있다. 무엇보다 근거가 확실한 실험을 통해 그 원리를 입증함으로써 게슈탈트 이론은 이론심리학에 다시 마음을 부각시키는 계기가 되었다. 둘째, 게슈탈트 이론은 행동주의와 빌헬름 분트의 구성주의에 나타난 연합주의적인 접근법에 상반되는 전체론적인 틀을 제시했다. 연합주의는 순전히 단순한 기억들 사이의 연합 과정을 통해서만 복잡한 지식을 얻을 수 있다고 믿었다. 그러나 게슈탈트 이론주의자들은 이런 관점이 지나치게 단순화되었다고 치부했다. 복잡한 지식 또한 패턴의 인식과 전체의 확인을 통해 전체적으로 개발된다고 믿었다.

게슈탈트 이론의 전체론적인 관점은 그 당시 과학적인 세계관과 어떻게 대립했을까?

심리학이 과학으로 정립해가던 19세기 말, 20세기 초에는 물리 과학이 이룬 성과가 대단히 존중받던 시기였다. 그 당시에는 보기 드문 기술적 변화가 일었다. 전화기, 자동차, 영화, 이 모든 것이 발명된지 얼마 되지 않았을 때였고 그로 인해 사회가 급변했다. 산업화된 세상에 과학이 넘쳐났고 물리 과학에서 이용되는 방법을 통해야만 현실을 이해할 수 있다는 생각이 만연했다. 그런 방법들은 주로 분석 기법으로 나타났다. 다시 말해 인간 심리와 같은 복잡한 현상을 이해하기 위해서는 자극과 반응의 관계와 같은 작은 부분들로 나누어야 한다는 것이었다. 그 자체가 얼마나 복잡한지는 고려 대상이 아니었다. 그건 그저 작은 부분들이 모인 집단에 불과했으니 말이다. 전체는 부분의 합으로 환원시킬 수 있었다.

게슈탈트 이론가들은 이런 환원주의적 가정에 반박했다. 그들은 종합적인 추론에 관심이 있었다. 부분을 어떻게 다시 합칠 수 있을까? 각 부분의 관계를 통해 어떻게 전체를 만들 수 있을까? 그들은 '전체가 부분의 합보다 크다'는 주장을 내세웠다.

"전체가 부분의 합보다 크다"는 말은 무슨 뜻일까?

이 표현은 게슈탈트 심리학이 만들어낸 가장 유명한 말이다. 게슈탈트 심리학자들은 전체를 구성하는 부분들과 상관없이 전체만의 독특한 특성이 있다고 믿었다. 인간이 세포와 조직으로 이루어졌다는 점을 생각해보자. 더 작은 단위를 따져보면 우리는 원자로 이루어져 있다. 하지만 원자의 행동을 연구한다고 해서 사랑, 성격, 편견, 음악에 대한 취향 같은 것을 설명할 수 있을까? 세포를 연구하면 그런 것을 설명할 수 있을까? 게슈탈트 심리학자들은 그렇지 않다고 말한다. 부분의 특성만으로 환원될 수 없는 전체만의 특성이 있다는 것이다. 게슈탈트 이론이 지각에 대한 연구로 가장 잘 알려져 있긴 하지만 게슈탈트 이론의 핵심적인 개념은 심리학의 거의 모든 부분에 적용되었다. 그 영향은 피아제 학설을 지지하는 발달심리학자, 인지심리학자, 심지어 정신분석가에게도 미쳤다.

제임스의 기능주의는 게슈탈트 이론에 어떤 영향을 주었을까?

게슈탈트 이론은 의식의 전체론적인 흐름에 관심을 가졌던 윌리엄 제임스의 이론과 공통점이 많다. 베르트하이머와 그의 동료들처럼 제임스는 기본적인 요소들로 나눈다고 해서 현실을 이해할 수는 없다고 믿었다. 전체적인 현실을 이해하기 위해서는 그것을 전체적으로 보아야 한다고 말이다. 그러나 게슈탈트 이론가들은 제임스가 환원주의 가정에 충분히 반박하지 않았다고 느꼈다. 하지만 그런 생각은 제임스에게 공정하지 못하다. 제임스는 베르트하이머가 처음으로 움직임의 지각에 매료되었던 1910년에 사망했기 때문이다.

게슈탈트 이론에서 비롯된 다른 지각 원리로는 무엇이 있을까?

게슈탈트 심리학은 마음이 지각 정보를 체계화하는 일련의 규칙이 있다고 주장했다. 그런 규칙으로는 근접성의 법칙Rule of proximity, 유사성의 법칙Rule of similarity, 단순성의 법칙Rule of simplicity, 폐합의 법칙Rule of closure 등이 있다. 앞의 두 법칙은 근접한 위치에 놓였거나(근접성), 비슷해 보이는(유사성) 두 물체가 합쳐 통일된 형태, 즉 게슈탈트가 된다는 것이다. 마음이 두 물체를 합쳐 전체로 만든다. 폐합은 게슈탈트의 틈을 메우려는 경향을 가리킨다. 한 부분이 빠진 원을 봐도 우리는 그것을 원으로 본다. 그리고

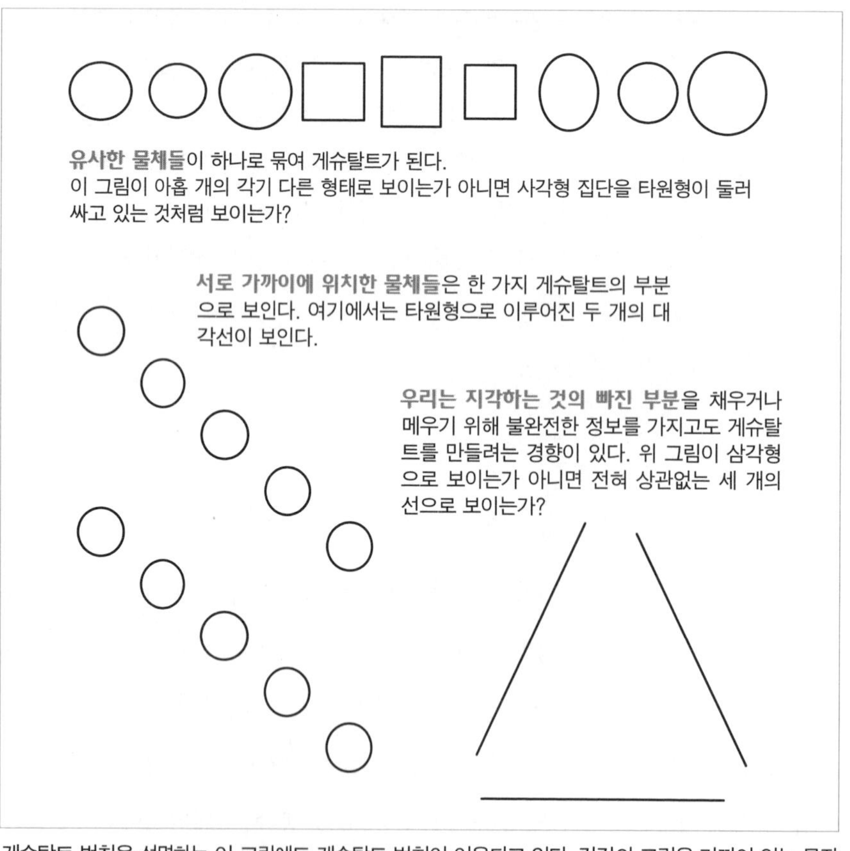

게슈탈트 법칙을 설명하는 이 그림에도 게슈탈트 법칙이 이용되고 있다. 각각의 그림을 가까이 있는 문장과 연관 짓는다는 점에 주목하라. 이는 근접성의 법칙을 나타낸다.

마음은 가장 단순한 해결 방법에 따라 부분을 합쳐 전체로 만든다.

게슈탈트 이론은 착시에 대해 무엇을 알려줄까?

게슈탈트 이론가들은 마음이 지각적인 정보를 적극적으로 체계화하는 방법을 설명할 때 착시를 많이 활용했다. 우리가 실제로 존재하지 않는 무언가를 볼 수 있다는 사실은 우리의 지각이 현실을 그대로 반영하지만은 않는다는 점을 보여준다. 오른쪽 사진에서 둥근 점과 같은 부분이 단추처럼 볼록해 보일 수도 있고 구멍처럼 오목해 보일 수도 있다. 주목할 점은 단추처럼 볼 수도 있고 구멍처럼 볼 순 있지만 두 가지를 동시에 볼 순 없다는 것이다. 지각이 바뀌기 위해서는 점 사이의 평평한 부분처럼 점 이외의 무언가를 바라보아야 한다.

점들이 이어진 부분이 보는 방법에 따라 볼록해 보일 수도 있고 오목해 보일 수도 있다.(iStock)

볼프강 쾰러는 통찰 학습에 관해 어떤 연구를 실시했을까?

볼프강 쾰러Wolfgang Köhler, 1887~1967는 베르트하이머와 가장 가까운 동료 중 하나였다. 1913년부터 1920년까지 쾰러는 북서부 아프리카 연안의 카나리아 제도의 테네리페 섬에 있는 유인원 연구 센터Anthropoid Research Station의 소장을 맡았었다. 처음에는 잠시 동안만 머물 생각이었다. 그러나 제1차 세계대전이 발발하면서 몇 년 동안 그곳을 떠날 수가 없었다. 테네리페에 있는 동안 쾰러는 침팬지의 문제 해결 능력에 대한 중요한 연구를 실시했다. 그는 바나나 여러 송이를 침팬지의 손이 닿을락 말락 한 곳에 놓고 침팬지들이 어떻게 바나나를 잡는 문제를 해결하는지 관찰했다.

모든 침팬지들이 성공적으로 문제를 해결한 것은 아니었지만(이는 사람과 마찬가지로 침팬지의 지능도 각기 다르다는 증거다) 성공한 침팬지들은 모두 유사한 행동을 보였다. 대개 침팬지들은 처음에 단순히 뛰거나 손을 뻗어 바나나를 잡으려 했다. 그러나 바나나를 잡을 수 없자 소리를 지르거나 벽을 차며 절망감을 드러냈다. 그러다 방 전체를 살펴본 후 갑자기 근처에 있는 물체를 도구로 삼는 해결책을 생각해내는 것이었다. 한 침팬지는 바나나 아래에 상자를 끌어다 놓고 그 위에 올라가 바나나를 잡기도 했다. 어떤 침팬지들은 여러 상자들을 쌓은 후에야 바나나를 잡을 수 있었다. 또 다른 침팬지는 나뭇가지 두 개를 이어 바나나에 닿을 정도로 긴 가지를 만들기도 했다.

이 연구는 무엇을 보여주는 것일까?

이 연구를 통해 알 수 있는 점은 두 가지다. 하나는 동물들이 주변 환경 전체를 살펴본 후에 해결책을 생각해냈다는 점이다. 동물들은 한 가지 물체에만 초점을 맞추지 않고 전체적인 것을 모두 고려했다. 둘째, 행동주의자들이 예상했던 바와 달리 침팬지들의 문제 해결 방법이 보상과 처벌을 통한 시행착오가 아니었다는 점이다. 침팬지들은 어느 순간 갑자기 완벽한 해결책을 생각해냈다. 다시 말해 단편적인 방식으로 문제를 해결한 것이 아니라 전체적인 방식으로 해결했다는 것이다. 쾰러는 이런 전체관적인 문제 해결 방식을 통찰 학습Insight learning이라고 불렀다.

볼프강 쾰러는 어떻게 유인원을 이용해서 통찰 학습을 연구할 수 있었을까?

볼프강 쾰러는 앞서와 같이 침팬지의 문제 해결 방식을 살펴본 연구를 실시했다. 그는 바나나 한 송이를 침팬지들의 손이 닿지 않는 곳에 놓고 침팬지들이 바나나를 어떻게 손에 넣는지 관찰했다. 처음에는 좌절하기만 했던 침팬지들이 결국 주변에 있는 물체를 도구로 활용하는 방법을 깨닫게 되었다. 이런 통찰은 일종의 아하!의 순간처럼 갑자기 깨닫는 경우가 많았다. 어떤 침팬지는 나뭇가지 두 개를 연결해 바나나에 닿을 수 있을 정도로 기다란 도구를 만드는가 하면 또 다른 침팬지는 상자 세 개를 쌓아 올려 천장에 달린 바나나를 끌어내렸다. 이 연구는 이런 동물들이 뛰어난 재능을 가졌다는 점 외에도 마음이 완벽한 문제 해결책을 적극적으로 만들어낸다는 게슈탈트 이론을 뒷받침해주었다. 이것은 오직 시행착오를 통해 조금씩 문제를 해결하는 것만이 가능하다는 행동주의자들의 가정을 뒤엎는 것이었다.

쾰러는 독일 첩자였을까?

제1차 세계대전이 벌어지는 동안 쾰러가 카나리아 제도에 머물렀던 점에 대한 논란이 인 적이 있었다. 특히 영국 정보원들을 비롯한 여러 사람들은 그가 독일 첩자라고 믿었다. 그들은 그가 침팬지와 바나나에 매료되어 그곳에 머물렀다는 것은 그럴싸한 이유가 되지 않는다고 생각했다. 그가 단순한 게슈탈트 심리학자가 아니었다는 증거가 아직까지 없음에도 불구하고 일부 현대 작가들은 그 문제가 아직도 명확하게 밝혀지지 않았다고 믿고 있다.

게슈탈트 심리학과 게슈탈트 심리 치료는 어떻게 다를까?

1940년대 프리츠 펄스Fritz Perls가 창시한 심리 치료 학파인 게슈탈트 심리 치료Gestalt psychotherapy는 지각에 대한 막스 베르트하이머의 실험에서 비롯된 연구와 이론 게슈탈트 심리학과는 전혀 다른 것이다. 흔히 인본주의 심리학의 일부로 간주되는 게슈탈트 치료는 철학의 현상학파, 실존주의의 원리와 더불어 정신분석과 게슈탈트 심리학의 원리를 수용한 것이다.

정신분석 이론

정신분석 이론이란?

20세기 전반에 행동주의가 미국 심리학계를 주도하는 동안 유럽과 미국의 임상 심리를 주도한 것은 비정상적인 심리 연구, 즉 정신분석이었다. 정신분석은 정신적인 고통을 치료하는 심리학적 방법과 포괄적인 정신병리학 이론을 제공한다는 점에서 특히 중요하게 여겼다. 그 이후에 생긴 정신병리학과 심리 치료 이론의 대부분이 정신분석에 상당한 빚을 졌다고 하는 편이 공정할 것이다.

비록 많은 심리 치료 학파가 정신분석에 대한 반발로 생겨났지만 여전히 정신분석에 입각해 정의되기 때문에 정신분석의 후예로 봐야 할 것이다. 정신분석 이론은 19세기 후반 지그문트 프로이트의 이론을 시작으로 방대한 이론적인 내용을 포함한다. 프로이트 때부터 정신분석은 자아심리학, 대인 관계 정신분석, 대상 관계 학파를 비롯해 다양한 학파로 나뉘었는데, 이 모든 것이 20세기 중반에 생겨났다. 보다 최근에 생긴 학파로는 자기심리학Self psychology과 관계 이론Relational theory을 들 수 있다.

프로이트는 왜 자신의 이론을 스스로 바꾸었을까?

오랜 기간 정신의학자로 종사하는 동안 프로이트는 자신의 이론을 몇 번 바꾸기도 했다. 실제로 신체적인 증상이 없는데도 불구하고 고통을 호소하는, 19세기 말 흔히 있던 정신 장애인 히스테리를 설명하기 위해 그는 처음에 유혹 이론을 내세웠다. 유혹 이론은 히스테리가 지금의 아동 성 학대라 할 수 있는, 때 이른 성 경험에서 비롯되었다고 규정했다. 그러나 1890년대 후반 이런 설명이 주목받지 못하자 프로이트는 무의식적인 성적 환상에 초점을 맞췄다. 즉, 실제로 발생한 사건에 대한 기억이 아니라 환자의 감추어진 욕망에 의해 그런 증상이 나타난다는 것이었다. 프로이트는 또 의식적 과정과 무의식적 과정의 관계에 초점을 맞춘 위상 이론Topological theory에서 벗어나 원초아, 자아, 초자아에 초점을 맞춘 구조 모델에 관심을 가졌다. 또 1920년대에는 죽음 본능인 타나토스라는 본능적인 힘을 자신의 본능 이론에 추가했다.

프로이트의 위상 모델이란?

프로이트의 위상 모델Topological model은 마음을 무의식, 전의식pre-conscious, 의식이라는 세 부분으로 나눈다. 무의식은 마음이 담고 있는 것을 자각하지 못한다. 금지되고 위험한 바람이 인식되지 않고 안전하게 담겨 있는 곳이 여기다. 전의식은 정신적인 내용이 의식 속으로 들어갈 수는 있으나 아직 의식하지 않는 단계다. 의식과 무의식 사이는 막혀 있지만 의식과 전의식은 막혀 있지 않다. 마음의 의식은 우리가 자각하는 모든 정신적인 내용을 담고 있는데 무의식에 비하면 크기가 아주 작다.

구조 모델이란?

구조 모델Structural model은 마음을 의식과 무의식으로 나누는 위상 모델을 무색하게 만든다. 프로이트는 무의식적인 작용을 믿으면서도 원초아, 자아, 초자아로 마음을 구분 짓는 것에 점점 더 많은 관심을 가졌다.

글자 그대로 '그것'이라고 해석되는 '이드Id(원초아)'는 문명화가 제 역할을 하기 위해 반드시 억제되어야 하는 동물적인 열정을 나타낸다. 원초아는 바람과 현실이 같고 열망이 억눌리지 않는 즐거움의 법칙에 따라 작용한다.

라틴어로 '나'라는 뜻의 '에고Ego(자아)'는 원초아와 현실 사이를 중재한다. 자아는 현실의 법칙에 따라 작용하며 세상이 항상 우리가 바라는 대로 따라주지 않는다는 사실을 인식한다.

초자아는 우리가 품고 있는 도덕성이 생기는 곳이다. 초자아는 부모의 가르침과 규율에 대한 내면화를 통해 형성된다. 엄격한 초자아는 억제되고 도덕적인 행동을 낳지만 나약한 초자아는 방종과 부도덕한 행동을 낳는다.

프로이트의 리비도 이론은 무엇일까?

프로이트는 리비도가 모든 인간의 행동에 동기를 부여하는 기본적인 힘이라고 주장했다. 실제로 그는 제자들 가운데 인간의 동기부여에 관한 다른 이론을 주장하는 사람이 있으면 결별하기도 했다. 리비도는 대개 성적인 본능이라고 해석되지만 실제로는 감각적인 쾌락의 모든 면을 가리킨다. 프로이트의 관점에 따르면, 본능은 쾌락 원리에 따라 표출될 방법을 모색한다. 쾌락은 본능적인 에너지의 표출을 통해 긴장감이 떨어질 때만 얻을 수 있는 것이다. 본능이 표출되지 못하면 하류로 흐르는 강물과 같이 또 다른 배출구를 찾는다. 인간의 동기부여에 관한 이런 기계론적인 관점을 수압 모델이라 부르는데, 그 당시 과학적 모델이 반영되었다.

죽음 본능인 타나토스에 대해 프로이트는 무엇이라고 했을까?

제1차 세계대전으로 대학살이 일어난 후 프로이트는 자신의 본능 이론에 타나토스를 추가했다. 죽음 본능인 타나토스는 인간의 파괴성을 나타낸다. 쾌락은 긴장감의 감소를 통해서만 찾을 수 있기 때문에 긴장감이 전혀 없는 완전히 정적인 상태에 도달하기 위해서는 충동이 있어야만 한다. 이는 죽음과 같기 때문에 죽음 본능이라고 불린다. 지금은 긴장감의 해소는 물론 긴장감의 고조를 통해서도 쾌락을 얻는다는 사실을 알고 있다.

프로이트는 왜 성에 집착했을까?

현재 관점에서 보면 성에 초점을 맞춘 것이 이상해 보일 수도 있다. 하지만 그 당시 정황에 비춰 프로이트를 생각하는 것이 무엇보다 중요하다. 그는 인간의 행동을 설명해주는 전체적인 과학적 이론을 구축하려 했던 대단히 야심 많은 사람이었다. 19세기 역학에 발맞춰 그는 모든 인간의 행동을 설명해주는 한 가지 힘을 찾았다. 그는 또한 빅토리아 시대의 인물이었다. 빅토리아 시대에는 유럽 중상 계층 사이에서 성적인 억압이 만연해 있어 성이 금기시되었고 사람들은 고상한 체 위선을 떨었다. 그런 사회에

런던에 위치한 프로이트의 사무실 내부. 그는 1939년에 런던으로 이주했다. 치료를 받을 때면 환자들은 그 유명한 소파에 누웠고 프로이트는 그 옆에 놓인 의자에 앉았다.(CC-BY-SA-3.0-migrated-with-disclaimers)

서 그의 여성 환자들이 보인 심리적인 증상 가운데 다수가 실제로 억압된 성생활과 관련이 있었을지도 모른다. 그러나 시간이 지나면서 리비도와 정신성적 단계를 비롯한 프로이트 이론의 많은 부분이 감정과 대인 관계에 입각해 해석되었다.

오이디푸스 시기란?

프로이트는 리비도 본능이 나이에 따라 각기 다른 성감대에 반응하는 일련의 발달 단계를 거친다고 믿었다. 만 4~7세에 해당되는 남근기에 어린 소년은 오이디푸스 위기를 통해 초자아를 형성하게 된다. 이 나이 대에는 어린 소년이 어머니와 사랑에 빠진다. 아버지를 라이벌로 인식한 소년은 아버지를 죽이고 싶은 분노를 느끼는데 오로지 자기보다 훨씬 강한 아버지에 대한 두려움에 의해서만 통제될 수 있다. 아버지가 앙갚음하기 위해 자신의 성기를 잘라버릴지도 모른다는 두려움을 가리켜 거세 불안이라고 한다.

이런 딜레마에 대한 해결책으로 어린 소년은 아버지와 자신을 동일시하며 자라서 아버지와 같은 남자가 되면 자신만의 아내를 가질 수 있다는 점을 깨닫는다. 아버지와 아버지의 권위에 대한 이런 내면화가 초자아와 소년의 도덕 발전에 초석이 되는 것으로 여겼다. 그러나 프로이트는 아이들이 거세 불안을 느끼지 않는다는 점을 어떻게 설명해야 할지 알지 못했다. 이 이론의 구체적인 점이 페미니스트와 발달심리학자들에 의해 대대적인 비난을 받긴 했지만 자신보다 나이 많은 이성 친척에게 유난히 낭만적인 행동을 보이는 이 나이 대의 아이들에게서 오이디푸스 콤플렉스와 관련된 행동을 흔히 볼 수 있는 것은 사실이다.

오늘날에는 프로이트 이론을 어떻게 생각할까?

정신분석이 생긴 이래 프로이트는 열렬한 지지를 받는 동시에 상당히 폄하되기도 한 인물이다. 정신분석이 말도 안 되는 속임수라며 무시되는가 하면 프로이트의 논문을 마치 성경처럼 확실한 것으로 추대하는 사람들도 있다. 이런 현상은 지금까지도 어느 정도 계속되고 있다. 그러나 행동과 뇌에 관해 보다 많은 사실이 밝혀지면서 프로이트가 구체적인 내용에 관해서는 많은 부분 잘못된 이론을 주장한 것이 사실이지만 무언가 이룬 것만은 틀림없다. 예를 들어 현대 신경과학은 전두엽과 변연계Limbic system가 각각 자아와 원초아처럼 작용한다는 놀라운 사실을 밝히기도 했다.

시대가 변하면서 정신분석 이론은 어떻게 변했을까?

정신분석은 발전에 발전을 거듭했다. 현대 정신분석 학파, 대물 관계 학파, 자기심리학파, 모델 이론 학파는 프로이트의 원 아이디어를 대인적인 측면에서 해석한다. 성적 본능에 치중하던 관심은 어린 시절의 관계가 성장 후 대인 관계와 감정 통제에 어떤 영향을 미치는지에 대한 관심으로 옮아갔다. 피터 포나기Peter Fonagy와 메리 타깃Mary Target의 연구에서 볼 수 있는 애착 이론 원리와 자기 숙고 기능Self-reflective functioning이라는 발상 또한 현대 정신분석에 영향을 미쳤다. 정신분석적 개념과 진보된 신경과학의 통합이 현재 정신분석 이론의 최첨단을 형성한다고 할 수 있다.

프로이트의 오이디푸스 콤플렉스는 어땠을까?

프로이트의 특별한 가족 구성으로 인해 그가 오이디푸스 문제에 특히 민감했던 것은 아닌지 의문을 가질 수도 있다. 프로이트의 부모인 아말리아와 야코프의 나이 차는 스무 살로 프로이트와 어머니의 나이 차와 같았다. 프로이트는 어머니의 첫아이였기 때문에(아버지의 첫아이는 아니었다) 많은 면에서 어머니와 각별했으며 사는 내내 어머니와 끈끈한 관계를 유지했다. 프로이트의 어머니는 아흔다섯 살에 세상을 떴는데, 아들 프로이트는 어머니가 사망한 지 불과 9년 만에 세상을 떠났다.

융의 분석심리학

카를 융은 누구인가?

스위스 정신과 의사인 카를 구스타프 융Carl Gustav Jung, 1875~1961은 자신만의 분석심리 학파를 만들기 전까지는 프로이트의 절친한 협력자였다. 분명 프로이트의 정신분석을 기반으로 하긴 했으나 융의 분석심리학은 리비도의 지배에서 벗어나 인간의 무의식에 대한 신비한 이해에 초점을 맞췄다. 흥미로운 점은 융이 성직자 집안에서 태어났다는 것이다. 그의 아버지는 스위스 개신교 교회의 목사였다.

카를 융은 프로이트의 제자였으나 1913년 프로이트와 결별한 후 자신만의 분석심리 학파를 창시했다.

사회생활 초년에 융은 유명한 정신과 의사이자 정신분열증이라는 용어를 만든 취리히 대학 브루크횔츨리 정신과의 오이겐 블로일러 밑에서 일했다. 그곳에서 융은 사람들이 언어를 하나로 묶는 방법을 통해 무의식의 의미를 감지하는 단어 연상 연구에 관여한다. 이 연구를 계기로 그는 프로이트의 정신분석 연구에 참여하게 되었고, 1907년에 두 사람은 만난다. 두 사람은 서로 협력하며 활발한 연구를 펼쳤지만 1912년 융이 프로이트의 연구를 비판하는 내용을 출간하자 1913년 서로 폭언이 오가는 험한 사이로 협력 관계가 끝난다. 1913년부터 융은 자신의 연구를 분석심리학이라 부르며 프로이트의 정신분석과 차별화했다.

융과 프로이트의 관계는 어떠했는가?

융은 학설로 인해 관계가 어긋나기 전까지 프로이트가 가장 아끼던 제자였다. 정신분석 저널 편집자, 국제정신분석학회International Psychoanalytic Association 회장으로 선출되는 등 융은 정신분석학계에서 고속 승진했다. 프로이트가 그를 아낀 이유 가운데 하나는 그가 유대인이 아니어서 유럽 내의 보다 넓은 비유대인 과학 공동체에 가교 역할을 해줬기 때문이다. 오이겐 블로일러와 융의 관계 또한 정신분석이 과학계로부터 폭넓은 존중을 받도록 보장해주었는데, 이는 프로이트가 그토록 바라던 바이기도 했다. 그러나 융은 리비도가 유일한 행동 동력이라는 프로이트의 주장에 점점 불편을 느꼈다. 그는 심리적 자극이 에너지에서 비롯된다는 프로이트의 발상에는(정상적 심리 작용과 비정상적인 심리 작용이 에너지 흐름의 산물이라는) 동의했지만 성욕은 인간의 행동 동력 가운데 일부에만 해당된다고 믿었다.

기질적으로도 두 남자는 달랐다. 융은 독실한 가족의 영향 때문인지 신비주의적 성향을 가지고 있었고 초자연적인 힘에도 평생 동안 관심을 가졌다. 그에 반해 프로이트는 열렬한 합리주의자로, 종교가 유치한 신경증에 불과하다고 믿었다. 임상 자료로 이용하는 경우를 제외하고 프로이트가 초자연을 그다지 존중했을 가능성도 별로 없다.

무의식에 대한 융의 관점은 프로이트의 관점과 어떻게 달랐을까?

융은 프로이트와 마찬가지로 마음이 의식과 무의식으로 나뉘어 있으며 의식적인 부분이 마음 전체의 작은 부분을 차지한다고 믿었다. 융은 또한 프로이트가 그랬던 것처럼 억눌리고 금지된 생각들이 의도적으로 의식에서 벗어나 무의식 속으로 빠져든다고 믿었다.

그러나 융은 프로이트와 달리 무의식이 개인 무의식과 집단 무의식으로 나뉜다고 믿었다. 개인 무의식은 단순히 잊어버리거나 억눌려 의식에서 벗어난 개인적인 경험으로 구성되어 있다. 개인 무의식에 속하는 내용은 개인적인 삶의 경험에서 비롯된다. 반면 집단 무의식은 인류가 진화 과정을 거치면서 겪어온 전체적인 경험으로 이루어진다. 집단 무의식에는 보편적인 상황에 대한 전형적인 반응 전체가 담겨 있다. 따라서 개개인의 삶에 국한되지 않고 특정한 개인과 상관없는 위대한 존재의 진리를 아우른다.

카를 융은 왜 만다라를 만든 동양의 관습에 관심을 가졌을까?

만다라는 불교와 힌두교 승려들이 만든 종교적 예술 작품이다. 동양의 종교에 강한 매력을 느낀 융은 만다라를 인격의 상징으로 여겼다. 융과 그의 추종자들은 중심부의 원 그리고 그 원과 연결된 네 모서리로 이루어진 만다라의 구조가 개인적인 발달 과정을 나타낸다고 믿었다. 개인적인 성장을 하면서 우리는 상반되는 인격의 힘(네 모서리)을 합쳐 포괄적이고 전체를 아우르는 자기 인식(중심부 원)을 만들려고 노력한다. 이런 자기 인식을 얻기 위해서는 만다라의 네 모서리가 중앙의 원을 가리키고 있는 것처럼 우리 또한 내면에 관심을 가져야 한다.

우리의 의식적인 인식을 이끌어주는 성격적 특성들은 어떤 것이 있을까?

융은 성격심리학에 막대한 영향을 끼친 성격 특성 유형을 개발했다. 그는 의식적인 마음을 기능적 형태와 세상을 향한 태도로 나누었다. 기능적 형태란 사람들이 정보를 처리하는 방식을 뜻한다. 마음이 지속적인 긴장 상태에 놓인 서로 상반되는 마음으로 구성되었다고 믿은 그는 생각 대 감정, 직관 대 감각이라는 두 극성이 있다고 주장했다. 각각의 극성은 반대 극성과 상호 배타적이다. 따라서 동시에 감정과 생각을 통해 세상을 인식할 수는 없다. 항상 한쪽 극성이 우세하기 때문에 다른 쪽은 무의식 속으로 떨어진다. 외향성Extroversions과 내향성Introversions은 외부 세계에 대한 태도를 설명해준다. 외향적인 사람은 다른 사람과 물체 등 외부 현실에 우선적으로 관심을 가진다. 내성적인 사람은 주관적인 내면의 경험에 사로잡혀 내면으로 향한다.

융의 성격 이론에서 비롯된 성격 테스트로는 어떤 것이 있을까?

직장에서 직원들의 성격을 알아보기 위해 사용하는 유명한 성격 테스트로 마이어-브릭스Meyer-Briggs 테스트가 있다. 이 테스트는 앞서 설명한 세 극성, 즉 외향성 대 내향성, 생각 대 감정, 직관 대 감각에다 판단 대 지각이라는 한 가지 요소를 더 추가했다. 외향성은 또한 NEO 성격 검사와 같은 5대 요인 성격 모델Five factor model of personality과 연관된 척도에 따라 측정된다. 정상적인 성인들의 다양한 성격을 파악하기 위해 고안된 이 테스트는 240문제를 이용해 신경성, 외향성, 경험에 대한

만다라는 힌두교와 불교에서 전통적으로 이용되는 종교적인 그림이다.

개방성, 친화성, 성실성이라는 다섯 가지 영역을 측정한다.

원형이란?

원형Archetype은 살아가면서 보편적으로 마주치는 상황에 대처하는 오래된 기본 방식을 나타내는 경험과 행동 패턴으로, 집단 무의식 속에 존재한다. 원형의 종류로는 어머니의 원형, 아이의 원형, 여성적 원형, 남성적 원형 등이 있다. 원형은 의식적으로 직접 알 수 있는 것이 아니라 꿈, 창의적인 예술 작품, 신화, 종교적 상징주의를 통해 무의식적으로 떠오르는 이미지를 이용해 짐작해볼 수 있을 뿐이다. 이런 시각적인 상징의 해석을 통해 우리는 가장 깊숙한 곳에 숨어 있는 우리 자신을 더 많이 깨달을 수 있다.

융은 신비주의와 어떤 관계인가?

항상 신비주의에 매료되어 있던 융은 나이가 들자 다른 문화의 영적인 관습을 배우기 위해 여러 곳을 여행했다. 그는 뉴멕시코에 사는 푸에블로 인디언을 찾아가기도 했고 케냐와 인도를 여행했으며 다양한 동양 종교에 대한 연구에 참여하기도 했다. 그는 모든 종교에서 이용되는 상징주의가 보편적 원형을 표현한 것이라고 생각했다. 정신 건강에 대한 융의 관점 역시 종교 색을 띠었다. 그는 우리의 행복이 우리 자신의 일부이면서 동시에 우리보다 큰, 보편적인 현실과의 교감에 달려 있다고 했다. 그가 주장한 집단 무의식이라는 개념 속에는 심리학, 진화생물학 그리고 다양한 문화의 영적인 전통이 합쳐 있다.

인본주의 이론

인본주의 심리학이란?

인본주의 심리학은 1950년대에 시작된 심리 이론과 관행 전체를 지칭하는 말로, 이후 수십 년 동안 상당한 인기를 얻었다. 게슈탈트 심리학자들이 그랬던 것처럼 인본주의 심리학자들 또한 그 당시 주류 심리학파의 제한에 대한 반발로 인본주의 심리학을 창시했지만 인본주의 심리학이 게슈탈트 심리학보다 더 적기에 생겼다고 할 수 있다. 행동주의와 정신분석의 인기가 시들해지기 시작할 때 등장했기 때문이다. 따라서 그들은 얼마 지나지 않아 두 학파의 정통에 반대하는 막강한 상대로 등극할 수 있었다.

기본적으로 인본주의 심리학자들은 인간에 대한 연구에 인본주의를 다시 집어넣고 싶어 했다. 보다 구체적으로 표현하면, 그들은 자극과 반응의 연쇄 반응이나 무의식적 충동에 좌우되는 수동적인 물체로 인간을 묘사하는 기계론적인 심리 관점에 반대했다. 그들은 사람들이 자신의 삶에 적극적으로 참여하는 주체라고 주장했다. 인본주의자들은 자유의지와 선택의 중요성을 강조했으며, 풍부한 주관적 경험을 소중하게 생각하면서 인간의 의식, 삶의 경험이 가진 질에 관심을 가졌다.

그들은 또한 병리학을 강조하는 정신분석에도 맞섰다. 프로이트와 대조적으로 그들은 사람들이 심리적 발전을 이루려는 동기를 타고났으며, 적절한 용기와 지원이 뒷받침되는 한 자연히 건강한 삶을 이루기 위해 노력한다고 믿었다.

인본주의 심리학에 영향을 준 철학파와 심리학파는 어떤 것이 있을까?

제1차 세계대전과 홀로코스트로 인해 파괴된 유럽에서는 의미에 대한 의문이 떠오르기 시작했다. 그토록 무분별한 살생 앞에서 삶이 무슨 의미와 목적을 가질 수 있단 말인가? 이런 상황에서 시작된 실존주의 철학 운동을 배경으로 인본주의 심리학자들이 생겨났다. 주관적인 경험의 다양한 복잡성에 초점을 맞춘 유럽 철학의 초기 분야인 현상학 또한 인본주의 심리학에 영향을 주었다.

인본주의에 영향을 준 심리학파로는 윌리엄 제임스의 기능주의를 꼽을 수 있으며, 게슈탈트 심리학자들의 전체적 이론 또한 한몫했다.

제3세력 심리학이라는 것은 무슨 뜻일까?

인본주의 심리학이 창시된 1950년대 미국에서는 행동주의와 정신분석이라는 양대 학파가 심리학 분야를 주도했다. 행동주의는 이론심리학을 주도했고 정신분석은 임상심리를 주도했다. 인본주의 심리학자들이 이 두 거대 세력에 대한 대안을 만들고자 했기 때문에 인본주의 심리학을 제3세력 심리학이라고 불렀다.

에이브러햄 매슬로는 누구일까?

미국의 심리학자인 에이브러햄 매슬로Abraham Maslow, 1908~1970는 인본 심리학을 창시한 인물 중 하나다. 매슬로는 여러 권의 책을 저술했으며 몇 가지 중요한 이론적 업적을 남기기도 했다. 아마 그는 욕구단계설이라는 개념으로 가장 잘 알려져 있을 것이다.

매슬로는 인간의 심리적인 욕구가 다차원적이며, 인간의 모든 행동을 설명할 수 있는 한 가지 행동 동력은 없다고 믿었다. 또한 가장 기본적인 생존이라는 욕구를 시작으로 이런 욕구들이 계층적으로 구분될 수 있다고 믿었다.

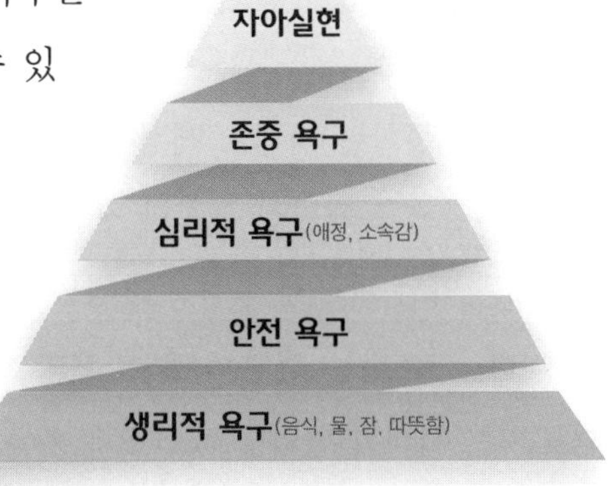

이 삼각형은 매슬로의 욕구 단계를 나타낸다.

목마름, 배고픔, 따뜻함과 같은 기본적인 생리적 욕구가 충족되면 그다음으로는 안전에 대한 욕구가 작용한다. 안전에 대한 욕구가 충족된 다음에는 다른 사람들과의 감정적 교감에 대한 심리적 욕구가 중요해진다. 그런 욕구가 충족되면 우리는 자존감과, 사회 속에서 인정받는 가치 있는 사람이 되고 싶다는 점을 중시한다.

이 모든 욕구들이 충족되면 마지막으로 우리는 일종의 잠재력에 대한 창의적인 성취라 할 수 있는 자아실현 욕구를 갖게 된다.

매슬로의 자아실현이란 무슨 뜻일까?

자아실현이라는 용어를 맨 처음 창시한 사람이 매슬로가 아닌데도 불구하고 이 용어와 가장 자주 연관되는 이름이 매슬로다. 자아실현이란 창의적이고 감정적이며 지적인 잠재력이 실현되는 완전한 자기표현 상태를 일컫는다. 우리는 온전하게 살아가기 위해 무엇이 필요한지 인식하며 그 목적을 이루기 위해 살아간다.

비록 매슬로가 이기적인 쾌락의 추구를 장려했다는 비판을 받았지만 그는 가장 진실한 자기 모습을 개발해야만 타인에 대한 순수한 연민을 느낄 수 있다고 강조했다. 그는 자아를 실현한 사람들이 가장 강력한 지도자가 되어 사회에 가장 큰 기여를 해야 한다고 믿었다. 이 개념은 개인적인 성장과 심리적인 건강에 관심을 가졌던 인본주의 심리학을 설명해주는 것으로, 정신병리학과 정신 질환을 강조한 정신분석과 대조된다.

매슬로가 말한 절정 경험이란 무엇일까?

절정 경험Peak experience은 모든 것이 연결되어 있고 모든 부분이 똑같이 중요하다는, 통일되고 통합된 전체로 세상을 인식하는 완전한 자각과 집중 상태에 발생한다. 이것은 경외감으로 채워진 황홀한 경험으로 대개 종교나 신비로 묘사되곤 한다. 절정 경험이 모든 악과 비극을 부인하고 장밋빛 렌즈를 통해 인생을 왜곡하는 것을 뜻하는 것은 아니다. 그보다는 선과 악을 전체의 일부로 받아들이는, 완벽한 이해의 순간을 뜻한다. 이전 세대의 윌리엄 제임스와 카를 융처럼 매슬로도 신비하고 황홀한 종교의 단면을 심리 연구의 대상으로 삼는 것이 적절하다고 믿었다.

D 사랑과 B 사랑의 차이점은 무엇일까?

매슬로는 사랑을 두 종류로 구분했다. D 사랑D-love, 즉 결핍을 채우기 위한 사랑은 욕심 많고 소유욕이 많은 사랑을 가리킨다. 이 상태에선 필사적으로 의존하려는 마음 때문에 사랑하는 사람에게 매달리며 그를 우리 자신의 결핍을 채우기 위한 수단으로 여긴다. B 사랑B-love, 즉 존재의 사랑은 상대방을 전적으로 받아들이는 사랑을 말한다. B 사랑은 상대방이 자신에게 해줄 수 있는 것 때문에 사랑하는 게 아니라 상대방을 있는 그대로 사랑하는 것을 뜻한다. 따라서 B 사랑이 더 건전하고 오래 지속될 수 있는 사랑으로 간주된다. 매슬로는 타인을 목표에 도달하기 위한 수단으로 삼지 않고 그대로 받아들이기 위해서는 이기적인 욕망을 뛰어넘는 것이 무엇보다 중요하다고 생각했다. 흥미로운 것은 매슬로가 자신의 어머니를 개인적인 목적 이외에는 그 누구도 소중하게 생각하지 않는, 대단히 문제 많은 여성으로 묘사했다는 점이다.

인본주의 심리학은 심리 치료에 어떤 영향을 끼쳤을까?

여러 심리 치료 학파가 인본주의 운동에서 비롯되었고 다른 많은 학파들이 인본주의 심리학의 영향을 받았다. 칼 로저스의 인간 중심 심리 치료와 프리츠 펄스의 게슈탈트 치료(게슈탈트 심리학을 따서 이름 붙였지만 인본주의 심리학에 더 가깝다), 빅터 프랭클Victor Frankl의 의미 치료, 롤로 메이Rollo May의 실존주의 심리 분석이 모두 인본주의 심리학의 산물이다.

칼 로저스는 누구일까?

인본주의 심리학의 또 다른 인물인 칼 로저스Carl Rogers, 1902~1987는 심리 치료에 지대한 영향을 끼쳤다. 본래 고객 중심 심리 치료 또는 짧게 로저 치료라고 불리는 그의 인간 중심 심리 치료 학파는 고객의 주관적인 경험을 치료의 중심에 놓았다. 그는 치료사들의 역할이 심리 치료를 풀어나가기보다는 공감적 경청과 무조건적인 긍정적 존중을 통해 고객의 개인적인 성장을 장려하는 것이라고 믿었다. 부정적인 감정과 인간

관계의 대립을 무시했다는 점 때문에 비판을 받긴 했지만 치료적 공감은 이제 심리 치료의 기본 요소로 널리 인정받고 있다.

로저스의 무조건적인 긍정적 존중이란 무엇을 뜻할까?

로저스는 타고난 가치 때문에 아이를 사랑하는 것과, "네가 공부를 잘하고 예쁘고 말을 잘 들으면 사랑할게"와 같이 어떤 조건 때문에 아이를 사랑하는 것을 구별했다. 무조건적인 사랑을 받았다고 생각하는 아이들은 자신의 고유한 가치를 믿으며 성장한다. 반면, 자신의 행동에 따라 조건적인 부모의 사랑을 경험한 아이들은 대개 자존감에 입은 상처로 오랜 시간 고통을 겪는다. 이런 개념은 매슬로의 B 사랑, D 사랑과 유사하다.

심리 치료 연구에 칼 로저스가 이바지한 바는 무엇일까?

로저스는 심리 치료의 과학적인 연구를 선도한 사람이다. 그는 경험적인 연구 방법이 심리 치료에도 적용되어야 한다고 믿었다. 심리 치료 시간이 외부에 절대 노출되어서는 안 된다고 믿었던 정신분석학자들의 극심한 반대에도 불구하고 그는 처음으로 심리 치료 시간을 녹화한 사람이었다. 로저스는 또한 치료 전과 치료 후에 심리 테스트를 실시함으로써 치료 대상의 결과를 대조군의 결과와 비교하여 나아진 정도를 체계적으로 측정하기도 했다. 이런 방법은 이후 독립적인 분야로 번성하게 된 심리 치료 분야의 기초적인 연구 도구가 되었다.

애착 이론

애착 이론이란?

애착 이론은 정신분석 이론의 핵심 개념, 특히 어린 시절 아이와 돌보는 사람의 관계가 이후 성격 발달에 상당한 영향을 준다는 주장을 뒷받침하는 실증적인 근거를 제공한 첫 운동 가운데 하나였다. 칼 로저스와 마찬가지로 애착 이론가들은 감정과 대인관계 연구에 과학적인 방법이 유용하게 적용되어야 한다고 믿었다. 따라서 애착 이론은 정신분석 이론에 과학적인 방법을 적용한 첫 번째 운동이라 할 수 있다. 당연히 처음에는 애착 이론이 거부되었으나 시간이 지나면서 대부분의 정신분석 학파로부터 인정받게 되었다.

애착이란 아이가 자신을 돌봐주는 사람, 주로 엄마와의 감정적인 교감을 유지하고 싶어 하는 생리적인 욕구를 뜻한다. 애착 이론은 《애착과 상실*Attachment and Loss*》이라는 3부작으로 이루어진 책을 저술한 존 볼비가 창시한 이론이다. 볼비의 이론은 애착 연구를 위한 실험적인 과정을 개발한 메리 에인스워스(애착 이론을 연구 대상으로 삼은 사람)에 의해 상당한 체계를 잡게 되었다.

존 볼비는 누구일까?

존 볼비John Bowlby, 1907~1990는 제2차 세계대전 이후 영국에서 자주 목격할 수 있었던, 어린아이와 엄마 사이의 격리가 주는 대단히 파괴적인 영향을 우려한 영국 정신분석학자다. 그 당시 정신분석학적 세계관은 현실적인 사건들을 묵살했기 때문에, 엄마의 존재가 현실에 미치는 영향에 대한 볼비의 주장은 동료들과의 사이를 벌어지게 했다. 또한 인성학과 동물 행동 연구에도 관심이 있었던 볼비는 결국 정신분석 이론과 인성학을 종합해 영유아와 엄마의 애착 이론을 창시했다.

볼비의 애착 이론이란?

일반적으로 애착이란 어린아이가 엄마로부터 보호받고자 하는, 진화론적으로 발달된 생리적 욕구라 할 수 있다. 아이가 놀라거나 엄마와 떨어지면 애착 시스템이 가동되어 엄마와 가까이 있으려고 한다. 아이는 엄마를 향해 손을 뻗으며 안아달라고 울거나 엄마가 있는 쪽을 향해 기어간다. 볼비는 이런 현상을 아이가 일종의 아늑한 만족감과 같은 안전과 행복이라는 주관적인 경험을 하려는 것으로 여겼다. 아이가 안전하다고 느끼면 애착 시스템은 멈추고 탐구 시스템이 가동된다. 그러면 아이는 엄마 품을 떠나 세상을 탐구하며 놀기 시작한다. 엄마와의 관계가 격리나 이별로 방해를 받으면 아이는 엄청난 슬픔과 고통을 경험하는데, 상실감이 얼마나 심각한가에 따라 오래 지속될 수도 있고 심할 경우 평생 영향을 줄 수도 있다.

볼비가 창시한 내적 작동 모델이란?

볼비의 영유아 애착 시스템은 대부분 행동적인 측면에 입각해 설명되지만, 그는 애착에 관한 아이의 내적 작동 모델Internal working model이라는 개념을 통해 애착의 심리적인 측면을 다루기도 했다.

내적 작동 모델이란 일종의 돌보는 사람과 아이 자신의 심상 지도 또는 심리적 각본이라 할 수 있다. 반복된 애착 경험을 통해 아이는 엄마나 돌보는 사람의 반응과, 함께할 수 있는 가능성에 대한 기대감을 갖는다. 아이는 엄마와 아이 자신의 상호관계가 어떻게 펼쳐지는지에 관한 작동 모델을 개발하게 되고, 이런 기대치에 따라 애착 행동을 수정한다.

이 아기가 울면서 안아달라고 하는 모습이 볼비가 말한 애착을 추구하는 행동에 해당한다. 아이가 엄마와 떨어지면 애착 시스템이 가동되고 아이는 엄마와 다시 만나기 위해 애착을 추구하는 행동을 보인다.(iStock)

메리 에인스워스는 애착을 측정하는 과학적인 방법을 어떻게 개발했을까?

존 볼비가 자신이 창시한 개념을 실증적인 연구로 만드는 데 관심을 가지긴 했으나 애착 이론을 연구실에 옮겨놓은 사람은 메리 에인스워스Mary Ainsworth(1913~1999)다. 볼비가 엄마와 아이의 격리로 인한 보편적인 영향에 처음 관심을 보였다면, 에인스워스는 엄마와 아이의 관계의 본질을 기반으로 한 애착의 질적 차이에 관심을 가졌다고 할 수 있다. 그녀의 첫 연구는 1954년 남편과 함께 여행했던 우간다에서 실시되었다. 28명의 우간다 아기들을 관찰한 그녀는 엄마와 아이의 애착에 대한 질적인 차이를 발견했다.

그녀와 남편은 우간다를 떠나 볼티모어의 존스홉킨스 대학교로 이주한 후 좀 더 심도 있는 연구를 진행했다. 그곳에서 그녀는 가정은 물론 낯선 상황Strange situation이라고 부르는 연구가 진행되는 동안 실험실에서 벌어지는 엄마와 아이의 관계를 살펴보았다. 엄마와 격리될 때와 재회할 때 보이는 아이의 반응을 근거로 아이는 안정 애착Secure attachment과 불안정 애착Insecure attachment으로 분류된다. 에인스워스는 또한 실험실에서의 애착 상태가 가정에서 아이에게 보이는 엄마의 행동과 관계있다는 사실을 발견했다. 1978년에 이런 연구 결과를 담아 출간한 《애착 패턴*Patterns of Attachment*》은 애착 연구에 한 획을 그었다. 또한 비교적 단순한 이 연구의 틀은 아동 발달에 관한 심리학적 연구에 대단한 변화를 가져다주었다.

낯선 상황이란 무엇이며, 무엇을 나타낼까?

낯선 상황 실험이란 생후 12~18개월의 아기를 20분 동안 장난감이 가득 찬 방에 들여보낸 후 한 방향 거울을 통해 옆방에서 아기의 행동을 관찰하는 것이다. 그동안 엄마와 아기는 격리되고 재회하는 일을 겪게 된다. 낯선 상황 실험에서는 여덟 건의 사건이 벌어지는데 처음 사건은 30초 동안 벌어지고 나머지는 최대 3분까지 진행된다. 두 번의 격리와 재회가 벌어지는 동안 아이의 반응은 한 방향 거울을 통해 주의 깊게 관찰된다. 주로 이런 행동을 근거로 아기는 안정 애착으로 분류되거나 불안정 애착의 세 부류 가운데 하나로 분류된다.

안정 애착은 무엇일까?

에인스워스의 시스템에서 B형 아기로 분류되는 안정 애착 아기는 엄마가 방에 있을 때 장난감에 흥미를 보인다. 이 범주의 아기들 가운데 일부는 엄마와 떨어질 때 괴로워 한다. 가장 중요한 특징은 엄마와 다시 만나는 순간 아기가 그 즉시 엄마에게 안기려 한다는 점이다. 엄마와 떨어졌을 때 아기가 괴로워한다면 엄마와의 재회가 아기를 달래는 데 효과적이다. 이런 식의 행동은 아기가 애착 욕구를 느낄 때 엄마가 함께하는 정도와 엄마의 반응에 아기가 안정감을 느낀다는 점을 나타낸다.

불안정 애착은 무엇일까?

불안정 애착 아기는 자신의 애착 욕구에 대한 엄마의 감정적인 호응이나 반응에 불안정하게 느낀다. 그때 아기는 자신의 애착 행동을 엄마의 행동에 맞게 수정한다. 불안정 애착에는 몇 가지 범주가 있는데 에인스워스가 원래 주장한 것은 회피 애착과 저항 애착이었지만 이후 혼란 애착이라는 또 다른 범주가 추가되었다.

불안정 애착으로 인해 나타나는 행동에는 어떤 것이 있을까?

에인스워스가 A형 아기로 분류한 회피적인 아이들은 지나치게 독립적인 행동을 보인다. 이런 아기들은 엄마보다 장난감에 더 많은 관심을 보이며 엄마와 떨어져 있는 동안에도 별다른 스트레스를 받지 않는다. 가장 중요한 특징은 엄마와 재회했을 때 엄마로부터 도망친다는 것이다. 따라서 회피적으로 분류된다.

저항적인 아기들(C형 아기)은 지나치게 의존적인 행동을 보인다. 이런 아기들은 엄마와 함께 있을 때에도 장난감을 가지고 놀지 않으며 엄마와 격리되면 심한 거부반응을 보인다. 엄마와 다시 만날 때는 울고 안기는 등 엄마와 가까이 있으려는 행동을 보이면서도 자신을 달래려는 엄마를 거부하는 행동도 보인다. 엄마를 밀거나, 엄마가 안으면 뒤로 몸을 젖히거나 화를 내며 걷어차기도 한다.

회피형과 저항형 행동은 정상적인 애착의 변형으로 여기는 반면, 혼란 애착은 학대나 다른 식의 비정상적인 육아 방식에 희생된 아기들이 주로 보이는 행동이다. 이런 아기들은 애착에 관해 일관된 행동을 보이지 않거나 심지어 부모에게 두려움을 느끼는 경우도 있다.

불안정 애착 아이들은 안정 애착 아이들에 비해 부모에게 애착을 덜 느낄까?

그렇지 않다. 생명 활동은 아이들이 자신을 돌보는 사람에게 강한 애착을 느끼게 만들어준다. 이 점에 관해서는 선택의 여지가 없다. 아이들이 애착의 안정성에 다양한 모습을 보인다는 것은 기본적으로 자신이 애착을 갖는 사람과의 관계를 얼마나 안정적으로 느끼는지, 자신의 욕구에 돌보는 사람이 반응을 보이는 데 얼마나 안정적으로 여기는지를 나타내는 것이라 할 수 있다. 하지만 그렇다고 해서 돌보는 사람과의 애착 정도에 따라 애착의 안정성이 달라진다는 뜻은 아니다.

어떤 식의 육아 방법이 아이를 안정 애착으로 만들까?

에인스워스의 표본에서 안정 애착 아이의 엄마는 아이의 신호에 세심하고 즉각적인 반응을 보이는 경우가 많았다. 생후 3개월 동안 젖을 먹이거나 놀거나 신체적으로 접촉하거나 감정적으로 괴로움을 보일 때 엄마가 아기에게 좀 더 세심하게 반응하면 아기가 생후 12개월이 되었을 때 보다 안정 애착일 가능성이 많다.

어떤 식의 육아법이 아이를 불안정 애착으로 만들까?

에인스워스의 가정 연구에서 회피적인 아이의 엄마는 아이의 신호에 무반응을 보이는 것으로 나타났다. 회피 애착 행동은 무반응적인 엄마로 인한 애착의 하향 조절을 나타낸다. 저항적인 아기의 엄마는 아기가 애착 신호를 보일 때 일관되지 않은 반응을 보이는 것으로 나타났다. 따라서 저항 애착은 애착 시스템을 조금씩 늘림으로써 엄마의 관심을 극대화하려는 전략으로 보인다. 혼란 애착은 학대받은 적이 있거나 엄마가

엄마가 아기의 감정적인 신호에 반응하는 방식이 아기가 보이는 애착의 질에 영향을 준다. 안정 애착 아이들의 부모는 아이의 감정적인 의사소통에 세심하면서도 믿을 수 있는 반응을 보인다. 불안정 애착 아이의 부모는 아이의 감정적 신호에 세심하게 반응하지 않거나 아니면 일관되지 않은 반응을 보인다.(iStock)

상당히 감정적인 이상을 보이는 경우에 나타난다. 이런 아기들은 부모의 변덕스러운 행동에 대처하는 일관된 전략을 찾을 수 없고 심지어 두려워하는 행동을 보이기까지 한다. 때문에 아이들의 애착 행동 역시 혼란된 양상을 보이는 것이다.

행동주의 원리가 애착 이론에 어떻게 적용될 수 있을까?

안정, 불안정-회피, 불안정-저항, 이렇게 세 가지 애착 부류는 각기 다른 강화 계획에 대한 예측할 수 있는 반응을 나타낸다고 할 수 있다. 이런 부류들은 조작적 조건형성 법칙으로 설명될 수 있다. 회피 애착은 애착을 원하는 행동을 보여도 엄마가 무반응을 보이는 일이 지속되면 애착을 찾는 행동이 사라지는 현상을 나타낸다. 그 결과 아이들은 엄마의 반응을 포기한다. 저항 애착은 그 반대의 패턴을 나타낸다. 간헐적인 강화 계획에 대한 반응으로 행동이 증가하는 양상을 보이는 것이다. 아이는 엄마로부터 원하는 반응을 이끌어낼 가능성을 극대화하기 위해 애착 행동의 강도를 높이는 법을 배운다. 안정 애착은 강화 계획이 일관되었다는 점을 나타낸다. 애착을 찾는 행동이 일관되고 예측 가능하게 보상받을 것이라는 점을 배운 아기는 필요할 때마다 애착을 찾는 행동을 보이고 더 이상 필요하지 않으면 행동을 멈춘다.

애착 유형이 이후 아동 발달에 미치는 영향으로는 어떤 것이 있을까?

앨런 스루프Alan Sroufe와 동료들은 애착 상태가 이후의 아동 발달에 미치는 영향에 초점을 맞춘 여러 건의 실험을 실시했다. 안정 애착으로 분류된 아이들은 불안정 애착으로 분류된 아이들에 비해 자라면서 친구, 선생님과 보다 좋은 관계를 맺을 가능성이 컸다. 불안정-저항적 아이들은 선생님에게 지나치게 의존하는 반면, 불안정-회피적 행동을 보인 아이들은 지나치게 독립적이었다. 이런 아이들은 혼자 문제를 해결할 수 없어도 선생님에게 도움을 요청할 가능성이 낮았다.

애착 상태가 결정되는 시기가 만 한 살가량으로 고정되어 있을까?

애착 연구는 때때로 아이가 만 한 살 때 인성이 모두 결정된다는 의미로 해석되기도 한다. 애착 전략은 보수적이기 때문에 잘 변하지 않지만 그렇다고 고정된 것은 아니다. 가정환경이 계속해서 안정적이고 부모와 아이의 관계가 극적으로 변하지 않는 한 애착에 대한 아이의 태도 또한 안정적으로 유지될 가능성이 크다. 반면 가정환경이 극적으로 바뀌거나 부모가 아이와 관계를 맺는 방식을 바꾼다면 아이의 애착 상태 또한 변할 가능성이 있다.

애착 상태가 바뀔 가능성이 클 때는 언제일까?

부모의 상황이 바뀌는 경우 긍정적이든 부정적이든 애착 상태에 영향을 줄 수 있다. 홀어머니가 재혼하거나 아버지가 직장을 잃으면 아이를 상대하는 시간이 그만큼 줄어들기 때문에 아이의 애착 상태에 영향을 주게 된다. 연구 결과, 저임금 가족이 중산층 가족에 비해 시간이 지나면서 아이의 애착 상태가 훨씬 더 많이 변하는 것으로 나타났다. 이는 저임금 가족이 경제적으로 여유 있는 가정에 비해 환경적인 변화에 대응할 여유가 적기 때문인지도 모른다.

성인 애착 면접이란?

성인의 애착 성향을 연구하기 위해 메리 메인Mary Main과 동료들은 성인 애착 면접AAI, Adult attachment interview이라 부르는 반구조적 면접을 개발했다. 반구조적 면접은 구체적인 질문과 개방형 후속 질문을 묻는 형태를 말한다. 사전에 준비된 면접관용 질문이 있지만 정확한 정보를 얻기 위해서라면 언제든 다른 질문을 던질 수 있다. 면접은 약 한 시간 반가량 소요되며 면접 대상의 어린 시절 부모와의 관계에 대한 질문을 한다. 면접 대상이 부모에 관해 말하는 내용보다 어린 시절 애착에 대해 이야기하는 방식이 더 중요하다. 가장 중요한 점은 어린 시절 애착 관계에 대한 추상적이고 일반적인 이야기와("어머니는 많은 사랑과 관심을 주셨다") 이런 일반화를 뒷받침하는 구체적인 기억("부엌에서 어머니와 함께 초코 칩 쿠키를 만들었던 생각이 난다")이 일관적인지의 여부다. 말의 앞뒤가 맞으면 일관적이고 맞지 않으면 일관적이지 않은 것이다.

메리 메인은 어떻게 애착 이론을 성인에게 적용하게 되었을까?

메리 메인은 애착 유형이 성인에게도 나타날 수 있을 것이라는 생각을 가졌다. 성인의 경우, 애착의 질이 어린아이처럼 쉽게 행동을 통해 드러나지는 않겠지만 그래도 인격의 한 부분으로 연구되어야 한다고 그녀는 생각했다. 그녀는 볼비의 내적 작동 모델을 기반으로 성인들이 애착 관계를 묘사하는 방식을 살펴보았다. 이런 묘사는 관계에 관한 심적 이미지나 심상 지도와 같은 것이다. 메인은 애착에 관해 다음과 같은 질문을 제기했다. 어른들은 애착에 관해 어떻게 생각하고 이야기할까? 애착에 관해 그들은 어떤 내용을 말할까?

아이의 세 가지 애착 유형은 메리 메인의 세 가지 성인 애착 유형과 어떻게 일치할까?

메인은 아이의 세 가지 애착 유형에 대응하는 세 가지 애착 유형을 개발했다. 그리고 에인스워스의 A, B, C형에 맞춰 D, E, F형이라고 이름 붙였다. 거부형 성인(D)은 회피적 아이와 상응하고, 밀착형(E)은 저항적 아이(C)에 해당되며, 안정된 자율형 성인(F)은 안정적 아이(B)에 해당된다. 밀착형은 이후 몰입형으로 바뀌었다.

성인 애착 면접의 사례로는 어떤 것들이 있을까?

다음 (가상) 인용문은 메리 메인의 성인 애착 면접을 받은 성인들이 주로 하는 답변을 나타낸다. 거부형 성인의 경우 자신의 관계를 이상적으로 표현하지만 구체적인 기억을 떠올릴 수 없다는 점에 주목하라. 안정적으로 애착된 성인의 답변은 좀 더 일관성을 띤다. 그런 사람은 모순과 복잡한 감정을 인정하면서도 관계를 뒷받침하는 감정을 객관적으로 설명할 수 있다. 이와는 반대로 몰입형 성인은 애착과 관계된 기억이 넘쳐나지만 감정과 생각을 통합해 일관된 이야기로 만들어내지 못한다.

거부형

면접관 어린 시절 어머니와의 관계를 묘사할 수 있는 형용사 다섯 개를 말해 보겠습니까?

면접 대상자 아, 글쎄요. 어머니는 정상적이고 좋은 분이셨던 것 같아요. 다정하시기도 했고요. 현실적이고 좋은 선생님이기도 했어요.

면접관 그런 단어를 뒷받침하는 구체적인 예를 들어보겠어요?

면접 대상자 뭐, 항상 같이 계셨으니까요. 무슨 문제가 있었다거나 심하게 잘못된 일 같은 것은 생각나지 않아요. 어머니가 좋은 선생님이었다는 건…… 항상 우리가 좋은 성적을 받을 수 있게 하셨거든요.

안정형

면접관 어린 시절 어머니와의 관계를 묘사할 수 있는 형용사 다섯 개를 말해

보시겠어요?

면접 대상자 흠, 좀 복잡한데요. 어머니는 매우 따뜻하고 다정하셨지만 강압적이기도 하셨죠. 그러니까 어머니와 사이가 좋으면서도 때에 따라서는 다투기도 많이 했어요. 특히 제 사춘기 때는요.

면접관 그런 단어를 뒷받침하는 구체적인 예를 들어보겠어요?

면접 대상자 사랑을 많이 받은 기억이 나요. 저녁에 어머니랑 같이 소파에 웅크리고 앉아 TV를 본 일이 떠오르네요. 하지만 사춘기 때 친구들과 놀러 나가고 싶었는데 허락하지 않아서 크게 싸웠던 기억도 나요. 어머니가 친구들보다 일찍 집에 돌아오라고 강요하셨거든요. 흠, 어쩌면 그 당시에는 어머니가 책임을 다하시려고 그런 것인지 모르겠지만 그때 저는 어머니가 말도 안 되는 말씀을 하신다고 생각했지요.

몰입형

면접관 어린 시절 어머니와의 관계를 묘사할 수 있는 형용사 다섯 개를 말해보시겠어요?

면접 대상자 다정하셨죠. 정말 너무 다정하셨어요. 어머니는 멋지고 굉장한 분이셨지요. 하지만 때에 따라서는 순전히 어머니 자신만 위하는 듯 우리 생각은 전혀 하지도 않고 이기적이기도 하셨어요.

면접관 그런 단어를 뒷받침하는 구체적인 예를 들어볼래요?

면접 대상자 말할 수도 없을 정도예요. 어머니가 불안할 때마다 감정이 폭발해서 내 말은 들으려고 하지도 않으셨죠. 나는 어머니한테 자존감 문제가 있다고 생각해요. 내가 바랐던 건, 그저 "내 말 좀 들어요, 엄마!"였을 뿐인데요. 하지만 그렇다고 어머니를 사랑하지 않은 건 아니에요. 물론 그때도 그렇고, 지금도 어머니를 사랑해요. 어머니가 이 세상 그 무엇보다 나를 사랑한다는 것도 알고요. 그래서 굉장하다는 거예요. 그냥 굉장하죠. 어머니에게 무슨 일이 생기면 전 견딜 수 없을 거예요.

안정 애착 성인은 어떻게 행동할까?

안정 애착 성인은 애착을 소중히 생각하고, 애착 관계를 감정적으로 말하면서도 또한 사려 깊고 생각이 깊다. 이런 성인은 감정을 떠나 자신의 경험을 어느 정도 객관적으로 생각할 수 있다. AAI상에서 안정적으로 분류된 성인들은 어린 시절 부모와의 관계에 대한 일관성 있는 내용을 이야기하며 관계에 대한 일반화된 묘사를 뒷받침하는 구체적인 기억을 제시한다. 안정 애착 아이가 의존성과 탐구심 사이에 균형을 유지하는 것처럼 안정 애착 성인도 감정과 생각 사이에 균형을 유지한다.

거부형 성인의 특징은 무엇일까?

거부형 성인은 회피형 아이에 상응한다. 이런 성인들은 애착을 소중히 생각하지 않고 감정과 동떨어진 생각을 강조하며 거부한다. 어린 시절 애착 관계에 대한 이상적인 이미지를 제시하지만 그것을 뒷받침하는 기억은 존재하지 않는다. 이런 성인은 자신의 어머니를 "문제없고, 정상적이며 좋은 어머니"로 묘사하면서도, "뭐, 늘 집에 계셨

안정 애착 성인의 경우, 아이의 감정 신호에 더 세심한 반응을 보이는 경향이 있다.(iStock)

으니까요. 그저 평범한 어머니예요"라는 기억밖에 떠올리지 못한다. 이런 발언은 아이의 감정적 욕구를 별로 알아차리지 못하는 냉정하고 소원한 관계를 나타낸다.

몰입형 성인은 어떤 식으로 행동할까?

몰입형 성인은 저항적 아이에 해당된다. 애착의 효과를 최소화하려는 거부형 성인과는 반대로 몰입형 성인은 애착에서 관심을 돌릴 수가 없다. 그들은 애착에 몰입한다. 이런 성인들은 애착과 관계된 기억을 무궁무진하게 떠올릴 수 있지만 감정에서 벗어나 일관되고 객관성 있는 이야기를 만들 수 없다. 그들은 애착 관계에 관한 생생한 기억과 함께("고등학교 댄스파티가 생각나요. 늘 어머니 중심이었죠. 제가 주인공인데도 어머니는 항상 어머니 생각대로 했어요. 나는 파란색 힐을 신고 싶었는데 어머니는 그걸 신으면 내 다리가 굵어 보인다고 했죠") 모순되고 급격하게 변화하는 관점을 제시한다("어머니는 다정하셨어요. 아니, 정말 이기적이셨어요"). 이런 경우에는 논리적인 생각보다 감정의 지배를 받는다.

부모의 애착 유형은 아이의 애착 유형에 그대로 반영될까?

부모의 안정 애착과 아이의 안정 애착은 깊은 상관관계가 있다. 안정된 성인들은 자녀를 안정된 아이로 기르고, 불안정한 부모들은 불안정한 아이로 키울 가능성이 크다. 그러나 성인의 불안정 애착과 아이의 불안정 애착 유형은 그다지 큰 상관관계를 보이지 않는다. 거부형 엄마에게 저항적 아이가 있을 수도 있고, 엄마는 몰입형인데 아이는 거부형일 수도 있다.

자아 성찰 기능은 무엇이고, 애착과 어떤 관련이 있을까?

피터 포나기와 메리 타깃은 애착 이론에 자아 성찰 기능Self-reflective functioning과 멘탈라이제이션Mentalization이라는 개념을 추가했다. 그들은 성인에게 나타나는 애착의 안정성이 감정적인 경험을 사려 깊고 논리 정연하게 떠올릴 수 있는 자아 성찰 기능과 관련 있다고 주장한다. 감정적인 경험을 멘탈라이즈, 즉 정신화하는 능력은 자기 자신과 타인의 정신적 경험을 표현하는 능력을 가리킨다. 다시 말해 감정적인 경험의 본질을 이해하고 파악하는 능력을 말한다. 그들은 아이의 안정 애착이 엄마의 세심한 행동에만 좌우되는 것이 아니라 엄마의 심리적인 세심함에도 좌우된다고 본다. 엄마가 아이의 주관적인 경험을 마음에 담아두면 엄마는 아이에게 다른 사람의 감정을 이해하고 소통하는 것이 가능하다는 점을 가르치게 된다. 따라서 아이의 자아 성찰 기능 발달은 아이의 경험을 엄마가 멘탈라이즈하는가의 여부에 달려 있다. 포나기와 타깃이 심각한 성격 장애를 가진 성인들에게 이 개념을 적용하자 대부분 자아 성찰 기능과 멘탈라이제이션 기능이 현저히 떨어지는 것으로 나타났다.

사회생물학과 진화심리학

사회생물학이란?

20세기 마지막 30년 동안 진화의 개념이 심리학 이론에 파고들기 시작했다. 예를 들어 애착 이론과 융 심리학은 모두 진화생물학에서 차용한 것이다. 사회생물학은 진화론의 관점에서 사회적인 행동을 이해한다. 이에 따르면, 사회적 행동의 일부는 유전을 바탕으로 하기 때문에 진화의 작용에 의해 남는다고 한다. 다시 말해 수천 세대를 거쳐 어떤 행동이 유지된다는 것은 진화적인 목적을 충족시켰기 때문이라는 것이다. 이 방식은 사람을 제외한 동물의 연구에 처음으로 적용되었다. 진화론이 인간의 사회적 행동 연구에 엄격하게 적용되기 시작한 것은 1970년대부터다.

진화심리학이란?

진화심리학이란 인간 행동의 진화론적인 뿌리에 특정적으로 초점을 둔 사회생물학의 파생물이다.

에드워드 오 윌슨은 누구인가?

에드워드 오 윌슨Edward O. Wilson, 1929~ 은 사회생물학의 아버지라 불리는 인물이다. 1956년부터 하버드 대학교 생물학부에서 생물곤충학 교수를 역임하고 있는 그는 동물의 사회적 행동에 관심을 보여왔다. 그는 본래 개미의 사회적 생활을 전문적으로 연구하던 사람이었다. 윌슨의 위대한 업적으로는 동물의 행동에 대한 진화론적인 설명이 인간의 행동을 연구하는 데 적용된다고 주장한 점을 들 수 있다. 그렇다고 문화와 환경이 전혀 영향을 미치지 않는다는 것이 아니라 우리가 보이는 행동의 레퍼토리가 유전에서 비롯되었고, 자연스러운 선택 과정에 의해 만들어졌다는 것을 의미한다.

1975년 그가 고전 교과서인 《사회생물학: 새로운 통합*Sociobiology: The New Synthesis*》을 처음 출간했을 때는 상당한 반대 의견에 부딪히기도 했다. 환경의 중요성을 무시하는 것처럼 여겨 많은 사람들이 정치적으로 불쾌하게 느꼈기 때문이다. 인간 지능의 유전 가능성을 주장했던 우생학을 비롯한 초기 운동과 마찬가지로 사회생물학 역시 사회의 불평등이 자연스러운 현상이라고 제시하는 것처럼 비쳤다. 그러나 지난 몇십 년 동안 사회생물학과 진화심리학은 점점 더 널리 인정받게 되었다. 뇌 영상 기술과 다른 생물학 연구 방식의 발전으로 인간 행동에 대한 생물학적인 근거를 훨씬 더 많이 이해하게 되었기 때문이다. 마찬가지로 유전과 환경 사이의 복잡한 상호 작용 또한 널리 인정받으면서 이제는 행동의 유전적인 근거에 초점을 맞춘다고 해서 반드시 환경과 상관없는 것은 아니라는 점이 받아들여지고 있다.

다윈의 진화론은 심리학과 어떤 관계가 있을까?

다윈의 진화론은 생물학의 모든 면을 설명해주는 중심적인 틀이다. 생물학의 모든 점은 진화라는 틀 안에서 이해된다. 마찬가지로 인간은 생물학적 동물이기 때문에 우리의 행동 또한 우리의 생명 활동과 떼려야 뗄 수 없는 관계를 가지고 있다. 따라서 진화 원리에 대한 명확한 이해가 인간의 심리를 이해하는 데 중요하게 작용한다.

찰스 다윈의 진화론은 생물학을 이해하는 열쇠가 되었으며, 과학자들이 인간의 심리를 이해하는 데도 도움이 되었다.

우리의 행동이 유전에 의해 정해지는 것이라면 학습이 무슨 소용 있을까?

사회생물학과 진화심리학은 모두 우리의 행동이 유전을 바탕으로 이루어진다고 생각한다. 유전이 가능한 행동 범위, 우리 행동의 한계를 결정한다는 것이다. 그러나 우리 행동의 대부분은 방대한 훈련 없이는 나타날 수 없다. 예를 들어 글씨를 배우지 않고 책을 보지 않는다면 우리는 글을 읽을 수가 없다. 적절한 상황이 뒷받침될 경우에만 유전적인 요소로 인해 글 읽는 법을 배우게 되는 것이다. 이에 비해 고양이, 개, 비둘기는 아무리 가르친다 해도 글을 읽게 할 수 없다. 마찬가지로 아무리 가르쳐도 인공적인 보조 수단 없이 인간을 날게 만들 수가 없다. 따라서 유전은 우리 행동의 잠재력을 결정하지만 어떤 사람이든 유전 하나만으로 구체적인 결과를 볼 수는 없다.

자연선택이란?

자연선택Natural selection이란 유전적 기반을 둔 특성들이 한 세대에서 다음 세대로 유전될 가능성에 자연환경이 미치는 영향을 뜻한다. 그 과정은 이런 식으로 이루어진다. 우선 한 집단이 가진 어떤 특성이 변화해야 한다. 둘째, 그 특성은 분명 어느 정도 유전적인 기반을 가지고 있어야 한다. 셋째, 특성의 한 버전이 다른 버전보다 환경에 더 잘 적응하도록 바뀌어야 한다. 그 결과, 보다 적응력이 뛰어난 특성을 가진 동물들이 자손을 더 많이 낳을 수 있기 때문에 더 많은 유전자가 다음 세대로 전해지는 것이다.

찰스 다윈이 처음 기록한 밝은 색 나방과 어두운 색 나방을 예로 들어보자. 영국에는 밝은 색 나방과 어두운 색 나방, 이렇게 두 종류의 나방이 있다. 원래는 밝은 나무에 매달린 어두운 색 나방들이 쉽게 눈에 띄어 새들의 먹이가 되는 바람에 밝은 색 나방의 수가 어두운 색 나방보다 더 많았다. 그 당시에는 밝은 색이 어두운 색보다 더 적응력이 뛰어났다.

그러나 산업혁명의 결과로 나무들이 그을음에 뒤덮이게 되었다. 이는 곧 그을음에 뒤덮인 나무껍질에 매달려도 더 이상 어두운 색이 눈에 띄지 않기 때문에 밝은 색 나방보다 어두운 색 나방이 환경에 더 잘 적응할 수 있음을 뜻한다. 이제 밝은 색 나방이 새들의 눈에 띄기 쉬운 표적이 된 것이다. 따라서 어두운 색 나방이 더 많이 살아남아 새끼를 낳으면서 다음 세대로 유전자가 전달되어 밝은 색 나방 수에 비해 어두운 색 나방의 수가 더 증가했다. 나방의 색 때문에 자연선택이 작용하게 된 것이다. 참고로 말하면 자연선택이라는 다윈의 개념은 한 집단 내 다양한 구성이 이루어지는 점을 설명하는 것이 아니라 집단 내에서 한 가지 특성이 다른 특성보다 더 많아지게 된 이유만 설명해준다.

번식 성공도Reproductive success는 진화와 무슨 관련이 있을까?

진화는 번식 성공이라는 과정을 통해 발생한다. 유전자를 다음 세대로 전달하는 생명체의 경우 그들의 유전자와, 유전자와 관련된 특성이 대를 이어 다음 세대로 이어진다. 진화론적 관점에서 대를 잇는 것은 곧 생존을 의미한다. 어떤 특성이 집단 내에 공통적으로 나타난다면 그것은 그 특성을 가진 이전 세대의 유전자가 현재까지도 살아남았다는 뜻이 된다.

진화적 적응도란?

진화적 적응도Evolutionary fitness란 한 세대의 유전자가 다음 세대로 전달되는 능력을 말한다. A라는 유전자가 이전 세대보다 현 세대에 더 많다면 A유전자를 가진 생물이 진화적 적응도를 가진 것이다. 반대로 세대가 바뀔수록 B유전자가 점점 감소한다면 B유전자를 가진 생물은 적응도가 낮은 것이다.

찰스 다윈이 과학 분야에서 영향력을 갖게 된 이유는?

찰스 다윈은 분명 현대 과학의 가장 영향력 있는 인물 가운데 하나로 손꼽힌다. 그의 진화론은 살아 있는 생물에 관한 모든 과학 분야에 영향을 주었다. 진화론이 생기기 전에는 지구 상의 다양한 생명체를 신이 창조한 것이라고 믿었다. 모든 창조물은 창세기에 따라 생긴 것이라 믿었고 그런 믿음이 바뀐 적은 단 한 번도 없었다. 동물이 시간의 흐름에 따라 변했다는 것은 신의 창조가 완벽하지 못했음을 의미한다. 따라서 진화론은 생명체의 근원에 대한 기독교 신학에 도전한 것이었다.

이 점 때문에 다윈의 이론은 당시 상당한 논란거리가 되었다. 분야에 따라서는 지금까지도 어느 정도 논란의 여지가 남아 있다. 그러나 과학적인 측면에서는 다윈의 기본 전제가 심각하게 도전받은 적이 단 한 번도 없었다. 진화론을 처음으로 지지한 사람은 다윈이 아니었다. 사실 이 문제에 관한 초기 연구에 기여한 사람은 그의 할아버지 이래즈머스 다윈Erasmus Darwin, 1731 ~1802이었다. 다윈의 시대에는 진화 메커니즘에 관한 정확한 설명과 이를 뒷받침하는 적절한 증거가 없었다. 다윈은 비글호를 타고 영국에서 아프리카 연안을 거쳐 남아메리카 끝까지 갔다가 돌아온 그 유명한 항해를 통해 자신의 이론을 뒷받침하는 증거를 수집한다. 그러나 자신이 관찰한 것을 일관적인 이론으로 종합하기까지는 20여 년이 걸렸다.

1858년 다윈이 《종의 기원*On the Origins of Species by Means of Natural Selection*》을 출간했을 때는 과학계가 그의 이론을 받아들일 정도의 수준을 갖추고 있어, 출간 즉시 그의 이론은 센세이션을 일으켰다. 하지만 다윈의 유전학 이론은 그다지 발전하지 못했다. 1866년이 되어서야 그레고어 멘델Gregor Mendel 사제가 완두콩 교배 연구 결과를 발표했지만 그의 연구는 20세기 초까지 인정받지 못했다.

현재는 다윈의 자연선택 이론과 멘델의 유전학이 통합된 형태의 관점으로 바뀌었다.

진화는 행동에 어떤 영향을 줄까?

일반적으로 동물의 행동은 적응성이 있다고 생각된다. 다시 말해 어떤 행동이 유기체에게 진화적 적응도를 부여하기 때문에 그 행동이 진화한다는 것이다. 그 유기체는 그런 행동을 만들어내는 유전자 구성을 가지고 있다. 예를 들어 비둘기들이 목을 쭉 뺀 채 날개를 펴고 앞뒤로 걸으며 크게 구구 소리를 내는 짝짓기 춤은 적응성이 있는 것으로 본다. 이런 행동은 수컷을 실제보다 훨씬 더 크고 강해 보이게 만들어 수비둘기가 암비둘기에 접근하기 쉽게 만들어 번식에 성공할 수 있게 해준다. 크고 강한 수컷이 암컷의 새끼에게 진화적으로 유리한 유전자를 부여할 수 있기 때문에 암컷이 그런 수컷들을 짝짓기 대상으로 택할 가능성이 높다. 강하고 크게 보이려는 수컷의 전략은 암컷에 접근할 때 자주 이용되는 것으로, 인간은 물론이고 다양한 종의 동물들 사이에서도 쉽게 찾아볼 수 있다. 예를 들어 고성능 자동차와 보디빌딩을 선호하는 남성들을 생각해보면 사회생물학의 원리가 실제로 인간의 행동과 관련 있다는 점을 알 수 있다.

적자생존이란?

적자생존이란 한 종의 구성원들 가운데 특정 환경에 가장 잘 적응한 유전적 특성을 가진 것들이 짝짓기를 통해 그런 특성을 다음 세대로 이어줄 가능성이 가장 크다는 것을 의미한다. 여기서 짚고 넘어갈 점은, 적자생존의 의미가 가장 공격적이고 우성인 구성원이 다음 세대로 유전자를 전해주는 것을 뜻하지는 않는다는 점이다. 진화적인 전략 가운데 우성도 해당되긴 하지만 그것만 포함되는 것은 아니다. 예를 들어 일부 어류 중에는 수컷이 암컷으로 위장해 우성 수컷의 영역으로 들어가 암컷과 교미하는 경우도 있다. 이 경우 우성이 아닌 물고기도 성공적으로 번식할 수 있다. 뿐만 아니라 협동과 이타주의가 유용한 진화 전략이 되는 경우도 있는데, 경쟁과 공격성보다 더 효과적이지는 않더라도 최소한 똑같이 효과적인 경우가 많다.

라마르크 진화란?

장 바티스트 라마르크Jean Baptiste Lamarck, 1744~1829는 다윈의 진화론 이전에 진화론에 이바지한 프랑스 생물학자다. 찰스 다윈의 할아버지 이래즈머스 다윈의 생각과 마찬가지로 라마르크는 습득한 특성을 유전적으로 물려주는 것이 가능하다고 믿었다. 다시 말해서 동물이 환경에 적응하면 그런 변화가 일종의 유전을 통해 자손에게 이어진다는 것이다. 그에 따르면, 유전적 변화는 동물의 행동으로 인해 발생한다. 전형적인 예로 기린의 목을 들 수 있다. 기린이 큰 나무 위에 있는 나뭇잎을 먹기 위해 목을 늘이는 바람에 목이 길어졌다고 그는 생각했다. 그리고 이렇게 늘어난 목이 다음 세대로 유전되었다는 것이다. 이와 비슷한 예로, 추운 기후 때문에 산양의 가죽이 두꺼워졌고 이 특성이 다시 자손에게 이어졌다는 것을 들 수 있다.

라마르크 진화Lamarckian evolution가 직관적으로는 들어맞는 것 같지만 행동이 유전자에 직접 입력된다는 핵심 이론을 뒷받침하는 증거는 없었다. 다윈의 진화론에 따르면, 유전적인 변화는 무작위 변형을 통해 일어난다. 이렇게 변형된 유전자 가운데 일부가 환경에 대한 동물의 적응력을 키워주기도 하지만 대부분은 그렇지 않다. 따라서 환경이 번식의 성공 여부에 영향을 주긴 해도 유전자에 직접 작용하지는 않는다.

진화론자들은 이타심을 어떤 식으로 이해할까?

자신이 다소 손해를 보면서도 남을 돕는 이타심은 진화론자들이 오랫동안 풀지 못한 숙제였다. 이타적인 행동이 어떻게 진화적으로 적응력을 가질 수 있을까? 분명 이타심은 동물 세계에서 흔히 볼 수 있는 것이다. 일벌과 수벌들은 평생 여왕벌을 섬기며 산다. 그들은 번식조차 하지 않는다. 동물의 울부짖음 역시 이타적이다. 남들에게 포식자의 존재를 알리기 위해 울부짖는 동물은 포식자의 눈에 띌 가능성이 높다. 마찬가지로 이타적인 행동은 사람들에게서도 찾아볼 수 있다. 우리는 자선단체에 기부하고

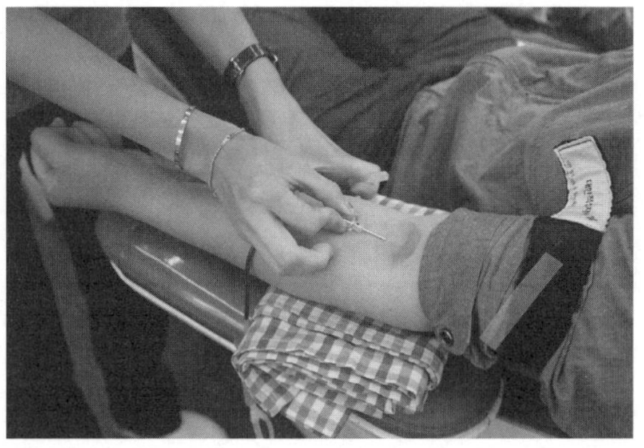

헌혈과 같이 자신에게 아무 도움이 되지 않는데도 다른 이들을 돕는 것을 이타심이라고 부른다. 유전이 자기 보전을 근거로 이루어졌다고 믿었던 과학자들은 이타심이 가지는 유리한 점이 무엇인지 오랫동안 고민했다.

다른 사람의 아이들을 돌보며, 심지어 신장이 필요한 사람에게 자신의 신장을 기증하기도 한다.

이타적인 행동이 개개인에게는 손해가 될 수 있지만 똑같은 유전자를 가진 동종의 동물들을 도와준다면 번식의 성공 가능성을 높여줄 수도 있다. 따라서 가까운 친척들 사이에서 이타적인 행동이 가장 흔할 것이라고 예상할 수 있는데, 실제 보편적으로 나타나는 현상이기도 하다. 또한 생물학적 관계가 멀어질수록 이타적인 행동에 따르는 손해와 위험 수준 역시 줄어드는 것으로 나타났다. 대부분의 사람들은 다른 나라 아이들을 위해 옷을 기증할 의향을 가지고 있다. 그에 따른 비용과 위험 수준이 낮기 때문이다. 하지만 전혀 모르는 사람을 위해 집 판 돈까지 기부하고 싶은 생각이 들까? 전혀 모르는 사람에게 신장을 기증하고 싶은 사람이 얼마나 있을까? 자기 형제가 신장이 없어 죽을 지경에 이른다면 형제에게 신장을 기증할 가능성이 더 높지 않을까?

사회 다윈주의란?

사회 다윈주의[Social Darwinism]는 19세기 후반에서 20세기 초, 찰스 다윈의 진화론 발간 이후 생긴 이론들을 한데 묶어 부르는 말이다. 골턴의 우생학 이론 역시 사회 다윈주의의 대표적인 예다.

그 당시는 유럽에 제국주의가 일던 시기인데, 미국으로 이주하는 사람들이 많았고 산업혁명으로 인해 도시 빈민층이 늘어나던 때였다. 따라서 유럽과 미국의 엘리트 계층 사이에서는 정복되고 가난한 사람들이 그럴 만한 이유가 있다고 생각하는 사회적 편견이 만연했다. 또 이런 시각을 정당화하기 위해 적자생존을 이용했다. 그러나 다윈은 진화가 인종차별이나 사회적 불평등을 정당화하는 수단으로 이용되길 바라지 않았다. 그의 이론은 동물이 환경에 적응하는 법을 설명해주는 것일 뿐, 사회의 도덕적 처방이 아니었다. 하지만 그의 연구는 가장 강하고 가치 있는 부류만 살아남고 사회적으로 불이익을 받는 부류는 유전적인 열성을 지닌 것이라는 의미로 왜곡되었다.

진화론자들은 암컷과 수컷의 성적 행동을 어떤 식으로 이해했을까?

성적인 행동이 번식의 성공에 직접적인 영향을 주기 때문에 사회생물학자들은 다양한 성적 행동이 가지는 진화론적인 의미에 관해 많은 생각을 했다. 다양한 종들의 수컷과 암컷은 서로 다른 번식 전략을 가지고 있다. 암컷은 자식을 낳는 데 엄청난 시간과 에너지를 들인다. 다세포 종일수록 들이는 시간과 에너지는 더 늘어난다. 예를 들어 인간, 침팬지, 개는 거북에 비해 어미가 자식을 돌보는 시간이 훨씬 더 길다. 따라서 짝짓기 대상을 고르는 데 매우 까다롭고, 자식들을 돌보는 데 기여할 수 있는 수컷들만 고르는 많은 암컷들이 진화론적인 관심 대상이 되는 것은 당연하다.

반면 수컷들은 새끼를 낳지 않고 새끼를 돌보는 데 신체적으로 얽매이지 않는다. 수컷들은 방대한 번식 전략을 개발할 수 있다. 많은 암컷들을 상대로 씨를 뿌리지만 자식을 돌보는 데는 거의 관여하지 않는 것(버펄로, 누 등)도 있고 적은 수의 암컷을 상대로 씨를 뿌리면서 많은 새끼를 낳고 자식들을 돌보는 데 훨씬 더 많은 시간과 에너지를 쏟아붓는 것(야생 백조, 긴팔원숭이 등)도 있다. 고릴라, 물개 같은 종의 수컷들은 암컷 집단을 독차지하기 위해 경쟁을 벌이며 다른 수컷들로부터 자신의 아내들을 보호하기 위해 상당한 에너지를 쏟기도 한다.

남자들은 일부다처제를 신봉할까?

역사적으로 인류의 남성들은 앞서 말한 번식 전략을 모두 보여왔다. 일부일처제를 따르기도 하고 문란하기도 하며 일부다처제를 따를 때도 있었다. 어떤 전략을 선택하는가는 인구 밀도, 자원 부족, 문화, 종교, 사회적 지위 등 다양한 환경적 요인에 달렸다. 인류의 여성들 또한 여러 파트너를 거느리고 싶은 유혹에 빠지지 않는다는 법은 없지만 한 남자가 여러 아내를 두는 일부다처제 사회가 일처다부제(한 여자가 여러 남편을 두는) 사회보다 훨씬 더 많은 것이 사실이다.

성 선택이란?

암컷이 수컷에 비해 번식에 훨씬 더 많은 에너지를 투자하기 때문에 암컷은 고에너지의 원천이며 따라서 수컷에게는 매우 소중한 존재다. 때문에 수컷이 암컷을 차지하기 위한 경쟁 전략을 진화시킬 가능성이 크다. 성 선택Sexual selection이란 이성에게 접근할 가능성을 높여주는 신체적인 특성이나 행동 패턴이 진화적으로 유리하다는 것을 뜻한다. 성 선택은 승자와 패자로 뚜렷하게 나뉘는 일종의 승자 독식 체계인 일부다처제를 이루는 종에게서 가장 뚜렷하게 나타난다.

수컷이 가장 흔히 사용하는 경쟁 전략 가운데 하나가 신체의 크기와 힘이다. 매우 많은 종들 사이에서 크기가 큰 수컷이 번식을 더 많이 하는 경향이 나타난다. 또 우세한 수컷은 여러 암컷에 대한 접근권을 빈틈없이 지켜 첩들을 거느리며 공격적으로 보호한다. 이런 환경에서는 열성인 수컷들이 암컷에게 접근할 수 없다. 따라서 그런 수컷들은 대체 전략을 개발했다.

성 파트너를 차지하기 위한 경쟁으로 많은 종들이 놀라운 생물학적 행동 방식을 개발했다. 예를 들어 공작은 암컷을 유혹하기 위해 멋진 깃털을 가지도록 진화했다. 사람 또한 고유한 경쟁 전략을 개발했다.

큰가시고기, 뇌조, 코끼리, 물범을 비롯한 몇몇 종들 사이에서는 크기가 작고 열성인 수컷들이 암컷으로 위장해 우성인 수컷의 영역에 침입한 후 암컷들에게 접근한다. 이런 전략은 수컷 대 수컷의 경쟁에서는 효과가 있다. 그러나 암컷 또한 매우 선별적인 경우가 많다. 수컷은 암컷의 관심을 얻기 위한 경쟁도 벌여야 한다. 많은 새들에게서 볼 수 있는 정교한 의식은 암컷의 환심을 얻기 위해 진화했을 가능성이 크다. 그런 의식은 크게 두 가지 역할을 한다. 주로 수컷의 크기와 힘을 과장되게 보여준다. 또한 자원을 가진 암컷에게 수컷의 번식 능력을 보여주려는 노력일 수도 있다. 예를 들어 모시밑들이 수컷들은 짝짓기하고자 하는 암컷에게 고칼로리 선물을 선사한다. 그러면 모시밑들이 암컷은 그중에서 가장 큰 선물을 하는 수컷을 고른다. 인류의 남성이 여성에게 값비싼 보석을 사주고, 고급 레스토랑에 데려가는 것 또한 이와 관련된 현상인지도 모른다.

진화가 이루어지는 원인이 경쟁밖에 없을까?

자연선택은 유전적 특성의 상대적 우위에 따라 작용한다. 이 점 때문에 진화론자들은 사회적 관계의 경쟁 본질을 강조하는 경향이 있다. 그러나 이것은 큰 그림의 일부일 뿐이다. 사회성이 높은 동물들의 사회적 행동은 경쟁이나 적대감보다는 협동심과 훨씬 더 관련이 많다. 사회생활이 홉스의 학설처럼 무한경쟁 체제로만 이루어져 있다면 사람이나 동물이나 서로를 찾을 이유가 없을 것이다. 진화가 경쟁적이고 공격적인 행동을 낳는 것처럼 또한 강한 사회적 유대감, 아이에 대한 부모의 헌신, 애정, 협동, 공감(적어도 인간에게는) 등 결속력 있는 사회적 집단을 지지하는 특성을 낳기도 한다.

암컷도 수컷을 얻기 위해 경쟁할까?

동물 세계에서는 수컷 대 수컷의 경쟁이 매우 극적인 경우가 많아서 사회생물학자들로부터 더 많은 관심을 받긴 하지만 암컷 대 암컷의 경쟁도 분명 존재한다. 어떤 암컷 새들은 다른 암컷의 알을 둥지 밖으로 굴려버리는 등 다른 암컷의 번식을 방해하는 행동을 하는 경우도 있다. 복잡한 사회적 무리에서는 암컷이 지위를 얻기 위해 경쟁하는 경우도 있다. 예를 들어 큰 원숭이 무리에서는 지위가 높은 암컷과 그 새끼들이 지위가 낮은 암컷보다 훨씬 더 많은 혜택을 누린다. 일부일처제 또한 암컷 대 암컷의 경쟁에 영향을 미칠 수 있다.

일부일처제는 새끼가 오랜 시간 부모에게 전적으로 의존하는데 그중에서도 특히 아버지의 역할이 클 때 더 흔하게 나타난다. 일부일처제일 경우 수컷은 한 마리의 암컷에게만 투자하기 때문에 상대를 고르는 데 특히 신중하다. 따라서 암컷들이 수컷을 차지하기 위해 경쟁하기도 한다. 이런 경우에는 대개 번식하기에 적합한 체형을 갖춘 암컷이 수컷의 마음을 끄는 데 성공한다. 이 점은 남자들에게 매력적으로 보이려고 상당한 에너지와 시간을 들여 몸을 가꾸는 여자들에게서 찾아볼 수 있는 것처럼 인간에게도 마찬가지로 적용된다. 어떤 문화든 인류에게 있어 여성의 아름다움에 대한 기준은 거의 항상 젊음, 육체적인 건강과 관련 있는데 이는 긴 번식 기간에도 상응한다.

여성용 화장품, 장신구, 의류, 피부 관리, 미용용품을 비롯한 다양한 여성용 장식품을 제조하는 미용 업계의 규모를 생각해보면 우리 문화 속에도 진화의 압력이 어떻게 작용하는지 느낄 수 있을 것이다.

사회생물학의 논란거리는 무엇일까?

사회생물학이 처음 생긴 1970년대와 1980년대에는 상당한 논란거리가 되었다. 행동이 유전적인 기반에서 비롯된다는 주장은 도덕적으로 바람직하거나 그렇지 않더라도 행동이 불가피하게 나타난다는 의미를 내포하는 것으로 비쳤기 때문이다. 게다가 유전자를 강조하다 보니 환경의 중요성은 무시하는 것처럼 느껴졌다. 이제는 환경과 유전자가 상호 작용하여 거의 모든 인간의 행동에 영향을 준다는 사실이 잘 알려져 있다. 행동의 큰 틀을 정하는 것은 유전자이고 행동의 표출과 유전자 자체를 표현하는 데 지대한 영향을 미치는 것은 환경이다. 유전자는 환경의 영향에 따라 켜질 수도 있고 꺼질 수도 있다. 그러나 인간 행동에 대한 진화론적인 설명이 가지는 가장 큰 문제점은 근인Proximate cause과 궁극적 원인Ultimate cause의 차이를 구별하기 힘들다는 점이다.

근인과 궁극적 원인은 어떤 차이가 있을까?

궁극적 원인은 행동의 진화적 의미, 즉 행동으로 인해 번식 적응도Reproductive fitness가 향상되는 원인을 뜻한다. 근인은 호르몬, 신경, 인지, 대인 관계, 문화 등 행동이 나타나게 된 직접적인 원인을 말한다. 예를 들어 사람이 쿠키나 케이크, 아이스크림을 더 많이 먹는 근인은 설탕과 지방이 많이 함유된 음식을 먹고 즐기려는 심리적인 경향 때문이다. 이에 대한 궁극적 원인으로는 단맛의 고지방 음식에 함유된 고칼로리가 자원이 부족한 환경에서 살아남는 데 도움을 주기 때문이다.

그런 환경은 불과 얼마 전까지만 해도 흔했다. 그러나 인류의 근인과 궁극적 원인을 구별하는 것은, 행동과 유전자 사이의 관계가 훨씬 더 밀접한 곤충과 같은 단세포 동물들의 근인과 궁극적 원인을 구별하는 것보다 더 어렵다. 이는 인류의 가장 중요한 진화 전략에 상당히 발달된 지능도 포함되기 때문이다. 지구 상 그 어떤 동물도 사람만큼 복잡한 정보를 학습해서 다양한 방식으로 행동을 고쳐나가는 종은 없다. 따라서 적응력이 뛰어난 인간의 행동 때문에 어떤 행동이 학습된 것이고 어떤 행동이 유전된 것인지 구분하기가 매우 어렵다.

과학자들은 행동의 진화적인 의미를 어떻게 시험할까?

엄격한 과학 연구가 없다면 사회생물학은 추측에 의존할 수밖에 없다. 그럴 경우 지배적인 편견에 휘둘리게 된다. 여성이 남성보다 열등하다거나 남성이 더 공격적이어야 한다는 식으로 말이다. 따라서 엄격한 과학적 연구를 통해 인간 행동의 진화적 의미에 대한 주장을 뒷받침하는 것이 중요하다.

사회심리학은 사회적 행동의 빈도가 진화적인 의미를 나타내는 표시와 상관관계를 보이는지 살펴보기 위해 세심한 동물 연구를 실시한다. 예를 들어 비비가 이타적인 행동을 보이는 횟수는 생물학적으로 가까운 관계와 상관관계를 보일 수 있다. 그러면 이 결과는 다시 공통 유전자 비율에 따라 구분된다(부모와 자식 사이: 50%, 부모가 같은 형제자매: 50%, 부모 중 한쪽만 같은 형제자매: 25%, 사촌: 12.5%).

사람에 대해서는 유전과 환경의 영향을 구분하기 위해 쌍둥이 연구가 이용되었다. 그와 함께 각기 다른 문화 속에 나타나는 사회적 행동을 비교하는 인류학적 연구도 유전과 환경의 영향을 구분하기 위한 노력의 일환으로 이루어졌다. 그러나 이런 연구는 시간이 갈수록 점점 더 실행하기 어려워지고 있다. 글로벌화로 인해 서로 영향을 받지 않는 독립적인 문화를 찾기가 힘들어졌기 때문이다.

쌍둥이 연구는 유전자의 역할을 어떤 식으로 조명했을까?

쌍둥이 연구는 대부분 일란성 쌍둥이와 이란성 쌍둥이의 지능 테스트에 초점을 맞춘다. 일란성 쌍둥이는 하나의 수정란에서 자랐기 때문에 유전자가 100퍼센트 일치한다. 이란성 쌍둥이는 두 개의 수정란에서 자랐기 때문에 같은 유전자가 50퍼센트밖에 되지 않는다. 또 함께 자란 쌍둥이와 떨어져 자란 쌍둥이도 비교되었다.

연구 결과, 지능이 의미 있는 유전 요소를 가지고 있는 것으로 나타났다. 일란성 쌍둥이가 다른 형제자매들에 비해 지능 테스트에서 유사한 결과를 보였기 때문이다. 그러나 이런 연구는 실험 대상마다 각기 다른 유전자의 비율을 주의 깊게 측정하면서도 환경이 다른 정도를 명확하게 측정하지 않기 때문에 비판을 받아왔다. 뿐만 아니라 사회 경제적 지위, 교육 연수, 엄마의 교육 수준과 같은 환경적 요인들 또한 지능에 상당한 영향을 끼친다는 증거가 많이 나오고 있다.

유전자와 환경이 다양한 심리적 특성에 미치는 영향을 구분하기 위해 일란성 쌍둥이, 이란성 쌍둥이, 쌍둥이가 아닌 형제자매에 대한 연구가 이루어졌다.

신경생물학 이론

신경생물학 이론이란?

심리학의 신경생물학 이론은 뇌와 마음의 관계를 연구하는 것이다. 그 바탕에는 모든 심리적 작용이 뇌의 특정한 활동 패턴과 관련 있으며, 행동의 신경생물학적 기질을 이해하면 인간 심리에 대한 이해력을 높여줄 수 있다는 가정이 깔려 있다. 최근 몇 년간 이루어진 놀라운 기술의 발달로 뇌의 작용과, 뇌와 심리 작용의 관계를 연구하는 능력이 급격히 성장했다.

신경심리학이란?

신경심리학은 뇌의 작용과 직접 연관 지을 수 없는 특정한 심리적 기능을 연구하는 학문이다. 신경심리학의 창시자 중 하나인 알렉산더 루리아Alexander Luria, 1902~ 1977는 각기 다른 뇌 손상이 지능에 어떤 영향을 주는지 살펴보기 위해 제2차 세계대전 중에 뇌 손상을 입은 군인들을 연구했다. 현대 신경심리학 연구는 특정한 뇌 활동 패턴과 관계있는 특정한 심리 기능이 무엇인지 확인하는 데 힘쓴다. 예를 들어 정보는 해마Hippocampus라고 불리는 뇌의 일부에 장기 기억으로 입력된다.

심리학의 신경생물학 이론은 진화심리학과 어떤 연관이 있을까?

신경생물학 연구를 할 때 동물들을 이용하는 것은 상당히 중요한 의미를 띤다. 윤리적인 이유로 사람의 뇌보다는 동물의 뇌에 훨씬 더 공격적인 연구를 감행할 수 있기 때문이다. 사실 동물 연구에 대한 윤리적인 문제도 논란거리가 될 정도로, 이는 어려운 분야다. 동물의 뇌에 대한 연구는 인간의 뇌가 어떻게 작용하는지에 대해 중요한 길잡이를 제시하기도 했지만, 또한 종에 따라 뇌가 다르게 작용한다는 점도 일깨워주었다. 다양한 동물의 뇌를 비교함으로써 우리는 사람의 뇌가 진화 과정을 통해 어떻게 발달해왔는지 가정해볼 수 있다. 예를 들어 계획 등 복잡한 인지 기능과 관련 있는 전두엽은 지능이 높은 동물일수록 크고 주름이 많아 표면적이 더 넓다는 것을 알 수 있다. 이는 지능이 점점 더 중요한 진화 전략이 되면서 인류의 진화를 통해 전두엽의 크기가 커졌음을 의미한다.

뇌 영상 기술의 발전은 심리학의 신경생물학 이론에 어떤 영향을 끼칠까?

불과 몇십 년 전만 해도 살아 있는 인간의 뇌를 관찰하는 일은 불가능했다. 그때는 사후 부검과 뇌에 장애가 있는 환자들을 연구하는 것이 신경생물학을 연구하는 주요 방식이었다. 그러나 뇌 영상 기술이 발달하면서 살아 있는 인간 뇌의 스냅 사진을 보는 것이 가능해졌다. 컴퓨터 단층 촬영(CT 스캔)과 자기공명영상MRI은 뇌의 해부학적 구조에 관한 사진을 제공한다. 양전자방출단층촬영PET과 단일광자방출단층촬영SPECT

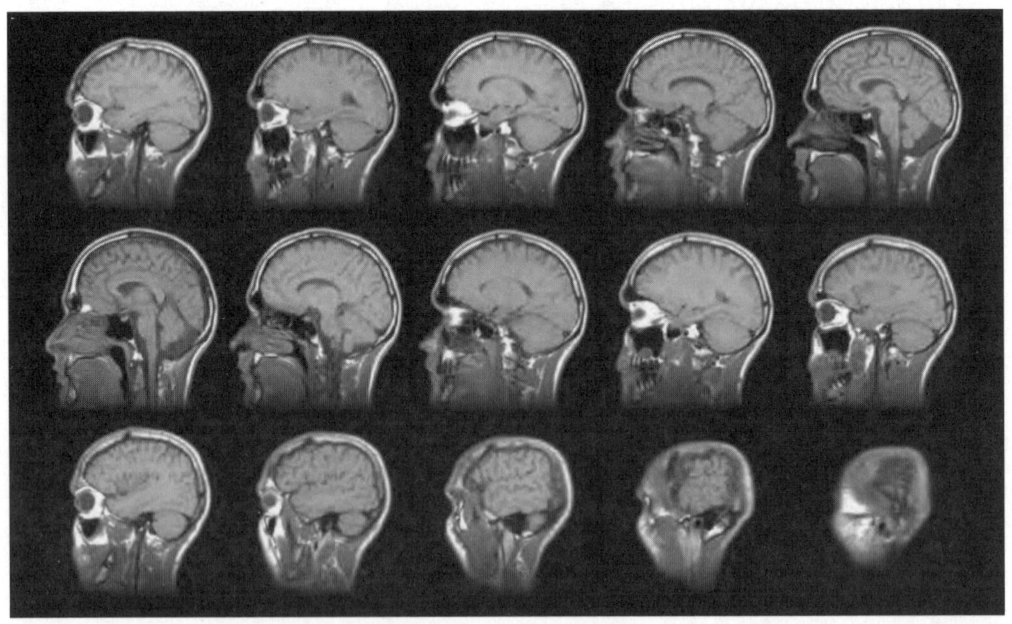

이 사진은 22세 남성의 자기공명영상을 보여준다. 여기에는 오른쪽 귀에서부터 왼쪽 귀에 이르는 20개의 세로 단면이 포함되어 있다. 뇌 영상 기술은 살아 있는 뇌가 작용하는 것을 볼 수 있게 해주었는데, 불과 지난 몇십 년 만에 개발된 놀라운 업적이 아닐 수 없다.(iStock)

스캔은 포도당 투여나 혈액 흐름 패턴의 기록을 통해 실제로 벌어지는 뇌의 작용을 연구할 수 있게 해준다.

가장 최근에 개발된 기능적 MRI(fMRI)는 뇌 활동 이미지를 단시간에 여러 차례 반복 촬영하여 시간의 흐름에 따른 뇌 활동에 대한 연구를 가능하게 해주었다. 뇌 영상 기술이 사진에서 동영상으로 발전한 것이다. 뿐만 아니라 피험자가 다양한 행동을 하는 동안 뇌를 스캔하는 것이 가능해져 완전히 개척하는 데 수년이 걸릴 방대한 연구의 가능성을 열어놓았다.

인지과학

인지과학이란?

인지과학은 인지혁명에서 파생된 것이라 할 수 있다. 인지과학자들은 진화심리학, 언어학, 전산학, 철학, 신경생물학의 도구를 이용해 과학적인 관점에서 정신적 현상을 연구한다. 인지과학의 목적 가운데 하나는 심리 작용과 뇌의 작용을 구현하는 복잡한 컴퓨터 프로그램을 만드는 것이다. 인지과학자들은 기억, 언어, 학습, 의사 결정 등 방대한 심리적인 문제를 제기한다. 신경망 이론은 복잡한 행동을 만들기 위해 뇌세포, 즉 뉴런neuron의 방대한 네트워크가 함께 작용한다는 것을 보여준다. 이런 연구를 통해 놀라운 기술 혁신이 많이 이루어졌다. 여기에는 음성 인식 소프트웨어와 로봇 공학의 발전도 해당된다.

인공지능이란?

인공지능AI, Artificial Intelligence은 컴퓨터 기반의 지적 작용 모델이다. AI 과학자들은 인간의 지능을 시뮬레이션하기 위한 컴퓨터 프로그램을 개발한다. 그 바탕에는 컴퓨터 프로그램 개발 기반이 수학적 규칙, 즉 수학적인 알고리즘으로 심리를 표현할 수 있다는 가정이 깔려 있다. 아직까지는 AI가 시각적 지각이나 물체 인식과 같은 비교적 단순한 인간 심리에만 국한되어 있다. 하지만 AI 모델은 점점 더 정교해지고 있으며 복잡한 학습 문제까지 다루고 있다.

새로운 정보를 대했을 때 컴퓨터 프로그램이 스스로 수정할 수는 없을까? 패턴 인식 소프트웨어는 일종의 가르침에 의존한다. 이런 프로그램들은 외부 세계에서 받는 피드백에 반응하게 되어 있다. 강화된 반응은 강해지고 그렇지 않은 반응은 약해진다. 이런 식으로 AI는 행동주의, 진화심리학 모델과 유사한 점을 가지고 있다.

마음이 수학 공식으로 정리될 수 있을까?

인간 심리를 나타내는 컴퓨터 모델은 수학적인 규칙을 기반으로 한다. 한정된 수학 공식으로 마음을 전체적으로 설명할 수 있는가의 여부는 철학적인 문제다. 신경 철학이라 불리는 새로운 학파가 이런 관점을 뒷받침하는 반면 윌리엄 제임스의 전체론적인 전통과 게슈탈트 이론가, 인본주의 심리학자들은 전체가 단순한 부분의 합을 능가한다고 주장한다. 현재까지 이 문제에 대한 명확한 답은 밝혀지지 않은 상태다.

인지과학과 인공지능에 관한 또 다른 논란거리는 특질qualia의 개념이다. 특질이란 샛노란색, 가장 큰 슬픔 등 심리 작용의 주관적인 특성을 일컫는다. AI가 노란색을 지각하는 데 기초가 되는 신경 작용을 구현할 수는 있어도 이런 뉴런의 신호 발생 패턴이 어떻게 노란색이라는 경험을 만들어내는지를 설명할 수 있을까? 현재로서는 이런 기본적인 철학적 문제에 대한 해답을 알 수가 없다.

과학으로서의 심리학

심리학 연구의 목적은 무엇일까?

심리학 연구는 현대 심리학의 절대적인 기초를 제공한다. 그것은 심리의 과학을 이루는 빵과 버터이자 벽돌과 모르타르다. 심리학 연구는 심리학이 주관적인 견해와 입증되지 않은 관찰의 모음 차원에 머무르지 않도록 엄격하면서도 체계적인 방식으로 심리적인 문제를 연구할 수 있게 해준다.

심리학 연구가 완전히 객관적일 수 있을까?

거의 아니라고 할 수 있다. 인간의 행동은 대단히 복잡한 데다 너무 많은 요소에 의해 영향을 받기 때문에 결론을 100퍼센트 확신하기란 어렵다. 가장 잘 이루어진 연구라 해도 어느 정도 주관적인 판단에 의존할 수밖에 없다. 따라서 연구를 할 때에는 돌발 상황, 편견, 제한을 염두에 두면서 가능한 한 가장 엄격한 방법을 이용하려고 노력해야 한다. 저널에 연구 결과를 싣기 전, 품질 관리 차원에서 이 분야의 다른 전문가들이 각각의 연구 논문을 독립적으로, 그리고 익명으로 검토하는 동료 검토 제도를 이용하는 것도 바로 그런 이유 때문이다.

실증적 연구 방식이 우리가 이용하는 가장 엄격한 방식이긴 하지만 그렇다고 해서 그것이 모든 걸 밝혀주지는 않는다. 오류가 많은 연구를 반박하는 최고의 방법은 더 많은 연구를 실시하는 것이다. 자체적인 오류를 바로잡는 데 연구가 이용되기도 한다.

변수란?

변수는 심리학 연구의 구성 요소로, 연구의 기본 단위를 뜻한다. 우리가 연구하고자 하는 모든 특성과 행동은 변수로 바뀌어 수치로 측정된다. 변수라 불리는 이유는 우리가 연구하는 것이 개인이나 시간에 따라 변하는 특성이기 때문이다. 빨간 머리 학생과 학교 성적의 상관관계를 연구하고자 한다면 먼저 대상 특성을 조작할 수 있게 해야 한다. 다시 말해서 변수로 바꾸어야 한다는 것이다. 따라서 빨간 머리(1), 빨갛지 않은 머리(0)로 머리색을 코드화한다. 그리고 A에서 F까지 모든 학점을 13단위로 분류한다(A⁺=13, A=12, A⁻=11, B⁺=10 등등). 관심 특성을 변수로 수치화함으로써 우리는 수학을 이용해 변수들 간의 상관관계를 계산할 수 있다. 사실상 이것이 심리 과학의 기본이다.

심리학 연구에는 주로 어떤 방법이 이용될까?

여러 가지 방법들이 있기 때문에 융통성 있게 심리학 연구를 실시할 수 있다. 실험 연구를 실시할 때는 정밀한 관찰을 위해 변수를 통제하거나 조작한다. 이렇게 통제할 때 발생하는 문제점은 인위적으로 통제된 환경에서 관찰된 행동이 일상생활에도 그대로 반영되는지 알 수 없다는 점이다. 관찰 연구는 자연환경에서 행동을 체계적으로 관찰하는 방법이다. 자연스러운 행동을 추구하기 위해 통제 정도와 정밀성은 희생된다. 횡단적 연구Cross-sectional study는 한 시점에 행동을 평가하는 것이고 종단적 연구Longitudinal study는 장시간에 걸쳐 행동을 관찰하는 것으로 때로는 몇십 년간 관찰이 계속될 때도 있다. 양적 연구Quantitative study에서는 행동이 수치화된다. 심리학 연구의 가장 흔한 형태가 양적 연구이지만 최근에는 질적 연구가 점점 더 많은 관심을 받고 있다. 질적 연구는 숫자를 사용하지 않고 세심하게 관찰하는 방법이다.

모든 심리학 연구에 숫자가 이용될까?

대부분의 심리학 연구는 양적 연구이기 때문에 심리적인 특성과 행동을 통계적으로 분석할 수 있는 변수로 바꾸어놓는다. 그러나 또 다른 심리학 연구 방식으로 질적 연구라는 것도 있다. 질적 연구를 진행할 때는 적은 수의 피험자들을 관찰하거나 집중적으로 인터뷰를 실시한다. 관찰 결과는 수치로 기록되는 것이 아니라 길고 자세한 문장으로 기록된다. 연구원은 이런 문장들 속에서 이후 양적 연구를 통해 훨씬 더 정밀하게 연구해야 할 주제를 찾는다. 따라서 질적 연구는 가설 생성 대 가설 테스트라 할 수 있다. 이 연구 방식은 양적 연구에 비해 폭넓은 기반을 가지고 있고 제한을 두지 않는다는 장점이 있지만 정밀성이 떨어지고 재현하기가 힘들다. 때문에 예비용 연구로 가장 잘 알려져 있다.

학대적인 과학 실험으로부터 인권을 보호하기 위해 법은 어떻게 바뀌었을까?

인간을 피험자로 삼는 과학 연구의 역사는 학대로 가득 차 있다. 나치 수용소에서 행한 살인적인 실험과, 1930년대 매독에 걸린 가난하고 배우지 못한 미국 흑인들을 고의로 치료하지 않은 악명 높은 터스키기 실험 등 이루 헤아릴 수 없이 많은 사례가 있다.

심리 연구 또한 예외가 아니다. 피험자가 다른 사람에게 전기 충격을 가해 고통과 상처, 심지어 죽음을 초래했다고 믿게 만든 1960년대 스탠리 밀그램Stanley Milgram의 연구도 이에 해당된다. 또 다른 예로는 존 왓슨의 어린 앨버트 실험을 들 수 있다.

1940년대부터 피험자로 이용되는 사람들의 인권을 보호하기 위해 국가적 · 국제적 차원의 법률이 제정되었다. 1947년에 제정된 뉘른베르크 강령Nürnberg Code은 인간 실험에 대한 국제적인 윤리 강령이다. 1960년대 미국에서는 이런 보호법을 한층 더 강화하는 일련의 법률들이 통과되었다. 모든 미국 연구 기관에서 실시되는 인간 연구에 대한 안전과 윤리를 관장하는 독립 검토 위원회의 설립도 이 시기에 시작된 것이다.

현재는 임상시험심사위원회IRB, Institutional Review Board나 인간피험자연구심사위원회Human Subjects Review Committee가 인간 피험자를 대상으로 실시하는 모든 연구를 승인해야 한다. 대부분의 학술 저널 또한 논문 제출에 앞서 IRB 승인을 요구하고 있다.

사회과학과 자연과학에서 이용하는 방식은 어떤 차이가 있을까?

일반적으로 사회과학에서 이용되는 수학의 역할과 자연과학에서 이용되는 수학의 역할은 다르다. 특히 물리학 같은 자연과학에선 수학이 정해진 자연의 법칙을 확인하는 데 이용된다. 물체의 움직임을 설명해주는 수학 공식이 확인되면 그 공식은 그 물체의 움직임을 아주 정확히 예측하는 데 이용된다. 로켓 발사와 관련된 공식을 생각해보라. 따라서 자연과학의 수학은 예측용이자 결정용이다.

모든 물체의 움직임이 공식에 의해 예측될 수 있다. 그러나 양자역학, 하이젠베르크의 불확정성의 원리Heisenberg's uncertainty principle와 같은 현대 물리학은 이런 확실성을 부정한다. 비록 원자보다 작은 입자처럼 극히 작은 범위나 극히 큰 범위에만 해당되긴 하지만 말이다. 심리학의 경우, 연구 주제가 너무 복잡해서 수학 공식으로 인간의 모든 행동을 예측하는 것은 불가능하다. 언제쯤 그것이 가능해질 것인지에 대한 의견은 분분하지만 분명한 것은 현재까지 이루어지지 않았다는 점이다. 그렇다면 심리의 과학에서 수학의 역할은 어떤 의미를 가질까? 심리학에서 수학은 추정치를 나타낸다. 특정한 주장이 사실이거나 그렇지 않을 가능성을 추정하는 것이다. 따라서 어떤 집단이 보일 가능성이 큰 행동에 대해서는 할 말이 많지만 한 개인의 행동을 정확하게 예측할 수는 없다. 예를 들어 여자 대학생들에 비해 남자 대학생들 사이에서 맥주 소비가 늘어났다는 표본을 근거 삼아 일반적으로 남자 대학생들이 여자 대학생들보다 맥주를 더 많이 마신다고 예측할 수는 있어도 대학생 개개인에 대한 행동을 예측할 수는 없다.

표본 선택이 중요한 이유는?

심리학적 연구는 적은 수의 표본 관찰을 통해 그보다 큰 전체 집단에 대한 결론을 내리려는 시도다. 남자 대학생 전체나 정신분열증 환자 전부를 연구할 수 없으므로 관심 대상 집단 가운데에서 표본을 골라 연구한 다음 그 결과를 전체에 적용한다. 때문에 전체 집단을 대변하는 표본을 만드는 것이 중요하다. 표본이 전체 집단과 다를 가능성은 많다. 예를 들어 불법적인 행동을 연구하기 위해 유죄 판결을 받은 사람들 가운데 표본을 찾는다고 가정해보자. 표본을 선택하는 순간 그 표본은 체포된 사람들로만 이루어져 있기 때문에 체포되지 않은 사람들은 모두 배제하게 된다. 우울증이 있는 사람들을 연구하기 위해 정신과 환자들 가운데 표본을 고른다면 치료 방법을 찾는 사람들로만 구성되게 된다. 아무리 표본 선택을 잘한다 해도 모든 문제를 제거하는 것은 사실상 불가능하기 때문에 전체 집단에 대한 적용도, 즉 연구의 일반화 가능성Generalizeability이 평가받을 수 있도록 연구원들은 표본에 대한 상세한 설명을 곁들여야 한다.

통계란 무엇이며, 어떤 식으로 작용할까?

수백만 명의 심리학과 학생들은 통계라는 말만 들어도 이를 갈고 눈을 굴린다. 그러나 통계는 심리학 연구의 기본 요소다. 통계는 이를테면 지능, 공격성, 우울증의 심각성 등 두 개 이상의 변수 사이의 관계를 측정하는 수학적 기법이다. 통계는 이런 변수들이 어떤 관계를 가지는지를 보여준다. 또한 변수들의 관계가 얼마나 뚜렷하게 나타나는지와, 연구를 통해 발견된 관계가 통계적 실수, 즉 단순한 우연이 아니라 실제로 존재할 가능성을 보여주기도 한다.

가장 흔한 통계로는 평균, 중앙치, 최빈치 등 집중 경향을 측정하는 것과 t-검정, 변량 분석, 다변량 분산 분석과 같은 집단의 차이점을 측정하는 것 그리고 상관, 요인분석Factor analysis, 회귀분석 등 공변성을 측정하는 것이 있다.

공변성 측정은 두 개 이상의 변수 가운데 하나가 변할 때 나머지가 변하는 정도를 측정한다. 예를 들어 키와 몸무게는 공변하지만(또는 상관관계가 있고), 나이와 민족성은 공변하지 않는다. 일반적으로 키가 큰 사람들은 키 작은 사람들에 비해 체중이 더 나가지만 나이가 든다고 해서 민족성을 더 많이 갖게 되는 것은 아니기 때문이다.

집중 경향의 측정이란?

집단이나 표본의 특성을 나타내는 방법에는 여러 가지가 있다. 평균은 평균 점수를 나타내는 것으로 점수의 합을 점수의 개수로 나누어 계산한다. 예를 들어 4,

7, 8, 9, 9라는 번호들의 평균은 7.4다((4+7+8+9+9)÷5). 중앙치는 표본의 중앙에 해당되는 숫자를 나타낸다. 따라서 점수의 반이 중앙치보다 크고 나머지 반은 중앙치보다 작다. 이 경우에는 8이 중앙치가 된다. 최빈치Mode는 가장 흔한 점수를 뜻한다. 이 경우 최빈치는 9다. 집중 경향을 측정하는 각각의 값들은 저마다 장단점을 가지고 있다.

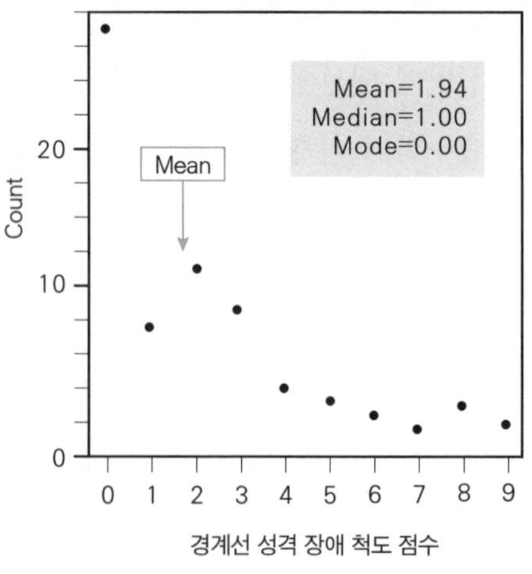

이것은 성격 장애를 가진 69명의 사람들의 특성을 측정한 검사 결과를 보여주는 그래프다. 세로축은 각각의 점수를 획득한 사람들의 수를 나타내고, 가로축은 점수를 나타낸다. 이 그래프에 따르면 피험자 대부분이 낮은 점수를 받은 반면, 일부 사람들은 나머지 사람들에 비해 훨씬 높은 점수를 받았다. 점수의 분포가 한쪽으로 집중돼 있는 경우 편중 분포라고 부른다. 정규 분포의 경우에는 점수의 대부분이 중앙에 몰려 있고 일부 점수만 양쪽 끝에 분포되어 있다. 이와 같이 편중 분포되어 있는 경우 평균, 중앙치, 최빈치는 각기 다르게 나타난다.

중앙치와 평균의 차이는 무엇이고, 그것이 중요한 이유는?

평균은 이상치Outlier라고 불리는 극단적인 수치에 매우 민감하기 때문에 일부 수치가 나머지보다 훨씬 클 경우 집단에 대한 왜곡된 관점을 갖게 만든다. 중앙치는 이상치의 영향을 받지 않기 때문에 보다 안정적으로 집중 경향을 나타낸다. 예를 들어 8, 8, 9, 12, 13, 102의 평균은 26.4지만 중앙치는 10.5밖에 되지 않는다. 이런 구분은 국민소득과 같은 특징을 나타낼 때 특히 중요하다. 소득이 많은 일부 사람들 때문에 미국 국민소득의 평균은 중앙치보다 크다. 때문에 미국 통계국은 국민소득의 중앙치만 발표한다. 반면 평균은 통계 분석에 더 유용하게 쓰인다.

상관은 무슨 뜻일까?

상관은 두 가지 변수 사이의 관계를 평가하는 가장 흔한 방법이다. 한 개의 변수가 커질 때 나머지 하나의 변수도 같이 커진다면 두 변수는 정적 상관관계가 있는 것이다. 예를 들어 사교성과 친구의 수는 높은 상관관계를 가지고 있다. 사교성이 많을수록 친구들이 많을 가능성이 크기 때문이다. 사교성이 없는 사람들은 친구도 별로 없다. 한 변수가 커질 때 다른 변수가 작아진다면 두 변수는 부적 상관관계를 가지고 있다. 나이와 충동은 부적 상관관계를 가지고 있다. 나이가 들수록 충동적인 행동을 할 경향이 줄기 때문이다. 마찬가지로 젊은 사람일수록 충동적인 행동을 보일 가능성이 크다. 변수들 사이에 아무 관계가 없다면 상관관계가 없는 것이다. 태어난 달과 수학 능력은 아무런 관계가 없다. 따라서 태어난 달이 개인의 수학 능력에 영향을 미칠 것이라고 예상하는 사람은 없다.

연구 결과를 해석할 때 반드시 알아야 할 주요 개념으로는 어떤 것이 있을까?

우리는 과학적 방법을 통해 믿을 만한 지식을 얻을 수 있다고 생각한다. 그렇다고 연구 결과를 무작정 받아들여서는 안 된다. 연구가 편파적으로 이루어질 가능성이 많기 때문에 연구 결과를 비판적으로 해석할 수 있는 능력이 절대적으로 중요하다. 특히 타당도Validity에 관한 문제가 중요하다. 결과가 타당한가, 아니면 데이터가 뒷받침되지 않은 결론이어서 결점이 있는가? 내적 타당도란 연구 방법의 완전성을 일컫는다. 연구 방법 디자인에 치명적인 결함이 있는가? 예를 들어 두 가지 약의 효과를 비교하는 연구를 하는데 한 가지 약의 유효기간이 지났다고 하자. 이 경우 B약품의 유효기간이 지났기 때문에 A약품보다 효과가 떨어질 수도 있다. 외적 타당도란 결과가 전체 집단에 적용될 수 있는 정도를 뜻한다. 종교에 대한 태도를 연구하면서 무신론자만 표본에 포함시켰다면 외적 타당도는 한계가 있다. 실험 대상의 종교적인 믿음은 정확히 측정할지 몰라도 무신론자가 아닌 이들에 대해 아무런 결론을 내릴 수 없기 때문이다. 일반적으로는 내적 타당도가 외적 타당도보다 더 중요하다.

교락 인자란?

교락 인자Confound factor란 연구 결과를 편향되게 만드는 것으로서 관심 대상이 되는 두 변수 사이의 관계에 영향을 주는 제3의 변수를 말한다. 예를 들어 지능 검사에 관한 대부분의 초기 논문들은 북유럽에 뿌리를 둔 미국인들이 남유럽이나 동유럽에서 건너온 이주민들에 비해 지능이 높다는 결과를 냈다. 이 같은 결과는 이주민들이 영어를 유창하게 구사하지 못했기 때문으로, 언어 능숙도에 의해 교락된 것이다. 이처럼 언어 능력에 의해 교락되었다면 각기 다른 민족의 검사 결과가 다른 이유를 지능 때문이라고 결론지을 수 없다. 교락 인자를 통제하는 통계 기법이 있긴 하지만 모든 경우에 적용되는 것은 아니므로 가능하면 처음부터 교락 인자를 피하는 것이 좋다.

연구가 일반화 가능성이 있다는 것은 무슨 뜻일까?

연구 결과가 전체 집단에 적용될 때 우리는 그 연구를 일반화할 수 있다고 말한다. 일반화 가능성을 일컫는 또 다른 용어가 외적 타당도다.

심리 테스트

심리학에서 심리 테스트의 역할은 무엇일까?

심리 테스트는 심리 과학의 화폐와 같은 기본 요소다. 심리학 연구는 심리적 특성의 측정에 의존하므로 심리 테스트를 통해서만 이루어질 수 있다. 그러나 심리적 특성은 본질적으로 평가하기 어렵다. 완두콩의 개수나 기린의 키처럼 분명하게 측정할 수 있는 유형의 물체가 아니기 때문이다. 심리적 특성은 사랑, 행복, 자존감처럼 보거나 만질 수 없고, 셀 수도 없는 데다 사람마다 다르게 해석하는, 추상적이고 형체가 없는 특성이다. 따라서 체계적이고 믿을 수 있는 방식으로 심리적 특성을 측정하는 테스트를 고안하는 것이 심리학적 연구의 중요한 부분이다.

심리 테스트로는 어떤 것들이 있을까?

다양한 유형의 심리 테스트가 있는데 모두 장단점을 가지고 있다. 아마 가장 흔한 테스트 유형은 자기 보고 설문일 것이다. 이것은 피험자가 여러 가지 질문에 답하여 한 개 이상의 심리적 특성에 대한 정보를 제공하는 유형이다. 이런 테스트는 만들고 실시하고 점수를 주기가 쉽고 빠르다는 장점이 있지만 피험자가 자기 보고를 하는 것이기 때문에 부정확할 가능성이 있다.

임상가용 설문 조사는 질문에 대한 피험자의 답변을 근거로 임상가가 최종 점수를 매기는 유형이다.

설문과 마찬가지로 피험자에게 일련의 질문을 묻는 면접을 실시하지만 보다 정확한 정보를 얻거나 답변을 명확히 이해하기 위해 면접관은 각각의 질문에 대해 자세히 물어볼 수 있는 권한을 갖는다.

TAT, 로르샤흐Rorschach 검사와 같은 투사적 검사Projective test는 이를테면 그림을 보고 이야기를 만드는 것처럼 생각, 감정, 행동의 특징을 밝히기 위해 고안된 과제를 피험자에게 하도록 지시하는 것이다. 이 경우 피험자는 밝히려 하는 정보가 무엇인지 알지 못한다.

인지 검사에서는 피험자가 단어 기억이나, 패턴에 맞게 블록을 조립하는 것과 같은 지적 능력과 관련된 과제를 수행한다.

감각 테스트나 운동 테스트는 접촉과 같은 감각이나, 시각 운동 협응과 같은 운동 능력을 측정한다.

마지막 세 범주에 속하는 테스트들은 객관적인 행동을 평가하기 때문에 객관적 검사로 불리기도 한다.

감정이나 행동의 특성을 측정하는 테스트 질문으로는 어떤 것들이 있을까?

다음에 발췌한 두 가지 테스트는 다양한 감정과 행동을 통해 특성을 측정하는 심리 테스트 샘플이다. 첫 번째 테스트는 분노 조절을 측정하는 것이고, 두 번째 테스트는 추진력을 측정한다. 이런 테스트들은 검사관이 피험자에게 직접 질문하는 면접의 형태로 이루어지거나, 피험자에게 자기 보고 설문지에 답을 작성하게 하는 식으로 이루어진다. 답변이 숫자로 기록된다는 점에 주목하라. 이런 식으로 매겨진 답변의 점수들이 합쳐 총점이 된다.

지난 5년간 다음과 같은 경험을 얼마나 자주 했습니까?

(5) 매일	(4) 매주	(3) 한 달에 한 번	(2) 1년에 몇 번	(1) 아주 가끔	(0) 한 번도 하지 않음

- 때때로 심하게 짜증을 낼 때도 있는 반면, 전혀 짜증을 내지 않을 때도 있다.
- 아주 작은 일에도 화가 날 때가 있다.
- 마구 화를 내다가도 갑자기 차분해져서 정상으로 돌아온다.
- 나는 오랫동안 화를 품는다.
- 화가 날 때는 스스로를 통제하기가 힘들다.

해야 할 일이나 하고 싶은 일을 실천하기 어려워하는 사람들이 있습니다.
지난 5년간 다음과 같은 경험을 얼마나 자주 했습니까?

(5) 매일	(4) 매주	(3) 한 달에 한 번	(2) 1년에 몇 번	(1) 아주 가끔	(0) 한 번도 하지 않음

- 해야 할 일을 하기가 어렵다.
- 시작한 일을 끝내기가 어렵다.
- 프로젝트(일, 취미, 공부)를 시작하면 의욕을 갖고 흥분하면서도 쉽게 산만해지고 따분함을 느낀다.
- 좌절하거나 따분해지면 하던 일을 그만둔다.
- 나는 직장에 30분 이상 늦게 출근한다.
- 나는 직장에 한 시간 이상 늦게 출근한다.

테스트와 측정법은 어떻게 만들어질까?

수많은 작업을 통해 테스트 구성이 이루어진다. 우선 측정하고자 하는 것이 정확히 무엇인지 테스트의 구성이 정의되어야 한다. 그런 다음 가장 일반적인 자기 보고 설문지 유형에 맞는 문항들을 선별한다. 그다음으로는 측정하고자 하는 것을 일관적이고 신뢰할 수 있는 방법으로 측정하도록 구성이 제대로 이루어졌는지를 입증하기 위해 몇몇 사람들을 대상으로 테스트를 실시해본다. 신뢰도Reliability와 타당도는 테스트 구성의 두 가지 중요 요소다.

테스트를 신뢰한다는 것은 무슨 뜻일까?

테스트의 신뢰도는 주어진 특성을 일관적으로 측정할 수 있는 능력을 지칭한다. 변수의 측정 결과가 매번 다르게 나온다면 그 측정은 신뢰할 수 없다. 테스트 유형과 목적에 따라 신뢰도는 여러 가지 형태를 띤다. 문항 내적 합치도는 테스트 문항들이 서로 관련이 있거나 서로 관련이 큰지를 의미한다. 이런 신뢰도는 한 가지 특성을 평가하는 데 여러 가지 문항이 이용되는 설문지의 경우 유효하다. 재검사 신뢰도는 테스트를 처음 실시한 결과와 재검사 결과 사이의 상관관계가 큰 것을 나타낸다. 이것은 측정된 특성이 시간이 지나도 변하지 않을 가능성이 큰 경우에만 유효하다. 평가자 간 신뢰도는 평가자가 복잡한 주관적 판단을 이용해 점수를 매겨야 하는 반구조화 설문을 비롯한 유형의 테스트 신뢰도를 평가할 때 쓰인다. 두 명 이상의 평가자들이 똑같은 내용을 같은 방식으로 평가할 때 평가자 간 신뢰도가 있다고 본다.

테스트가 타당하다는 것은 무슨 뜻일까?

테스트의 타당도는 측정하고자 하는 것을 측정하는 정도를 나타낸다. 타당도는 주로 똑같은 구성을 가진 유사한 측정과의 상관관계에 의해 측정된다. 예를 들어 우울함의 평가 척도는 우울한 정도를 측정하는 또 다른 테스트와 상관관계가 있다. 집단 간의 차이점 또한 타당도를 설정하는 데 이용된다. 우울증을 앓는 정신분열증 입원 환자 집단이 건강한 피험자 집단에 비해 우울증 평가 척도에서 높은 점수를 기록하는가? 그렇다면 우울증 환자들이 정신분열증 입원 환자 집단보다 우울증 평가에서 더 높은 점수를 기록하는가? 수렴 타당도란 유사한 구성으로 이루어진 테스트들이 똑같은 요인에 대해 유사한 평가를 내리는 것을 말한다. 우울증을 측정하는 두 가지 테스트는 정적 상관관계를 보여야 한다. 확산 타당도는 다른 구성으로 이루어진 테스트들이 같은 요인을 다르게 평가하는 것을 뜻한다. 우울증 측정은 행복 측정과 큰 상관관계를 보이지 않아야 한다.

타당도 없이 신뢰도만 가질 수 있을까?

테스트가 타당하지 않아도 신뢰할 수는 있다. 예를 들어 길이를 재는 자는 신뢰할 수 있는 측정 도구다. 언제나 주어진 길이를 같은 식으로 측정하기 때문이다. 그러나 아무리 일관적이라도 우울증과는 관련이 없으므로 이런 측정 결과는 우울증을 측정하는 타당한 측정법이 아니다. 타당하지 않은 테스트를 신뢰할 수는 있지만 신뢰도가 없다면 그 테스트는 타당하다고 할 수가 없다. 테스트 측정 결과가 일관적이지 않다면 측정하고자 하는 것을 제대로 측정한다고 볼 수 없기 때문에 타당하지도 않은 것이다.

로르샤흐 잉크 반점 검사란?

로르샤흐 잉크 반점 검사Rorschach inkblot test는 유명한 투사적 검사다. 실제로 널리 사용되기도 한 이 검사법은 신비하게 사람들의 영혼을 볼 수 있는 불가사의하고 다소 위협적인 테스트로 대중매체에 자주 등장했다. 로르샤흐 검사는 흑백과 컬러로 된 열 장의 잉크 반점 그림 카드로 구성되어 있다. 이 반점들은 1922년에 처음으로 테스트를 발표한 헤르만 로르샤흐Hermann Rorschach, 1884~1922에 의해 만들어진 것이다. 사람들이 구름을 보고 이미지를 떠올리듯이 피험자들은 잉크 반점 그림을 보고 나서 무엇이라고 생각하는지 설명해야 한다. 그러면 답변 내용과 형태에 따라 점수가 매겨지는데 이런 답변에 피험자의 심리 작용이 반영된다고 여긴다. 이 검사 방법에는 정해진 답이 없다. 피험자는 잉크 반점을 보고 말이 될 수 있게 혼자 생각해야 한다. 때문에 로르샤흐는 이를 투사적 검사라고 불렀다. 로르샤흐가 정신분열증 입원 환자들을 상대로 개발했기 때문에 이 검사는 정신병 환자의 생각 과정에 특히 민감하다.

로르샤흐는 어떤 비판을 받았을까?

1922년 로르샤흐 검사가 처음 발표된 이후 전성기를 이루던 20세기 중반에 다양한 기록 체계가 개발되었지만 로르샤흐 검사는 검사를 실시하는 임상자의 기분에 따라 제멋대로 해석된다는 비난을 받았다. 로르샤흐 검사의 위력에 대한 주장 역시 과장되었으며 실증적 연구에 의해 뒷받침되지 못했다. 뿐만 아니라 비과학적이라는 비판을 받았던 정신분석 분야와 깊은 연관이 있어 더 폄하되기도 했다. 로르샤흐 검사처럼 정신분석 또한 표면적으로 중립적인 요인에서 감정적인 의미를 찾아내는 것과 관련이 있다.

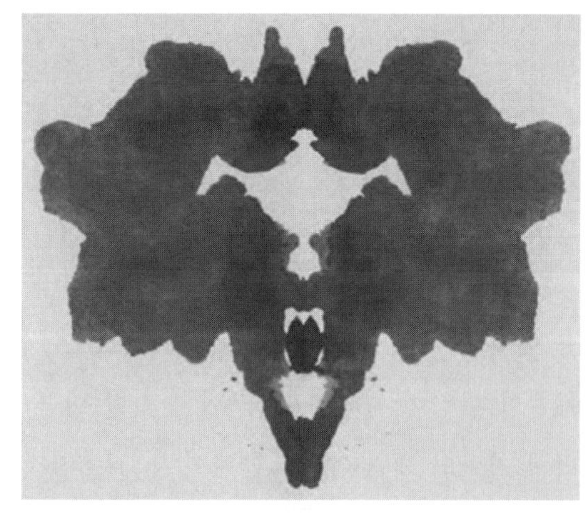

이것은 로르샤흐 검사에서 이용하는 잉크 반점 그림과 매우 유사하다. 시험 삼아 이 잉크 반점에서 어떤 이미지가 보이는지 한번 보라. 당신은 반점의 어떤 부분을 이용했는가? 그 이미지가 반점의 형태를 중심으로 이루어졌는가 아니면 여백을 중심으로 이루어졌는가?(iStock)

엑스너의 시스템은 어떻게 해서 로르샤흐 검사에 타당성을 부여했을까?

1974년 존 엑스너John Exner는 로르샤흐 검사를 위한 종합적인 기록 시스템을 발표했다. 이 시스템은 기존 기록 체계를 가져다 종합적이고 체계적으로 재편성한 것이었다. 또한 그는 자기 시스템을 뒷받침하는 완벽한 신뢰도와 타당도를 보이는 실증적 연구를 상당수 제시했다. 그의 시스템은 여러 차례 개정되고 업데이트되었다.

여전히 엑스너의 시스템을 겨냥한 비판이 일고 있고 그중 대부분이 타당한 비판이지만 그가 로르샤흐 검사를 기록하는 과학적인 지지 체계를 만들었다는 점은 부인할 수 없다.

주제 통각 테스트란?

주제 통각 테스트TAT, Thematic Apperception Test는 로르샤흐 검사만큼이나 잘 알려진 또 다른 투사적 테스트 방법이다. TAT는 1938년 헨리 머리Henry Murray에 의해 개발되었다. 이 테스트는 한 명 이상의 인물이 포함된 모호한 그림이 그려진 20장의 카드로 구성되어 있다. 보통 한 번에 열 장의 카드가 쓰인다. 피험자는 그림 속에서 무슨 일이 벌어지는지, 그전에 무슨 일이 벌어졌는지, 그리고 앞으로 어떤 일이 벌어질지 설명하라는 지시를 받는다. 피험자들은 또한 그림 속 인물들이 무슨 생각을 하고 무얼 느끼는지도 설명해야 한다.

그림이 모호하기 때문에 피험자들의 이야기 속에는 자신의 인간관계를 드러내는 내용이 담기게 된다. 하지만 안타깝게도 TAT는 존 엑스너처럼 현대적인 기록 시스템을 개발한 사람이 없었다. 따라서 신뢰할 만큼 타당한 기록 체계가 없는 TAT는 다른 과학적 기반의 테스트들과 함께 이용되는 질적 연구로밖에 쓰일 수 없다.

미네소타 다면 검사란?

미네소타 다면 검사MMPI, Minnesota Multiphasic Inventory는 가장 오래되고 잘 알려진 자기 보고 테스트 유형 가운데 하나다. 이 검사는 인성과 정신병의 다양한 면을 측정한다. MMPI의 원래 버전은 1940년대에 개발되었다. 현재 이용되고 있는 MMPI의 두 번째 개정판인 MMPI-2는 1989년에 최종 개정된 것이다.

정오 문제들로 구성된 567개의 자기 보고 요인을 통해 여덟 가지 기본 증상 척도를 진단한다. 심기증, 히스테리, 사이코패스Psychopathy(정신병질), 편집증, 정신쇠약, 정신분열, 조증이 이에 해당된다. 그 외에도 남향성, 여향성, 사회적 내향성을 진단하는 척도가 있고 축소 보고, 과대 보고와 같은 답변의 편향을 측정하는 세 가지 타당성 척도가 있다. 또한 청소년들을 위해 짧게 구성된 MMPI-A도 있다.

지능 검사

IQ 테스트란?

IQ 테스트는 인지 능력을 측정하는 테스트를 통해 IQ 점수라는 결과를 만들어내는 것이다. 지능지수를 나타내는 이 테스트는 일반적인 지능을 측정한다. IQ 테스트는 기억, 어휘력, 추리력, 집중력, 모방력 등 다양한 종류의 지능을 테스트하는 여러 하위 테스트로 구성되어 있다. 따라서 IQ 테스트에는 단어 정의, 산술, 따라 그리기와 같은 것들이 포함될 수 있다. 모든 하위 테스트에는 쉬운 문제도 있고 어려운 문제도 있는데 뒤로 갈수록 어려워진다. 점수는 정확한 답을 제시한 문항의 개수에 따라 결정된다.

IQ 테스트가 규준화되었다는 것은 무슨 뜻일까?

테스트 규준은 개인의 점수와 일반 전체 집단의 점수를 비교할 수 있게 해주는 것이다. 다시 말해 테스트가 규준화되면 어느 점수든 백분위, 즉 그보다 낮은 점수에 있는 사람들의 백분율을 알 수 있다. 테스트가 규준화되려면 표본이 커야 한다. 그런 다음 평균 점수와 표준 편차가 산출된다. 표준 편차는 각각의 점수들과 평균 점수의 차이를 측정하는 것이다. 즉, 모든 점수들이 평균에 가까이 분포되어 있는지 아니면 널리 분산되어 있는지를 측정한다. 테스트의 평균과 표준 편차를 알면 어떤 점수든 백분위를 알아낼 수 있다. 따라서 IQ 점수는 테스트 규준에 따른 개인의 백분위를 나타낸다.

웩슬러 성인 지능 IQ 테스트란?

웩슬러 성인 지능[WAIS, Wechsler Adult Intelligence] 테스트는 가장 널리 이용되는 지능 테스트다. 첫 WAIS는 1958년에 발표됐다. 2008년도에 발표된 WAIS-IV는 열 가지 핵심 하위 테스트에서 얻은 점수를 근거로 전체 IQ 점수를 산출한다. 주요 하위 검사로는 어휘, 유사성, 정보, 산수, 숫자 폭, 모양 맞추기, 행렬 추리, 시각 퍼즐, 숫자 부호, 부호 검색이 있다. 다섯 개의 보충 검사로는 이해, 글자-숫자 순열, 그림 완성, 토막 짜기, 지우기가 있다.

WAIS-IV의 네 가지 지수 점수는 무엇일까?

WAIS 하위 검사는 네 가지 지수 점수로 나뉘는데 각각의 지수는 특정한 인지 능력을 측정한다. 언어 이해 지수는 추상적인 생각을 언어로 표현하는 능력을 나타낸다. 지각 추론 지수는 시각적 · 공간적 정보를 처리하는 능력을 반영한다. 작업 기억 지수는 정보를 기억에 담고 조작하는 능력, 처리 속도 지수는 정보를 처리하는 능력을 나타낸다. 이런 지수들은 WAIS에 의해 측정되는 지능이 몇 개의 전혀 다른 요소를 가지고 있다는 점을 보여준다.

WAIS는 지능을 측정하는 것일까?

어느 한 가지 테스트만으로 지능과 같이 복잡한 것을 측정할 수 있는가 하는 점은 숱한 논란거리가 되어왔다. 우리가 알 수 있는 것은 WAIS가 학업과 직업의 성공 같은 다른 지능의 지표가 되는 다양한 인지 능력을 잘 측정한다는 것이다. WAIS 하위 검사는 또한 다른 인지 검사들과 뇌 활동에 대한 연구와도 큰 상관관계를 보인다. 다시 말해 WAIS에서 낮은 점수를 받은 사람들에 비해 높은 점수를 받은 사람들의 학업 성적과 직무 능력이 좋으며 사고 능력을 검사하는 다른 테스트의 점수 또한 높은 것으로 나타났다. 그런 사람들은 또한 복잡한 사고를 담당하는 뇌 영역이 더 활발히 활동할 가능성이 컸다.

지능의 의미에 대한 의견 일치가 이루어졌을까?

일반적인 지능이 존재하고, 사람들이 가진 지능이 제각각 다르다는 점에 대해서는 일부 의견 일치가 이루어졌다. 그러나 정확하게 지능을 정의하는 방법에 대해서는 상당한 의견 차이를 보이고 있다. 지능이란 개인이 환경에 적응할 수 있도록 정보를 처리하는 능력이라고 대략적으로 정의할 수 있을 것이다. 하지만 이런 식의 정의는 지능이 환경에 따라 달라질 수 있음을 시사한다. 사냥과 채집 위주의 사회에 산다면 추상적인 철학 교과서를 읽는 능력보다는 자연환경을 해석하는 능력이 훨씬 더 중요하게 작용할 것이다. 실제로 WAIS 점수가 높은 사람이라도 19세기 중반 오스트레일리아 사막에 떨어졌다면 제대로 살아가기 힘들 것이다. 마찬가지로 정규교육을 받지 않은 오스트레일리아 원주민들의 경우 WAIS 점수는 형편없겠지만 사막에서 살아남는 법에 대한 지식과 기술은 꽤 많이 보유하고 있을 것이다. 지능의 본질이 개인이 처한 환경에 따라 달라지기 때문에 지능 테스트에는 문화적 편견이라는 고질적인 문제점이 있다. 그런데 문화적 편견이 완전히 배제된 지능 테스트를 디자인하는 일은 불가능에 가깝다.

IQ 테스트에서 문화적 편견을 줄일 수 있는 최선의 방법은 무엇일까?

IQ 테스트에서 모든 문화적 편견을 없애는 일은 아마 불가능하겠지만 테스트가 폭넓은 표본에 적절히 적용될 수 있도록 만드는 방법은 있다. 특히 미국과 같이 구성원들이 다양한 사회에선 이 점이 중요할 수밖에 없다. WAIS-IV에는 토막 짜기, 행렬 추리 등 언어 능력과 상관없고 교육과도 별 상관이 없는 비언어적 검사들이 포함되어 있다. 뿐만 아니라 추상적이고 기하학적인 도형들을 사용함으로써 문화적으로 의미 있는

문화적 편견이 들어가지 않은 IQ 테스트를 만들기가 어려운 까닭에 IQ 테스트에 대한 유용성에 의문을 제기하는 사람들도 있다.(iStock)

이미지가 포함되지 않게 했다. 전체 집단의 일부 구성원들만 알고 있는 지식과 관련된 항목을 배제하는 것 또한 중요하다. 예를 들어 초기 지능 검사에는 특정한 차의 모델과 제작사에 대한 항목이 포함되어 있었는데, 이는 운전을 하거나 차에 관심 있는 사람들에게만 해당되는 것이었다. 문화적 편견을 줄이는 또 다른 주요 방법은 전체 집단의 부분들마다 각기 다른 규준을 제시하는 것이다. WAIS-IV에는 각 연령층에 대한 규준이 포함되어 있으며 다른 인지 검사들 또한 교육 수준에 따른 규준을 제시한다. 뿐만 아니라 테스트를 다양한 언어 버전으로 만들어놓는 것 또한 매우 중요하다.

IQ 테스트는 실제로 유용할까?

WAIS가 측정하는 IQ 테스트는 복잡하고 산업화된 현대 사회에서 살아가는 데 유용한 인지 능력을 잘 측정한다. 이런 능력으로는 추상적인 언어적 문제 해결 기술과 복잡한 주의 집중 능력 등이 있다. IQ는 어떤 사람의 전체적인 지능이 어느 정도나 될지 파악하게 해준다. 그러나 데이터를 해석할 때에는 하위 테스트에 주의를 기울이지 않으면 안 된다. 일부 테스트에서는 매우 높은 점수를 받고 일부 테스트에서는 매우 낮은 점수를 받는 것처럼 개인의 점수가 테스트에 따라 큰 차이를 보일 수도 있기 때문이다. IQ는 또한 많은 문화적 편견에 취약하다. 그러나 하위 테스트와 기능적인 지수들은 개인의 사고 처리 과정의 윤곽을 보여주는 데 매우 유용하다. 이런 윤곽은 치매, 우울증, 주의력 결핍 장애, 정신지체와 같은 다양한 신경 상태나 심리 상태를 진단하는 데도 도움이 된다. 따라서 임상용으로는 개인의 IQ 점수가 아닌 하위 테스트의 윤곽이 상당한 도움이 된다.

WAIS가 측정하지 않는 다른 종류의 지능도 있을까?

지능을 환경에 적응하게 해주는 정보 처리라고 정의한다면 WAIS는 그런 능력의 좁은 범위만 측정한다고 볼 수 있다. 하워드 가디너Howard Gardiner는 그런 식의 단일하고 일원화된 지능에 반박하면서 신체 기반 형태, 사회적 · 정서적 지능 형태를 비롯한 다중 지능이 존재한다고 주장했다. 대니얼 골먼Daniel Goleman도 감정과 대인 관계와 관련된 정보를 효과적으로 처리하는 감성 지능을 자세히 다뤘다. 민속심리학은 방향 감각, 정치 감각, 사업 감각, 기계적인 소질, 심지어 상식까지 다룬다. 이들 가운데 WAIS가 직접 측정하는 것은 없다. 시각적 · 공간적 테스트가 기술적인 소질과 어느 정도 관련이 있을 것이라고 추정할 뿐이다. 그러나 WAIS와 같은 테스트 결과, 매우 낮은 지능을 가진 사람들이 대인 관계와 자기 관리 기술이 현저히 떨어진다는 사실은 잘 알려져 있다. 그에 반해 많은 사람들이 IQ가 매우 높은데도 불구하고 감성과 대인 관계 기술, 심지어 상식이 지나칠 정도로 부족한 사람을 한두 명쯤은 알고 있을 것이다. 따라서 WAIS가 지능의 다른 면과 관련되기는 하지만 동일하지는 않은 지능의 일부를 측정한다고 결론 내릴 수 있다.

미 육군이 개발한 알파 테스트와 베타 테스트란?

1917년, 미국이 제1차 세계대전에 참전한 직후 미국심리학협회APA, American Psychological Association는 전쟁에 기여할 수 있는 가장 좋은 방법을 모색하기 위해 위원회를 소집했다. 위원회는 대규모 집단을 대상으로 실시할 지능 검사를 개발하는 것이 가장 유용하다는 결론을 내렸다. 커트라인보다 낮은 점수를 받는 군인들은 제대시키고 높은 점수를 받은 사람들은 고위급에 선정될 수 있도록 하기 위함이었다.

하버드 대학교 심리학자이자 육군 소령이었던 로버트 여키스Robert Yerkes의 지휘하에 필기시험인 아미 알파Army alpha와 글씨를 읽지 못하는 40퍼센트의 군인들을 위한 그림 버전인 아미 베타Army beta 테스트가 개발되었다. 이 테스트들은 군인들의 제대와 승진에 상당한 영향을 끼쳤다. 제1차 세계대전 중에 실시된 이런 테스트의 이용은 전쟁 후 학교와 군대를 비롯한 여러 기관에서 지능과 소질 검사용으로 이용되었다.

하지만 아미 테스트 내용이 형편이 어려운 이민자들보다 미국 본토인들에게 더 유리하다는 불만이 제기되면서 곧이어 문화적 편견에 대한 비판이 가해졌다. 이민자들은 고급 자동차 엔진이나 테니스 코트 배치와 같은 사항을 알지 못하는 경우가 많았기 때문이다. 뿐만 아니라 앵글로 색슨 미국인의 가치관과 일치하지 않으면 지능이 낮은 것으로 간주되는 등 도덕주의적인 질문들이 많았다. 사실, 이런 불만들이 매우 타당하기는 하지만 이런 지능 테스트는 입대에 유리한 점을 가진 사람들을 골라내는 것을 목적으로 했다는 점을 명심해야 한다. 적어도 육군은 이런 테스트를 통해 그전에 이루어지던 노골적으로 편파적이고 가족과 계층 기반이었던 방식을 벗어던지고 좀 더 민주적으로 입대할 사람들을 선별하려고 노력했던 것이다.

오늘날의 지능 소질 테스트들은 문화적인 차이에 의해 영향을 받지 않게 만드는 것을 목표로 삼는다. 그렇다 해도 완전히 문화적으로 중립적인 테스트를 개발하는 것은 불가능에 가깝다.

맨 처음 지능 검사를 고안한 사람은 누구일까?

우생학의 아버지인 프랜시스 골턴이 지능의 개인차를 맨 처음 연구한 과학자다. 그는 지능의 차이가 오늘날 우리가 유전자라 부르는 타고난 것이라고 여겼으며, 가장 지능이 뛰어난 사람들과 가장 지능이 떨어지는 사람들을 구분해 선별적인 출산 정책에 이용하고자 했다. 감각과 지각에 대한 빌헬름 분트의 연구에 발맞춰 그의 첫 지능 테스트는 손의 힘, 감각 자극 반응 시간, 기타 감각-운동 기술의 측정으로 구성되었다. 제임스 커텔James Cattell, 1860~1944은 이 연구를 한층 더 발전시켜 골턴의 연구를 기반으로 한 지능 검사를 개발했다. 컬럼비아 대학교 심리학 교수였던 지위를 이용해 그는 수백 명의 신입생들을 대상으로 자신의 검사를 실시했다(어쩌면 심리학 연구에 대학교 신입생들을 피험자로 삼는 오랜 전통이 이때부터 시작되었는지도 모른다).

1901년 충분한 데이터를 수집한 그는 학생들의 지능 검사 결과와 학점의 상관관계를 살펴보았다. 그러나 대단히 실망스럽게도 두 변수 사이에는 어떤 관계도 보이지 않았다. 이런 부정적인 결과가 발생한 요인은 두 가지로 생각해볼 수 있다. 하나는 구성 타당도의 부족으로 정신 물리학적인 측정이 학업 성적과 아무 연관도 없다는 점이고, 또 다른 하나는 범위의 제한을 꼽을 수 있다. 명문 대학교 신입생들의 지능은 차이가 크지 않기 때문에 지능과 학업 성적의 상관관계 또한 이런 요인에 의해 가려졌을 수 있다.

정신연령이란?

프랑스 심리학자 알프레드 비네Alfred Binet, 1857~1911는 골턴과 커텔의 연구에 정신연령이라는 개념을 가미해 발전시켰다. 자신의 아이들이 성장하며 새로운 인지 기술을 개발하는 것을 보고 비네는 발달적인 측면에서 지능이 측정될 수 있다는 사실을 알아차렸다. 아이의 테스트 결과와 그런 결과를 예상할 수 있는 나이를 비교함으로써 그는 아이의 정신연령을 산출할 수 있었다.

비네 지능 검사Binet-Simon Test란?

정신지체 아동들의 필요한 사항을 해결하고자 했던 프랑스 정부의 지시를 받아 비네와 그의 동료인 테오도르 시몽Théodore Simon은 정신지체 아동과 정상 아동의 지능을 구별하는 테스트를 개발했다. 그들은 정상 아동들과 정신지체 아동들을 대상으로 다양한 테스트를 실시하면서 측정법을 개선해나갔다. 그들이 만든 테스트의 첫 버전은 1905년에 출간되었고 몇 차례의 개정판이 잇따랐다.

1908년판에서 연령대별로 예상 점수를 제공하면서 비네와 시몽은 처음으로 경험적으로 타당성이 있고 표준화된 검사를 만들어냈다. 그로부터 몇 년 지나지 않아 비네 지능 검사는 5대륙의 여러 나라로 퍼져나갔다.

스탠퍼드-비네 지능 검사란?

스탠퍼드 대학교의 루이스 M. 터먼Lewis M. Terman, 1877~1956은 비네 지능 검사를 개선하여 높은 지능에 대한 민감도를 높였다. 1916년에 발표된 스탠퍼드-비네 검사는 IQ 점수를 이용한 최초의 테스트다. IQ 점수 혹은 지능지수는 수많은 테스트 결과의 표본을 기반으로 했다. 터먼은 평균 IQ 점수를 100으로 정하고 표준 편차를 10으로 정했다. 평범한 점수에 불과한 것을 IQ 점수로 해석하면서 각각의 점수의 백분위를 산출할 수 있었다. 예를 들어 IQ 점수 100점은 50번째 백분위 수고 80은 2.5번째 백분위수이며 130은 99번째 백분위다. 스탠퍼드-비네 검사는 수십 년 동안 이용되어온 최초의 지능 검사로 현재는 다섯 번째 판이 통용되고 있다.

1958년 터먼이 죽고 2년이 지난 후 데이비드 웩슬러가 웩슬러 지능 검사를 개발했는데 이는 현재 가장 널리 이용되는 IQ 테스트다.

초기 IQ 테스트가 가진 문제점은 무엇일까?

골턴의 방식이 가진 문제점은 학업 성적과 같은 외부 지능 지표와 사용된 측정 방식 사이의 상관관계가 적다는 것이었다. 골턴의 검사는 지능보다 신체 조정 능력, 힘과 더 관련이 있었는데 그런 요소들은 구성 타당도가 없었다. 이후 검사들도 타당도 문제가 있었지만 훨씬 미미했다. 그런 검사들은 대부분 문화적 편견이 극도로 심해서 20세기 들어 처음 몇십 년 동안에는 이민 반대라는 편견을 불러일으키기도 했다. 그에 따른 가장 큰 문제는 전체 집단에 테스트를 적용할 수 있는지의 여부를 나타내는 일반화 가능성에 관한 것이었다. 영어 구사 능력이나 문화 관련 지식이 영향을 미친다는 점이 고려되지 않았기 때문이다. 그런 항목들은 영어를 모국어로 하는 부유한 미국 본토 태생에게만 가능한 지식을 측정했으며 다른 항목들은 엄밀히 말해서 지적인 능력이라기보다 도덕적인 가치들을 측정했다.

이후 IQ 테스트들은 항목을 포함할 때 문화적 관련성을 고려하여 비언어적 검사를 포함하고 검사 규준을 미국 인구 통계에 맞춰 주의 깊게 구성된 표본에 맞춤으로써 이런 문제들을 해결했다.

제 3 장

뇌와 행동

신경과학의 기본 개념

뇌를 연구하는 이유는 무엇일까?

기원전 500년과 같이 아주 오랜 옛날 크로토네의 알크마이온Alkmaion은 마음이 물리적으로 위치하는 곳이 뇌라는 사실을 알아냈다. 그리고 2500년 후 현대 과학은 이 고대 그리스인의 말이 절대적으로 맞다는 사실을 입증했다. 심리의 어떤 면도 뇌와 연관되지 않은 것은 없다. 우리의 생각, 느낌, 믿음, 가치 등 인간의 본질이 이 1.3킬로그램짜리 회색 조직 덩어리에서 비롯된다. 따라서 심리학은 뇌를 살펴보지 않을 수가 없다. 뿐만 아니라 지난 몇십 년간 이루어진 신경과학의 놀라운 발전으로 역사상 그 어느 때보다 뇌는 물론이고 뇌와 마음의 관계에 대해서도 잘 알게 되었다.

신경과학자들은 뇌의 진화가 어떻게 이루어졌다고 추정하고 있으며, 그것은 뇌를 이해하는 데 어떤 영향을 끼쳤을까?

뇌 연구를 이해하기 위해서는 우선 신경과학자들이 뇌의 진화에 대해 가지고 있는 세 가지 기본 가정을 고려하는 것이 중요하다. 하나는 뇌의 조직 내에 진화적 기원의 흔적이 깊숙이 뿌리박혀 있다는 믿음이다. 어른으로 성장한 후에도 어렸을 때의 성격이 남아 있는 것처럼 뇌도 그 해부학적 구조 속에 인류 전체의 역사가 담겨 있다는 것이다. 둘째, 뇌는 위쪽으로 그리고 바깥쪽으로 진화해왔다. 따라서 뇌의 가장 낮고 깊은 부분이 가장 오래된 것이며, 가장 바깥쪽 위에 있고 뇌 영역에서 가장 멀리 떨어진 부분이 가장 최근에 진화된 부분이다. 셋째, 우리의 뇌는 진화를 거듭하면서 점점 더 복잡해졌다. 오래된 구조일수록 구조나 담당하는 역할이 단순하고 원시적이다. 또한 진화적으로 새로운 구조일수록 더 복잡하다.

복잡성으로 인한 장점과 단점은 무엇일까?

뇌 구조가 점점 더 복잡하게 진화해왔기 때문에 복잡성이 가져다주는 장점은 무엇이고 단점은 없는지 생각해볼 필요가 있다. 일반적으로 뇌가 복잡할수록 적응력이 더 뛰어나다. 복잡한 시스템일수록 변화하는 환경에 적응하는 방대한 대응 레퍼토리를 가지고 있다. 그러나 복잡성은 그만큼 대가도 크다. 복잡한 시스템은 단순한 시스템에 비해 더 많은 에너지를 필요로 하고 손상되기도 더 쉽다. 더 많은 부분이 포함될수록 망가지기가 쉽기 때문이다.

우리의 뇌는 얼마나 많은 자원을 필요로 할까?

인간의 뇌는 고작 1.3킬로그램밖에 되지 않지만(평균적으로 체중의 2, 3%를 차지한다) 심장이 뿜어내는 혈액의 15퍼센트를 사용하고 몸 전체의 산소와 포도당의 20퍼센트를 이용한다. 다시 말해 무게보다 열 배 가까운 신체의 자원을 이용하는 것이다.

뇌의 구조와 관련된 주요 용어로는 무엇이 있을까?

이 책에서는 가급적 일반적인 용어를 사용하려고 하지만 뇌의 구조를 논할 때 사용되는 기본적인 용어를 알아두는 것이 좋다. 뇌는 3차원 입체 구조로 되어 있기 때문에 위와 아래, 앞과 뒤, 내부와 외부를 구별하는 특정한 용어가 있다. 전측Anterior과 후측Posterior이 각각 앞과 뒤를 나타내는데 문측Rostral과 미측Caudal이라는 라틴어가 이에 상응한다. 상측Superior과 하측Inferior이 위와 아래를 나타내며 등측Dorsal과 복측Ventral이라는 라틴어가 이에 해당된다. 외측Lateral은 외부를 나타내고 내측Medial은 내부를 가리킨다.

라틴어 용어는 영어 용어와 어떻게 다를까?

영어 용어가 단순히 방향을 나타낸다면 라틴어 용어는 신체 일부를 가리킨다. 문측과 미측은 머리와 꼬리를 가리키는 라틴어다. 마찬가지로 등측과 복측 또한 상어의 등지느러미처럼 몸의 등과 배를 가리킨다. 내측은 신체의 정중선에 가까운 것을 의미하고 외측은 정중선과 떨어져 있는 것을 의미한다. 그러나 뇌를 논할 때는 문측과 미측이 일반적으로 앞과 뒤를 나타내고 등측과 복측이 위와 아래를 나타내며 내측과 외측이 안과 밖을 나타내는 것으로 통용된다.

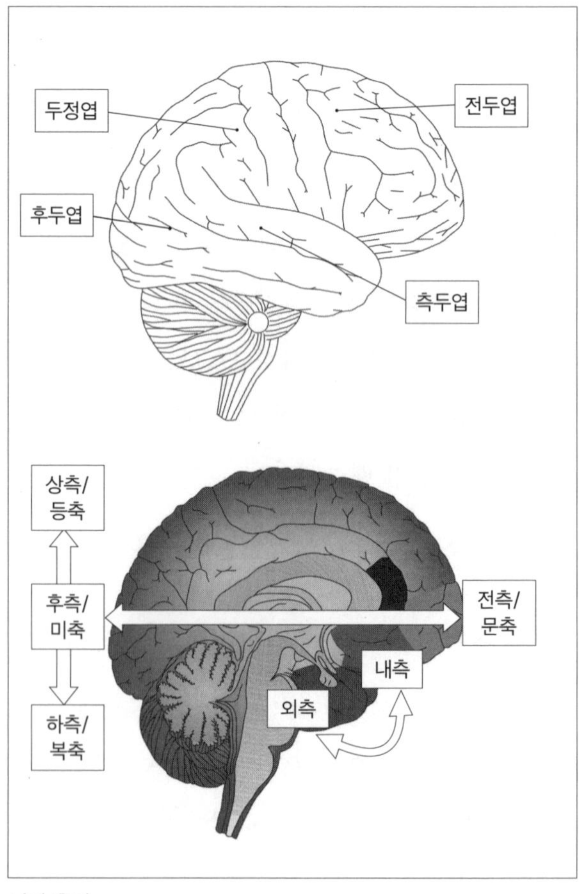

뇌의 측면.

계통발생이란?

계통발생Phylogeny이라는 단어는 진화를 의미한다. 무언가 계통발생적으로 오래되었다는 말은 곧 진화적인 의미로 오래되었다는 것을 뜻한다.

동물을 통해 우리는 무엇을 배웠을까?

인간의 뇌를 이해하는 데에는 동물의 뇌에 관한 연구가 큰 도움이 되었다. 생물학적 연구에 동물을 이용하는 것이 동물의 권리에 대한 도덕적인 문제를 야기했지만 인간의 뇌에 관한 지식의 많은 부분이 동물의 뇌 연구에서 비롯되었다는 점은 분명하다. 합법적으로 그리고 윤리적으로도 우리는 살아 있는 인간의 뇌보다 동물의 뇌에 훨씬 더 많은 외과적인 수술을 진행할 수 있다. 뿐만 아니라 뇌의 진화에 대한 중대한 통찰 역시 다양한 동물의 뇌를 비교해봄으로써 얻을 수 있다.

뇌의 주요 구조

뇌의 주요 구조로는 무엇이 있을까?

뇌는 고둥 위에 권투 장갑이 놓여 있는 것과 같은 복잡한 구조를 가지고 있다. 뇌의 바깥 면은 피질Cortex 또는 신피질Neocortex이라 부르는데, 뇌 위와 양옆을 덮은 주름진 표면을 말한다. 이 부분이 권투 장갑처럼 생긴 부분이다. 주름이 잡혀 있다는 점이 권투 장갑과 다르긴 하지만 말이다. 피질 아래는 피질하 영역Subcortical region이 있다. 뇌의 가장 아랫부분에는 소뇌Cerebelleum와 뇌간Brain stem이 있으며 시상과 관련된 영역이 뇌의 중앙을 향해 있고 변연계가 시상을 감싸고 있다. 기저핵Basal ganglia 또한 뇌의 중앙에 있는 시상 가까이에 위치한다.

피질과 피질하 영역은 어떻게 다를까?

피질과 뇌의 피질하 영역을 구별하는 것은 중요하다. 피질은 비교적 최근에 진화된 것으로, 피질 구조는 동물들보다 인간에게서 훨씬 더 발달되어 있다. 언어, 추상적 사고, 글을 읽는 능력처럼 오직 사람들에게만 있다고 여기는, 보다 복잡한 심리 작용의 대부분이 피질의 통제를 받는다. 그에 비해 피질하 영역은 기본적인 심리 작용이나 생리 기능을 담당한다. 척추와 가장 가까운 뇌의 맨 아래가 가장 오래된 부분으로 호흡, 심장 박동, 소화와 같이 원시적인 동물들에게서도 찾아볼 수 있는 생리 작용을 조절한다.

피질

피질은 왜 주름이 잡혀 있을까?

피질 표면은 마치 호두처럼 주름이 잡혀 있다. 이렇게 잡혀 있는 주름을 피질구, 피질구의 둥근 부분을 회Gyrus라고 부른다. 회 사이의 홈은 고랑Sulcus으로 불린다. 이렇게 접혀 있기 때문에 표면적이 훨씬 더 넓어져 두개골이라는 비교적 협소한 공간에 들어가는 뉴런의 수가 크게 늘어나는 것이다. 뉴런이 많을수록 정보를 처리하는 능력이 강해진다. 이런 효율적인 공간 활용이 어떻게 이루어져 있는지 잘 모르겠다면 처음에는 접혀 있지만 끝에서 끝까지 펴지는 아코디언이나 종이로 접은 부채를 떠올리면 될 것이다.

피질의 네 가지 엽은 무엇일까?

피질은 전두엽Frontal lobe, 측두엽Temporal lobe, 두정엽Parietal lobe, 후두엽Occipital lobe, 이렇게 네 종류의 엽으로 나뉜다. 전두엽은 피질의 앞부분 절반을 차지하는 것으로 중심구에서부터 뻗어나간다. 측두엽은 피질의 엄지와 같은 부분이다. 중심구에서부터 후두엽과의 경계(두정후두구)까지 뻗어 있는 두정엽은 피질의 뒤 표면 대부분을 덮고 있다. 마지막으로 피질의 뒤쪽 아랫부분에 해당되는 것이 후두엽이다.

전두엽은 무엇일까?

전두엽은 우리의 지능이 자리한 곳이라고 생각되는 부위다. 전두엽은 인간의 피질 가운데 절반을 덮고 있는 것으로 가장 최근에 진화된 뇌 영역이다. 좀 더 구체적으로 말하면, 전두엽은 우리의 행동을 제어하는 심리적 기능인 행정 기능을 조정한다. 계획, 추상적 사고, 충동 조절, 행동 순서의 조절이 이런 계획에 해당된다. 예상할 수 있듯이 이 부분이 손상되면 살아가는 데 심각한 문제를 일으킨다. 전두엽은 행정 기능 외에 다른 기능도 조절한다. 전두엽의 가장 뒷부분을 가리켜 운동 영역 띠라고 하는데 의도적인 행동과 관련이 있다. 또한 전두엽의 왼쪽 뒷부분인 브로카 영역Broca's area은 언어의 구사나, 생각을 말로 표현하는 행동을 조절한다.

다른 피질 엽들이 담당하는 일은 무엇일까?

나머지 세 개의 피질 엽은 감각과 지각의 일부를 담당한다. 후두엽은 시각을 담당하고, 두정엽은 체 감각 영역의 촉감과 미각을 처리, 측두엽은 청각을 담당한다. 또한 두정엽은 집중과 시각적 · 공간적 정보와 관련이 있으며 측두엽은 언어, 기억, 익숙한 물체의 인식을 담당한다.

브로드만 영역Brodman area은 피질을 어떤 식으로 표시할까?

1909년, 코비니언 브로드만Korbinian Brodmann, 1868~1918은 피질의 지도를 만들어 뇌의 해부학적 구조에 대한 논란을 표준화하려고 했다. 그는 우선 뉴런의 구성 방식인 세포 구조를 중심으로 피질을 각기 다른 영역으로 나누었다. 그런 다음 이 영역들에 1부터 52까지 번호를 매겼다. 그러나 인간의 뇌에서 발견된 것은 45가지밖에 없다. 나머지 일곱 개는 원숭이의 뇌에서 발견되었다. 사람에 따라 뇌의 구조가 조금씩 다르지만 이 체계는 신경과학자들이 뇌의 해부학적 구조에 대해 이야기할 수 있는 공통의 용어를 제공하여 매우 유용하게 쓰였다. 하지만 여러 가지 뇌 구조에 해당되는 몇 가지 각기 다른 명칭이 있기 때문에 아직도 다양한 용어들이 통용되고 있는 실상이다.

양쪽 뇌는 똑같은 일을 할까?

뇌의 양쪽이 거의 비슷하지만 그렇다고 동일하지는 않다. 피질에 관한 한 양쪽 뇌

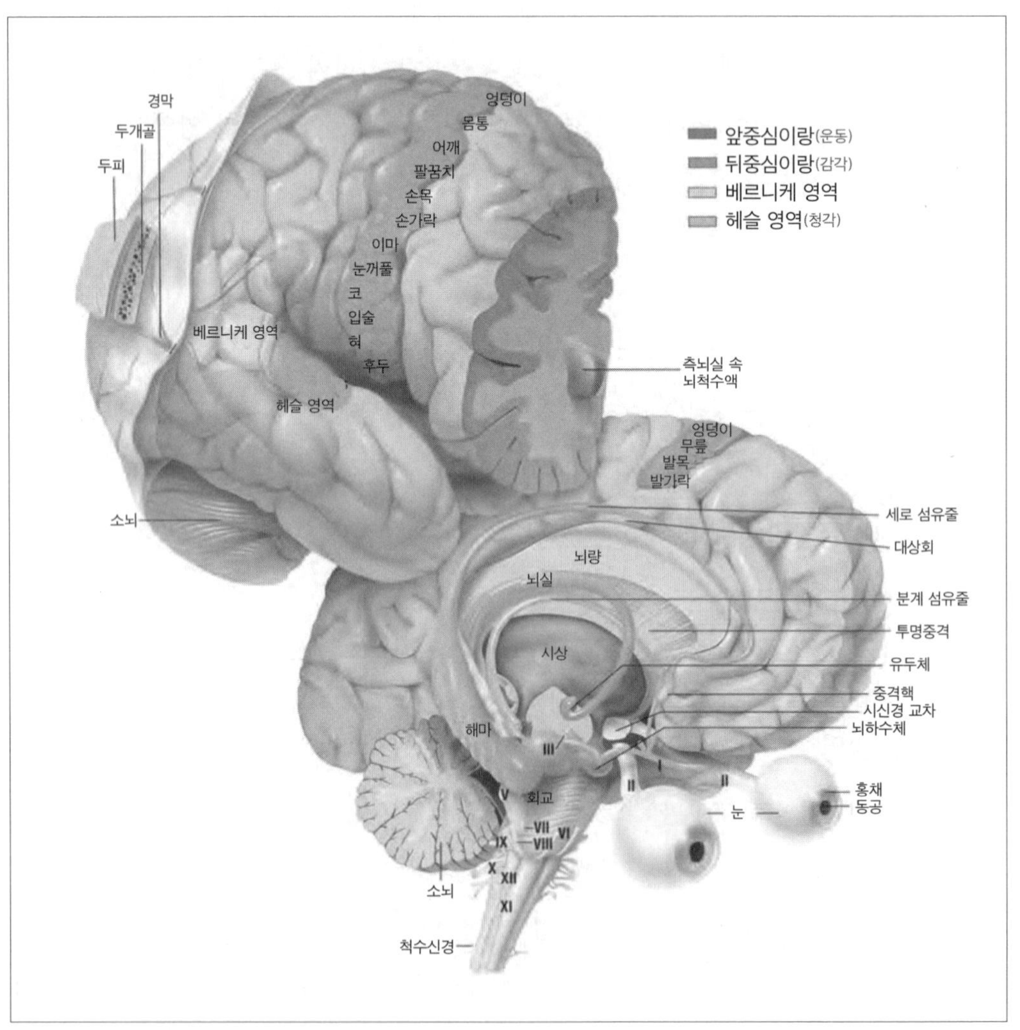

각각의 기능을 제어하는 뇌의 다양한 영역들.(iStock)

가 담당하는 기능이 상당히 다르다. 뇌의 우측과 좌측의 이런 차이점을 편재화라고 한다. 피질 왼쪽은 언어의 이해, 말의 구사와 관련 있다. 그리고 뇌의 우측은 공간 정보, 감정 처리, 안면 인식과 관련 있다. 편재화 때문에 예를 들어 중풍으로 인한 뇌 손상의 영향은 손상된 부위에 따라 달라진다.

피질하

변연계란?

변연계는 우리의 감정이 자리한 곳이다. 변연계라는 용어는 1937년 제임스 파페즈 James Papez가 창시한 것으로, 뇌 중앙에 위치하는 뇌 구조의 집단을 가리킨다. 원 파페즈 회로에는 해마, 뇌궁, 유두체, 시상전핵군, 대상회가 포함되어 있었다. 비록 아직까지도 보편적으로 통용되는 변연계에 포함되는 정확한 부위가 정해지지 않았지만 시간이 지나면서 변연계의 경계는 점차 확장되었다. 이 책에서는 편도체Amygdala, 해마, 시상하부Hypothalamus, 격막Septum, 대상회까지 포함시킨다. 이런 영역들은 모두 감정과 동기화 과정을 담당한다.

편도체라는 용어는 어디서 생긴 것일까?

편도체는 뇌의 중앙 깊숙이 묻혀 있는 작은 타원형 모양의 구조다. 아몬드처럼 되어 있기 때문에 편도체를 나타내는 'Amygdala'라는 용어는 아몬드를 나타내는 그리스어에서 비롯되었다.

편도체와 시상하부는 어떤 일을 할까?

편도체는 주변에서 발생하는 감정적으로 의미 있는 신호에 신속하게 반응하는 것으로 보인다. 특히 두려움을 유발하는 자극에 반응한다. 편도체가 시상하부를 활성화시키면 시상하부는 다시 중요한 호르몬의 조절 등을 통해 자율신경계를 활성화시킨다. 자율신경계는 감정의 생리적인 요소를 조절한다. 예를 들어 목줄이 풀린 사나운 개가 자신을 향해 달려온다고 상상해보라. 그 모습을 보는 즉시 편두엽은 위험하다는 인식에 반응한다. 그러면 시상하부에 신호를 보내고 시상하부는 자율신경계를 활성화시켜 심장 박동이 빨라지고 손에 땀이 나며 두려움과 관련된 깊은 숨을 몰아쉬게 되는 것이다.

해마는 무슨 역할을 할까?

해마는 애벌레 같은 구조를 가진 것으로, 전두엽의 내측면에 위치하며 기억과 깊은 관련이 있다. 해마가 해양 생물 해마와 같은 모습일 거라고 믿었던 초기 뇌 해부학자들이 해마를 나타내는 그리스어(히포hippo = 말horse)를 따서 이름을 붙였다. 해마가 자체적으로 감정을 처리하는 것은 아니지만 다른 변연계 근처에 있기 때문에 감정적으로 의미 있는 사건의 기억들을 전달하는 역할을 한다. 따라서 우리가 감정이 고조된다고 해석하는 것은 유사한 경험의 기억에 따라 달라진다.

뇌의 영역으로는 어떤 것들이 있으며 담당하는 기능은 무엇일까?

뇌 영역	주요 기능
피질/신피질	지각, 행동, 인지
전두엽	의도적인 행동, 행정 기능
두정엽	촉감, 미각, 공간 처리, 집중
측두엽	청각, 언어, 기억, 물체 인식
후두엽	시각 처리
변연계	감정과 동기화
편도체	정서 반응
대상회	감정, 집중, 인지 기능
시상하부	정신 작용, 생리 작용 조절
해마	기억
기저핵(담창구, 피각, 미상핵)	자율 행동 순서
뇌간(뇌교, 숨골)	기본적인 생리 작용: 소화, 호흡, 심장 기능
소뇌	운동 협응, 균형

다른 변연계는 무엇을 할까?

격막은 다른 기능 중에서도 특히 즐거움의 경험과 관련된 작은 영역이다. 대상회는 여러 가지 다른 피질하의 영역을 둘러싼 기다란 구조로 집중, 감정, 인지 기능을 담당한다. 그중에서도 특히 의사 결정과 관련이 있다.

기저핵이란?

기저핵은 행위와 운동 행동Motor behavior에 중점적으로 관여한다. 사실 기저핵은 피각, 담창구, 미상핵 등이 포함된 뇌 영역의 집단을 일컫는 말이다. 이 부위는 비교적 진화론적으로 오래된 곳으로 행동의 자율적인 면을 다룬다. 자전거 타기처럼 새로운 행동을 배우는 경우, 처음에는 우리가 하는 행동에 집중하는 전두엽에 의존한다. 그러나 행동을 습득하고 나면 보다 자율화되어 기저핵이 담당하게 된다. 때문에 기저핵이 손상을 입으면 파킨슨병이나 헌팅턴병과 같은 신경 질환이 보이는 것처럼 운동 행동이 심각하게 손상된다.

뇌간이란?

뇌간은 뇌의 가장 오래되고 원시적인 부분으로 호흡, 체온 조절, 수면 각성 주기, 심장 기능과 같은 기본적인 생리 작용을 조정한다. 뇌간은 진화를 하면서도 비교적 원래의 모습을 그대로 유지하고 있어 이종의 동물들 사이에서도 그다지 큰 차이를 보이지 않는다.

삼위일체 모델이란?

1964년 폴 D. 맥린Paul D. MacLean, 1913~2007은 뇌를 파충류 뇌, 고대 포유류 뇌, 신포유류의 뇌 등 세 개의 일반적인 영역으로 나누고 이 세 부분이 각기 다른 진화 단계에 상응한다고 믿었다. 신포유류 영역은 신피질을 가리키는 것으로서 전두엽과 대부분의 피질 영역이 포함된다. 이 부분들은 영장류처럼 보다 복잡하고 진화론적으로 어린 포유류에게서 가장 발달했다. 고대 포유류 영역에는 모든 포유류에서 찾아볼 수 있는 변연계가 포함되어 있다. 파충류 영역은 파충류와 같이 계통발생적으로 오래되고 원시적인 종에서 찾아볼 수 있는 뇌간과 소뇌를 나타낸다. 맥린의 삼위일체 모델Triune model이 지나치게 단순하다는 비판을 받긴 했지만 일반인들이 뇌를 떠올리기에 유용한 방법을 제시했다.

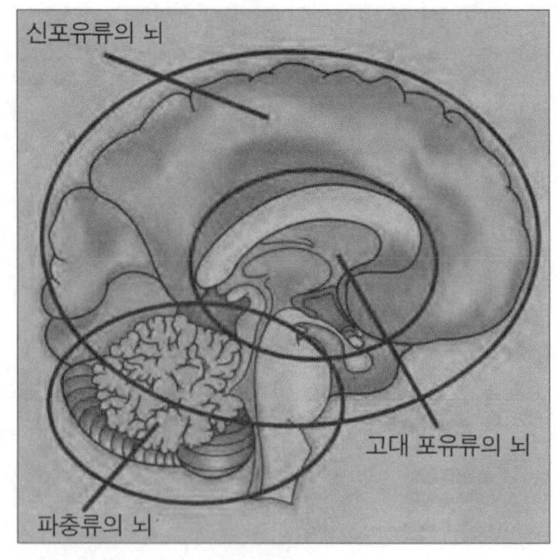

맥린의 삼위일체 시스템(iStock)

뉴런

뉴런이란?

뉴런은 뇌의 기본적인 구성 요소인 뇌세포를 뜻한다. 뇌 전체는 사실 서로 맞물려 작용하는 뉴런들의 거대한 네트워크라 할 수 있다. 인간의 뇌에는 대략 1000억 개의 뉴런이 존재하는데 뉴런 기능을 지원하는 다른 신경교와 작은 세포들에 비해 몇 배는 더 많다. 뉴런은 세포체, 축삭Axon 그리고 가지를 치고 뻗어나온 다수의 수상돌기Dendrites로 구성되어 있다.

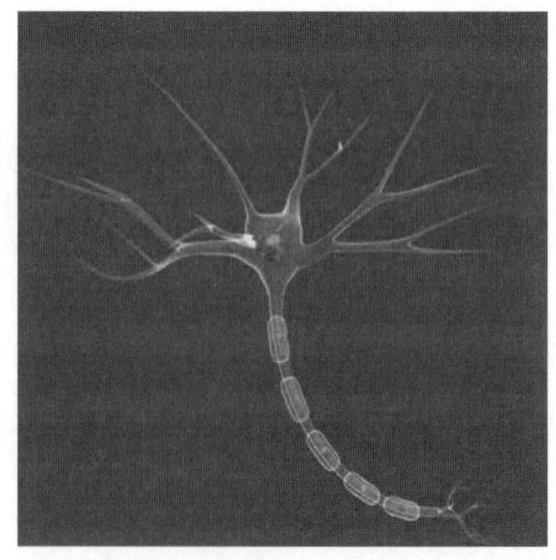
뉴런의 기본 구조를 보여주는 컴퓨터 그래픽. 세포체에서 뻗어나온 수상돌기가 위를 향해 가지를 치고 있고 세포체 아래쪽으로는 축삭이 뻗어나와 있다. 여러 개의 싸개가 축삭을 감싸고 있는 모습을 주목하라. 이 싸개는 수초라 불리는 것으로 축삭을 따라 내려가는 활동 전위의 속도를 증가시키는 지방질의 물질이다. 축삭의 끝에도 가지가 달려 있는 것이 보이는데 이를 축삭 종말이라 한다.(iStock)

세포의 입력부와 출력부란?

뇌세포는 입력부와 출력부를 모두 갖추고 있다. 수상돌기는 세포체에서 뻗어나온 나무 모양의 연장선인 세포의 입력체로, 다른 뉴런의 축삭 돌기로부터 전기 정보를 가져와 세포체에 주입한다. 축삭은 세포의 출력부로, 세포로부터 전기 정보를 가져다 다른 신경으로 옮긴다. 축삭은 뇌에서 뻗어나와 척추 맨 아래까지 이어질 정도로 상당히 긴 경우도 있다. 두 부분으로 나뉜 축삭도 있지만 대부분 한 개의 뉴런당 한 개의 축삭이 있다. 축삭 끝에서 세포는 여러 개의 축삭 종말로 나뉜다. 한 개의 축삭은 수천 개의 축삭 종말을 가질 수 있다. 축삭 종말의 대부분은 다른 세포의 수상돌기와 연결되어 있어 일반적으로 뇌에는 엄청난 양의 뉴런 연결이 이루어진다.

시냅스란?

한 세포의 수상돌기와 또 다른 세포의 축삭 종말이 만나는 부분을 시냅스Synapse라고 부른다. 뉴런들은 신경 전달 물질로 알려진 화학적 전령을 통해 시냅스들과 의사소통을 한다. 메시지를 보내는 뉴런은 시냅스 전 뉴런, 메시지를 전달받는 뉴런은 시냅스 후 뉴런, 뉴런들 사이의 공간은 시냅스 틈Synaptic cleft이라고 불린다.

신경 전달 물질은 무엇이고 하는 일은 무엇일까?

신경 전달 물질은 뉴런들이 서로 커뮤니케이션하는 데 사용하는 화학적 전령이다. 축삭이 시냅스에서 또 다른 세포의 수상돌기와 만나면 시냅스 틈으로 신경 전달 물질이 분비된다. 이런 신경 전달 물질 가운데 일부는 흥분성이고 일부는 억제성이다. 두 종류의 신경 전달 물질 모두 시냅스 후 뉴런의 전하Electrical charge를 바꾼다.

뉴런은 어떻게 발화할까?

뉴런이 발화하면 축삭을 따라 축삭 종말까지 전기 충격을 보낸다. 시냅스 후 뉴런이 발화하기 쉽게 흥분성 신경 전달 물질이 도와준다. 억제성 신경 전달 물질은 발화를 어렵게 만든다. 각각의 세포는 여러 시냅스들로부터 흥분성과 억제성 정보를 모두 입력받는다. 이렇게 입력된 정보의 전체 합이 특정 한계점에 도달하면 뉴런이 발화하여 축삭을 따라 전기 충격을 보내는 것이다. 이런 발화를 일컬어 활동전위라고 한다. 활동전위Action potential가 축삭 아래쪽에 도달하면 축삭 종말은 자기만의 신경 전달 물질을 방출하여 그다음 뉴런 집단의 활동전위를 자극하거나 억제한다. 이런 식으로 아주 짧은 시간에 방대한 뉴런망이 서로 커뮤니케이션을 한다. 활동전위는 대개 초당 50미터의 속도로 떠돌아다니며 1000분의 1초당 500개가 발생할 수 있다.

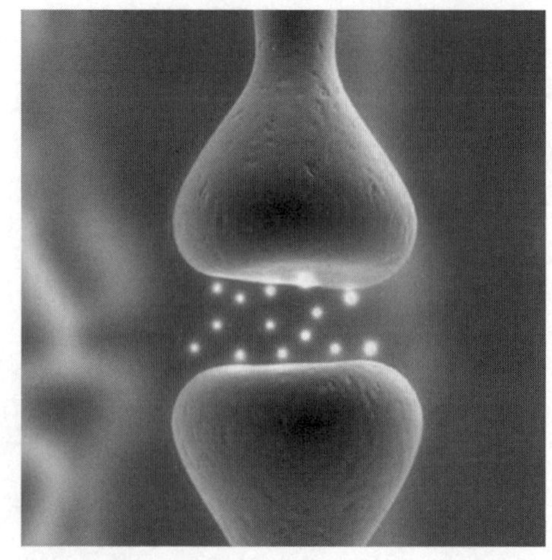

이 그림은 시냅스 전 뉴런과 시냅스 후 뉴런 그리고 그 둘 사이의 시냅스 틈을 보여준다. 밝은 점들은 시냅스 틈으로 방출된 신경 전달 세포다.(iStock)

백질과 회백질의 차이는 무엇일까?

축삭은 축삭을 타고 내려가는 활동전위의 속도를 증가시키는, 수초라고 알려진 지방산이 많은 층으로 덮여 있다. 유수 축삭은 흰색을 띠고 있기 때문에 이런 섬유질로 이루어진 뇌 조직을 백질White matter이라 부른다. 회백질Grey matter은 수상돌기와 세포체는 물론 신경교 세포와 모세혈관으로 이루어진 뇌 조직을 가리킨다. 피질 표면은 회백질로 구성되어 있다.

뇌의 발달

진화에 따른 인간의 뇌

인간의 뇌는 진화 단계에 따라 어떻게 변했을까?

우리는 뇌를 진화론적 측면으로 바라보기 때문에 인간의 뇌가 진화하면서 어떻게 발달했는지 살펴보는 것이 중요하다. 우리는 인간과 동물의 뇌를 비교함으로써 인간의 뇌가 어떻게 진화해왔는지를 추론한다. 우선, 우리의 뇌가 몸 크기에 비해 훨씬 더 커졌다. 진화적인 측면에서 오래된, 보다 원시적인 동물들은 몸 크기에 비해 훨씬 작은 뇌를 가졌다. 조그만 뇌와 엄청나게 큰 몸집을 가진 공룡을 생각해보라. 실제로 우리의 뇌는 우리와 가장 가까운 친족인 침팬지의 뇌보다 세 배나 더 크다. 우리의 몸이 침팬지보다 크기는 하지만 말이다. 둘째, 뇌가 훨씬 더 복잡해졌다. 지능을 결정하는 것은 동물의 뇌 크기가 아니라 뉴런망의 복잡성이다. 수십억 개의 뉴런들이 무수히 많은 연결망을 만든다. 그러나 대개 뇌의 크기는 뇌의 복잡성과 큰 상관관계를 가진다.

다른 동물과 비교했을 때 피질은 어떻게 성장했을까?

인간의 뇌가 진화를 거듭하면서 변했다는 또 다른 증거는 피질의 발달이다. 인간 뇌의 바깥층을 형성하는 여섯 층의 조직인 신피질은 포유류만 가지고 있다. 원시적인 피질들은 토끼, 주머니쥐, 아르마딜로 등과 같이 크기가 작은 포유류에서 찾아볼 수 있으며 코끼리, 개, 돌고래처럼 고차원적인 포유류에서는 보다 발달된 피질을 찾을 수 있다. 사람의 경우에는 피질이 뇌 전체를 감싸고 있다. 피질은 시각, 청각, 촉각 등 감각 정보를 훨씬 더 정교하게 처리해준다. 또한 내부 자극과 외부 자극에 보다 다양하고 유연한 행동 반응이 나타나게 해준다.

다른 뇌의 영역이 같은 기능을 중복 수행하지는 않을까?

어떤 경우에는 피질과 피질하 부위가 중복된 기능을 담당하기도 한다. 예를 들어 전두엽과 기저핵은 모두 운동 행동을 조절한다. 그러나 기저핵에 의해 조절된 행동은 비교적 엉성하고 유연하지가 않다. 빠르고 효율적이긴 하지만 변화하는 상황에 쉽게 적응하지 못한다. 그에 비해 전두엽에 의해 조절받는 행동은 훨씬 더 미묘하고 유연하며, 상황에 따라 변화한다. 그러나 전두엽은 대개 기저핵보다 느리고 더 많은 에너지를 소비한다. 따라서 보도를 걸어 내려갈 때는 기저핵에 의존하지만 수술 시 집도하거나 폭탄의 뇌관을 제거할 때는 전두엽을 이용한다.

전두엽은 진화를 거듭하면서 발달했을까?

인류의 진화 역사상 가장 큰 변화는 전두엽과 관련이 있다. 나무타기쥐나 고슴도치처럼 작은 포유류의 전두엽은 매우 작다. 개와 고양이처럼 고차원적인 포유류의 전두엽도 인간의 전두엽에 비하면 크기가 작고 주름이 훨씬 적다. 앞서 언급한 대로 피질의 주름은 수상돌기가 확장할 수 있는 표면적을 늘려준다. 따라서 인류는 지구 상에서 가장 복잡하고 정교한 인지 능력을 가지고 있다. 그렇다고 해서 다른 동물들이 생각을 하지 않는다는 것은 아니다. 침팬지는 도구를 사용해 문제를 해결하고, 고릴라에게는 기초적인 언어를 가르칠 수도 있다. 그러나 지금까지 밝혀진 바에 의하면, 지능 면에서 인류와 비슷한 수준을 보이는 동물은 존재하지 않는다.

후구는 진화를 거듭하면서 발달해왔을까?

인간의 뇌와 다른 포유류 뇌의 가장 큰 차이점은 냄새와 관련된 뇌 부위인 후구Olfactory bulb의 크기와 관련 있다. 많은 포유류의 경우, 후구가 뇌 전체의 대부분을 차지한다. 사실 후구는 물고기와 같이 가장 원시적인 척추동물도 가지고 있다. 그런데 사람의 경우 후구는 변연계와 전두엽 아래 사이에 끼여 있는 조그만 공의 형태를 하고 있다. 이런 차이는 사람이 후각보다는 시각, 청각, 분석적 사고와 같이 피질이 지원하는 기능에 더 의존한다는 점을 나타낸다.

초기 호미니드 이후의 뇌

인류가 초기 호미니드에서 진화한 것은 언제일까?

400만~500만 년 전, 우리의 조상과 침팬지가 똑같은 조상에서 파생되었다. 오스트랄로피테쿠스 속이 최초 호미니드Hominid의 한 형태다. 그로부터 호모 하빌리스, 호모 에렉투스 그리고 현 인류 직전에 존재했고 현 인류와 겹치기도 하는 호모 사피엔 네안데르탈렌시스(네안데르탈인)와 같은 몇 종의 인류 속이 뒤따랐다. 현 인류(호모 사미엔 사피엔스)는 10만~30만 년 사이에 진화했다.

멸종한 종의 뇌와 현재의 뇌를 어떻게 비교할까?

부드러운 조직은 빨리 부패하기 때문에 호미니드의 뇌가 수십만 년 심지어 수백만 년의 진화를 거치면서 살아남았을 것이라고 생각하지 않는다. 따라서 고생물학자들은 두개골과 다른 뼛조각들과 같은 남은 뼈를 이용해 초기 호미니드의 생물과 행동을 추측한다. 그러나 호미니드의 뼛조각들과 함께 발견된 도구, 동물 뼈, 화석화된 씨앗, 동굴 벽화(초기 현대 인류의 경우) 또한 우리 조상의 지능에 대한 매우 흥미로운 단서를 제공한다.

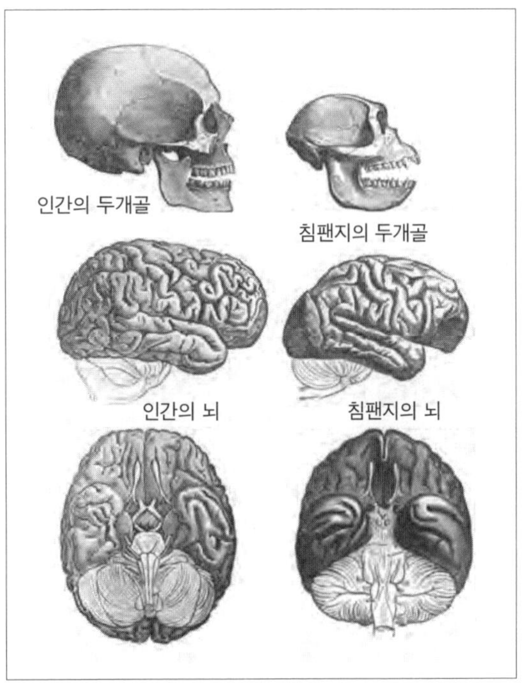

침팬지와 인간의 뇌와 두개골 비교. 침팬지는 유전학상 인류와 가장 가까운 친족이다.(iStock)

초기 호미니드 이래 뇌의 크기는 변했을까?

호미니드의 두개골은 진화를 거듭하면서 부피가 꾸준히 증가했다는 것을 보여준다. 두개골 크기와 모양을 가지고 추정한 결과, 호모 하빌리스의 뇌는 600~700세제곱센티미터이고 호모 에렉투스의 뇌는 900~1000세제곱센티미터인 것으로 나타났다. 현생 인류의 경우, 뇌의 크기는 약 1400세제곱센티미터다. 고생물학자들은 뇌의 크기가 늘어남에 따라 호미니드 사체와 함께 발견된 도구 또한 복잡해졌다는 점을 발견했다. 이는 큰 뇌가 정교한 도구 사용으로 이어졌음을 뜻한다. 또한 뇌가 큰 호미니드가 보다 다양하고 혹독한 날씨에 적응하기도 했다.

전두엽은 늘어났을까?

두개골 크기의 증가와 더불어 두개골의 형태 또한 뇌, 특히 전두엽이 늘어났다는 점을 시사한다. 오스트랄로피테신의 두개골은 유인원의 두개골과 다르지 않다. 크게 돌출한 턱과 작고 비스듬한 이마, 그리고 비교적 작은 뇌 보호막 등. 그러나 현 인류의 경우 얼굴이 더 평평하고 이마가 매우 가파르며 턱이 작다. 전두엽 바로 앞부분에 놓인 이마는 우리 얼굴의 50퍼센트를 차지한다. 마찬가지로 우리의 뇌 보호막 또한 두개골의 나머지 부분에 비해 훨씬 넓어졌다.

호미니드 두개골에서 언어의 흔적이 발견되었을까?

호모 하빌리스의 두개골(호모 하빌리스는 약 200년 전에 살았던 인류다) 안에 난 자국은 현 인류의 언어 능력을 담당하는 중심 영역인 브로커 영역 주변이 확장되었음을 암시한다. 이 부분이 호모 하빌리스 뇌의 언어 능력과 관련이 있었는지는 알 수 없지만 적어도 호미니드 진화 역사상 매우 초기부터 현대 언어를 담당하는 뇌 영역의 전구물前驅物이 존재했다는 것을 알 수 있다.

아형 보유란?

아형 보유兒型保有, Pedomorphism란 성장한 동물이 어린 동물의 특성을 간직하는 진화 과정을 뜻한다. 유전자 변화가 동물의 신체적인 변화를 일으키는 비교적 쉬운 방법은 성장 시기의 조절을 통해서다. 새로운 신체 구조나 행동이 도입될 필요가 없다. 다 자란 동물이 어린 시절 가지고 있던 특성을 버리지 않고 그대로 유지하면 된다.

인류가 진화하면서 발달한 점 가운데 다수가 아형 보유와 관련 있다는 증거가 있다. 예를 들어 우리는 어른으로 성장한 후에도 높은 수준의 장난기를 유지하는 몇 안 되는 포유류 가운데 하나다. 둘째, 우리 두개골의 형태가 어린 유인원의 형태를 그대로 가지고 있다는 점이다. 어린 침팬지의 두개골이 성인 침팬지의 두개골보다 성인 인간의 두개골과 더 닮았다. 성인 침팬지는 작고 기울어진 이마와 큰 턱, 비교적 수평적인 얼굴을 가지고 있는 반면 성인 인간의 경우 튀어나온 이마, 작은 턱, 평평하고 수직적인 얼굴을 가지고 있어 어린 침팬지, 어린아이와 비슷하다. 참고로 어린 침팬지의 경우 성인 침팬지에 비해 뇌와 두개골의 비율이 크다. 인간의 경우, 이 비율은 성인이 되어서도 그대로 유지된다.

'계체발생이 계통발생을 반복한다'는 것은 무슨 뜻일까?

이는 독일의 동물학자 에른스트 헤켈Ernst Haeckel, 1834~1919이 제창한 법칙으로, 어린 시절 이루어지는 발달이 진화와 정확히 일치한다는 것이다. 계통발생은 진화를 뜻하고, 개체발생은 평생 이루어지는 발달을 뜻한다. 헤켈은 인간의 태아에서 볼 수 있는 발달 과정이 인류의 진화 단계와 정확히 일치한다고 믿었다. 인류의 진화에 대한 그릇된 관점(예를 들어 인류의 진화에 소 단계는 없다)을 가진 것 외에도 이 이론은 태아의 발달 과정을 지나치게 단순화했다는 평을 받았다. 헤켈의 이론은 비록 인정받지는 못했지만 진화와 성장 사이에 중대한 유사점이 있다고 지적한 점은 옳았다. 평생에 걸쳐 이루어지는 발달 과정에 대한 주의 깊은 이해가 인류의 진화 역사에 대한 단서를 제공한 것이다.

태어나기 전의 뇌

자궁 속에서 뇌는 어떻게 발달할까?

모든 척추동물들의 생명은 똑같은 방식으로 시작한다. 초기 태아 발달 단계에서는 외배엽, 중배엽, 내배엽의 세 층으로 이루어진 평평한 판이 형성된다. 특정 부위의 세포들이 옆 부위의 세포들보다 빨리 분열하여 세포층이 휘고 접히게 된다. 이런 식으로 곡선과 구부러짐이 형성되면서 몸의 여러 부분이 형태를 갖추기 시작한다. 평평한 판의 바깥층을 외배엽이라 부르는데, 이 세포층이 신경관Neural tube으로 구부러져 뇌와 척추가 발달하게 된다.

맹렬한 세포 분할이 이루어지는 초기가 지나면 체세포 분열이 끝난 후 일부 세포들이 생성된다. 이 세포들은 최종 목적지로 이동되는 놀라운 여정을 시작하는데, 이때 진행 방향을 알려주는 분자와 세포의 안내를 받아 이동한다. 세포들이 가야 할 곳에 도착하면 뉴런 연결이 이루어진다. 그러면 다른 세포들과 시냅스 연결을 이루기 위해 축삭이 넓은 영역을 거친다. 뇌 전체를 돌아다니는 축삭의 여정 또한 목적지를 알려주는 화학적 신호에 따라 이루어진다. 임신 기간 동안 뉴런들 사이에 형성되는 특정한 시냅스 연결은 유전적 요소에 의해 일부 조절되기도 한다. 그러나 이런 시냅스 연결의 발달은 대부분 출산 후에 이루어지며 경험의 영향을 많이 받는다.

신경관 영역		최종 뇌 영역
후뇌	후뇌	뇌교 소뇌
	수뇌	연수
중뇌	중뇌계	하구 상구
	대뇌각	다양한 신경 전달 물질 세포체
전뇌	간뇌	시상하부 시상
	종뇌	기타 시상 영역 신피질 변연계 기저핵 뇌 백질

신경관이란?

신경관은 배아 세포의 초기 판에 달린 바깥층에서 발달한 기다란 관 모양의 구조물이다. 신경관 머리에는 세 개의 돌출구가 각기 다른 부위를 형성하고 있다. 이런 부위들은 전뇌Forebrain, Prosencephalon, 중뇌Midbrain, mesencephalon, 후뇌Hindbrain, Rhomben-cephalon라고 불린다.

160쪽 표는 신경관의 부분들을 나타낸 것이다.

후뇌는 무엇으로 발달할까?

후뇌는 후뇌와 수뇌로 나뉜다. 이 두 부분은 한편으로는 소뇌와 뇌교로 발달하고 다른 한편으로는 연수로 발달한다. 뇌교와 연수는 모두 뇌간의 일부다. 이 둘과 더불어 소뇌가 폴 맥린의 삼위일체 모델 가운데 파충류 뇌를 형성한다.

중뇌는 무엇으로 발달할까?

중뇌는 중뇌개와 대뇌각으로 나뉜다. 깊숙한 곳에 있는 이 뇌 구조는 뇌간 바로 위에 위치한다. 양서류, 어류, 파충류와 같은 원시적인 척추동물의 중뇌개는 뇌의 주요 시각 처리 센터 역할을 한다. 영장류의 경우, 이 기능은 신피질에서 이루어지는 시각 처리의 대부분으로 한정된다. 영장류의 중뇌개는 눈의 움직임을 조절하는 데 도움을 준다. 대뇌각은 주요 신경 전달 물질을 만들어내는 뉴런이 있는 몇 가지 뇌 영역을 포함한다. 예를 들어 흑질은 도파민Dopamine 신경계의 중추다.

전뇌는 무엇으로 발달할까?

전뇌는 뇌에서 가장 진화한 부분이자 정신생활과 가장 밀접한 관련이 있는 부분으로 발달한다. 전뇌는 간뇌와 종뇌로 나뉜다. 맥린의 모델에서 전뇌는 고대 포유류 뇌와 신포유류 뇌를 모두 포함한다.

간뇌는 무엇이 될까?

간뇌는 시상, 시상하부 그리고 몇 개의 관련 영역으로 나뉜다. 시상은 감각과 관련이 있다. 시상은 감각 기관과 그에 상응하는 피질 영역 사이를 이어주는 중계국이다. 시상을 통하지 않는 유일한 감각은 후각으로, 후각 신경구에 의해 직접 처리된다. 시상하부는 뇌와 자율신경계를 이어주고 정신적인 감정과 몸의 신체 반응을 이어주는 중요한 역할을 한다.

종뇌에서 발달되는 것은 무엇일까?

종뇌는 뇌 가운데 가장 발달한 부분을 포함한다. 모든 척추동물에 들어 있지만 조류와 포유류의 종뇌가 가장 발달해 있다. 인간의 종뇌는 대뇌피질과 변연계, 기저핵 그리고 중요한 백질 영역으로 발달한다. 대뇌피질에는 신피질의 네 가지 엽은 물론이고 피질하 영역과 직접 접촉하는 피질 내부 표면의 부위들이 포함된다. 이런 영역에는 대상회, 해마회, 해마방회 영역이 포함되며 측두엽, 전두엽, 두정엽 사이에 끼여 있는 섬엽도 포함된다. 기저핵, 편도체, 격막 또한 종뇌에서 발달한다. 마지막으로 뇌 백질은 뇌의 넓은 영역을 돌아다니는 축삭들에 의해 만들어진다. 종뇌에서 발달하는 중요한 뇌 백질 구조물로는 전교련, 내포, 뇌량이 있다.

태아 발육이 이루어지는 동안 발생한 뇌 손상은 어떤 영향을 미칠까?

이처럼 대단히 복잡한 구조가 매우 단순한 세포 분류에서 비롯되기 때문에 신경 발달 초기에 발생한 문제들이 심각한 선천성 결함으로 이어질 수 있다. 예를 들어 이분 척추는 신경관의 결함과 관련이 있다. 실제로 임신 기간 중 첫 3개월 동안 심각한 문제가 발생하여 유산으로 이어지는 경우가 많은데 그 기간에 발생하는 유산이 전체 유산의 80퍼센트에 해당된다. 뇌가 성장하기까지 거쳐

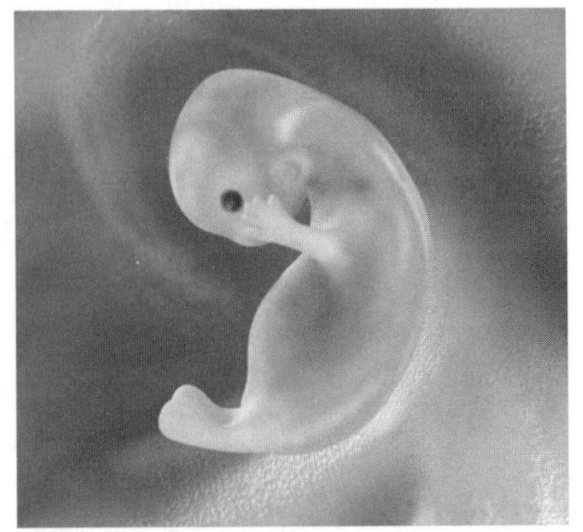

태아 발육기 동안 뇌세포가 이동해야 하는 엄청난 거리를 생각하면 많은 아기들이 뇌 손상 없이 태어난다는 것이 놀라울 정도다.(iStock)

야 하는 여정이 그토록 길다는 점을 생각하면 많은 사람들이 뇌 손상 없이 태어난다는 사실이 놀랍기까지 하다.

뇌의 가소성이 좋다는 것은 무슨 뜻일까?

뇌의 가소성은 경험에 따라 뇌가 변하는 능력을 말한다. 뇌의 발달은 경험에 따라 달라지기 때문에 우리는 인간의 뇌가 가소성이 매우 뛰어나다고 말한다. 사실 인간 뇌의 발달은 다른 어느 동물보다 경험에 의존하는데, 인류 진화상 학습 능력의 역할이 얼마나 중요한지를 보여준다.

아동기의 뇌

아동기에 뇌는 어떻게 변할까?

아기가 태어날 당시 뇌는 350그램 정도 되고 어른으로 성장했을 때는 1450그램 정도 된다. 뇌의 무게가 늘어나는 이유는 주로 수상돌기의 가지가 커지기 때문이다. 이는 곧 태어날 당시엔 뇌의 기본 구조가 갖추어져 있지만 뉴런들 사이의 연결은 여전히 덜 발달했다는 것을 의미한다.

경험에 따라 뇌의 발달은 어떻게 달라질까?

뉴런들 사이의 시냅스 연결은 경험에 따라 상당히 달라진다. 다시 말해서 뉴런의 발화가 시냅스 연결을 형성하고 강화하는 데 상당한 영향을 끼친다는 것이다. 우리의 뇌가 감각이든 지각이든, 감정이나 운동 반응이든 환경에 반응할 때 우리는 관련 뇌 회로에 있는 모든 뉴런들을 활성화시켜 발화하게 한다. 이런 활성화가 뉴런들 사이의 시냅스 연결을 강화하는 것이다. 즉 "함께 발화하는 뉴런들이 연결되는 것"이다.

시냅스들은 어떻게 만들어지고 강화될까?

시냅스가 형성되기까지는 여러 단계를 거쳐야 한다. 새로운 수상돌기들이 형성되어 뉴런의 수상돌기 가지들이 두꺼워져야 한다. 새로운 시냅스들은 이런 수상돌기 가지가 다른 뉴런의 축삭 종말과 연결되었을 때 만들어진다. 또한 기존 시냅스들은 시냅스 후 뉴런에 있는 새로운 수용체 자리의 형성에 의해 강화된다. 이런 새로운 수용체 자리들은 시냅스 틈으로 발산된 신경 전달 물질에 대한 민감도를 높인다.

전지란?

경험은 주로 두 가지 방식으로 뇌의 발달에 영향을 미친다. 시냅스 연결의 활성화가 연결을 강화하기도 하지만 활성화의 부족은 이런 연결을 소멸시키기도 한다. 사용되지 않은 연결의 위축이나 소멸을 가리켜 전지Pruning라 한다. 한마디로 표현해서 뇌는 '사용하지 않으면 없애는' 정책을 가지고 있는 것이다. 예를 들어 아기는 전 세계 모든 언어를 인식할 수 있는 능력을 가지고 태어난다. 그러나 아이가 모국어만 들으면 모국어 소리에 의해 활성화된 시냅스들은 강화되지만 다른 언어와 관련된 신경망은 약해진다. 결국 아기의 뇌는 모국어에만 반응하게 된다. 때문에 새로운 언어를 배울 수 있는 강력한 능력이 어린 시절 내내 유지되지만 새로운 언어의 이해력은 나이가 들면서 감소한다.

결정적 시기란?

뇌가 평생에 걸쳐 일정한 가소성을 유지하는 것은 아니다. 대부분의 성장이 이루어지는 결정적 시기가 따로 있다. 시냅스 성장의 정점은 태어난 후 처음 2년 동안이지만 시냅스 형성Synaptogenesis은 처음 10년 동안 빠른 속도로 지속된다. 처음 2년 동안 아이가 걷고, 말하고, 물체를 조작하고, 세상을 이해하는 등 얼마나 많은 학습이 이루어지는지 생각해보면 뇌 성장의 정점이 이때에 달한다는 것이 그리 놀랍지 않을 것이다.

아이들은 또한 처음 10년 동안 새로운 것을 배우는 데 매우 열린 태도를 가지고 있다. 자전거 타기, 사회 규칙 따르기, 읽고 쓰기 등 많은 것을 배운다. 이런 것들을 어린 시절에 배우지 않으면 나중에는 배우기가 더 어려워진다.

어떻게 하면 건강한 뇌를 유지할 수 있을까?

평균 수명이 길어짐에 따라 건강한 뇌를 유지하는 최고의 방법에 대한 단서를 제공하는 연구들이 점점 늘어나고 있을 만큼 매우 중요한 문제로 부각됐다. 실제로 미국의 평균 수명은 20세기에 32년이나 증가했다. 따라서 앞으로 다가올 수십 년 동안 70대, 80대, 90대까지 사는 사람들이 그 어느 때보다 많아질 것으로 예상할 수 있다.

뇌의 건강을 유지하는 방법은 많다. 일반적으로 건강하게 사는 방법은 또한 치매의 주원인인 심혈관 질환을 줄이기도 한다. 영양식 섭취와 규칙적인 운동을 하고 지나친 알코올 섭취, 체중 증가, 흡연을 피하는 것이 모두 중요하다. 특히 운동은 나이 든 사람들의 인식 기능을 보호하는 것으로 나타났는데, 아마 뇌에 혈액을 유입시켜주기 때문일 것이다.

좋은 정신 건강도 중요하다. 우울증과 과도한 스트레스가 뇌를 압박하기 때문이다. 정신 자극 또한 도움이 된다. 중요한 점은 이런 요소들이 함께 작용한다는 것이다. 좋은 사회적 지지 기반을 갖추고 정신적으로 활동적인 사람들이 더 행복하고, 육체적인 활동도 더 많이 하는 것으로 나타났다. 뿐만 아니라 은퇴할 때까지 건강한 행동을 미루면 안 된다. 젊을 때부터 좋은 습관을 들이는 것도 중요하다. 어느 시점이든 우리의 뇌는 그때까지 우리가 겪었던 경험 전체를 대변하기 때문이다.

결정적 시기에 학습이 이루어지지 않으면 어떻게 될까?

학습은 열 살이 지난 후에도 멈추지 않고, 새로운 것을 기억하는 능력은 평생에 걸쳐 지속된다. 그러나 결정적 시기에 형성된 뇌 신경망은 상당히 보수적이어서 쉽게 바뀌지 않는다. 열 살 이하의 아이들은 새로운 언어를 쉽게 배우는 데 비해 부모들이 똑같은 언어를 배우려면 얼마나 어려운지 생각해보라. 이런 현상은 주로 이민자 가족들에게서 찾아볼 수 있는데, 새로운 언어를 습득하는 아이의 능력이 부모의 능력을 훨씬 능가한다.

수초 형성은 어떤 역할을 담당할까?

수초Myelin는 축삭 표면을 덮고 있는 지방질 덮개로 일종의 단열재 역할을 한다. 수초 형성은 활동전위가 축삭으로 이동하는 속도를 높여준다. 축삭의 수초 형성은 태어날 당시에는 잘 발달되어 있지 않다. 수초 형성은 어린 시절 내내 지속되며 전두엽의 수초 형성은 30세가 될 때까지도 멈추지 않는다.

몸이 노화하는 것처럼 뇌 또한 노화한다. 다행스러운 점은 누구든 오랫동안 몸과 마음을 건강하게 유지시킬 수 있는 방법이 존재한다는 것이다.

뇌가 발달하는 동안 전두엽은 어떻게 변할까?

전두엽은 뇌가 최종적으로 완전하게 성장하는 부위 가운데 하나다. 실제로 전두엽은 20대 중반까지도 시냅스 형성과 수초 형성을 멈추지 않는다. 이런 면에서 보면 개체발생이 계통발생을 반복한다는 것을 알 수 있다. 발달과 진화에 있어 전두엽이 늦게 이루어지기 때문이다. 이는 아이와 청소년의 지능과 사회적 판단에 관한 관찰된 내용과 전적으로 일치한다. 신체 조정, 언어 능력과 같은 많은 뇌의 기능이 청소년기에 완전히 성숙하는 데 비해 사회적 판단과 추상적 사고는 성숙하기까지 상당히 오랜 시간이 걸린다.

뇌는 어떻게 발달해가면서 점점 더 복잡해질까?

새로운 시냅스들이 형성됨에 따라 뇌는 점점 더 복잡하게 연결된다. 성숙한 뇌는 특히 복잡한 신경망을 형성하는 수많은 시냅스들을 가지고 있다. 이런 복잡성은 훨씬 더 많은 지적 능력과 정교함을 갖추게 해준다. 아이들이 성인에 비해 새로운 정보를 받아들이고 유지하는 능력은 뛰어나지만 복잡한 정보를 처리하는 능력에 관해서는 어른들이 아이들보다 훨씬 뛰어나다. 따라서 아이의 뇌가 '조그만 스펀지'라면 성인의 뇌는 주변 세상에 관한 폭넓은 이해를 가능하게 해준다.

뇌는 평생 어떻게 변할까?

살아가는 내내 경험이 뇌의 형태를 끊임없이 바꿔나간다. 어린 시절과 유아기에 비하면 나이 들어 이루어지는 변화가 좀 더 미세하게 조정되지만 말이다. 하지만 더 많이 행동하고 생각하고 느낄수록 그런 회로들은 점점 더 강화된다. 강화되지 않은 회로들은 도태된다. 이런 식으로 "사용하지 않으면 버린다"는 격언이 평생에 걸쳐 작용하는 것이다. 물론 어린 시절 형성된 핵심 회로는 보수적이기 때문에 쉽게 바뀌지 않는다. 조기 교육과 어린 시절에 겪은 감정적인 경험이 어른이 되어 제 역할을 하는 데 큰 영향을 끼치는 이유가 바로 이 때문이다.

뇌의 노화

뇌는 어떻게 노화할까?

노화가 안타까운 점은 대부분의 기관이 점진적으로 퇴화한다는 것이다. 뇌도 예외가 아니다. 신경망의 속도, 유연성, 효율성이 전체적으로 떨어지고, 많은 뇌 영역들이 위축되거나 줄어든다. 하지만 그렇게 우울한 소식만 있는 것은 아니다. 노화하는 뇌의 건강을 유지하기 위해 할 수 있는 일들이 많다.

피질 위축이란?

피질 위축이란 나이가 들면서 발생하는 신피질의 축소화를 뜻한다. 뇌회(뇌의 주름)가 줄어들고 고랑(뇌회 사이의 홈)과 뇌실(뇌척수액으로 채워진 관)이 확장하는데 남성과 여성 모두 80세가 되면 뇌의 무게가 17퍼센트 정도 감소한다.

세포도 죽을까?

뇌세포들은 사전에 프로그램된 수명을 가지고 있는 듯싶다. 세포는 평생에 걸쳐 죽는다. 나이 들면서 뉴런이 죽는 속도는 빨라지는 반면 새로운 뉴런의 탄생, 즉 신경생성^Neurogenesis^은 늦춰진다.

수상돌기는 어떻게 될까?

노화에 대해 밝혀진 또 다른 점은 수상돌기의 가지치기가 감소한다는 것이다. 이것이 뇌 회백질의 위축이 발생하는 원인이 되는지도 모른다. 수상돌기가 줄어든다는 것은 뉴런들이 서로 커뮤니케이션할 수 있는 시냅스들이 줄어들어 뇌 기능의 속도와 효율성이 떨어진다는 것을 의미한다.

뇌의 노화가 정신 기능에 미치는 영향은 무엇일까?

뇌의 부피와 밀도의 감소는 분명 노화하는 성인의 인지 기능에 영향을 미친다. 이런 변화는 처리 속도, 작업 기억, 정신 운동 속도의 저하와 새로운 정보를 기억하는 능력의 저하를 통해 나타난다. 그러나 많은 중요한 인지 기능들은 나이 든 후에도 그대로 보존된다. 새로운 정보 처리 능력과 속도는 떨어지지만 재인再認 기억, 언어 능력, 개념 능력, 일반적인 IQ는 오랫동안 유지된다.

결정성 지능과 유동성 지능의 차이는 무엇일까?

심리학자들은 지능을 나이가 들어서도 그대로 유지되는 결정성 지능Crystallized intelligence과 나이가 들면서 감소하는 유동성 지능Fluid intelligence으로 구분한다. 결정성 지능에는 언어 능력, 개념 능력, 지식이 해당되고 유동성 지능에는 즉각적인 정보 처리 능력, 한 번에 처리되는 정보의 양, 새로운 정보를 기억하는 능력 등이 포함된다.

뇌의 노화가 지닌 장점은 없을까?

중년이 되면 처리 속도와 기억 효율성이 뚜렷이 줄어들지만 나이 들면서 뇌가 향상되는 점도 있다. 70~80대에 이르면 평생 동안 해왔던 경험이 뇌의 신경망에 입력된다. 평생에 걸쳐 시냅스 강화가 이루어졌다는 것은 여러 뇌 부위가 전반적으로 잘 연결되어 있고 각기 다른 뇌 부위의 통합이 더 잘 이루어져 있다는 것을 의미한다. 이는 곧 세상을 보다 포괄적으로 이해할 수 있음을 나타낸다. 뿐만 아니라 변연계적 반응에 대한 의식적인 조절이 향상되어 감정에 좀 더 주의 깊게 반응할 수 있다. 충동, 폭력, 무모함이 나이 들면서 줄어든다는 것은 우리 모두가 알고 있는 사실이다. 또한 리더 자리에 앉힐 사람을 뽑을 때 경험과 나이를 중시하기도 한다.

그러나 90대, 100대 정도에 이르면 이런 강점들은 뇌 조직의 퇴화로 인해 빛을 잃게 되며 나이 든 성인이 독립적인 기능을 수행하는 데 상당한 제약을 받게 될 수도 있다. 물론 90대가 되어서도 여전히 건강하고 열정적인 사람들도 많다.

뇌는 재생될 수 있을까?

오랫동안, 태어나면 새로운 뉴런이 생성되는 일은 없다는 믿음이 만연했다. 하지만 그것이 사실이 아니라는 증거가 점점 더 많이 나타나고 있다. 해마(기억 형성에 중요한 영역)와 같은 뇌의 특정 부위는 성장한 후에도 새로운 뉴런을 생성한다. 우리는 또한 수상돌기 가지치기와 시냅스 발달이 평생에 걸쳐 이루어진다는 점도 알고 있다. 세포 생성(새로운 뉴런의 형성)은 육체적인 운동, 섭취하는 음식, 적절한 수준의 휴식과 안정, 정신적인 자극 그리고 세로토닌Serotonin으로 알려진 신경 전달 물질에 작용하는 항우울제와 같은 특정한 약물에 의해 강화될 수 있다.

알츠하이머병이란?

알츠하이머병은 노화와 관련된 뇌 질환으로, 신경섬유 다발과 신경반과 같은 비정상적인 성장이 일어나 제대로 역할을 다하지 못하도록 뇌의 기능을 파괴하는 질환을 뜻한다. 이는 단기 기억이 장기 기억으로 옮겨지는 해마에서 시작된다. 따라서 알츠하이

알츠하이머병은 여러 면에서 다른 질환보다 무서운 병이다. 기억과 일상적인 일을 할 수 있는 능력까지 앗아가기 때문이다.(iStock)

머병의 가장 기본적인 증상은 기억력 상실이다. 병이 악화되면서 뇌의 다른 부위에까지 영향을 미쳐 방향 감각, 수행 기능, 언어 능력 등 다른 심리적인 능력이 저하된다. 알츠하이머병은 인지 능력이 완전히 손상된 상태를 일컫는 치매의 일종이다. 알츠하이머병이 치매 가운데 가장 흔한 형태이긴 하지만 혈관성 치매처럼 다른 형태의 치매 또한 노인의 인지 능력 저하를 일으킨다.

뇌에서 마음까지

뇌가 마음을 형성하는 방법에 대해 우리가 알 수 있는 것은 무엇일까?

뇌는 1000억 개의 뉴런들이 유난히 복잡하게 얽혀 있는 망이다. 이런 뉴런들이 무수히 얽혀 인간의 마음이라는 현상이 나타난다. 마음이 어떻게 뇌에서 비롯되는지 우리는 알고 있을까? 그렇기도 하고 그렇지 않기도 하다. 우리는 신경생물학적 기질, 즉 정신적인 삶의 연관성이라 부르는 것에 대해 점점 더 많은 점을 배워가고 있다. 또 다양한 정신 작용을 할 때 뇌의 어느 부위가 활성화되는지도 배우고 있다. 그러나 연관성은 인과관계와는 다르다. 두 가지가 동시에 발생한다고 해서 하나가 다른 하나의 원인이 되는 것은 아니기 때문이다.

수십억 개의 아무 생각 없는 뇌세포, 즉 뉴런이 어떻게 함께 작용해 의식을 만들어 내는지에 대한 기본적인 불가사의는 아직도 파악하지 못하고 있는 실정이다.

특질이란?

특질이라는 개념은 주관성의 문제와 관련이 있다. 샛노란색이 무엇이고 새빨간색은 무엇일까? 뇌가 광파를 처리하는 방법에 관해서는 꽤 많이 알고 있으면서도 노란색에 대한 경험이 사람마다 다른 이유는 전혀 알려진 바가 없다. 현재로서는 신경과학자들이 특질을 무시하기로 합의를 본 상태다. 각기 다른 뇌의 작용이 다양한 정신 작용과 어떤 연관이 있는지를 연구하면 뇌와 마음의 관계에 대해 상당히 많은 부분을 파악할 수 있다. 지금부터는 마음과 뇌의 관계에 대해 우리가 아는 점을 살펴보자.

뇌의 지도 제작 기능

뇌는 어떻게 지도 제작자 역할을 할까?

뇌가 정보를 처리하는 중대한 방식 중 하나는 주변 세상에 대한 지도를 만드는 것이다. 뇌간에서 피질에 이르기까지 뇌는 매우 상세한 지도 제작자처럼 정보를 처리한다. 뇌는 보다 단순하게 구성된 영역인 가장 낮은 수준에서 시작해 보다 높은 수준의 복잡한 영역으로 윗단계를 향해 한 단계씩 정보를 처리해나간다. 각 단계마다 새로운 영역이 아래 영역의 뉴런 점화 패턴을 그리는데 이는 다른 영역에 있는 뉴런들의 공간 배치를 재형성하면서 그것이 가능해진다. 뇌는 이런 식으로 내면의 현실과 외부 현실을 모두 나타내는 표상^Representation^ 시리즈를 만든다. 그리고 이 지도들이 행동을 위한 지침이 되는 것이다. 이 지도들은 뇌가 몸의 내부 상태를 조절하고 주변에 있는 물체에 반응하며 우리의 생각과 감정의 근간이 되는 뉴런 패턴에 반응하도록 도와준다.

지도를 지칭하는 또 다른 용어로 표상이라는 말이 쓰인다. 표상은 뇌를 논할 때 자주 이용되는 용어다.

무언가를 매핑한다는 것은 무슨 뜻일까?

한 시스템의 공간이 또 다른 시스템의 공간을 따라 할 때 첫 번째 시스템이 두 번째 시스템을 매핑한다고 한다. 예를 들어 방문객에게 자신의 집까지 가는 방법을 보여주기 위해 두 개의 교차하는 선을 그릴 때 자신이 사는 곳의 길을 매핑하는 것이라 할 수 있다. 그러나 뇌는 지도의 공간은 물론 시간까지 활용한다. 시간이 흐르면서 연속적으로 벌어지는 점화 패턴까지 하나의 심포니 속에서 반복되는 테마 음과 유사한 방식으로 뇌의 지도 속에 저장된다.

뇌간은 지도 제작자로서 어떤 역할을 할까?

뇌간은 외부 세계와 몸의 내부에서 얻은 정보를 모두 매핑한다. 피부, 근육, 골격계, 혈관, 내장에서 비롯된 신경은 모두 뇌간의 뉴런과 연결되어 있다. 이러한 신경들의 발화 패턴이 뇌간 뉴런의 발화 패턴에 반영된다. 이런 식으로 뇌는 신체 내부 상태의 표상을 형성하는데, 이런 표상은 순간순간 업데이트된다. 마찬가지로 청각과 촉각 같은 감각 정보가 초기 지각 단계에서 뇌간으로 전해진다.

전두엽은 무엇을 매핑할까?

전두엽은 뇌의 다른 영역과 풍부한 연결을 맺고 있기 때문에 뇌의 낮은 부분의 활동을 매핑한다. 그렇게 다양한 뇌 영역으로부터 받은 정보를 조절하는 전두엽은 내부와 외부 현실을 매우 자세히 매핑할 수 있다.

감각과 지각

감각과 지각의 차이는 무엇일까?

감각은 빛의 패턴, 음파, 촉감 자극과 같은 가공되지 않은 감각 데이터를 그 즉시 매핑하는 것이다. 지각은 모든 가공되지 않은 데이터를 종합하여 좀 더 복잡한 지도로 만드는데 감각 다음에 벌어지는 과정이다. 이 지도들은 기억을 통해 과거 경험에서 비롯된 유사한 지도들과 연결된다. 그러면 우리는 그런 이미지들을 이를테면 가구, 음식, 동물과 같은 범주로 분류한다. 지각은 초기 감각 정보가 물체로 인식될 수 있을 만큼 충분히 완전한 전체(게슈탈트)로 구성될 때 발생한다. 그때 우리의 망막을 때리는 광파가 의자라는 사실을 인식하는 것이다. 따라서 감각은 정보를 가장 작은 부분으로 나누는 분석에 의해 작용한다. 이에 비해 지각은 부분들을 다시 전체로 만드는 합성에 의해 작용한다.

뇌는 감각 정보를 어떻게 처리할까?

초기 감각 정보는 외부 세상에서 비롯된 신체적인 자극을 통해 전해진다. 이런 감각 정보는 광파나 음파, 피부에 대한 물리적인 압력과 같은 형태로 전해지는데 눈, 귀, 코, 피부, 혀와 같은 감각 기관이 받아들인다. 그러면 우리의 감각 기관은 시상을 통해 1차 감각 피질에 이 정보를 전달한다. 시상은 중요하지 않다고 판단되는 정보를 차단하고 중요하게 생각되는 정보를 전달하는 문지기 역할을 한다. 후각을 제외한 모든 감각이 이런 식으로 전달되는데 후각은 시상과 피질을 그냥 지나쳐 후각 신경구로 바로 간다. 1차 시각 피질은 후두엽에 있고 1차 청각 피질은 편두엽에 있으며 1차 촉각 피질(촉각과 미각)은 두정엽에 있다. 그리고 1차 감각 피질은 체감각 영역이라고 한다.

1차 감각 피질이 하는 일은 무엇일까?

1차 감각 피질은 선의 방향, 촉감을 느끼는 부분, 음파의 빈도와 같이 감각에 관한 가장 기초적인 면을 기록한다. 그러면 이런 기초적인 특성에 대한 정보는 연합 피질로 전달되어 보다 큰 전체로 합성된다. 이런 식으로 감각이 지각으로 바뀌는 것이다.

뇌가 우리 몸의 내부에 있는 감각 정보도 처리할까?

감각 정보는 몸 밖에서만 전해지는 것이 아니다. 우리 몸 상태에 대한 감각 정보도 필요하다. 우리가 어지럼증을 느끼는지 배가 아픈지 심장이 빨리 뛰는지 우리 스스로 알아야 한다. 이것은 건강에 대한 정보이기도 하지만 우리가 느끼는 감정을 알려주는 정보이기도 하다. 우리가 무엇을 느끼는지 알 수 있는 방법 가운데 하나로 신체의 내부 상태에 관한 감각 정보를 통하는 방법이 있다. 실제로 너무 많은 뉴런이 소화 계통 전체에 걸쳐 분포되어 있기 때문에 때로는 이것을 제2의 뇌라고 부르기도 한다. 뇌간, 체감각 영역, 섬엽(피질 내부의 뇌피질 영역)이 체내의 감각 정보 처리에 관여한다.

뇌는 지각을 어떻게 처리할까?

뇌가 외부 현실을 찍는 카메라처럼 작용하지 않는다는 점을 이해하는 것이 중요하다. 앞서 언급한 것처럼 뇌는 주변 세상의 지도를 제작하여 자기만의 고유 버전을 구성한다. 예를 들어 1차 감각 피질에서는 뉴런이 수평선, 수직선, 대각선에 반응하여 발화하는 세포와 함께 자극 패턴에 반응한다. 그러면 이 정보는 연합 피질로 전달된다. 연합 피질은 각기 다른 세포의 발화 패턴이 어우러져 보다 큰 패턴이 되는 곳이다. 이 정보가 기억, 언어, 감정과 연관된 뇌 부위로 보내면 우리는 물체를 인식하여 명칭을 붙일 뿐만 아니라 물체가 가지고 있는 의미까지 인식하게 된다. 이런 식으로 뇌는 개인적인 경험과 이력과 깊이 관련된, 현실의 해석본 또는 지도를 구성한다.

연합 피질은 무엇이며, 지각과 관련된 역할은 무엇이 있을까?

연합 피질은 감각의 기초적인 단위들을 큰 패턴으로 종합하여 전체적으로 인식할 수 있게 만드는 피질 영역이다. 시각 연합 피질은 1차 시각 피질 바로 뒤에 있는 후두엽에 있다. 청각 연합 피질은 1차 청각 피질 가까이 있는 편두엽에 있다. 촉각에 대한 연합 피질은 두정엽에 있는 초감각 영역 옆, S2와 S3로 알려진 영역에 있다.

감각 정보가 단일 양식 연합 영역에서 처리되고 나면 여러 감각 양식들의 정보가 조화를 이루는 다중 감각 양식 연합 영역으로 보낸다. 예를 들어 의자에 대한 시각적인 정보와 의자에 앉을 때의 소리와 몸의 느낌이 단일 물체에 대한 단일화된 지각으로 구성된다. 그와 동시에 해마와 측두엽 일부의 활성화로 기억이 환기되어 기억과 관련된 지각이 이루어진다. 그런 식으로 물체를 의자로 인식하게 되는 것이다.

맹시란?

여러 가지 신경 장애를 통해 뇌의 작용에 대한 단서를 얻을 수 있다. 맹시라고도 알려진 시각실인증은 뇌가 시각적인 정보를 이해하는 방식에 관한 새로운 정보를 제공했다. 시각 연합 피질이 손상된 사람들은 시각적으로 물체를 인식하지 못해 앞을 볼 수 없다. 그들 또한 아무것도 보이지 않는다고 말한다. 하지만 그 사람들이 가는 길에 커다란 물체를 갖다 놓으면 그들은 아무것도 보이지 않는다고 말하면서도 물체를 돌아서 간다. 이는 시각적인 자극의 존재와 위치에 대한 기초 정보가 인식되었다는 것을 뜻한다. 이런 예비 정보는 1차 시각 피질에서 처리된다. 그러나 시각 정보를 일관적이고 인식 가능한 형태로 통합하는 것은 연합 피질에서 이루어진다. 따라서 이 영역의 손상이 시각실인증을 가져다주는 것이다. 사실상 시각실인증은 지각 없는 감각이라고 할 수 있다.

똑같은 사건을 사람들은 모두 다르게 지각할까?

앞서 말한 것처럼 뇌는 카메라처럼 현실을 있는 그대로 기록하지 않고 감각 정보의 분석과 통합을 통해 표상을 만든다. 따라서 어떤 사건에 대한 지각은 사람에 따라 다르다. 똑같은 사건을 경험한 사람들이 저마다 다른 기억을 가지고 있는 것은 바로 이런 이유 때문이다. 두 사람이 똑같은 감각 정보를 가지고 있다 해도 뇌가 겪어왔던 일들이 저마다 다르기 때문에 최종적으로 지각하는 것은 개개인의 관심사, 기억, 감정 상태 등에 따라 달라진다. 게다가 어떤 사건의 감각 정보 역시 두 사람에게 동일하게 주어질 수가 없다. 사람이 물리적으로 서 있는 공간이 정확히 일치할 수 없기 때문이다. 이런 요소들로 인해 나중에 사건을 떠올릴 때마다 기억이 조금씩 달라진다. 이 점은 법조계에서도 잘 이해하고 있는 것으로, 목격자의 증언이 문제 많을 수밖에 없는 이유가 되기도 한다.

뇌는 시각을 어떻게 처리할까?

뇌의 3분의 1이 시각 정보를 처리하는 데 이용된다. 이는 곧 인간에게 시각이 상당히 중요하다는 뜻이 된다. 시각 정보의 처리는 눈, 즉 시각 감각 기관에서 시작된다. 눈의 안쪽 뒷면에 위치한 망막에는 빛에 반응하여 발화하는 뉴런들이 많다. 이 특정한 세포들을 가리켜 간상체와 원추체라고 부른다. 간상체는 야간 시력에 반응하고, 검은색 · 흰색 · 회색의 명암 정보를 처리한다. 원추체는 밝은 빛 속에서 발화하며 색깔에 반응한다. 간상체와 원추체의 축삭은 예비 시각 처리가 이루어지는 망막에 있는 다른 세포들과 연결된다. 그런 다음 이 뉴런들은 축삭이 전선처럼 한데 묶여 시신경을 형성하는 신경절 세포와 연결된다.

눈에 보이는 것이 반드시 모든 사람들에게 똑같이 지각되는 것은 아니다. 사람들이 보고 듣고 만지고 냄새를 맡는 외부 세계는 개개인의 감정과 기억, 인지 과정을 통해 걸러지기 때문에 저마다 다르게 해석된다.(iStock)

시신경은 망막의 뒤로 빠져나가 뇌로 이동한다. 시각장 오른쪽에 반응하는 모든 신경절 세포들은 좌뇌로 간다. 마찬가지로 시각장 왼쪽에 반응하는 신경절 세포들은 우뇌로 간다. 반대편 뇌로 넘어가야 하는 신경절 축삭은 뇌의 중앙인 시신경 교차를 통해 이동한다. 그 후 시신경에 난 두 개의 가지는 상응하는 시상의 엽에 연결된다. 시상은 감각 정보를 거르기도 하고 보내기도 하는 문지기다. 피질로부터 받은 피드백을 기반으로 시상은 일부 정보를 통과시켜 피질과 연결된 뉴런을 활성화시키는 동시에 다른 메시지는 들어가지 못하게 막는다. 시상의 뉴런들은 시각 정보를 VI 또는 브로드만 영역 17번으로 알려진 후두엽의 1차 시각 피질로 보낸다. 거기서 시각 자극의 기본적인 특성들이 처리된다. 앞서 논의한 것처럼 이 뉴런들은 기본적인 시각적 특성들이 큰 패턴으로 통합되는 연합 피질과 연결된다.

안면실인증이란?

한 노인이 병원에 입원했다. 병원 직원은 노인이 벽에 걸린 그림 옆을 지날 때마다 불안해한다는 사실을 눈치챘다. 그림들은 유리 액자에 끼워져 있었다. 그림 옆을 지날 때마다 노인은 유리에 비친 자신의 모습을 보고는 소리 치기 시작했다.

"저리 가! 나 좀 내버려둬!"

그러고는 간호사들에게 하소연하듯이 물었다.

"저 남자가 왜 나를 계속 따라오는 거죠?"

노인은 안면실인증에 걸린 환자였다. 안면실인증이란 얼굴을 인식하지 못하는 것을 뜻한다. 편두엽 맨 밑에 위치한 다중 연합 영역인 방추상회가 손상되면 이런 질환이 생긴다. 방추상회는 얼굴에 대한 시각 정보를 인식할 수 있는 전체로 통합한다. 이 영역이 손상되면 당사자는 얼굴을 인식할 수 있는 전체로 지각하는 것이 아니라 시각적 부분들이 모여 있는 것으로 지각한다. 올리버 색스Oliver Sacks의 《아내를 모자로 착각한 남자 *The Man Who Mistook His Wife for a Hat*》를 읽어본 사람이라면 이 병이 어떤 것인지 쉽게 알 것이다.

뇌는 청각을 어떻게 처리할까?

귀는 외이, 중이, 내이로 이루어져 있다. 우리가 보통 귀라고 생각하는, 바깥으로 돌출한 부분은 귓바퀴라고 불린다. 귓바퀴와, 귀지가 모이는 내부의 긴 터널인 외이도가 외이를 이룬다. 외이도는 외이도 뒷부분까지 뻗은 얇은 고막까지 이어져 있다. 중이는 고막에서부터 달팽이관까지 진동을 전달하는 작고 여린 세 개의 뼈로 이루어져 있다. 달팽이관은 진동을 신경 활동으로 변환시키는, 액체로 채워진 소용돌이다. 달팽이관과 균형 및 움직임을 감지하는 전정기관이 내이를 구성한다. 귓바퀴에 의해 감지된 소리의 진동은 외이도를 타고 중이까지 전달되어 중이의 뼈를 통해 달팽이관에 전달된다.

액체로 채워진 달팽이관에는 특정 주파수를 가진 소리에 반응하는 감각 신경의 한 형태인 유모 세포들이 늘어서 있다. 높은 소리가 되는 고주파들은 나선형 달팽이관 입구에 있는 유모 세포들에 의해 기록되며 중간 주파들은 달팽이관 중간에, 저주파는 달팽이관 끝에 있는 유모 세포에 의해 기록된다. 유모 세포들은 뇌간의 여러 영역과 연결되어 있는 척추로 정보를 보낸다. 이곳에서 청각 정보의 시기와 강도가 처리된다. 이런 뉴런들은 중뇌 하구에 연결되어 보다 상세한 분석이 일어난다. 하구는 문지기 역할을 하는 시상과 연결된다. 그런 다음 청각 정보가 편두엽 상부 뒤쪽(뒤쪽 윗부분)에 위치한 1차 청각 피질[AI]의 피질로 들어간다. 언어와 관련된 영역들을 비롯한 연합 영역들이 그 부근에 있다.

실제로 나지 않은 소리를 듣는 사람들이 있는 이유는 무엇일까?

정신분열증을 비롯한 여러 정신 질환의 가장 흔한 증상 가운데 하나가 환청이다. 환청은 외부 세상에서 나지 않은 소리를 들었을 때 발생한다. 그런 사람들은 하나의 목소리나 여러 목소리들이 한꺼번에 자신에게 말을 거는 소리를 듣는다. 그 목소리들은 환자의 행동에 관한 말이나 비판적인 의견, 또는 환자의 이름을 부르거나 심지어 무엇을 하라고 지시하기도 한다.

정신분열증의 경우 가장 복잡한 환청을 일으키기도 한다. 연구원들은 정신분열증 환자가 소리를 들을 때 청각 피질이 활동한다는 사실을 발견했다. 이런 식으로 뇌는 실제로 소리를 듣는 것처럼 행동한다. 그 소리들이 귀를 통해 전달되는 감각 정보가 아니라 환자의 머릿속에서 나는 것이긴 하지만 말이다. 청각은 실제로 사람의 생각에서 비롯된다고 알려져 있다. 생각이 일종의 마음속 말로 바뀌어, 뇌가 실제로 말하는 소리를 듣는 것처럼 듣게 되는 것이다.

마음속의 말은 흔히 나타나는 현상이다. 다만 건강한 뇌는 마음속의 말과 실제로 외부에서 들리는 말소리를 구분할 수 있다. 그러나 정신병에 걸리면 내부와 외부 현실에 대한 구분이 이루어지지 않는다. 어떤 이유 때문인지 완전히 이해할 순 없지만 정신병 치료제가 상상한 현실과 실제 외부에서 벌어지는 현실 사이를 구별할 수 있는 중요한 능력을 다시 갖게 해준다.

뇌는 촉감을 어떻게 처리할까?

다른 감각을 처리하는 감각 기관들은 비교적 작다. 귀, 코, 입의 크기를 생각해보라. 그러나 촉감을 처리하는 감각 기관은 온몸에 퍼져 있다. 피부 전체가 감각 기관 역할을 한다. 피부는 아주 다양한 감각 수용기 세포로 덮여 있다. 어떤 세포들은 물리적 압력의 변화를 감지하고 어떤 세포들은 진동을 감지한다. 또 통증과 온도를 감지하는 세포들도 있다. 이런 뉴런들은 척추, 중뇌 영역 그리고 시상을 통과하는 제법 긴 통로를 통해 피질에 정보를 전달한다. 촉감을 위한 1차 감각 영역은 체감각 영역^{S1}이라 불리는데 두정엽 앞부분에 위치한다. 촉감에 반응하는 뉴런들은 체감각 띠를 따라 신체의 각기 다른 부분에 퍼져 있다. 이 지도는 호문클루스(라틴어로 '작은 사람'이라는 뜻)라고 불린다. S2, S3와 같은 촉감의 연합 피질들은 S1 옆에 위치한다.

뇌는 후각을 어떻게 처리할까?

개와 같은 동물들은 후각 신경구가 작아 많은 정보를 처리하지 못하는 인간에 비해 후각이 더 발달해 있다.

후각은 몇억 년 전부터 있던 오래된 기관이 진화한 형태인 후각기에서 처리된다. 후각기는 공기 중에 떠 있다가 코로 들어가는 화학 물질에 반응한다. 후신경은 콧속에 있는 후각 수용기 세포들을 전두엽 바로 아래 있는 뇌의 양엽에 난 후각 신경구와 연결시킨다. 후신경으로 한데 묶인 축삭들은 후각 신경구에서 다시 변연계의 여러 부분으로 퍼진다. 그곳에서 뉴런들은 시상, 해마, 섬엽Insula과 같은 다른 피질하 영역과 연결된다. 따라서 후신경은 시상이나 피질의 거름망을 통과시키지 않고 곧바로 정보를 뇌의 감정 센터로 전달한다. 후각 신경구는 영장류처럼 유전학적으로 젊고 복잡한 동물보다 유전학적으로 오래되고 단순한 구조의 동물들에게서 훨씬 더 큰 역할을 한다.

미각은 어떨까?

맛이라는 주관적인 경험은 사실 맛과 냄새가 합친 것을 뜻한다. 후신경을 제거하여 후각을 없애면 음식 맛을 느끼는 능력은 현저히 떨어지며 단맛, 쓴맛, 짠맛, 신맛만 느낄 수 있다. 하지만 최근에 와서는 우마미, 즉 감칠맛이라는 제5의 미각이 있다는 증거가 나왔다. 우마미는 맛있거나 향긋하거나 고기 맛이 난다는 뜻의 일본어다. 우마미는 동아시아 요리에서 널리 이용되는 식품 첨가물 글루탐산나트륨MSG과 관련이 있는 것으로 보인다.

이런 미각들은 모두 생존과 연결된다. 단맛, 우마미, 짠맛은 각각 탄수화물, 단백질, 소금의 섭취를 향상시킨다. 쓴맛과 신맛이 지나치게 많이 나면 부패했거나 독성이 있는 음식이라는 경고다. 입안에 들어간 모든 음식의 맛에 대한 상대적인 양은 혀의 표면을 덮고 있는 작은 돌출부인 미뢰(미각 돌기)에 의해 감지된다. 미뢰들은 제각각 특정한 미각만 느끼는 것으로 알려져 있는데 짠맛과 단맛 등 대개 하나 이상의 미각에 반응한다.

미뢰가 뇌신경으로 정보를 전달하면 뇌신경은 뇌간의 뉴런들과 연결한 후 시상에 있는 뉴런들과 연결한다. 이것은 다시 혀에 있는 체감각 띠의 특정 부위로 연결된다.

주요 행동과 의도적인 행위

뇌는 운동 행동을 어떻게 일으킬까?

운동 행동이라고도 불리는 신체적 행위는 뇌의 입력 · 출력 가운데 출력 부분에 해당된다. 감각 · 지각이 입력이고 행동이 출력이다. 신체적 행동은 단순한 반사적인 움직임에서 의도적이고 계획된 복잡한 행동에 이르기까지 다양하다.

수의적 움직임과 불수의적 움직임은 어떻게 다를까?

수의적 움직임은 의식적으로 조절되는 움직임을 뜻한다. 예를 들면 걷기, 일어서기, 손 들기, 옷 입기, 고개 젓기 등이 있다. 불수의적 움직임은 의식적으로 조절되지 않거나 의식적인 생각 없이 자동적으로 발생하는 움직임을 말한다. 호흡, 심박, 자세, 운동 협응이 이에 해당된다.

뇌는 불수의적 움직임을 어떻게 처리할까?

뉴런들의 여러 신경로가 수의적 움직임과 불수의적 움직임에 관여한다. 불수의적 움직임은 대체로 추체외 뉴런이라고 알려진 뇌세포 집단을 통해 처리된다. 이 뉴런들은 시상에서 받은 입력과 내이를 뇌간에 연결한다. 첫 두 부위는 협응과 균형에 관한 정보를 처리한다. 뇌간은 이 정보를 척추에 있는 운동 뉴런으로 보내는데, 운동 뉴런은 관련 근육과 직접 연결한다. 따라서 불수의적 움직임과 관련된 정보는 피질을 통과하지 않으며 비교적 단순한 닫힌회로를 따라 이동한다.

정신병 치료제는 추체외 뉴런에 어떤 영향을 줄까?

정신병 치료제는 추체외 뉴런의 기능을 방해할 수 있다. 그 결과, 손발과 안면 근육을 떠는 만발성 운동 장애와 같은 심각한 부작용을 낳는 경우도 있다. 현재는 가만히 있지 못하거나 몸을 떨거나 근육이 뻣뻣해지는 등의 추체외적인 부작용을 별로 일으키지 않는 비전형적 정신병 치료제[Atypical antipsychotics]라는 새로운 약품이 인기를 얻고 있다.

뇌는 수의적 움직임을 어떻게 조절할까?

감각 정보는 주로 뇌 뒤쪽에서 앞쪽으로 움직이지만 운동 정보는 반대 방향으로 움직인다. 신체적인 행동의 목표는 계획과 목적 설정이 자리하는 전전두엽에서 처리된다. 이 정보는 다시 1차 운동 피질 바로 앞에 위치한 전운동 피질과 보조 운동 영역으로 전달되는데 구체적인 움직임의 조절이 일어나는 곳이다.

그런 다음 이 정보는 1차 운동 피질[M1]로 전달된다. M1은 두정엽의 체감각 띠 옆에 있는 중심구 바로 앞에 놓여 있다. 몸의 표면은 M1에 따라 매핑되어 체감각 띠 옆에서 발견된 것과 비슷한 호문클루스를 만든다. 이 영역이 실제 움직임의 실시와 연결된 곳이다. M1은 뇌간으로 정보를 보내 척추의 운동 뉴런들을 활성화시킨다. 그러면 이 뉴런들이 근육과 직접 연결되는 것이다.

정보는 한 방향으로만 움직일까?

뇌가 끊임없이 피드백을 주고받는다는 점을 이해하는 것이 중요하다. 정보는 항상 체내에서 오르내리며 입력과 출력을 조정한다. 예를 들어 운동 체계가 움직이라는 신호를 보내면 왼손은 손을 뻗어 컵을 잡는다. 동시에 뇌는 중요한 감각 피드백을 처리한다. 손이 컵보다 지나치게 왼쪽에 있어 새끼손가락이 의자 뒤를 스친다. 피드백을 받은 손은 지속적으로 움직이면서 오른쪽으로 조금 움직이게 된다. 그러면 이런 새로운 움직임의 영향이 새로운 감각 정보로 암호화되는 것이다. 여기에선 간단히 설명하기 위해 감각 체계와 운동 체계는 따로 움직이는 것처럼 예를 들었다. 그러나 실제로는 스스로에게 끊임없이 피드백을 주며 상호 작용하는 체계들이 얽힌 거대한 그물망이 바로 뇌다.

소뇌는 어떤 역할을 할까?

라틴어로 '작은 뇌'라는 뜻의 소뇌는 피질 뒤쪽 아랫부분에 위치한 구근 모양의 구조물이다. 전두엽, 뇌간과 연결된 소뇌는 운동 조절에 절대적으로 관여한다. 소뇌는 운동 협응, 자세 그리고 움직임의 원활한 흐름을 조절한다. 소뇌가 손상되면 경련이 일어나고 근육 운동의 협응이 일어나지 않으며 균형을 잡는 데 어려움을 느낀다. 최근 실시된 연구 결과, 소뇌가 다양한 인지 기능에도 관여한다는 사실이 밝혀졌다.

움직임을 상상하는 것과 실제로 움직이는 것은 다를까?

놀랍게도 뇌는 움직임의 관찰과 상상을 실제 움직임과 똑같은 방식으로 처리한다. 뇌 영상 연구에 따르면, 사람들이 다른 사람의 행동을 바라보거나 자기 자신이 똑같은 행동을 한다고 상상하든 실제로 행동을 하든 운동 피질의 동일 부위가 활성화된다고 한다.

거울 뉴런이란?

거울 뉴런Mirror neuron은 다른 동물의 움직임을 바라보거나 자신이 유사한 움직임을 할 때 반응하는 전운동 피질에서 발견된 뉴런 집단이다. 두정엽의 감각 연합 피질에서도 유사한 뉴런들이 발견되었다. 일부 과학자들은 거울 뉴런이 공감을 느끼는 기본 요소일지도 모른다고 주장한다. 거울 뉴런은 과학자들이 단일 뉴런의 전기 활동을 측정하기 위해 원숭이 뇌에 전극을 심었을 때 발견되었다. 이 세포들은 원숭이가 특정한 손의 움직임을 보였을 때와 실험자가 똑같은 손의 움직임을 보였을 때 모두 발화했다.

그러나 이 세포들은 실험자가 다른 손의 움직임을 보였을 때는 발화하지 않았다.

뇌는 단순한 행동과 복잡한 행동을 다른 식으로 처리할까?

복잡한 목적 지향형 움직임의 원천이 전두엽밖에 없는 것은 아니다. 앞서 말한 것처럼 전두엽은 진화적으로 최근에 발달한 것이며 사람들에게서 가장 완전하게 발달해 있다. 그러나 전두엽이 진화하기 전에도 동물들에게는 목적 지향형 행동을 할 수 있는 방법이 필요했다. 먹잇감을 잡거나 몸을 깨끗이 하고, 먹이를 먹고 사회적인 행동을 해야 했다. 대부분의 동물에게서 이런 행동들은 적절한 자극이 있을 경우, 어느 정도 자동적으로 이루어지는 고정된 행동들로 패턴화되었다. 고양이가 덤비면 쥐는 도망간다. 미리 정해진 이런 행동들과 관련된 뇌 부위가 기저핵이라고 알려져 있다.

기저핵은 어떤 역할을 할까?

기저핵은 미상핵, 피강, 담창구가 포함된 뇌 구조물의 집단을 말한다. 이것은 피질이 발달하기 전에 있었던 진화적으로 오래된 뇌 영역으로 포유류, 조류, 파충류에게서 찾아볼 수 있다. 기저핵은 단순 운동 프로그램을 조절한다. 이 프로그램들은 자전거 타기, 공 던지기 등과 같은 목적을 이루기 위한 움직임 꾸러미들이다. 이런 자동적인 행동들 가운데 일부는 학습되고(자전거 타기) 일부는 유전적으로 타고나 학습되지 않는다. 학습되지 않은 운동 프로그램은 고정 행위 패턴이라고도 불린다. 사람의 경우 기저핵은 학습된 운동 프로그램에 깊이 관여한다. 복잡한 행동들은 전두엽을 통해 학습되지만 연습을 할수록 행동이 자동화되어 기저핵이 관여하게 된다.

고정 행위 패턴은 무엇이며, '동물적 본능'에 대해 무엇을 알려줄까?

고정 행위 패턴은 유전적으로 암호화된 연속적인 행동으로 특정 자극에 반응해 일어난다. 고정 행위 패턴은 동물적인 '본능'과 유사하며 기저핵에 의해 조절된다. 행동이 고정되어 쉽게 바뀌지 않는 것이다. 행위의 목적 또한 거의 바뀌지 않는다. 이런 행동은 정해진 자극에 대한 정해진 반응일 뿐이다.

동물의 고정 행위 패턴으로는 어떤 것들이 있을까?

고양이는 자기 소변 냄새를 맡고 배설물을 묻기 위해 땅을 판다. 고양이들은 자신이 한 행동으로 원하는 목적이 이루어졌는지를 확인하지 않는다. 그저 정해진 자극에 반응해 이미 정해진 방식으로 단순하게 반응하는 것뿐이다. 이 경우에는 소변이나 배설물의 냄새가 자극이 된다.

여러 동물들에게서 볼 수 있는, 털 고르는 행동 역시 고정 행위 패턴의 한 예다. 새들은 부리로 날개를 다듬고 고양이들은 혀로 핥으며 개는 털이 젖었을 때 몸을 턴다. 또 다른 예로는 돼지가 뭔가를 갉아 먹는 행동, 말이 울음소리를 내고 머리를 흔드는 행동 등이 있다.

사람에게는 어떤 고정 행위 패턴을 찾을 수 있을까?

사람의 경우에는 태어날 때 보이는 반사 행동(헤엄치기, 부여잡기, 빨기 등)을 들 수 있다. 그러나 자라면서 기저핵이 조절하는 반사 행동들은 전두엽에 의해 억제된다. 대개 사려 깊고 의도적인 행동이 자동적인 자극-반응 움직임을 대체한다.

성인이 되어 전두엽에 손상이 갈 경우, 고정 행위 패턴이 다시 나타날 수도 있다. 전두엽 손상과 관련된 전두엽 해체 징후에는 일반적으로 어린 아기에서만 볼 수 있는 몇 가지 반사 행동이 포함된다. 특정한 정신 상태 또한 고정 행위 패턴의 병적인 활성화를 보이는 경우가 있다. 예를 들어 강박 장애OCD, Obsessive-compulsive disorder는 기저핵-전두엽 회로와 연관된다. 강박 장애는 강박적인 손 씻기, 두드리기, 정돈하기 등과 같이 반복적이고 전형적이며 무의미한 행동을 보이는 특징을 가지고 있다.

환상통이란?

손이나 발이 절단된 사람 가운데 현재 있지 않은 사지가 아프다며 고통을 호소하는 사람들이 있다. 이러한 현상을 환상통이라고 한다. 그런 경험은 사지를 잃은 절망감만 더해줄 뿐이다. 뇌 영상 연구에 따르면, 환상통은 체감각 띠와 그 부근에 있는 감각 연합 피질들의 활동과 관련이 있다고 한다. 척추 뉴런들이 절단된 사지로부터의 감각 정보를 처리하는 뇌의 일부에 여전히 고통의 신호를 보내는 것이다. 이것은 단순히 고통에만 국한되지 않는다. 예를 들어 손을 잃은 사람들도 손가락이 움직인다는 상상을 할 수 있다. 그런 상상을 할 경우 손가락 움직임에 해당되는 뇌의 운동 띠 영역이 손이 여전히 남아 있는 것처럼 활성화된다.

신체 일부가 절단된 사람들도 고통을 경험할 수 있다. 신체의 특정 부위에 대응하는 척추 뉴런이 뇌에 신호를 보내기 때문이다.(iStock)

인지 행동 조절

인지는 행동을 어떻게 조절할까?

인지란 무엇일까? 생각은 어떻게 정의될까? 기본적으로 인지는 사건을 표현하고 직접적인 현실 밖의 사건들을 정신적으로 조작하는 것에 관여한다. 즉 상상력 활용과 관련 있다. 행동의 결과를 상상할 수 있다면 그런 행동을 취하는 것이 가치가 있는지 평가할 수 있을 것이다. 또는 그런 행동 대신 다른 행동을 생각해낼 수도 있다. 이런 능력은 동물과는 다른 행동을 하도록 극적으로 변화시킨다. 인지 능력이 있는 사람은 행동하기 전에 먼저 생각함으로써 실수를 바로잡을 수 있다. 또한 앞으로의 행동을 계획하고 결과를 가늠해볼 수도 있다.

목표 수정이란?

또한 인지는 행동으로 인한 실제 결과와 바라던 결과를 비교한 후 그에 따라 행동을 수정할 수 있게 해 준다. 이 과정을 목표 수정이라고 부른다.

집행 기능이란?

집행 기능은 전두엽에 의해 조절되는 정신적인 능력을 가리킨다. 집행 기능에는 계획, 분석, 대체 행동 마련, 추상화, 변화 등이 포함된다. 이 같은 중대한 정신적 기능들은 끊임없이 변화하는 복잡한 환경에 적응하도록 도와준다. 전두엽이 손상된 사람은 집행 기능을 잃어버린다. 그런 사람들은 충동적이고 산만하며 계획하지 못하고 자기 자신의 행동을 감시하고 조절할 수가 없어 결국 전두엽이 덜 발달했던 시기로 퇴보해 아이처럼 행동하게 된다.

충동 제어와 집행 기능의 관계는 무엇일까?

충동 제어 또한 매우 중요하다. 충동 제어는 특히 사건의 표상과, 벌을 받은 기억이나 받게 되리라는 예상과 관련이 있다. 의도하는 행동의 결과가 부정적일 것이라고 예상하는 사람은 행동을 멈추거나 바꿀 수 있다. 충동 제어 능력이 떨어지는 사람의 경우 추상화, 태도 변화, 계획과 같은 집행 기능을 측정하는 신경심리학 테스트에서 대개 낮은 점수를 받는다. 충동 제어는 전두엽 아래 있는 안와 전두 피질Orbital frontal cortex에 의해 조절된다.

피니스 게이지는 누구일까?

피니스 게이지Phineas Gage, 1823~1860는 19세기 중반에 살았던 철도 회사의 현장직원으로, 작업 도중 끔찍한 사고를 당했다. 쇠막대가 그의 머리를 관통해 뇌에 커다란 구멍이 생겼던 것이다. 그런데 놀랍게도 그는 이 사고를 겪고도 살아남았으며 겉으로 보기에는 별로 다친 것 같지도 않았다. 인지 제어와 운동 제어 능력이 그대로 남아 있었기 때문이다. 문제는 사고가 일어나기 전부터 그를 알았던 사람들이 보기에 성격이 매우 안 좋은 쪽으로 바뀌었다는 것이다. 사고 전에는 건실하고 착했던 사람이 사고를 겪은 뒤에는 사회생활을 하지 못할 정도로 무례하고 충동적으로 변했다. 이는 충동 제어와 사회적 판단에 깊이 관여하는 뇌 부위, 즉 안와 전두 피질이 손상되었기 때문이다.

감정

감정이란?

감정은 사회적 동물의 행동 꾸러미라고 생각할 수 있다. 감정은 다양한 상황에 대응하는 매우 빠르고 효율적인 방법이다. 그러한 상황으로는 위험이나 공격과 같은 혐오스러운 것도 있고 음식, 섹스, 안전, 사회적 유대감과 같은 호의적인 것도 있다. 모든 정서 반응은 자율신경계 각성, 표정, 근육 긴장, 주관적인 경험 등 몇 가지 특성의 조절과 관련이 있다. 이런 반응 꾸러미는 특정 상황에 대비하게 해주는 컴퓨터 매크로와 매우 흡사하다. 예를 들어 화가 난 사람은 혈압이 오르고 얼굴이 붉어지며 눈썹을 찌푸리고 입 주변이 굳으며 팔과 다리의 근육이 긴장하는 등 분노라는 뚜렷하고 주관적인 경험을 한다. 이런 식으로 몸은 행동뿐 아니라 공격적인 행동에 대비하게 만든다.

감정은 어떤 역할을 할까?

모든 감정은 적어도 세 가지 목적을 가진다. 첫째, 적절한 행동을 준비시킨다. 둘째, 상황의 중요성이나 의미를 환기시킨다. 셋째, 자신이 어떻게 반응하는지를 다른 사람들에게 알린다. 예를 들어 위험한 상황에선 두려움이라는 정서 반응이 상황의 위험성을 경고하여 도망갈 태세를 갖추게 하고 표정과 목소리, 자세를 통해 자신이 위험을 감지했다는 사실을 다른 사람들에게 알린다.

다양한 감정의 계층이란 무엇일까?

일반적으로 핵심 감정이란 분노, 두려움, 경멸, 놀라움, 즐거움, 슬픔을 뜻한다. 이 감정들은 생리적으로 암호화된 것으로, 언어나 문화가 달라도 그 즉시 인식할 수 있는 학습되지 않은 반응들이다. 두려움이나 분노와 같은 감정들은 다른 포유류에게서도 보인다. 그러나 사람들이 가지고 있는 감정의 범위는 이 여섯 가지 감정보다 넓다. 수치심, 당혹감, 자긍심, 죄책감 같은 자기의식적인 감정들 역시 사람들이 느끼는 감정 레퍼토리의 일부다. 이렇게 보다 복잡한 감정들은 일정한 수준의 인지 발달에 따라 달라지며 사회적 집단 속에서 자신이 차지하는 위치와 관련이 있다.

사람들은 자신이 어떤 감정을 느끼는지 항상 알고 있을까?

무언가를 느끼는 것과 자신이 무엇을 느끼는지 아는 것은 다르다. 실제로 신경과학자인 안토니오 다마지오Antonio Damasio는 감정을 신체의 생리적 반응과 감정에 대한 의식적 반응, 즉 느낌으로 구분했다. 아기들은 태어날 때부터 정서 반응을 가지고 태어난다. 말 그대로 울면서 태어나지 않는가. 그에 비해 감정을 인식하고 감정에 꼬리표를 붙이는 능력("아, 슬픈 기분이 들어")은 나이 먹으면서 발달하는 것으로 어느 정도 적절한 사회적 피드백에 따라 달라진다. 이와 관련 있는 것으로, 정신역학적 심리 치료가 있다. 정신역학적 심리 치료의 기본 개념은 자기 자신의 감정을 인식하지 못하는 데서 감정적 부조화가 생긴다는 것이다. 자기 자신의 감정을 인식하지 못하는 것을 감정 표현 불능증이라고 한다.

감정과 변연계

변연계는 감정과 무슨 연관이 있을까?

감정의 신경생물학은 인지를 위해 뇌가 하는 역할에 관해 알려져 있는 것보다 훨씬 알려진 바가 적다. 그러나 변연계라 불리는 뇌 구조 집단이 감정과 중심적으로 관계 있다는 점은 알고 있다. 변연계는 시상을 둘러싼 피질하의 뇌 구조물 집단을 지칭한다. 정확히 어디까지가 변연계인지는 의견이 분분하지만 변연계에는 일반적으로 감정 처리와 관련된 핵심 뇌 구조가 포함되는 것으로 알려져 있다.

편도체는 감정에 관해 어떤 역할을 할까?

편도체는 기저핵 바로 밑에 놓인 아몬드 모양의 작은 조직으로 정서 반응의 중대한 역할을 한다. 특히 감정적으로 가장 두드러진 자극, 그중에서도 두려움을 유발하는 자극에 신속히 반응한다.

편도체는 중뇌, 뇌간과 같은 뇌의 낮은 영역은 물론 다른 변연 구역과 밀접하게 연결되어 있다. 특히 정서적 생활과 관련이 큰 신경 전달 물질을 생산하는 중뇌의 뉴런들과 많이 연결되어 있다. 예를 들어, 솔기핵은 세로틴, 복측 피개부 도파민, 청반 노르에피네프린을 만든다. 대부분의 정신과 약품은 이런 신경 전달 물질 시스템 중 하나 이상을 표적으로 삼는다.

편도체는 또한 전두엽, 측두엽과도 연결되어 있다. 이런 식으로 편도체는 뇌의 생각과 지각 영역 그리고 생리적인 통제 센터 간의 중간 기착지 역할을 한다.

HPA 축이란?

HPA 축(시상하부-뇌하수체-부신축)은 시상하부가 가속 페달을 밟아 몸에 힘을 불어넣는 주요 경로다. HPA 축에는 시상하부, 뇌하수체, 부신이 포함된다. 이 세 가지는 신체의 스트레스 반응과 깊은 연관이 있다. 뇌하수체는 시상하부 아래 있는 작은 조직이고, 부신은 신장 바로 위에 위치한다. 시상하부는 코르티솔 방출 호르몬CRH을 분비하는데 CRH는 뇌하수체를 따라 이동하여 부신피질자극 호르몬ACTH의 방출을 자극한다. 이는 다시 코르티솔과 다른 코르티코스테로이드의 방출을 자극하는 부신으로 이동한다. 이 호르몬들은 교감신경계를 활성화시킨다. 코르티솔은 스트레스, 기분, 일부 정신 질환을 비롯한 많은 심리적 반응에 영향을 미친다.

시상하부는 어떻게 자율신경계의 관문 역할을 할까?

편도체가 연결된 뇌 영역 가운데 하나가 시상하부다. 이것은 배고픔, 섹스, 갈증과 같은 욕구와 관련된 매우 중요한 조직이며 뇌의 생리적 센터들을 조절하는 역할을 한다. 시상하부는 자율신경계의 주조정실이다. 이 전체적인 신체계가 심혈관, 호흡 기관, 근육, 위장계를 동원하여 몸이 행동할 수 있도록 준비를 갖추게 한다.

우리가 감정적으로 고조되면 자율신경계의 작용이 뚜렷하게 나타난다. 심박이 빨라지고 땀이 나며 배가 뒤틀리고 숨이 가빠지고 얕아진다(좀 더 자세히 설명하면, 이것은 우리를 흥분시키는 교감신경계의 작용이다. 부교감신경계는 우리를 차분하게 가라앉힌다). 시상하부는 대개 두 가지 방식을 통해 자율신경계를 활성화시킨다. 첫째는 뉴런 사이의 시냅스 연결이 이루어지는 일반적인 경로를 통해서이고, 두 번째는 혈류를 타고 자유롭게 떠다니는 화학 메신저인 호르몬의 방출을 통해서다.

해마는 어떻게 감정 처리에 영향을 줄까?

해마는 새로운 자극을 평가하는 데 중대한 역할을 하는 기억과 관련이 있다. 이 사람 · 상황 · 물체를 전에 본 적이 있을까? 이 사람이 친구일까 적일까? 해마는 감정과 직접 관련을 가진 것이 아니지만 다른 변연 조직 부근에 놓여 있고 그중 편도체, 시상하부, 대상회와 같은 몇 가지 조직들과 뉴런 연결이 되어 있다.

섬엽은 신체 내부 상태에 대한 정보를 어떻게 제공할까?

섬엽은 신체 내부 상태를 나타내는 것과 관련이 있다. 섬엽은 이를테면 불안감이나 장이 꼬이는 것과 같은 신체 내부의 감각 정보를 처리한다. 좀 더 구체적으로 설명하면 안 좋은 음식 맛, 경멸과 관련된 경험을 처리한다. 피질 안쪽에 위치한 섬엽은 전두엽, 편도엽, 두정엽에 둘러싸여 있다. 뇌 영상 연구에 따르면, 다양한 감정 상태에서 이 영역이 활성화되는 것으로 나타났다. 이는 몸의 신체적인 상태에 관한 감각 정보가 감정에 대한 주관적인 인식에 중대한 역할을 하기 때문이다. 몹시 기쁘거나 화가 나거나 두려워하던 때를 떠올려보라. 근육 긴장, 에너지 수준, 심박 등이 변했던 것이 생각나는가? 이런 신체적인 변화 없이 강렬한 감정을 경험한다는 것을 상상할 수 있겠는가? 한마디로 편도체와 시상하부는 기본적으로 감정적인 출력, 즉 정서 반응을 활성화시킨다. 반면 섬엽은 감정적인 입력을 제공한다. 섬엽은 우리 몸이 하는 일에 대한 정보를 제공함으로써 생리적인 감정을 의식적인 느낌으로 바꾸도록 도와준다.

포유류의 감정

우리의 감정은 포유류의 역사에서 비롯되었을까?

감정은 포유류로부터 진화된 요소들 가운데 하나다. 포유류는 대부분 사회적인 동물이기 때문에 감정이 사회적인 기능의 핵심이 된다. 예를 들어 감정은 짝짓기와 양육을 할 때 사회적인 유대감을 강화시킨다. 또한 동물들이 지위와 자원, 짝을 얻기 위해 경쟁하는 동종 간의 경쟁을 뒷받침한다. 그리고 위험에 반응해 알려주고, 다른 일원들이

많은 포유류들이 대단히 사회적이다. 예를 들어 코끼리들도 애정을 나타내는 사회적 행동을 보이고 있다. 우리의 감정은 대부분 사회적 세상과 타협할 수 있게 발달했다.(iStock.com)

자신과 환경에 어떻게 반응하는지에 대한 정보를 알려주는 소중한 역할을 한다.

고등 포유류에게서 찾아볼 수 있는 감정으로는 어떤 것이 있을까?

핵심 감정은 개와 고양이 같은 반려동물에게 뚜렷이 나타난다. 때문에 우리가 그런 반려동물에 애착을 느끼는 것이다. 사랑, 공격, 두려움, 만족감, 흥분은 모두 반려동물에게서 볼 수 있다. 개가 꼬리를 흔들며 장난을 치면 긍정적인 감정으로 대응하지 않을 수가 없다. 마찬가지로 고양이가 우리에게 몸을 비비고 그르렁거리면 우리도 비슷한 만족감과 사랑스럽다는 반응을 보이게 된다.

인간의 감정은 동물의 감정과 어떻게 다를까?

인간의 뇌는 훨씬 더 복잡하기 때문에 우리가 느끼는 감정 또한 보다 미묘하고 복잡하며, 인지에 의해 영향을 받고 과거와 미래에 대한 생각에도 영향을 받는 경향이 있다. 그에 비해 동물의 감정은 단순하고 행동과 직결되며 지금 이 순간과 관련이 있다. 개는 낯선 사람을 보면 으르렁거리고, 믿고 사랑하는 주인에게는 몸을 비비며, 주인이 산책을 데리고 나갈 것 같으면 꼬리를 흔든다. 반면 인간의 감정은 현재와 별로 관련이 없다. 우리는 지나간 일을 후회하고 미래에 대해 걱정한다. 또 우리의 정서 반응은 직접적인 환경에 국한되지 않는다. 지구 온난화에 대한 기사를 읽고 나서 우울해질 수도 있고 친구들이 자신의 애인을 어떻게 생각하는지 걱정할 수도 있으며 고등학교 동창이 사회에 진출해 성공한 모습을 보고 질투심을 느끼기도 한다.

변연계는 진화 역사상 어떻게 변해왔을까?

감정이 위치해 있는 변연계는 전두엽만큼 많이 변하지 않았다. 인간의 피질은 다른 포유류의 피질과 다르지만 변연계는 그렇지 않다. 다른 종의 동물들에게 애착을 느낄 수 있는 것이 바로 이런 이유 때문이다. 지적인 뇌는 상당한 차이가 있지만 감정적인 뇌는 비교적 유사한 편이다.

전두엽의 변연계 제어

전두엽은 어떻게 변연계를 조절할까?

전두엽은 변연계를 조절하는 역할을 한다. 따라서 생각이 감정을 통제한다. 전두엽은 변연계 전체에 걸쳐 뇌 영역과 밀접하게 연결되어 있는데 변연 구역에 연결되어 있는 많은 전두엽 뉴런들이 억제 효과를 낸다. 감정은 정교하지 않은 도구다. 매우 빠르게 나타나지만 아주 정밀하지는 않다. 전두엽은 정서 반응을 정교하게 만들어 우리의 반응이 상황에 어울리게 한다. 이는 감정과 반응 사이에 생각을 주입하는 생각의 활용을 통해 이루어진다. 때로는 상황에 대한 인지적 분석으로 인해 감정 반응이 고조될 수도 있다. 상황에 닥쳤을 때는 아무 반응을 보이지 않았는데 생각할수록 감정이 고조되던 때를 생각해보라.

한편, 인지 분석은 대개 감정적인 행동에 대한 결과를 고려하게 함으로써 감정 반응을 가라앉히는 역할을 한다(저 사람을 때리면 저 사람도 나를 때리겠지. 내가 일을 그만두면 월세를 내지 못할 거야). 인지 또한 상황에 대한 다른 설명을 생각하는 데 도움을 준다(흠, 어쩌면 나를 무시해서 그런 것이 아닐지도 몰라. 아마 나를 보지 못했을 거야).

안와 전두부가 하는 역할은 무엇일까?

안와 전두부는 전두엽 안쪽, 눈 바로 위에 있다. 이 뇌 영역은 특히 위험하거나 무모한 행동의 억제와 같은 충동 제어에 중요한 역할을 한다. 안와 전두엽이 손상된 사람들은 충동적이며 사회적으로 수용할 수 없는 행동을 보인다. 안와 전두엽이 손상된 대표적인 인물이 피니스 게이지다. 안와 전두엽 억제는 과거에 받았던 벌이나 앞으로 받게 될 벌에 대한 표상을 미래에 일어날 사건의 표상과 연결하여 작용하는 것으로 보인다.

상내측 전두엽의 역할은 무엇일까?

새로운 연구를 통해 전두엽의 일부인 상내측 전두엽이 감정적인 기억과 인지를 연결시켜 사회적 인지에 관여한다는 점이 밝혀졌다. 그동안 전두엽 중앙에 위치한 이 뇌 부위는 자신과 타인 그리고 정신 상태의 지각과 관련지어왔다. 연구가 아직 초기 단계이긴 하지만 인격의 특정한 면에 대한 신경생물학적 회로가 있다는 증거를 최초로 제기했다는 점에서 파격적이라고 할 수 있다.

전두엽이 미성숙했다는 것은 감정 조절이 미숙하다는 것을 의미할까?

전두엽은 아동기에 가장 늦게 발달하는 것으로 어른이 될 때까지 계속 발달하기 때문에 감정 조절 역시 성인이 될 때까지 완전하게 성숙하지 못한다. 이 점은 아이들과 청소년들이 감정적으로 미성숙한 것을 생각해봐도 직관적으로 알 수 있다.

전두엽이 손상되면 어떻게 될까?

전두엽이 손상되면 전두엽에 의해 억제되어왔던 원초적인 행동들이 다시 나타날 수 있다. 바빈스키 반사(신생아의 발바닥을 간질이면 발가락을 발등 바깥쪽으로 쫙 폈다가 오므리는 반응)와 전두엽 해체 징후를 예로 들 수 있으며, 마찬가지로 원초적인 변연 반응에 대한 제어 또한 줄어든다. 그 결과 사회적인 판단, 충동 제어, 계획 능력, 효과적인 상황 분석 능력을 상실한다. 알츠하이머병이나 다른 치매에 걸린 사람들을 지속적으로 감시해야 하는 이유가 바로 이 때문이다. 전두엽이 손상된 사람은 어린아이로 퇴보한다.

전두엽 해체 징후란?

전두엽 해체 징후란 기저핵에 의해 제어되는 반사 행동의 집단을 지칭하는 것으로, 대개 갓난아기에서 볼 수 있는 행동들을 말한다. 예를 들어 물체가 입 근처에 닿으면 물체를 향해 얼굴을 돌리는 행동과 윗입술 위의 피부를 건드리면 입술을 오므리는 행동이 있다. 이런 본능적인 행동들은 아기를 돌보는 행동에 도움을 준다.

손으로 부여잡는 반사 행동은 아이가 엄마에게 매달릴 수 있게 한다. 이러한 행동으로 인해 아기는 손에 닿는 것은 무엇이든 부여잡는다. 발바닥을 간질이면 발가락을 반대로 펴는 바빈스키 반사도 이런 초기 반사 행동에 해당된다. 전두엽이 발달하면 이 같은 미숙하고 반사적인 행동은 억제된다. 그러나 성인의 전두엽이 손상되면 이런 초기 반사 행동들이 다시 나타난다. 따라서 성인에게 나타나는 전두엽 해체 징후는 중요한 뇌 손상이 발생했다는 징후가 된다.

프로이트의 자아와 원초아의 개념은 생물학적 사실에서 비롯되었을까?

정신분석 이론의 대부분이 프로이트가 주장한 내용과 다르게 수정되었다. 하지만 프로이트의 자아와 원초아에 대한 개념은 100년이 지난까지 많은 지지를 받고 있다. 자아는 현실 원칙이 자리하는 곳이다. 자아는 우리의 바람과 충동을 차가운 현실에 맞추게 한다. 반면 원초아는 가장 원초적이고 동물적인 욕망이 자리하는 곳으로, 열정의 근원이 바로 원초아다. 프로이트의 명언, "원초아가 있던 곳에 자아가 자리 잡아야 한다"는 말처럼 자아는 원초아를 통제하는 역할을 한다.

놀랍게도 현대 신경과학 또한 이 개념을 전적으로 뒷받침한다. 원초아를 우리의 감정이 자리하는 변연계와 동등하게 여기고 있다. 자아는 전두엽 혹은 좀 더 구체적으로 인지와 행동 제어를 조절하는 전전두엽과 동등하게 여긴다. 그래서 자아가 원초아를 통제하는 역할을 하는 것처럼 전두엽 또한 변연계를 조절하는 역할을 한다.

신경 전달 물질과 기타 뇌 화학 물질

신경 전달 물질은 무엇이고, 그것이 중요한 이유는 무엇일까?

신경 전달 물질은 아마 뇌의 핵심적인 화학 메신저일 것이다. 신경 전달 물질은 뉴런들이 서로 커뮤니케이션을 하는 수단이다. 한 뉴런이 또 다른 뉴런에게 발화하라고 지시할 때는 바로 이 신경 전달 물질을 통한다. 뇌의 뉴런 네트워크를 방대한 경제 조직으로 생각하면 신경 전달 물질은 그 경제 조직의 화폐라 할 수 있을 것이다. 신경 전달 물질의 교환을 통해 뉴런이 활동하도록 자극을 받는다.

신경 전달 물질은 시냅스에서 어떻게 행동할까?

신경 전달 물질은 뉴런의 축삭 종말 안에서 주머니 같은 형태의 이동 수단으로 저장된다. 뉴런이 발화하면 축삭 종말은 신경 전달 물질을 시냅스 전 뉴런과 시냅스 후 뉴런 사이의 공간인 시냅스 틈으로 방출한다. 신경 전달 물질이 시냅스 후 뉴런의 표면에 있는 세포 내 수용 영역에 부착하면 뉴런이 발화할 확률에 영향을 끼친다. 흥분성 신경 전달 물질은 발화할 확률을 높이고 억제성 신경 전달 물질은 확률을 낮춘다.

주요 신경 전달 물질에는 어떤 것들이 있을까?

가장 잘 알려진 신경 전달 물질로 도파민, 노르에피네프린, 세로토닌을 들 수 있다. 이 신경 전달 물질들은 또한 정신 질환 치료제가 가장 많이 표적으로 삼는 것이기도 하다. 이 세 가지는 모두 화학적 구조에 따라 모노아민Monoamine으로 분류된다. 글루타민산Glutamate는 일반적인 흥분성 신경 전달 물질로 뉴런이 발화할 가능성을 높인다. 가바GABA는 일반적인 억제성 신경 전달 물질로 뉴런이 발화할 가능성을 낮춘다. 히스타민Histamine은 알레르기성 반응과 관련 있는 것으로 알려져 있다. 기억과 관련 있는 아세틸콜린Acetylcholine은 항알츠하이머 약물의 표적이 된다.

정신 질환 치료제는 어떻게 분류될까?

다음 표는 정신 질환 치료제의 주요 분류와 각 분류에 해당되는 기본적인 신경 전달 물질 그리고 각 종류의 치료제가 표적으로 삼는 주요 신경 전달 물질 체제를 나타낸 것이다. 인지 향상제는 비교적 새로운 종류의 치료제로, 알츠하이머성 치매를 치료하기 위해 개발되었다.

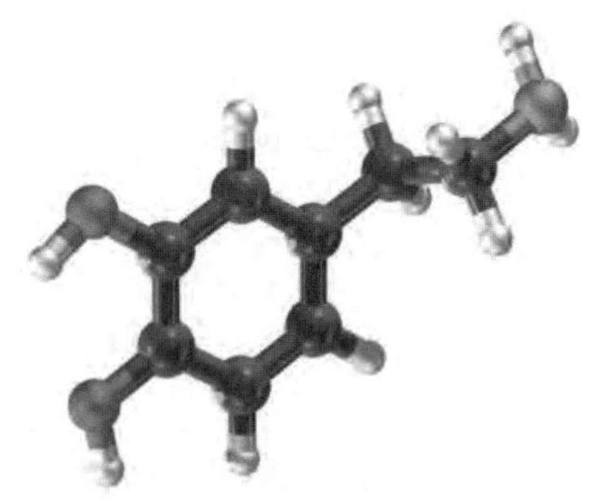

도파민 분자 모델. 도파민은 주로 정신 질환 치료제의 표적이 되는 신경 전달 물질이다.(iStock)

신경 전달 물질과 정신 질환 치료제

치료제 종류	구체적인 약물	신경 전달 물질
전형적 정신병 치료제	할로페리돌Haloperidol(할돌Haldol) 클로르프로마진Chlorpromazine(소라진Thorazine)	도파민
비전형적 정신병 치료제	리스페리돈(리스페달Risperdal) 올란자핀(자이프렉사Zyprexa)	도파민, 세로토닌, 히스타민, 노르에피네프린
SSRI 항우울제	플루옥세틴(프로작Prozac) 서트랄린(졸로프트Zoloft)	세로토닌
삼환계 항우울제	아미트리프탈린(엘라빌Elavil) 클로미프라민(아나프라닐Anafranil)	세로토닌, 노르에피네프린
벤조디아제핀 항불안제	디아제팜(발륨Valium) 클로나제팜(클로노핀Klonopin)	GABA
자극제	메틸페니데이트(리탈린Ritalin) 덱스트로암페타민(덱세드린Dexedrine)	도파민, 노르에피네프린
인지 향상제: 콜린에스테라아제	도노페질Donopezil(아리셉트Aricept)	아세틸콜린Acetylcholine
인지 향상제: NMDA 수용체 길항제	타크린Tacrine(코그넥스Cognex) 메만틴Memantine(나멘다Namenda)	글루타민산

NMDA 수용체 길항제

도파민은 어떤 역할을 할까?

도파민 경로는 많은 역할을 한다. 도파민으로 활성화되는 경로는 여러 개가 있다.

흑질 선상체 관은 중뇌의 흑질에서 시작해 기저핵으로 향한다. 이런 경로들은 운동 제어(신체적인 움직임의 제어)와 관련 있는데, 파킨슨병으로 손상되는 뉴런이 바로 이 경로다. 정신병 치료제 역시 이 체계와 문제를 유발하여 비정상적인 움직임을 야기한다.

두 번째 주요 도파민 경로는 중변연계 경로다. 이것은 복측 피개 영역(중뇌에 있음)에서 시작해 중격의지핵Nucleus accumbens과 일부 변연계 영역으로 향한다. 이 경로는 보상 체계Reward system와 관련이 있다.

도파민으로 활성화되는 세 번째 경로는 중뇌-피질 경로다. 중변연계 경로와 마찬가지로 이것 역시 복측 피개 영역에서 시작한다. 이것은 특히 전두엽과 연결되어 있는 피질로 향한다. 이 경로는 정신과 증상과 관련 있기 때문에 많은 항정신성 치료제의 표적이 된다.

보상 체계란?

보상 체계란 주로 욕망과 관련된 도파민을 함유한 뉴런들의 경로를 일컫는다. 욕망의 대상이 무엇인가는 중요하지 않다. 이것은 마약(코카인, 메스암페타민, 알코올, 담배), 도박, 음식, 섹스에 대한 욕망에 모두 작용하는 만능 동기부여 기기다. 또 이것은 강한 동기와 열망을 불러일으키는 다른 많은 행동을 자극하기도 한다. 보상 체계는 중뇌의 복측 피개 영역에서 전뇌의 중격의지핵에 이르는 중변연계 도파민 작동성 경로로 구성되어 있다.

세로토닌은 기분, 행동에 어떻게 관여할까?

세로토닌은 진화적으로 오래된 신경 전달 물질 체계로 갯민숭달팽이와 같은 원시적인 동물에서도 찾아볼 수 있다. 인간의 세로토닌 또한 아주 단순한 기능부터 가장 발전한 기능에 이르기까지 매우 광범위한 기능을 수행한다. 예를 들어 세로토닌은 배고픔, 잠, 편두통, 성적인 기능과 관련이 있다. 또 기분, 불안감, 해로운 일에 대한 예측과도 관련이 있다. 세로토닌 수치가 낮은 사람들은 충동을 제어하지 못하는 문제를 보이고, 수치가 높은 사람은 지나치게 주의 깊고 수줍음을 많이 타는 양상을 보인다. 세로토닌 경로는 뇌간의 솔기핵에서 시작되어 뇌 피질로 넓게 퍼져나간다. 어떤 세로토닌 경로는 척추로 내려가는 것도 있다.

세로토닌은 항우울제에 널리 이용되는 선택적 세로토닌 재흡수 억제제[SSRI]의 표적이 된다. SSRI에는 플루옥세틴(프로작), 서트랄린(졸로프트), 파록세틴(팍실) 등이 있으며 불안 장애와 강박 장애의 치료에도 효과적이다.

노르에피네프린은 어떤 식으로 정신적 생활에 영향을 미칠까?

노르에피네프린은 흥분, 집중과 관련이 있다. 노르아드레날린이라고도 알려진 노르에피네프린이 동물의 뇌에 분비되면 동물은 경각심이 생겨 주변 환경을 경계하게 된다. 마찬가지로 노르에피네프린은 주의력 결핍 장애ADD와도 관련이 있다. 또 싸우거나 도망쳐야 하는 상황에서 자율신경계를 활성화시켜 심혈관, 근육, 소화기의 활동에 영향을 준다. 실제로 고혈압을 치료하는 데 이용되는 약물의 한 종류인 베타 차단제가 노르에피네프린을 방출하는 뉴런 경로인 노르아드레날린 체계에 작용한다. 뿐만 아니라 노르아드레날린 체계는 삼환계 항우울제로 알려진 항우울 치료제의 표적이 된다. 이것은 노르에피네프린 또한 기분과 관련이 있을지도 모른다는 점을 시사한다.

신경 전달 물질들은 어떻게 뉴욕 시 지하철처럼 이동할까?

주요 신경 전달 물질들 가운데 다수가 뉴런의 한 경로를 통해 분포된다. 이 뉴런들의 세포체는 중뇌나 뇌간의 깊은 곳에 놓여 있지만 축삭들은 넓은 변연계와 피질을 돌아다니며 가지를 쳐 중간중간 다른 뉴런들과 시냅스를 형성한다. 이런 식으로 신경 전달 물질의 경로는 마치 신경 전달 물질이라는 승객이 탑승한 지하철처럼 이동한다. 뉴욕 지하철 1호선이 시티 칼리지, 컬럼비아 대학교, 극장 구역, 금융 구역을 통과하는 것처럼 각 신경 전달 물질의 경로 또한 여러 영역을 돌아다니며 특정한 기능을 수행한다. 브로드웨이로 향하는 1호선을 차단하면 위에서 언급한 네 구역에서의 활동이 줄어들 것이다. 마찬가지로 흑질 경로의 도파민 활동을 차단하면 기저핵 활동이 감소하여 그와 관련된 운동 조정 기능에 문제가 발생한다. 파킨슨병이 바로 이런 식으로 생기는 것이다.

글루타민산과 가바는 왜 중요할까?

이 두 신경 전달 물질은 널리 퍼져 있으며 뇌 전체에서 발견된다. 글루타민산은 뇌의 주요 흥분성 신경 전달 물질로 신경계를 활성화시키는데 학습, 기억과 관련 있는 것으로 보인다. 이것이 정신분열증과도 관련 있다는 새로운 연구 결과가 있다. 반면 가바는 억제성 신경 전달 물질로 신경계를 차분하게 가라앉힌다. 가바 신경 전달 물질은 안정제 역할을 하는 항불안제 벤조디아제핀의 표적이 된다.

벤조디아제핀에는 클로나제팜(클로노핀), 로라제팜(아티반), 디아제팜(발륨), 알프라졸람(재낵스)이 있다. 기분 좋게 긴장을 풀어주는 효과와 중독성으로 인해 이런 가바 작동성 치료제가 마약처럼 남용될 때도 있다.

신경 조절 물질이란?

심리 작용에 영향을 주는 것으로 알려진 뇌 화학 물질의 다수는 사실 신경 전달 물질이 아니다. 뇌 화학 물질의 대체 물질은 신경 조절 물질이라고도 알려져 있는데 신경 전달 물질의 행동을 조절하기 때문이다. 이런 화학 물질에는 신경 펩티드, 신경 호르몬과 같은 것들이 포함된다. 오피오이드Opioid, 옥시토신Oxytocin, 바소프레신이 여기에 해당되는데 이들은 각각 통증 처리 및 사회적 행동과 관련이 있다.

오피오이드란?

오피오이드는 통증 반응을 줄여주는 신경 조절 물질의 일종이다. 오피오이드는 체내에서 만들어지는 진통제, 즉 자연 진통제인 셈이다. 오피오이드가 작용하는 방식 중에는 신경 전달 물질인 글루타민산의 효과를 억제하는 것이 있다. 글루타민산이 흥분성 신경 전달 물질이기 때문에 글루타민산을 억제하면 뇌의 활동을 억제하여 뇌를 차분하게 가라앉힌다.

아편제는 오피오이드와 어떻게 다를까?

아편제는 오피오이드의 식물 형태로, 양귀비 수액에서 추출한다. 이 화학 물질을 합성한 것을 아편제라고 부른다. 아편제는 소화되면 뇌의 오피오이드 수용체에 달라붙는다. 따라서 뇌는 체내에서 만들어낸 오피오이드에 반응하는 것과 같은 반응을 보인다. 모르핀, 헤로인, 아편과 같은 매우 강력한 진통제들은 모두 아편제로 만들어진 것이다. 통증을 완화하고 도취되게 만드는 아편제의 효과 때문에 아편제로 만든 치료제들은 마약처럼 남용되는 일이 많다.

'사랑의 화학 물질'이란?

옥시토신과 바소프레신은 여러 가지 주요 기능을 수행하는 신경 펩티드다. 예를 들어 바소프레신은 신장의 기능과 관련 있다. 그러나 심리학에서 이런 신경 펩티드는 사회적 행동과 연관된 것으로 가장 잘 알려져 있다. 옥시토신은 자녀 양육, 수유와 관련 있고 옥시토신과 바소프레신은 육아 행동은 물론 오르가슴과, 성행위를 하는 동안 형성되는 감정과 연관이 있다. 들쥐의 사회적 행동에 대한 유명한 연구 결과, 이 화학 물질들은 성적인 행동 자체보다는 감정적인 교감의 형성과 더 관련이 깊은 것으로 나타났다.

정신 질환 치료제는 뇌 화학 물질에 어떻게 작용할까?

정신 질환 치료제의 대부분은 한 가지 이상의 신경 전달 물질 체계를 바꾸는 작용을 한다. 대개 이런 치료제들은 실제로 신경 전달 물질을 함유한 것이 아니라 신경 전달 물질의 행동을 조절하는 다양한 화학 물질을 함유하고 있다. 예를 들어 SSRI 항우울제는 세로토닌의 재흡수를 차단한다. 그러면 세로토닌 분자가 시냅스 안에 더 오래 머물게 하여 수용 영역에 붙어 있는 시간을 늘림으로써 시냅스 후 뉴런의 발화를 자극한다. 누군가 문 앞에 서서 지속적으로 벨을 누르고 있는 모습을 상상해보면 된다.

들쥐에 대한 과학적인 연구가 어떻게 옥시토신과 바소프레신이 행동에 미치는 영향을 밝혀냈을까?

들쥐 연구를 통해 옥시토신과 바소프레신이 행동에 미치는 영향이 입증되었다.

산쥐와 초원 들쥐를 비교한 연구를 통해 옥시토신과 바소프레신의 작용에 대한 중요한 통찰을 얻게 되었다. 들쥐들은 몇 군데 서식지에서 발견된 작은 설치류다. 산쥐는 격리된 동굴에서 서식하는 반면, 초원 들쥐들은 무리들이 군락을 이루며 산다.

따라서 두 종류의 들쥐는 전혀 다른 사회적 행동을 보인다. 초원 들쥐는 일부일처제로 이루어져 있고 일반적으로 높은 수준의 사회적 행동을 보이지만 산쥐는 그렇지 않다. 초원 들쥐는 또한 옥시토신과 바소프레신 수치가 더 높은 것으로 측정되었다. 바소프레신은 수컷 초원 들쥐의 사회적 행동과 직접 연관이 있었지만 수컷 산쥐와는 상관이 없었다. 특히 수컷 초원 들쥐는 파트너 선호와 짝을 보호하는 행동을 보였다. 이는 곧 다른 동물이 아닌 짝과 함께 있기를 선호하고 자신의 짝 근처에 오는 다른 수컷을 향해 공격적인 행동을 보인다는 것을 뜻한다.

수컷 초원 들쥐의 뇌에서 바소프레신을 차단하면 더 이상 파트너 선호나 짝을 보호하는 행동을 보이지 않는다. 그러나 성적인 행동과 공격적인 행동에는 별 차이가 없었다. 마찬가지로 초원 들쥐 암컷의 뇌에서 옥시토신을 차단했을 때 암컷과 수컷 모두에게서 파트너 선호와 짝을 보호하는 행동이 감소했다.

마약은 뇌에 어떤 작용을 할까?

마약과 합법적인 약물은 모두 뇌에 유사한 작용을 한다. 많은 정신 질환 치료제들이 마약처럼 남용되는데, 다른 약물에 비해 마약은 즐거움을 느끼는 효과가 더 강하고 빠르게 나타나게 한다. 이런 '도취감' 때문에 오락성 약물로 인기를 끄는 것이다.

마약은 뇌를 어떻게 바꿀 수 있을까?

신경 전달 물질의 작용에 직접적인 효과를 보이는 마약으로 인해 신경 전달 물질 수용체 활동에 엄청난 변화가 생기기도 한다. 예를 들어 신경 전달 물질의 활동을 모방하는 외부 화학 물질에 반응하여 뉴런이 자체적인 신경 전달 물질 생성 활동을 줄일 수도 있다. 그 결과 수용 영역이 소멸할 수도 있다. 뉴런의 실제 구조에 대한 이런 변화가 중독을 불러일으킨다. 뇌가 신경 전달 물질 생성을 줄이거나 신경 전달 물질 생성 능력이 떨어지면 중독 증상이 생긴다. 같은 심리적 효과를 내기 위해 점점 더 많이 필요로 하게 되는 마약의 내성 또한 뉴런의 구조 변화와 관련이 있다.

오른쪽 목록은 어떤 마약이 어떤 뇌의 화학적 체계를 바꾸는지 보여준다.

마리화나	카나비노이드 수용체
코카인	도파민
헤로인	오피오이드 수용체
엑스터시	NMDA 글루타민산 수용체
알코올	GABA

환경이 뇌에 미치는 영향

학습은 뇌를 어떻게 바꿀까?

학습과 경험이 뇌를 바꾼다는 연구 결과가 점점 늘고 있다. 어린 시절의 학습과 경험이 뇌에 가장 많은 영향을 주기는 하지만 뇌는 성인이 된 후에도 경험에 의해 계속 변화한다. 유전이 태아기 뇌 발달에 가장 중요하게 작용하지만 출산 후 뇌 발달의 대부분은 학습에 따라 달라진다. 실제로 뇌는 매번 발화할 때마다 조금씩 바뀐다. 기억이 일어나는 방식 중 하나가 장기 강화라고 알려진 작용을 통해서다. 뉴런이 특정한 패턴으로 점화하면 그와 관련된 뉴런들 사이의 연결이 강화된다. 경험은 다른 식으로도 뇌를 변화시킬 수 있는데, 시냅스의 수용 영역이 증가하거나 감소할 수 있다. 새로운 축삭 종말이 근처에 있는 뉴런들과 새로운 시냅스를 형성하듯이 새로운 수상돌기가 가지를 치기도 한다. 뇌는 이렇게 다양한 방식으로 매우 뛰어난 가소성을 보인다.

뇌의 가소성은 유전과 환경의 논쟁에 관해 무엇을 알려줄까?

심리학의 가장 오래된 논쟁 가운데 하나가 인간 심리에 관한 유전과 환경의 영향에 관한 것이다(플라톤과 아리스토텔레스까지 거슬러 올라간다). 사람의 얼마가 타고난 것이며 얼마가 환경에 의해 만들어진, 학습된 것일까? 현대에 들어 이 논쟁은 유전과 학습의 논쟁으로 바뀌었다. 얼마만큼이 유전된 것이고 얼마만큼이 학습된 것인가? 그러나 뇌의 가소성에 대한 근거가 점점 늘면서 이 논쟁에 방해가 되고 있다. 뇌가 유전에 의해 작용한다면, (뇌의 발달에 관한 유전의 중요성에 이의를 제기하는 사람은 거의 없을 것이다) 뇌의 가소성은 어떻게 이해해야 할까?

뇌는 유전적으로 형성되기도 하고 경험에 의해 바뀌기도 한다. 이 유전이냐 환경이냐의 논쟁을 해결하는 한 가지 방법은 유전이 뇌 발달의 외적 한계를 결정한다고 생각하는 것이다. 뇌의 기본 구조는 유전적으로 결정된다. 인간의 아이를 말과 함께 키운다 해도 아이의 뇌가 말의 뇌처럼 발달하지는 않는다. 그러나 뉴런들의 구체적인 연결, 이런 연결의 밀도, 소멸하는 뉴런 연결들은 대부분 학습과 환경에 의해 결정된다.

환경은 어린 시절의 뇌에 어떤 영향을 미칠까?

상당한 뇌의 발달이 어린 시절, 특히 아주 어린 유아기 때 이루어진다. 뇌 발달에 대한 경험의 중심적인 역할 때문에 어린 시절 환경으로부터 주입되는 것의 본질이 매우 중요하다. 영양, 교육, 언어 노출, 언어, 감정, 대인 관계 경험 등 이 모든 것이 뉴런들의 연결 형성, 즉 신경망의 형성에 중대한 영향을 미친다. 이렇게 주입되는 환경적인 요소들은 시냅스 연결의 생존과 소멸에 영향을 끼친다. 이런 식으로 어린 시절 환경이 아이의 뇌에 고착된다. 유아기에 형성된 이런 환경적 영향은 시간이 지나면서 점점 더 변하기 어렵거나 불가능해진다.

영양은 뇌에 어떤 영향을 미칠까?

태어나서 성인으로 성장할 때까지 뇌는 기본적으로 네 배로 무거워진다. 두 살에 새로운 시냅스 형성이 최고조에 이르지만 시냅스 형성은 열 살이 될 때까지 급속도로 지속된다. 이렇게 성장하기 위해서는 연료가 필요하다. 한창 몸의 성장이 이루어지는 청소년기에 연료가 필요하듯이(청소년기에 들어선 아이들이 섭취하는 엄청난 양의 음식을 보면 알 수 있듯이) 뇌 성장에도 연료가 필요하다. 따라서 영양이 부족하면 어린 시절 뇌의 성장이 방해받을 수도 있다. 게다가 배가 고프면 집중력에 영향을 미쳐 아이가 학교나 다른 환경에서 학습하는 능력 또한 떨어진다. 직관적으로 생각해도 어린 시절의 뇌 발달에 음식의 질이 영향을 미칠 것 같지만 어떤 식습관이 학습에 영향을 주는지에 관한 확실한 연구 결과는 아직까지 나오지 않고 있다.

에릭 캔들 교수는 학습이 신경계를 물리적으로 변화시킨다는 것을 어떻게 입증했을까?

219쪽 사진은 에릭 캔들Eric Kandel 교수에게 2000년 노벨상을 안겨준 것과 유사한 갯민숭달팽이다. 캔들 교수가 이룬 업적의 위대한 점은 매우 단순한 신경계를 가진 동물을 이용해 학습이 뇌를 변화시킨다는 점을 입증했다는 것이다. 캔들 교수는 갯민숭달팽이의 꼬리를 건드리는 방식을 바꿔 달팽이가 방어 반사 행동을 극대화하거나 최소화하도록 훈련시켰다. 그런 다음 갯민숭달팽이의 신경계를 살펴보았을 때 조건형성으로 인해 뉴런의 시냅스들이 바뀐 것을 알 수 있었다.

에릭 캔들은 갯민숭달팽이를 이용한 실험을 통해 행동의 조건형성이 실제로 뉴런 시냅스를 변화시킨다는 점을 입증했다.(iStock)

언어 노출은 뇌의 발달에 어떤 영향을 끼칠까?

인간의 뇌는 언어를 배우고 처리하는 독특한 구조를 갖추고 있다. 바로 이것이 지구상의 다른 동물들과 인간이 다른 점이다. 아이들은 모든 언어의 말소리를 인식할 수 있는 능력을 가지고 태어난다. 그러나 모국어만 듣다 보니 모국어 소리와 연관된 중립 회로는 강화되는 반면, 다른 언어의 소리와 연관된 중립 회로들은 위축된다. 그 결과 아이들은 모국어만 말하고 이해할 수 있게 된다. 물론 아이들이 다른 언어를 배울 수도 있지만 외국어는 모국어와는 어느 정도 다른 방식으로 처리된다. 또한 아이들이 성장하면서 새로운 언어를 배우기는 점점 더 어려워진다.

심리적 외상이 뇌에 미친 영향은 무엇일까?

심각한 정신적 외상, 특히 어린 시절에 겪는 외상이 뇌에 장기적인 영향을 미친다는 근거가 꽤 많이 나오고 있다. 프로이트 시대 이후 심리 치료사들은 충격적인 경험으로 발생하는 심각하고도 지속적인 심리적 손상을 인식해왔지만 이제는 신경과학이 임상의들보다 더 많은 과학적 근거를 제시하고 있다. 외상은 HPA 축을 통해 조절되는 신체의 스트레스 반응을 유발한다. 아동 학대와 같은 만성적인 외상으로 HPA 축이 지나치게 활성화되면 다시 수축되지 않고 늘어지는 고무줄처럼 탄력성이 떨어진다.

이런 결과는 과도한 스트레스 반응을 일으키거나 스트레스에 둔감한 반응을 보이게 만드는데 대개는 두 가지 증상이 모두 나타난다. 스트레스 반응에 둔감한 사람들은 주변에서 벌어지는 일을 전혀 알아차리지 못하는 듯 행동하기 때문에 사람들과 어울리지 못한다. 반대로 스트레스 반응이 지나치게 활성화하면 조금만 위협을 느껴도 과민 반응을 보인다. 또 다른 연구에 따르면, 외상을 경험한 적이 있는 사람들은 해마의 부피가 감소했다고 한다. 이것이 외상에 수반되는 기억의 왜곡과 관련이 있을지도 모른다.

대인 관계에 대한 경험은 어린 시절 뇌의 발달에 어떤 영향을 미칠까?

심리학자들은 어린 시절 경험하는 대인 관계가 아동 발달에 중요하다는 사실을 오래전부터 인식해왔다. 정신분석학, 애착 이론, 인지 치료 등의 심리학 분야들은 어린 시절의 대인 관계가 인격 발달에 지대한 영향을 미친다고 설명한다. 이런 현상의 근간이 되는 신경생물학에 대해서는 아직 밝혀진 바가 많이 없지만 뇌를 형성하는 데 어린 시절의 경험이 어떤 영향을 미치는지 조금씩 파악해가고 있다. 한 예로, 어린 시절 경험한 대인 관계의 표상이 전전두엽의 내측 상부에서 처리된다는 주장이 제기되고 있다.

이런 표상들은 한번 암호화되고 나면 좀처럼 바뀌지 않는다. 관계에 대한 관점이 고정화되는 것이다. 또한 어린 시절 경험에 대한 감정 상태가 중립 회로에 보존된다는 근거도 있다. 다시 말해서 긍정적인 감정의 기반이 되는 중립 회로가 어린 시절 얼마나 많은 긍정적인 감정을 경험하는가에 따라 강화되거나 약해진다는 것이다. 뿐만 아니라 스트레스 반응과 관련된 회로, 특히 HPA 축은 어린 시절 경험하는 스트레스의 정도에 의해 상당한 영향을 받는다. 주변을 둘러보면 약간의 스트레스에도 힘겨워하는 사람들을 쉽사리 찾을 수 있다. 그런 사람들은 쉽게 스트레스를 느끼고 좀처럼 마음을 가라앉히지 못한다. 어린 시절 비정상적인 수준으로 스트레스를 많이 받는다면 그렇게 될 수 있다.

제 4 장

심리 발달

지그문트 프로이트, 에릭 에릭슨, 장 피아제, 마거릿 말러가 주장한 주요 발달 이론에는 어떤 것들이 있을까?

다음 표에는 유아기에서 노년기에 이르기까지 인간의 발달에 관한 다양한 이론들이 요약되어 있다.

주요 발달 이론

연령	프로이트	에릭슨	피아제	말러
0~1세	구강기	신뢰감 대 불신감	감각운동기	분리 개별 단계
1~2세				재접근 단계
3세	항문기	자율성 대 수치심, 의심		대상 항상성의 시작
3~5세	오이디푸스기	주도성 대 죄의식	전조작기	
6~12세	잠복기	근면성 대 열등감	구체적 조작기	
청소년기	생식기	정체감 대 정체감 혼돈	형식적 조작기	
초기 성인기		친밀감 대 고립감		
중년기		생식성 대 자기 침체		
노년기		자기 통합 대 절망		

아동 발달 이론에는 어떤 것들이 있으며 그런 발달 이론들이 갖는 중요성은 무엇일까?

심리학에는 아동 발달의 다양한 양상을 다룬 이론이 몇 가지 있다. 예를 들어 지그문트 프로이트는 어린 시절의 심리 성적 발달 단계Psychosexual stage 이론을 창시했다. 에릭 에릭슨은 프로이트의 심리 성적 발달 단계를 감정적 · 사회적 발달 이론으로 해석했고, 장 피아제는 지능 발달에 관한 이론을 정립했다.

성인 발달에 관한 이론도 있을까?

아동 발달 이론이 좀 더 잘 알려져 있긴 하지만 성인이 된 이후에 벌어지는 발달에 관한 이론도 있다. 에릭 에릭슨의 심리 사회적 발달 단계Psychosocial stages는 평생에 걸쳐 전개된다. 대니얼 레빈슨Daniel Levinson과 로저 굴드Roger Gould 또한 성인 발달 이론을 제기했다.

프로이트의 심리 성적 발달 단계

프로이트의 심리 성적 발달 단계란?

프로이트의 심리 성적 발달 단계가 가장 오래되고 가장 잘 알려졌다. 프로이트의 이론은 또한 나중에 제기된 이론에도 영향을 주었는데 특히 에릭슨의 이론에 많은 영향을 주었다. 프로이트는 구강기, 항문기, 남근기, 잠복기, 생식기, 이렇게 다섯 단계의 심리 성적 발달 단계를 주장했다. 프로이트의 일반적인 심리 이론(주로 프로이트의 메타심리학이라고 불린다)은 현대 용어로는 이해하기 어렵다. 19세기 말과 20세기 초에 심리 이론을 정립하면서 프로이트는 자신의 이론을 그 당시 물리학의 틀에 맞추었다. 자신의 업적이 과학적으로 인정받는 것을 상당히 중요시했기 때문이다.

그러나 현대적인 관점에서 볼 때 그의 이론은 사각 못을 둥근 구멍에 억지로 끼워 맞추려 한 것 같은 느낌이 든다. 프로이트 이론에 포함된 각 단계의 명칭은 성감대라고 알려진 신체의 일부를 나타낸다. 감각적인 쾌락이라 여기는 리비도가 가장 많이 집중되어 있는 신체의 일부를 나타내는 것이다. 각각의 성감대마다 관련되는 인격적 특성이 있다. 예를 들어 항문기는 질서에 대한 엄격한 필요성이 요구되거나 자기 훈련 부족과 관련이 있다. 후대 이론가들은 프로이트의 심리 성적 발달 단계를 글자 그대로 해석하기보다 은유적으로 해석한다. 그중 에릭슨은 프로이트의 이론을 사회적인 시각으로 해석했다.

프로이트의 구강기란 무엇일까?

구강기는 출생 후 18개월 동안 나타난다. 이 시기에 아이의 기본적인 성감대는 입안에 있다. 이 단계와 관련된 성격적 특성에는 의존성과, 광대하고 포괄적인 감정적 경험의 일종이 포함된다. 감정이 느껴지면 그 감정이 온 세상을 장악하는 듯하다. 이 나이 대의 아기들을 관찰하면 프로이트가 왜 구강기라고 불렀는지 알 수 있을 것이다. 아기 삶의 중심은 무엇보다 젖을 먹는 것이다. 게다가 아기들은 물건을 잡으면 입속에 집어넣는다. 또한 이 시기에는 아기의 의존성도 엿볼 수 있다. 혼자서는 살아갈 수 없기 때문에 아기는 부모의 지대한 관심을 끊임없이 요구한다.

손에 닿는 물건을 입에 넣으려는 아기의 성향은 프로이트의 구강기에서 두드러지게 나타난다.

프로이트의 항문기란 무엇일까?

항문기는 생후 18개월부터 만 3세까지 나타난다. 이 시기에 아이의 성감대는 입에서 항문으로 바뀐다. 이때는 배변 훈련이 필요한 시기로, 아이가 자신의 배변 활동을 스스로 조절하는 연습을 하게 된다고 예상되는 때다. 이 과정에서 부모가 하는 훈육의 질이 이 시기 아이의 발달에 영향을 미칠 수 있다.

부모가 지나치게 엄격하면 아이는 배변을 조절하는 데에만 초점을 맞춰 배설하지 않는 항문애 성격을 가질 수 있다. 그러면 통제, 자기 훈련, 깔끔함, 인색함을 지나치게 강조하는 성격으로 이어질 수 있다. 배변 훈련에 대해 부모가 적당히 엄격하지 않으면 아이는 배변 활동 조절을 충분히 신경 쓰지 않는 항문 폭발적인 아이가 될 수 있다. 이와 연관된 인격으로는 지저분함, 자기 훈련 결핍 등이 있다.

프로이트가 말하는 남근기란 무엇일까?

남근기는 만 3~6세 사이에 나타난다. 프로이트는 이 시기를 본능적인 충동과 사회적 제약 사이의 갈등을 반영하는 신경증이 발달하는 매우 중요한 시기라고 믿었다. 이 시기의 성감대는 항문에서 남근으로 옮겨간다. 이 단계는 성별이 중요한 요소로 작용하는 첫 심리 성적 단계다.

프로이트가 남성에게만 있는 신체 일부를 이 단계의 명칭으로 이용한 것을 보면 인구의 절반이 남근을 가지고 있지 않다는 사실이 프로이트에게는 그리 중요하지 않았던 것이 분명하다. 이 시기와 연관된 인격적 특성에는 주도적인 성격과 공격적인 성향이 해당되는데, 성관계 시 남근이 삽입되는 동작과 관련 있다. 이 시기에 부모가 지나치게 강압적으로 아이를 대하면 아이는 죄책감에 압도되어 독창성과 야망을 억제하게 된다.

오이디푸스 콤플렉스는 남근기의 발달에 어떤 영향을 끼칠까?

프로이트는 오이디푸스 콤플렉스를 매우 강조했는데, 오이디푸스 콤플렉스가 남근기 동안 아이들이 겪는 보편적인 일이라고 믿었다. 오이디푸스 콤플렉스는 남자아이들에게서 볼 수 있는 것이다. 프로이트는 여자아이들을 위해 엘렉트라 콤플렉스Electra complex라는 것을 창시했다. 두 콤플렉스 모두 고대 그리스 연극의 등장인물에서 따온 것이다.

프로이트는 고대 그리스 문학의 주제에서 아이디어를 많이 얻었다. 사진은 오이디푸스와 엘렉트라에 관한 희곡을 쓴 그리스 극작가 소포클레스의 흉상이다. 소포클레스는 기원전 5세기에 살았던 인물이다.(iStock)

오이디푸스는 의도하지 않게 자신의 아버지를 죽이고 어머니와 결혼한 그리스 왕자다. 자신이 무슨 짓을 저질렀는지 깨달은 왕자는 후회하며 자신의 눈을 빼버린다. 어린 남자아이들은 남근기 동안 자신의 성기에 점점 더 많은 관심을 보인다. 그와 더불어 연인의 대상으로 어머니에게 관심을 갖기 시작한다. 어머니의 관심을 독차지하려는 라이벌 상대로 아버지가 있다는 사실을 인식한 아이들은 아버지를 제거하거나 심지어 죽이는 환상을 품는다. 그러나 또한 아버지를 사랑하기 때문에 사랑과 미움의 감정 사이에서 갈등과 죄책감을 갖게 된다. 여기서 느끼는 죄책감은 아버지에 대한 죄책감으로, 아이들은 자신보다 훨씬 크고 강한 아버지가 앙갚음하기 위해 자신의 성기를 잘라내버릴지도 모른다는 두려움을 가지게 된다. 이런 두려움을 거세 불안Castration anxiety이라고 부른다.

이런 갈등을 해결하기 위해 남자아이들은 아버지처럼 크고 강한 사람으로 자라겠다는 목표를 세운다. 또한 아버지의 도덕적인 규범을 자신의 규범으로 삼는다. 새로 갖게 된 권위에 대한 존중이, 부모의 규율을 도덕적 규범의 기초로 삼는 마음의 일부인 초자아의 발달에 반영된다. 프로이트는 오이디푸스 콤플렉스를 어떻게 해소하느냐에 따라 성인이 되었을 때 갖게 되는 인격의 여러 요소가 달라진다고 여겼다. 그런 요소로는 야망, 포부, 죄책감, 도덕성 등이 있다.

프로이트는 여자아이들의 오이디푸스 콤플렉스를 어떻게 설명했을까?

프로이트는 여자아이들의 오이디푸스 콤플렉스를 설명하는 데 어려움을 느꼈다. 심리 작용을 신체의 특정 부분과 연관 짓다 보니 남자의 성기에만 지나치게 초점을 맞추는 바람에 문제가 생겼던 것이다. 여자아이들에게는 거세될 남근이 없는데 어떻게 오이디푸스 콤플렉스를 가질 수 있단 말인가? 그에 따라 프로이트는 엘렉트라 콤플렉스라는 해결책을 만들어냈다. 엘렉트라는 아버지를 살해한 어머니에게 복수하기 위해 오빠와 공모해 어머니를 살해하는 그리스 비극의 여주인공 이름이다.

프로이트의 관점에 따르면, 어머니에게 남근이 없다는 사실을 깨달은 어린 여자아이는 더 이상 어머니를 존경하지 않고 아버지를 더 소중히 생각하게 된다. 남근을 갖고 싶어 페니스를 선망하는 여자아이는 자신에게 남근이 없는 이유가 어머니 때문이라고 생각한다. 그러다 여자아이가 어머니에게 있는 자녀 양육 능력을 인식하면서 이 갈등은 해소된다. 나중에 자신도 성장해서 어머니처럼 아이를 낳으면 남근이 없는 것에 대한 위안을 느낄 수 있다고 생각한다는 것이다.

프로이트는 여자아이들이 거세 불안의 영향을 받을 수 없기 때문에 남자아이들에 비해 초자아가 약하다는 결론을 내렸다.

잠복기는 무엇을 뜻할까?

남근기 동안 극적인 경험을 하고 난 아이는 비교적 차분해지는 시기에 접어든다. 이 시기는 만 여섯 살 정도에서 사춘기에 이르는 시기다. 이 단계에서는 성적인 충동, 즉 성욕이 숨는다. 잠복하는 것이다. 그 대신 성적인 에너지는 학교, 친구 관계, 게임 등과 같은 성적이지 않은 충동으로 나타난다. 사춘기가 될 때까지 성욕은 다시 나타나지 않는다.

프로이트의 생식기란 무슨 뜻일까?

생식기는 10대 초반 사춘기 때부터 시작된다. 이 단계에서는 성기가 기본적인 성감대가 된다. 참고로 프로이트는 이 시기를 남성의 성기로 제한하지 않았다. 그렇다고 그전에 있던 성감대들이 사라지는 것은 아니다. 오히려 완전히 성숙한 생식기의 성욕으로 통합된다. 구강과 항문의 쾌감은 남아 있지만 성기의 쾌감보다는 못하다. 성공적으로 이 단계에 들어선 사람은 성관계를 통해 쾌감을 느낄 수 있게 된다. 생식기와 연관된 인격적 특성에는 성숙하고 대등하며 친밀한 관계, 즉 주고받는 능력이 포함된다.

오늘날에는 프로이트의 심리 성적 발달 단계를 어떤 식으로 이해할까?

프로이트 이후 정신분석 학계에는 많은 변화가 일었다. 일반적으로 프로이트는 특정한 인격적 특성을 특정 신체 부위에 결부시켰다. 프로이트의 성감대는 어린 시절 중요한 역할을 하지만(아기의 입, 걸음마를 배우는 아이의 배변 훈련, 청소년의 생식기), 아동 발달 심리가 신체의 일부로 제한될 수는 없다. 뿐만 아니라 감각적이고 성적인 쾌감이 어린 시절 어느 정도 작용하기는 하지만 프로이트가 그랬던 것처럼 쾌감을 아동 발달의 중심으로 보는 현대 심리학자들은 거의 없다.

에릭 에릭슨의 심리 사회적 단계

에릭 에릭슨의 심리 사회적 단계란 무엇일까?

에릭 에릭슨Erik Erikson, 1902~1994는 프로이트의 심리 성적 단계를 자신만의 심리 사회적 단계로 해석한 정신분석학자로, 에릭슨의 단계는 성인까지 이어진다. 사실 그는 성적인 신체 일부를 강조한 프로이트의 이론을 감정적 작용과 대인 관계 작용을 나타내는 은유로 삼았다.

에릭 에릭슨.

에릭슨의 심리 사회적 8단계는 신뢰감 대 불신감, 자율성 대 수치심 및 의심, 주도성 대 죄책감, 근면성 대 열등감, 정체감 발달 대 정체감 혼돈, 친밀감 대 고립감, 생산성 대 자기 침체, 자기 통합 대 절망 단계로 이루어진다. 첫 네 단계는 어린 시절 일어나고 마지막 세 단계는 성인이 되었을 때 나타난다.

신뢰감 대 불신감 단계란?

어린 시절 발달 단계를 나타내는 첫 네 단계는 프로이트의 심리 성적 단계와 유사하다. 신뢰감 대 불신감 단계는 프로이트의 구강기에 해당하는 것으로 생후 1년 반 동안 발생한다. 이때는 안전한 세상과 사랑에 대한 기본적인 의식이 형성되는 시기다. 제대로 된 보살핌을 받고 욕구가 충족되면, 아이는 세상을 안전하고 긍정적인 장소로 여기게 된다. 아이가 기본적인 보살핌을 받지 못하면 세상을 차갑고 위험하게 여기는 불신을 품는 기반이 된다. 이런 기본적인 세계관이 나중에 이루어지는 모든 심리 발달의 기초가 된다.

자율성 대 수치심과 의심의 단계에는 무엇이 관여할까?

자율성 대 수치심과 의심의 단계는 프로이트의 항문기에 해당하는 것으로 생후 18개월에서 3세에 이르는 시기에 발생한다. 이 시기에는 스스로 통제하고 신체 기능을 알아서 조절하려는 욕구가 생긴다. 이를 나타내는 중요한 예로 배변 훈련을 들 수 있다. 이런 욕구를 갖게 되면서 아이는 난생처음 수치심을 느끼기도 한다. 이 시기는 또한 아이가 전보다 훨씬 더 많은 자율성을 갖게 되는, 독립성을 보이는 시기이기도 하다. 아이 행동에 대한 부모의 반응에 따라 아이는 자율성에 대한 기본적인 의식이 발달할 수도 있고, 수치심과 의심에 의해 지나친 제약을 받게 될 수도 있다.

주도성 대 죄의식 단계에는 어떤 일이 벌어질까?

주도성 대 죄의식 단계는 프로이트의 남근기에 해당하는 것으로, 오이디푸스 콤플렉스가 발생한다고 여기는 시기다. 이 단계는 취학 전 나이, 즉 만 3~6세 사이에 발생한다. 이 단계에 접어든 아이는 주도성을 가지는 능력을 갖기 때문에 목표를 정하고 그 목표를 이루기 위해 의도적으로 행동한다. 그러나 또한 자신이 세운 목표가 모두 사회적으로 받아들여지지 않는다는 사실을 인식한다. 따라서 도덕적인 발달이 이루어지기 시작하는 단계라고도 할 수 있다. 옳고 그름에 대한 아이의 판단은 부모의 원칙과 금지하는 사항에 대한 흑백논리식의 단순한 이해에 달려 있다. 이 시기에 부모가 보이는 반응에 따라 아이는 자신이 주도적으로 하는 행동에 자신감을 가질 수도 있고 죄책감으로 소심해질 수도 있다.

근면성 대 열등감이란 무엇일까?

이 단계는 프로이트의 잠복기에 해당하는 것으로, 만 6~12세 사이의 유년 중기에 발생한다. 프로이트가 언급한 것처럼 이 단계에 접어든 아이들의 감정은 다른 단계의 아이들에 비해 덜 격정적이다. 아동 발달 단계 가운데 이 단계는 비교적 차분한 시기라 할 수 있는데, 이때는 스스로를 통제하는 기술, 대인 관계와 관련된 행동을 습득하며 보다 넓은 세상에 동참하는 방법을 배운다. 산업화된 국가에서는 주로 이 시기에 학교에서 교육을 받기 시작한다. 아이들이 자기 조절, 대인 관계와 관련된 행동을 습득하는 데 성공했다고 느끼면 아이들은 열심히 노력했을 때 다른 일도 할 수 있다는 자신감을 갖게 된다. 그러나 이 시기에 습득할 것이라 예상되는 일들을 제대로 습득하지 못하면 아이들은 열등감을 갖게 되고 능력이 없다고 느끼게 된다.

정체감 대 정체감 혼돈과 관련된 것은 무엇일까?

청소년기에 발생하는 이 단계는 아동기를 벗어난 첫 심리 사회적 단계라 할 수 있다. 에릭슨이 특히 관심을 가졌던 개념 중에 자아의 정체성이라는 것이 있다. 그는 사람들이 사회적 세상에서 자아라는 개념을 발전시켜나가는 방법에 관심을 보였다. 청소년기 후반에 들어서면 사람들은 가족이라는 보호소를 떠나 보다 큰 사회 속에 자리 잡고 성인의 역할을 하기 시작한다. 이 과정에서 이루어지는 것이 정체성의 발달이다.

나는 어떤 성인으로 자랄 것인가? 어떤 일을 할 것인가? 나의 가치는 무엇인가? 나는 어떤 믿음을 가지고 있는가? 청소년들이 이런 정체성의 탐구를 너무 빨리 포기해버려 스스로 지나치게 편협한 정체성을 갖는 실수를 범하지 않는 동시에 성인의 길을 선택하기 위해 생각할 수 있는 선택권을 어느 정도 추려나가는 것이 중요하다. 이 과정에서 어려움을 느끼는 사람들은 사회에서 자신이 맡은 역할에 대해 불투명하고 혼란스러운 생각을 갖게 된다.

에릭슨의 친밀감 대 고립감 단계란 무엇일까?

초기 성인기에는 이성을 사귀는 등 친밀감을 갖는 능력과 관련된 문제도 발생한다. 에릭슨은 평생의 파트너십을 맺기 전에 먼저 개인의 정체성부터 확실히 다져야 한다고 믿었다. 다른 사람과 함께 생활하면서 정체성의 혼란을 겪기 전에 자아에 대한 정체성을 굳건히 다질 필요가 있다는 것이다. 젊은 사람이 친밀한 관계를 가질 수 없다면 그 결과는 고립밖에 없다. 에릭슨은 이성 간의 사랑과 결혼을 주로 강조했지만, 이 친밀감이라는 개념 속에는 사회적 집단의 일원이 되는 능력도 포함된다. 에릭슨이 심리 사회적 발달 단계 이론을 발표한 때는 1950년이었다. 이때는 대부분의 사람들이 20대 초반에 결혼을 하여 가정을 꾸렸다. 하지만 이후 평균 결혼 연령이 상당히 늦춰졌으며 독신으로 살거나 결혼을 해도 아이를 갖지 않는 사람들의 수가 늘어났다. 때문에 에릭슨의 이론은 지금도 여전히 인정받긴 하지만 그 당시의 문화적인 배경 또한 고려하지 않으면 안 될 것이다.

생식성 대 자기 침체란 무엇을 뜻하는 것일까?

이 단계는 중년에 발생한다. 이쯤 되면 사람들은 자아에 대한 정체성을 뚜렷하게 가지고 있으며, 사회에서 명확한 역할을 담당하고 안정적인 결혼 생활도 하게 된다. 이때까지 사람들은 자기 자신과, 자신만의 인생을 살아가는 데에만 초점을 맞춘다. 그러나 이 새로운 단계에 접어들면 성인은 자기 자신보다 다음 세대와 타인이 가정을 꾸리는 것을 도와주는 데 관심을 갖게 된다. 이런 새로운 생식성에 대한 욕구는 자녀 양육, 부하 직원에 대한 멘토 역할, 공동체에 대한 여러 형태의 기부 등을 통해 충족될 수 있다. 생식성의 반대는 자기 침체로 단조로운 생활에 매인 듯한 느낌을 말한다.

에릭슨이 주장한 자기 통합 대 절망 단계란 무엇일까?

이 단계는 노년기에 발생한다. 이 시기에 접어들면 인생의 끝을 직시한다. 다시 말해 자기 자신의 죽음을 직시하게 된다는 것이다. 인생은 영원한 것이 아니고 끝이 있는 법인데, 그 끝이 점점 다가온다. 이 시기는 자신의 인생 전체를 되돌아보는 회고의 시기다. 생각했던 대로 삶을 살았는가? 실망한 점들은 무엇인가? 의미 있던 점은 무엇인가? 자신이 살아온 삶을 받아들이는 사람들은 죽음의 현실도 받아들이기 시작한다. 자기 통합이라는 온전함을 느끼는 것이다. 반면 자신이 살아온 삶을 받아들이지 못하는 사람들은 실망감이나 아직 하지 못한 일이 남아 있다는 생각에 괴로워하기 때문에 절망에 싸인 채 죽음을 맞게 된다.

마거릿 말러

마거릿 말러는 누구인가?

마거릿 말러Margaret Mahler, 1897~1985는 헝가리 출신의 정신분석학자로 1938년에 미국으로 이주했다. 1975년에 그녀는 애니 버그먼Anni Bergman, 프레드 파인Fred Pine과 함께 《영아의 심리적 상태*Psychological Birth of the Human Infant*》를 출간했다. 이 책은 아이들을 직접 관찰했다는 점에서 정신분석학계에 큰 영향을 끼쳤다. 말러는 임상 이론에 과학적인 방법을 적용했는데, 이전까지만 해도 그런 식으로 연구한 정신분석학자들이 거의 없었기 때문이다. 말러가 활동한 시기는 애착 이론 분야의 선구자이자 창시자였던 존 볼비, 메리 에인스워스가 활동한 시기와도 맞물린다.

말러의 분리-개별화 이론이란 무엇일까?

그녀와 같은 시대를 살았던 많은 정신분석학자들처럼 말러도 성인이 되었을 때 갖게 되는 성격의 바탕이 어린 시절 어머니와의 관계를 통해 형성된다고 믿었다. 말러는 독립성에 초점을 맞췄다. 즉 전적으로 의존하기만 하던 아이가 신체적 · 심리적으로 독립적인 존재로 성장해나가는 방법을 연구했던 것이다. 말러는 특히 아이 자신과 어머니가 서로 다른 독립적인 존재라는 것을 인식하는 능력이 어떻게 발달하는지에 관심을 가졌다. 어머니를 묘사하거나 개념화하는 아이의 발달 능력을 통해 아이는 어머니로부터 독립한다. 어머니가 없을 때 아이가 어머니에 대해 생각할 수 있다면 아이는 어머니의 존재에 관한 기억을 떠올리며 스스로 안정을 찾을 수 있다. 말러의 표현을 빌리면, 아이가 어머니를 내면화하는 것이다.

말러는 그전의 정신분석 단계 이론가들과 어떻게 달랐을까?

마거릿 말러, 존 볼비 같은 사람들이 있기 전까지 정신분석은 아동 발달을 이해할

말러는 아이들을 장난감과 엄마가 함께 있는 방에 넣어 아이들이 분리-개별화 과정을 어떻게 거치는지 연구했다.(iStock)

때 주로 재구성에 의존했다. 다시 말해 성인 환자에 대한 관찰 결과를 토대로 아동 발달을 유추했던 것이다. 성인 환자들의 문제를 이해하기 위해 프로이트와 그의 추종자들은 환자들의 어린 시절을 재구성했다. 그들은 가장 심각한 정신 질환이 아주 어렸을 때로 역행하는 것이라고 추측했으며, 덜 심각한 정신 질환은 오이디푸스 콤플렉스처럼 어린 시절 가운데 후반기로 역행하는 것이라고 추측했다. 실제로 아이들을 관찰하는 일은 매우 드물었다. 말러의 이론이 학계에서 인정받은 정신분석 이론을 기반으로 삼긴 했지만 그녀는 아이들을 직접 관찰했다.

그녀의 이론 가운데 실제 아이들에 대한 관찰 결과를 토대로 제기된 이론은 지금까지도 인정받는 저력을 과시하는 반면, 순전히 이론적인 추측을 근거로 유추한 이론은 그다지 영향력이 없다는 사실은 어쩌면 당연한 일인지도 모른다.

말러는 유아의 행동을 어떻게 연구했을까?

말러는 엄마와 만 세 살 이하의 아기들이 실시간으로 보이는 상호 작용을 관찰하길 원했다. 처음에는 연구실 하나만 가지고 시작했지만 나중에는 나란히 붙은 여러 개의 방으로 늘어났다. 연구소 안에는 엄마들이 편안하게 앉을 수 있는 의자가 놓인 공간과 장난감이 가득 찬 공간이 있었다. 이렇게 공간을 나눈 이유는 아이들이 엄마와 같이 있을 것인지 아니면 엄마와 떨어져 장난감이 가득 찬 방을 탐험할 것인지 선택하게 하기 위해서였다. 엄마와 아기들에 대한 체계적인 관찰은 아기들이 생후 4~6개월 무렵부터 시작되었다. 말러는 이 나이가 되기 전까지는 분리-개별화Separation-individuation 과정이 시작되지 않는다고 추정했다.

분리-개별화 단계와 하위 단계에는 어떤 것들이 있을까?

말러는 분리-개별화 과정이 총 다섯 단계로 이루어져 있다고 주장했다. 출생에서 생후 4~5개월까지 진행되는 첫 두 단계는 실제 분리-개별화 과정이 이루어지기 전 단계로 여긴다. 그다음 세 단계는 엄밀히 말해서 분리-개별화 단계의 하위 단계라고 할 수 있다. 분화Differentiation는 생후 4~5개월에서 시작해 생후 10개월까지 지속된다. 실습Practicing 하위 단계는 생후 10개월부터 생후 16~18개월 사이에 일어난다. 화해 접근Reapprochement 하위 단계는 약 생후 18개월부터 만 2살 사이에 거친다. 화해 접근 분기를 거친 아이는 감정적 대상 항상성의 시작 분기Beginnings of emotional object constancy에 접어든다. 이는 분리-개별화 단계의 마지막 분기로 만 두세 살부터 시작된다.

분리-개별화 전 단계로는 무엇이 있을까?

말러는 생후 4~5개월 미만의 아기들은 직접 관찰하지 않았기 때문에 첫 두 단계에 대한 그녀의 이론은 그전부터 있던 정신분석 이론을 근거로 삼았다. 그래서 첫 두 단계에 관한 그녀의 이론은 정서적으로 장애가 있는 아이와 성인에 관한 연구를 토대로 추측된 내용을 대부분 차용했다.

첫 번째 단계는 정상 자폐기라 불리는데 출생에서 생후 2개월까지가 이 단계에 해당된다. 이 시기에는 아기가 외부 세상에 관심이 없다고 여겼다. 아기는 외부 세상과 차단된 채 내적인 신체 경험에만 관심을 보인다.

공생기에는 아기가 자기의 신체적 감각을 넘어 어머니에게까지 새로운 관심을 갖는다. 이때는 접촉을 통해 어머니와, 자신을 안고 있는 어머니의 몸을 탐구하고 직접 눈을 맞추는 시기다. 그러나 말러는 공생기에 접어든 아이들은 어머니와 자기 자신을 구별하지 못한다고 믿었다. 어머니를 자기 자신과 구분하지 못하기 때문에 어머니와 하나라는 행복한 착각 속에 산다는 것이다.

알 비유란?

말러는 첫 두 단계에 이루어지는 아동 발달을 설명하면서 알의 이미지를 즐겨 이용했다. 정상 자폐 단계에서의 아이들은 마치 자기만의 알 속에 사는 것 같다. 알껍데기가 외부 세상과 아이 사이를 가로막고 있다. 공생기에는 알 속에 아기는 물론 어머니까지 들어간다. 아이의 세상에는 어머니와 자신만 있는 것이다.

말러가 말한 부화란 무엇일까?

알의 비유를 이용하던 말러는 아주 어린 유아기에 자기 자신에게 몰두하던 아기가 그 단계에서 벗어나는 것을 '부화'라는 용어를 사용해 설명했다. 생후 5개월쯤이면 아이는 주변 세상을 인식하고 관심을 보이기 시작한다. 이때가 되면 마치 껍데기를 깨고 부화하듯이 신체적 · 심리적으로 세상 속으로 들어간다.

분화 하위 단계란?

이 시기는 분리-개별화 과정이 제대로 이루어지는 첫 하위 단계다. 이 단계는 생후 4~5개월에 시작해 생후 10개월 정도까지 지속된다. 이 단계는 또한 말러가 주장한 단계들 중에 직접 아이들을 관찰한 내용을 근거로 삼은 첫 단계이기도 하다. 부화가 이루어지는 때가 이 단계다. 아이가 외부 세상에 대해 점점 많은 관심을 갖는 시기로, 어머니가 개별적인 존재임을 인식하는 중요한 과정의 시작이기도 하다. 이 시기는 또한 어머니로부터 신체적으로 떨어지기 시작하는 시기이기도 하다. 아이는 어머니의 무릎에서 내려와 멀리 기어가기 시작한다. 이때 신체적인 분리와 함께 심리적인 분리도 이루어진다. 여러 가지 행동을 보면 아이가 어머니를 별개의 존재로 인식하기 시작했음을 알 수 있다. 특히 어머니의 얼굴과 낯선 이의 얼굴을 의도적으로 살펴보는 아이의 놀라운 행동을 말러는 '세관 검사custom's inspection'라고 명명했다. 아기는 성인의 얼굴 여러 부위를 손으로 잡으면서 그 사람의 몸에 속하는 것이 무엇이고 속하지 않는 것이 무엇인지 알아낸다. 예를 들어 안경은 얼굴에서 떼어낼 수 있지만 입은 그럴 수가 없다. 아이는 또한 어머니 얼굴의 특징과 낯선 이의 얼굴 특징을 비교할 수 있다. 낯선 사람 불안과 분리 불안이 발생하는 것 또한 이 시기인데, 이 두 가지 불안은 모두 어머니로부터 분리되었음을 새롭게 인식했다는 징후다.

실습 하위 단계란?

이것은 말러가 두 번째로 관찰한 하위 단계로, 생후 10개월부터 시작되어 16~18

개월까지 계속된다. 이 시기는 아이들의 이행 능력, 즉 혼자 돌아다니는 능력이 생기는 시기로, 발달 측면에서 큰 도약이 이루어지는 시기다. 생후 10개월 정도가 되면 아이들은 가구를 붙잡고 일어서면서 일시적으로나마 혼자 일어설 수 있다. 12개월 정도 되면 아이들은 걸음마를 시작한다. 이 극적인 운동 발달은 분리-개별의 신체적인 면을 앞당겨 아기들이 혼자 하는 일이 점점 더 많아진다.

'세상과 아이의 연애'란?

실습 하위 단계 초반을 가리켜 말러는 '세상과 아이의 연애Child's love affair with the world'라고 설명했다. 이 시기의 아이는 새로 갖게 된 힘과 자유를 순수히 즐기는 것으로 보인다. 문 두드리는 소리나 넘어지는 데 대한 예민함이 무뎌지면서 아이의 분리 불안도 줄어든다. 이 시기에 접어든 아이들은 마치 온 세상을 얻은 듯 즐거워하며 부모와 떨어지는 모습을 우리는 자주 볼 수 있다. 이 나이 대의 아이들이 거리로 뛰어가면 부모는 깜짝 놀라 아이들을 뒤따라간다. 이 나이 대의 아이들에게는 세상에 못할 일이 없다. 위험은 안중에도 없다. 오히려 자신의 행동이 제약을 받으면 아이는 가장 큰 절망을 느낀다. 슈퍼마켓에서 신이 나서 뛰어다니는 아기를 우리는 본 적이 있을 것이다. 그런 아기를 억지로 유모차에 태우면 아기는 소리를 지른다.

걸음마를 시작하는 아기는 걸음마를 습득하는 데 대한 순수한 기쁨을 경험한다.(iStock)

화해 접근 하위 단계란?

이 시기는 생후 10개월부터 만 2세까지 지속된다. 말러는 이 시기가 2세 이전에 발생한다고 했지만 부모들은 이 시기를 미운 두 살로 생각할지도 모른다. 말러의 관점에 따르면, 아이는 실습 분기의 기쁨에서 벗어나 독립성이라는 끔찍한 난관에 봉착한다. 자신이 어머니로부터 분리될 수 있는 것처럼 어머니 또한 자신에게서 분리될 수 있다는 사실을 인식하는 것이다. 어머니는 아이 자신의 의지를 따라주는 사람이 아니라 자신의 절대적인 통제권에서 벗어난 개별적인 인간이라는 사실을 인식한다. 그것은 마치 아이 자신이 90센티미터밖에 안 된다는 사실을 깨닫는 것과 같다. 아주 커다란 세상에 살고 있는 아주 작은 존재라는 것을 말이다.

아이는 더 많은 독립성을 갖고 싶은 욕망과 세상을 통제할 수 있는 권한에 한계가 있음을 인식하면서 어쩔 수 없이 괴로운 갈등을 겪는다. 청소년기에 접어들면 이와 똑같은 갈등을 다시 한 번 느끼게 되는데 그때도 유사한 행동을 보인다. 말러는 화해 접근 단계에 접어든 아이들이 모순적인 행동을 보인다고 설명한다. 어머니에게 꼭 달라붙어 있던 아이가 갑자기 어머니를 밀쳐내기도 한다. 이 시기는 또한 짜증을 내고 자기주장을 고집하는 시기다. 아이는 "아니야!"라는 말을 발견한다. 이 나이 대의 아이에게 무슨 말을 해도 "아니야! 아니야! 아니야!"라고 답하는 것을 들은 경험이 있을 것이다.

감정적 대상 항상성의 시작이란?

아이가 화해 접근 하위 단계의 갈등을 해소하고 나면 감정적 대상 항상성 시작 하위 단계에 들어선다. 이 단계에서 아이는 어머니가 좋은 점과 나쁜 점을 동시에 가질 수 있다는 사실을 깨달으며 어머니의 표상을 다지게 된다. 아이는 어머니를 향해 분노와 사랑 모두를 느낄 수 있지만 그렇다고 어머니와의 관계가 단절될 것이라는 두려움은 갖지 않는다. 어머니에게 화를 내면서도 아이는 어머니를 사랑하고 어머니가 필요하다는 것을 기억할 수 있다. 이 같은 긍정적인 특성과 부정적인 특성의 통합이 아이가 어머니를 내면화하는 데 도움을 주어 감정과 행동을 더 많이 조절할 수 있게 한다. 어머니에 대한 긍정적인 기억이 아이의 부정적인 감정을 능가하기 때문에 아이는 어머니와의 관계가 단절될지 모른다는 두려움을 덜 느끼게 된다. 만 두 살이라는 나이 대에는 마음속에 담고 있는 대상에 대한 긍정적인 감정과 부정적인 감정을 유지하는 능력이 미성숙해 있기 때문에 아이가 감정적 대상 항상성 '시작' 하위 단계에 접어드는 것이다. 심리적 성숙을 나타내는 이러한 특성은 사실 평생에 걸쳐 이루어야 할 도전 과제이기도 하다.

걸음마를 하는 시기의 아이들에게 나타나는 특징으로 짜증이 있다. 아기도 화를 낼 수는 있지만 짜증은 내지 않는다. 부모에게는 골칫거리지만 짜증이 나타나기 시작한다는 것은 사실 인지 발달이 이루어지고 있다는 신호에 해당된다. 자신에게 의지가 있다는 사실과 자신의 의지가 꺾인다는 사실을 아이가 인식하기 시작하는 것이다.(iStock)

장 피아제의 인지 발달 이론

장 피아제의 인지 발달 이론이란?

장 피아제Jean Piaget, 1896~1980는 아이들의 지능 발달에 관해 매우 영향력 있는 업적을 남긴 스위스 심리학자다. 아이들의 인성 발달에 대한 포괄적인 이론을 개발한 프로이트, 에릭슨과 달리 피아제는 한 분야에 치중해 아이의 지능 발달에만 관심을 가졌다. 피아제는 아이들이 환경을 어떤 식으로 배우고 이해하는지 알고 싶어 했다. 아이들이 가진 지식은 내용 면에서 어른과 다를 뿐 아니라 구조 또한 다르다는 사실을 알게 된 것은 피아제의 뛰어난 통찰력 덕분이다. 아이들은 어른만큼 많이 알지 못하기만 하는 것이 아니라 다른 식으로 알고 있다.

피아제는 지능(또는 인지) 발달이 감각운동기Sensory-motor stage, 전조작기Pre-operational stage, 구체적 조작기Concrete operational stage, 형식적 조작기Formal operational stage의 네 단

계로 이루어져 있다고 주장했다. 비록 문화나 환경이 인지 발달에 미치는 중요한 역할을 피아제가 인식하지는 못했지만 그의 기본 발상은 특히 교육심리학 분야에서 아직도 상당히 중요성과 영향력을 가지고 있다.

피아제의 감각운동기란 무엇일까?

감각운동기란 생후 24개월까지를 말하는 것으로 프로이트의 구강기, 에릭슨의 신뢰감 대 불신감 단계와 대략 일치한다고 할 수 있다. 이 단계의 아이는 오로지 신체적인 접촉을 통해서만 세상을 안다. 다시 말해 아이는 촉각이나 시각과 같은 감각적인 경험과 발을 차거나 손으로 잡는 등의 운동 행위를 통해서만 세상을 파악한다.

대상 영속성이란?

감각운동기의 주요 특징은 상징화할 수 있는 능력이 아기에게 없다는 것이다. 다시 말해 아이는 눈앞에 물체가 물리적으로 존재하지 않으면 마음속으로 물체의 이미지를 떠올릴 수 없다. 물체가 "시야에서 벗어나면, 마음속에서도 사라진다". 피아제의 대상 연속성이라는 개념은 다음과 같은 현상을 설명해준다. 어린아이의 눈앞에서 물체를 흔들다가 감추어도 아이는 시야에서 사라진 물체를 찾지 않는다. 아이의 관심은 그다음에 눈앞에서 벌어지는 흥미로운 사건으로 옮겨간다. 그러나 생후 8개월 이후가 되면(주고받는 단계) 아기는 시야에서 사라진 물체를 찾는다. 딸랑이를 베개 아래에 감추면 아이는 딸랑이를 찾기 위해 베개를 치운다.

전조작기에서 언어의 역할은 무엇일까?

피아제는 언어의 발달을 인지 발달의 주요 사건으로 여겼다. 그가 기호학적 기능Semiotic function이라 불렀던 언어를 구사할 수 있는 순간부터 아이는 해방된다. 아이들은 눈앞에 놓이지 않은 물건에 대해 생각할 뿐만 아니라 다른 사람에게 그 물건들에 관한 이야기를 할 수도 있다. 기호학적 기능은 감각운동기에 있는 아이를 전조작기로 인도한다.

피아제의 전조작기란 무엇일까?

전조작기는 만 2~7세까지 진행된다. 이 시기의 아이는 상징화하는 법을 습득한다. 즉, 지금 일어나고 있지 않은 일을 생각할 수 있게 되는 것이다. 아이는 마음속으로 사건을 그릴 수 있으며 직접적인 신체 접촉이 없어도 세상에 대한 지식을 얻을 수 있다. 이는 대단히 큰 도약으로, 아이의 지능이 시간과 공간의 제약을 받지 않는다는 것을 뜻한다. 그러나 이 시기에는 시간과 공간에 대한 아이의 이해력이 아직까지 많이 발달하지 않은 상태다. 따라서 세 살짜리 아이가 자연법칙을 이해하는 방식은 어른이 자연법칙을 이해하는 방식과 매우 다르다.

피아제가 말하는 조작이란 무슨 뜻일까?

피아제는 마음속으로 물체를 움직이는 능력을 조작이라는 용어로 표현했다. 피아제는 이런 지식이 행동에서 비롯된다고 믿었다. 아이는 직접적인 경험을 통해 세상이 어떤 식으로 돌아가는지를 배운다. 피아제가 말하는 조작이란 아이가 마음속으로 어떤 행동을 상상하거나 세상 속에 존재하는 물체를 상상 속에서 움직일 수 있는 것을 의미한다.

왜 하필 만 2~7세 사이의 아이들이 전조작기에 해당될까?

전조작기에 들어선 아이들은 마음속으로 물체를 조작할 수 있지만 완전하게 조작하지는 못한다. 이 나이 대의 아이들이 할 수 없는 조작에는 몇 가지가 있다. 첫째, 아이들은 역방향으로 조작하지 못한다. 아이들은 물체가 형태를 바꿨다가 다시 원래 형태로 돌아올 수 있다는 점을 이해하지 못한다. 예를 들어 형태가 바뀌어도 부피와 물질은 보존된다는 사실을 아이들은 알지 못한다. 둘째, 이 나이 대의 아이들은 분산시킬 수가 없다. 이 말은 아이들이 한 번에 물체의 한 가지 특성에만 집중할 수 있다는 것이다. 아이들은 높이에 집중하거나 넓이에 집중할 수는 있지만 높이에 집중하면서 동시에 넓이에도 집중할 수는 없다. 따라서 아이들은 길고 가느다란 물체의 부피가 짧고 굵은 물체와 같을 수 있다는 점을 이해하지 못한다. 아이들은 긴 물체가 더 크다고 생각하기 때문이다. 키가 큰 사람이 키 작은 사람보다 나이가 많다고 생각하는 어린아이들을 보면 이 사실을 알 수 있을 것이다.

피아제가 말한 부피의 보존과 물질의 보존이란 무엇일까?

피아제는 아이들이 부피와 물질의 보존이라는 개념을 어떻게 이해하는지 살펴보기 위해 몇 건의 연구를 실시했다. 한 연구에서는 기다란 비커에 일정한 양의 액체를 부은 다음 똑같은 양의 액체를 짧고 넓은 비커에도 부어 넣었다. 그리고 아이에게 어떤 비커에 들어 있는 액체의 양이 더 많은지를 물었다. 전조작기의 아이들은 길고 가느다란 비커에 담긴 액체가 양이 더 많다고 주장했지만 전조작기를 거친 좀 더 나이 많은 아이는 두 개의 비커에 담긴 액체의 양이 똑같다는 것을 이해할 수 있었다. 또 다른 실험에서는 아이에게 똑같은 크기의 둥근 찰흙 공을 준 다음 아이가 보는 앞에서 한 개의 찰흙 공을 길고 가느다란 막대기 모양으로 만들었다. 둥근 찰흙 공과 막대기 중 어느 것이 더 크냐고 물었을 때 아이들은 찰흙 공으로 막대기를 만드는 모습을 보았음에도 길고 가느다란 막대기가 더 크다고 대답했다. 이 아이들에게는 변형된 물체의 부피와 물질이 보존된다는 것을 이해하는 능력이 없었던 것이다. 피아제는 숫자와 개수, 중량의 보존을 연구하기 위해 비슷한 실험을 실시하기도 했다.

구체적 조작기란?

구체적 조작기는 만 7~11세가량까지 지속된다. 이 단계는 프로이트의 잠복기와 에릭슨의 근면성 대 열등감의 단계에 해당된다. 이 단계에서는 아이들이 물리적인 세상에 대한 기본 법칙을 습득하며 공간과 시간의 법칙을 이해한다. 이 단계의 특징은 부피, 물질, 숫자와 같은 물리적인 특성의 보존을 이해한다는 것이다. 이 단계는 또한 분산 능력이 생기는 시기다. 다시 말해 아이는 한 가지 특성에만 집중하지 않는다. 아이는 길이와 넓이처럼 물체가 가진 몇 가지 특성을 조합하여 물체가 변하는 방식과, 형태를 유지하는 방식을 폭넓게 이해할 수 있다.

구체적 조작기의 아이에게 미치는 사회적인 영향으로는 무엇이 있을까?

피아제가 지적한 것처럼 아이는 만 7세가 되면 물리적인 세상에 대한 기본 법칙을 습득하게 된다. 그렇다고 해서 아이가 부모를 떠나 혼자 살 정도가 된다는 것이 아니라 사회에서 살아가는 데 필요한 기본적인 기술을 배울 준비가 되었다는 것이다. 이는 곧 학교에서 학업 능력을 배우는 것을 의미한다. 부족 사회의 경우, 이 나이 대의 소년들은 어머니의 집을 떠나 성인 남자들과 좀 더 큰 소년들이 머무는 공동 주거 시설로 옮겨간다. 중세 유럽에서는 소년들이 일곱 살부터 수습 일을 시작했다. 따라서 에릭슨이 이 시기를 근면성 대 열등감의 단계라고 부른 것은 당연하다 할 수 있다. 물리적인 세상에 대한 기본 규칙을 배웠으므로 일의 기본 규칙을 배울 차례가 된 것이다.

형식적 조작기란?

형식적 조작기는 12세가량부터 시작된다. 이 나이는 모든 면에서 엄청난 변화와 발달이 이루어지는 청소년기가 시작되는 때다. 피아제가 강조한 것처럼 청소년기에 일어나는 많은 변화에는 상당한 인지 변화도 포함된다.

기본적으로 청소년은 가능성을 효과적으로 판단할 수 있다. 구체적 조작기의 아이들은 실제로 벌어지는 물리적인 사건에 대해 판단할 수 있지만 가능한 사건이나 가상적인 사건에 대해서는 그만큼 효과적으로 판단하지 못한다. 구체적 조작기의 아이들은 현재나 사실적인 사건만 판단하는 제한된 능력을 가지고 있다.

가설-연역법이란?

청소년은 여러 가지 문제 해결 방법을 상상할 수 있는 능력을 가지고 있다. 이렇게 상상한 해결 방법을 가설이라고 부른다. 가정을 하고 나면 청소년들은 가설들을 시험해보기 위해 계획을 세운다. 가설을 통해 추론하는 논법을 가설-연역법Hypothetico-deductive reasoning이라고 하는데 과학적인 실험에서도 이 같은 논법을 사용한다. 이 능력을 새롭게 습득한 청소년들은 문제를 해결할 때 체계적인 계획을 세울 수 있다. 반면 구체적 조작기의 아이들은 시행착오를 통해 문제를 해결한다. 아이들은 사실을 통해 추론을 하지, 가설을 통해 추론하지 않기 때문이다.

피아제의 이론은 뇌의 발달과 어떻게 일치할까?

피아제의 이론은 현재 알려져 있는 뇌에 관한 사실들이 밝혀지기 전에 제기된 것이지만 인지 발달에 관한 피아제의 주장은 현대 신경과학에 의해 강력하게 뒷받침되고 있다. 피아제가 연구한 지능은 복잡한 인지 과정과 관련된 뇌 영역인 전두엽에 의해 조절된다. 전두엽은 어린 시절 가장 늦게 발달하는 뇌 영역으로, 출생 후 첫 10년 동안 대부분의 발달이 진행된다. 사실 시냅스 형성(뇌세포들 사이의 연결체인 시냅스가 형성되는 것)은 첫 2년, 즉 피아제가 주장한 감각운동기 때 절정에 달한다. 시냅스 형성은 첫 10년 동안 급속도로 진행되며 이로 인해 사람은 형식적 조작기 단계에 들어설 수 있다. 그러나 신경 충동을 가속화시키는 지방 수초가 뇌세포를 감싸는 전두엽의 수초형성Myelination은 20대 중반까지도 마무리되지 않는다. 이는 곧 청소년기의 인지 발달이 완전히 이루어지려면 아직 멀었다는 것을 뜻한다.

형식적 조작기가 가지는 사회적 의미는 무엇일까?

추상적 사고를 할 수 있는 능력, 즉 실제적인 것 대신 가정과 가능한 것에 대해 추론하는 능력이 늘었기 때문에 청소년들은 아동보다 더 많은 독립성을 가질 수 있다. 청소년은 계획을 세우고 자신의 행동에 대한 결과를 생각할 수 있으며, 문제에 대한 여러 해결책을 생각할 수 있고 아이들보다 더 효과적으로 세상과 타협할 수 있다. 또한 청소년들은 아이들이 이해할 수 없는 종교적 믿음이나 정치적 신념과 같은 추상적인 개념을 이해할 수도 있다. 따라서 청소년기에 들어서면서 정치적 운동을 인식하고 관심을 갖게 되는 것은 우연이 아니다. 아이들은 부모가 가진 정치적 신념을 흉내 낼 수는 있지만 어느 정도 형식적 조작 사고를 갖추지 않는 한 자기만의 신념을 가질 수는 없다.

형식적 조작 능력을 갖추는 데 환경과 교육은 어떤 역할을 할까?

피아제는 인지 발달에 환경이 미치는 영향을 중요하게 여기지 않았지만 형식적 조작 사고와 관련된 성인들의 인지 능력이 사람마다 다르다는 사실은 여러 연구를 통해 밝혀진 바다. 피아제는 과학적 방법을 통해 기술을 가르치는 명문 학교 학생들을 청소년 연구 대상으로 삼았다. 따라서 그와 동일한 수준의 교육을 받지 못한 청소년과 성인들이, 피아제가 형식적 조작 사고를 측정하는 데 이용했던 기초 물리 테스트에서 좋은 점수를 내지 못하는 것은 당연하다. 그러나 청소년과 성인들이 일상생활과 관련된 분야에서 가설-연역법을 이용한다는 근거가 있다. 예를 들어 칼라하리 부시맨들은 동물의 이동 경로를 분석할 때 가설-연역법을 이용한다. 따라서 형식적 조작이라는 개념은 유효하지만 이를 측정하는 테스트들은 생태학적 타당도를 가질 필요가 있다. 즉, 당면한 상황에 맞게 구성되어야 하는 것이다.

콜버그의 도덕 발달 이론

콜버그는 누구인가?

로런스 콜버그Lawrence Kohlberg, 1927~1987는 도덕 발달 분야의 선구자다. 피아제의 영향을 받은 그는 도덕적 추론을 연구하는 대규모 연구 조직을 만들었다. 피아제와 마찬가지로 콜버그도 아이들이 추론하는 방법과 그 방법이 변하는 방식에 관심을 가졌다. 사실 피아제도 아이들의 도덕 발달을 직접 연구하긴 했지만 매우 제한적이었다. 그에 비해 콜버그는 좀 더 정교한 이론을 만들었고, 오늘날 이처럼 도덕 발달의 선구자로 알려지게 되었다.

콜버그가 도덕 발달을 연구하는 데 이용한 방법은 무엇일까?

콜버그는 비네트vignette(사람이나 상황 등을 보여주는 짤막한 글 - 옮긴이)를 이용했다. 그는 도덕적 딜레마에 빠진 상황을 적어 피험자에게 보여주고는 각각의 상황에서 어떻게 할 것인지 물은 다음 그런 결정을 내리게 된 이유를 설명하라고 했다. 콜버그는 사람들이 내린 결론보다는 결론을 뒷받침하는 이유에 더 관심이 많았다. 피아제처럼 내용보다 생각하는 과정에 관심이 있었던 것이다. 콜버그의 비네트 가운데 가장 잘 알려진 것이 하인즈라는 남자가 아내의 목숨을 구하기 위해 약국에서 약을 훔친다는 내용이다.

콜버그의 도덕 발달 단계로는 어떤 것들이 있을까?

콜버그는 도덕 발달을 인습 이전 수준Preconventional, 인습 수준Conventional, 인습 이후 수준Postconventional으로 나누었다. 한 수준당 두 단계씩, 총 여섯 단계가 있다. 콜버그는 모든 아이들이 똑같은 순서에 따라 동일한 단계를 거친다고 믿었다.

제법 많은 연구가, 도덕 발달의 첫 번째와 두 번째 수준이 콜버그의 주장대로 이루어진다는 근거를 제시한다. 그러나 세 번째 수준을 뒷받침하는 과학적인 근거는 별로 없다. 콜버그는 또한 성인의 도덕적 추론에도 관심을 가졌는데 실제 연구 결과, 성인들은 각기 다른 도덕 발달 단계에 머무는 것으로 밝혀졌다.

인습 이전 수준이란 무엇인가?

첫 번째 수준인 인습 이전 수준은 열 살 이하의 아동들에게서 가장 흔히 찾아볼 수 있다. 여기에는 복종과 처벌 지향 단계와 개인주의와 교환의 단계가 있다. 이 두 단계에서는 행동하는 사람의 행위에 대한 결과, 즉 행동한 사람이 벌을 받느냐 상을 받느냐에 따라 도덕성이 판단된다. 1단계에서는 아이가 권위자가 옳다고 하는 것을 옳은 것이라고 생각한다. 옳고 그름은 주로 벌이 뒤따르는지의 여부를 보고 판단한다. 벌을 받으면 그 행동은 잘못된 것이다. 2단계에서는 아이가 사람마다 다른 관점을 가질 수 있다는 점을 배운다. 즉 옳고 그름에 대한 견해가 하나 이상 존재할 수 있다는 점을 배우는 것이다. 그러나 도덕성은 사건이 벌어진 후 행동한 사람이 혜택을 얻는지의 여부에 의해 결정된다. 또 사람들 사이의 교환 의식도 느낀다. 즉 자신의 행동에 대해 상대방이 보복을 하거나 협력하지 않을지도 모른다는 생각이 들면 그 행동은 잘못된 행동이라고 인식하는 것이다.

인습 수준의 도덕성은 무엇일까?

두 번째 수준은 인습 수준의 도덕성이라고 한다. 이 수준은 3단계와 4단계인 '좋은 대인 관계'와 '사회 질서 유지' 단계를 포함한다. 이 두 단계에서는 행동의 도덕성이 사회적 관계에 미치는 영향에 의해 결정된다. 이 시기에 들어서면 사람들은 행동하는 사람뿐 아니라 사람들 사이의 관계에 미치는 행동의 영향을 생각한다. 3단계에는 대인 관계에 미치는 감정적인 영향이 더 중시된다. 공감, 배려, 고통의 해소에 초점이 맞춰져 있는 것이다. 4단계에 들어선 사람은 모든 사회 구성원들이 반드시 따라야 하는 규범의 필요성을 인식한다. 예를 들어 물건을 훔치면 안 된다. 모든 사람들이 물건을 훔치면 사회를 통제하기가 불가능해지기 때문이다.

인습 이후 수준이란 무엇일까?

마지막 세 번째 수준은 인습 이후 수준의 도덕성이라고 부른다. 이 수준은 5단계와

6단계로 구성되어 있다. 5단계에는 사회 계약과 개인의 권리, 그리고 6단계에는 보편적 윤리 원칙이 중시된다. 이 단계에 접어든 사람은 정의와 정의로운 사회라는 추상적 개념에 관심을 가진다. 5단계에 도달하는 사람은 사회적 규범과 법률의 필요성을 인식하지만 법률 자체가 불공정하다고 인식할 수도 있다. 따라서 도덕적인 행동이 합법적인 행동이 되지 못할 때도 있다. 6단계에서는 정의라는 추상적이고 보편적인 원칙의 중요성을 생각하며 법률이 일반적인 윤리 원칙에 종속되어야 한다고 믿는다. 예를 들어 생명의 소중함은 사유지를 보호하는 법률을 능가해야 한다.

나중에 콜버그는 연구를 통해 실제로 6단계까지 도달한 사람이 드물다는 이유로 6단계를 없애버렸다.

콜버그의 이론은 어떤 비판을 받았을까?

콜버그의 업적은 도덕 발달이 인지 발달에 달려 있다고 주장한 점이다. 성숙한 도덕적 추론을 내리기 위해서는 특정한 수준의 추상적 사고가 필요하다는 것이다. 그러나 도덕적인 성숙의 원인이 지능 발달이라는 식으로 지능 발달을 지나치게 강조한 점에 대해서는 비판을 받았다. 특히 그는 정황의 중요성을 인정하지 않았다. 도덕적 추론은 사람이 처한 환경에 맞는 도덕 수준을 나타낸다. 예를 들어 도시에 사는 사람들은 모든 사람들이 따라야 하는 일반적인 규범의 중요성을 인식하기 때문에 도덕성 수준이 4단계에 이르는 경향을 보인다. 그러나 시골에 사는 사람들은 대인 관계를 중심으로 도덕적 판단을 내리기 때문에 3단계의 도덕성 수준을 보인다. 사람들 사이의 유대 관계가 약화된 도시에서는 모든 사람들에게 적용되는 형식적인 법에 의해 행동이 규제되는 것에 비해 모든 사람들이 서로 알고 있는 작은 시골 마을에서는 사람들의 관계망에 의해 행동이 규제되기 때문이다.

이런 도덕적 딜레마는 어떻게 해결할까?

콜버그는 도덕 발달 연구에 다음과 같은 비네트를 이용했다. 그는 하인즈가 약을 훔쳐야 하는지 말아야 하는지에 대한 답변 자체보다 사람들이 도덕적 결정을 내리는 데 이용하는 추론의 본질에 더 관심이 많았다.

유럽에 사는 한 여성이 특별한 종류의 암에 걸려 죽어가고 있다. 의사는 한 가지 약이 그녀의 목숨을 구할 수 있을지도 모른다고 말한다. 그 약은 그 마을에 사는 약제사가 최근에 개발한 일종의 라듐이라고 한다. 그런데 약제사는 제조 비용 자체도 워낙 비싼 약의 10배에 달하는 엄청난 돈을 요구했다. 라듐 구매 비용은 200달러에 불과했지만 약제사는 1회분의 약을 2000달러에 판다고 했던 것이다. 아픈 여성의 남편인 하인즈는 사람들에게 돈을 빌렸지만 약값의 절반인 1000달러밖에 구할 수가 없었다. 그는 약제사에게 아내가 죽어가고 있으니 싸게 팔거나 아니면 나중에 갚게 해달라고 부탁했다. 그러나 약제사는 "싫소. 내가 약을 개발했으니 그걸로 돈을 벌 것이오"라고 말했다. 결국 절망한 하인즈는 약방에 침입해 아내를 위해 약을 훔쳤다. 남편의 행동은 도덕적일까?

길리건은 콜버그의 이론을 두고 뭐라고 했을까?

1982년에 캐럴 길리건Carol Gilligan, 1936~ 이 《다른 목소리로*In a Different Voice*》를 통해 콜버그 이론을 비판하면서 이 책은 유명세를 타게 되었다. 길리건은 콜버그의 이론이 남성 중심적인 관점에서 이루어진 편향된 이론이라고 믿었다. 그녀는 콜버그의 피험자들이 대부분 남성이었으며 추상적인 사고와 일반적인 법칙을 강조한 것은 그가 남성 중심의 편견을 가지고 있다는 사실을 반영한다고 주장했다. 또 여성들은 공감, 대인 관계를 강조하고 타인의 감정을 배려하는 경향이 있기 때문에 세 번째 수준으로 나타날 가능성이 많다고 주장했다. 그렇다고 해서 여성들이 남성에 비해 도덕성이 떨어진다는 말은 아니다. 여성들은 다른 종류의 가치관을 기반으로 추론하는 것일 뿐이다. 길리건의 비판은 감성보다 지성을 우선시했던 콜버그의 주장에 중요한 의문을 제기했지만 그녀 또한 여성들의 도덕적 추론 과정을 지나치게 단순화시켰다는 비판을 받았다. 그 후 진행된 연구 결과, 여성들이 남성들보다 세 번째 수준을 나타낼 가능성이 더 많다는 근거는 찾아볼 수 없었으며 일반적으로 도덕적인 결정을 내릴 때 남성과 여성 모두 정의와 공감을 고려하는 것으로 나타났다.

문화의 역할

모든 문화마다 아동 발달이 똑같은 식으로 이루어질까?

생리적인 기본 요소 때문에 어린 시절의 대부분은 어느 문화를 막론하고 똑같다. 아이들은 영아에서 유아로 성장하고 아동에서 청소년으로 성장한다. 모두 걷고 말하고 노는 법을 배우며 자라 사회에서 각자 맡은 일을 한다. 아이들은 모두 자기 가족과 자신을 돌봐주는 사람에 대해 감정적 애착을 가지게 된다. 뿐만 아니라 자신이 속한 사회적 집단 속에서 정체성을 개발해야 하고 자기 표현과 자기 억제 사이에 균형을 잡아야 한다. 그러나 이런 방대한 틀 안에서 벌어지는 일은 문화마다 차이가 있다.

문화는 어떤 식으로 차이가 있을까?

모든 아이들이 감정 표현과 감정 자제 사이에 균형 잡는 법을 배워야 하지만 자유로운 감정 표현에 관해서는 문화마다 상당한 차이가 있다. 마음속 깊이 느끼는 감정을 자유롭게 표현하는 것을 소중히 여기는 문화도 있고, 감정을 드러내는 것을 상스러운 행동이라 믿어 감정 자제를 소중하게 생각하는 문화도 있다. 의존성 대 독립성, 개인주의 대 단체주의, 권위에 대한 존중 대 개인적인 자유에 관한 가치관 또한 문화마다 차이가 크다. 또 문화마다 안정 대 변화, 종교적인 전통 대 과학적인 사고에 관해 각기 다른 관점을 가지고 있다. 문화는 지능 발달, 용기, 수줍음에 대한 가치의 인식에 대해서도 차이를 보인다. 남성과 여성의 역할 또한 문화에 따라 다르다. 여러 문화만 서로 다른 것이 아니라 한 문화 속에서도 다양한 양상이 존재한다. 똑같은 문화권의 사람들도 사회 경제적 계층, 교육 수준, 성장 배경에 따라 각기 다른 가치관을 가진다. 이 모든 요소들이 아동의 발달 환경에 영향을 준다.

문화적인 차이는 언제 뚜렷해질까?

초기 발달 단계에서는 문화적인 영향보다 생물학적 역할이 더 크게 작용한다. 그러나 시간이 지나면서 문화의 영향력은 점점 더 커진다. 영아기, 유아기 그리고 취학 전 아동에게 미치는 문화적 영향은 미미하다. 유년기 중반쯤에 이르러 아이가 자신이 속한 문화의 특정한 방식에 따라 교육을 받으면서 문화적 차이는 점점 두드러지기 시작한다. 청소년기에 이르면 문화적 차이는 한층 더 뚜렷해지는데 자신의 문화 속에서 성인 역할을 할 준비를 갖추기 시작하기 때문이다.

문화적 차이로 인해 심리학 이론은 어떻게 복잡해질까?

심리학은 인간의 마음을 연구하는 것으로서 인간의 행동에 대한 보편적 규칙을 찾는 것을 목표로 한다. 심리의 과학은 서유럽과 아메리카에서 개발되었기 때문에 많은 심리학 이론에는 근시안적인 문화적 관점이라는 단점이 있다. 보편적으로 이루어진다고 여겼던 심리 발달의 많은 면이 문화에 따라 다른 것으로 나타났기 때문이다. 그렇다고 해서

아이의 심리 발달은 아이가 자란 문화에 의해 큰 영향을 받을 수 있다. 예를 들어 공공장소에서 감정 표현을 많이 하는 것을 안 좋게 보는 문화도 있다. 여성과 남성의 역할 또한 문화마다 차이가 있다.(iStock)

대표적인 심리 이론이 모두 쓸모없다는 것은 아니다. 단지 한 문화에 맞는 이론이라고 해서 반드시 다른 문화에서도 맞을 것이라고 가정하는 데는 주의가 필요하다.

애착 유형도 문화마다 차이가 있을까?

애착 이론은 아이가 주 보호자와의 감정적인 교감을 어떻게 이해하는지 살펴본다. 그러나 얼마나 감정을 표현하고 독립심을 가치 있게 여기며 친밀감을 강조하는지는 문화마다 각기 다르다. 따라서 애착 유형도 문화마다 다르게 나타난다. 일본, 독일, 미국과 같은 문화에서는 아기와 엄마 사이의 안정 애착 유형을 볼 수 있다.

흥미로운 점은 안정 애착, 즉 엄마와 감정적인 교감을 느낀다고 믿는 것처럼 보이는 아기들의 비율이 문화마다 크게 다르지 않다는 점이다. 불안정 애착인 경우에만 문화마다 차이를 보였다. 다시 말해서 어느 한 나라의 엄마와 아기의 관계가 다른 나라에 비해 유난히 비정상적인 경우는 없다는 것이다. 다만 엄마와 아기 사이의 불안정 애착이 형성된 경우, 세 나라가 각기 다른 불안정 애착 유형을 보였다. 예를 들어 일본 아이들은 미국 아이들에 비해 저항 유형으로 분류될 가능성이 더 많다. 따라서 일본 아이들의 경우 엄마와 떨어지면 떼를 더 많이 쓴다. 반면 독일 아이들은 미국 아이들에 비해 회피 유형으로 분류될 가능성이 크다. 엄마와 떨어져도 무심한 반응을 보이는 것이다. 레프 톨스토이Lev Tolstoi의 유명한 말처럼 행복한 가족들은 비슷비슷하지만 불행한 가족이 불행한 이유는 저마다 다르다.

문화적 차이는 지능 발달 이론에 어떤 영향을 끼쳤을까?

피아제는 스위스 제네바의 명문 고등학생들이 과학적인 교육을 덜 받은 청소년과 성인에 비해 형식적 조작 사고(피아제의 발달 단계 가운데 가장 높은 수준)를 보이는 경향이 더 많다는 사실을 발견했다. 이 같은 결과가 나온 이유는 피아제가 사용한 테스트 방법 때문이다. 피아제는 피험자들을 대상으로 기초 물리학 문제를 해결하는 테스트를 실시했다. 앞서 설명했던 것처럼 사람의 지능은 자신과 직접 연관 있는 문제의 해결을 통해 발달한다. 따라서 생태학적 타당도를 고려하지 않는 테스트는 문화적 편견을 가지고 있을 가능성이 크다. 생태학적 타당도란 테스트가 일반적인 상황에도 적용 가능한지의 여부를 나타내는 것이다.

영아기

생후 1년 동안의 시기가 아동 발달에 얼마나 중요하게 작용할까?

그 어느 때보다 출생 후 첫 1년 동안 발달이 가장 많이 이루어진다. 생후 1년 동안에는 몸무게가 거의 세 배나 늘고 키도 30퍼센트 정도 더 자란다. 갓 태어난 아기는 말도 못하고 기어 다니지도 못하며 혼자 움직일 수도 없고 머리를 제대로 가누지도 못한다. 그러나 돌이 될 무렵에는 기어 다닐 수 있고 물건을 조작하며 걸음마를 하고 말을 하기 시작한다. 이처럼 생후 첫 1년 동안 사람에게서 이루어지는 발달이 다른 동물의 경우에는 대부분 태어나기 전에 이루어진다. 예를 들어 말과 사슴은 태어나자마자 걸을 수 있다.

생후 1년 동안 벌어지는 가장 큰 발달은 무엇일까?

1년 동안에 이루어지는 주요 발달로는 사회적 미소(생후 2개월), 웃음(생후 4개월), 눈동자를 마음대로 움직이고 물체를 잡고 노는 능력(생후 4개월), 일어나 앉을 수 있는 능력(생후 6개월), 딱딱한 음식을 먹을 수 있는 능력(생후 8개월), 기어 다닐 수 있는 능력(생후 7개월), 일어설 수 있는 능력(생후 10개월), 혼자 걸을 수 있는 능력(생후 12개월), 단어를 말할 수 있는 능력(생후 12개월)이 있다.

생후 1년 동안 어떤 신체 발달과 행동 발달이 이루어질까?

다음 표는 아이들이 보여주는 주요 발달과 개월 수를 나타낸 것이다. 그러나 발달 시기에 관해서는 아이들마다 다르다는 점을 인식해야 한다.

생후 1년 동안의 주요 발달 사항

일반적인 개월 수	발달 사항
2개월	머리를 가눔 사회적 미소
4개월	물체를 잡으려고 손을 뻗음
6개월	혼자 일어나 앉음
7개월	기기 시작함
8개월	분리 불안 낯가림
10개월	일어섬
12개월	걸음마 시작
12개월	처음으로 말을 하기 시작

신생아가 아는 것은 무엇일까?

신생아는 어른들이 마음대로 이용하는 심리적 도구를 대부분 갖지 않고 태어난다. 그러나 신생아가 무력하고 수동적인 존재에 불과하다는 낡은 관점과 달리 세상에 가지고 태어나는 기술을 입증하는 연구도 많다. 이런 기술은 대부분 신생아의 감각 능력과 관련이 있다. 신생아는 태어나자마자 적극적으로 세상을 이해하게 도와주는 감각 도구를 가지고 태어나며, 그중에는 태어나기 전부터 보유하는 것도 있다.

영아의 시력은 어떻게 연구할까?

아기는 시각 정보를 인지하고 심지어 기억할 수도 있는 능력을 가지고 태어난다. 그런데 아기가 무엇을 보는지 어떻게 알 수 있을까? 아기들이 말을 못하니 물어볼 수가 없기 때문이다. 1960년대 초에 심리학자 로버트 프란츠Robert Franz는 아기의 눈동자에 비친 상을 인식해 아기가 바라보는 패턴을 관찰하는 기기를 개발하여 영아 연구에 획기적인 발전을 가져다주었다. 두 물체를 동시에 보여줬을 때 어떤 물체를 더 오래 보는지 살펴봄으로써 아기가 어떤 물체를 더 좋아하는지 알아낼 수 있었다.

아기는 어떤 시각 기술을 가지고 태어날까?

개정된 프란츠의 기법을 이용하여 영아 연구원들은 아기들이 곧은 선보다는 굽은 선, 단색보다는 무늬, 단조로운 색보다는 대비가 큰 색, 모양의 가운데보다는 끝 부분, 단순한 디자인보다는 복잡한 디자인을 선호한다는 것을 밝혀냈다. 또한 아기가 얼굴에서 20~25센티미터 떨어진 곳만 바라볼 수 있다는 사실도 알아냈다. 시각과 관련된 이 모든 능력으로 인해 아기는 엄마의 얼굴을 인식하고 알아볼 수 있다.

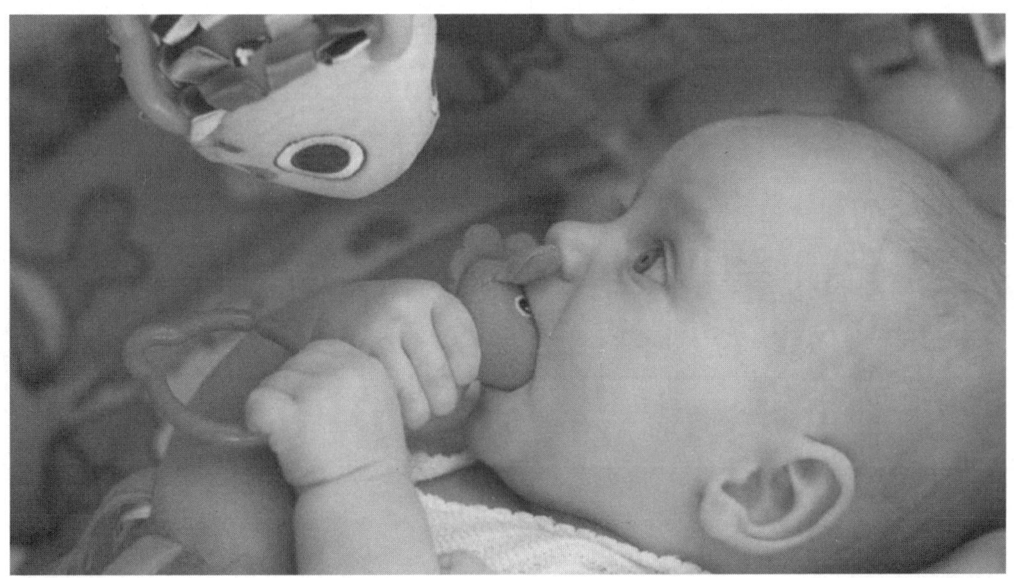

아기는 부모를 알아보는 시력을 가지고 있다. 아기들은 일정하지 않은 모양보다 굽은 선과 사람의 얼굴을 더 좋아한다 (iStock).

신생아는 또 어떤 감각 기술을 가지고 있을까?

아기는 엄마의 목소리를 구별할 수 있는 능력을 가지고 태어난다. 임신 말기에도 태아는 배 속에서 엄마의 목소리를 듣는다. 아기는 남자의 목소리보다 여자의 목소리를 좋아하고 낮은 톤보다는 높은 톤의 목소리를 좋아한다. 높은 톤의 선율이 있는 말투로 단순하고 반복적인 말을 하는 유아어는 여러 문화와 언어에서 찾을 수 있다. 어른과 큰 아이들은 유아어를 이용하여 반사적으로 아기의 능력에 맞는 수준의 말을 한다. 또 아기는 발달된 후각을 가지고 태어나기 때문에 짠맛, 쓴맛, 신맛과 단맛을 구분할 수 있다.

아기의 기억력에 관한 근거로는 어떤 것이 있을까?

신생아의 학습 능력을 뒷받침하는 근거는 상당히 많다. 아기들은 태어나자마자 엄마의 목소리를 구분할 수 있고 태어난 지 며칠 만에 엄마의 모유 냄새를 구분할 수 있다. 아기는 또한 여러 번 보았던 그림보다 낯선 그림을 더 오래 본다. 생후 8일 된 아기에게 엄마가 마스크를 쓴 채 젖을 먹이면 아기는 뭔가 이상하다는 듯 젖을 먹는 동안 엄마를 더 자주 바라본다. 따라서 아기는 감각 정보를 기억할 수 있는 능력을 가지고 태어나며 생존에 중요한 점들을 식별할 수 있다.

아기는 어떤 반사 작용을 가지고 태어날까?

다음은 아기가 가지고 태어나는 원시 반사를 나타낸 것이다. 이런 반사의 대부분은 돌을 넘기면서 자연스레 사라진다. 이런 반사들은 진화론적으로 인류의 과거 흔적일 가능성이 크다.

반사 작용	설명
바브킨Babkin 반사	손바닥을 누르면 입을 벌린다.
설근 반사	아기의 뺨을 쓰다듬으면 그쪽으로 고개를 돌린다.
움켜쥐기	손바닥에 닿는 물체를 손가락으로 움켜쥔다.
모로 반사	아기를 갑자기 내려놓거나 아기가 놀랄 때 팔다리를 뻗는다.
발 디딤 반사	아기를 똑바로 세우면 아기는 발을 디디는 듯한 움직임을 한다.
수영 반사	물속에서 아기는 팔다리를 움직이며 숨을 참는다.
바빈스키 반사	발바닥을 간질이면 발을 오므렸다 편다.
12개월	처음으로 말을 하기 시작

아기의 주관적인 경험에 관해 우리는 무엇을 알고 있을까?

대니얼 스턴Daniel Stern, 1934~ 은 영아 심리에 관한 영향력 있는 책을 여러 권 저술한 연구원이다. 1985년에 그는 《아기의 대인 관계 세상*The Interpersonal World of the Infant*》에서 '아기는 어떤 생각을 가지고 살아갈까?'라는 아주 재미있는 질문을 던졌다. 또 아기가 할 수 있는 것이 무엇이고 할 수 없는 것이 무엇인지에만 관심을 가진 것이 아니라 아기의 관점에서 세상을 경험할 때 갖게 되는 느낌에도 관심을 가졌다. 스턴은 아기에게 세상은 영화처럼 흘러가는 것이 아니라 아무 관련 없는 스냅 사진들이 여러 개 놓여 있는 것처럼 보인다고 결론지었다. 아기는 가장 먼저 시각, 청각, 후각, 촉각의 음악적 조화인 자극 패턴을 인식한다. 이런 자극 패턴은 시간이 지나면서 물체로 인식되고 물체는 다시 예측 가능한 순서로 인식된다. 이 과정을 거치면서 아이들은 세상에 속한 자기 자신을 이해하고 다른 사람과의 관계를 인식하게 된다.

생후 1년 동안 사회생활과 관련돼 발달하는 것에는 어떤 것이 있을까?

아기는 타인과 접촉하려는 성향을 가지고 태어나며 사회생활의 변화를 천천히 배워 나간다. 또 얼굴과 표정을 구별하는 방법을 배우고, 서로 번갈아가며 원형 대화protoconversation를 나누면서 타인의 행동이 나타내는 의도와 의미를 파악하는 법을 배운다. 생후 4~6개월 정도면 아기는 자신을 돌보는 사람의 다양한 표정을 인식하고, 한 살 정도 되면 사회적 참조Social referencing 현상에 참여한다. 다시 말해 새로운 장난감을 만지거나 낯선 사람에게 다가가기 전에 엄마의 표정을 보고 괜찮은지를 판단하는 것이다. 엄마가 불안감이나 두려움을 보이면 아기는 뒤로 물러선다. 반대로 엄마가 차분하고 자신 있게 보이면 새로운 상황에 흥미를 느끼며 다가간다.

이 아기는 지금 새로운 세상을 발견하고 있는 중이다. 아기가 다른 사람과의 상호 작용에 열심히 집중하며 잘 적응하고 있음을 알 수 있다.(iStock)

생후 1년 동안 감정은 어떻게 발달할까?

감정은 아기의 생존에 중대한 영향을 끼치는 심리적 도구다. 감정을 표현함으로써 아기는 당장 필요한 것은 물론이고 자신의 편안함과 행복에 관한 필수 정보를 알린다. 아기가 감정 체계를 가지고 태어나긴 하지만 이런 감정 체계는 아직 덜 발달해 있다. 신생아들은 괴로움과 편안함이라는 두 가지 감정만 표현할 수 있다. 이런 감정은 보편적인 감정 상태로, 성인이 보이는 미묘한 차이가 전혀 깃들어 있지 않다. 그러나 생후 6개월 정도 되면 다른 감정을 보이기 시작한다. 표정, 옹알이, 몸의 움직임을 통해 아기는 즐거움, 슬픔, 분노, 놀라움, 두려움을 표현한다.

기질은 어떨까?

이 장에서 우리는 아기의 발달에 환경이 미치는 공식적인 영향을 살펴보았다. 그러나 아기의 특성 가운데 학습된 것이 아니라 타고난 점을 살펴보는 연구도 있다. 이런 타고난 특성을 가리켜 기질이라 부른다. 1956년, 알렉산더 토머스Alexander Thomas와 스텔라 체스Stella Chess는 수십 년에 걸쳐 이루어질 기질 연구에 착수했다. 이 연구는 아이가 유아기, 청소년기를 거쳐 성인이 될 때까지 계속되었는데, 연구 결과 활동 수준과 자극, 스트레스 반응과 관련된 기질의 아홉 가지 요소를 발견했다.

아홉 가지 요소는 활동 수준, 규칙성, 접근/후퇴, 적응력, 집중력, 끈기, 반응 강도, 반응 역치 그리고 기분이다. 최근에는 메리 로스바트Mary Rothbart가 토머스와 체스의 기질 정의를 반응과 자기 조절이라는 두 가지 범주로 단순하게 나누었다. 로스바트의 기질 요소로는 활동 수준, 미소와 웃음, 두려움, 제약에 따른 좌절, 자기 진정, 적응 기간이 있다.

기질은 시간이 지나도 변하지 않을까?

시간이 지나면서 기질이 변하지 않을 가능성이 낮다는 연구 결과가 있다. 이는 아이들이 자극에 반응하는 방법이나 자기 진정과 자기 제어를 얼마나 잘하는지가 시간이 지나면서 변할 수 있음을 의미한다. 생후 2년 동안 기질은 쉽게 변할 수 있다. 그러나 두 살 이후에는 기질이 점점 자리를 잡게 된다.

기질은 유전적으로 물려받은 것일까?

기질에 대한 최초 연구는 유전 연구 개혁이 일기 수십 년 전에 이루어졌다. 그 당시에는 환경과 유전의 영향을 구분할 수 있는 현실적인 방법이 없었다. 그러나 지금은 유전이 다양한 성격적 특성에 기여한다는 증거가 계속 밝혀지고 있다. 사교성, 수줍음, 충동, 분노 조절, 불안감에 대한 개인차가 모두 유전에 기인한 것으로 드러났다. 따라서 어린 시절 나타나는, 유전적으로 물려받은 기질이 성인이 되어서도 유지된다는 주장은 최근 연구를 통해서도 뒷받침되고 있다.

환경이 기질에 영향을 미칠까?

기질이 대부분 타고난 것으로 여기지만 환경에 의해 영향을 받는다는 확실한 근거가 있다. 토머스와 체스 그리고 로스바트가 제기한 기질 요소 가운데 일부는 부모의 행동으로부터 많은 영향을 받는다. 특히 긍정적인 감정, 부정적인 감정과 관련된 요소는 더 많은 영향을 받는다. 또 유전적으로 타고난 특성도 환경에 의해 영향받을 수 있다. 따라서 부모, 가족, 주변 사람들이 아이의 특정한 기질에 어떻게 반응하는가에 따라 아이는 그런 기질을 더 많이 보일 수도 있고 그렇지 않을 수도 있다.

예를 들어 매우 불안해하고 신경질적인 아이는 불안 장애와 우울증을 갖게 될 가능성이 크다. 그런 아이에게 사회적인 자극을 참고 견디라고 격려하면 아이가 불안 장애를 갖지 않게 될 수도 있다. 그러면 사교성이 뛰어난 사람은 되지 못할지라도 어느 정도 사교적인 능력을 갖게 될 수는 있을 것이다. 마찬가지로 외향적이고 흥분하기 좋아하는 아이들은 마약 남용이나 공격적이고 불법적인 행동을 하는 충동 장애에 취약할 수 있다. 그런 아이는 올바른 칭찬법을 통해 이끌어주면 효과적으로 충동을 조절하는 법을 배우게 된다.

유아기

언어는 유아기에 어떤 역할을 담당할까?

유아와 영아를 구별하는 대표적인 특징은 언어의 사용이다. 그렇다면 언어가 왜 그토록 중요한 것일까? 언어가 상징적인 생각을 나타내기 때문이다. 가구나 음식과 달리 언어는 그 자체가 실용적인 물건은 아니다. 언어에는 무언가를 상징적으로 나타내는 능력이 있기 때문에 유용한 것이다. 그것이 왜 그렇게 중요할까? 상징적으로 생각할 수 있는 능력은 아이를 지금 이 순간에서 벗어나게 해준다. 언어는 아이들을 미래와 과거는 물론 상상할 수 있는 곳이면 어디든 데려다 준다. 또 언어는 의사소통에 필수적인 도구다. 아기가 말을 하기 전에는 아이가 무엇을 원하고 필요로 하는지 부모가 추측할 수밖에 없다. 그러다 아이가 말을 하기 시작하면 무엇을 원하는지 추측하지 않아도 알 수 있다.

언어의 전조 현상이 있을까?

언어의 전조 현상은 생후 몇 개월이 지나면서부터 나타난다. 먼저 아이가 복잡한 소리를 낼 수 있는 능력을 키워야 한다. 생후 2개월이 되면 아기는 옹알이를 시작하며 모음으로만 구성된 소리를 내다가 생후 4개월쯤에는 자음과 모음이 섞인 소리를 내기 시작한다. 그 후로 옹알이는 아이의 모국어에 맞는 복잡한 소리로 점점 변해간다. 생후 10개월 정도 되면 아기의 옹알이는 모국어가 가진 억양과 리듬을 흉내 내기 시작한다. 또한 감정적인 내용이 담기기도 한다.

생후 10개월 된 아기의 옹알이를 들으면 말을 이해할 수는 없지만 감정과 의도를 분명하게 나타낸다는 것을 알 수 있다. 예를 들어 11개월 된 아기가 좀 전까지 엄마가 앉아 있던 의자 위로 기어 올라간다. 아기는 엄마의 커피 잔을 들고 좀 전까지 엄마와 대화를 나누고 있던 엄마 친구를 바라보며 팔꿈치를 테이블 위에 걸치고 옹알이를 하기 시작한다. 아기는 분명한 목적을 가지고 이렇게 말한다. "아바두비다. 두두바미마!" "얘가 말을 한다고 생각하나 봐. 우리 대화에 자기도 끼고 싶은가 봐"라고 아기 엄마가 설명한다.

언어 능력은 어떻게 발달할까?

생후 1년이 지나면 아기는 한 단어로 된 말을 하기 시작한다. 이 시기에 아이가 하는 말은 지나치게 일반화된 의미를 띤다. 발이 네 개 달린 동물을 볼 때마다 아기는 '고양이'라고 말하기도 한다. '버스'라는 단어에는 바퀴 달린 교통수단이 모두 포함되기도 한다. 만 두 살이 지나면서 말은 점점 더 정확해진다. 이쯤 되면 아이는 두 단어로 된 말을 하기 시작한다. 이를 전보식 말Telegraphic speech이라고 하는데 가장 의미 있는 정보만 표현하는 것을 뜻한다(예를 들어 "주스 더", "캔디 줘"). 이 나이 대가 되면 아이는 200단어 정도를 구사할 수 있는 어휘력을 갖춘다. 만 세 살이 되면 아이는 점점 더 많은 단어들을 합쳐 결국에는 완전한 문장을 구사하게 된다. 또한 아이들은 일주일에 한 단어에서 세 단어 정도를 배운다.

전형적인 언어 발달은 어떤 식으로 이루어지는가?

오른쪽 표는 언어 능력이 발달하는 일반적인 나이 대를 보여주는 것이다.

나이	언어 능력
생후 2개월	초기 옹알이 – 모음으로 구성된 소리('우우')
생후 4개월	옹알이 – 자음과 모음으로 구성된 소리('바 마')
생후 7개월	옹알이 – 모국어를 모방한 소리
생후 10개월	모국어와 같은 소리와 억양('바 마 바바')
만 한 살	첫말('엄마', '아빠', '아니야', '신발')
만 두 살	200단어 정도의 어휘력, 두 단어로 된 전보식 표현("주스 줘", "엄마 일어나!")
만 세 살	문장
만 네 살	문법적으로 실수가 많은 표현("내가 토끼를 주웠어")
만 여섯 살	1만 단어 정도의 어휘력

아이는 어떻게 자아라는 개념을 갖게 될까?

유아기에 이루어지는 중요한 발달 가운데 자기 표상에 대한 발달이 있다. 그렇다고 영아기의 아기가 자신을 전혀 깨닫지 못하는 것은 아니다. 아기는 움직임과 신체적인 감각 사이의 조화를 통해 물리적인 자아에 대한 감각을 어느 정도 가지고 태어난다. 예를 들어 담요를 걷어차면 발에 담요가 느껴지는 것을 알 수 있다. 그러나 아기는 '나'라는 정신적인 의미, 즉 자아 개념을 충분히 가지지 못한다.

유아기에 들어서면 아이는 자신이 목표와 바람을 가진 고유한 존재이고 주변에 영향을 주는 사람이라는 정신적인 개념을 갖추게 된다. 또 다른 사람들과 상호 작용하고 다른 사람들이 감정적인 반응을 보이는 존재라는 것도 인식하기 시작한다. 이런 엄청난 심리적 발전은 1인칭 대명사(나, 나를, 내 거)의 사용, 남의 시선을 의식하면서 갖게 되는 감정(부끄러움, 수치심), 거울상의 인식에서 엿볼 수 있다.

유아기 아이들은 언제부터 인칭대명사를 사용할까?

두 살쯤 된 유아기 아이들은 인칭대명사를 사용하기 시작한다. 이 나이 대의 아기들은 자기 자신을 가리킬 때 '나'라고 말하고, 자신이 가진 모든 물건(또는 갖고 싶은 물건)은 '내 거'라고 말한다. 인칭대명사를 사용하기 전에는 자신을 가리킬 때 '아기' 또는 자기 이름을 사용하거나, 원하는 주체가 자기 자신이라는 것을 밝히지 않은 채 동사와 명사만 사용해 원하는 바를 표현한다("주스 줘").

소유욕을 나타내는 행동은 유아기의 자아 개념과 어떤 관계가 있을까?

유아기 아이는 자기 자신과 자기 물건이라는 개념을 이해하기 시작하지만 확실히 이해하지는 못한다. 또한 유아기 아이는 자기 것을 지키기 위해 감정을 드러내기도 한다. 따라서 아이가 강한 소유욕을 보일 수도 있다. 이 시기에는 보호자가 나눔이라는 개념을 가르쳐주어야 한다. 이 나이 대의 유아기 아이들은 자기 제어와 사회적 기대에 대해 배워야 한다. 그러나 의도적인 자기희생이라는 개념을 아이가 받아들이기는 매우 어려우므로 부모는 고집이 세지기 시작하는 유아기 아이에게 너그러운 행동을 기대하는 비현실적인 생각을 가져서는 안 된다.

자의식적인 감정이 자아라는 개념 속에 어떻게 나타날까?

자아의 개념을 인식하면서 갖게 되는 또 다른 요소는 자의식적인 감정이다. 자아라는 개념이 없으면 수치심을 느낄 수가 없다. 수치심, 당혹감, 자긍심, 질투의 감정은 생후 18개월부터 나타난다. 아이가 시선을 아래로 향하거나 얼굴을 가리거나 고개를 숙이면 수치심이나 당혹감을 느낀다는 것이다. 이런 감정을 느끼는 것이 아이에게는 고통스러울 수 있지만 사회적 세상에서 제 역할을 다하기 위해서는 여러 가지 충동과 감정을 억누르는 법을 배워야 한다. 자의식적인 감정은 사회적 반감을 피하고 사회로부터 인정받고자 하는 선천적인 동기 체계를 만들어준다.

미러 테스트란?

미러 테스트Mirror test는 아이가 가진 자아 개념을 살펴보는 데 이용하는 유명한 테스트다. 먼저 아이의 코에 펜으로 표시를 한다. 그런 다음 거울을 보여주면 아이는 거울에 비친 이미지의 코를 만질 수도 있고 진짜 자기 코를 만질 수도 있다. 자기 코를 만지는 아이는 거울 속에 비친 이미지가 자기 모습이라는 걸 아는 것이다. 대부분의 아이들은 생후 18개월가량 되면 이 테스트를 통과한다. 연구원들이 유인원을 대상으로 미러 테스트를 실시한 결과 흥미롭게도 소수의 성인 침팬지, 오랑우탄, 고릴라만이 미러 테스트를 통과할 수 있었다. 그중 침팬지가 다른 유인원에 비해 이 테스트를 통과할 확률이 높은 것으로 나타났다.

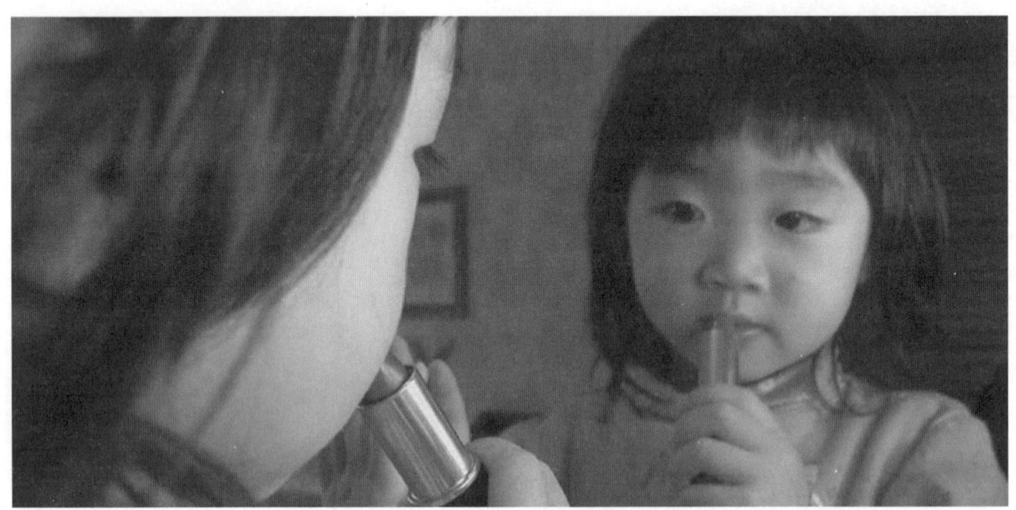

미러 테스트는 아이가 자아 개념을 인식하는지의 여부를 나타낸다. 생후 12개월까지 아기들은 거울 속에 비친 모습에 관심을 보이지만 거울 속에 비친 모습이 자기라는 사실을 인식하지 못하기 때문에 그 모습이 자신이라는 것은 깨닫지 못한다. 하지만 그보다 나이 많은 아이는 거울 속에 비친 모습이 자기 자신이라는 것을 잘 안다.(iStock)

유아기 아이는 어떻게 자신의 의지를 인식할까?

자아의 개념을 인식하기 시작하면서 아이는 자기 의지를 더욱 강하게 느낀다. 유아기 아이는 자신이 개인적인 목표를 가진 한 인간이라는 사실을 발견하는 데 반해 영아기 아기는 세상에 대해 그저 일반적인 괴로움이나 만족감만 느낄 뿐이다. 나쁜 일이 벌어지면 영아기 아기는 만족하지 못한다. 그러나 상황이 바뀌면 다시 만족감을 느낀다. 이처럼 대체로 수동적이고 감정적 반응을 보이던 영아기 아기는 자라면서 점점 능동적으로 변한다. 유아기 아이는 즐거움을 추구하고 불쾌감을 피하려 든다. 감정적인 반응으로 주변에 영향을 주려는 이 욕망이 의지의 기본이 된다. 아이는 의도를 배운다. 안타깝게도 자신의 의지를 발견하면서 아이는 마음대로 할 수 있는 일이 제한적이라는 현실과도 마주하게 된다. 뭔가 사실이길 바란다고 해서 자신이 원하는 대로 되는 것은 아니다. 또 자신의 의지가 다른 사람의 의지와 일치하지 않을 수도 있다.

유아기 아이는 왜 짜증을 낼까?

유아기 아이가 자기 의지를 인식하면서 의지가 꺾이는 일도 겪게 된다. 의지가 꺾이면 아이의 마음이 상하기 때문에 좌절로 인해 짜증을 낼 수 있다. 짜증은 어린 아기가 표현하는 괴로움과 다르다. 짜증은 부정적인 상황에 대한 단순한 반응이 아니라 화를 내고 반항하는 저항의 표시다. 아이가 짜증을 내는 이유는 특정한 사건으로 인해 좌절을 느끼기 때문만이 아니라 좌절이라는 것이 존재한다는 사실에 화가 나기 때문이다. 이런 경우 아이는 좌절을 겪을 수밖에 없다는 사실, 자기 의지가 실제로 좌절될 수 있다는 사실에 분노한다.

유아기 아이가 이처럼 차갑고 가혹한 현실에 적응하는 데는 시간이 걸린다. 따라서 아이가 적응하기까지 부모는 인내심을 가지고 세심한 주의를 기울여야 한다. 부모는 불필요한 힘겨루기를 삼가면서 아이가 짜증을 부려도 적절한 한계를 설정해주어야 한다. 이 단계에서 아이는 자신이 원하는 대로 세상을 인식하는 것이 아니라 있는 그대로의 세상을 받아들이는 법을 배운다. 짜증을 낸다고 해서 아이가 원하는 것을 다 들어주면 아이의 좌절 조절 능력 발달을 저해하게 된다.

유아의 언어가 어떻게 아이의 인지 발달 수준을 보여줄 수 있을까?

아래 예를 보면 유아의 언어가 주요 발달 수준을 나타낸다는 것을 알 수 있다. 만 두 살 반 정도 된 버네사는 완성된 문장으로 의사를 표현하는데 버네사의 말을 보면 아이가 소유라는 개념을 인식했음을 알 수 있다. 버네사가 '우리'라는 단어를 강조한 것을 보라. 이는 버네사가 자아 개념 발달 과정의 중요한 단계를 거치고 있다는 것을 나타낸다. 또한 아이가 엄마와의 특별한 관계를 주장한다는 것은 엄마와 아이의 애착이 얼마나 중요한지를 보여준다. 인지 발달 면에서 버네사는 피아제의 전조작기에 해당된다. 버네사는 할아버지의 손녀딸인 동시에 자신은 할아버지가 될 수 없다는 사실을 깨닫지 못하고 있다.

데이비드가 하는 말은 여전히 전신 부호 수준이다. 버스가 내는 소리('부릉')를 강조한 것을 보면 언어 발달 과정에서 감각 운동에 관한 경험이 얼마나 중요한지를 알 수 있다. 버스 운전사의 성별에 데이비드가 관심을 보인다는 것은 성인 남성에 흥미를 느낀다는 것을 뜻한다. 이 나이 대의 남자아이들은 남성을 먼저 인식한다. 이것은 엄마로부터 개별화하는 기초적인 단계다. 엄마와 달리 남자아이들은 자신이 여자가 아닌 남자라는 사실을 깨닫기 시작한다.

다음은 버네사와 버네사의 엄마 줄리가 친지를 방문했을 때 나눈 대화다.

할아버지 바바	버네사, 오늘 정말 귀엽구나!
버네사	(가만히 있다가) 바바는 우우리 손녀고 우우리 할아버지야!
대니얼 삼촌	수전 이모한테 전화할까?
버네사	수전 이모! 대니얼은 우우리 삼촌이야!
대니얼 삼촌	버네사, 줄리는 내 여동생이야. 나는 줄리의 오빠고.
버네사	(가만히 있다가 실망한 목소리로) 줄리……는…… 우우리 엄마야! 줄리……는…… 우우리 엄마야! (다섯 번을 반복한다.)

보통 남자아이들이 그렇듯이 두 살인 데이비드는 누나 버네사가 두 살이었을 때만큼 말을 잘하지 못했다. 다음은 누나가 유치원 버스를 타고 가는 모습을 바라보며 데이비드가 한 말이다.

데이비드	다야 빠빠 부릉 남자! 다야 빠빠 부릉 나암자!
엄마	(아이가 한 말을 해석하면서) 남자가 운전하는 유치원 버스를 타고 버네사가 유치원에 간다는 소리야.

유아기 아이는 성별에 관해 무엇을 이해할까?

생후 24개월 지난 유아기 아이는 자신이 여러 범주에 속한다는 것을 이해할 수 있다. 특히 이 나이 대의 아이는 자신이 특정 성별, 즉 남자 아니면 여자라는 것을 배운다. 엄마와 전혀 다른 남성성을 깨닫는 남자아이에게 이것은 중대한 발견이다. 여자아이들은 엄마와 같은 '여자'이지만 남자아이들은 엄마와 다른 '남자'이기 때문이다. 이 나이 대의 남자아이들은 성인 남성에게 관심을 보이며 강아지처럼 성인 남성을 졸졸 따라다닌다. 이것은 새로운 역할 모델을 숭배하는 남자아이의 모습일 뿐 성적 성향과는 아무 관련이 없다.

학령기 전(만 3~5세)

학령기 전에 이루어지는 주요 발달에는 무엇이 있을까?

학령기 전에는 영아기나 유아기만큼은 아니어도 여전히 빠른 수준으로 발달이 진행된다. 신체는 눈에 띄게 변화한다. 지방이 줄어들고 다리와 팔이 길어지며 배가 들어간다. 몸도 커지면서 아이는 2등신을 벗어나게 된다. 이 시기에 아이는 아기의 모습을 버리고 '아이'의 모습을 갖추기 시작한다. 또한 지속적으로 빠른 뇌 성장이 일어나는데 특히 좌반구, 소뇌, 전두엽이 급성장한다. 이는 언어, 운동 협응, 인지와 자기 제어 순으로 능력이 발달하는 모습과 일치한다.

학령기 전에는 어떤 인지 발달이 일어날까?

일반적으로 인지 발달은 학령기 전에도 급속도로 지속된다. 언어 능력과 셈하는 능력의 향상, 게임하기, 읽기, 쓰기 등이 모두 학령기 전 아동의 인지 발달을 나타낸다. 그중에서도 상징적 사고의 발달이 특히 중요하다.

학령기 전에 일어나는 상징적 사고의 발달에는 어떤 것이 있을까?

유아기 아이가 눈에 보이지 않는 물체와 사건을 상징화하는 법을 배운다면 학령기 전 아이는 마음속으로 물체와 사건을 조작하는 법을 배운다. 다시 말해 학령기 전 아이는 상상할 수가 있다. 또 눈에 보이지 않는 뭔가에 대해 이야기할 수 있을 뿐 아니라 마음속에서 그것을 변화시킬 수도 있다. 이 중대한 발달 덕분에 아이는 가상 놀이, 공상, 심지어 거짓말까지 할 수 있는 능력을 갖게 된다.

마술적 사고란?

상상력이 논리력보다 먼저 발달한다. 따라서 학령기 전 아이들은 마술적 사고Magical thinking라고 알려진 추론을 하는 경향을 보인다. 그에 따라 원인을 잘못 추론하기도 한다. 아이는 원인에 대해 성인의 논리로는 생각할 수 없는 가설을 세운다. 예를 들어 "갈라진 틈을 밟으면 엄마의 허리가 부러진다"는 미신적인 말이 마술적 사고를 나타낸다. 이런 식으로 아이는 비를 하나님의 눈물이라 생각하기도 하고 거인이 가구 옮기는 소리를 천둥이라 생각하기도 한다.

마술적 사고는 물활론적 사고Animistic thinking와도 관련이 있다. 아이들은 희망, 두려움, 생각, 의도와 같이 움직이지 않는 물체에 특성을 주입한다. 예를 들어 바람이 불어 문이 닫혔는데 "아무개가 문을 닫았어"라고 말하는 식이다. 마술적 사고 경향과 더불어 이 나이 대의 아이들은 환상적인 이야기를 좋아한다. 특히 아이들이 공상을 즐기는 모습에 흥미를 느낀 어른들은 산타클로스나 부활절 토끼 등 환상 속의 인물과 관련된 이야기를 끊임없이 만들어내기도 한다.

아이들은 왜 밤에 장롱 속의 괴물을 보는 것일까?

학령기 전 아이들이 비현실적인 이야기를 만드는 능력은 공상과 현실 세계를 구분하는 능력보다 먼저 발달한다. 공상과 현실을 명확히 구분할 수 없다는 점이 문제가 될 때도 있다. 학령기 전 아이가 무서운 이야기를 들으면 아무리 꾸며낸 이야기라고 해도 실제로 일어난 일이라고 생각할 수 있다. 때문에 많은 학령기 전 아이들이 밤이면 장롱 속의 괴물을 무서워하는 것이다. 불을 켜면 장롱 속에 옷밖에 없는 것을 보면서도 아이들은 불이 꺼지면 셔츠와 바지가 괴물로 변할지 모른다고 생각한다. 이 현상은 피아제의 전조작기적 사고에 해당된다. 물체가 어떻게 바뀌는지, 어떻게 그대로 남아 있는지를 아이가 아직 정확하게 이해하지 못하는 것이다. 세상이 그렇게 바뀔 수 있다는 생각에 아이는 때때로 두려움을 느낄 수 있다.

아이들은 지금 가상 놀이를 하고 있다. 상상할 수 있는 능력은 학령기 전 아이에게 볼 수 있는 큰 특징이다.(iStock)

학령기 전 아이들은 어떤 가상 놀이를 할까?

공상하는 새로운 능력을 갖게 되면서 아이들은 가상 놀이에 빠져든다. 이 나이 대의 아이는 엄마 옷을 입고 소꿉놀이를 하면서 엄마를 흉내 내거나 선생님, 소방관, 의사와 같은 성인 역할을 흉내 내기를 좋아한다. 유아기 아이들도 가상 놀이를 하는 경우가 있지만 학령기 전 아이들이 하는 가상 놀이의 수준에 훨씬 못 미친다. 유아기 아이는 수화기를 들고 말하는 흉내를 내거나 엄마의 신발을 신는 수준에 그치지만 학령기 전 아이는 다른 역할을 맡은 아이들과 함께 현실 상황을 그대로 흉내 낸다.

마음 이론이란?

마음 이론Theory of mind이란 마음의 본질을 이해하는 능력을 뜻한다. 즉 사람들이 자신의 믿음에 따라 세상을 경험한다는 사실을 인정하는 것이다. 저마다 생각이 다르다는 사실을 사람들은 어린 시절부터 서서히 이해하기 시작한다. 학령기 전 아이들은 틀린 신념False belief을 터득한다. 다시 말해 아이들은 자신의 믿음이 외부 현실과 똑같지 않으며, 한 사람의 믿음이 다른 사람의 믿음과 다를 수 있고, 사람은 저마다 믿는 바에 따라 행동한다는 사실을 깨닫는다. 이런 이해력의 발달은 타인과의 관계를 관리하는 능력인 사회화를 위해 반드시 거쳐야 할 단계다. 대인 관계 기술 결핍이라는 정신 장애가 있는 자폐증 환자들은 적절한 수준의 마음 이론이 결여되어 있다.

틀린 신념 과제란?

학령기 전 아이들이 이해하는 마음 이론을 연구하기 위해 여러 가지 틀린 신념 과제False belief task를 이용한다. 예를 들면 아이에게 두 개의 상자를 보여준다. 한 상자에는 '반창고'라고 쓰여 있고 다른 상자에는 아무것도 쓰여 있지 않다. 실험자는 아이에게 어느 상자에 반창고가 있느냐고 묻는다. 대부분의 아이들이 '반창고'라 쓰인 상자를 가리킨다. 그러면 실험자는 상자를 열어 아무 표시도 되어 있지 않은 상자 안에 반창고가 들어 있다는 것을 보여준다. 그리고 다시 어느 상자에 반창고가 있느냐고 물으면 아이들은 아무것도 표시되지 않은 상자를 가리킨다. 그런 다음 아이에게 팸이라는 꼭두각시 인형을 소개하고 나서 팸은 반창고가 어느 상자 속에 들어 있을 것이라고 생각하는지 아이에게 가리키라고 한다. 대개 만 3세 아동들은 아무 표시도 되어 있지 않은 상자를 가리키지만 4세 아동들은 '반창고'라고 표시된 상자를 가리킨다. 이는 만 4세 아동이 팸의 틀린 신념을 이해하고 있음을 보여준다.

학령기 전에는 자기 제어 능력이 어떤 식으로 발달할까?

학령기 전 아이들이 이루는 가장 큰 발달은 감정과 충동의 터득이다. 비록 유아기 아이들도 감정과 충동을 터득하지만 만 3세 이하의 아이는 자기 제어를 제대로 하지 못한다. 그에 비해 학령기 전 아이들의 자기 제어 능력은 놀라울 정도로 향상된다. 이 나이 대의 아이들은 충동과 감정 조절을 위한 온갖 전략을 체득한다. 부정적인 감정을 느낄 때 다른 데로 관심을 돌리거나 목표를 수정하는 법을 배우기도 한다(예를 들어 장난감을 놓고 다른 아이와 다투다가 이내 또 다른 장난감을 가지고 노는 행동을 볼 수 있다). 이 나이 대의 아이들은 또한 말을 이용해 행동을 조절하면서 스스로 어떻게 행동해야 하는지를 떠올린다. 마찬가지로 자기 자신의 감정과 다른 사람의 감정을 이해하는 수준도 높아진다. 아이들은 감정을 나타내는 단어를 더 많이 사용하고 어떤 감정이 어떤 행동을 낳는지 더 잘 이해하게 된다. 이런 발달은 중대한 사회적 의미를 가진다.

학령기 전 아이들에게 우정은 어떤 역할을 할까?

자기 제어, 사회적 이해, 감정 인식에 대한 엄청난 발달과 함께 친구 관계에 대한 발달도 두드러진다. 학령기 전 아이들은 기본적으로 친구 관계를 맺는 능력을 가진다. 유아기 아이들도 다른 아이들에게 관심을 보이지만 성인이 지속적으로 개입하지 않는 한 다른 아이들과 관계를 맺을 수가 없다. 반면 학령기 전 아이들은 다른 아이들과 감정적으로 관계를 맺는 데 필수적인 인내력을 갖춘다. 그렇다고 해서 학령기 전 아이들이 완전히 성숙한 친구 관계를 맺는 것은 아니다. 이 나이 대의 친구 관계는 매우 불안정하고 끊어지기 쉽다. 사소한 마찰이 절교의 선언으로 이어지기도 한다. "조니는 이제 내 친구 아냐!" 다행히 사이가 안 좋은 시간은 금방 지나가고 다시 친구 관계가 회복된다. "좋아, 이제 다시 친구 해도 돼."

학령기 전 아이들이 하는 말에는 어떤 특징이 있을까?

아래의 대화는 조시가 만 4~5세 정도 되었을 때 두 살 위 누나 알렉스와 나눈 것이다. 아이들의 엄마가 둘의 대화를 녹음했다. 학령기 전에 해당하는 조시가 환상과 상상적 사고에 빠져 있다는 점을 주목하라. 언어 능력이 발달했음에도 불구하고 조시는 아직 논리나 현실과 환상의 차이를 완전히 이해하지 못한다. 그에 비해 누나 알렉스는 피아제의 구체적 조작기 단계에 해당된다. 알렉스는 물체와 사람이 바뀌고 형태를 유지하는, 변화에 대한 기본 규칙을 이해한다.

조시 돌고래는 꼬리로 서서 춤을 추고 엎드려 있을 수 있어.

엄마 돌고래가 어떻게 꼬리로 서서 춤을 추는데?

조시 보라색 신발을 신고.

조시 나는 커서 기차가 될 거야.

알렉스 사람은 동물이나 기계가 될 수 없어. 너는 커서 남자가 돼야 해. 하나님이 그렇게 만드셨거든. 너는 의사가 될 수도 있고 선생님이 될 수도 있지만 우선 남자가 될 거야. 그래야 하는 거니까.

(조시와 알렉스가 장난감을 놓고 다투고 있다.)

알렉스 조시, 다른 거랑 바꾸자.

조시 좋아, 나 둘 다 가질래.

조시 안 돼, 그건 아침으로 먹을 수가 없어. 아침은 냉장고 위에서 꺼내야 하는 거란 말이야.

학령기 전 아이들은 도덕을 어떻게 이해할까?

학령기 전 아이가 자기 제어와 사회적 능력을 갖추면서 도덕관념 또한 발달하기 시작한다. 경찰이 등장하고 도둑과 나쁜 사람들을 감옥으로 보내는 가상 놀이를 하는 모습을 봐도 아이들이 도덕관념을 가지기 시작했음을 알 수 있다. 이 나이 대의 아이는 옳고 그름, 좋은 것과 나쁜 것에 대한 기본적인 개념을 갖는다. 이런 개념은 대부분 어른이 하는 행동을 근거 삼는다. 어떤 행동이 잘못되었다고 어른이 말하거나 벌을 주면 아이들은 그 행동이 '나쁜' 행동이라고 생각한다. 그러나 학령기 전 아이가 가지는 도덕관념은 매우 엉성하다. 또 단순하고 융통성이 없으며 때로는 제멋대로일 때도 있다. 예를 들어 누나가 다섯 살짜리 남동생에게 케이크를 나눠 먹자고 했을 때 아이가 "좋아, 나눠 먹자. 근데 나는 둘 다 먹을래"라고 말하는 것처럼 말이다.

아이는 자라면서 부모가 하는 말뿐만 아니라 옳고 그름에 대한 자신의 기준을 근거로 부모의 도덕관념을 내면화하기 시작한다. 또한 인지 발달이 진행되면서 도덕성 역시 세밀해진다. 부모가 도덕성을 얼마나 잘 가르치고 아이를 얼마나 잘 교육시켰는가가 성숙하고 효과적인 도덕 기준을 갖게 되는 아이의 능력에 상당한 영향을 미친다. 부모가 지나치게 엄격하고 가혹하게 훈육시키거나, 지나치게 너그럽거나, 일관성 없이 제멋대로 훈육하면 아이는 옳고 그름에 대한 판단을 제대로 내릴 수가 없다. 부모가 도덕 기준을 설명하면서 공격적인 행동이 다른 사람에게 미치는 영향을 강조하면 아이는 보다 나은 사회성을 기를 수 있다.

이 나이 대에는 어떤 성별의 차이가 나타날까?

만 네 살이 된 남자아이와 여자아이는 노는 모습과 친구 선택에 큰 차이를 보인다. 만 여섯 살이 된 아이들이 동성 친구와 노는 시간은 이성 친구와 노는 시간보다 11배나 많다. 개인차가 크지만 일반적으로 남자아이가 여자아이에 비해 거칠게 놀고, 말이나 행동이 공격적이며 아이들이 무리 지어 함께 하는 활동을 더 많이 한다. 반면 여자아이들은 말로 교류하고, 꼼꼼한 운동 기술이 필요한 활동을 선호하며 자기 자신이나 다른 아이의 감정적인 반응에 더 민감하다.

만 여섯 살이 되면 남자아이와 여자아이 모두 동성 친구와 더 많이 어울린다.(iStock)

여자아이의 공격성 또한 표현 방법이 다

르다. 거친 행동을 보이기보다는 다른 친구 관계를 끊으려고 노력하면서 여자아이들에게 중요한 인간관계 망에 훼방을 놓는다. 성 유형화된 행동은 환경의 영향을 강하게 받기 때문에 남성과 여성이 사람들과 어울리는 방식은 문화마다 크게 다르다. 그러나 성별의 차이에 대한 생물학적 영향을 보여주는 뚜렷한 근거도 있다. 특히 안드로겐Androgen(남성 호르몬)과 에스트로겐Estrogen(여성 호르몬)과 같은 성호르몬이 중요하게 작용한다.

학령기(만 6~11세)

학령기에 나타나는 주요 변화로는 어떤 것이 있을까?

학령기는 만 6~11세까지 이어진다. 아동 중기라고도 부르는 이 시기는 비교적 안정적인 시기라 할 수 있다. 이 나이 대의 아이는 유아기의 인지적 · 언어적 · 감정적 · 사회적 변화를 익혔기 때문에 사회 참여가 가능한 능력을 갖추고 있다. 학령기 아이들이 사회에 참여할 수준을 갖추긴 했지만 아직 자립적인 참여자가 될 만한 수준을 갖춘 것은 아니다. 이 나이 대의 아이들은 여전히 성인의 도움을 상당히 필요로 한다. 즉, 사회적 세계의 준회원이라 할 수 있다. 아이들은 성인이 하는 일과, 친구를 사귀고 친구관계를 유지하는 법, 사회 규범을 이해하고 존중하는 법에 대한 기본 지식을 배우는 능력을 갖게 된다. 이 나이 대의 아이를 키우기가 가장 쉽다고 말하는 부모들이 많다. 손이 많이 가는 영유아기는 지났고 청소년기라는 격변은 아직 오지 않았기 때문이다.

학령기가 잠재기라고 불리는 이유는?

프로이트는 이 시기를 잠재기Latency period라고 불렀다. 유아기의 심리 성적 욕구가 가라앉아 청소년기에 이를 때까지 나타나지 않는다는 것이다. 잠재기의 아이들은 학교에서 배우는 기술을 익히는 데 에너지를 쏟아붓는다. 에릭슨의 근면성 대 열등감의 시기도 이러한 특성을 설명하면서 잠재기의 초점이 기술 습득에 맞춰져 있다고 주장한다. 아이는 또한 경쟁의식도 갖기 시작한다.

이 시기에는 어떤 운동 발달이 이루어질까?

이 나이 대에는 아이의 신체가 규칙적이고 지속적으로 성장한다. 신체의 커다란 변화가 일어나는 시기는 아니지만 그래도 중요한 변화가 일어난다. 아이의 키와 체중이 꾸준히 증가하는데 대부분 몸 아랫부분이 성장한다. 키가 커지고 날씬해지면서 아이는 영유아기 때의 둥근 이등신 몸매에서 벗어나 길어진다. 운동 협응 능력도 발달해 아이들의 대근 운동 기술과 소근 운동 기술이 모두 발달한다. 협응력, 균형성, 유연성, 힘이 늘면서 쓰기와 그리기 같은 기술뿐 아니라 복잡한 운동을 할 수 있는 기술도 발달한다.

이 시기에는 어떤 인지 변화가 일어날까?

학령기 아이들은 피아제의 구체적 조작기 단계에 들어선다. 따라서 이 나이 대의 아이들은 물리적인 세상을 이해하고 공간과 시간 속에서 물체가 변하는 방식을 이해한다. 만 6세 아이들은 보존 개념을 이해하지 못할지도 모르지만 만 7세 아이들은 보존 개념의 기초를 이해한다.

다른 인지 기술도 중요하다. 학령기 아이들은 범주에 대해 보다 자세한 사항을 이해한다. 이 나이 대의 아이들은 물체가 저마다 다른 범주에 속하고, 범주가 계층적 구조로 이루어질 수 있다는 점도 이해한다. 예를 들어 아이는 왼손잡이 투수의 야구 카드만 수집하거나 3루수의 카드만 수집할 수도 있다. 숫자, 연속, 공간에 대한 아이들의 이해력도 발달한다. 언어 또한 지속적으로 발달하는데, 학령기 말에 접어든 아이들은 4만 단어를 구사할 수 있다.

이런 지속적인 인지 발달 덕분에 아이들은 성인으로 살아가는 데 필요한 기술을 배울 능력을 갖추게 된다. 산업화된 사회에서는 학업 능력도 갖춘다. 산업화된 발달 국가의 학령기 아이들이 습득하는 세 가지 학업 능력으로는 읽기, 쓰기, 산술이 있다.

학령기 아이들은 감정적으로 어떻게 발달할까?

인지 발달과 함께 감정 발달이 이루어진다. 더 많은 인지 능력을 갖추게 되면서 아이들은 자신과 타인의 감정을 더 많이 이해하게 된다. 학령기 아이들은 사람들이 상황보다는 감정 상태에 따라 행동한다는 사실을 이해한다. 이 나이 대의 아이는 복잡한 감정도 이해한다. 사람들이 한 번에 하나 이상의 감정을 느낄 수 있다는 점을 이해하는 것이다. 자신의 감정을 조절하고 좌절을 견디며, 나중에 더 큰 기쁨을 얻기 위해 당장의 만족을 지연하고 괴로움에서 벗어나는 아이의 능력도 발달한다. 아이들은 사람들이 순간적인 좌절뿐만 아니라 오랜 생활고로 고통을 받는다는 점도 이해한다. 따라서 학령기 전 아이가 이해하는 수준을 넘어 자선의 개념까지 이해하게 된다. 이처럼 자의식적인 감정이 발달해 사회적 능력이 고조되기도 하지만 다른 심리적 취약점을 갖기도 한다.

이 시기에는 어떤 사회적 발달이 일어날까?

이 단계는 아이들이 진정으로 사회적 존재가 되는 때다. 학령기가 되기 전까지 아이들은 기본적으로 성인 보호자와의 관계를 통해 인격을 형성한다. 학령기 전 아이들은 다른 아이들과 친구가 되기도 하지만 친구 관계가 위태로워져도 크게 영향을 받지 않는다. 그러나 학령기에 접어들면 아이들은 다른 사람의 마음과 옳고 그름을 기본적으로 이해하고, 어느 정도 좌절을 견디며 충동 제어도 할 수 있다. 이런 중요한 기술은 학령기 내내 지속적으로 이루어져 친구 관계의 발달에 도움을 준다. 이 나이 대의 아이들은 어느 정도 도덕 기준을 정립하고 성인이 없어도 공정성과 정의에 대한 기본적인 개념을 유지하게 된다. 또 나눔, 협상, 도와주기, 상대방의 입장에서 생각하기 등 친구와의 사이에서 벌어지는 갈등을 관리하는 여러 가지 도구를 개발하기도 한다.

학령기에는 또래 관계가 어떻게 변할까?

학령기에 접어들면 또래 관계가 그전보다 훨씬 중요해진다. 이 나이 대의 아이들은 성인이 되어서까지 이어지는 친구 관계를 맺기도 한다. 행동 유형의 개념을 이해하면서 아이는 자신의 성격적 특성에 따라 친구를 선택한다.

사회적 기술이 떨어지는 아이가 곤란을 겪는 때가 이 시기다. 유아기에는 파괴적인 행동을 보이는 아이가 다른 이들을 불쾌하게 만들긴 해도 사회적 영향이 일시적이기 때문에 금세 나아질 수 있다. 하루하루가 새롭다. 그러나 아동 중기에 이르면 그런 파괴적인 행동은 친구를 사귀고 관계를 유지하는 아이의 능력에 악영향을 끼칠 뿐 아니라 아이의 자존감에도 오랫동안 영향을 줄 수 있다.

또한 이 시기에 접어들면서 아이들은 다른 아이들을 일대일의 관계가 아니라 사회적 집단의 일원으로 본다. 그 결과 학령기 아이들은 복잡한 집단역학을 이해하기 시작한다. 내집단[in-group], 외집단[out-group], 집단 위계, 사회적 지위, 리더와 추종자, 집단 규범에 대한 순응과 저항 등이 집단역학에 해당된다. 이런 문제는 청소년기에 두드러지게 나타나지만 처음 겪게 되는 것은 학령기 때다.

짝짜꿍 놀이를 통해 학령기 아이들에 대해 알 수 있는 것은?

아래에 적힌 여자아이들의 짝짜꿍 노랫말은 미국 남북전쟁만큼이나 오랜 역사를 가지고 있다. 거의 바뀌지 않은 이 놀이는 미국을 비롯한 여러 나라 아이들이 한다. 이런 놀이가 안정적으로 보존되는 것을 보면 학령기 전 아이들이 규칙을 중요시한다는 것을 알 수 있다. 그에 비해 청소년기의 속어는 계속 바뀌어간다.

메리 맥, 맥, 맥 아가씨
아침 바람 찬 바람에
울고 가는 저 기러기
엽서 한 장 써주세요.

이 나이 대에는 왜 그토록 규칙이 중요할까?

규칙이 너무 엄격하게 느껴질 때도 있지만 건강하고 정상적인 발달을 위해 아이들에게 어느 정도의 제한과 규칙을 가르칠 필요는 있다.(iStock)

학령기 아이들은 인지적·학문적·사회적으로 옳은 방식을 습득하려고 노력한다. 이 나이 대의 아이는 개개인의 희망과 상관없이 모든 사람들이 따라야 하는 규칙이 있다는 사실을 이해한다. 따라서 학령기 아이들은 사회 계약을 이해한다. 또한 읽고 쓰는 법과 숫자를 더하고 빼는 법도 배운다. 그리고 학령기 아이들은 안정적이고 예측 가능한 규칙을 선호하는 특징을 보인다. 아이들이 보드게임, 비디오 게임, 짝짜꿍 같은 놀이를 할 때에도 규칙을 강조하는 모습을 볼 수 있다. 규칙을 토대로 한 도덕성("바보라고? 바보라는 말은 나쁜 말이야!")과 불공평한 일을 민감하게 받아들이는 모습("그건 불공평해. 아까도 쟤가 먼저 했잖아!")을 통해 아이들이 규칙을 강조하는 것을 알 수 있다.

아이들은 왜 다른 아이들을 괴롭힐까?

전통적으로 심리학은 이상적인 사회적 생활관만 가지고 있기 때문에 아이들이 보이는 폭력성을 정신 질환의 일종으로 간주했다. 그러나 이 점에 관해서는 심리학이 스스로 순진했다는 점을 입증했다. 심리학 연구에서는 할리우드 영화와 텔레비전에 발맞춰 아이들의 폭력성이 사회적으로 보상받을 때가 있다는 사실을 밝혀냈다. 공격적인 아이들 가운데에는 제대로 적응하지 못하고 감정적인 문제가 있어 친구들로부터 따돌림을 당하는 아이들도 있지만 폭력을 이용해 사회적인 지위를 얻는 아이들도 있다. 여자아이들보다는 남자아이들이 언어폭력과 신체 폭력을 사용해 다른 아이들을 괴롭히는 경우가 많다. 그러나 여자아이들도 집단 내에서 자신의 지위를 높이기 위해 사회적 배척이라는 관계적인 폭력을 행사한다. 그러나 시간이 지나면서 다른 아이들을 괴롭히는 아이는 점점 친구를 잃게 된다.

아이들 사이에 다른 아이를 괴롭히는 행동은 흔히 볼 수 있다(아이들의 10~20%가 다른 아이를 괴롭힌다는 조사 결과가 있다). 남을 괴롭히는 행동을 줄이는 가장 효과적인 방법은 남을 괴롭히는 행동이 용서되거나 허용되지 않는 문화를 만드는 것이다.

왜 특정 아이들만 괴롭힘을 당하는 것일까?

아이들의 15~30퍼센트가 반복적으로 괴롭힘을 당한다는 조사 결과가 있다. 수줍음을 많이 타고 내성적이며 소극적이고 자존감이 낮고 불안해하는 기질을 보이는 아이들이 특히 괴롭힘의 대상이 된다. 부모의 과잉보호는 아이가 독립성과 자신감을 갖지 못하도록 방해하고 소극성과 의존성을 키워주기 때문에 괴롭힘의 대상이 될 가능성이 높다. 괴롭힘을 받는 이유를 절대 아이 탓으로 돌려서는 안 되며, 그런 아이들의 사회적 기술, 외향성, 자주성을 키워주면 도움이 될 수도 있다.

아이에게 학교 성적은 얼마나 중요할까?

아이의 성적은 여러 가지 면에서 매우 중요하다. 무엇보다 학령기 때 배운 학업 기술이 이후 모든 학습의 기초가 된다. 읽는 법을 익히지 않은 아이는 제대로 익힌 아이에 비해 한참 불리하다. 정보 기반 사회에서는 직업적으로나 경제적으로 성공하기 위해높은 수준의 읽기 능력이 필수적이다. 그보다 더 중요한 것은 학교에서의 경험이 자아 개념에 큰 영향을 끼친다는 점이다. 이 나이 대의 아이들에게는 자기 자신과 다른 아이들을 의미 있는 방식으로 비교하는 능력이 있다. 또한 사회적 신분과 사회 범주에 대해서도 어느 정도 이해하고 있다.

그럼에도 불구하고 이 나이 대의 아이들은 사람의 행동이 특정한 상황에 따른 것인지 아니면 일반적인 성격적 특성을 나타내는 것인지 구별하는 데 어느 정도 어려움을 느끼며 전체적으로만 생각하려 든다. 다시 말해 시험을 못 본 이유가 눈이 나빠 칠판을 볼 수 없었기 때문인지 아니면 수학을 잘하지 못해서인지 구별하지 못한다는 것이다. 따라서 학교에서의 경험은 아이 자신의 능력에 대한 전체적이고 일반화된 생각으로 이어진다. '성적이 좋지 않다'고 느낀 아이는 자신감이 사라져 어려운 문제가 생길 때 주도성과 끈기를 갖지 못하게 된다. 자신의 성적이 좋다고 느끼는 아이는 긍정적인 자아 개념으로 인해 주도성, 욕구 불만 내성, 자기 절제 능력이 향상되어 좋은 학교, 좋은 직장을 목표로 삼게 된다.

학습 장애란 무엇이고, 그것이 중요한 이유는?

학습 장애는 지능은 정상인데도 불구하고 생물학적 요인으로 인해 특정한 인지 능력이 부족한 것을 뜻한다. 예를 들어 집중하는 데 어려움이 많거나ADHD(주의력 결핍 과잉 행동 장애), 글을 올바른 순서로 읽지 못하거나(난독증), 공간 속에서 정보를 체계화하지 못하는 증상(비언어적 학습 장애) 등이 여기에 해당된다. 이런 장애를 파악하지 못하면 아이는 학교에서 실패를 반복하게 된다. 그러면 자존감이 낮아지고 방어적인 행동을 취하며 비판을 받아들이지 못하는 등 부정적인 행동을 낳을 수 있다.

학습 장애 진단을 받은 아이들 중에는 주변 사람들의 비판과, 실패했다는 느낌에 시달리다가 부정적인 피드백을 아예 무시하는 아이들도 있다. 학습 장애가 있는 아이들은 청소년기에 접어들면서 파괴적인 행동을 하고 반사회적인 행동을 할 수도 있다. 학습 장애는 어느 정도 충동 제어를 하지 못하는 생물학적인 문제와 관련이 있지만 실패를 경험할 때마다 주변 사람들이 보여주는 잘못된 반응과도 관련이 있다.

청소년기(만 12~18세)

청소년기에는 왜 신체적인 변화가 일어날까?

예측 가능한 변화가 점진적으로 일어나는 아동 중기와 달리 청소년기에는 극적이고 갑작스러운 변화가 일어난다. 무엇보다 신체에 큰 변화가 일어난다. 아이가 어른이 되고 몸매가 극적으로 달라지면서 청소년 초기에는 이런 새롭고 낯선 자신의 몸에 놀라 혼란에 빠지는 아이들도 많다. "내 발이 어디 있었는지 모를 정도였어요. 모두들 나에게 농구를 하라고 했죠." 한 남자는 몇 달 만에 키가 25센티미터나 훌쩍 자랐던 때를 회상하며 이렇게 말했다.

청소년기에는 어떤 신체적 변화가 일어날까? 남자아이와 여자아이 모두 키가 훌쩍 큰다. 10세 미국 아동의 평균 키는 130센티미터인 데 비해, 17세 남자아이 키와 여자아이 키의 중앙치는 각각 170센티미터와 160센티미터다. 몸매도 변해서 몸통과 팔다리가 길어지고 손과 발이 커진다. 코와 턱, 광대뼈가 자라면서 얼굴도 변한다. 대개 얼굴 중에선 귀와 코가 가장 먼저 자란다. 북미 여자아이들의 경우 만 열 살부터 급속도로 성장해 만 열여섯 살이면 성장을 멈춘다. 남자아이들의 경우 만 열두어 살부터 성장이 시작돼 만 열일고여덟 살에 멈춘다. 청소년기에 아이들은 보통 25센티미터 정도 자라고 20~35킬로그램 정도 몸무게가 늘어난다. 사춘기와 관련된 호르몬의 변화와 생리적 변화도 크다.

사춘기에는 어떤 일이 벌어질까?

사춘기에는 청소년기 아이들이 생식 능력을 갖게 되면서 성적으로도 성숙한 상태로 변한다. 여자아이들이 남자아이들에 비해 2년 정도 빨리 이런 변화를 보인다. 여자아이들의 사춘기는 만 열두 살 정도에 시작해 4년 정도 지속된다. 남자아이와 여자아이 모두 신체의 여러 분비 기관에서 엄청난 호르몬이 방출된다. 성장 호르몬과 티록신thyroxine(갑상선 호르몬의 일종)이 신체 크기의 변화를 일으킨다.

남자아이들의 경우, 대부분의 호르몬이 고환에서 나온다. 안드로겐 테스토스테론으로 근육의 발달이 일어나고 몸과 얼굴에 털이 나며 남성의 성적인 특징이 발달한다. 남자아이들에게는 소량의 에스트로겐도 나와 성장 호르몬의 방출을 자극한다. 이것은 다시 신체 크기와 골밀도 성장을 일으킨다. 사춘기가 끝날 무렵 남자아이들은 여자아이들에 비해 훨씬 더 많은 근육량을 갖게 되고 허리와 엉덩이에 비해 어깨가 넓어진다.

여자아이들의 경우, 호르몬은 난소에서 방출된다. 에스트로겐 방출은 유방과 자궁, 질의 성숙, 지방의 축적, 엉덩이와 허리 비율의 증가로 이어진다. 여자아이들의 경우 안드로겐은 신장 바로 위에 있는 부신에서 방출되는데, 이로 인해 키가 클 뿐 아니라 음모와 겨드랑이에 털이 자란다. 생리가 시작되는 초경은 만 12.5세경에 시작되지만 음식 등 여러 가지 요인에 의해 달라질 수도 있다.

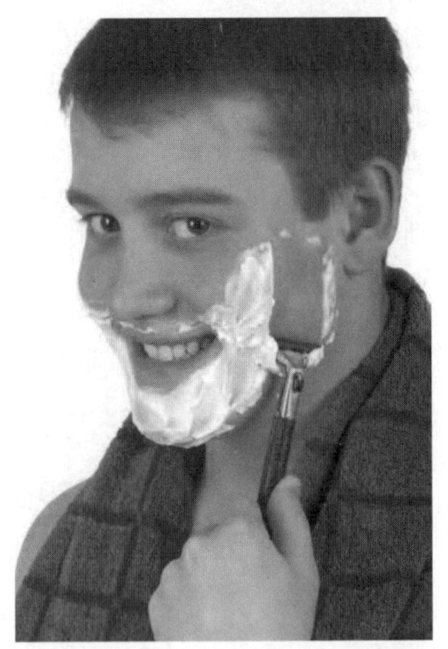

사춘기 때 체모가 나고 성적 생식 능력을 갖출 수 있는 호르몬 생산이 증가하는 등 엄청난 신체 변화를 겪는다는 것은 모두 알고 있는 사실이다. 그런 급격한 변화는 상당히 많은 적응을 요하기 때문에 사춘기가 힘든 시기가 되는 것이다.(iStock)

사춘기에는 뇌에 어떤 변화가 일어날까?

청소년기에는 뇌 조직에도 극적인 변화가 일어난다. 청소년 초기에는 뇌의 회백질이 성장하는데 특히 전두엽의 회백질이 늘어난다. 뉴런 사이의 시냅스 연결인 시냅스 형성이 폭발적으로 일어나기 때문이다. 그러나 급성장이 일어난 후에는 사용되지 않은 시냅스와 수상돌기들이 죽는 전지 역시 증가한다. 이런 현상은 마치 한 번도 입지 않은 옷을 버리는 것처럼 사용되지 않은 뇌의 회로를 없애버림으로써 효율성을 증가시킨다.

수초 형성 또한 지속적으로 이루어져 뇌의 이곳저곳을 돌아다니는 전기 충격의 속도와 효율성을 향상시킨다. 뇌의 연결성과 효율성의 증가는 인지 능력에 엄청난 변화를 가져와 세상에 대한 청소년기 아이들의 인식을 크게 바꾼다.

뿐만 아니라 뉴런들 간의 의사소통을 돕는 신경 전달 물질의 밀도도 변한다. 억제성 신경 전달 물질(가바)의 수치보다 흥분성 신경 전달 물질(글루타메이트, 도파민 등)의 수치가 많이 변하는데 이 때문에 청소년기 아이들이 감정적인 자극에 더 반응하는 지도 모른다. 그래서 청소년기 아이들은 감정 동요가 심하고 스릴을 즐기는 경향을 보인다.

청소년기에는 어떤 인지 변화가 일어날까?

피아제에 따르면, 청소년기 아이들에게는 형식적 조작적 사고를 할 수 있는 능력이 생긴다. 이 말은, 청소년들이 구체적이고 유형적인 것뿐 아니라 가능한 것을 가지고 추론할 수 있다는 의미다. 학령기 아이들은 눈앞에 있는 물체의 움직임을 설명할 수 있지만 물체가 움직일 수 있는 여러 가지 가능성을 상상하고 그렇게 상상한 가능성을 가지고 판단하는 능력은 없다. 그에 비해 청소년들은 구체적이거나 유형의 것뿐만 아니라 가능하고 가정적인 것을 가지고 판단할 수 있다. 즉 청소년들은 추상적 사고가 가능하다. 청소년들은 사회 정의, 정치적 보수, 종교 교리와 같은 언어적인 개념에 대해 판단할 수 있다.

또한 초인지[Metacognition] 능력도 갖게 된다. 초인지란 자신의 사고와 다른 사람의 사고에 대해 생각할 수 있는 능력을 말한다. 청소년들은 자신이 갖고 있는 개념에 대한 논리적인 규칙을 이해하는 능력도 가지고 있다. 게다가 학령기 때는 없던, 다른 사람이 주장하는 논리를 비평하는 능력도 갖게 된다. 이 새로운 논리력이 부모로부터 항상 환영받는 것은 아니다. 이제는 아이가 자신들을 비판하는 능력을 갖게 되었기 때문이다. 두 살짜리 아이는, "아니야! 아니야! 아니야!"라고 소리치며 반항한다. 여덟 살짜리 아이는 "그건 불공평해!"라고 소리치며 토라진다. 그러나 열여섯 살짜리는 부모의 주장을 듣고 모순점을 찾아낸다.

인지 변화가 청소년기의 학업 능력에는 어떤 영향을 줄까?

추상적 사고, 논리적 분석, 초인지 능력으로 인해 학업 능력이 급격히 발달한다. 물론 청소년 초기에는 이런 인지 능력이 여전히 초기 발달 단계에 머물러 있으며 청소년기 말이 될 때까지 완전히 발달하지 않는다. 사실 추상적 사고 능력 발달은 어른이 되어서도 한동안 지속된다. 마찬가지로 이러한 인지 능력의 성숙은 관련 교육과 경험에 청소년이 노출된 정도, 즉 환경의 영향을 많이 받는다. 청소년기 아이들이 학령기 아이들과 다른 점은 추상적 사고를 할 수 있는 능력을 갖는다는 것이지, 항상 추상적 사고를 한다는 것은 아니다.

청소년들은 어린아이들이 이해할 수 없는 이론에 관한 능력을 배울 수 있다. 청소년들은 종교, 철학, 수학, 정치, 사회학을 배울 수 있다. 난생처음으로 청소년들은 이런 주제에 관해 부모의 의견을 따르지 않고 자신만의 생각을 가질 수 있다. 이런 추상적인 개념을 이해하는 능력이 청소년들에게 있긴 하지만 청소년들의 관점은 여전히 성인의 관점과 다르다. 특히 사회나 정치에 관한 생각이라면 복잡성과 뉘앙스는 무시한 채 일반화하는 경향을 보인다. 실제로 윈스턴 처칠Winston Churchill과 빅토르 위고Victor Hugo를 비롯한 많은 사람이 정치에 관한 청소년들의 이해를 가리키는 발언을 했다.

"젊었을 때 사회주의자가 아닌 사람은 가슴이 없는 사람이다. 나이 들어서도 사회주의자로 남아 있는 사람은 머리가 없는 사람이다."

이 말은 사회주의가 다른 정치 이론보다 못하다는 점을 나타내는 것이 아니라 청소년들이 어른에 비해 추상적인 개념을 더 단순하게 이해한다는 사실을 나타낸다.

청소년들은 왜 자의식이 강할까?

청소년들의 인지 능력 발달은 사회적 생활은 물론 자신에 대한 관점에도 많은 영향을 끼친다. 자신을 다른 사람의 입장에서 생각하는 능력이 계속 발달한다. 게다가 사람의 행동과 동기 수준을 인식한다. 공개적으로 보이는 모습이 전부가 아닐 수도 있다는 사실을 아는 것이다. 실제 감정은 보이지 않을 수도 있다. 의도를 숨기고 행동하는 경우도 있다. 청소년들은 다른 사람들의 겉모습 속에 감춰진 다른 모습을 인식하면서 자신의 생각도 똑같이 외부 세상에 들킬 수 있다는 사실을 깨닫는다. 생각이 들키면 엄청난 감정을 느끼게 된다. 그건 마치 주변 사람들이 자신의 엑스레이 사진을 보는 모습을 보고 갑자기 벌거벗은 느낌이 드는 것과 같다.

일반적으로 청소년의 자의식이 강하다는 것은 잘 알려진 사실이다. 특히 어린 청소년들은 외모에 대한 자의식이 매우 강해서 쉽게 부끄러움을 느낀다. 신발 끈 색깔이 다르다거나 바지 길이, 헤어스타일 등 이 모든 것이 자의식을 위태롭게 할 수 있으며 친구들의 놀림을 살 수 있다. 이런 현상은 10대 중반, 즉 청소년기 초기에 가장 많이 나타난다. 10대 후반이 되면 청소년의 자의식은 약해진다. 10대 후반의 청소년들은 자신이 별나 보여도 세상 사람들은 그다지 관심이 없다는 사실을 깨닫는다. 대부분의 사람들이 저마다 고민거리가 있기 때문에 다른 사람의 결점에 관심과 에너지를 낭비하지 않는다는 것을 알게 된다. 이들은 또한 자신만 갈등과 실패를 겪는 것이 아니라는 사실도 깨닫는다. 따라서 모든 사람들이 한번쯤은 비슷한 경험을 하기 때문에 수치심을 느낄 필요가 없다.

정체성 발달은 청소년기에 어떤 영향을 미칠까?

에릭슨은 청소년기가 정체성 발달에 중대한 시기라고 생각했다. 난생처음으로 청소년들은 부모와의 관계가 아닌 자기만의 관점을 갖기 시작한다. 더 이상 자기 자신을 누군가의 아이로 여기지 않는 것이다. 청소년들은 성인의 세계에서 자신이 할 수 있는 역할을 찾아야 하는데 복잡한 현대 사회에서는 간단한 일이 아니다. 청소년들은 인지발달로 인해 가치관, 종교, 정치적 신념에 관한 추상적인 개념을 이해하는데 청소년이 지지하는 신념이 정체성의 중요한 일부가 된다.

이 같은 정체성 형성 과정은 또한 또래 수용에 대한 지나친 관심과도 관련이 있다. 정체성의 혼란을 느끼면 다른 사람들의 반응을 더 중요하게 여기게 된다. 다시 말해 뚜렷한 정체성을 갖지 못한 청소년들은 또래들의 의견에 많은 영향을 받지만, 자아 정체성이 안정된 청소년은 다른 사람들의 의견에 쉽게 영향받지 않는다.

청소년기 정체성 형성을 방해하는 사회적 장벽이 있다면 어떻게 될까?

어떤 문화를 막론하고 청소년들은 성인의 역할을 할 수 있도록 발전해나가야 한다. 그런데 그런 역할이 가능하지 않을 경우에는 어떤 일이 벌어질까? 이를테면 전쟁이나 정치적 · 경제적 혼란 상태에 빠져 있는 국가처럼 말이다. 혹은 가난, 교육의 부족, 근본적인 편견이나 소수 민족에 대한 편견 등으로 적극적인 사회 참여가 어려운 경우도 있다. 건설적인 사회적 역할을 하지 못할 때 파괴적이거나 반사회적인 집단 정체성이 생긴다. 예를 들어 권리를 박탈당한 청소년들(특히 젊은 남성)은 깡패나 범죄 조직에 들어갈 수도 있다. 이렇듯 청소년기의 심리적 발달은 아동에 비해 주변 문화로부터 상당히 많은 영향을 받는다.

청소년들은 어떤 감정 변화를 겪을까?

여러 가지 이유로 청소년기는 감정을 강하게 느끼는 시기다. 호르몬의 급증, 뇌 기능의 변화, 신체적 · 인지적 · 사회적 변화에 대한 심리적 반응, 이 모든 것이 감정의 격변을 일으키는 요인이 된다. 실제로 뇌 영상 연구 결과를 보면 감정을 담당하는 뇌 영역인 편도체가 청소년기 때 발생하는 감정 자극에 가장 많이 반응하는 것으로 나타났다.

청소년들은 기분 변화가 심하고, 극단적인 감정 변화를 보이며, 크게 중요하지 않은 문제에도 강한 반응을 보인다. 또 이 시기는 다른 때보다 더 정신 질환에 취약하다. 우울증, 섭식 장애, 마약 남용, 정신분열증 등과 같은 심리적 · 정신적 장애가 청소년기부터 시작된다. 그렇다고 모든 청소년들이 감정적인 문제를 갖는 것은 아니다. 오히려 감정적인 문제를 갖지 않는 경우가 더 많다. 그러나 일반적으로 청소년기는 감정적 격변이 일어나는 시기로, 마음 약한 청소년의 경우 정신 질환이 생길 수도 있다.

청소년기에는 아이와 부모의 관계가 어떻게 변할까?

청소년기는 부모와 아이의 관계가 급격히 변하는 시기인 만큼 아이의 자립심을 억누르지 않으면서도 지나친 자유를 허락하지 않도록 부모와 아이 모두 관계를 재조정해야 한다. 부모와 다투는 10대보다는 원만한 관계를 유지하는 청소년들이 대부분이지만 아이가 10대가 되면서 부모와 자녀 사이의 갈등이 늘어난다. 아이가 더 많은 프라이버시를 요구하고 부모의 가르침을 잔소리로 여겨 싫어하며, 아이 자신이 원하는 친구를 사귀고 집보다는 밖에서 친구들과 어울리는 시간이 많아지면서 부모와 아이 사이에 갈등이 생긴다. 이럴 때 부모가 아이를 통제하는 행동을 줄이되 통제를 완전히 그만두지 않는 경우, 청소년이 가장 잘 자란다. 뿐만 아니라 청소년의 논리적인 능력이 늘어나면서 해야 될 일과 하지 말아야 할 일에 관한 부모와 자녀 사이의 논리적인 논의가 가능해진다.

청소년들의 비어가 시간이 지나면서 바뀌는 이유는 무엇일까?

일상적이고 예측 가능한 것을 좋아하는 학령기 아이들과 달리 청소년들은 새로운 것을 좋아하고, 오래되고 익숙한 것은 경멸한다. 잘 변하지 않는 학령기 아이들의 놀이와 급격히 변하는 청소년들의 비어를 비교해보면 알 수 있다.

청소년기에는 또래 관계가 어떻게 변할까?

현대 서양 사회에서는 또래 관계가 청소년기에 지대한 영향을 끼친다. 청소년기에는 또래와의 관계, 또래 수용, 또래들 사이에서의 역할과 지위가 가장 중시된다. 때문에 또래 관계를 통해 커다란 즐거움을 느낄 수도 있지만 또래 관계가 원만하지 않으면 괴로움과 수치심을 느끼기도 한다.

또래를 이처럼 중시하게 되는 이유는 무엇일까? 우선 부모에 대한 의존으로부터 벗어나면서 청소년은 부모 대신 친구를 찾는다. 둘째, 상대방의 관점을 이해하는 능력과 감정적인 생활에 대한 이해도가 높아지면서 어렸을 때 가질 수 없었던 수준의 또래와의 친밀감을 갖게 된다. 또한 자신의 동기와 감정적인 경험을 이해하면서 청소년들은 다른 사람들과 공감하는 능력을 갖게 된다.

친밀한 경험을 나누고 싶은 욕구와 그러한 경험을 나눌 수 있는 능력으로 친구들 사이에는 강한 유대감이 생긴다. 처음엔 대부분 동성 친구와 이런 친밀한 관계를 맺는다. 청소년기 초기에 나타나는 동성 친구들 간의 단짝 관계Chumship는 청소년기 후기에 들어서면서 점점 이성 간의 관계로 대체된다. 그러나 청소년기 내내 동성 친구 사이는 중요하게 작용한다.

인기가 중시되는 이유가 무엇일까?

그 어느 때보다 요즘 청소년들은 사회 집단의 역학에 민감하다. 파벌, 인기, 또래 압력 같은 현상이나 '쿨하다', '4차원이다'와 같은 용어는 누구나 다 알고 있을 것이다. 이러한 것들은 모두 청소년기 사회 조직을 대변한다. 늑대 무리에 위계질서가 있듯이 사람들의 집단도 마찬가지다. 부모에게서 벗어나 새로운 사회 집단의 구성원으로 변해가는 청소년기에는 이런 사회 구성의 특징이 특히 중요하게 부각된다. 내집단과 외집단의 경계 및 엘리트 계층과 사회적 지위가 낮은 사람들의 경계가 끊임없이 변하는 상징체계를 통해 인식된다. 언어, 옷, 자동차, 전자용품, 음악 취향 속에 집단 에티켓과 집단의식이 반영된다.

성인들은 신발 모양, 헤어스타일, 야구 모자 접는 법과 같은 사소한 일에 중요성을 부여하는 청소년들의 모습에 끊임없이 놀라면서도 그런 사소한 차이를 경험하지 못하는 청소년들을 보면 안타까워한다. 집단 수용을 나타내는 상징과 사회적 지위에 청소년들은 왜 그토록 집착하는 것일까? 이런 점들이 인간의 사회 구성을 대변하는 보편적 요소라면 성인들은 왜 인기와 또래 수용에 청소년들처럼 중요성을 부여하지 않는 것일까? 성인들이라고 해서 사회적 지위를 중시하지 않는 것은 아니다. 고급 자동차, 디자이너 의류 시장을 생각해보라. 게다가 사회적 · 경제적 성공도 성인의 자존감에 중요하게 작용한다. 그러나 성인들은 청소년들에 비해 이런 문제를 좀 더 합리적으로 생각한다.

지나친 자의식 때문에 아주 사소한 실수도 세상이 무너질 정도로 큰 실수라고 여기는 청소년에 비해 성인은 자기 자신과 타인의 결점에 관대하다. 또 성인은 청소년에 비해 자신에게 중요한 사회적 관계에 놓인 사람과 중요성이 덜한 관계에 놓인 사람을 구분할 줄 안다.

청소년기에 성적 성향은 어떤 역할을 할까?

청소년들이 거치는 가장 큰 변화에는 성적 성향과 관련된 변화도 있다. 사춘기에 접어들면서 청소년들은 생식 능력이 없는 아이에서 아이를 낳을 수 있는 성숙한 사람으로 변화한다. 일반적으로 성적인 면이 감정적인 면보다 먼저 성숙한다. 때문에 어린 10대들은 감정적으로 아직 감당할 수 없는 감정과 사회적 요구에 직면하기도 한다. 사춘기에 접어드는 시기는 지난 한 세기 동안 점점 빨라졌다. 처음에는 청소년의 영양 상태와 건강이 과거에 비해 좋아진 것이 한몫했다. 그러나 최근에는 사춘기가 빨라지는 이유가 환경 변화, 특히 음식에 들어 있는 호르몬과 관련 있는 것으로 나타났다. 그에 반해 매우 복잡하고 산업화된 사회에서 완전한 성인 역할을 하게 되는 시기는 복잡하지 않은 사회보다 훨씬 늦어졌다. 따라서 청소년이 성적으로 성숙하지만 완전한 성인의 역할을 하지 않는 기간이 예전보다 훨씬 늘어났다.

청소년들은 성적 성향에 대해 갈등을 일으키게 만드는 소리를 많이 듣는다. 남자아이의 경우 남성다움을 보여줘야 한다는 압력을 느낌으로써 감정적으로 준비되기 전에 성적으로 왕성해질 수 있다. 또 남자 청소년이 느끼는 강렬한 성욕에 남성다움을 보여줘야 한다는 생각이 더해져 위험한 성행위로 이어지거나 상대방의 욕구를 고려하지 않는 행동을 낳기도 한다. 여자아이들의 경우, 갈등을 일으키는 메시지를 특히 더 많이 받는다. '쿨한' 여자애가 되기 위해, 남자의 관심을 계속 유지하기 위해, 더 이상 아이가 아니라는 것을 입증하기 위해 성행위를 해야 한다는 압력을 느끼기도 한다. 그러면서 또한 행실이 좋지 않은 여자로 인식되어서는 안 된다는 압력도 느낀다.

지난 수십 년간 여성과 남성의 역할이 많이 변하긴 했지만 난잡한 성생활을 하는 여성은 여전히 비난의 대상이 되고 있다. 청소년들은 성행위를 할 나이가 되었다고 느끼지만 부모나 또래, 사회적 인식 때문에 제약을 받는 경우도 있다. 최근 몇십 년 동안 청소년들의 성적인 도덕관은 많이 바뀌었다. 이런 문화적인 변화 때문에 청소년기의 성적 발달이 어려움을 낳을 수도 있다. 청소년들은 성행위의 위험성과 보상에 대해 성인과 주의 깊고 사려 깊은, 솔직한 생각을 나누는 것이 가장 좋다.

청소년은 왜 이상한 옷차림을 할까?

청소년들은 부모로부터 자립심을 키우면서 자아의 정체성을 확립하는 과정에 놓여 있다. 청소년들 사이에 인기를 얻고 있는 많은 스타일들이 기본적인 성인의 규범에 대한 청소년의 거부감과 자기표현을 보여준다. 예를 들어 아주 어렸을 때부터 부모는 아이에게 깨끗하고 단정하며 예쁜 옷을 입고 다른 사람들이 수용할 수 있는 이미지를 가져야 한다고 가르친다. 그러나 1960년대 청소년들 사이에 유행하던 찢어지고 너덜너덜한 옷과 길고 덥수룩한 머리를 생각해보라. 1980년대 이후 일었던 변화의 물결과 더불어 유행하던 힙합 스타일 옷은 벨트 없는 죄수의 바지를 본뜬 헐렁한 스타일이다. 고스goth 스타일은 폭력과 종교적인 죄악을 나타내는 으스스한 이미지를 제시한다. 이런 반항적인 스타일의 경우, 상당히 강렬한 이미지 때문에 주류 패션으로 흡수되는 일도 많다.

10대 아이가 평범한 옷차림을 하지 않고 다른 식으로 모습을 바꾸기 시작하면 부모는 어리둥절해하거나 심지어 걱정하기도 한다. 그러나 이것은 자아 정체성을 찾기 위한 매우 흔한 표현 방법이다.(iStock)

청소년은 왜 그렇게 무모할까?

청소년들은 여느 나이 대와 달리 무모하고 위험을 두려워하지 않는다. 청소년들은 빠른 속도로 차를 몰고, 음주 운전을 하고, 엄청난 양의 술이나 불법 약물을 복용하고, 법을 어기고, 싸움을 하고, 안전하지 않은 성관계를 갖는 등 위험한 여러 가지 행동을 한다. 속담처럼 청소년은 영원히 죽지 않는다고 생각하는 것 같다. 이해할 수 없는 이런 행동을 일으키는 요인은 몇 가지로 추측해볼 수 있다. 첫째, 전두엽의 수초 형성이 20대 중반까지 마무리되지 않는다. 따라서 충동 제어와 결과 고려를 담당하는 뇌 영역들이 완전히 발달하지 않는다. 또 남성에게 나타나는 테스토스테론의 급증이 모험을 즐기는 행동을 낳는지도 모른다.

감정을 담당하는 뇌 부위가 더 많이 반응한다는 증거도 있다. 스릴을 즐기는 성향과 충동 제어 능력의 부족이 합쳐 흥분을 유발하는지도 모른다. 또 사회적 요인도 있다. 청소년기 또래로부터 받는 인정의 중요성과 더불어 부모의 권위에서 벗어나고 자 하는 욕망이 합쳐 공개적으로 자립성을 드러내게 만든다. 따라서 주의와 자기 제어는 유치한 의존, 상당한 수치스러움을 유발하는 원인으로 여겨 또래의 놀림감이 될 수 있다. 상식을 '쿨하지 못한' 것으로 여기는 것이다.

청소년기를 이해하는 데 문화가 영향을 줄까?

청소년 심리에 영향을 주는 많은 생물학적 요인들이 있지만 문화적인 영향도 있다. 청소년기라는 개념은 비교적 최근에 생긴 것이다. 과거의 역사를 살펴보면 유아기와 성인기를 이어주는 변화의 시기가 제대로 인식되지 못했다. 결혼, 출산, 직업적인 성숙이 10대에 일어났기 때문이다. '청년'(청소년기에서 성인 초기까지의 시기)의 특성이 인식되긴 했지만 대부분 10대에 성인의 역할을 맡았다. 사회가 점점 복잡해지면서 사회에서 성인의 역할을 맡기까지 점점 더 많은 시간이 필요했다. 따라서 유아기, 성인기와 구분되는 청소년기를 고유한 시기로 인식하게 된 것이다.

또래의 중요성은 문화마다 다를까?

또래의 중요성은 문화마다 상당한 차이가 있다. 상호 의존과 가족 관계를 중시하고 자급자족과 자립의 가치를 중시하지 않는 문화에서는 청소년의 발달에 또래와의 관계가 중심 역할을 하지 않는다. 이러한 문화는 권위를 더 존중하고 일반적인 관행을 따르지 않는 행동을 용납하지 않는다. 개성과 자립성에 큰 의미를 부여하는 미국에서는 또래 관계가 많은 청소년들의 삶에 대단히 중요하게 작용한다. 게다가 미국 문화는 전통을 중시하는 다른 문화에 비해 권위에 대한 도전, 반항, 관행을 따르지 않는 행동에 더 관대하다.

청소년들은 왜 소셜 네트워크 사이트에 열광할까?

또래 관계와 정체성 형성을 중시하는 청소년들은 통신과 인터넷 기술의 발전으로 이제 문자나 소셜 네트워크 사이트를 통해 끊임없이 연락을 주고받을 수 있다.

가장 유명한 소셜 네트워크 사이트인 페이스북Facebook과 마이스페이스Myspace는 이용자들에게 자신의 웹 페이지에 사진, 동영상, 글을 올리게 함으로써 사회적 정체성을 만들고 알릴 수 있게 해놓았다. 또한 친구의 웹 페이지에 자신의 의견을 올릴 수도 있다.

다음은 페이스북의 고등학생 페이지에서 발췌한 내용들이다(익명을 유지하기 위해 신원을 확인할 만한 내용은 모두 제거하거나 변경했다). 즐겁고 극적인 어조와 축어, 부주의한 맞춤법 오류 그리고 음악과 옷, 전자용품에 대한 강조가 이루어지고 있음을 알 수 있다.

- 나는 정상이야, 정상이라고!!!
- 넌 한 줄기 햇살이야!!
- "boy with accents = 핫한 남자"
- 앨리사와 나는 외출 준비를 할 때마다 신나는 음악을 크게 틀어놔. 밤새고 하는 파티나 서로의 집에서 재밌는 시간을 가질 때도 마찬가지.
- 음악을 들으면 우리는 미쳐버릴 거 가태.
- 음악이라면 다 좋아……. 리듬이 없는 것처럼 진짜 지루하지만 않다면 말야 ㅋㅋ
- 댄스 음악도 좋지만 사람들이 좋아하는 정말 귀엽고 느린 노래도 좋아.
- "무섭게 생긴 남자가 차를 태워주겠다고 하는 바람에 도망치느라 길을 잊어버렸어."
- 뚱뚱하고 돈 많은 남자: 아이팟 터치?
- 세라: 이건 꼭 폰 없는 아이폰 같애.
- 미건: 마자, 말을 할 순 있는데 다른 사람 말을 들을 순 없어.
- 입을 옷이 하나도 없어! 진짜루……. 젠장, 내 돌체는 촌스러워. 새 옷 사야 하는데.
- 아멜리아아아아아아아아아아아아아아아아아아아아아아아아아아아

성인 초기(만 19~40세)

성인 초기에는 어떤 심리적 변화가 일어날까?

성인 초기는 청소년기만큼 큰 변화가 일어나는 시기가 아니다. 그러나 성인 초기에도 나름대로 도전과 희열을 느낄 수 있다. 이 시기에 접어든 사람은 모든 면에서 확실한 성인이 된다. 생물학적 · 인지적 · 사회적으로 사회에서 성인 역할을 할 모든 준비를 마친 것이다. 그 어느 때보다 큰 자립심과 책임감을 갖기 위해서는 몇 단계를 거쳐야 한다. 성인 초기에 접어든 사람은 부모로부터 감정적이고 재정적인 독립을 이루어야 한다. 그렇다고 해서 부모와의 연을 끊어야 한다는 것이 아니라 부모에게 의존하던 관계를 대등한 관계로 바꾸어야 한다는 것이다.

이 시기에는 어느 정도 재정적으로도 독립해야 한다. 20대 초반, 심지어 20대 중후반까지 학교에 다니는 사람들이 많기 때문에 혼자 힘으로 생활비를 모두 해결하기는 힘들다. 그래도 청년들은 재정적인 독립을 이루려고 노력해야 한다. 정규직이 아니어도 나름대로 수입원을 가지려고 노력해야 하는 것이다. 또 청년들은 예산을 세우고, 세금과 청구서를 지불하는 등 돈을 관리하는 법을 배워야 한다.

이 시기는 또한 새로운 이성 관계를 시작하는 때이기도 하다. 오랜 연인 관계를 맺기도 하고 결혼하는 사람들도 있다. 많은 사람들이 이 시기에 부모가 되기 때문에 생활과 양육에 상당한 책임을 갖게 된다.

이 시기는 진로를 결정하고 경력을 쌓기 시작하는 때다. 지난 몇십 년 동안 사회적 역할이 꽤 유연해져서 청년들의 경우 대개 여러 번 직장을 옮기고 많은 사람을 사귀기는 하지만 나이 들어서까지 지대한 영향을 미치는 선택을 하지 않으면 안 된다. 예를 들어 연인과 결혼해서 아이를 낳으면 나중에 이혼하는 일이 생겨도 그 여파는 평생 동안 지속된다. 마찬가지로 고등 교육을 받겠다는 결정이나 특정한 진로를 선택하겠다는 결정 또한 나중에 살아가는 데 상당한 영향을 끼친다.

부모로부터의 독립은 어떤 일을 수반할까?

부모로부터의 독립은 청년이 이루어야 할 가장 중점적인 일이다. 부모로부터의 독립은 문화마다, 각기 다른 형태로 이루어진다. 자립심과 자급자족을 중시하는 문화에서는 가치관과 믿음을 결정하는 데 부모로부터 충고를 듣는 일이 비교적 적다. 그에 비해 가족의 연과 전통적인 관계를 강조하는 문화에서는 떨어져 사는 일이 적고 부모의 의견도 상당히 중시된다.

그러나 어떤 문화에서든 청년은 좀 더 대등한 입장에서 부모와 관계를 맺어야 한다. 청년은 자신은 물론 다른 사람들을 더 많이 돌보아야 할 책임이 있다. 또 자립적으로 결정을 내릴 수 있는 능력을 더 많이 갖게 된다. 서양 사회에서는 청년들이 부모에게서 벗어나 자기만의 믿음, 가치관, 욕망, 목표를 가져야 한다고 생각한다. 그러나 부모의 태도가 명확하지 않은 데다 자라면서 무의식 속에 부모의 가치관과 믿음 등이 뿌리 박혀 있기 때문에 부모로부터 완전히 벗어나는 것은 말처럼 쉽지 않다.

청년들이 부모와 가까운 관계를 유지하면서, 부모의 의견을 비판적이고 공정하게 평가할 수 있는 능력을 갖춰 도움이 되는 것은 받아들이고 그렇지 않은 것은 거부할 수 있을 때 가장 이상적인 발달이 이루어진다. 이 시기에 이루어야 할 가장 중요한 심리적 과제는 부모를 3차원 인격체로 이해하여 부모에게도 한계와 결점이 있지만 부모의 무조건적인 사랑만큼은 무엇보다 소중하다는 것을 인식하는 것이다.

직업을 갖는 것은 어떤 일들을 수반할까?

성인 초기의 대표적인 특징은 사회에서 성인의 역할을 맡는 것이다. 현대 서양 사회에서는 일반적으로 직업을 구하고 진로를 결정하는 것도 포함된다. 과거에는 직업적인 선택을 할 수 있는 자유가 별로 없었다. 남자는 아버지가 하던 일을 물려받고 여자는 결혼해서 아이를 낳았다.

그러나 현대 산업화된 국가에서는 그렇지 않다. 대부분의 사회 구성원들이 여러 가지 직업군 가운데 선택할 수 있는데 매우 다양한 탓에 청년이 혼란을 느끼는 경우도 많다. 어떤 직업을 선택하느냐가 개인적인 정체성, 사회적인 역할, 재정적 안정, 일반적인 삶의 질에 지대한 영향을 끼친다. 하지만 안타깝게도 그토록 중요한 선택을 내리는 데 도움이 되는 결정적인 정보가 없다. 따라서 경험이 부족한 청년들은 성공과 직업 만족에 대한 고정관념을 근거로 직업을 선택한다. 교육 수준과 사회 계층에 따라 선택할 수 있는 직업군의 종류가 달라진다.

모든 청소년들이 자라서 고소득 전문가가 되거나 고위직을 차지할 수 있다고 느끼는 것은 아니다. 그러나 대다수의 서양 사회 구성원들은 고등학교를 졸업하고 그 이상의 고등교육을 받을 수 있다. 따라서 사회 경제 집단을 막론하고 청년들은 진로를 결정하기 위해 고민을 해야 한다.

결혼 초기에 발생하는 어려움에는 어떤 것들이 있을까?

최근 들어 평균 결혼 연령이 점점 증가하는 추세이긴 하지만 그래도 대부분의 사람들이 결혼하는 연령대가 따로 있다. 결혼과 같은 장기적인 연인 관계를 맺으면 여러 가지 새로운 일을 해야 한다. 특히 자유롭고 독립적인 생활에 익숙한 청년에게 결혼이라는 행위는 동전의 양면성을 띤다고 할 수 있다. 사회적 변화로 인해 완전한 성인 역할을 하기까지 준비 기간이 점점 더 길어짐에 따라 자신을 제외한 다른 사람을 책임지지 않는 기간 또한 늘어났다. 따라서 결혼에 필수적인 협상과 희생이 상당한 문제가 될 수 있다. 뿐만 아니라 결혼 상대를 열심히 찾는다 해도 상대방이 장기적인 관계를 유지하는 데 가장 중요한 성격적 특성을 가지고 있는지 경험하고 확인하기에는 오랜 시간이 걸린다.

결혼을 하면 여러 가지 대인 관계 능력을 갖추어야 한다. 커플은 혼자 있는 시간과 함께하는 시간의 균형을 유지하는 법, 자신이 원하는 바를 효과적으로 알리는 방법, 갈등을 해소하는 방법을 배워야 한다. 그러나 끊임없이 변하는 사회는 정형화된 대인 관계 규칙이 거의 없어 청년이 성공적인 관계를 맺는 데 필요한 기술을 습득하기가 더 어렵다. 그래서 많은 젊은이들이 미혼이라는 사실에 불만을 느끼면서도 성공적인 결혼 생활을 할 가능성이 적은 연인만 사귄다. 이런 과제가 어렵다는 사실은 이혼율만 봐도 알 수 있다. 2005년 미국 질병통제본부가 발표한 바에 따르면, 매년 1000명 가운데 7.5명이 결혼을 하고 3.6명이 이혼하는 것으로 나타났다. 이 수치는 1970년대 이후 가장 낮은 이혼율이지만 그래도 여전히 높은 편에 속한다. 아주 어린 나이에 결혼한 사람들, 특히 23세가 되기 전에 결혼한 사람들이 이혼할 확률이 가장 높은 것으로 나타났다.

20대에 부모가 될 때 따르는 어려움에는 어떤 것들이 있을까?

부모가 되는 것은 성인기 중에 가장 큰 심리적 변화가 요구되는 일이다. 청년이 안정적인 직장과 성숙한 사회적 관계를 이루고 완전히 독립해서 산다 해도 자기 자신을 '진정한 성인'으로 여기기보다는 아직도 '어린이'로 생각할 수 있다. 그러나 부모가 되면 이런 환상이 깨진다. 작고 무력한 아기가 새로운 부모에게 전적으로 의지하기 때문에 성인으로서의 책임감을 더 이상 회피할 수 없는 것이다. 대부분의 사람들이 부모가 되었을 때 난생처음으로 자기 자신에 대한 책임감보다 또 다른 사람에 대한 책임감을 더 크게 느낀다. 이런 자기희생이 새로운 부모, 특히 아주 젊은 부모에게는 커다란 스트레스가 될 수 있지만 부모가 된 많은 사람들이 엄청난 성장과 성숙을 이루는 경험을 한다. 자기중심적인 생각에서 벗어나는 것 자체가 삶을 향상시키는 원인이 될 수 있다. 그러나 성인 초기에 이루어지는 다른 많은 발달과 마찬가지로 끊임없이 변하는 문화 때문에 이 또한 명확한 지침이 사라져버렸다.

많은 부모들이 양육에 관한 책과 기사를 활용하긴 하지만 새로운 부모의 경우 아이들을 어떻게 길러야 할지 확실히 결정하지 못한다. 그와 동시에 새로운 부모들은 자기 부모가 가진 지식과 경험을 인정하며 부모와의 관계를 재정립해나간다. 아기가 태어나면 대개 가족 관계가 더 좋아지고 할아버지 할머니가 손주의 양육을 도우면서 새로운 가족에 관여하게 된다.

이런 어려움이 해결되지 않는다면 어떨까?

청소년기에서 성인 초기로 변화할 때는 여러 수준의 어려움에 직면한다. 청년은 더 성숙하고 깊은 인간관계를 맺고, 재정적 · 감정적 · 사회적 책임을 지는 등 다면화된 성인의 정체성을 확립해야 한다. 그 과정에서 청년은 큰 만족감과 충족감, 큰 권한과 통제, 향상된 사회적 지위와 존중을 받을 기회를 갖게 된다. 하지만 이런 요소들이 모두 발달하기 위해서는 그만큼의 희생도 따른다. 따라서 성장한다는 것은 포기를 의미한다. 부모에게 안정적으로 의존하던 모습을 포기하고 헌신과 책임감 없는 삶의 자유를 포기하며 실패하지 않을 거라고 생각했던 착각을 버리게 된다. 이런 것들이 진정한 심리적 어려움을 낳는데, 청년이라면 각각의 요소가 발달하는 동안 최소한 한 번쯤은 어려움을 겪게 된다.

여러 요소들이 발달하면서 어느 정도 오점이 생기는 것은 자연스러운 일이다. 오히려 어떤 요소도 발달하지 못하는 것이 더 문제다. 이런 경우 청년은 자기 자신과 또래들의 격차가 점점 더 뚜렷하게 벌어지는 것을 느껴 더 크게 좌절할 수도 있다. 실제로 1994년에 상영된 〈청춘 스케치Reality Bites〉나 〈점원들Clerks〉과 같은 영화를 통해 대중문화에서도 이 문제를 다루었다. 이 영화에서 20대 젊은이들은 목표 없이 빈둥거리고, 부족한 추진력에 좌절하면서도 사회 속에서 성인의 역할을 하는 데 반드시 필요한 타협을 인정하지 않는다.

사회적 시계란?

사회적 시계Social clock란 심리학자 버니스 뉴가튼Bernice Neugarten이 만든 용어다. 이것은 사회 속에서 특정한 삶의 목표를 이루어야 한다고 여기는 적정 기대 나이를 나타낸다. 사회적 시계에는 결혼 연령, 출산 연령, 사회 진출 연령, 주택 구입 연령, 교육 이수 연령 등이 해당된다. 뉴가튼은 모든 문화마다 이런 일들을 수행하기에 적정하다고 인식되는 연령대가 있다고 주장했다. 자신이 사회적 시계를 따라가지 못한다고 생각하는 성인의 경우 자존감에 큰 상처를 입을 수도 있다. 사회적인 도덕관이 끊임없이 변하는 현대 사회에서는 현실이 사회적 시계와 맞지 않을 수 있다. 예를 들어 많은 여성들이 자신의 어머니와 비슷한 시기에 결혼하여 아이 낳기를 기대하지만 30~34세에 미혼인 사람들의 수가 1970년보다 무려 여섯 배나 증가했다. 따라서 이런 사회적 시계를 다시 정해야 할 필요가 있다. 2007년도 미국 인구조사 보고서에 따르면, 30~34세에 미혼인 사람들이 28퍼센트 이상이라고 한다.

대니얼 레빈슨은 누구인가?

대니얼 레빈슨Daniel Levinson, 1920~1994은 에릭슨 이후 성인 발달 이론을 개발한 첫 심리학자다. 1978년에 그는 《남자가 겪는 인생 주기*Season's of a Man's Life*》를 출간했다. 이 책은 여러 직업군에 속한 다수의 남성들을 인터뷰한 결과를 토대로 쓰였다. 1987년에는 비슷한 방법을 이용해 여성 피험자들을 대상으로 인터뷰한 결과를 소개한 《여자의 인생 주기*Season's in a Woman's Life*》를 출간했다. 표본이 크지 않은 데다 대부분 상류층을 대상으로 한 인터뷰이지만 성인 발달에 관한 그의 주장은 고려해볼 만하다.

대니얼 레빈슨이 개발한 성인 발달 이론이란?

레빈슨은 성인 발달이 주기 또는 시대라고 알려진 예측 가능한 여러 단계를 거친다고 주장했다. 이런 주기는 성인 초기(22~40세), 성인 중기(40~60세), 성인 후기(60세 이상)로 이루어져 있다. 그는 또한 전환기라는 개념도 창시했는데, 그것은 성인이 한 시기에서 다음 시기로 나아갈 때 겪는 심리적 어려움과 타협하는 시기를 뜻한다. 레빈슨은 첫 단계인 성인 초기의 특성으로 초기 인생 구조를 만드는 일을 꼽았다. 이는 대단한 흥분과 만족을 느끼는 시기인 동시에 불확실성과 불안감이 고조되는 시기이다. 또한 레빈슨은 성인 발달이 인생 구조의 형성과 재조정 사이를 오가면서 이루어진다고 생각했다. 인생 구조란 심리적 특성, 사회적 관계, 업무 생활을 비롯한 개인의 인생 전체를 디자인하는 것을 뜻하는데, 개인적인 욕구가 사회적인 요구와 조화를 이룰 때 가장 이상적인 형태를 띤다.

레빈슨은 성인 초기를 어떻게 설명했을까?

17세부터 32세까지의 성인 초기 초반에 들어선 사람들은 초기 인생 구조를 만든다. 이는 경험이 부족한 사람들에게 상당히 어려운 과제다. 따라서 개인적인 경험보다는 인생이 어떻게 이루어져야 한다는 꿈을 기반으로 선택을 내린다. 그러다 32세 전환기에 들어서면 사람들은 그때까지 살아온 인생을 평가할 기회를 갖는다. 이 시기는 사람들이 난생처음 성인으로서 과거와 미래를 갖게 되는 시기다. 사람들은 실제 경험과 원래 가졌던 꿈을 비교하며 인생 구조의 어느 부분을 조정해야 하는지를 생각한다. 성인 초기가 절정에 달하는 33세에서 45세 사이에는 초기 인생 구조가 결실을 맺는다. 인생에 대한 만족감과 실망감을 경험하는 이 시기는 성인 중기로 전환하면서 끝난다.

에릭 에릭슨의 심리 성적 단계 가운데 성인 초기에 해당되는 것은 무엇일까?

에릭 에릭슨은 청년기가 친밀감 대 고립감으로 사람들이 어려움을 겪는 시기라고 했다. 그는 이 단계가 이전 단계인 정체감 대 정체감 혼돈의 성공적인 해소에 달렸다고 믿었다. 또 헌신적이고 친밀한 관계를 맺기 위해서는 안정적인 자아, 즉 안정적인 정체성이 필요하다고 믿었다. 이성과 친밀한 관계를 맺으면 자아의 정체성을 상대방에게 드러내야 하기 때문이다. 친밀감은 자아의 정체성과 상대방의 정체성이 어느 정도 합치는 것이다. 따라서 안정적인 정체성을 갖지 못하면 긴장을 늦추고 다른 사람을 받아들이는 일이 위협적일 수 있다. 정체성을 잃어버릴까 두려워 다른 사람과 관계 맺기를 꺼리는 사람은 친밀감과 의무감을 피하려 한다. 그런 사람들은 많은 사람과 짧은 관계를 맺거나 한꺼번에 여러 사람을 만난다. 흥미로운 점은 에릭슨의 생각이 연구에 의해 뒷받침되었다는 것이다. 확실한 가치관과 목표를 가진 사람들이 친밀한 관계에 충실할 가능성이 높고, 진지한 관계를 맺을 의사를 가지고 있다.

로저 굴드가 주장하는 성인 초기의 발달 과제는 무엇일까?

로저 굴드Roger Gould, 1935~ 는 성인 발달에 관한 많은 글을 쓴 정신분석 작가다. 실제로 게일 쉬이Gail Sheehy의 유명한 저서 《길*Passages*》이 굴드의 연구를 기반으로 쓰였다. 굴드 역시 레빈슨처럼 성인 발달이 예측 가능한 여러 단계로 이루어진다고 주장했다. 그는 특히 성인이 인생 선택을 이해하는 방식과, 그렇게 내린 선택으로 인해 평생에 걸쳐 어떤 변화가 일어나는지에 관심을 가졌다. 굴드는 성인 초기(18~35세)가 시간이 지나면서 조금씩 포기하게 되는 몇 가지 심리적 착각을 하는 때라고 주장했다. 특히 그는 완전한 안전에 대한 착각Illusion of absolute safety에 관심이 있었다.

모든 사람이 겪는 대표적인 경험 가운데 죽음에 대한 두려움이 있다. 우리는 삶을 추구하며 살기 때문에 생명이 소멸된다는 생각, 즉 죽음을 두려워한다. 유아기에는 죽음으로부터 지켜주는 막강하고 전능한 보호자인 부모에 의존하면서 완전한 안전의 착각을 갖게 된다. 성인 초기에는 완전한 안전에 대한 착각이 올바른 길에 대한 착각으로 바뀐다. 이 길을 따라가면 완전한 안전으로 이끌어주는 '상'을 받게 된다고 말이다. 청년들은 이 절대적인 길을 필사적으로 찾으며 잘못된 길을 가는 실수를 저지를까 두려워한다. 중년에 들어서야 죽음을 머리로만 이해하는 현실이 아니라 마음에 와 닿는 현실로 인식하면서 올바른 길에 대한 착각을 버리게 된다.

일부 청년들에게 대학 졸업이 정신적인 충격을 주는 이유는 무엇일까?

대학 졸업은 청소년기와 청년기 사이의 갑작스러운 변화를 의미한다. 특히 4년제 기숙 대학에 다닌 학생들의 경우, 비교적 안전하고 짜임새 있는 대학 시절이 끝났을 때 혼란을 겪기도 한다. 대개 청소년기와 성인기 사이의 변화는 불안감을 유발한다. 이 단계에 접어든 사람들은 주로 성인 인생 구조를 만드는 데 따르는 위험과 책임감 때문에 상당히 불안해한다. 실패에 대한 두려움과 장래성이 없거나 의미 없는 직업을 갖게 될지도 모른다는 생각이 자유롭고 목적 없이 지내도 상관없던 청소년기를 늘리고 싶은 욕망을 부채질한다.

1990년대에 상영된 겪는 미국 영화 중 청소년기에서 성인 초기로 전환하는 청년들이 감정적인 어려움을 다룬 영화가 있다. 브라이언 오할로런Brian O'Halloran, 제프 앤더스Jeff Anderson가 출연한 〈점원들〉과 위노나 라이더, 에단 호크, 재닌 가로팔로Janeane Garofalo, 벤 스틸러Ben Stiller가 출연한 〈청춘 스케치〉가 이 시기의 해학과 비애를 표현했다.

성인 중기(만 40~60세)

성인 중기에 나타나는 주요 특징은 무엇일까?

성인 중기가 되기 전까지 사람들은 성숙을 향해 나아간다. 그러다 성인 중기에 들어서면 성숙기에 도달한다. 어느덧 성장이 끝난 것이다. 이 단계의 중년들은 체력이 저하하는 문제에 직면한다. 성인 중기에도 심리적인 성장이 이루어질 가능성이 있고 상당한 정력과 활기를 느끼지만 체력이 떨어지는 징후는 피할 수가 없다. 중년은 체력과 에너지의 저하, 쉽게 발생하지만 웬만해선 사라지지 않는 통증, 감각과 인지 능력의 손실을 경험하게 된다. 그러나 성인 중기에는 위안이 될 만한 점들도 많다. 수십 년간 살아왔던 인생 경험을 통해 지혜를 터득함으로써 세상을 전체적이고 통합된 체계로 이해하는 능력을 갖게 된다. 또 자신과 타인을 좀 더 원만하고 사려 깊게 이해하면서 깊은 감정적 성숙이 이루어진다. 이를 통해 성인 중기에 들어서면 나이는 들지만 더 현명해진다.

성인 중기에 벌어지는 신체적 변화에는 어떤 것이 있을까?

중년도 일상생활을 하는 데 필요한 신체적 능력을 유지하지만 뚜렷한 노화 증상이 나타나기 시작한다. 근육과 뼈 등 실질 체중이 줄어드는 대신 체지방이 늘어난다. 평균적으로 여성의 복부가 약 30퍼센트가량 증가하고 남성의 복부는 성인 초기부터 성인 중기까지 10퍼센트 정도 증가한다. 또한 피부층의 변화도 일어나는데 피부 탄력이 떨어져 피부가 늘어나고 주름이 생긴다. 그리고 모낭의 멜라닌 감소로 흰머리가 생긴다.

생식 능력에도 중대한 변화가 일어나는데 특히 여성이 더하다. 평균 51세 정도에 폐경이 일어나지만 대부분의 여성들은 폐경이 일어나기 몇 년 전부터 상당한 호르몬의 변화를 겪는다. 이런 변화가 수면, 체온 조절, 골밀도, 성 기능에 영향을 미친다. 성인 중기의 신체적인 건강은 건강한 생활 방식에 영향받는다는 점을 명심해야 한다. 건강한 식단(예컨대 과일, 채소, 전곡, 기름기 없는 단백질이 풍부한 식단), 규칙적인 운동, 금연·금주가 노화를 늦출 수 있다.

성인 중기에는 어떤 감각적인 변화가 일어날까?

그리스어로 '나이 든 눈'이라는 뜻의 노안은 성인 중기에 겪는 흔한 현상이다. 눈의 렌즈 유연성이 떨어져 가까운 곳에 있는 물체에 초점을 맞추는 능력이 줄어든다. 40대가 되면 노안 때문에 글씨를 읽는 데 어려움을 겪는 일이 많아진다. 팔 길이만큼 멀찍이 책을 들어야 초점을 맞출 수 있는 것이다. 따라서 이 나이 대의 많은 사람들이 처음으로 돋보기를 사게 된다. 시력만큼은 아니지만 청력도 변한다. 청력 손실은 노년기에 더 뚜렷하게 나타나지만 중년부터 고음에 대한 민감도가 떨어지기 시작한다.

중년에는 어떤 인지 변화가 발생할까?

중년의 인지를 논할 때는 유동성 지능Fluid intelligence과 결정성 지능Crystallized intelligence을 구분하는 것이 중요하다. 유동성 지능은 가공되지 않은 새로운 정보를 처리하는 힘으로 관심, 기억, 처리 속도와 관련이 있다. 결정성 지능은 축적된 정보, 언어 지식, 사회 관습에 관한 지식을 비롯한 학습된 기술을 뜻한다. 유동성 지능은 중년에 감소한다. 새로운 정보를 처리하는 능력이 떨어지는 것이다. 10대나 청년이 새로운 기술을 쉽게 배우는 것과 중년의 성인이 똑같은 기술을 습득할 때 느끼는 어려움을 비교해보라. 그에 비해 결정성 지능은 성인 중기에도 꾸준히 증가한다. 사실 복잡한 추론, 언어 능력, 공간 처리 능력은 성인 중기에 최고점에 달했다가 성인 중기를 지나면서 감소한다.

중년에는 어떤 식으로 인지가 향상될까?

정보 처리 속도는 상당히 떨어지지만 이런 손실은 일반 세상에 대한 보다 넓은 이해력으로 만회된다. 청소년과 청년은 중년에 비해 개별적인 정보는 더 효율적으로 처리하지만 이를 이해할 수 있는 정황적인 경험은 부족하다. 중년은 전체적인 세상에 대한 보다 풍부하고 넓은 통합된 이해력을 갖추고 있다. 또 사건이 벌어지는 유사한 패턴을 인식하는 능력이 유동성 지능의 손실을 상쇄하기도 한다. 체스 말들이 익숙한 방식으로 구성되어 있는 것을 체스 마스터가 알아차린다면 각각의 체스 말들이 어디에 위치해 있는지 기억할 필요가 없는 것과 마찬가지다.

왜 나이 들면 시간이 더 빨리 갈까?

성인 중기에 겪는 극적인 경험 가운데 하나가 시간에 대한 주관적인 인식의 변화다. 어린아이에게는 한 시간이 영원한 것처럼 느껴진다. 미래를 생각하지 않기 때문이다. 성인 초기에는 유아기 때보다 시간이 훨씬 빨리 간다고 느끼지만 청년 역시 비교적 시간이 정지되어 있다고 느낀다. 이론상으로는 미래가 존재하지만 현실적으로 느끼는 것은 현재밖에 없다.

그에 비해 중년이 되면 한 해가 지날 때마다 남은 생이 점점 더 줄어드는 느낌을 받는다. 시간이 점점 더 빨리 흘러가는 것 같다. 마치 움직이는 보도 위를 따라 걷는데 한 발짝 걸을 때마다 주변 풍경이 휙휙 지나가는 것처럼 말이다. 이런 이유로 중년의 성인들은 시간이 움직이지 않는다는 느낌을 덜 갖게 된다. 현재는 계속해서 흘러가고 모퉁이만 돌면 미래가 있다. 중년은 현재가 과거가 되어버리는 속도에도 깜짝 놀라곤 한다. "그게 20년 전이야? 벌써?" "이런 옷이 유행이 지났다고? 이거 산 지 얼마 안 되는데."

성인 중기에는 어떤 감정적 변화가 일어날까?

성인 중기에는 이전보다 더 차분해지고 덜 충동적이며 감정적인 반응을 덜 보이는 현상이 보편적으로 나타난다. 중년은 온갖 책임감 때문에 스트레스를 받지만 이전 시기에 두드러지게 나타나는 존재에 대한 불안감은 사라진다. 또한 세상을 전체적으로 이해하면서 사건을 넓게 볼 수 있게 된다. 상황을 장기적인 관점에서 바라보면 특정한 사건으로 인해 겪는 괴로움은 줄어든다. 따라서 감정적인 변덕이 줄어든다. 뿐만 아니라 보다 넓은 세계관을 갖게 되어 한 가지 사건에 대한 의미를 잘 이해하고 그에 따른 결과를 인식하게 된다. 이처럼 결과를 인식하면서 충동이 잦아든다.

성인 중기에 죽음은 어떤 영향을 미칠까?

중년의 심리 발달 가운데 가장 큰 변화는 죽음과의 관계 변화와 관련이 있다. 몇몇 이론가들의 말처럼 청소년기와 청년기에는 죽음을 이론상으로만 가능한 것으로 여긴다. 청소년들은 자신이 절대 죽지 않는다는 착각에 빠져 있기 때문에 이따금 위험을 무릅쓰고 무모한 행동을 하기도 한다. 성인 초기에는 죽음을 추상적으로 인식한다. 청년들은 자신이 영원히 죽지 않는다고 생각하지도 않지만 그렇다고 죽음을 현실적으로 느끼지도 않는다.

그러나 성인 중기에는 죽음이 점점 더 현실적으로 느껴진다. 자신보다 나이 많은 앞 세대 사람들이 죽는 것을 목격한다. 부모, 이모, 삼촌, 나이 많은 친구, 직장 동료, 부모의 친구 등등. 자기 세대 사람들이 죽는 것도 본다. 이처럼 죽음을 직접 목격하면서 더 이상 죽음을 추상적인 개념으로만 인식하지 않게 된다.

중년에 죽음을 직시한 사람들 가운데에는 노화와 죽음을 두려워하며 부인하는 사람들도 있다. 하지만 살아가는 데 진정으로 중요한 것이 무엇이고 우선해야 할 것이 무엇인지, 보다 큰 관점을 갖게 되는 것은 긍정적인 변화라 할 수 있다. 이런 변화는 평균 수명이 비교적 긴 현대 사회에 사는 사람들에게만 적용된다. 평균 수명이 짧은 사회에서는 죽음이 다른 식으로 인식될 것이다.

이 시기에는 살아가면서 선택하는 것들에 관한 관점이 어떻게 바뀔까?

성인 초기에는 열린 시각을 가지고 있다. 지금 무슨 일이 벌어지고 있든, 미래에는 목표와 이상을 이룰 수 있을 것이라고 여긴다. 언제든 결혼할 시간, 아이 낳을 시간, 직업을 가질 시간이 있다고 생각하는 것이다. 하지만 중년이 되면 선택의 폭이 좁아지는 걸 느낀다. 시간은 한정되어 있고 가능한 일들은 정해져 있다. 진로를 바꿀 수 있다 해도 들이는 시간, 돈, 에너지를 따져보면 그렇게 가치 있는 일이 아닐 수도 있다. 어떤 기회는 더 이상 갖지 못하게 되는 것도 있다. 여자의 경우, 폐경이 되면 아이를 가질 수 없다. 따라서 답답하다는 느낌이 드는 사람도 있고, 더 이상 기회를 가질 수 없다는 생각에 실망하거나 분노하는 사람도 있다. 가급적이면 이런 인생의 한계를 느끼면서 심리적으로 성숙하는 것이 가장 바람직한 모습이라 할 수 있다. 바라는 인생이 아니라 있는 그대로의 인생을 최선을 다해 살아가면서 어려운 결정을 내리고 실망감도 받아들이며 우선순위도 바꾸는 것이 좋다.

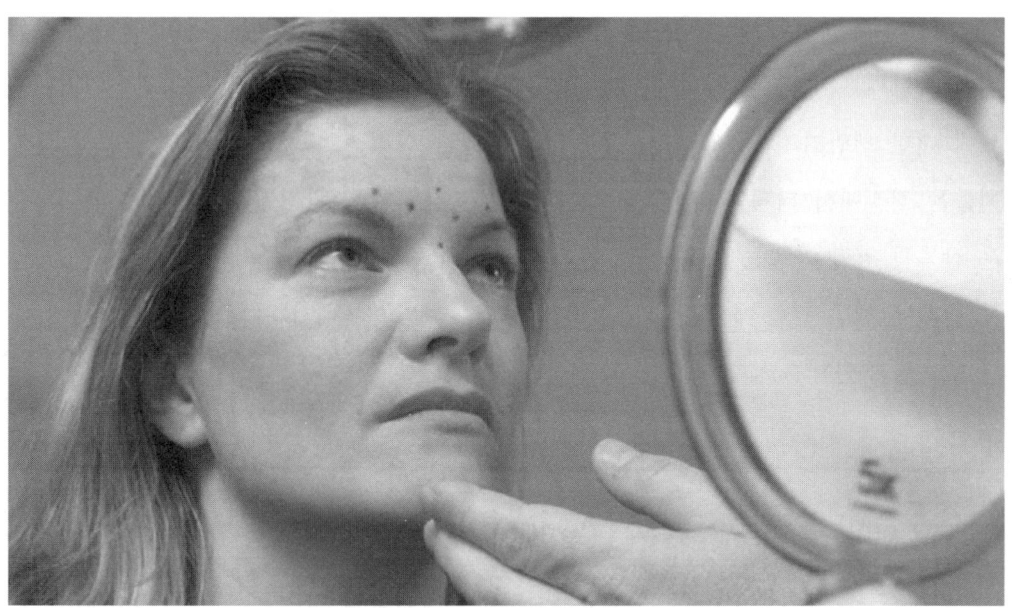

중년에 발생하는 대표적인 변화로는 죽음에 대한 직시와 젊은 육체의 상실이 있다. 성형, 콜라겐, 보톡스 주입과 같은 현대 기술의 변화로 신체적인 아름다움을 전보다 오래 간직할 수 있게 되었지만 그런 기술에 지나치게 의존하면 노화에 대한 부인으로 이어질 수 있다. 그럴 경우 피할 수 없는 한계에 대한 인식과 인정을 통해 이루어지는 심리적인 성숙이 제대로 발달하지 못한다.(iStock)

성인 중기에는 자아에 대한 관점이 어떻게 바뀔까?

중년에는 그전보다 자아에 대한 관점이 훨씬 정형화된다. 이미 살아온 기간이 더 많은 까닭에 그때까지 살면서 겪은 경험을 통해 현재 자신의 모습, 과거의 모습 그리고 미래의 모습에 대한 인식이 어느 정도 고착되었기 때문이다. 따라서 중년은 청소년이나 청년에 비해 자신을 더 잘 파악한다. 성인이 성공, 문제 극복, 목표 달성과 같은 경험을 했다면 자신감을 가질 수 있다.

중년이 되면 자신의 한계도 직시해야 한다. 젊었을 때 품었던 꿈과 현실을 타협해야 하는 것이다. 이상과 현실에 대한 괴리를 인정하면 더 많은 자아 수용과 보다 안정적인 자존감을 느낄 수 있다. 젊은 시절에 가졌던 온갖 기대에서 벗어나는 해방감을 느끼기도 한다. 그러나 자신이 원한 대로 살지 못했다고 생각하는 사람들은 분노, 좌절, 수치감과 함께 우울함까지 느낄 수 있다.

중년을 왜 책임감이 가장 많은 때라고 하는가?

중년은 가정에서나 직장에서나 가장 많이 책임을 지는 시기다. 이 나이 대의 성인은 집에서 함께 살고 있는 아이에 대한 책임을 지는 동시에 나이가 들어 돌봐야 하는 부모에 대한 책임까지 지게 된다. 그동안의 경력과 심리적인 성숙 때문에 중년의 회사원들은 직장에서 더 큰 책임감을 갖는다. 많은 사람들이 관리자로 진급하는데 그 같은 감독관 역할을 맡는 것은 성인 중기의 심리적 단계인 에릭슨의 생식성 대 자기 침체 단계에 해당된다. 에릭슨의 관점에 따르면, 생식성은 다음 세대와 사회 전체에 대한 보살핌과 안내를 뜻한다.

중년에 아이들을 기르면서 겪게 되는 어려움에는 어떤 것이 있을까?

성인 초기에 아이를 기르면서 겪는 어려움은 매일같이 아이를 보살피는 양육과 관련이 있다. 그러나 성인 중기의 부모는 아이를 내버려두는 방법을 배워야 한다. 특히 아이가 청소년기에 접어들었다면 부모는 어느 정도 아이를 감독하면서 동시에 부모의 통제에서 벗어날 수 있게 해주어야 한다. 청소년들이 무모한 경향이 있고 아직 성숙하지 못한 판단을 내리기 때문에 부모가 적당히 균형을 잡는 것은 매우 어렵다. 또 아이에게 더 많은 자립심을 갖게 하는 것은 10년 넘게 아이를 기르는 일에 헌신했던 부모에게 상실감을 가져다줄 수 있다. 중년의 부모는 아이를 기르는 일과 상관없이 스스로 만족감을 느낄 만한 분야를 찾을 필요가 있다. 그래야 양육에만 전념하던 부모가 더 많은 자립심을 가져야 하는 아이의 발달을 방해하지 않는다.

중년의 성인과 그의 부모 사이에는 어떤 변화가 발생할까?

성인 중기에 접어든 대부분의 성인들은 부모의 노화와 심지어 죽음을 경험하기도 한다. 부모의 신체적 · 인지적 능력이 감소하기 때문에 이젠 성인이 된 자녀가 부모를 돌보는 역할을 해야 한다. 자녀가 그런 책임을 어느 정도까지 지는가는 가족마다 다르지만 부모와 성인 자녀의 역할이 바뀌는 것은 피할 수 없다. 나이 든 부모를 돌보는 데 필요한 경제적 · 의료적 · 관리적 측면은 여자와 남자가 모두 집 밖에서 일하는 현대 산업화된 사회에서는 특히 복잡해질 수 있다.

나이 든 부모와 중년의 자녀 역할이 바뀌는 것은 심리적인 어려움을 초래한다. 새로운 책임감을 떠안는 것 외에도 부모상이 없어진다는 슬픔을 겪어야 하기 때문이다. 중년의 성인이 완전히 성숙해 중요한 일에 대한 책임을 지더라도 더 이상 기댈 '어른'이 없다는 사실은 여전히 마음을 아프게 만든다. 이제는 부모가 아니라 자녀가 어른이 되었기 때문이다.

성인 중기에 대해 굴드는 무엇이라고 했을까?

굴드에 따르면, 중년에 노화와 죽음을 직시함으로써 완전한 안전의 착각이 사라진다고 한다. 이는 일, 결혼, 가족 등 인생의 다방면과 성인의 관계를 재타협하게 만든다. 일의 경우 평생 성공을 추구하며 살아온 사람들은 목표를 달성해도 젊은 시절 꿈꿨던 '보상'을 받지 못한다는 사실을 깨닫게 된다. 명성, 권력, 부를 가졌다고 해서 영원히 살 수 있는 것은 아니다. 따라서 마음의 동요와 불만이 생길 수 있다. 이 경우 마법 같은 변화와 영원한 구원에 대한 기대보다는 오로지 일에 대한 즐거움만이 이런 동요와 불만을 잠재울 수 있다.

굴드가 논문을 발표했던 1970년대에는 이런 역학이 남성, 특히 부유한 남성에게만 적용되었다. 여성의 경우 완전한 안전에 대한 착각은 남자에게 의지하는 무력한 자아에 대한 인식으로 이어졌다. 많은 여성들이 자율권을 갖지 못해 답답해하면서도 더 많은 자아 결정권을 갖는 것에 대해 불안해했다. 자아 결정권을 더 많이 가질수록 남성이 전능한 보호자라는 착각에서 벗어나야 하기 때문이다. 사람들이 얼마나 완전한 안전에 대한 착각에 매여 있든 죽음에 대한 인식으로부터 자신을 보호하고자 하는 열망은 상당한 심리적 대가를 치르게 만든다. 불안감을 갖게 만드는 현실을 계속 무시하면 스스로 여러 가지 경험을 하지 못하게 제약함으로써 자신의 인성을 궁핍하게 만든다. 다행스럽게도 중년이 되면 죽음에 대한 부정에서 벗어나 심리적인 능력을 향상시키는 기회를 갖게 된다.

성인 후기(만 60세 이상)

성인 후기에는 어떤 신체적인 변화가 일어날까?

성인 중기부터 일어나기 시작한 신체적 변화가 성인 후기에는 더욱 심해진다. 성인 중기에는 약간 성가신 정도에 그친 변화가 성인 후기에 들어서면 일상생활에 지장을 초래하기 시작한다. 그런데 이 마지막 시기에도 단계별로 차이가 있음을 인식하는 것이 중요하다. 노화를 연구하는 노인학자Gerontologist들은 60대와 70대 초반의 젊은 노인과 75세 이상의 나이 든 노인을 구별한다. 85세 이상의 가장 나이 든 노인을 따로 구분하는 학자도 있다. 젊은 노인의 경우 대개 여전히 활발한 활동을 한다. 하지만 그보다 더 나이가 들면 신체 기능의 저하로 인해 일상적인 활동에 많은 제약을 받게 된다.

성인 후기에는 어떤 신체의 변화가 일어날까? 세포에서부터 노화가 시작된다는 연구 결과가 있다. 세포의 재생이 줄어들고 DNA와 RNA 세포의 기능이 저하된다. 뇌세포의 경우에도 신경 형성(새로운 뉴런의 성장)이 감소하고 뇌 조직이 줄면서 기능이 저하한다. 근육량과 골밀도가 지속적으로 줄어들어 근골격의 저하도 발생한다. 안구의 수정체가 두꺼워지면서 시력이 감퇴한다. 특히 청각이 큰 타격을 입는데 80세 이상의 사람들 가운데 65퍼센트가 고음을 듣지 못하는 것으로 나타났다. 대화가 어려워지면 노인들은 사회적으로 고립된 느낌을 받게 된다.

뿐만 아니라 위장, 심혈관, 호흡기, 내분비기에도 변화가 발생한다. 이 시기에는 만성 질환이 나타나는데 특히 당뇨, 고혈압, 관절염이 흔하게 발병한다. 그렇다고 해서 나쁜 소식만 있는 것은 아니다. 건강과 안녕을 극대화하는 여러 가지 생활 방식이 있다. 어쩌면 운동, 식사, 긍정적인 생각, 정신 활동의 자극, 긍정적인 사회관계가 미치는 영향이 젊은 나이 대보다 더 클지도 모른다.

성인 후기에 발생하는 심리적인 문제에는 어떤 것이 있을까?

30년 동안 지속될 수 있는(때에 따라서는 그보다 더 오래 지속될 수도 있다) 성인 후기는 인생의 마지막 단계다. 이 단계가 여러 해에 걸쳐 이어지긴 하지만 그래도 인생의 마지막이라는 것은 엄연한 사실이다. 이 단계에 접어든 성인들은 이제까지 살아온 삶을 되돌아보고 그동안 살아온 방식에 대해 일종의 감정적인 결론을 내려야 한다. 또한 성인 후기의 성인들은 피할 수 없는 죽음의 현실을 직시하고 죽음의 불가피성을 받아들여야 한다. 이 단계의 사람들은 여러 가지 손실을 감당해야 한다. 신체적인 활력과 건강, 젊었을 때 가졌던 역할과 책임감 그리고 자신보다 먼저 세상을 떠난 사랑하는 사람 등을 잃는 상실감 등을 말이다.

다행스럽게도 나이 든 성인들은 이런 심리적인 문제를 감정적으로 잘 다루는 능력을 갖게 된다. 평생 동안 심리적인 성숙이 이루어진다는 연구 결과가 많이 있다. 일반적으로 성인 후기의 성인들은 젊은 사람들보다 긍정적인 관점을 가지며 부정적인 감정 반응을 일으키는 경향이 적고 덜 이기적이다. 노년에 갖게 되는 지혜는 인생을 살아가는 기능이자 인생 경험에 대한 완충제가 된다.

우울증은 젊은 나이 대보다 노년에 더 흔하게 나타날까?

우울증은 사실 젊은 나이 대에 비해 노년에 나타나는 경우가 덜하지만 심신에 미치는 영향은 더 크다. 노년의 성인들은 일자리, 건강, 사회적 지위와 역할을 잃으면서 커다란 상실감을 겪는다. 또 사랑하는 사람의 죽음으로 괴로워하기도 한다. 그런 상실감이 우울증을 유발할 수 있다. 그리고 노년에 더 많이 발생하는 중풍, 치매와 같은 질병이 우울증의 원인이 되기도 하는데, 노인의 우울증은 젊은 사람의 우울증과는 본질적으로 다르다고 할 수 있다.

노년에 접어든 사람들은 신체에 대한 불평(신체적인 문제에 대한 불평), 불면증, 에너지 및 주도권 상실, 식욕 감퇴 등을 통해 우울함을 표현한다. 체중이 현저히 빠지는 경우도 있다. 그에 따른 자기 무시가 우울증에 걸린 노인을 더 큰 위험에 빠뜨릴 수 있다. 자살 또한 심각한 문제다. 실제로 65세 이상 백인 남성의 자살률이 평균 자살률보다 5배나 더 높다. 그러나 여러 가지 상실을 겪으면서도 일반적으로 노인들은 젊은 사람들에 비해 우울증에 걸리는 확률이 낮다. 이는 노인들이 감정 조절을 더 잘하고 현실과 타협하는 능력이 더 뛰어나기 때문이다.

나이 들면서 얻을 수 있는 이점은 무엇일까?

재정적 · 의료적 · 사회적으로 적당히 뒷받침된다면 노년의 성인들은 스트레스 쌓이는 책임감에서 벗어나고 심리적으로 끊임없이 성숙되는 혜택을 누릴 수 있다. 많은 연구원들이 감정 조절, 판단, 세상이 돌아가는 방식에 대한 이해, 다른 사람들에 대한 공감 능력의 향상이라고 대략적으로 정의되는 지혜를 노년의 장점으로 꼽는다. 나이가 들면서 충동적이고 성급한 행동과 감정 변화가 줄어들고 다른 사람의 입장에서 생각하는 능력은 늘어난다. 많은 문화에서 노인들은 현명한 충고를 하는 사람으로 인정받는다. 노년기에 접어든 성인, 그중에서도 특히 성인 후기의 초기 단계에 든 성인의 경우 비교적 건강하다면 즐거운 레저 활동을 할 기회를 더 많이 가질 수 있다.

성인 발달 이론가들은 이 시기에 대해 무엇이라고 할까?

에릭슨은 삶의 마지막 단계에 벌어지는 심리적인 문제를 자기 통합 대 절망으로 표현했다. 이는, 이 단계의 성인들이 인생의 마지막에 직면했음을 의미한다. 이미 살아오면서 많은 결정을 내렸고 많은 시간을 살았으며 많이 실망하기도 하고 보람을 느끼기도 했다. 사람들이 자신의 인생을 전체적인 관점에서 바라보며 실망할 일도 있고 감사할 일도 있다는 것을 인정하면 자아 통합을 이룰 수 있다. 혹 나이 든 성인이 실망감과 좌절된 꿈을 받아들이지 못하면 절망하게 된다. 조만간 삶이 다할 것이고 기회는 생기지 않을 것이기 때문이다.

이후 에릭슨의 아내 조앤이 제로트랜센던스Gerotranscendance라고 이름 붙인, 나이가 아주 많은 최종 단계를 추가로 덧붙였다. 이 단계는 90세나 100세에 이르는 시기로 사람들이 자기 자신의 삶을 넘어 더 많은 것을 바라보기 시작하는 때다. 죽음에 임박한 사람들은 하나의 독립적인 인격체로서의 자아를 초월하여 죽은 뒤에도 지속되는 보다 큰 전체의 일부분으로 자신을 생각하기 시작한다. 따라서 노년의 성인은 젊은 사람들에 비해 더 적극적으로 종교 활동을 한다는 연구 결과도 있다. 하인즈 코허트Heinz Kohut, 대니얼 레빈슨Daniel Levinson, 버니스 뉴가튼 같은 몇몇 이론가들도 노년에 들면 그때까지 살아온 인생의 긍정적 · 부정적인 면은 물론 노화에 따른 상실감, 자아 역할의 감소, 임박한 삶의 끝과 타협해야 한다고 주장한다.

퇴직은 심리에 어떤 영향을 끼칠까?

대개 65세가 되면 퇴직을 한다. 퇴직하기 전 40년 동안 깨어 있는 시간의 대부분을 일하면서 보낸 사람들로서는 엄청난 변화가 아닐 수 없다. 일 외에 취미 생활을 하지 않거나 사회관계를 맺어오지 않은 사람들은 퇴직이 곧바로 상당한 상실로 이어지기 때문에 감정 조절에 어려움을 겪을 수 있다. 그렇지 않은 사람들의 경우 새로운 취미를 갖거나 오랜 열정을 불태울 수 있는 기회를 가지며 친구들, 가족들과 더 많은 시간을 보내고 자원봉사나 사회적으로 의미 있는 파트타임 일을 통해 사회에 환원할 기회를 갖게 된다. 그래서 새로운 인생에 대한 사전 계획의 여부가 퇴직을 받아들이는 데 지대한 영향을 끼친다. 물론 퇴직한 성인의 재정적인 자원과 건강에 따라 많은 것이 좌우되기도 한다. 이는 퇴직자 재정과 건강 보험에 관한 사회 정책에 따라 달라진다.

선진국의 경우 평균 수명이 상당히 늘어났다. 65세 이상 성인과 85세 이상 성인이 차지하는 인구 구성비가 앞으로 몇십 년 동안 엄청나게 증가할 것이라는 예측이 나오고 있다. 미국 인구조사 자료에 따르면, 1900년에 65세 이상의 성인이 차지하는 비율은 전체 인구의 4퍼센트, 85세 이상의 성인이 차지하는 비율은 0.1퍼센트에 불과했다. 2050년이 되면 이 비율이 각각 20퍼센트와 4.8퍼센트가 될 것으로 추정된다. 이 같은 노인층의 증가는 퇴직 연금을 조성하는 정부나 기업에 상당한 고민거리를 안겨줄 수 있다. 그런 고민거리가 줄어든다는 것은 평균 수명 자체가 줄어든다는 것을 의미한다.

수명 연장에 일조한 의료 기술, 영양, 라이프스타일의 발전은 또한 노년층, 특히 60대와 70대 초반의 '젊은 노년층'의 활동과 생산성도 늘려주었다. 실제로 많은 사람들이 퇴직 후 자원봉사나 파트타임 등을 통해 다시 일을 하기도 한다.

이 시기에 죽음과의 관계는 어떻게 변할까?

성인 중기부터 죽음이 현실적으로 느껴지기 시작하지만 노년이 되면 죽음이 가까웠다는 사실을 피부로 느끼게 된다. 중년층은 부모와 부모 세대 사람들의 죽음을 겪지만 노년층은 자기 세대, 배우자, 형제자매, 오랜 친구의 죽음을 경험한다. 중년층이 앞으로 일어날 죽음의 현실에 직면한다면 노년층은 조만간 자신이 죽을지도 모른다는 생각을 갖게 된다. 물론 노년층도 나이 대에 따라 느끼는 바가 다르다. 건강한 60대 중반 성인의 경우 80대까지 살 수 있다고 생각하는 반면, 90대와 100대의 성인들은 살 날이 얼마 남지 않았다고 느낀다.

성인 후기에 발생하는 긍정적인 조절에 영향을 미치는 요소로 어떤 것이 있을까?

여러 가지 요소가 성인 후기에 발생하는 긍정적인 조절에 영향을 미치는데 그중 다수가 성인기 이전 단계에서도 비슷한 기능을 한다. 무엇보다 사회적 지원이 절대적으로 중요하다. 나이 들면서 사회적으로 관계 맺는 사람들의 수가 줄어들고, 아는 사람보다는 가족과 친한 친구와 지내는 노인들이 더 많지만 사회적 관계의 질이 행복을 느끼는 데 강력한 영향을 끼친다. 둘째, 취미, 창의적 활동, 봉사 활동, 심지어 파트타임 일까지, 의미 있고 만족스러운 활동에 참여하는 것이 노년기 성인에게 만족감을 가져다주는 중대한 원천이 된다.

생산적인 일에 참여하면 자존감이 높아지고 소속감이 생긴다. 특히 퇴직 후에는 직장에 다니면서 가졌던 목적의식, 구조, 정체성을 대신할 만한 짜임새 있고 의미 있는 활동을 하는 것이 중요하다. 운동도 큰 도움이 될 수 있다. 하루에 30분만 걸어도 확실하고 측정 가능한 효과를 본다. 운동은 심혈관계 건강, 근육 강도, 골밀도를 향상시킨다. 이는 노년층의 만족스러운 인생에 강력한 영향을 끼치는 이동성과 기능적인 자립심을 가져다준다. 또한 심혈관 건강이 향상되면 뇌 기능과 인지 능력을 보호할 수 있다.

운동이 치매를 예방한다는 근거는 많으며 실제로 운동이 '뇌 유래 신경 영양 인자 BDNF, Brain-derived meurotropic factor'라고 불리는 화학 물질의 양을 증가시키는 것으로 나타났는데 이 화학 물질은 새로운 뇌세포의 성장을 돕는다.

문화마다 노년층의 역할은 어떻게 다르며 역사적으로는 어떻게 변했을까?

전통적인 문화에서는 노년층이 지역 사회의 가장 존중받는 구성원이다. 많은 문제를 해결하는 데 노년층의 자문을 구하고 그들의 지혜를 소중히 여긴다. 대가족의 경우 손주 양육에 조부모가 기여하기도 한다. 과거에는 사람들이 스스로를 돌볼 수 없을 정도로 나이가 들면 젊은 가족 구성원(대개 여성)이 노인을 돌봤다. 그러나 대부분의 산업화된 현대 사회에서는 가족의 구조가 상당히 바뀌었다. 대부분 핵가족으로 이루어져 있다. 사람들은 더 많이 이동하고 더 많이 이사를 다니며 성인 자녀의 경우 부모로부터 수백, 수천 킬로미터씩 떨어져 살기도 한다. 또 일하는 여성이 증가하면서 나이 든 부모를 전적으로 돌볼 시간을 가질 수 없게 되었다.

그 결과, 사회에서 노년이 차지하는 입지가 대대적으로 흔들리게 되었다. 이런 변화에 대응하기 위해 두 가지 움직임이 일어났다. 첫째, 양로원, 가정 건강 보조, 성인 일일 보호 센터 등 정부의 보조를 받는 노년층 보호 서비스가 늘어났다. 둘째, 여행, 스포츠, 평생 교육, 일, 자원봉사 등 노년기 전 시기와 관련된 활동들이 노년기까지 확대되었다. 덕분에 요즘 노인들은 부모 세대에 비해 신체적 · 경제적 · 사회적으로 더 활발히 활동한다.

최근 노년층에는 어떤 변화가 일고 있을까?

지난 몇십 년 동안 벌어진 대대적인 사회적 변화에 노년층이 적응하는 방식 가운데 하나는 젊었을 때 했던 활동에 점점 더 많이 참여하는 것이다. 의료 기술의 발달로 노년층의 건강이 향상된 덕분에 그런 활동이 가능해졌다. 노년층의 사회적 역할의 변화에 부응하기 위해 노년층을 위한 운동 교실, 퇴직자를 위한 평생 교육, 자원봉사, 여행 다니는 노년층을 위한 노인 전용 호스텔까지 생기고 있다.

노년이 되면 인지는 어떻게 변할까?

성인 중기와 마찬가지로 유동성 지능(정보 처리 속도, 작업 기억, 복잡한 일에 집중하기)이 계속해서 저하한다. 결정성 지능(풍부한 정보, 언어 능력, 어휘)은 유동성 지능보다 한참 더 오랫동안 유지된다. 이는 앞서 설명한 지혜의 성장과도 관련이 있다. 그러나 90대나 100대가 되면 결정성 지능도 서서히 떨어지기 시작한다. 정상적인 노화가 일어나면서 지능이 떨어지기는 하지만 심각한 지능 저하는 치매의 증상인 경우가 많다.

치매란?

치매는 대개 기억, 공간 능력, 수행 기능(계획 수립, 추상적 사고, 자기 관리 등)을 비롯한 지능의 상실을 수반한다. 가장 흔한 치매 형태로는 알츠하이머병과 혈관성 치매가 있다. 알츠하이머병은 뉴런(뇌세포) 안과 주변에 아밀로이드 플라크Amyloid plaque와 신경섬유 다발이 축적되는 특징을 가지고 있다. 알츠하이머병은 기억력 손상부터 시작해 다양한 인지 능력 손상으로 이어지는데 그로 인해 이 병을 앓는 사람들은 스스로를 돌볼 수 없는 심각한 지경에까지 이른다. 혈관성 치매는 뇌졸중처럼 뇌혈관 관련 증상이 원인이다. 뇌졸중은 뇌에 혈액 공급이 이루어지지 않을 때 발병한다.

치매는 60대 중반에서는 드문 병이지만(약 10%) 80대나 90대 노인층에선 흔하게 나타난다. 80대 이상의 노인들 중 50퍼센트가 알츠하이머병을 앓는다는 연구 결과도 있다. 따라서 사실상 모든 가족들이 언젠가는 치매의 영향을 받게 된다. 이런 현상이 사회적으로 미치는 영향은 엄청나다. 치매 증상이 심각한 사람들 곁에는 하루 종일 누군가 있어야 하기 때문에 치매 환자의 가족들은 감정적 · 경제적으로 엄청난 부담을 안게 된다. 산업 국가에서 노인층 인구가 점점 증가하는 현상을 고려하면 앞으로 노인층 부양에 상당한 자원이 필요할 것으로 예상된다.

수녀원 연구란?

수녀원 연구Nun study는 미네소타 주 만카토에 위치한 퇴직 수녀들의 수녀원에서 실시된 노화와 알츠하이머병에 관한 흥미로운 연구다. 수녀원에서 유지되는 종교적 질서는 역학 조사 연구(전체 인구의 건강과 질병 패턴 연구)를 하기에 매우 적합한 환경을 제공한다. 수녀원에서는 생활 방식이 비교적 한결같으므로 흡연, 알코올 섭취, 건강 관리 수준, 수입과 같이 복잡해질 수 있는 변수가 일정하게 유지된다. 따라서 연구 결과를 신뢰할 수 있다.

이 연구를 이끈 연구원 데이비드 스노든David Snowdon은 1991년에 678명의 수녀들을 대상으로 연구를 진행했다. 그는 인지 기능과 건강 상태를 측정하는 테스트를 실시했는데 놀랍게도 수녀원은 10대나 20대 때 수녀원에 들어올 당시의 수녀들의 에세이를 보관하고 있었다. 또 수녀들은 자신이 죽은 후 뇌를 부검해도 좋다고 허락했다. 알츠하이머병을 정확히 진단할 수 있는 유일한 방법이 뇌 부검밖에 없기 때문에 이는 매우 중요한 문제였다.

아직도 연구가 지속되고 있지만 몇 가지 주목할 만한 연구 결과는 이미 발표되었다. 우선 수녀들이 청소년기와 청년기에 적은 에세이 내용에 따라 나이 들어 알츠하이머병에 걸릴 가능성이 많은 수녀들을 구별할 수 있었다. 복잡한 문법과 아이디어, 보다 긍정적인 감정을 나타내는 단어를 사용한 수녀들은 60년 후 알츠하이머병에 걸릴 가능성이 적었다. 교육 수준이 높은 수녀들 역시 마찬가지였다. 그러나 이 데이터만으로는 원인과 결과를 알아낼 수가 없다. 에세이가 알츠하이머병의 가장 초기 증상을 보여주는 것일까, 아니면 좋은 습관을 기르면 알츠하이머병을 예방할 수 있다는 점을 나타내는 것일까?

부검 데이터가 이 6만 4000달러짜리 질문에 힌트를 제공한다. 신경섬유 다발과 아밀로이드 플라크로 인한 뇌 손상 정도가 인지 능력 저하와 상관관계가 있긴 하지만 100퍼센트 일치하지는 않았다. 다시 말해 상당한 뇌 손상을 입은 수녀들 가운데 치매 증상을 보이지 않은 사람들도 있었다는 것이다. 실제로 경미한 뇌 질환을 가진 수녀들의 58퍼센트와 보통 수준의 뇌 질환을 가진 수녀들의 32퍼센트가 기억력 장애 증상을 보이지 않았다.

연구원들은 뇌 질환이 발생할 경우 기능 저하가 일어나지 않도록 보호하는 두뇌 보유고Cognitive reserve라는 것이 있다는 결론을 내리면서 여러 요소들이 풍부한 신경망(즉 뇌 세포들 간의 향상된 의사소통)과 보다 튼튼한 뇌혈관 건강을 증진하여 두뇌 보유고가 생기게 한다고 믿었다. 그런 요소에는 교육, 긍정적인 기분, 정신적 자극, 건강한 식단(특히 비타민, 엽산) 등이 해당된다. 뇌졸중이 발병한 경우 알츠하이머병을 앓는 수녀들의 인지 능력이 현저히 감소했던 것으로 미루어 뇌혈관 건강은 매우 중요하다 할 수 있다.

인생의 끝: 죽음

사망학이란?

사망학Thanatology은 죽음을 연구하는 학문이다. 여러 가지 사회적 변화로 인해 개발국가들 사이에서는 죽음의 본질과 특성에 점점 더 많은 관심을 가지고 있는 실정이다. 그런 사회적 변화로는 노인층 인구의 증가, 괴로운 주제를 터놓고 이야기하는 문화적 변화, 불치병 발병 시기에서 죽음에 이르는 시기의 장기화 등을 들 수 있다. 사망학은 죽어가는 환자들과 남은 가족들 모두를 위해 죽음에 이르는 과정을 향상시키기 위한 목적으로 건강 관리 시스템과 밀접하게 협조하고 있다.

무엇이 '좋은 죽음'에 기여할까?

죽어가는 과정의 질에 영향을 주는 요소, 즉 '좋은 죽음'에 기여하는 요소를 살펴본 연구가 여럿 있다. 그 연구들은 모두 좋은 죽음에 이르게 하는 요소가 여러 가지라고 주장한다. 아마도 가장 중요한 요소는 신체적인 고통과 괴로움의 문제일 것이다. 무엇보다 환자가 죽기 전 편안하게 지내는 것이 죽어가는 환자나 남은 가족 모두에게 중요하다. 그에 따라 불치병 환자들에게 편안함을 제공하기 위해 완화 치료라는 의료 분야가 부상했다.

그 외에도 좋은 죽음에 기여하는 요소로 죽음을 준비하는 정도와 사회적 · 심리적 · 영적인 요소가 있다. 사회적 요소는 가족 구성원들의 관여, 지원, 결속력(혹은 갈등)과 관련이 있다. 심리적 요소에는 살아온 삶을 마감한다는 인식과 죽음을 받아들이는 인식이 해당된다. 그렇게 인식하는 사람은 이론상 죽는 순간에 비교적 편안함을 느낀다고 한다. 이 시기에는 영적인 욕구가 특히 중요하게 작용하기 때문에 사후 세상에 대한 믿음이나 보다 큰 전체와 개인이 연결되어 있다는 믿음을 가지면 편안함을 느낄 수 있다. 죽음에 대한 준비에는 죽은 뒤 발생할 수 있는 의료적 · 법적 · 경제적 문제들을 미리 계획하는 것도 포함된다.

죽어가는 과정에서 희망은 어떤 역할을 할까?

많은 사망학자들이 죽어가는 과정에서 희망의 중요성을 이야기한다. 처음 불치병에 걸렸다는 것을 알게 된 사람들은 병에서 나아 회복되거나 아니면 적어도 좀 더 오래 살기를 희망한다. 그러나 죽음의 현실이 가까이 다가올 때는 희망의 본질을 바꾸는 것이 중요하다. 죽음을 피하고 싶은 마음 대신 이제까지 살아온 삶의 의미를 찾고 이루려는 희망, 자신의 삶이 가치 있었다는 신념, 그리고 품위와 진실된 마음으로 죽음을 맞겠다는 생각으로 바뀌어야 한다.

엘리자베스 퀴블러로스가 주장한 애통의 다섯 단계는 무엇일까?

엘리자베스 퀴블러로스Elizabeth Kübler-Ross, 1926~2004는 애통 과정에 관한 단계 이론을 발표한 최초의 사망학자로, 불치병 환자들을 대상으로 연구를 실시했다. 그녀의 모델이 비판을 받긴 했지만 애통의 다섯 단계에 관한 설명은 불치병으로 고통받는 사람들이 겪는 다양한 감정적 경험을 개략적으로 보여주는 매우 영향력 있는 이론이다. 애통의 다섯 단계는 부인, 분노, 거래, 우울, 수용으로 이루어져 있다.

첫 번째 단계는 부인이다. 불치병에 걸린 사실을 알게 된 사람들은 충격을 받고 사실이 아니라며 부인하려 든다. 그다음 단계는 분노다. 자신의 죽음이 임박했다는 사실을 안 사람들은 자주 화를 낸다. 이런 분노는 의사나 가족, 심지어 자기 자신에게 표출될 수 있다. 마치 병에 걸린 사실에 대한 분노를 터뜨릴 곳을 찾으려 하는 것처럼 보인다. 그다음 단계는 거래다. 환자들은 의사, 친구, 가족, 심지어 하나님과도 거래를 하려 한다. '좋은' 행동을 하면 병의 상태가 바뀔 수 있다는 믿음을 갖고 행동을 자제하려고 노력한다. 마침내 죽음의 현실이 이해되기 시작하면 우울함을 느낀다. 결국 사람들은 불치병에 대한 엄청난 충격을 받아들인다. 이때 사람들은 수용의 단계에 도달하는데 이 단계에 들어서면 갈등 해소와 심리적인 평화를 느끼며 죽음을 받아들일 수 있다. 다른 연구 결과, 죽어가는 환자들이 모두 이 단계를 밟거나 똑같은 순서로 이 단계들을 밟는 것은 아니라는 사실이 밝혀졌다. 그러나 많은 사람들이 퀴블러로스가 설명한 마음의 상태를 경험한다.

애통에 대해 다른 이론가들은 어떤 주장을 펼쳤을까?

퀴블러로스의 연구 결과가 발표된 이후 몇몇 이론가들 또한 나름대로 애통 과정을 연구했다. 1960년대부터 1980년대까지 존 볼비(애착 이론의 아버지)가 콜린 머리 파크스Collin Murray Parkes와 공동으로 연구를 펼쳐 퀴블러로스의 다섯 단계 이론을 네 단계로 압축했다. 하지만 그들의 연구는 죽어가는 사람이 아니라 유족들에게 초점을 맞추었다는 점에서 퀴블러로스의 연구와는 다르다고 할 수 있다.

그들이 주장한 네 단계는 다음과 같다. 충격과 불신, 탐색과 그리움, 혼란과 절망, 관계 재구축과 혼란. 다시 말해 유족들은 사랑하는 사람을 잃는다는 사실을 인식하고, 상실에 대한 격심한 고통을 겪은 후 사랑하는 사람 없이도 삶을 지속할 수 있다는 관계 재구축 과정을 거친다. J. 윌리엄 워든J. Willian Worden 역시 유사한 연구 결과를 발표했으나 주기보다는 애통 자체에 초점을 맞췄다. 그는, 유족들이 사랑하는 사람을 잃었다는 사실을 인정하고 애통을 겪은 후 죽은 사람이 없는 환경에 적응하고 죽은 사람을 감정적으로 별도의 위치에 자리 잡게 한 채 계속 살아나간다고 주장했다. 로버트 나이마이어Robert Neimeyer와 앨런 울펠트Alan Wolfelt와 같은 이론가들도 죽은 사람과 관계없이 자신만의 정체성을 재구축하고 죽은 사람과의 관계를 일상생활에서 떼어내 추억으로 만들어야 한다는 등 죽음과 관련된 문제에 관한 논문을 발표했다.

애통 과정에 관해 과학적으로 진행된 연구가 있을까?

애통의 과정에 관한 이론은 상당히 많지만 정상적인 애통의 과정을 과학적으로 연구한 데이터는 거의 없다. 2007년 폴 마시에주스키Paul Maciejewski와 그의 동료들은 233명의 유족들을 대상으로 24개월에 걸쳐 진행한 연구 결과를 발표했다. 그들은 사랑하는 사람이 죽은 후 2년 동안 세 번에 걸쳐 유족들의 열망, 불신, 분노, 우울, 수용 정도를 측정했다. 그 결과 불신은 사랑하는 사람이 죽은 직후 절정에 달했다가 그 이후로는 꾸준히 감소했다. 죽음에 대한 가장 뚜렷하고 오래가는 부정적 감정 반응인 그리움은 사랑하는 사람이 죽고 약 4개월 후에 최고조에 달하는 것으로 나타났다. 분노는 5개월 후 그리고 우울은 6개월 후에 절정에 달했다. 수용은 애도하는 기간 동안 꾸준히 증가했다.

놀라운 점은 처음부터 수용의 수치가 다른 애통 반응보다 높게 나타났다는 점이다. 수용의 수치가 높은 것은 죽은 사람들 대부분이 사망할 당시 65세 이상이었다는 점과 오랜 기간 투병 생활 끝에 사망했다는 점에 기인한 것일 수도 있다. 뿐만 아니라 이 연구는 자연사한 사람들의 유족만을 연구 대상으로 삼았기 때문에 갑작스러운 이유로 사랑하는 사람을 잃은 유족의 경우 죽음을 받아들이기가 쉽지 않을지도 모른다. 이 연구가 모든 종류의 죽음에 적용되는 것은 아니지만 가장 흔한 종류의 사망에 대한 전형적인 애통 반응은 잘 보여준다고 할 수 있다.

제 5 장

일상생활의 심리: 사랑, 결혼, 임신

사랑

사랑은 어떻게 정의할 수 있을까?

사랑은 무엇일까? 사랑은 어떻게 정의해야 할까? 사랑은 하나의 독립체일까 아니면 여러 부분으로 구성된 것일까? 사랑의 종류는 다양할까? 모든 관계의 사랑이 똑같을까? 고대 그리스처럼 아주 오랜 옛날부터 사람들은 사랑의 본질을 이해하는 데 어려움을 겪었다. 사랑이 시의 소재로 쓰인 시간은 아마 시만큼이나 오래되었을 것이다. 심리학자들은 시인만큼 감동을 주지는 못해도 실증적 조사를 통해 사랑을 체계적으로 연구할 수는 있다. 심리학자들은 다양한 상황에 처한 사람들을 관찰하고, 경험에 대해 인터뷰하고, 사람들의 태도와 행동을 조사하기 위한 설문지를 만든다. 이처럼 개인적인 의견이 아니라 과학적인 조사를 통해 사랑의 정의를 내리는 것이다.

사랑은 무슨 뜻일까?

사랑에는 여러 종류가 있다. 사람들은 고양이를 사랑할 수도 있고, 1957년산 쉐보레 자동차를 사랑할 수도 있으며 4월 초에 나는 향기를 사랑할 수도 있다. 여기선 한 사람이 또 다른 사람과의 관계에서 느끼는 감정 상태로서의 사랑을 살펴볼 것이다.

사랑을 연구하는 데 요인분석은 어떻게 이용되었을까?

사랑은 하나의 실체로 되어 있을까 아니면 여러 부분으로 구성되어 있을까? 사랑의 구조를 탐구하는 방법 중에 요인분석이란 것이 있다. 요인분석은 각기 다른 항목들이 어떻게 무리 지어 있는지를 보여주는 통계 기법으로서, 한 가지 개념이 여러 가지 개별적인 하위 범주로 구성되어 있는지 살펴보는 데 이용된다. 연구원들은 사랑과 관련된 항목, 단어, 시나리오를 근거로 설문지를 만든다. 그런 다음 이 질문들을 이용해 피험자들에게 자신의 사랑 관계에 점수를 매기라고 지시한다. 연구원들은 요인분석을 이용해 상호 관련이 있는 항목들을 하나로 묶는다. 항목 1에서 높은 점수를 받은 사람들이 항목 2, 3, 4에서도 높은 점수를 받았는가? 이런 무리, 즉 요인들이 사랑의 요소가 될 수 있다.

사랑에는 여러 종류가 있을까?

사랑에 여러 종류가 있다고 주장하는 연구원들이 있는가 하면 한 가지 중심적인 사랑이 각기 다른 관계에 영향을 미친다고 주장하는 사람들도 있다. 예를 들어 존 리John Lee는 1977년에 사랑과 관련된 1500개 항목에 대한 요인분석을 통해 사랑을 다음과 같이 여섯 종류로 분류했다.

에로스Eros(이상화된 타인에게 느끼는 성적 욕망), 루두스Ludus(장난스럽고 덧없는 사랑), 스토르게Storge(서서히 애착을 느끼는 사랑), 마니아Mania(집착하고 질투하는 사랑), 아가페Agape(이타적인 사랑), 그리고 프라그마Pragma(현실적인 사랑).

1984년에는 로버트 스턴버그Robert Sternberg와 수전 그라섹Susan Gracek이 요인분석 연구를 통해 한 가지 중요한 요인을 발견했다. 그들은 그 요인을 가리켜 대인 관계 커뮤니케이션, 나눔, 지원(이후에는 친밀감이라고 불렀다)이라고 불렀다. 이는 곧 여러 가지 항목들이 한 가지 사랑의 요소로 분류될 수 있음을 보여준다.

플라톤의 《향연》에는 사랑의 본질에 관한 어떤 주장이 오갔을까?

소크라테스는 지혜와 진실의 사랑이 낭만적인 사랑보다 더 중요하다고 했다.(iStock)

고대 그리스에서는 심포지엄이 연설과 철학적 논의가 오가는 술자리 같은 형태로 이루어졌다. 플라톤의 《향연》은 철학자 소크라테스가 친구들과 함께 사랑의 본질을 논의하던 그런 형태의 향연을 묘사했다. 참석자들은 의학적, 해학적, 성적, 영적인 관점 등 다각도에서 사랑을 논했다. 희극 시인 아리스토파네스Aristophanes는 본래 인간은 현 인류에 비해 덩치가 두 배나 컸는데 그처럼 덩치 큰 사람들에게 위협을 느낀 신들이 인간을 반으로 잘랐다고 선언했다. 때문에 우리가 반쪽을 찾아 온 세상을 헤맨다는 것이다. 소크라테스는 지혜와 진실의 사랑이 에로틱하고 낭만적인 사랑을 능가하는 가장 고귀한 형태의 사랑이라고 했다.

사랑의 삼각형 이론이란?

로버트 스턴버그는 1986년 논문을 통해 선대 연구를 기반으로 한 사랑의 삼각형 이론Triangular theory of love을 주장했다. 이 모델에 따르면 사랑은 친밀감, 열정, 헌신이라는 세 가지 요소로 구성되어 있다. 친밀감은 가까운 사이, 보살핌, 감정적인 지원을 가리킨다. 열정은 감정 상태와 육체적인 흥분을 뜻한다. 열정에는 성적인 흥분, 육체적인 매력뿐 아니라 강렬한 감정도 포함된다. 예를 들어 부모는 자녀에게 열정적인 사랑을 느낄 수 있다. 헌신은 다른 사람을 사랑하고 그 사랑을 오랫동안 유지하겠다는 결심을 뜻한다. 이 세 가지 요소의 각기 다른 조합을 이용해 스턴버그는 다음과 같은 여덟 가지 종류의 사랑이 존재한다고 주장했다.

사랑이 아닌 것(세 가지 요소가 낮은 경우), 좋아함(친밀감만 높게 나타나는 경우), 도취성 사랑(열정만 높게 나타나는 경우), 공허한 사랑(헌신만 높게 나타나는 경우), 낭만적 사랑(친밀감과 열정), 우애적 사랑(친밀감과 헌신), 얼빠진 사랑(열정과 헌신), 성숙한 사랑(세 가지 요소가 모두 결합된 사랑).

이 모델은 사랑의 복잡한 특성을 모두 나타내진 않지만 직관적으론 타당한 것처럼 보인다.

연인, 가족, 친구 사이의 사랑은 어떻게 다를까?

모든 인간관계마다 느끼는 사랑이 똑같을까? 아니면 상대에 따라 다른 사랑을 할까? 연구에 따르면, 어떤 사랑이든 그 중심에는 친밀감, 감정적 교감, 친한 사이가 들어 있다고 한다. 관계에 따라 달라질 수 있는 요소는 열정을 느끼는 정도와 헌신의 수준이다. 그럴 경우 사랑하는 관계라면 모두 친밀감이 높을 것이라고 추측할 수 있다. 낭만적인 사랑은 열정이 높을 것이고, 가족 간의 사랑과 장기적인 사랑은 헌신이 높게 나타날 것이다. 실제로 스턴버그와 그라섹은 모든 가까운 사이에 친밀감이라는 사랑의 요소가 들어 있다는 사실을 발견했다. 가족, 친구, 연인 관계에서 나타나는 친밀감의 수준이 모두 비슷했던 것이다.

1985년에 실시된 키스 데이비스Keith Davis의 연구에 따르면, 좋아하는 정도(스턴버그의 친밀감과 비슷한 개념)는 배우자, 연인, 친구 사이에서 큰 차이를 보이지 않았지만 사랑하는 정도(좋아함에 열정, 헌신이 더해진 개념)는 다른 것으로 나타났다.

진화는 사랑과 어떤 관계가 있을까?

지난 20년 동안 인간 심리에 대한 진화적 설명은 많은 인기를 얻어왔다. 심리학자들은 얼마나 다양한 심리적 현상이 진화해왔는지 궁금해한다. 심리적 패턴은 인간의 진화에 어떤 작용을 했을까? 사랑은 인간의 진화에 어떤 작용을 했을까? 사랑에 대한 진화론적 설명은 구애 행동, 애착, 열병 이론으로 분류될 수 있다.

구애 행동에 관한 진화론적 이론은 무엇일까?

진화적 압박으로 인해 여성과 남성이 각기 다른 생식 전략을 갖게 되었다고 주장하는 연구원들이 많다. 다시 말해, 다음 세대에 유전자를 물려주는 최선의 방법이 성별에 따라 다르다는 것이다. 남성은 시간과 에너지를 별로 들이지 않고도 재빨리 번식할 수 있다. 그러나 짝짓기의 결과물을 통제하는 능력은 별로 없다. 자식이 자라서 자신의 유전자를 그다음 세대에 물려줄지 알 수 없다는 것이다. 따라서 진화적인 측면에서 볼 때 남성은 특히 '생식력의 상징'인 젊고 아름다운 여성들과의 관계를 통해 가능한 한 자신의 유전자를 널리 퍼뜨리는 것이 합당하다. 반면 여성은 임신과 수유, 육아 등 번식에 상당한 시간과 에너지를 투자하기 때문에 가능한 한 적은 수의 남자와 교미하고 상대방이 육아를 위해 제공할 수 있는 자원에 초점을 맞춰 선별적으로 상대를 고르는 것이 좋다.

성 선택론Theory of sexual selection이라고도 불리는 이 모델은 상당히 실증적인 근거에 의해 뒷받침되었다. 예를 들어 1989년도에 데이비드 버스David Buss는 37개국 출신의 남성과 여성 1만 명을 인터뷰하면서 배우자를 고를 때 어떤 점을 중시하는지 물었는데 남성들은 신체적인 매력을 강조했고 여성들은 사회적인 지위, 부, 야망을 꼽았다. 동성애자와 이성애자 남성들이 동성애자나 이성애자 여성들에 비해 문란하고 가벼운 성관계를 맺을 가능성이 더 높은 것으로 나타난 연구 결과도 있다. 실제로 동성애자 남성이 이성애자 남성에 비해 문란한 성생활을 할 가능성이 더 큰데, 이는 여성들의 선호도로 인해 이성애자 남성들의 행동이 제약을 받기 때문이라고 추정해볼 수 있다.

애착이 진화에 중요할까?

그러나 성 선택 이론은 감정적인 애착을 간과했다는 점에서 비난을 받아왔다. 사람들이 낭만적인 연인 상대를 구하는 이유는 성적인 만족감뿐 아니라 감정적인 지원과 충족을 얻기 위해서다. 버스의 연구와 스턴버그, 그라섹의 연구에 따르면 남성과 여성 모두 애정 관계를 고려할 때 친절함, 이해와 같이 애착과 관계된 특성을 가장 중시하는 것으로 나타났다. 또 37개국 사람들을 대상으로 데이터를 수집한 버스의 연구를 통해 이런 결과는 문화에 상관없이 공통적으로 나타난다는 사실이 밝혀졌다. 신디 하잔Cindy Hazan과 리사 다이아몬드Lisa Diamond에 따르면 낭만적 사랑의 대상, 즉 성적인 파트너들 사이의 애착 관계는 성 선택만큼이나 진화에 중요한 역할을 한다.

낭만적 사랑은 부모의 사랑과 관련 있을까?

어머니와 아버지의 애착 관계가 진화적으로 더 오래된 어머니와 아기의 애착 관계에서 발달한 것일 수 있다. 많은 종의 동물들이 어머니와 아버지의 유대감보다 어머니와 아기의 유대감을 더 강하게 느끼는 사실로 미루어 부모와 아이의 유대감이 낭만적 관계보다 더 먼저 발달하고 더 널리 진화했을 것이라는 사실을 짐작할 수 있다. 다시 말해 낭만적 사랑이 부모의 사랑에서 진화했을 가능성이 크다.

낭만적 사랑은 진화적으로 어떤 역할을 할까?

연구원들은 자녀 양육에 부모가 공을 들이게 하려고 낭만적 사랑이 진화했다고 주장한다. 부모의 보살핌을 받고 자란 아이들은 성인이 되어 다음 세대로 유전자를 물려줄 가능성이 더 높았다. 따라서 짝(낭만적 연인)과 강한 유대감을 쌓고 유지하는 능력이 진화적으로 유리했던 것이다. 요즘 세상에도 부모의 참여가 자녀에게 경제적 · 인지적 · 감정적 혜택을 제공하여 상당한 이익을 가져다준다는 연구 결과가 많다. 또 부모 사이의 깊은 사랑과 원만한 관계가 자녀에게 도움이 된다는 연구도 많이 있다.

사랑에 빠지는 것은 어떤 진화적 기능을 가지고 있을까?

우리는 일반적인 사랑의 느낌과, 사랑에 빠져 느끼게 되는 흥분감과 도취감의 차이를 구별할 수 있다. 사랑에 빠지는 경험은 대부분의 사람들이 살면서 언젠가는 겪게 되는 흔한 경험이다. 심리학자들은 이 감정 상태를 가리켜 파트너를 이상화하고 파트너와 함께 시간을 보내기를 갈망하는 것이라고 설명한다. 또 파트너에게 강렬한 성적 욕망을 느끼며 감정이 고조되기도 한다. 신디 하잔과 리사 다이아몬드가 2000년에 발표한 논문에 따르면, 이런 정신 상태로 인해 연인들이 서로에게 열중하고 집중하게 되고 결국 지속 가능한 사랑으로 발달한다고 했다. 이들은 스턴버그의 친밀감이라는 사랑의 요소와 유사한 개념인 사랑의 애착이 장기적인 관계를 유지하게 만드는 것이라고 주장했다. 그러나 애착이 생기려면 시간이 걸린다. 따라서 사랑의 열병, 즉 사랑에 도취한 상태가 애착과 친밀감이 발달할 수 있는 일종의 발판 역할을 한다. 이는 사랑의 열병이 본래 짧다는 점을 시사한다. 실제로 사랑의 열병이 짧게 끝난다는 사실을 뒷받침하는 연구가 있다. 몇몇 연구에 따르면, 열정적인 사랑이 지속되는 시기는 평균 2년 정도라고 한다.

여성이 남성에게 매력적으로 보일 수 있는 요소는 무엇일까?

문화와 시대에 따라 여성을 아름답게 만들어주는 패션은 변해왔다. 하지만 남성에게 항상 매력적으로 보이는 변치 않는 요소도 있다. 젊음, 건강, 생식력의 징후는 언제나 여성의 아름다움을 나타낸다. 예를 들어 둥근 가슴, 엉덩이와 허리의 낮은 비율은 여성다움과 생식 능력을 보여주는 보편적인 표시다. 부드럽고 주름 없는 피부와 흰머리의 부재도 젊음을 상징한다. 미용 업계는 여성의 건강과 생식 능력의 표시를 향상시키기 위해 엄청난 돈

여성의 육체적인 아름다움은 젊음, 건강 그리고 생식 능력, 즉 번식 적응도를 나타낸다.

을 투자한다. 얼굴에 피가 더 많이 흐르는 것처럼 입술과 뺨에 붉은빛이 돌게 하면 여성은 신체적으로 건강하고 정력적인 것처럼 보일 수 있다. 또 젊은 모습을 유지하기 위해 수백만 명의 여성들이 머리를 염색하기도 한다.

사랑의 신경생물학에 대해 알려진 것은 무엇일까?

인류학자 헬렌 피셔Helen Fisher는 사랑의 신경생물학에 관한 연구를 진행했다. 1998년의 논문에서 그녀는 성 충동, 애정, 애착이라는 세 부분으로 구성된 체계가 있다고 주장했다. 성 충동은 성호르몬, 특히 에스트로겐, 안드로겐과 관련이 있다. 애정은 사랑의 열병과 비슷하다. 원하는 짝에 도취되어 사로잡히는 이 상태는 도파민과 노르에피네프린이라는 신경 전달 물질에 의해 조절된다. 보상 회로와 연관된 도파민은 다양한 열망과, 노르에피네프린은 집중 및 흥분과 관련이 있다. 애착은 옥시토신과 바소프레신이라는 호르몬과 관련이 있다.

신경 펩티드Neuropeptide로 알려진 이 호르몬들은 진화적으로 오래된 화학 물질인데 방대한 사회적 행동과 관계가 있다. 옥시토신은 출산과 수유 시 방출되며 성관계를 맺거나 오르가슴을 느낀 후에도 남성과 여성의 체내에 방출된다. 피셔 박사는 이 세 부분이 독립적으로 이루어진다고 추측했다. 따라서 이 세 부분을 여러 가지 방식으로 조합하면 사람들은 여러 형태의 짝짓기, 번식 전략을 행할 수 있을 것이다. 다시 말해 사람들이 시간에 따라, 그리고 상대에 따라 성이나 애착, 사랑의 열병을 강하게 드러낼 수 있는 것이다.

사랑에 대한 관점은 문화마다 다를까?

스턴버그가 주장한 사랑의 요소는 모든 문화에서 찾아볼 수 있다. 친밀감, 열정, 헌신은 문화마다 보편적으로 나타나는 요소다. 그 근거는 세계 곳곳의 문화인류학, 심리 연구, 사랑의 시 등 여러 자료에서 찾아볼 수 있다. 그러나 각기 다른 사랑의 요소 중에 어떤 것을 더 강조하는지, 어떤 종류의 관계를 더 중시하는지는 문화마다 다르게 나타난다. 아시아, 아프리카와 같은 집단주의 문화에서는 가족간의 관계가 연인과 친구 사이보다 우선시된다. 북유럽, 북아메리카와 같은 개인주의 문화에서는 연인 관계를 가족 관계와 대등하게 여긴다(더 중시될 때가 많다). 그런가 하면 중국 유교 사상에서는 의무라는 개념(스턴버그의 헌신과 비슷한 개념)이 절대적으로 중시된다. 그에 비해 북아메리카의 연애소설, 사랑의 노래, 화장품 등을 보면 사랑의 열정 요소가 가장 중시되는 것을 알 수 있다.

무엇이 남성을 이성에게 매력적으로 보이게 할까?

남성의 육체미는 허약한 남성보다 진화적, 경쟁적 우위를 가지고 있다는 점을 나타낸다.

일반적으로 젊고, 건강하며, 병이 없고 기형이 아닌 근육질의 남자가 매력적인 남성으로 보인다. 큰 가슴 근육과 넓은 어깨는 상체의 힘을 나타낸다. 진화하면서 이런 특성이 성 선택에 도움이 되었을 것이다. 다시 말해 우리가 근육질의 남성미와 결부시키는 특성이 진화적인 우위를 가졌다는 뜻이다. 근육질의 남성미는 여성을 육체적으로 보호해줄 수 있는 능력을 나타낼 뿐 아니라 음식과 다른 자원을 확보하는 경쟁에서 이길 수 있는 능력을 나타내기도 한다.

근육질의 남성미는 또한 여성을 차지하기 위한 남성들 간의 경쟁에서 이길 수 있는 능력을 나타내기도 한다. 남성미에 대한 평가는 자녀 양육을 뒷받침하고, 자녀에게 건강한 유전자를 물려주어 여성이 성공적으로 번식할 가능성을 늘려줄 만한 짝을 고르는 데 도움이 된다. 헤어스타일, 패션, 신체 장식 등 남성미에 영향을 주는 문화적인 요소가 많지만 남성미에 대한 기본적인 개념을 뒷받침하는 생물학적 근거가 있고, 그런 패턴이 진화적으로 중요성을 띠는 것만은 분명하다.

결혼

처음에는 사랑.

그다음은 결혼,

그러고는 아기가

유모차를 타고 온다.

심리학에서 결혼을 다루는 이유는 무엇일까?

위의 동요는 낭만적 사랑이 결혼으로 이어진다는 오랜 문화적 기대를 나타낸다. 여태까지는 이런 과정이 일반적이었지만 요즘 사회 트렌드는 이런 한 가지 길만 고수하지 않는 듯싶다. 2007년도 미국 통계국에 따르면, 15세 이상의 국민 가운데 56퍼센트가 결혼을 했다. 이는 곧 15세 이상 국민의 44퍼센트가 결혼하지 않았음을 뜻하기도 한다. 편부 · 편모 가정, 1인 세대, 결혼하지 않고 함께 사는 동거 커플, 동성 커플이 증가하는 요즘에 결혼이라는 관습을 연구하는 일이 시대에 뒤떨어진 것일까? 성인 남녀 사이에 법적인 혼인 관계만 가능한 시대는 지났지만 그래도 가장 흔한 형태가 결혼임에는 틀림없다. 90퍼센트에 이르는 대부분의 사람들이 살면서 언젠가는 결혼을 하게 된다. 그리고 결혼은 문화마다 보편적으로 나타나는 흔한 관습이다. 이런 이유 때문에 결혼을 별도로 살펴볼 필요가 있다. 또한 결혼의 성공 요인과 실패 요인처럼 다음에 살펴볼 내용의 많은 부분이 결혼하지 않은 관계에 적용되기도 한다.

결혼이 건강에 도움이 될까?

일반적으로 결혼은 감정적 · 육체적 건강에 도움을 준다. 결혼한 사람들은 미혼, 사별, 이혼, 독신인 사람에 비해 삶의 만족도가 더 높고 심리적인 괴로움이 덜한 것으로 나타났다. 그러나 이는 결혼 생활의 질에 달려 있다. 행복하지 않은 결혼 생활을 하는 사람들은 독신보다 오히려 감정적 괴로움이 더한 것으로 나타났다. 따라서 결혼 생활이 불행하지 않은 이상 결혼한 사람이 독신보다 더 낫다고 하는 편이 정확할 것이다. 하지만 이런 이점이 결혼 자체에서 비롯되는지 결혼이 아니어도 장기적이고 헌신적인 관계에서 비롯되는지는 명확하지 않다. 연구를 통해 감정적 · 육체적 스트레스를 덜어주는 중대한 요소가 사회적 지원이라는 점은 분명히 밝혀졌다. 따라서 든든한 사회적 지원망을 구축해놓은 독신의 생활 만족도가 높은 것도 당연하다.

결혼 생활을 이어주는 요인은 무엇일까?

결혼 생활이 지속될수록 초기에 느꼈던 열정은 친밀감과 헌신이라는 깊은 유대감으로 변한다. 따라서 친밀감과 헌신을 다져나가는 관계의 특성이 결혼 생활을 오래 지속하는 데 가장 중요하게 작용한다. 많은 대화, 갈등을 해소하는 능력, 경험과 가치의 공유, 높은 수준의 다정함과 애정 등은 결혼을 성공적으로 지속시켜주는 요소다. 뿐만 아니라 경제적 안정성, 친인척과의 긍정적 관계, (빈번한 이혼과 결혼 생활에 대한 악감정이 아니라) 양가 가족들의 바람직한 결혼 생활 역시 영향을 미친다.

결혼이 실패하는 요인은 무엇일까?

조사에 따르면, 20대 초반이나 그 이전에 결혼한 사람들이 그보다 늦게 결혼한 사람들에 비해 실패할 확률이 높은 것으로 나타났다. 또 만난 지 6개월 만에 식을 올리는 것처럼 서둘러 결혼할 경우 성공할 가능성이 낮다. 뿐만 아니라 경제적 불안정, 친인척과의 좋지 않은 관계, 친인척 중 긍정적인 결혼 생활의 본보기를 보여줄 사람의 부재 등이 결혼의 실패와 관련 있다. 1993년 존 고트먼John Gottman이 발표한 논문에 따르면, 커플의 상호 관계의 특성을 통해서도 결혼 실패를 예측할 수 있다고 한다. 방어적인 태도, 멸시, 의사 방해, 비판뿐 아니라 역겨운 표정을 많이 짓는 커플일수록 몇 년 후 별거하거나 이혼할 가능성이 높다.

공통의 관심사는 얼마나 중요할까?

일반적으로 알려진 바와 달리 서로 다른 성격을 가진 사람들은 서로에게 별로 끌리지 않는 것으로 나타났다. 사람들은 자신과 비슷한 성향을 가진 이성에게 더 많이 끌린다. 연구 결과, 결혼한 커플들은 취미, 성격, 태도, 민족, 교육 목표나 성취, 심지어 키까지 비슷한 것으로 나타났다. 서로 비슷할수록 커플의 관계가 더 좋고 더 오래 지속된다. 그렇다고 모든 취미나 가치관, 태도를 공유할 것이라고 기대해서는 안 된다. 다만 어느 정도 공유하는 부분이 많으면 도움이 된다.

결혼 생활에서 의사소통은 얼마나 중요할까?

효과적인 의사소통은 성공적인 결혼 생활의 필수 요소다. 때문에 대부분의 부부 치료가 의사소통을 향상시키는 데 초점을 맞춘다. 그렇다고 해서 사소한 마찰이 있을 때마다 항상 짚고 넘어가면 오히려 결혼 생활에 해가 될 수 있지만 자주 발생하는 문제나 개인적으로 의미 있는 사항은 직접 의논하는 것이 중요하다. 배우자가 원하거나 바라는 것, 불만 사항이 무엇인지 혼자서 파악할 수 있는 사람은 아무도 없다. 충분한 의사소통이 이루어지지 않으면 오해가 생기고 그에 따라 불필요한 갈등이 쌓인다. 뿐만 아니라 부족한 의사소통은 감정적 거리감으로 이어질 수도 있다. 이런 상태가 개선되지 않으면 다른 사람에게 감정적, 성적 친밀감을 찾을 수도 있다.

결혼 생활 중의 언쟁은 정상적인 일일까?

결혼 생활을 하면서 언쟁하는 것은 지극히 정상적인 일이다. 결혼은 살면서 가장 친밀하고 오래 지속되는 관계이기 때문에 서로의 삶이 밀접하게 연결된다. 따라서 어느 정도 갈등이 생기는 것은 어쩔 수 없다. 때문에 어느 정도의 갈등은 예상할 수 있지만 갈등이 주가 되면 결혼 생활에 대한 만족감은 떨어진다. 좋은 날이 나쁜 날보다 훨씬 더 많아야 한다. 뿐만 아니라 갈등을 해결하는 방법도 매우 중요하다. 건전한 갈등 관리는 결혼 생활의 유대감을 향상시키지만 파괴적인 방법으로 갈등을 해결하면 결혼 생활에 상당한 해를 끼칠 수 있다.

부부 사이에 바람직하게 다투는 방법과 그렇지 않은 방법이 있을까?

결혼 생활에서 다투거나 언쟁을 벌이는 좋은 방법과 나쁜 방법은 분명 존재한다. 일반적으로 불만 사항을 직접 표현하고, 문제를 유발하는 특정한 행동이나 상황에 초점을 맞추며, 감정과 요구 사항, 생각을 분명히 밝히고, 문제가 발생한 데 자신이 기여한 점을 인정하며, 상대방이 어떤 식으로 문제를 바라보는지 표현하게 하는 것이 바람직한 방법이다. 효과적이지 못한 전략으로는 상대방을 탓하거나 상대방이 자기 생각을 밝히지 못하게 방해하거나 감정을 터뜨리거나 욕을 하거나 방어적인 태도를 취하거나 처음 만났을 때부터 가졌던 불만 사항을 다시 언급하는 태도 등이 있다. 연구 결과, 이런 행동들은 갈등을 해소하기보다는 오히려 갈등을 더 키우는 것으로 나타났다. 또한 갈등을 해소하기보다 다툼에서 이기는 데 더 많이 치중하는 것 또한 문제 되는 것으로 나타났다. 항상 완벽한 모습만 보여주는 사람은 없기 때문에 모든 사람이 때때로 유치한 행동을 보이기도 하지만 갈등을 지혜롭게 관리하는 기술을 기르는 것이 대단히 중요하다. 제대로 갈등을 해소하지 못하는 것이 결혼 생활의 불만으로 이어져 결국 파경에 치닫는다는 주장이 많다.

부부 사이의 언쟁이 좋은 것은 아니지만 가끔씩 발생하는 것은 지극히 정상적인 일이다. 그러나 언쟁이 자주 일어나면 결혼 생활에 해가 된다.

갈등을 회피하면 결혼 생활에 어떤 영향을 줄까?

갈등이 지나치게 많으면 결혼 생활에 확실히 해가 되므로 어느 정도 포기하는 법을 배워야 하지만 갈등을 피하는 것도 결혼 생활에 악영향을 준다. 사람들이 어려운 문제를 계속 피하기만 하면 오해가 쌓여 부부 사이가 소원해진다. 어려운 문제를 직접 언급하지 않으면 부부 사이에 거리감이 생기는 것이다. 그러면 결혼 생활의 정서적 기반을 제공하는 공통된 경험과 지식을 나눌 수가 없다.

부부 사이에 말다툼할 때 해야 할 행동과 해서는 안 될 행동은?

다음 표는 배우자와 말다툼할 때 해야 할 행동과 하지 말아야 할 행동을 나타낸 것이다. 이것은 임상 자료와 조사 자료를 근거로 만들어졌다.

해야 할 행동	하지 말아야 할 행동
문제를 해결하는 데 집중한다.	말다툼에서 이기는 데 집중한다.
문제를 구체적으로 논의한다.	관계 전체를 공격한다.
가능한 현재 당면한 문제만 다룬다.	과거에 불만스러웠던 일을 끄집어낸다.
상대의 성격이 아니라 행동에 초점을 맞춘다.	문제의 원인을 상대의 성격적 결함으로 돌린다.
자신의 생각을 분명히 밝힌다 .	상대가 자신의 마음을 알아주길 바란다.
문제가 발생하기까지 자신이 잘못한 점을 인정한다.	상대의 주장이 모두 틀렸다고 주장하면서 자신은 아무 잘못이 없다고 한다.
해결책을 제시한다.	구체적인 제안 없이 상대가 알아서 '문제를 해결하거나' '바뀌기를' 기대한다
상대에게 해결책을 제시하게 한다.	자신의 요구대로 상대가 따라주길 강요한다.
자신과 배우자 사이에서 문제를 해결한다.	다른 사람들을 말다툼에 끌어들여 자신과 같은 생각을 하는지를 증명해 보인다.

부부 사이에 성생활은 얼마나 중요하게 작용할까?

대부분의 결혼 생활에서 섹스는 매우 중요한 요소다. 건전하고 서로에게 만족감을 안겨주는 성생활은 친밀감과 열정을 고조시키고 결혼 생활 중에 불가피하게 발생하는 긴장과 스트레스를 해소시켜주는 완충 역할을 한다. 불만족스러운 성생활은 결혼 생활에 장애를 초래할 수도 있고 부부 사이에 문제가 있음을 나타내는 증상이 될 수도 있다. 그러나 모든 부부들이 똑같은 수준의 성생활을 필요로 하는 것은 아니다. 또한 성생활은 나이 들면서 줄어드는 경향이 있다. 중요한 것은 두 사람 모두에게 만족스러운 성관계를 갖는 것이다.

남성과 여성의 역할은 문화에 따라 어떻게 다를까?

전통적인 성의 역할과 평등주의 성 역할이 자주 비교된다. 전통적인 성 역할이란 남편이 부양자이자 집안의 가장이 되는 것을 뜻한다. 이 경우, 가족들에게 경제적인 지원을 하고 위험에서 보호하는 것이 남편이 해야 할 역할이다. 가족 중에 가장 많은 권위를 가진 사람 또한 남편이다. 따라서 아내는 평생 남편에게 종속될 수밖에 없다. 아내의 역할은 가족을 돌보는 것으로, 요리, 청소, 장보기, 육아 등 집안일을 한다. 그에 비해 평등주의 결혼 관계에서는 어느 한 사람이 전적으로 직장 생활이나 집안일에 대한 책임을 지지 않는다. 부부 모두 가족 내에서 동등한 권력과 권한을 가지며 어느 한 쪽이 다른 한쪽에 종속되지도 않는다. 1960년대 이후 급격한 사회적 변화와 더불어 서양 사회에서의 성의 역할도 점점 더 평등주의를 향해 변해왔다. 이런 사회적 변화는 인도나 일본 같은 동양의 산업 사회에도 어느 정도 영향을 끼쳤다. 그러나 아직도 아내보다 남편이 더 돈을 많이 벌고 여성들이 남편보다 집안일을 더 많이 한다는 연구 결과가 많다

성 역할의 변화가 결혼 생활에 미치는 영향은 무엇일까?

성 역할의 변화가 결혼 생활에 미치는 영향은 복잡하다. 여성 해방 움직임이 정점에

달하던 1970년대에는 이혼율이 급증해 1980년대에 최고조에 달했으나 2000년대에는 더 이상 늘지 않는 추세다. 이렇듯 이혼율이 급증한 이유는 새로운 성 역할에 대한 특성 때문이라기보다 전통적인 성 역할의 붕괴와 그에 따른 기대 수준에 부부가 적응하지 못했기 때문일 가능성이 크다. 지금은 남성과 여성 모두 여성의 사회생활 참여와 늘어난 자율성에 익숙해지면서 결혼 생활이 점점 안정을 찾는 듯 보인다. 그러나 일반적으로 개인주의가 만연하면서 가족 관계보다 개인적인 만족감을 우선시하는 성향 때문에 높은 이혼율이 유지되고 있다.

한편, 전통적인 문화라도 성 역할이 평등할수록 결혼 생활에 대한 만족감이 커진다는 연구 결과가 있다. 평등한 성 역할이 결혼 생활을 더 조화롭게 만들어 부부 모두의 만족감을 높여주는 것이다. 2006년도 매리엣 헤지둔Mariet Hagedoorn과 동료들이 실시한 연구에 따르면, 결혼 생활이 공평하다고 인식한 사람의 경우 불공평하다고 인식한 사람보다 심리적 괴로움이 덜한 것으로 나타났다. 흥미로운 점은 불공평한 결혼 생활로 배우자보다 자신이 더 득을 본다고 대답한 사람들조차 공평하다고 인식한 사람들보다 심리적 괴로움은 더 큰 것으로 나타났다.

미국의 혼인율은 역사적으로 어떻게 변했을까?

지난 40년간 성 역할이 눈에 띄게 변했음에도 불구하고 혼인율은 그만큼 극적으로 변하지 않은 것으로 나타났다. 미국 통계국에 의하면, 1950년에는 15세 이상의 국민들 중에 미혼이 32퍼센트, 혼인한 사람이 64퍼센트, 사별한 사람이 4퍼센트, 이혼한 사람이 2퍼센트인 것으로 추정되었다. 2007년에는 국민 중 33퍼센트가 미혼이고, 56퍼센트가 결혼을 했으며 2퍼센트가 사별했고 8퍼센트가 이혼한 것으로 추정되었다.

미국의 평균 결혼 연령은 어떻게 변했을까?

미국 통계국에 따르면, 평균 초혼 연령이 21세기 중반에 비해 다섯 살 정도 늦은 것으로 나타났다. 1950년도 평균 초혼 연령은 남성의 경우 22.8세, 여성의 경우 20.3세

였는데 2007년에는 평균 초혼 연령이 남성의 경우 27.5세, 여성의 경우 25.6세인 것으로 나타났다.

문화마다 결혼 방식이 다를까?

비교 문화 연구에서는 집단주의 문화와 개인주의 문화가 비교되는 경우가 많다. 한국, 인도, 중국과 같은 아시아권 국가에서 찾아볼 수 있는 집단주의 문화는 개인적인 정체성이 사회적 집단과 결부된다. 미국, 캐나다, 오스트레일리아 같은 개인주의 국가에서는 개인의 독립적인 정체성이 우선시된다. 집단주의 문화에서 자란 사람들은 결혼한 뒤 시간이 지나면 사랑이 생겨날 것이라고 기대한다. 따라서 배우자를 선택할 때도 사랑보다는 경제적인 능력, 양육 능력, 양쪽 집안 친인척과의 친화성 같은 현실적인 문제를 더 중시한다. 반면 개인주의 국가에서 태어난 사람들은 배우자를 찾을 때 열정적인 면을 중시하여 상대방에게 느끼는 흥분과 육체적인 매력에 초점을 맞춘다.

2001년에 게 가오Ge Gao는 스턴버그의 삼각형 이론을 이용하여 중국 부부 90쌍과 미국 부부 77쌍을 대상으로 친밀감, 열정, 헌신이 가진 역할을 측정했다. 열정 수치의 경우 중국 부부보다 미국 부부 사이에서 더 높게 나타난 반면, 친밀감과 헌신은 큰 차

결혼이라는 관습은 지난 몇 세대 동안 상당히 변해왔다. 평균 결혼 연령이 늦은 것도 한 예라 할 수 있다.

이를 보이지 않았다. 또한 개인주의 국가 출신 부부들의 경우 자녀 출산율이 적고 이혼율이 높은 편이다.

정말 남자들은 화성에서 왔고 여자들은 금성에서 왔을까?

문화적 변화와 더불어 남성과 여성의 유사점과 차이점에 대한 인식도 변해왔다. 역사적으로 여성은 남성과 매우 다르다. 남성에 비해 약하고 수동적이며, 감정적이고 지능이 떨어진다는 등 남성보다 열등하다는 인식이 만연했다. 1970년대 일어난 남녀평등주의 운동은 이런 경멸적인 관점에 대항하여 남성과 여성의 유사점을 강조했다.

그러나 최근 몇십 년 동안 남성과 여성의 차이점에 대한 관심이 점점 늘어났다. 남성과 여성의 차이점 가운데 어느 정도가 유전이고 어느 정도가 환경에 기인한 것인지(유전 대 환경) 확실히 알 수는 없지만 연구 결과를 볼 때 남성과 여성이 같지 않다는 점만은 분명한 것 같다. 1990년, 재닛 시블리 하이드Janet Shibley Hide는 몇 가지 심리적 특성에 대한 성별의 차이에 관한 메타분석(동일하거나 유사한 연구 주제로 실시된 많은 통계적 연구를 다시 통제적으로 종합하고 통합하는 분석 방법-옮긴이) 결과를 발표했다. 그녀는 남성이 여성보다 공격성, 수학 능력에서 훨씬 높은 점수를 받았으며 특정 공간 능력에 관한 테스트에서도 여성보다 약간 더 높은 점수를 기록했다고 밝혔다. 그에 비해 여성은 남성보다 언어 능력이 뛰어난 것으로 나타났다.

남성과 여성이 차이를 보이는 또 다른 점은 스트레스 반응이다. 셸리 테일러Shelley Taylor와 동료들은 2000년에 '보살핌과 어울림tend and befriend' 모델을 통해 스트레스를 받을 때 남성보다 여성이 보살피고 제휴하는 행동을 보이는 경향이 있다고 주장했다. 이는 에스트로겐과 옥시토신 사이의 상호 작용에 의해 조절되는 것으로 보인다. 반면 남성은 스트레스를 받으면 '투쟁 또는 도피fight or flight' 성향을 보이는데 이는 노르에피네프린과 에피네프린 뇌 화학 물질에 의해 조절된다. 남성 호르몬인 테스토스테론 역시 '투쟁 또는 도피' 반응을 지원한다.

그러나 이런 차이점의 얼마만큼이 학습된 것이고 얼마만큼이 본성인지 알 수 없다는 점을 명심하는 것이 중요하다. 남성과 여성이 다르다고 믿는 것이 합리적이지만 다른 정도는 문화적, 환경적 요소에 따라 큰 차이가 있다. 생물학적 과정이라도 환경에 의해 많은 영향을 받을 수 있다.

임신

임신을 하면서 겪는 심리적인 문제에는 어떤 것이 있을까?

부모가 되는 일은 일평생 가장 큰 심리적 변화를 수반한다. 다행히도 여성이 이렇게 큰 변화에 대비할 수 있도록 자연은 40주라는 기간을 주었다. 이 시기 동안 부모 모두 아기의 출생에 필요한 사전 준비를 할 수 있다. 그와 동시에 부모는 양육이라는 엄청난 책임감을 떠맡는 심리적인 변화 과정을 거친다. 어머니와 아버지는 모두 부모의 아이에서 아이의 부모로 정체성을 바꿔야 한다. 또한 부모의 신분을 갖게 되면서 자연스럽게 따라오는 자율성의 상실에도 대비해야 한다. 아기가 태어나면 부모는 더 이상 자기 자신만 책임지면 되는 존재가 아니다. 그때부터는 책임감 있는 부모의 입장에서 모든 결정을 내려야 한다. 아이가 성장해 부모 곁을 떠나도 부모의 책임감은 절대 사라지지 않는다.

초보 부모가 겪는 정체성의 변화에는 어떤 것이 있을까?

임신한 여성의 경우 특히 자신의 배 속에서 생명이 자라고 있다는 인식 때문에 정체성이 송두리째 변한다. 여성의 몸은 이제 한 사람이 아니라 두 사람으로 이루어진다. 마찬가지로 여성의 정체성도 새 아기까지 포함시키면서 더 넓게 확장된다. 부모가 맹목적으로 아이에게 쏟아붓는 엄청난 시간, 에너지, 자원을 생각하면 감동하지 않을 수가 없다. 부모는 일상적으로 많은 돈을 들이고 특별한 희생을 하고 때에 따라선 자신의 삶까지도 포기한다. 모두 아이를 위해서 말이다. 사람이 이렇게 이타적인 행동을 보이는 다른 대상은 없다. 진화생물학자들은 이런 행동이 유전자를 물려주기 위해 필요한 행동이라고 요약한다. 하지만 심리적인 차원에서 설명하면 이런 욕구는 정체성의 변화를 나타낸다. 하나였던 사람이 둘이 되는 것이다. 부모는 아이를 완전히 독립적인 사람으로 보지 않고 어느 정도 자신의 일부라고 생각한다.

부모와의 관계는 임신에 의한 심리적인 문제에 어떤 영향을 미칠까?

임신을 하면 부모는 자신에게 의지하는 무력한 아이를 길러야 한다는 사실을 직시한다. 그에 따라 어린 시절 자랄 때의 느낌과 기억이 불가피하게 떠오른다. 임신한 부모가 어린 시절 자기 부모와의 관계를 떠올리는 것은 의식적으로 기억을 해내는 것이다. 어린 시절 경험이 새로운 아기에 대한 환상, 태도, 기대에 영향을 미치면 무의식적인 차원에서 기억이 떠오르기도 한다. 어린 시절 부모와의 관계가 긍정적이었다면 임신한 부모는 자기 부모가 했던 모든 일과 헌신을 새삼 인정할 수 있다. 그러면서 부모의 심정을 더 이해하게 된다.

반대로 안 좋았던 부모와의 관계는 부모가 되는 준비에 방해가 될 수 있다. 이 경우 임신한 부모는 부모 역할을 제대로 하지 못할까 봐 불안해할 수도 있고 아기가 필요로 하는 것과 아기의 감정적 욕구를 충족시켜주지 못할 것 같은 생각에 두려움을 느낄 수도 있다. 또 앞으로 아기와의 관계를 예상하고 기대하는 능력 자체가 억제될 수도 있다. 임신한 부모와 그 부모의 관계가 어떠했든, 임신은 자신이 자라던 시절을 되돌아볼 기회인 동시에 자기 아이가 반복했으면 하는 경험과 그렇지 않은 경험을 생각해볼 수 있는 기회를 제공한다.

임신을 하면 임신한 부모와 그 부모의 관계는 어떻게 변할까?

전반적으로 새로운 세대가 태어나면 가족들의 관계는 더 가까워진다. 특히 이 시기에는 산모에게 상당한 도움과 정보가 필요하기 때문에 어머니와 딸의 관계가 돈독해진다. 성인 초기는 청년들이 자기만의 삶과 정체성을 구축해나가기 때문에 성인이 된 자녀와 부모가 각자 독립된 생활을 한다. 그러나 임신을 하면 그 궤도가 뒤집힌다. 임신한 부모는 가구, 아기 옷, 산모 옷, 조언 등은 물

아기가 태어나면 가족들의 관계가 가까워진다.(iStock)

론이고 임신으로 인해 육체적으로 힘들어지면서 일상적인 일을 하는 데도 도움을 필요로 하게 된다. 이때 아기의 조부모가 다시 자녀를 보살피는 일을 하거나 도와주는 역할을 한다. 이 경우 때에 따라서는 통제권을 놓고 다툼을 벌이는 경우도 있지만 대개는 새로운 아기를 위해 다 같이 헌신하면서 아기의 부모와 조부모 사이의 관계가 가까워진다.

임신한 여성은 어떤 생리적 변화를 겪게 될까?

임신한 여성은 임신 기간 내내 상당한 생리적 변화를 겪는다. 엄청난 호르몬의 변화와 더불어 신체 크기와 몸매가 눈에 띄게 달라진다. 신체적인 변화에 대해 자부심과 흥분을 느끼는 여성도 있지만 체중 증가와 몸매가 영원히 망가질지도 모른다는 두려움을 갖는 여성들도 있다. 임신 초 3개월 동안 기본적인 신체 구조와 신경 구조의 대부분이 변한다. 이는 엄청난 호르몬의 증가를 수반하며 산모는 메스꺼움을 느끼고 입덧을 하게 된다. 이 시기까지 산모의 체중 변화는 심하지 않지만 상당한 불편함을 느끼게 된다. 3개월부터 6개월까지는 입덧이 가라앉고 임신한 티가 날 정도로 태아가 성장한다. 배가 나오기 시작하는 것이다. 이 시기는 또한 아기가 발로 차기 시작하는 활동기다. 마지막 3개월 동안에는 태아의 신체 구조 대부분이 이미 발달을 마친 상태가 된다. 이 시기에 태아는 그저 자라기만 하면 된다. 그로 인해 산모는 몸이 불고 몸매가 바뀌면서 대단한 불편함을 겪는다. 움직이기 힘들고 잠들기 힘든 경우도 많다.

임신 기간 동안 호르몬은 어떤 영향을 줄까?

호르몬 증가는 임신한 여성에게 신체적, 감정적 영향을 준다. 호르몬이 가장 많이 증가하는 첫 3개월 동안 여성은 메스꺼움과 입덧으로 고생한다. 또 급변하는 기분과 감정의 변화로 힘들어한다. 그런 감정의 변화에 남편이 맞서면서 부부 관계가 악화되기도 한다. 그러다 3개월부터 6개월 사이에는 이런 경향이 줄어든다. 이 시기는 임신 기간 중 가장 즐거운 시기로 알려져 있다. 첫 3개월 동안 겪었던 신체적인 불편과 감정적인 동요가 가라앉은 데다 아직까지는 어느 정도 움직일 수 있기 때문이다.

임신한 여성의 심리 상태에 옥시토신은 어떤 영향을 줄까?

옥시토신과 바소프레신이라 불리는 임신 관련 화학 물질의 역할이 과학계에서 상당한 주목을 받아왔다. 옥시토신은 임신, 출산, 수유, 육아와 밀접한 관련이 있다. 임신 중에 발생하는 옥시토신의 급증이 산모가 아기를 기르는 데 도움을 주는 것으로 추정된다. 옥시토신과 애착이 관련됐다는 연구 결과만 봐도 임신 기간 중에 늘어난 옥시토신의 방출이 산모와 아기의 관계를 향상시킨다고 생각할 수 있을 것이다. 옥시토신은 또한 임신 기간 동안 산모가 아기에게 전념하게 하는 데도 기여한다.

아내가 임신하는 동안 남편은 어떤 문제를 느낄까?

임신 기간 동안 남편은 오직 상상으로만 알 수 있는 아기에 대한 애착을 갖기 시작해야 한다. 그러나 아내와 같은 엄청난 신체 변화를 겪지 않기 때문에 이처럼 애착을 갖는 일은 쉽지 않다. 아직은 아기가 현실적으로 느껴지지 않을 수도 있다. 이는 2006년 린지 거너Lindsey Gerner가 실시한 연구에 의해서도 입증된 바 있다. 연구 결과, 초음파 검사 참관 횟수가 많을수록 아버지와 태아의 애착이 강하게 나타나는 것으로 밝혀졌다. 초음파 사진을 통해 아버지가 아기를 현실적으로 느끼게 된 것이 분명하다. 뿐만 아니라 아버지는 부모로서의 엄청난 책임감을 감당할 수 있을지 우려하면서 두려움을 느끼기도 한다.

일반적으로 여성의 경우, 아이를 보살피는 능력을 걱정하는 데 비해 남성은 경제적인 상황에 초점을 맞춘다. 점점 늘어나는 식구들을 경제적으로 지원할 능력이 자신에게 있을지 우려하는 남성들이 많다. 또 임신 기간 동안 남편이 겪는 경험은 아내와의 관계에 따라 달라진다. 결혼 생활에 대한 남편의 만족도와 임신과 육아에 대한 남편의 관여, 만족도 사이에 상관관계가 있다는 연구 결과가 있다. 이는 아이와의 관계가 대부분의 남성에게 큰 의미를 가져다주며 부부 사이가 아빠와 아이의 관계에 매우 큰 영향을 끼친다는 점을 나타낸다. 부부 사이가 엄마와 아이의 관계에 미치는 영향은 그리 크지 않은 것으로 나타났다. 이런 현상은 부모가 된 이후에도 지속된다. 아이를 위해서나 부부 사이를 위해서나 새로 태어난 아기에게 초점을 맞춘다고 해서 결혼 생활의 욕구를 간과해서는 안 된다.

'의만'이란?

어떤 문화를 막론하고 나타나는 의만이라는 놀라운 현상은 임신한 아내를 둔 일부 남성이 심리적 문제를 어떤 식으로 처리하는지 보여준다. 의만은 여러 문화에서 발견되었으며 마르코 폴로Marco Polo가 세계 일주를 할 때에도 기록된 바 있다. 의만은 출산을 앞둔 아내를 둔 남편이 보이는 임신과 관련된 신체적 증상을 뜻한다. 그 증상으로는 소화장애, 불면증, 심지어 체중 증가도 있다.

이를 통해 의만이 몇 가지 심리적 목적을 수행한다고 추측할 수 있다. 임신의 신체적 증상을 보임으로써 남편은 아내와 좀 더 가까워지고, 자신이 임신에 기여한 부분을 인정받으며 아기의 출산에 심리적으로 대비한다. 이런 증상이 나타나는 데는 심리적 원인뿐만 아니라 생물학적 원인도 있다고 주장하는 심리학자들이 있다. 실제로 임신 기간 동안 남편에게도 임신한 아내와 유사한 호르몬의 양적 · 질적인 변화가 일어난다는 근거가 있다.

연구 결과, 임신 기간과 출산 직후 남성과 여성 모두에게서 프로락틴과 에스트라디올이 증가하고 테스토스테론이 감소하는 것으로 나타났다.

임신한 아내의 심정을 공감하는 일부 남편들의 경우 임신에 따른 신체적인 변화를 직접 경험하기도 한다.

자녀 양육

부모와 자식의 애착은 얼마나 중요할까?

대부분의 부모에게는 자녀에게 느끼는 사랑이 평생 동안 느끼는 사랑 가운데 가장 강한 사랑이다. 일부 부모들은 아기와 사랑에 빠졌다고 말하기도 한다. 그건 합리적인 감정이 아니다. 아이에 대한 사랑은 선택하거나 의도적으로 갖게 되는 것이 아니기 때문이다. 아기에 대한 사랑으로 초보 부모는 삶이 변화되는 강렬한 경험을 한다. 진화론적 관점에서 보면 이런 맹목적인 부모의 사랑은 지극히 당연한 것이다. 아이는 전적으로 부모에게 의존한다. 자녀를 기르려면 상당한 시간, 에너지, 돈을 투자해야 한다. 때문에 부모가 아이에게 그처럼 강한 사랑을 느끼지 않는다면 아이가 잘 자라는 것은 차치하고 아이가 생존하는 데 필요한 희생을 하는 것도 버거워할 것이다.

아기가 태어난 후 첫 1년 동안 스트레스를 가장 많이 받는 부분은 무엇일까?

부모는 아기의 탄생을 기뻐하고 반기면서도 첫 1년 동안은 온갖 스트레스를 받는다. 아마 잠을 제대로 잘 수 없는 것이 가장 큰 스트레스일 것이다. 게다가 아기에게 한시도 눈을 뗄 수 없기 때문에 개인 시간이 상당히 줄어드는 스트레스도 있다. 때로는 샤워할 시간도 내기 어려울 때가 있다. 직장에 다니던 산모가 아기 때문에 오랫동안 집에서 쉰다면 경제적인 변화도 일어날 것이다. 엄마가 직장으로 복귀하려면 아기를 돌볼 사람을 구해야 한다. 또 아기를 기르는 것은 일상생활에도 상당한 변화를 가져온다. 식사, 사회생활, 빨래 등 많은 일상이 아이 중심으로 이루어져야 하기 때문이다. 결국에는 부모가 새로운 생활에 적응하게 되지만 적응하는 기간 동안에는 상당한 스트레스를 받을 수 있다.

양육에 대한 성의 역할을 사람들은 어떤 식으로 이해할까?

아이를 돌보는 데 여성이 절대적으로 필요한 것이 사실이지만 아버지의 역할에 대해서는 사람들마다 다양한 생각을 가지고 있다. 대부분의 아버지들이 가족을 지원하고 보호하는 데 관여하지만 일상적인 양육에 얼마나 많이 관여하는지는 문화와 시대에 따라 다르다. 현대 사회에서는 지난 몇십 년간 성의 역할이 변하면서 자녀 양육에 기여하는 아버지의 역할을 바라보는 문화적인 시각도 급격히 변했다. 아직도 아이를 돌보는 일은 대부분 여성들이 맡지만 위 세대에 비하면 자녀 양육에 대한 아버지의 책임도 많이 늘어난 것을 알 수 있다. 이런 역할의 변화는 아버지의 역할에 대한 부부의 관점이 서로 다를 경우 혼란으로 이어질 수 있다. 아버지가 된 남성이 부모로서 자신이 해야 할 역할을 명확하게 이해하지 못한다는 연구 결과가 많은데 이들 연구에 따르면, 초보 아버지의 경우 자녀 양육이라는 전체적인 과정과 자신의 연관성을 확실히 느끼지 못하고, 아내가 받는 스트레스를 이해하지 못하며, 양육법에 대한 비현실적인 태도를 갖는 경우가 많다고 한다.

아기의 탄생이 결혼 생활에 미치는 영향은 무엇일까?

아기의 탄생은 결혼 생활에 엄청난 영향을 미친다. 부모의 삶이 아이의 출생과 함께 영원히 변하는 것처럼 결혼 생활 역시 변한다. 부모가 된 부부들은 확실히 사이가 더 가까워진다. 부부가 새로운 생명을 낳는 놀랍고 신기한 경험을 나누었기 때문이다. 하지만 아기의 출생은 결혼 생활에 상당한 압박이 되기도 한다. 무엇보다 아기를 돌보는 데 많은 시간이 드는 데다 신생아는 끊임없이 무언가를 필요로 한다. 둘째, 아기가 일정한 수면 습관을 갖기까지는 몇 개월이 걸린다. 이로 인해 육체적으로 지치면서 부부의 짜증이 늘고 감정적으로 불안해질 수 있다. 일상생활에 지장을 주는 모든 것이 결혼 생활을 어렵게 만드는 요인이 된다.

부모로서 자리 잡는 데 도움이 되는 요소는 무엇일까?

연구 결과, 아기가 태어난 후 생활이 어떻게 달라질지 가장 현실적으로 예상하는 부부가 부모로서의 삶에 가장 쉽게 적응하는 것으로 나타났다. 그 외에도 부모 역할에 대한 합의, 일상생활의 재조정, 부부만의 시간 갖기(이를테면 일주일에 한 번씩 데이트하는 날을 정하는 것) 등이 도움이 되는 것으로 나타났다. 사회적인 지원과 경제적인 안정 또한 부모로서 자리를 잡는 데 도움이 된다.

훈육과 관련된 문제로는 어떤 것들이 있을까?

훈육은 양육의 필수 요소로 제대로 훈육하지 않으면 아이의 발달에 치명적인 해가 될 수 있다. 부모는 적절한 제한과 아이의 눈높이에 맞는 허용 사이에서 균형 잡는 것을 목표로 삼아야 한다. 적절한 균형을 잡는 것은 결코 쉬운 일이 아니다. 그러나 부모는 지나치게 엄격하고 통제하는 모습과 지나치게 관대한 모습 사이에서 올바른 길을 찾지 않으면 안 된다.

아이를 기르는 데 제한 설정이 왜 중요할까?

아이는 스스로 조절하는 능력을 가지고 있지 않으므로 부모가 제한을 정해주는 것이 대단히 중요하다. 아이들은 가르쳐야 한다. 그런데 아이의 분노를 참고 견디기보다 아이가 반항할 때 져주면서 아이와의 다툼을 피하는 부모들이 많다. 그러나 올바른 부모라면 지금 당장의 불편함은 감수해야 한다. 원하는 것은 다 얻을 수 있다고 생각하는 아이는 부모와의 관계에서 자신이 주도한다고 느끼는데 그로 인해 아이는 불안감을 갖는다. 아이는 원하는 것을 다 얻고 싶어 하면서도, 자기 삶을 책임질 정도로 강하지 못하다고 스스로 느끼기 때문에 어른이 대신 나서서 통제해주기를 바라기도 한다.

제한 설정은 어떻게 좌절감 내성을 키워줄까?

합리적인 제한 설정은 아이에게 감정과 충동을 조절하는 방법을 가르쳐준다. 이 기술이 없다면 아이는 사회에서 제대로 살아갈 수 없다. 따라서 아이가 좌절감이나 분노를 드러낼 때마다 아이를 달래려고 부모가 개입하면 아이는 부정적인 감정을 조절하는 법을 배울 기회를 갖지 못한다. 그러면 중요한 문제 해결 능력과 감정 조절 능력이 발달하지 못한다. 가족은 아이에게 너그러울 수 있다. 그러나 바깥세상은 아이의 기분에 맞춰주지 않는다. 때문에 아이가 가족 이외의 바깥세상에 적응할 수 있게 키우지 않으면 향후 상당한 좌절감, 분노, 대인 관계 문제를 갖게 된다. 어렸을 때 마음대로 자랐던 아이는 커서 직장 생활과 대인 관계에서 생기는 좌절감을 조절할 능력을 갖지 못하며, 이런 문제는 성인이 된다고 해서 사라지지 않는다.

지나치게 엄격하면 어떤 위험이 발생할까?

너무 엄격하게 통제하는 것도 위험하다. 부모가 지나치게 가혹하거나 자기 편한 대로 훈육하면 부모의 권위는 타당성을 잃게 된다. 그러면 아이는 권위를 적대시하여 권위적인 인물에 대해 반감을 갖거나 두려움과 분노를 느끼게 된다. 그런 아이의 경우 부모의 훈육을 토대로 자기 훈련을 하는 데 상당한 어려움을 느낄 수도 있다. 부모의 훈육 목적이 결국 아이들 스스로 자기 훈련을 하게 만드는 것인데도 말이다. 이런 아이가 성인이 되면 자기 스스로 통제하기를 거부하거나 맡은 일을 하지 않고 미루기만 하는 태만한 행동을 보일 수 있다. 그렇지 않으면 지나치게 수동적이 되어 주도성과 자율성을 억제한다.

부모는 아이의 행동에 제한을 설정해야 하지만 지나치게 엄격하면 해가 될 수 있다.(iStock)

다이애나 바움린드의 자녀 양육 유형이란?

다이애나 바움린드Diana Baumrind는 1970년대에 다양한 자녀 양육 유형을 연구했다. 학령기 전 자녀를 대하는 부모의 모습을 관찰한 바움린드는 다음과 같은 세 가지 유형의 행동 패턴을 발견했다. 허용과 관심, 통제(부모의 통제) 그리고 자율성 인정(아이가 스스로 결정 내릴 수 있게 허락하는 것). 이 행동 패턴들을 토대로 그녀는 네 가지 자녀 양육 유형을 개발했다. 권위 있는Authoritative 부모는 세 가지 행동 패턴을 모두 보이는 부모로, 통제와 아이의 자율성 인정 사이에 균형을 잡는 사람이다. 권위주의적Authoritarian 부모는 통제는 많이 하지만 허용과 관여, 자율성은 인정하지 않는다. 허용적인Permissive 부모는 통제는 하지 않고 자율성 인정만 많이 한다. 이런 부모는 아이에 대한 관심은 별로 없고 지나치게 관대하기만 해서 아이와 함께하는 시간은 갖지 않고 자율성만 허락한다. 무관심한Uninvolved 부모는 세 가지 행동 패턴 중 어느 것도 보이지 않는 사람이다. 네 가지 자녀 양육 유형 가운데 권위 있는 부모가 가장 좋은 결과를 낳는다. 이런 부모 밑에서 자란 아이가 가장 긍정적이고 자신감 넘치며, 사회적 · 감정적으로 능력 있는 사람이 된다.

체벌이 어느 정도 심해야 학대라 할 수 있을까?

수백 년 동안 체벌은 아이를 양육하는 데 당연히 필요한 부분으로 용인되었다. 그러나 몇십 년 전부터 체벌은 불필요할 정도로 폭력적인 방식으로 인식되고 있다. 요즘에는 체벌 대신 시간 제한과 같은 방식이 선호되고 있다. 체벌하지 않고 훈육하는 방법이 훨씬 더 효과 있다는 연구 결과가 꽤 많다.

체벌의 정도는 문화적 하위 집단에 따라 다르다. 미국 흑인 사회에선 체벌을 받고 자란 아이들이 행동화(태도와 갈등을 말 대신 행동으로 나타내는 것)하는 경향이 낮고 학교에서 말썽을 부리거나 범죄를 저지르는 일이 적은 것으로 조사되었다. 또한 가볍고 예측 가능하며, 아이에게 화를 내기 위한 것이 아니라 훈육을 위한 목적으로 하는 체벌은 효과가 있는 것으로 나타났다. 하지만 체벌이 지나치게 가혹하고, 지속적인 고통이나 신체적인 부상을 유발하며, 예측 할 수 없을 정도로 제멋대로이고, 적절한 수준의 행동을 일깨우기 위해서라기보다 부모의 분노를 표출할 목적으로 이루어질 때는 학대로 분류된다.

자녀를 양육할 때 일관성은 얼마나 중요할까?

아이에게 일관적인 태도를 유지하는 것은 부모가 지켜야 할 모습이지만 이는 상당히 어려운 문제다. 부모가 순간의 압박에 굴복하지 않고 허용되는 것과 허용되지 않는 것에 대한 결정을 고수하기 어려울 때가 많다. 아이들은 규칙이 무엇인지, 어디까지가 한계인지 명확히 알아야 하기 때문에 일관적인 태도를 보이지 않으면 큰 문제가 된다. 또한 일관성 없이 규칙을 강화하면 아이에게 혼란을 안겨준다. 행동주의 이론에 따르면, 간헐적 강화는 오히려 나쁜 행동이 사라지지 못하게 막는다고 한다. 예를 들어 특정한 것을 요구하는 아이에게 부모가 처음엔 안 된다고 했다가 결국 들어주면 아이는 '안 된다'는 말이 실제로 안 된다는 의미를 나타내는 것이 아니라 부모에게 조르면 된다고 생각한다. 이 경우 다음번에 아이가 '안 된다'는 말을 들어도 결국에는 부모가 자신의 요구를 들어줄 것이라 여겨 떼를 쓰게 되는 것이다.

애정은 얼마나 중요할까?

물론 훈육만이 자녀 양육은 아니다. 기본적으로 자녀 양육은 사랑을 바탕으로 이루어져야 한다. 신체적인 애정 표현은 아이의 발달에 중요한 역할을 하며, 아이가 친밀감을 느끼고 자연스러운 신체 접촉을 받아들일 수 있게 해준다. 다정함과 애정이 신경생물학적 발달에도 도움이 된다는 연구 결과가 많은데, 특히 유연한 스트레스 반응과 긍정적인 감정을 갖게 되는 능력에 영향을 준다. 르네 스피츠Rene Spitz의 고전 연구가 애정 결핍의 비극적 효과를 설명해준다. 스피츠 박사는 제2차 세계대전 때 엄마와 떨어져 고아원에서 자란 아기들을 연구했다. 아기들은 따뜻하고 청결한 곳에서 잘 먹었지만 사랑이나 신체적 접촉, 개인적인 관심은 받지 못했다. 이런 요소들의 결핍은 아기의 인지 능력, 운동 근육, 신체 발달을 방해하고 왜곡시켰으며, 아기들의 사망률도 높았다.

아이가 감정 조절 능력을 갖는 데 부모는 어떤 역할을 할까?

부모가 중요한 역할을 하는 또 다른 분야는 아이의 감정 조절 능력 발달이다. 아이는 자신의 감정을 인식하고 분류하고 조절하는 법을 배워야 한다. 걷거나 말하는 능력과 달리 이런 능력은 혼자 깨칠 수 있는 것이 아니다. 따라서 아이의 감정 표현을 부모가 얼마나 민감하게 알아차리는지가 아이의 감정 조절 능력 발달에 심오한 영향을 끼친다. 1996년에 실시한 연구를 통해 존 고트먼, 린 카츠Lynn Katz, 캐럴 후븐Carole Hooven은 아이가 만 다섯 살 때 이루어진 자녀 양육의 질에 따라 만 다섯 살 때와 만 여덟 살 때 아이에게 나타나는 여러 가지 모습이 달라진다는 사실을 발견했다.

이 연구에서는 자녀 양육 유형을 다음 세 가지로 분류해 측정했다. 부모가 아이에게 스스로 느끼는 감정을 분류하고 관리할 수 있게 가르치는 감정 코칭, 지원적 가르침의 하나인 칭찬-지지, 그리고 참견, 비판, 조롱을 일삼는 경멸적인 자녀 양육. 그와 함께 아이의 감정 조절, 또래와의 관계, 학교 성적, 신체적 건강, 스트레스에 대한 생리적 반응인 미주 신경색 등의 결과도 측정했다. 예상대로 감정 코칭과 칭찬-지지 점수가 높고 경멸적 자녀 양육 점수가 낮은 경우 긍정적인 결과가 나타났다. 특히 감정 코칭은 다섯 살과 여덟 살 때의 긍정적인 감정 기능에 영향을 준다.

문화마다 자녀 양육법은 어떻게 다를까?

모든 문화의 자녀 양육에는 사랑, 헌신, 가르침, 훈육이 따르지만 자녀 양육법은 문화마다 상당한 차이가 있다. 일반적으로 전통적이고 집단주의적인 문화일수록(예컨대 아시아와 아프리카) 상호 의존, 권위 존중, 행동 제어 능력을 길러주는 자녀 양육을 한다. 북아메리카, 북서 유럽과 같은 개인주의 문화에서는 자립심과 자유로운 자기표현 능력을 기르도록 자녀를 양육하는 반면 위계 관계는 덜 중시한다. 신체적인 애정 표현 또한 문화마다 다르다. 예를 들어 북유럽 문화는 전통적으로 남유럽 문화에 비해 감정 표현과 신체적인 애정 표현을 자제하는 편이다.

아동 발달에 신체 접촉이 가지는 중요성에 관한 연구 결과로는 어떤 것이 있을까?

마이클 미니Michael Meaney와 동료들은 유아기 경험이 유전자에 미치는 영향을 연구했다. 쥐를 이용한 연구를 통해 미니 교수는 엄마의 보살핌이 스트레스 반응과 관련된 유전자에 강한 영향을 미친다는 사실을 밝혀냈다. 이는 유전자에 도달한 후생 유전 표지epigenetic marker라는 화학 물질이 유전자 발현을 바꾸기 때문인 것으로 나타났다. 다시 말해 후생 유전 표지가 특정 유전자를 껐다 켰다 하는 것이다. 중요한 점은 후생 유전 표지가 DNA 염기 서열을 바꾸는 것이 아니라 특정 유전자의 발현을 바꾼다는 사실이다. 유전자의 청사진은 바뀌지 않고 구축되는 청사진의 일부만 변경된다.

자주 핥아주는 어미 쥐 밑에서 자란 쥐들은 어미와의 신체 접촉이 덜한 상태로 자란 쥐들에 비해 낮은 스트레스 반응을 보인다.(iStock)

이 연구에서는 새끼 쥐와 신체 접촉이 많은, 자주 핥아주는 어미 쥐의 보호를 받으며 자란 쥐들과 자주 핥아주지 않는 어미 쥐 아래서 자란 쥐들이 비교됐다. 어미 쥐가 자주 핥아준 쥐들은 메틸기Methyl group라는 후생 유전 표지가 자주 핥아주지 않은 어미 쥐를 둔 쥐들에 비해 낮았다. 이 쥐들은 스트레스와 긴장을 훨씬 덜 느꼈고 혼자 알아서 차분해졌다.

쥐에게서 발견된 것과 같은 후생 유전 표지가 인간에게도 똑같은 작용을 한다. 자살한 사람과 차 사고로 죽은 사람의 시신을 부검한 연구원들은 어린 시절 학대를 받고 자란 사람들이 그렇지 않은 사람보다 후생 유전 표지가 더 많다는 사실을 발견했다. 쥐나 사람이나 부모의 보살핌이 스트레스 반응을 조절하는 후생 유전 표지 생산에 영향을 미치는 듯하다. 어린 시절 제대로 된 보살핌을 받으면 스트레스 반응이 줄어들지만 무관심하거나 학대적인 분위기는 스트레스 반응을 늘린다.

가족

가족이란?

가족이란 출생, 입양 또는 혼인을 통해 관계를 맺은 사람들의 무리다. 좀 더 비공식적으로는 오랫동안 함께 사는 사람들의 무리라고 정의할 수 있을 것이다. 예를 들어 법적으로 인정받지 못한 상태로 수십 년간 함께 살아온 동성애 커플도 가족이라 할 수 있다. 그러나 일반적인 정의는 평범한 형태의 '가족'을 뜻한다.

지난 몇십 년 동안 가족 구조는 어떻게 변했을까?

가족의 기본 단위는 변하지 않았지만 최근 몇십 년 동안 선진국에서만큼은 전형적인 가족 구조가 대단히 많이 변했다. 우선 1인 가족의 수가 상당히 증가했다. 결혼 연령이 늦어지고 이혼율이 증가하면서 사람들이 혼자 사는 시기가 늘어난 것이다. 그러나 아직까지 아이가 있거나 없는 결혼한 부부가 가장 흔한 가족 형태로 나타났다. 2000년도 미국 인구조사에 따르면, 결혼한 부부가 미국 전체 가정의 절반 이상을 차지했고 1인 가족은 25퍼센트를 조금 넘겼다. 동성이나 이성 연인과 동거하는 사람들, 3세대가 함께 사는 가족, 편부나 편모 가족 또한 미국 가정의 큰 부분을 차지한다. 또 재혼 가족처럼 혼합 가족도 매우 흔한 것으로 나타났다(우리나라 1인 가구의 비중은 2017년 기준 27%이다).

편부모 가정은 얼마나 흔할까?

부모가 함께 아이를 키우는 집이 대다수를 차지하지만 최근 몇십 년 동안 편부나 편모 밑에서 태어나거나 자라는 아이의 비율도 꽤 증가했다. 미국 통계국이 발표한 통계수치에 따르면, 편부모 가정의 비율이 1970년과 1990년 사이에 세 배나 증가한 것으로 나타났다. 미국의 경우 2008년에 부모와 함께 사는 자녀의 비율은 70퍼센트, 편모 가정에서 자라는 아이는 23퍼센트, 편부 가정에서 자라는 아이는 3.5퍼센트를 차지했고, 부모와 같이 살지 않는 아이도 3.8퍼센트나 됐다. 그러나 편부모 가정 비율은 민족에 따라 큰 차이가 있다. 2008년을 예로 들면, 유럽-미국 아이들의 17퍼센트, 아프리칸-아메리칸 아이들의 51퍼센트, 아시안 아이들의 10퍼센트, 히스패닉 아이들의 24퍼센트가 편모 가정에서 자라는 것으로 나타났다.

가족 구조는 아이들에게 어떤 영향을 미칠까?

편부모 가정에서 자란 아이들이 부모 밑에서 자란 아이들에 비해 감정적, 학습적, 사회적으로 문제가 더 있다는 근거가 상당히 많다. 그러나 이러한 결과는 편부모 가정이 경제적으로 열악하고, 교육 수준이 낮으며 범죄율이 높은 지역에 살 가능성이 더 크기 때문인지도 모른다. 부모가 아이에게 안정적으로 보살펴주는 가정을 제공하기 위해서는 적절한 사회적 지원과 경제적 자원이 필요하고 부모 자신이 지나친 스트레스로부터 보호받아야 한다는 점이 무엇보다 중요하다. 최근 수십 년 동안 동성애 부모가 아이를 기르는 경우도 증가했다. 연구 결과를 보면 동성애 부모 밑에서 자란 아이는 이성애 부모 밑에서 자란 아이와 감정적 · 사회적 적응 능력이 크게 다르지 않은 것으로 나타났다. 그런 아이는 성적 성향도 크게 다르지 않아 대부분 이성애자로 자란다. 그러나 동성애 부모가 어떤 사회적 환경에서 아이를 기르는가에 따라 아이에게 미치는 영향은 다른 것으로 나타났다. 동성애를 인정하는 분위기 속에 기르면 아이가 긍정적으로 적응해나가지만 동성애 가족을 인정하지 않는 분위기에서 아이를 키울 경우 아이에게 커다란 심리적 영향을 미칠 수 있다.

문화마다 가족 구조는 어떻게 다를까?

문화에 따라 가족 구조가 다른 가장 흔한 이유는 확대 가족의 역할이 다르기 때문이다. 현대 산업화된 문화는 대가족보다 핵가족을 선호한다. 신혼 부부는 대개 부모 곁을 떠나 자기들만의 가정을 꾸린다. 전통적인 문화에서는 대가족과 핵가족의 경계가 분명하지 않다. 여러 세대가 한 집에 모여 살면서 조부모, 삼촌, 고모 등이 부부의 결혼 생활과 자녀 양육에 큰 영향을 미친다.

가족 체계란?

가족 치료 문헌을 통해 가족의 기능에 대해 많이 알려졌는데, 1960~1970년대 들어 가족 치료가 개인 치료에서 분리되어 자체적인 이론과 철학관을 성립했다. 생물학자 루트비히 폰 베르탈란피Ludwig von Bertalanffy의 독창적인 연구에 영향을 받은 가족 치료는 가족을 개별적인 사람들의 집단이 아니라 하나의 독립 체계로 보아야 한다는 핵심 이론을 가지고 있다. 다시 말해 상관없는 개체들의 집단이 아닌 살아 있는 유기체와 같은 동적인 전체로 가족을 이해해야 한다는 것이다.

가족이 어떻게 체계가 될 수 있을까?

체계는 상호 작용하는 부분들로 구성된 전체를 뜻한다. 이를테면 어머니, 아버지, 아이와 같은 구성원 개개인들이 모여 가족을 이루지만 가족의 특성은 가족 구성원들 사이의 상호 작용에 의해 결정된다. 즉 가족 구성원들의 상호 작용 패턴이 가족 체계의 구조를 형성한다. 가족은 또한 형제자매나 부모와 같은 하위 체계도 갖추고 있다. 가족이 체계이기 때문에 구성원들을 개별적으로 고려하면 안 된다. 한 부분이 바뀌면 다른 부분들도 바뀌기 때문이다. 또 체계의 한 부분이 하는 행동이 체계 전체의 문제를 나타내는 것일 수도 있다. 예를 들면 별거 중인 부모를 다시 합치게 하려고 아이가 학교에서 말썽을 부리는 경우도 있다.

가족들 사이의 경계선이란 무슨 뜻일까?

살바도르 미누친Salvador Minuchin, 1921~ 은 가족 치료의 선구자다. 그는 구조적 가족 치료라고 불리는 가족 치료 학파를 만들었다. 구조적 가족 치료에서 미누친은 경계선의 중요성을 강조한다. 경계선이란 가족 구성원이나 하위 체계 사이의 경계를 나타내는 데 영향, 정보, 의사 결정권의 한계를 정하는 것이다. 예를 들어 부모와 자녀 사이에는 분명한 경계가 있어야 한다. 자녀들이 부모의 성생활이나 세세한 재정 상태까지 알 필요는 없다. 또한 자녀가 부모의 결혼 생활에 지나치게 큰 영향을 끼쳐서도 안 된다.

경직된 경계선, 견고한 경계선, 투과적 경계선의 차이는?

가족 내에서는 견고하면서도 투과적인 경계선이 서 있어야 한다. 그런데 경계선이 지나치게 경직되어 있으면 세대 간이나 가족들 사이에 의사소통이 이루어지지 않거나 서로 영향을 주지 못한다. 그러면 권위주의적이거나 무관심한 가족 체계가 된다. 경계선이 지나치게 투과적이면 사생활을 충분히 존중하지 않고 한 가족 구성원이 다른 가족 구성원의 의사 결정을 방해한다. 그러면 밀착된 가족 체계가 된다. 가장 이상적인 형태는 견고하면서도 투과적인 경계선이다. 예를 들면 부모가 자녀의 의견을 경청하고 자녀가 원하는 바를 들어주면서도 최종 결정은 자녀에게 내리게 하는 것이다.

세대 간의 경계선은 얼마만큼 중요할까?

가족 내의 가장 중요한 경계선 가운데 하나가 부모와 자녀 사이의 경계선이다. 세대 간의 경계선이 지나치게 투과적이면 자녀들은 너무 많은 정보를 알게 되고 너무 많은 권한을 가지게 된다. 미성숙한 자녀들의 요구가 부모의 결정에 영향을 미쳐 심지어 부모의 결혼 생활에까지 영향을 주게 된다. 그러면 부모는 자녀를 통제할 수 없을 뿐 아니라 아이들이 보호받지 못한다는 생각에 불안감을 느끼기 때문에 문제 가정이 되는 것이다. 반대로 경계선이 지나치게 경직되어 있으면 아이들은 부모의 의사 결정에 아무런 영향을 끼치지 못할 수 있다. 그러면 아이들은 지나친 간섭을 받는다고 느끼거나 아니면 스스로 중요하지 않은 사람이라고 인식하게 된다. 가장 이상적인 세대 간의 경계는 견고하면서도 투과적인 것이다. 하지만 그것은 이상적인 것일 뿐, 항상 현실적인 것은 아니다. 정확히 어디를 경계로 삼아야 하는지 알기가 쉽지 않기 때문이다. 부모라면 자신이 세운 경계선이 항상 옳다고만 생각하지 말고 적절한 세대 간의 경계를 유지하기 위해 노력할 필요가 있다.

삼각관계화란?

이 개념은 또 다른 가족 치료 선구자인 머리 보엔Murray Bowen, 1913~1990과 관련이 있다. 삼각관계화Triangulation란 두 사람 사이의 갈등을 해소하기 위해 제3자를 개입시키는 것을 말한다. 예를 들어 엄마가 아빠와 말다툼을 하면서 아이에게 자기편을 들게 만드는 것이다. 부모가 부부간의 문제에 아이를 개입시키면 세대 간의 경계선이 무너지면서 아이는 심한 부담을 갖게 된다.

가족과 외부 세상의 경계선은 어떻게 정의될까?

가족 구성원이나 하위 체계 사이의 경계선(내부 경계선)만 있는 것이 아니라 바깥세상과의 경계선(외부 경계선)도 있다. 외부 경계선은 가족 이외의 사람들에게 미치는 영향력, 시간, 정보의 양을 뜻한다. 예를 들어 가족 이외의 다른 사람들과 별로 관계를 맺지 않으면 그 가족은 경직된 외부 경계선을 가지고 있는 것이다. 집에 드나드는 외부 사람들이 많거나 가족 이외의 사람들 때문에 가정생활에 큰 영향을 받는 가족은 경계선이 지나치게 투과적이다. 견고하지만 투과적인 외부 경계선을 세움으로써 가족 이외의 사람들과 친하고 긍정적인 관계를 유지하면서도 가족 체계에 속하는 사람과 속하지 않는 사람을 명확히 구분하는 것이 가장 이상적이다.

부부간의 문제는 가족 역학에 어떤 영향을 끼칠까?

가족은 통합된 체계이므로 한 하위 체계의 문제라도 전체적인 가족의 기능에 영향을 줄 수 있다. 전형적인 핵가족의 경우, 부부 사이의 하위 체계가 다른 하위 체계보다 큰 영향력을 가진다. 미누친은 가족 내의 권력 위계 구조가 있다고 주장했다. 자녀가 있는 가정의 경우 가족 체계 전체에 대해 가장 큰 권한을 가진 부모가 위계 구조의 맨 위에 속한다. 따라서 부모의 문제가 나머지 식구들에게 큰 영향을 준다. 예를 들어 부부 사이가 원만하지 않은 집에서 자란 아이들은 문제 행동을 보일 수 있는 등 부모가 조화로운 팀을 이루지 못하면 가족 전체에 지장을 준다.

확대 가족은 어떤 장단점이 있을까?

어린 자녀를 둔 대부분의 가족은 조부모, 삼촌, 이모, 고모 등과 밀접한 관계를 가진다. 이 같은 확대 가족은 상당한 도움이 될 수도 있지만 또한 단점이 될 수도 있다. 장점으로는 보다 큰 사회 집단에 속한다는 공동체 의식을 가질 수 있다. 또 확대 가족 구성원이 필요할 때 도와주거나, 현실적 · 경제적 · 정서적 지원을 해줄 수도 있다. 엄마가 직장에서 일하는 동안 할머니가 아이를 봐주는 것처럼 말이다. 게다가 결함이 하나도 없는 성격을 가진 부모는 이 세상에 없다. 따라서 확대 가족 구성원이 아이들에게

확대 가족이 아이를 기르는 데 도움을 주는 것은 좋지만 지나친 간섭은 갈등을 일으킬 위험을 낳는다.

부모를 대신해 역할 모델이 되어줄 수도 있고, 아이가 부모와는 다른 식의 관계를 맺을 수도 있다. 엄마가 아이를 사랑하면서도 지나치게 걱정이 많은 경우를 예로 들어보자. 그러면 엄마보다 걱정이 덜한 삼촌을 보면서 아이는 다른 식으로 스트레스를 관리할 수 있다는 점을 깨달을 수 있다.

한편, 부모와 확대 가족 구성원 사이의 갈등은 단점으로 작용한다. 이때가 적절한 경계선이 작용하는 때다. 가장 이상적인 방법은 가족 구성원들 사이에 갈등을 해소하는 방법을 찾아내고 의사 결정, 사생활, 함께 지내는 시간과 같은 문제에 대한 경계선을 명확하게 세우는 것이다.

자녀가 성장하면서 가족 역학은 어떻게 변할까?

자녀가 자라면서 가족 역학 또한 상당히 변한다. 자녀가 어릴 때는 부모가 더 많은 권위를 가지고 통제한다. 또 아이가 독립적인 사회생활을 할 능력이 되지 않기 때문에 가족들과 함께 보내는 시간이 많다. 이 시기에는 자녀를 키우는 부모가 도움을 필요로 하기 때문에 확대 가족들도 많이 관여한다. 그러나 아이가 성장하고 자립하기 시작하면 부모는 아이에 대한 간섭을 줄여야 한다. 아이가 자라면 가족 구성원들이 함께하는 시간보다 외부 세상에 관여하는 일이 더 많아진다. 부모도 자녀 양육에 확대 가족 구성원의 도움을 필요로 하는 일이 줄어든다.

결국 부모와 성인 자녀는 좀 더 대등한 관계를 갖게 되는데, 그 변화 과정이 상당히 어려울 수 있다. 부모는 성장한 자녀에게 더 많은 자립심을 부여해야 하고, 자녀는 자신의 삶을 스스로 책임져야 한다. 성장한 자녀가 자기만의 가족을 꾸리기 시작하면 부모는 조부모가 됨에 따라 가족 관계도 재구성된다. 부모가 나이 들고 성인이 된 자녀가 부모를 돌보는 일을 맡을 때 마지막으로 다시 한 번 가족의 재구성이 이루어진다.

편부모 가정에서는 세대 간의 경계가 어떻게 이루어질까?

가족 치료 선구자들이 이론을 정립하던 1960년대와 1970년대에는 오늘날처럼 편부모 가정이 흔하지 않았다. 따라서 그들은 보다 전통적인 핵가족을 중점적으로 다뤘다. 그러나 요즘은 편부모 가정의 비율이 많이 증가했기 때문에 가족 체계 개념을 이런 가족 유형에 맞추는 방법을 고민할 필요가 있다. 편부모 가정에서는 편부, 편모와 성장한 자녀 사이에 세대 간의 경계가 뚜렷하지 않은 경우가 많다. 편부모 가정에서는 성장한 아이가 부모의 조력자 역할을 하기 때문이다. 이런 형태는 부모가 확실한 통제권을 가지고, 성장한 자녀가 공동 부모 역할이 아니라 자녀의 역할만 할 때 괜찮다고 할 수 있다. 자녀 또한 부모의 감정적 욕구를 충족시켜주는, 편부나 편모의 배우자 역할을 떠맡아서는 안 된다.

편부모 가정에는 확대 가족 구성원이 더 많이 관여하는 경향이 있다. 이 경우 확대 가족 구성원이 편부모 가정에 중요한 지원책이 될 수도 있지만 통제권, 관여, 의사 결정권 등에 관해 아이를 길러준 조부모, 이모, 고모, 삼촌 등과 편부, 편모 사이의 경계선이 모호해지면서 문제가 생길 수도 있다. 젊은 편모의 경우, 자녀에 대한 결정을 스스로 내리는 쪽과 자기 엄마의 결정에 따르는 쪽, 어느 편이 더 많을까?

이혼

최근 몇십 년 동안 이혼율은 어떻게 바뀌었을까?

두 세대 전만 해도 이혼은 매우 드문 현상으로, 수치심과 치욕을 유발하는 요인이었다. 그러나 1960~1970년대의 사회적 변화, 특히 여성 운동과 성 혁명으로 인해 이혼에 대한 문화적인 태도가 급격히 변했다. 이혼을 사회적 오명으로 여기는 시각은 사라졌고, 이혼한 부모의 자녀들 또한 사회적 수치로 낙인찍히는 일이 없어졌다. 이혼율은 1970년대부터 증가하여 1970년대 말과 1980년대 초에 최고조에 달했다. 그 당시만 해도 1990년도가 되면 결혼한 사람의 절반이 이혼할 것이라고 예상했다. 지난 20년간 이혼율은 어느 정도 진정되었지만 여전히 높은 상태다. 2004년에는 40세 남성의

25.4퍼센트, 40세 여성의 30퍼센트가 이혼을 했다.

이혼의 주원인은 무엇일까?

이혼 가능성을 가장 잘 예측할 수 있는 요소 가운데 하나로 나이를 들 수 있다. 1990년 미국 인구조사 보고서에 따르면, 30세 이전에 결혼한 부부들이 30세 이후에 결혼한 부부에 비해 이혼율이 큰 것으로 나타났다. 여성의 경우 20세 이전에 결혼한 사람들이 20~24세 사이에 결혼한 여성보다 이혼율이 높았고, 20~24세에 결혼한 여성들이 25~29세 사이에 결혼한 사람보다 이혼율이 높았다. 혼전 임신도 이혼율에 큰 영향을 끼쳤다. 그런가 하면 결혼 후 출산한 부부들이 이혼할 가능성은 낮은 것으로 나타났다. 경제적 불안정, 확대 가족과의 불화, 결혼 후 잘 살고 있는 바람직한 부부상의 부재 또한 이혼에 영향을 미친다.

이혼으로 치닫는 부부 관계의 문제에는 어떤 것들이 있을까?

결혼 생활 중에 애정과 친밀감이 부족하거나 갈등을 해소하는 방법이 마련되어 있지 않을 때 이혼으로 이어질 수 있다. 결혼 생활을 위태롭게 만드는 것은 갈등의 정도가 아니라 갈등의 본질이다. 앞서 혼인에 관한 설명에서 살펴본 것처럼 1993년 존 고트먼이 결혼 생활 연구를 진행한 결과, 자기방어, 멸시, 고집스러운 생각, 비판, 경멸의 표정을 많이 보이는 부부일수록 나중에 별거하거나 이혼할 가능성이 높은 것으로 나타났다.

이혼이 주는 심리적인 영향은 무엇일까?

가족의 죽음과 마찬가지로 이혼은 상당한 상실감을 가져다주며 애통 과정을 겪게 한다. 사람이 이혼을 하면 가장 밀접한 인간관계 중 하나인 혼인 관계만 끝나는 것이 아니라 결혼 생활의 대부분을 더 이상 누릴 수 없게 된다. 무엇보다 이혼한 부모는 자

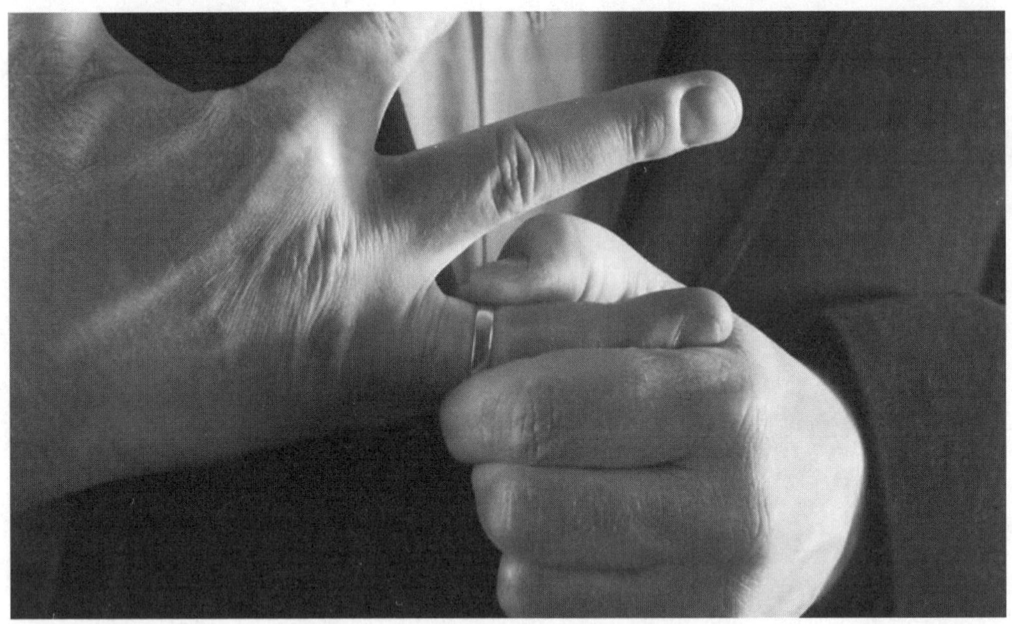

가족의 죽음 다음으로 이혼은 살아가면서 겪는 가장 충격적인 사건이다. 그러므로 결혼 생활을 끝내면서 수반되는 스트레스와 감정적인 고통을 최소화할 수 있는 조치를 취해야 한다.(iStock)

녀와 같이 살 수 없기 때문에 양육 분담, 양육권, 방문권 같은 문제들이 이혼 시 가장 큰 스트레스와 갈등을 유발하는 요인이 된다. 또 한 가정의 수입을 둘로 나누어야 하기 때문에 경제적인 압박감도 생긴다. 또한 이혼을 하면 부부로서 공유했던 사회적 생활을 더 이상 누릴 수 없을 뿐 아니라 결혼한 부부나 가족으로서의 정체성도 잃는다. 따라서 이혼한 사람들 중에서 우울증, 신체적 질병이 증가하고 특히 이혼한 남성들 사이에 자살률이 높게 나타난다는 연구 결과가 나오는 것도 당연하다고 볼 수 있다.

이혼에서 회복되는 데는 얼마나 걸릴까?

대부분 이혼 후 몇 년이 지나면 어느 정도 정상으로 회복한다. 그러면 심한 애통 과정을 극복하고 우울증, 적대감, 후회심도 가라앉게 되고 자녀 양육이라는 새로운 일상에 적응하며 새로운 이성을 만나 새로운 관계를 맺기 시작한다. 그러나 남아 있는 적대감과 혼인 관계의 끝을 받아들일 수 없는 어려움이 혼인 관계가 끝난 뒤에도 5~10

년 동안 지속될 수 있다. 이혼한 사람 중에 극소수는 10년이 지난 후에도 분노, 우울, 후회와 같은 부정적인 감정을 강하게 느낀다.

적대적이고 험악한 이혼을 하게 되는 요인은 무엇일까?

이혼이 본래 갈등에서 비롯된다는 점을 고려할 때 적대적인 다툼으로 악화될 가능성이 높다고 할 수 있다. 부정적인 감정을 억누르고 예의를 갖춰가며 이혼을 하기에는 상당한 의지가 필요하다. 부부 중 한 사람이나 두 사람 모두 결혼 생활에 만족감을 느끼지 못하면 결혼 생활이 흔들린다. 부부 중 한쪽이 이혼을 제기하면 나머지 한 사람이 강한 배신감을 느끼는 경우도 있다. 또 재산도 분할해야 한다. 갈등과 의견 대립이 가장 많이 일어나는 분야가 재산 분할이다. 자녀가 있을 경우엔 자녀 양육권에 관한 결정을 내리면서 감정이 쌓이기도 한다. 그동안 자녀와 함께한 시간을 되돌아보며 극도의 상실감을 느끼는 부모도 있다. 그러나 안타깝게도 부부가 서로에 대해 느끼는 분노 때문에 양육권 분쟁을 합의하지 못하는 경우가 많다.

이혼 과정에는 어떤 일들이 벌어질까?

이혼하기 위해서는 이혼에 대한 명확한 합의와 양육권 합의가 이루어져야 한다. 적대감을 불러일으키는 법체계의 특성 때문에 이혼하는 부부 사이의 갈등이 더 커진다고 주장하는 심리학자들도 있다. 어쨌든 경제적 분쟁, 양육권 분쟁에 대한 해결책을 마련하는 것이 중요하다. 법적인 해결책이 마련되면 악감정도 점차 가라앉게 된다. 양육 분담 때문에 지속적으로 악감정을 가지는 사람들도 일부 있지만 말이다. 일부 이혼한 부부들 가운데에는 이혼 후에도 친구처럼 지내는 사람들이 있는데 보기 드문 현상이다. 비교적 평화적이고 지나치게 간섭하지 않는 사이가 가장 흔한 형태다. 당연한 일이지만 자녀가 없는 이혼 부부의 경우 자녀가 있는 이혼 부부만큼 자주 연락하지 않는다.

갈등과 적대감을 지속적으로 가지고 있으면 어떻게 될까?

소수의 이혼한 부부들 사이에서는 이혼 후에도 갈등과 적대감을 많이 품은 사람이 있다. 대개 이런 분쟁은 자녀 양육 분담에 관한 문제에서 비롯된다. 지속적인 적대감은 심리적으로도 매우 소모적이며 특히 자녀들에게 악영향을 끼친다. 적대감이 지속되다 보면 양육권을 갖지 않은 부모(대개 아버지)와 자녀 사이에 연락이 끊기는 상황으로 치닫기까지 한다. 적대감이 늘어나면 이혼한 후에도 서로 지나치게 간섭할 수가 있다. 지속적인 갈등은 부부 관계의 끝을 인정할 수 없다는 사실을 보여주는 것이라고 믿는 연구원들도 있다. 그런 사람들의 경우, 사이가 안 좋아도 서로 등을 돌리는 것보다 계속 싸우더라도 얼굴을 맞대고 사는 것이 좋다고 생각하는 듯하다. 두 경우 모두 지속적으로 적대감을 갖는 것은 관련된 모든 사람들에게 해를 끼치기 때문에 이혼한 부부들은 적대감을 줄이고 건전한 방식으로 갈등을 해결할 방법을 찾아야 한다.

이혼은 아이들에게 어떤 영향을 미칠까?

분명 이혼은 아이들에게 큰 영향을 끼친다. 다만 그 영향이 어느 정도인지에 대한 의견은 분분하다. 이혼한 부모와 아이가 새로운 생활에 적응하면 부정적인 영향이 사라질까? 아니면 이혼이 장기적으로 악영향을 끼칠까? 많은 심리 측정 결과를 보면 시간이 지나면서 이혼한 가정의 자녀와 결혼한 부모 밑에서 자란 자녀들이 큰 차이를 보이지 않는 것으로 나타났다. 그러나 부모가 이혼하면 아이들의 감정적, 행동적 문제가 증가한다는 자료도 있다. 따라서 이혼한 가정의 아이들에게 가장 해가 되는 요인이 무엇이고 아이들을 보호해줄 요인이 무엇인지 살펴볼 필요가 있다.

이혼하면서 아이들의 정서를 보호하기 위해 부모가 할 수 있는 최선의 방법은?

부모가 이혼을 하면서 혼란과 상실감으로부터 자녀를 철저하게 보호해줄 수 있는 방법은 없다. 가족이 깨지면 아이가 부모 모두와 함께하는 시간은 줄어들 수밖에 없다. 따라서 아이의 생활에는 큰 변화가 생긴다. 새 집으로 이사 가거나 새 학교로 전학을 가는 경우도 있다. 아이를 돌봐주는 사람이나 방식이 바뀔 수도 있다. 부모가 매우 어려운 시기를 겪고 있기 때문에 아이가 부모의 감정 변화로부터 완전하게 보호받기는 매우 어렵다. 그러나 아이가 부모 모두와 밀접한 관계를 유지하고 부모가 분노와 적대감을 조절하며 자녀 양육에 협력하면 대부분의 아이들이 결국 적응해나간다. 아이가 잘 자라기 위해서는 사랑과 예측 가능성, 안정성이 필요하다. 부모가 서로에 대해 어떤 감정을 가지고 있든, 두 사람 모두 아이를 위해 안전하고 안정적인 환경을 제공하기 위해 끊임없이 노력한다면 아이에게 미치는 이혼의 부정적인 영향은 최소화할 수 있을 것이다.

이혼하는 과정에서 아이들에게 가장 해가 되는 행동은 무엇일까?

메리 화이트사이드Mary Whiteside와 벳시 제인 베커Betsy Jane Becker는 2000년 논문을 통해 이혼 가정의 아이들에 관한 연구 논문 분석 자료를 발표했다. 그들은 아이와 부모의 관계 그리고 엄마와 아빠 사이의 관계가 아이들이 적응하는 데 큰 영향을 미친다는 사실을 발견했다. 예를 들어 아빠와 아이 사이의 관계가 좋고 엄마가 아이에게 다정하게 대하는 경우 아이가 행복하게 자랄 가능성이 높았다. 또 부모 간의 협력 정도와 적대감 역시 아이의 감정 적응에 영향을 끼쳤다. 뿐만 아니라 부모 간의 관계가 아이를 대하는 행동에도 영향을 끼치는 것으로 나타났다. 한마디로 말해서 이혼한 부모 사이의 적대적이고 비협조적인 관계는 자녀에게 장기적으로 파괴적인 효과를 가져다준다.

이혼하는 부부가 가장 흔히 저지르는 실수에는 무엇이 있을까?

대부분의 부모들이 이혼하면서 자녀를 위해 최선을 다한다고 생각하지만 사실상 행동은 그렇지 않은 것으로 나타났다. 다음 표는 임상 연구 자료를 토대로 하지 말아야 할 일들을 나열해놓은 것이다. 한마디로 요약해서 배우자와의 다툼에 아이들을 끼어들게 해서는 안 된다는 것이다.

이혼하면서 흔하게 저지르는 실수

해서는 안 될 행동	예
아이 앞에서 전 배우자를 비하한다.	"너희 아빠는 아주 이기적이고 못된 사람이야."
전 배우자와 아이를 놓고 경쟁하면서 아이의 환심을 사려고 돈을 쓴다.	아이가 자신을 더 좋아하게 만들기 위해 아이에게 엄청난 돈을 쓴다.
아이에게 전 배우자에 대한 정보를 캐묻는다.	"엄마가 아직도 그 남자를 만나니?" "그 남자가 얼마나 자주 집에 오니?"
전 배우자에게 벌을 주기 위해 아이를 이용한다.	양육권을 가진 배우자에 대한 분노로 양육비를 지급하지 않는다.
아이에게 아빠와 엄마 중에 선택을 하라고 한다.	"나와 함께 크리스마스를 보내는 것이 더 좋지 않겠니?"
전 배우자에 대해 자신이 느끼는 감정과 아이가 느끼는 감정을 혼동한다.	"조이는 더 이상 아빠를 보기 싫어해. 그러니까 보게 하지 않을 거야."

아이를 위해서 함께 사는 것은 얼마나 중요할까?

대부분의 연구에서 부모의 관계가 매우 험악하거나 가정 폭력, 알코올 중독, 기타 행동에 문제가 있을 경우 이혼하는 편이 아이에게 더 좋다고 지적한다. 모든 결혼 관계가 반드시 유지되어야만 좋은 것은 아니다. 그러나 1990년에 50퍼센트라는 최고치에 달한 이혼율을 고려할 때, 어려운 시기를 이겨내기 위해 부부가 함께 문제를 해결하고 인내했다면 많은 부부가 이혼으로 치닫지는 않았을 것이라고 결론 내리는 것이 어느 정도 타당하다고 생각된다. 이혼은 부부나 자녀에게 확실히 부정적인 영향을 끼치므로 이혼을 절대 가볍게 생각해서는 안 된다. 부부는 반드시 결혼 관계를 유지하려는 노력을 기울여야 한다. 갈등을 해소하는 보다 나은 방법을 찾고, 필요하면 부부 상담도 받아야 한다. 그러나 이렇게 노력한다고 해서 반드시 성공한다는 법은 없기 때문에 노력을 기울인 후에도 결혼 관계를 끝내야겠다고 결심하는 부부가 있게 마련이다. 부모가 이혼하기로 결심하면 가능한 한 감정은 자제하면서 사려 깊은 방식으로 이혼 절차를 밟아야 한다. 그렇지 않으면 아이들에게 불필요한 감정적 고통을 안겨주게 된다.

성性

여기서 말하는 성이란 무슨 뜻일까?

성에 관한 연구를 살펴보기 전에 먼저 이 용어가 의미하는 바를 정의해야 한다. 이 책에서 다루는 성은 넓은 의미를 가지고 있다. 성은 성적인 흥분과 관련된 모든 생각, 감정, 행동을 나타낸다. 여기에는 성적 환상, 성적 취향, 성적 흥분의 생리적 현상 그리고 실제 성과 관련된 행동이 포함된다.

성과학이란?

성과학은 성과 성생활에 관한 체계적인 연구다. 리하르트 폰 크라프트에빙Richard von Krafft-Ebing, 해블록 엘리스Havelock Ellis, 지그문트 프로이트처럼 19세기에도 성과학을 연구한 학자들이 있었지만 이들은 대부분 질병과 병리학에 관한 연구에 초점을 맞춘 의사들이었다. 따라서 요즘 성도착자라고 부르는 변태적인 사람들에 관한 연구가 많았다. 성과학은 20세기 중반에 들어와서야 정상적인 성에 관한 대대적인 연구를 시작했다. 20세기의 정상적인 성에 관한 체계적이고 경험적인 연구를 선도한 사람으로 대부분 앨프리드 킨제이를 꼽는다. 그로부터 몇십 년 후 윌리엄 마스터스William Masters와 버지니아 존슨Virginia Johnson이 성 상담을 강조하는 획기적인 성과학 연구를 진행했다. 그들은 성 기능과 즐거움을 향상시키는 데 행동 치료 원칙을 적용하는 혁신을 이루었다.

현재 성과학 연구는 정상적인 성행위, 비정상적인 성행위, 욕망, 매력을 연구하며 성 건강에 영향을 미치는 생리적 · 심리적 · 관계적 · 사회적 요소를 제시한다.

성에 관한 이야기가 어려운 이유는 무엇일까?

성은 삶의 보편적인 부분이며 우리가 하나의 종種으로서 생존하기 위해 절대적으로 필요한 요소다. 그럼에도 불구하고 성이라는 주제는 매우 다루기 어렵고 논란을 불러일으키기까지 한다. 많은 사람들이 성의 과학적 연구가 인간 행동의 다른 면에 관한 연구보다 한참 뒤처져 있다고 주장한다. 성은 상당한 열정과, 일상적으로 금기시되는 일들로부터의 탈피와 관련된다. 성적인 열정이 지나치면 중대한 사회 규칙을 어기고 중요한 관계를 배반할 수도 있다. 어쩌면 이런 점 때문에 모든 사회에 성행위를 조절하는 규범이 마련되어 있는 것인지도 모른다.

문화적 · 종교적 · 도덕적 규범은 언제, 어디에서, 어떤 식의 성행위를 하는 것이 사회적으로 용납되는지를 명확하게 정해놓고 있다. 성행위에 관한 사회적 규범을 깨면 심각한 결과를 초래하고 문화에 따라서는 죽음에 이를 수도 있다. 성생활이 진화적으로 중요하기 때문에 섹스에 관해서라면 대부분의 사람들이 강렬한 감정 반응을 보이는 것인지도 모른다. 다시 말해 섹스가 우리의 진화적인 생존의 중심이기 때문에 성에 대해 강한 감정을 느끼는 것이다.

앨프리드 킨제이는 누구일까?

앨프리드 킨제이Alfred Kinsy, 1894~1956는 20세기 성과학의 선구자 가운데 하나다. 독실한 감리교 신자 집안 덕분에 권위적인 아버지 밑에서 자란 킨제이가 인간의 성생활이라는 주제를 일방적 판단이 아닌 개방적 시각으로 조명하게 된 이유에는 그의 어린 시절도 한몫했다고 할 수 있다. 그는 원래 곤충학자였다. 수백만 개의 곤충 표본을 분류하면서 세부적인 사항에 집착하던 그는 성과학 연구를 할 때도 마찬가지로 세세한 사항에 집중했다.

1947년 그는 '성, 성별, 생식 연구를 위한 킨제이 연구소Kinsey Institute for Research in Sex, Gender, and Reproduction'를 설립했는데 현재까지도 남아 있다. 빌 콘돈Bill Condon이 시나리오를 쓰고 감독한 2004년 영화 〈킨제이Kinsey〉는 이 영향력 있는 인물의 개인 생활과 사회생활의 극적인 상호 작용을 조명한 작품이다.

건전한 관계에 성은 얼마나 중요하게 작용할까?

대부분의 성과학자들은 건전하고 만족스러운 성생활이 연인 관계에 매우 중요하다고 입을 모은다. 건전하고 만족스러운 성생활은 남녀 모두의 신체적 · 정신적 건강을 도모한다. 그러나 성생활의 중요성에 관해서는 커플마다 각기 다른 생각을 가질 수 있다. 성관계를 자주 갖지 않아도 만족스럽고 친한 사이를 유지하는 커플들도 있다. 그래도 많은 커플들에게는 성관계가 연인 관계의 중요한 요소로 작용한다. 따라서 원만하지 않은 성생활은 연인 관계에 문제를 일으키는 원인이 되거나 아니면 관계가 원만하지 않다는 징후일 수 있다. 또한 나이가 들면서 성관계도 점점 줄어든다. 특히 마지막 몇십 년 동안은 성행위가 현격히 줄어든다. 따라서 나이 든 커플들은 젊은 커플보다 성관계를 훨씬 덜 중시한다. 그렇지만 나이 든 커플 중에도 성적인 만족감을 여전히 중시하는 사람들도 많다. 노년층이 증가하고, 나이가 들어서도 여전히 신체적 · 정신적 건강을 유지하는 사람들이 많기 때문에 노인의 성생활에 관한 관심도 점점 높아지고 있다.

많은 커플들에게 성생활은 관계를 유지하는 중요한 요소로 작용한다. 원만하지 못한 성생활은 커플 관계에 문제를 일으킬 수도 있고 문제를 나타내는 증상이 될 수도 있다.

성에 대한 남성과 여성의 생각이 다를까?

1960~1970년대에 이루어졌던 인간의 성에 관한 윌리엄 마스터스와 버지니아 존슨의 선구적인 연구에 의하면, 성적인 반응이 남성과 여성에게 똑같이 나타나는 것으로 나타났다. 모든 사람들이 흥분기, 평탄기, 오르가슴기, 쇠퇴기라는 성적 흥분의 네 단계를 거친다는 것이다. 그러나 후대에 진행된 연구에 따르면, 남성과 여성의 성은 본질적으로 다른 것으로 밝혀졌다. 여성에 비해 남성은 자위를 더 많이 하고 포르노그래피를 더 많이 이용하며, 시각적인 자극에 더 흥분하고 즉흥적으로 성적 욕망을 느낀

다. 반면 여성은 즉흥적으로 흥분하는 경향이 덜하고, 성적인 욕망 역시 주변 환경에 반응해서 생기는 경우가 많다. 예를 들면 잠재적인 섹스 파트너와 여성과의 관계의 특성에 따라 여성이 남성에게 얼마나 성적인 매력을 느끼는지가 달라진다. 이처럼 여성이 호화로움을 좋아하고 남성이 섹시한 의상을 좋아한다는 진부한 생각을 뒷받침하는 과학적 근거가 존재한다.

성적 취향에 관한 여성과 남성의 차이에 관해 바우마이스터는 어떤 주장을 펼쳤는가?

2000년에 발표한 논문에서 로이 바우마이스터Roy Baumeister는 남성과 여성의 성적 취향이 기본적으로 다르다고 주장했다. 그의 주장에 따르면, 남성은 정황에 상관없이 고정된, 동물적인 성 충동을 느끼는 반면 여성의 성 충동은 주변 정황에 따라 달라진다. 그는 방대한 실증적 연구 결과를 근거로 이런 결론을 도출했다. 그의 연구에 따르면, 역사적으로 여성들의 성 활동 수준과 성별의 선택이 더 많이 변한 것으로 나타났다. 또 여성들의 성은 교육, 종교, 또래, 부모의 태도 등 문화적 요소에 의해서도 많은 영향을 받는 것으로 나타났다.

여성들이 성에 대해 가장 많이 불평하는 사항은 무엇일까?

성 상담사들이 가장 많이 접하는 성적인 불만으로는 흥분이 안 되고 성욕을 느끼지 못하며, 성관계 시 통증을 느끼고 오르가슴을 느끼지 못하는 것이 있다. 이런 문제는 대개 한꺼번에 발생한다. 따라서 이런 불만 사항들은 개별적으로 살펴볼 필요가 없다. 흥미로운 점은, 여성의 생리적 반응(예를 들어 성기로 유입되는 피의 양, 질 윤활 현상 등)이 성적으로 흥분한다고 해서 반드시 나타나는 것은 아니라는 점이다. 생리적인 반응이 쉽게 나타날 수도 있지만 성적인 흥분은 여성의 감정 상태와 더 밀접한 관련이 있다. 우울함, 불안감, 감정적인 거리를 느끼면 성욕이 줄어드는 반면, 편안하고 친밀감이 느껴지면 성욕은 고조된다. 부정적인 감정은 현 상황에 대한 반응일 수도 있지만 성과 관련된 오래된 감정 문제 때문일 수도 있다.

남성들이 가장 많이 가지는 성적인 불평은 무엇일까?

남성들이 가장 자주 드러내는 성적인 불만 사항에는 발기 부전, 조루, 지루증 등이 있다. 남성들은 또한 성욕이 생기지 않는 것을 불평하기도 한다. 발기 부전과 지루증은 나이 들면서 점점 증가하는데 노화와 관련된 테스토스테론의 감소와 관련이 있을 수 있다. 성욕 또한 나이가 들면서 줄어든다. 그러나 남자와 여자 모두 성생활에 만족하면 이것은 큰 문제가 되지 않는다.

심장 질환이나 당뇨와 같은 상태 또한 남성의 성 기능을 방해할 수 있다. 이런 상태는 나이 들면서 점점 잦아지는데, 알코올 섭취, 흡연, 다이어트, 운동과 같은 건강과 관련된 행동에 의해서도 영향을 받는다. 우울증, 스트레스, 대인 관계 문제와 같은 감정 요소도 영향을 끼친다. 어린 시절 중요한 관계에서 빚어진 성에 관한 뿌리 깊은 문제 역시 성 기능 장애를 일으킬 수 있다.

불안감은 성 기능을 어떻게 저하시킬까?

성 경험이나 성행위에 대한 불안감이 성 기능에 즉각적이고 심오한 영향을 미친다는 확실한 근거가 있다. 또 여성의 성적인 흥분과 즐거움이 편안한 기분과 관련된다는 근거를 제시한 많은 연구가 있다. 질 건조증, 통증, 불감증을 느끼는 순간 여성의 성적 흥분은 줄어들 수 있다. 마찬가지로 남성에게도 발기 부전에 대한 두려움이 악순환을 일으킬 수 있다. 발기 불능에 대한 불안감 때문에 발기되지 않고 발기가 되지 않으면 다시 불안감이 고조되는 악순환이 이어지는 것이다.

조건형성은 성적인 반응에 어떤 역할을 할까?

사람들은 연합 조건형성과 고전적 조건형성을 통해 특정한 방식으로 상황에 반응하는 방법을 배울 수 있다. 특정한 상황이 동일한 반응을 이끌어내는 무언가와 결부되기 때문이다. 예를 들어 상한 닭고기를 먹고 배탈 난 적이 있다면 닭고기를 떠올리기만 해도 메스꺼움을 느낄 수 있다. 조건형성은 남성과 여성의 성적 반응에 매우 중요한 역할을 한다. 실패, 불편함, 무반응을 예상하면 성적으로 흥분하지 못하게 된다. 그에 반해 즐거움과 흥분에 대한 긍정적인 기대를 하면 성적인 반응이 고조된다. 이런 이유로 성 치료에 고전적 조건형성 기법을 이용하는 것이다.

성 상담사들은 성행위와 스트레스, 불안감, 불편함의 연결 고리를 끊는 일을 한다. 그들은 부정적인 연관을 즐거움, 편안함, 친밀함과 같은 긍정적인 연관성으로 대체하려고 노력한다.

성적인 반응이 일어나는 데 호르몬은 어떤 역할을 할까?

남성 호르몬인 테스토스테론이 성적 흥분에 중요한 역할을 한다는 근거가 있다. 그러나 호르몬은 여성보다 남성의 성 기능에 더 중요한 작용을 하는 것으로 보인다. 여성의 경우, 여성 호르몬인 에스트로겐이 성 기능에 영향을 주어 질 윤활 현상과 질의 탄력을 촉진한다. 폐경 이후에는 여성의 에스트로겐 수치가 급격히 감소하여 질 건조증을 일으키고 때로는 성관계 시 통증을 유발하기도 한다. 에스트로겐 수치를 높이는 호르몬 대체 요법이 이런 부정적인 현상을 줄일 수는 있지만 장기적으로 이용하면 안전성 문제를 일으킬 수 있다.

성에 관한 의사소통은 얼마나 중요할까?

대부분의 성 상담사들은 성에 관한 대화에 상당한 중요성을 부여한다. 그러나 놀랍게도 많은 커플들이 성에 관한 의사소통을 제대로 하지 않고 있다. 많은 사람들이 성적인 욕구와 선호를 노골적으로 밝혀선 안 된다고 생각하면서 직접 이야기 나누는 것을 꺼린다. 일부 여성의 경우 상대 남성을 비판하는 것처럼 들릴까 봐 자신이 바라는 바를 직접 표현하지 않는다. 또 많은 남성들이 직접 의견을 듣지 않은 상태에서 상대 여성을 만족시켜야 한다는 부담감을 느낀다. 때문에 연인 사이에 성에 관한 의사소통을 자주 하면 성생활의 질을 쉽고 빠르게 향상시킬 수 있다.

성적인 문제를 효과적으로 치료할 수 있는 방법은 무엇일까?

1988년 시트르산 실데나필(비아그라)이 시판된 이후 성적인 문제에 대한 치료 약물이 점점 더 많이 출시되고 있다. 비아그라는 성기의 혈액 흐름을 늘려 발기 부전을 해소한다. 이것은 PDE5(5종 인산디에스테르phosphodiesterase type 5) 억제제라고 불리는 화학물질을 통해 이루어진다. 발기 부전에 효과적인 동일 등급의 다른 약물들도 개발되었다. 그러나 안타깝게도 여성을 위한 약물은 아직 개발되지 않고 있다.

조루는 세로토닌 체계에 작용하는 항우울제 등급의 SSRI[예를 들어 플루옥세틴(프로작)이나 파록세틴(팍실)]로 치료된다. 테스토스테론, 에스트로겐 수치를 높이는 호르몬 요법도 시도되었지만 효과가 제한적이고 위험한 부작용을 낳을 수 있다. 그러나 성 기능을 치료할 때는 성적 취향, 신체 이미지, 약한 감정, 성적 능력에 대한 불안감을 보이는 환자의 태도 등 심리적인 문제도 해결해야 한다. 커플의 문제 역시 상당히 중요한데 감정적 거리, 의사소통의 부재, 해소되지 않은 갈등, 서로의 성적 욕구에 대한 오해 등이 문제가 될 수 있다.

성감 집중 훈련이란?

성감 집중 훈련Sensate focus은 섹스와 관련된 불안감과 스트레스를 많이 느낄 때 이용하는 특정 행동 기법이다. 사람들이 긴장을 풀고 성을 즐길 수 있도록 하기 위해 실제로 성행위를 금하는 것이 도움이 되는 경우가 있다. 그러면 압박감이 없어져 섹스를 잘해야 한다는 우려나 불편함에 대한 두려움이 사라진다. 그 대신 커플에게 긴장이 완전히 풀릴 때까지 섹스가 아닌 방식으로 신체적인 애정을 표현하게 한다. 그다음부터 커플은 조금씩 천천히 성적인 접촉을 늘린다. 이런 식으로 부정적인 연관이 사라지고 긍정적인 연관이 자리 잡는다. 이 기법은 다양한 성 기능 장애를 치료하는 데 매우 성공적인 것으로 알려져 있다.

성에 관한 가치관은 문화마다 어떻게 다를까?

문화마다 성을 다루는 방식은 크게 다르다. 어떤 문화는 매우 감각적이면서도 성을 표현하는 조건에 관해서만큼은 매우 엄격하다. 예를 들어 이슬람 문화의 많은 면이 관능성을 드러내면서도 이슬람 정교는 남성과 여성을 격리하고 공공장소에서 여성의 몸을 가리도록 엄격하게 규정하고 있다. 마찬가지로 정통 유대교에서도 남편과 아내는 성관계를 가질 의무가 있지만 여성들은 공공장소에서 머리를 가려야 하고 친인척 관계가 아닌 남성과 여성은 악수조차 할 수 없게 되어 있다.

성 자체를 퇴폐적이고 나쁜 것으로 폄하하며 제한하는 문화도 있다. 초기 기독교 신학자였던 성 아우구스티누스는 육체적인 욕망을 혐오하는 글을 썼다. 또한 앨프리드 킨제이가 성 연구를 시작하기로 결심한 이유 중에 어린 시절 경험했던 성 억압적인 기독교에 대한 반발도 일부 작용한 것으로 알려졌다.

그러나 다른 문화들은 성적인 표현에 대해 좀 더 자유로운 편이다. 많은 고대 문화에서는 종교적인 의식에 성적 요소를 포함시켰다. 남근 행렬은 술의 신 디오니소스를 숭배하는 의식에 자주 포함되었다. 남근 행렬이란 참가자들이 거대한 남근 상을 들고 행진하는 퍼레이드다. 비슷한 행렬이 일본과 다른 나라에서도 이루어지는 것으로 밝혀졌다. 이런 의식은 초기 농업 사회에서 흔히 벌어졌던 것으로, 풍년을 기원하기 위한 것이다.

성에 관한 여성의 태도는 문화마다 어떻게 다를까?

성에 대한 일반적인 태도와 마찬가지로 성에 대한 여성의 태도 역시 문화마다 큰 차이가 있다. 그러나 어느 정도 여성의 성을 억압하려는 시도는 모든 문화 속에 흔히 볼 수 있는 현상이다. 1960년대까지 미국에서 흔히 볼 수 있던 '결혼할 때까지 기다리는 착한 여자'에 관한 사회적 풍습에서부터 음핵 절제와 명예 살인까지 그 예는 실로 다양하다. 아프리카와 중동에서 행하던 음핵 절제는 감각적인 신경 말단이 모여 있는 여성 성기의 일부인 클리토리스를 수술로 제거하는 것이다. 클리토리스를 제거하면 성적인 즐거움을 느끼는 여성의 능력이 대부분 줄어든다. 명예 살인은 부적절한 성관계를 통해 가족에게 수치심을 안긴 여성을 죽이는 일이다. 이 경우 그런 성관계에 여성이 적극적으로 참여하지 않더라도 결과는 마찬가지다.

여성에 대한 성적 억압은 진화적인 기능을 가지고 있을까?

여성의 성을 억압하려는 시도가 놀라울 정도로 만연하다는 사실은 이것이 부성을 보호하려는 진화적 역할을 한다는 점을 시사한다. 여자의 경우 아이들이 자신의 아이라고 확신할 수 있지만 남자들은 자신의 아이인지 100퍼센트 확신할 수 없다. 따라서 상대 여성의 성적인 자유를 억압하면 자신이 키우는 아이를 자신의 아이라고 확신할 수가 있다. 초원 들쥐와 다른 동물들에게서도 유사한 행동을 찾아볼 수 있다.

성행위와 금기에 관해서는 문화마다 어떤 차이가 있을까?

모든 문화가 성행위를 조절하는 법안을 마련해놓고 있지만 성에 대한 태도와 성에 관한 허용도는 문화마다 크게 다르다. 첫째, 신체 일부의 노출에 관한 허용 정도가 문화마다 차이가 있다. 미국은 일반적으로 공공장소에서 여성의 가슴이나 여성과 남성의 성기를 노출하는 것을 금한다. 반면, 많은 유럽 국가에서는 여성들이 가슴을 노출한 채 선탠을 즐긴다. 정통 유대교에서는 결혼한 여성이 외출할 때면 머리를 가리게 해서 남편이 아닌 남성의 성적인 열망을 자극하지 못하게 하고 있다. 많은 이슬람교 국가에서도 비슷한 관습을 가지고 있어 여성들은 외출 시 머리와 몸의 대부분을 가려야 한다.

동성애에 관한 태도도 문화마다 큰 차이가 있다. 많은 문화에서는 동성애를 죄악으로 여기고 도덕적으로 용인되지 않는다. 그러나 동성애를 통과의례로 보는 문화도 있다. 고대 그리스와 파푸아뉴기니의 삼비아 부족은 젊은 소년과 성인 남성 사이의 동성애를 정상적인 발달 과정의 일부로 여긴다. 현재 미국에서는 동성애에 관한 문제가 대단한 논란거리가 되고 있다. 동성애를 정상적인 성으로 여기는 사람들도 있지만 아직까지는 대다수의 사람들이 동성애를 종교적 · 도덕적으로 반대한다.

지난 수십 년 동안 산업화된 사회에서 성에 대한 가치관은 어떻게 변했을까?

1960년대 말부터 산업화된 서양 사회에서는 문화적인 변화가 일어났다. 그중에서도 특히 성에 대한 태도는 가장 큰 변화를 이루었다고 할 수 있다. 대개 성에 대한 태도는 급격히 개방되었고 자유로워졌으며 관대해졌다. 불법이었거나 사회적으로 못마땅하게 여기던 혼전 성관계, 자위, 동성애, 성 보조 기구의 이용 등은 이제 흔히 용인되고 있다. 또한 공개적으로 성을 논하는 것도 더 이상 금기시되지 않는다. 발기 부전 치료제 광고가 잡지에 버젓이 등장하고 성관계를 묘사하는 장면이 케이블 텔레비전에 등장한다. 몇십 년 전에 태어난 사람들의 경우, 이런 문화적 도덕관의 급격한 변화를 받아들이기가 쉽지 않을 수도 있다. 1950년대의 텔레비전 프로그램을 보면 얼마나 많이 변했는지 알 수 있다. 그 당시 텔레비전 프로그램에는 침실이 보이는 장면이 거의 나오지 않았고, 나왔다 해도 부부의 침대가 따로 놓여 있었다.

빅토리아 시대 영국에서 사용된 성에 대한 완곡어법으로는 어떤 것이 있을까?

빅토리아 시대 영국에서는 '존중하는 사람들'과 성을 공개적으로 논하는 것을 지나치게 금기시한 나머지 그와 관련된 언어를 완곡하게 표현하는 방식이 유행했다. 한 예로 닭 가슴 살을 '흰 고기'로 대체한 것을 들 수 있다.

성적 성향

성적 성향이란?

최근 성적 성향에 관한 연구가 꽤 많이 이루어지고 있다. 이런 연구와 더불어 자연의 법칙, 안정성, 성적 성향의 존재에 관한 논란도 함께 불거지고 있다. 이 책에서 가리키는 성적 성향은 성적으로 이끌리는 패턴, 환상, 성관계의 중심이 되는 성별을 일컫는다. 내부적인 심리 절차보다 외적인 제약이 행동에 더 직접적인 영향을 주기 때문에 성행위뿐만 아니라 성적인 매력과 환상까지 살펴보는 것이 중요하다. 예를 들어 교도소에 있는 남성들은 여성들과 접촉할 수 없으므로 원래 여성에게 매력을 느끼는 남성이라도 다른 남성과 성관계를 가질 수 있다. 마찬가지로 기본적인 성적 열망과 환상을 가지는 대상이 동성이라도 사회적인 기대에 부응하기 위해 이성과 결혼할 수 있다.

성적 성향은 한 범주일까 아니면 연속체일까?

성적 성향이 개별적인 범주인지 아니면 지속적인 연속체인지에 관한 점이 일부 논란거리가 되고 있다. 즉 사람들을 이성애자, 동성애자, 양성애자로 구분해야 하는 것인지 아니면 이성애에서 동성애까지 이르는 정도가 사람마다 다른 것으로 봐야 맞는 것인지 의견이 분분하다. 어느 한 범주에 속하는 것이 아니라, 양성적인 느낌, 생각, 행동을 보이는 사람들이 많다는 근거도 있고, 대부분의 사람들이 한쪽이 아니면 다른 쪽에 치우친다는 근거도 있다. 그러나 최근 연구 결과에 따르면, 이런 명확한 구분은 여성보다 남성에게서 뚜렷하게 나타나는 것으로 밝혀졌다.

성적 성향은 여성보다 남성에게 더 뚜렷이 나타난다. 남성들은 이성애자가 아니면 동성애자일 가능성이 큰 반면 여성들은 이성애와 동성애의 중간쯤에 해당되는 경우가 많다.

킨제이 등급이란?

앨프리드 킨제이는 성적 성향을 연속체로 보았다. 1948년에 그는 킨제이 등급이라는 것을 발표했는데 지금까지도 이용되고 있다. 킨제이 등급은 절대적인 이성애자(0)에서부터 절대적인 동성애자(6)에 이르기까지 7등급으로 이루어져 있다.

스티븐 갠저스태드Steven Gangestad, 마이클 베일리Michael Bailey, 니컬러스 마틴Nicholas Martin이 2000년에 4506명의 피험자를 대상으로 실시한 연구에 따르면, 남성의 5퍼센트와 여성의 3퍼센트가 킨제이 등급에서 3등급 이상을 받았다고 한다. 또 남성의 약 9퍼센트와 여성의 19퍼센트가 1등급이나 2등급을 받았다. 이는 곧 남성의 85퍼센트, 여성의 78퍼센트가 절대적 이성애자로 나타났다는 것을 뜻한다.

남성과 여성에 대한 2000년도 연구가 성적 성향에 대해 알려주는 것은 무엇일까?

다음 표는 스티븐 갠저스태드와 동료들이 실시한 2000년도 연구에서 발췌한 것이다. 이 연구에서 겐저스태드는 1759명의 남성과 2747명의 여성을 킨제이 등급별로 나누었다. 표에서 알 수 있듯이 대부분의 피험자들이 절대적 이성애 등급을 받았지만 남성의 15퍼센트, 여성의 22퍼센트가 어느 정도 동성애 경향을 가지는 것으로 나타났다. 일반적으로 남자들의 경우 이성애나 동성애가 뚜렷하게 나타나지만 여성들은 이성애와 동성애의 중간에 해당되는 경우가 많았다.

킨제이 등급 점수

점수*	남성 수	백분율	여성 수	백분율
0	1502	85	2142	78
1	136	7.7	451	16
2	31	1.8	75	2.7
3	12	0.7	33	1.2
4	12	0.7	16	0.6
5	20	1	15	0.5
6	46	2.6	15	0.5
총계	1759		2747	

* 0=절대적 이성애, 6=절대적 동성애

동성애는 얼마나 많을까?

동성애가 어느 정도 널리 퍼져 있는지 추정치가 제각각이긴 하지만 동성애를 어떻게 정의했느냐에 따라 3~13퍼센트 사이로 추정된다. 동성애 행동을 보이는 사람들의 수는 이성에게 매력을 느끼고 이성에 대한 성적 환상을 가진 사람들에 비해 훨씬 적다.

랜들 셀Randall Sell, 제임스 웰스James Wells, 데이비드 와이피지David Wypij가 1995년에 실시한 연구에서 미국, 영국, 프랑스 여성의 약 3퍼센트, 남성의 5~11퍼센트가 지난 5년간 동성애 행동을 한 적이 있다고 응답했다. 남성의 8퍼센트와 여성의 10퍼센트가 동성애에 매력을 느끼지만 만 15세 이후 실제로 동성애 행위를 한 적은 없다고 응답했다. 매력과 행동에 대한 측정 결과를 합치면 남성과 여성의 약 18퍼센트가 15세 이후 동성애에 매력을 느꼈거나 동성애 행위를 한 것으로 나타났다.

동성애를 하는 이유는 무엇일까?

동성애의 원인에 대한 의견은 분분하다. 이는 동성애라는 문제 자체가 복잡하기도 한 데다 동성애 문제가 가지는 정치적인 의미 때문이기도 하다. 적어도 일부 사람들에게는 생물학적으로 동성애를 할 수 있는 기반이 마련되어 있다는 상당한 근거가 있다. 태아기 호르몬, 뇌 해부, 유전적 영향을 살펴보는 동성애에 관한 생물학적 모델 세 가지가 있다. 또한 동성애적 감정이나 행동을 유발하는 사회적 · 심리적 · 상황적 요소를 나타내는 근거도 있다.

동성애의 신경호르몬 이론은 무엇일까?

신경호르몬 이론에 따르면, 태아기의 성호르몬 노출이 성인이 되었을 때 갖게 되는 성적 성향에 영향을 준다고 한다. 이 이론의 근거는 자궁 속에 있을 때 비정상적인 수치(지나치게 높거나 낮은)의 안드로겐에 노출된 동물들이 전형적인 반대 성별의 행동을 보인다는 연구 결과에 있다. 또 다른 근거는 선천성 부신과형성CAH, Congenial adrenal hyperplasia이라 불리는 증상을 가진 소녀들의 연구에서 찾아볼 수 있다. 이 소녀들은 태아 때와 신생아 때 높은 수치의 안드로겐에 노출된 것으로 밝혀졌다. CAH를 가진 여성들은 전형적으로 남성적인 관심과 활동을 하며 동성애나 양성애적인 환상과 행동을 자주 보이는 것으로 나타났다.

동성애의 생물학적 이론으로는 어떤 것이 있을까?

동성애 남성과 이성애 남성의 뇌에 미묘한 차이가 있다는 주장이 있다. 1991년 사이먼 르베이Simon LeVay는 동성애자 남성의 경우, 호르몬 기능을 제어하는 뇌 영역인 시상하부의 특정 부분이 이성애자 남성보다 더 작다고 주장했다. 하지만 그의 연구는 동성애 피험자들 가운데 다수가 HIP 양성이었다는 점에서 비판을 받았다. 동성애의 유전적인 요소도 연구되었는데 대부분 쌍둥이들을 대상으로 이루어졌다. 일란성 쌍둥이와 이란성 쌍둥이의 성적 성향을 연구하면 성적 성향에 대한 유전 가능성에 대한 정보를 알 수 있기 때문이다. 만일 일란성 쌍둥이의 성적 성향이 이란성 쌍둥이의 성적 성향에 비해 더 유사하면 유전적인 요인이 중요하게 작용한다는 것을 의미한다(일란성 쌍둥이의 경우, 유전자가 100% 일치하지만 이란성 쌍둥이는 50%만 일치하기 때문이다). 결과는 복합적이다. 유전적 영향이 강하게 나타난 연구도 있고 그렇지 않은 연구도 있다. 절대적으로 동성애적 성향을 보이거나 최소한 동성애적 성향을 강하게 보이는 사람들의 경우 유전적 영향을 받았을 가능성이 있다. 동성애적 성향을 약하게 보이는 사람들의 경우에는 유전이 그만큼 중요하게 작용하지 않는 것으로 나타났다.

동성애를 유발하는 비생물학적 요인으로는 무엇이 있을까?

동성애에 관한 태도가 사회마다 큰 차이를 보이기 때문에 동성애 행위가 만연한 정도는 동성애에 대한 문화적인 태도에 따라 달라진다고 추측할 수 있다. 강한 동성애적 욕망을 가진 사람들의 경우 문화적인 도덕관에 상관없이 행동으로 드러내는 경향이 있지만 동성애적 성향이 약한 사람들은 대개 문화적인 정황에 영향을 받아 사회에서 용납하는 바에 따라 자신의 욕망을 억제하거나 표출한다. 이성을 만날 수 있는가의 여부 또한 동성애 행동을 드러내는 데 영향을 준다. 교도소처럼 남성과 여성이 엄격히 격리되어 있는 곳에서는 동성애 행동이 빈번하게 발생한다.

현재까지 우리는 성에 대한 느낌이나 환상, 욕망이 아니라 성행위에 대한 사회적 영향을 살펴보았다. 최근 이루어진 연구에 의하면, 남성보다 여성의 경우 친밀한 느낌을 얼마나 많이 받는가에 따라 성적인 매력을 느끼는 정도가 달라진다고 한다. 이 경우 성적인 욕망은 상대방과의 관계의 특성에 의해 영향을 받는다. 또한 이성과의 관계가 고통스럽고 부정적일 경우 이성을 멀리하고 동성을 가까이하는 사람도 있다.

성별에 따른 행동과 성적 성향은 어떤 관련이 있을까?

마이클 베일리와 그의 동료들은 성별에 맞지 않는 행동과 성적 성향의 관계를 살펴보는 여러 건의 연구를 실시했다. 여기서 베일리가 말하는 성별에 맞지 않는 행동이란 관심사, 활동, 장난감, 심지어 신체적 움직임까지 이성에 속하는 것을 뜻한다(이를테면 축구를 즐기는 여자아이나 인형을 가지고 노는 남자아이처럼 말이다). 다수의 연구 결과, 동성애와 양성애 남성과 여성이 이성애 남성과 여성에 비해 어린 시절 성별에 맞지 않는 행동을 많이 했다고 기억한 것으로 나타났다. 그러나 이런 후향성 연구Retrospective study는 선별적인 기억에 의해 편향된 결과를 낳을 수 있다. 따라서 전향적 연구Prospective study가 필요하다. 그런 맥락에서 실시된 어린 시절 홈 비디오에 대한 연구는 어린 시절 성별에 맞지 않는 행동과 성인의 동성애적 성향 사이의 관계를 뒷받침했다. 그러나 이런 피험자들은 많은 차이를 보였으며, 어린 시절 성별에 맞지 않는 행동을 한 아이들이 모두 동성애자로 자란 것도 아니다. 또한 동성애 성향을 가진 성인들이 모두 어린 시절에 성별에 맞지 않는 행동을 보인 것도 아니다.

성적 성향에 관해 남성과 여성이 차이가 있을까?

여성의 성적 성향에 관해 폭발적으로 이루어진 다수의 연구가 여성의 성적 성향이 남성의 성적 성향과 차이가 있다는 사실을 뒷받침한다. 남성은 성적 성향에 관해 여성보다 뚜렷하게 구분되는 것으로 나타났다. 남성은 대개 이성애가 아니면 동성애 성향을 가진 반면 여성들의 경우 성적 성향이 이성애가 아니면 동성애라는 식으로 뚜렷하게 나타나지 않는다. 이것은 킨제이 등급을 이용한 여러 연구에 의해 뒷받침되었는데, 여성의 경우 남성에 비해 중간 등급을 받는 사람들이 많은 반면 남성들은 아주 낮은 등급이나 아주 높은 등급을 받는 사람들이 많았다.

다양한 성적 이미지에 대한 남성과 여성의 생리적 반응을 살펴본 새로운 연구 또한 이 주장을 뒷받침한다. 메레디스 치버스Meredith Chivers, 마이클 세토Michael Seto, 레이 블랜처드Ray Blanchard는 다양한 성적 이미지를 본 피험자들의 성기 반응을 측정한 결과, 남성은 대부분 성인 여성이나 남성에 대해 생리적인 반응을 보인 반면 여성의 경우 훨씬 다양한 이미지에 대해 성적인 반응을 보였다. 실제로 여성들의 경우 피그미침팬지들이 교미하는 장면을 보고도 생리적인 반응이 나타날 때가 있었다. 뿐만 아니라 여성들의 신체적인 반응은 직접 설명하는 것과 일치하지 않는 것으로 나타났다. 다시 말해 여성들이 말로 흥분했다고 한 장면과 실제로 신체적인 반응을 보인 장면이 항상 일치하는 것은 아니었다.

이런 결과는 앞서 살펴본, 여성의 생리적 반응과 여성의 의식적인 감정 경험 사이의 차이와 일치한다. 이는 또한 남성의 성적 성향이 비교적 고정되고 변하지 않는 반면 여성의 성적 성향은 가변적이고 상황적인 요소에 따라 달라진다는 바우마이스터의 이론과 일치하기도 한다.

제 6 장

일상생활의 심리:
동기와 행복 추구

행복의 심리학

왜 행복을 연구할까?

전통적으로 심리학은 긍정적인 감정보다는 부정적인 감정에 더 많은 관심을 보여왔다. 어쩌면 임상심리학의 근원이 의학이기 때문에 심리학 연구 또한 병을 고치고 고통을 줄이는 데 집중해왔는지도 모른다. 그런 목적이 잘못되었다고 주장할 수는 없지만, 그것은 곧 행복과 긍정적인 감정에 관한 연구가 최근까지도 비교적 등한시되었다는 점을 의미한다. 그렇다면 왜 행복을 연구할까?

우리가 사는 이유가 그저 슬픔을 줄이고 우울함에서 벗어나기 위한 것이라면 인생의 목적은 고통을 없애는 데 지나지 않는다. 분명 우리는 그보다 더한 것을 바라며 살아간다. 행복과 긍정적인 감정에 관한 연구를 통해 사람들은 삶을 향상시키고, 만족감과 자기 계발을 위해 노력하는 방법을 배울 수 있다.

행복이란?

행복을 어떻게 정의할 수 있을까? 행복은 지속적으로 긍정적인 감정을 느끼는 정신 상태로 정의할 수 있다. 긍정적인 감정에는 호기심, 즐거움, 만족감, 흥분, 관심, 기쁨 등이 포함된다. 여러 행복 연구는 삶의 만족도를 살펴보기도 한다. 대부분의 연구원들은 순간적으로 느끼는 행복한 기분의 즉각적인 영향보다는 만성적인 행복의 효과나 긍정적인 기분을 느끼는 지속적인 성향에 더 많은 관심을 보인다.

행복은 어떤 기능을 할까?

행복 연구원들은 긍정적인 감정이 바람직한 상태에 놓여 있다는 사실을 알려주는 표시라고 믿는다. 원하는 바가 충족되고 적절한 자원이 갖춰져 있으며 목적이 달성되고 있는 것이다. 긍정적인 감정 상태는 또한 사람들이 주변 사람들과 관계를 맺고, 새로운 목표를 찾아 달성하게 만든다. 긍정적인 감정의 효과와 우울함이나 두려움 같은 부정적인 감정의 효과를 비교할 수 있다. 부정적인 감정은 무언가 옳지 않으며 주변 환경이 안전하지 못하기 때문에 그 상황을 빠져나가거나 피하는 것이 최선의 행동임을 알려주는 신호다.

행복의 강도는 얼마나 중요할까?

긍정적인 감정을 지속적으로 느끼는 것이 행복을 얼마나 강렬하게 느끼는가 보다 중요하다. 1991년 에드 디너Ed Diener와 동료들은 긍정적인 감정을 느끼는 시간의 길이가 긍정적인 감정을 느끼는 강도보다 전체적인 행복과 더 상관관계가 높다는 연구 결과를 발표했다. 다시 말해 행복한 사람들의 경우, 대부분의 시간 동안 보통 수준의 행복감을 지속적으로 느끼긴 해도 매우 행복하다고 느끼는 경우는 그렇게 많지 않을 수가 있다.

행복은 어떻게 측정할까?

행복은 주관적인 상태이므로 행복을 측정하기 위해서는 사람들에게 어떻게 느끼는지 직접 물어보는 수밖에 없다. 스트레스 호르몬의 낮은 수치처럼 긍정적인 기분을 나타내는 생리적인 표시가 있지만 행복 자체를 측정하는 객관적인 방법은 없다. 그러나 자기 보고 측정법에는 몇 가지 문제점이 있다. 자신이 정확히 어떻게 느끼는지 사람들이 모를 수 있기 때문이다. 또 사람들이 남들에게 보이고 싶은 대로 보고하거나 사회적으로 바라는 모습대로 보고하여 결과가 편향될 수도 있다. 그럼에도 불구하고 행복에 관한 자기 보고 연구는 다방면에 의미 있는 자료를 제공한다. 연구원들은 또한 전체적인 행복을 측정하는 것과(당신은 보통 얼마나 행복합니까?) 순간순간의 감정 상태를 추적하는 방법을 구분한다. 후자의 경우, 연구 당시 사람들이 참여하는 특정한 활동과 그에 대한 감정적 반응을 살펴봄으로써 측정할 수 있다.

행복은 어떤 역할을 할까?

분명 많은 일들이 우리를 행복하게 만들거나 불행하게 만들지만 일관적으로 긍정적인 기분은 그 자체만으로도 장점을 가지고 있다. 행복이 어떤 역할을 하는지 살펴보자. 2005년 소냐 류보미르스키Sonya Lyubomirsky와 로라 킹Laura King, 에드 디너는 긍정적인 기분과 생명 기능 간의 관계를 살펴본 메타분석 결과를 발표했다. 그들은 일반적으로 행복한 사람들이 낙관주의, 좌절 극복, 향상된 목표 추구 등 적응력이 뛰어난 심리적 특성을 보인다는 사실을 발견했다. 다시 말해 행복한 사람들은 긍정적이고 회복력이 있으며 성공하기 위해 최선을 다한다. 이런 특성은 다시 인기, 사회적 참여, 친사회적 행동, 대처 능력, 신체적인 건강이라는 긍정적인 결과를 낳는다.

행복은 우리의 건강에 어떤 영향을 미칠까?

행복을 느끼면 건강이 좋아지는지 좋아지지 않는지 어떻게 알 수 있을까? 이에 대한 연구는 모두 닭이 먼저냐 달걀이 먼저냐의 문제를 가지고 있다. 행복해야 건강해지는 것일까 아니면 건강하기 때문에 행복한 것일까? 행복과 건강 사이의 횡단적 상관관계를 나타내는 많은 연구 결과가 있다. 다시 말해서 어느 시점이든 행복을 더 많이 느낄수록 더 건강하다는 것이다. 이런 연구가 긍정적인 기분과 신체적인 건강 사이에 분명한 관계가 있다는 사실을 나타내긴 하지만 어느 것이 먼저인지는 알 수가 없다. 횡단적 연구와 달리 종단적 연구는 높은 수치의 긍정적인 기분이 실제로 신체 건강의 전제조건이 되는지를 밝힐 수 있다. 예를 들어 최근 5000명을 대상으로 실시한 연구 결과, 높은 수치의 긍정적인 기분을 느끼면 5년 후 입원할 가능성이 낮아지고 6년 후 뇌졸중에 걸릴 가능성이 낮아지는 것으로 나타났다.

메타분석이란?

메타분석은 여러 연구 결과를 통계적으로 분석하는 것을 말한다. 메타분석은 한 주제에 대한 연구 결과들을 모두 분석해 한 가지 변수에 대한 또 다른 변수의 효과를 살펴본다. 예를 들어 행복이 대응 능력에 미치는 효과를 살펴보고 싶으면 이 주제를 다룬 연구 결과에 대한 메타분석을 실시함으로써 행복과 대응 능력에 대한 상관관계를 판단할 수 있다. 메타분석은 개별적인 연구 자료보다 훨씬 더 믿을 수 있고 확실한 정보를 제공한다.

행복은 사회적 생활에 어떤 영향을 미칠까?

닭이 먼저냐 달걀이 먼저냐의 문제가 행복과 사회적 관계의 연구에도 적용된다. 행복과 원만한 결혼 생활, 우정, 가족 간에 강한 상관관계를 보여주는 횡단적 연구가 다수 있다. 이에 비해 종단적 연구는 행복이 끈끈한 관계보다 선행되어야 한다는 점을 보여준다. 다시 말해 행복한 사람들이 결혼을 하고, 성공적인 결혼 생활을 하며, 친구도 더 많이 사귄다는 것이다. 예를 들어 게리 막스Gary Marks와 니콜 플레밍Nicole Fleming

이 15년 동안 오스트레일리아에서 실시한 연구에 따르면, 행복 등급에서 높은 점수를 받은 사람들이 그렇지 않은 사람들보다 빨리 결혼하는 것으로 나타났다. 독일인과 미국인들을 대상으로 실시한 연구 결과도 비슷했다. 브루스 헤디Bruce Headey와 루트 벤호벤Ruut Veenhoven은 1989년에 발표한 연구를 통해 행복지수에 따라 결혼 생활의 질을 예측할 수 있다고 주장했다. 6년의 기간 동안 행복 수준이 더 높은 사람들이 만족스러운 결혼 생활을 하는 것으로 나타났다.

행복 설정 값 이론에 따르면, 물질적인 부는 일시적인 행복감만 줄 뿐 결국 평상시의 수준으로 돌아가게 된다고 한다.(iStock)

행복이 직장 생활에 미치는 영향은 무엇일까?

행복이 우리의 직장 생활에도 똑같은 영향을 미칠까? 이 점을 살펴본 대부분의 연구들도 횡단적 방법을 이용했다. 따라서 어느 한 시점에 긍정적인 기분을 더 많이 느끼는 사람이 그렇지 않은 사람보다 직업이 더 낫고, 수입이 더 많으며 더 자율적이고 의미 있는 일을 하는 것으로 나타났다. 분명한 것은 여기에도 닭이 먼저냐 달걀이 먼저냐의 문제가 발생한다는 점이다. 많은 사람들이 한번쯤은 즐겁지 못한 직장 생활 때문에 부정적인 감정을 갖는다. 그러나 종단적 연구 결과, 어린 시절부터 높은 수준의 긍정적인 감정을 경험한 사람들이 자라서 성공적인 직장 생활과 경제 활동을 하는 것으로 나타났다. 예를 들어 에드 디너와 동료들이 2002년에 실시한 연구에 따르면, 대학 1학년 때 긍정적인 성격을 가졌던 사람들이 16년 후 그렇지 못한 학생들에 비해 돈을 더 많이 버는 것으로 나타났다. 이런 현상은 가족의 수입과는 상관없었다. 사실 이런 관계는 고소득 가정의 학생들에게 더 뚜렷이 나타났다. 그들의 경우 저소득층에 비해 성공적인 직장 생활을 방해하는 요소가 적기 때문에 감정 상태의 영향이 훨씬 더 크게 작용하는지도 모른다.

행복의 요인은 무엇일까?

단순히 성격 때문에 기분이 달라지는 것은 아니다. 우리가 처한 상황과 우리가 내린 선택의 결과에도 영향을 받는다. 그렇다면 지속적인 행복에 실제로 기여하는 요소는 무엇이고 그렇지 않은 요소는 무엇일까?

행복 요인에 관한 연구는 행복이 가져다주는 혜택에 관한 문헌보다 훨씬 더 복잡하다. 초기 행복 연구원들은 우리의 행복을 스스로 조절할 수 있는 정도에 대해 제법 비관적인 생각을 하고 있었다. 그들은 행복을 유지하기 위해 우리 스스로 할 수 있는 일이 별로 없다고 믿었다. 하지만 후대 연구원들은 우리의 활동과 상황이 일반적인 행복 수준에 분명히 영향을 끼친다는 긍정적인 관점을 제기했다.

행복 설정 값이란?

1970년대 초, 필립 브리크먼Phillip Brickman과 도널드 캠벨Donald Campbell은 행복 설정 값Happiness Set Point이라는 개념을 만들었다. 그들은 우리가 일반적으로 느끼는 행복 수준이 유전적으로 결정되며 살아가면서 겪는 사건과 무관하다고 주장했다. 중요한 사건으로 인해 행복 설정 값보다 높거나 낮은 수준의 행복을 느낄 수는 있지만 그 효과는 일시적이기 때문에 조금 있으면 다시 기본 설정 수준으로 돌아온다는 것이다. 그 후 대부분의 행복 연구원들이 이런 극단적인 입장을 다소 수정하긴 했지만 이 아이디어가 어느 정도 일리 있다는 근거가 제기되고 있다.

행복 설정 값을 뒷받침하는 근거는 무엇일까?

첫째, 쌍둥이를 대상으로 한 연구 결과, 행복 수준을 결정하는 유전 요소가 있다는 점이 밝혀지면서 우리가 느끼는 행복 수준이 부분적으로나마 유전의 영향을 받는다는 사실이 입증되었다. 다시 말해 유전자가 100퍼센트 일치하는 일란성 쌍둥이가 느끼는 행복 수준이 50퍼센트의 유전자만 공유하는 이란성 쌍둥이보다 더 비슷하다는 것이다. 둘째, 외적인 조건이 행복 수준에 미치는 영향은 적은 것으로 나타났다. 예를 들어

나이, 성별, 수입과 같은 인구통계학적 특성과 인생의 만족도 사이에 그다지 상관관계가 없는 것으로 나타났다. 심지어 신체적인 매력 또한 행복과 별 상관이 없는 것으로 나타났다. 뿐만 아니라 배우자의 죽음이나 심각한 사고와 같은 부정적인 사건으로 고통스러워하는 사람들을 연구한 결과, 처음에는 행복지수가 현저히 떨어졌지만 시간이 지나면서 삶의 만족도가 상당히 회복된 것으로 나타났다. 또한 브리크먼과 동료들이 1978년에 실시한 복권 당첨자 연구에서도 복권에 당첨된 사람들과 대조군 사이에 큰 차이가 없는 것으로 나타났다.

태어날 때부터 정해진 '행복 설정 값'이 있고, 살아가면서 겪는 사건이 그런 행복 설정 값에 큰 영향을 주지 않는다는 이론을 1978년 연구는 어떻게 뒷받침했을까?

필립 브리크먼, 댄 코츠Dan Coastes, 로니 재노프불먼Ronnie Janoff-Bulman은 1978년에 엄청난 행운을 얻은 사람들(복권 당첨자)과 큰 불행을 당한 사람들(사고로 하체 마비 또는 전신 마비가 된 사람들), 그 이웃들을 비교하는 연구를 실시했다. 이 연구 결과는 행복 설정 값이라는 발상을 뒷받침하는 데 이용되었다. 연구원들은 복권 당첨자들이 이웃에 비해 약간 더 행복할 뿐이라는 사실을 발견했다(통계적으로 의미가 없는 정도였다). 사고로 마비된 사람들 또한 이웃 사람들보다 약간 덜 행복하다고 느낄 뿐이었다. 0~5점의 행복지수 가운데 복권 당첨자들은 평균 4.00점을 기록했고 사고 피해자들은 2.96점 그리고 이웃들은 3.82점을 기록했다. 세 집단 모두 향후에는 더 행복할 것이라고 믿었지만 사고 피해자들의 경우 다른 집단보다 과거에 더 행복했다고 믿는 경향이 큰 것으로 나타났다.

복권에 당첨되는 갑작스러운 행운이 우리를 더 행복하게 만들어줄까? 연구 결과, 그렇지 않다는 사실이 밝혀졌다.

쾌락의 쳇바퀴란?

쾌락의 쳇바퀴Hedonic treadmill라는 개념은 행복 설정 값과 밀접한 연관이 있다. 만일 시간이 지나 미리 정해진 행복 설정 값 수준으로 돌아갈 수밖에 없다면 살아가면서 겪는 긍정적인 사건들은 일시적인 만족감밖에 주지 못한다. 지속적으로 높은 행복감을 추구하는 사람들은 이런 사실을 인정하려 들지 않는다. 따라서 일시적인 쾌락의 효과가 영원히 지속되도록 반복해서 쾌락을 추구할 수 있다. 그런 사람들은 쉬지 않고 러닝머신을 하는 것과 같다. 실제로 한곳에 머물고 있는데도 마치 앞으로 가는 것처럼 착각하기 때문이다.

이웃의 물질적인 성공은 우리가 느끼는 물질적인 만족감에 얼마나 큰 영향을 줄까?

돈은 분명 어느 정도 중요한 것임에는 틀림없다. 돈이 충분하지 않으면 부정적인 효과를 낳는다. 그런데 과연 돈이 얼마나 많이 있어야 충분하다고 할 수 있을까? 이 점에 있어서는 사회적인 비교가 어느 정도 작용하는 것 같다. 이웃과 친구들이 우리와 비슷한 수준의 집에서 산다면 조그만 오두막에서 산다 해도 행복감을 느낄 수 있다. 그러나 또래들이 넓은 저택으로 이사를 가면 우리가 소유하는 집에 대한 만족감도 점점 떨어진다. '사회적 비교'는 이웃의 소유물에 우리가 가진 것을 비교 평가하는 것을 뜻한다.

요즘은 행복 설정 값에 대해 어떤 시각을 가지고 있을까?

에드 디너, 리처드 루카스Richard Lucas, 크리스티 나파 스콜론Christie Napa Scollon은 2005년에 행복 설정 값을 재검토한 결과를 발표했다. 그들의 주장에 따르면, 외부 사건은 우리가 느끼는 전체적인 행복에 영향을 끼친다. 즉 환경에 영향을 받는다는 것이다. 그러나 오랜 시간이 지나면 우리는 좋든 싫든 환경에 적응하는 경향이 있다. 또 리처드 루카스가 2007년에 두 집단의 장애인들을 대상으로 실시한 연구에 따르면, 장애가 생긴 시점에 행복감이 급격히 떨어졌으며 한번 떨어진 행복감은 시간이 지나도 거의 회복되지 않는 것으로 나타났다.

일반적으로 느끼는 행복 수준에 영향을 주는 요인은 무엇일까?

최근 몇 년 동안 행복 연구원들은 우리가 느끼는 행복감에 영향을 주는 몇 가지 요소들을 살펴보았다. 좀 더 구체적으로 말해서 유전의 영향, 인구통계학적 특징, 대인관계, 돈, 삶에 대한 태도, 통제 능력을 살펴보았다.

유전은 행복감에 얼마나 큰 영향을 줄까?

2005년에 소냐 류보미르스키, 케넌 셸던Kennon Sheldon, 데이비드 스케이드David Schkade가 검토한 바에 따르면, 유전은 행복 수준에 최대 50퍼센트 정도로 큰 영향을 끼치는 것으로 나타났다. 그러나 이 수치를 적용할 때는 주의를 기울여야 한다. 대부분의 유전 연구는 환경이나 상황이 크게 다르지 않은 사람들을 표본으로 삼는다. 환경이 비슷하면 유전적인 영향이 크게 작용한다. 그러나 환경 요인이 다양하면 유전의 영향은 그리 크지 않다. 따라서 대부분의 유전 연구가 다양한 환경에 처한 사람들을 연구하지 않았기 때문에 유전의 중요성이 과장되었을 수 있다.

살아가는 환경은 행복에 얼마나 큰 영향을 줄까?

류보미르스키와 동료들의 논문을 검토한 결과, 수입이나 사회적 지위, 인구통계학적 특성(이를테면 나이, 성별, 민족성)과 같은 요인들이 중요하긴 하지만 우리가 생각하는 것만큼 크게 작용하지는 않는 것으로 나타났다. 이런 요인들이 행복에 미치는 영향은 전체 행복지수의 10~20퍼센트에 불과하다. 이는 다른 행복 연구에서도 비슷한 추정치가 나왔다.

대인 관계는 행복에 얼마나 중요하게 작용할까?

대인 관계와 행복 사이에 강한 상관관계를 보여주는 연구 결과가 많은 것으로 볼 때 지지적인 사회적 관계가 매우 중요하게 작용할 가능성이 크다. 또 일반적인 행복은 물론 스트레스와 신체적인 질병을 예방하는 데도 사회적 지원이 크게 작용한다는 사실을 입증한 연구 결과가 많이 있다.

우리의 태도는 행복에 어떤 영향을 줄까?

삶을 대하는 방식, 즉 삶에 대한 태도의 중요성을 지적한 연구도 있다. 류보미르스키와 동료들은 전체 행복감의 40퍼센트가 생각, 활동, 목표를 통해 적극적으로 행동을 도모하는가의 여부에 달렸다고 주장한다. 이런 관점은 '긍정 심리학'을 연구한 마틴 셀리그먼에 의해서도 뒷받침되었다.

돈이 행복하게 만들어줄까?

수입이 많은 사람이 수입이 적은 사람보다 더 행복하다는 연구 결과가 있지만 돈이 행복에 미치는 영향은 크지 않다는 연구 결과도 있다. 웬디 존슨Wendy Johnson과 로버트 크루거Robert Krueger가 2006년에 실시한 연구가 이런 상반된 연구 결과를 재해석해주었다. 그들은 객관적인 자산보다 경제 상태에 대한 주관적인 인식이 더 중요하다고 주장했다. 719쌍의 쌍둥이를 연구한 결과, 존슨과 크루거는 자신의 경제 상황에 대한 사람들의 인식, 즉 돈이 충분하다고 스스로 믿는지의 여부와 실제 수입, 자산과의 사이에는 큰 상관관계가 없다는 사실을 발견했다. 마찬가지로 삶에 대한 만족도 역시 실제 부의 정도보다 부에 대한 인식과 더 상관있는 것으로 나타났다. 다시 말해 사람들이 삶의 만족을 느끼는 정도는 실제로 얼마나 돈이 많은가가 아니라 스스로 돈이 많다고 믿는 것과 더 큰 관계가 있다는 것이다.

통제감은 얼마나 중요할까?

존슨과 크루거의 연구를 통해 사람들이 스스로의 삶을 얼마나 통제할 수 있다고 믿는가의 여부 또한 삶의 만족도와 상관관계가 큰 것으로 밝혀졌다. 실제로 연구원들이 살펴본 12가지 요인 가운데 삶의 만족도에 기여하는 가장 큰 요인이 자신의 삶에 대한 통제감으로 나타났다.

명상은 건강과 정서적인 행복에 도움이 될까?

방대한 연구를 통해 행복이 좌측 전전두피질로 알려진 뇌 영역에 의해 조절된다는 사실이 밝혀졌다. 전전두피질은 뇌의 외피인 피질 전체의 절반가량을 차지하며, 전두엽의 가장 앞부분에 해당된다(뇌 해부학에 관한 사항은 제3장을 참고하기 바란다). 뇌영상 연구인 뇌파도EEG 연구와 뇌졸중에 대한 연구가 모두 좌측 전전두피질이 긍정적인 감정에 영향을 미친다는 사실을 뒷받침한다.

명상은 긍정적인 기분에 영향을 주는 것으로 밝혀졌다.

리처드 데이비드슨Richard Davidson은 2003년에 존 캐벗 진John Cabott Zinn을 비롯한 동료들과 공동으로 이 분야에 대한 여러 조사를 실시했는데, 명상을 해온 25명의 피험자들과 대기 상태에 있던 대조군을 비교했다. 그 결과, 명상이 긍정적인 기분에 큰 영향을 미치는 것으로 나타났다. 8주간의 명상 수련을 마친 피험자들의 경우 대기자 명단에 있던 대조군보다 좌측 전전두피질 영역의 전기 활동이 더 활발한 것으로 밝혀졌으며, 명상 과정 후 접종한 독감 백신에 대해 더 나은 면역 반응을 보인 것으로 나타났다.

긍정 심리학

긍정 심리학이란?

긍정 심리학Positive psychology은 마틴 셀리그먼Martin Seligman, 1942~ 이 창시한 행복 연구의 한 분야다.

긍정 심리학은 셀리그먼이 미국 심리학회 회장으로 선출되어 집중 분야를 선정할 수 있는 자리에 있을 때 독립 분야로 발전했다. 이전 행복 연구원들과 달리 셀리그먼은 사람들이 저마다 자신의 정서적인 행복을 향상시키는 능력을 가지고 있다고 굳게 믿는 사람으로, 학습된 무력감에 대해 초기에 그가 행했던 대표적인 연구는 우울증 치료를 위한 인지 행동 치료법 발달에 기여했다. 사람들의 기분을 더 나아지게 하기 위해 심리학자들이 도울 방법이 없는지를 모색하던 셀리그먼은 정신분석가의 관점을 도입해 긍정적인 감정 연구를 실시했다.

긍정 심리학을 왜 전통적인 심리학 트렌드를 벗어난 대변화라고 하는 것일까?

셀리그먼이 우울증 환자들을 대상으로 자신의 기법을 시험했지만 긍정 심리학은 고통과 정신 질환이 아닌 행복을 강조했다는 점에서 전통 정신분석학과 다르다고 할 수 있다. 그러나 행복을 누릴 수 있는 인간의 능력을 처음으로 고려한 사람은 셀리그먼이 아니다. 그 역시 칼 로저스, 에이브러햄 매슬로, 에릭 에릭슨과 같은 선대 심리학자들의 영향을 받았다고 인정한다.

셀리그먼이 주장한 행복의 세 가지 측면은 무엇일까?

셀리그먼은 지나치게 막연하고 비과학적이라는 이유로 '행복'이라는 단어의 사용을 거부했다. 대신 그는 행복, 즉 '좋은 인생'을 긍정적인 감정(즐거운 생활), 참여(참여하는

셀리그먼은 자기 재능을 사회에 환원하는 것이 행복의 중요한 요소라고 믿는다.(iStock)

생활), 의미(의미 있는 생활)라는 세 가지 요소로 나누었다.

셀리그먼이 말하는 즐거운 생활이란 무엇일까?

이것은 현재, 과거, 미래에 대한 높은 수준의 긍정적인 감정 경험을 뜻한다. 과거에 대한 긍정적인 감정으로는 만족, 성취, 흡족, 평온, 자긍심이 있다. 미래에 관한 긍정적인 감정에는 자신감, 낙관주의, 희망, 믿음, 신뢰가 포함된다. 현재에 대한 긍정적인 감정으로는 지금 하고 있는 경험에서 즐거움을 느끼는 능력이 있다. 이것은 또한 지금 이 순간 경험하는 일에 집중하고 미래나 과거에 대한 생각으로 방해받지 않는다는 것을 뜻한다. '좋은 인생' 가운데 이 요소가 가장 덜 중요한 것으로 나타났다는 점이 흥미롭다. 현재에 대한 긍정적인 감정은 삶의 만족도와 상관관계가 가장 낮은 것으로 밝혀졌다.

셀리그먼이 말하는 참여하는 생활이란 무엇일까?

참여하는 생활은 일, 친밀한 관계, 레저 활동에 관여하는 능력을 뜻한다. 참여하는 생활을 하면 우리는 혼자 격리되지 않고 주변 세상과 적극적으로 교류하게 된다. 참여하는 생활을 늘리기 위해서는 자신의 강점과 관심 분야가 무엇인지 파악하고 활용해야 한다고 셀리그먼은 믿는다. 예를 들어 예술에 흥미를 느끼는 사람들은 미술 수업을 들을 수 있다. 동물을 좋아하는 사람은 동물 보호소에서 자원봉사를 할 수 있다.

의미 있는 생활이란 무엇일까?

의미 있는 생활을 하는 사람들은 자신의 강점을 활용해 보다 큰 사회에 헌신하고 기여한다. 정치, 종교, 지역 사회 봉사, 가족과 같은 특정한 조직은 중요하지 않다. 이렇게 의미 있는 생활을 하면 사람들은 보다 큰 집단, 조직, 기관에 소속감을 느끼고 자부심과 삶의 목표를 향상시킨다. 그러한 헌신과 삶의 만족도 사이의 상관관계를 밝힌 연구가 많이 있다. 의미 있는 생활이 중요하게 작용한다는 것은 자기중심적인 생활을 통해 느낄 수 있는 삶의 만족도가 제한적이라는 점을 시사한다.

어떤 요소가 행복에 가장 중요하게 작용할까?

좋은 인생의 3요소가 모두 전체적인 행복감과 관련 있지만 그중에서도 참여하는 생활과 의미 있는 생활이 즐거운 생활에 비해 삶의 만족도와 강한 정적 상관관계를 가지고 우울함과 강한 부적 상관관계를 가지는 것으로 나타났다.

셀리그먼의 연구 결과는 다른 행복 연구와 얼마나 일치할까?

참여하는 생활, 의미 있는 생활에 비해 즐거운 생활이 전체적인 행복에 미치는 영향이 가장 작다는 셀리그먼의 연구 결과는 일부 행복 연구의 모순된 결과를 설명하는 데 도움이 된다. 목적을 달성한 후에 느끼는 즐거움이 가장 빨리 사라지는 것으로 나타났는데, 이는 목적 달성을 통해 얻는 만족감이 일시적이라고 추정하는 쾌락의 쳇바퀴 개념과도 일치한다. 그러나 다른 사람들과 의미 있는 방식으로 관여하든 우리의 잠재 능력을 계발하든 참여하는 생활은 일반적인 행복에 상당한 영향을 끼치는 것으로 보인다. 따라서 행복지수를 높이고 싶다면 단순히 즐거움을 추구하는 데 집중하기보다는 어떻게 살아야 하는지, 사는 방식을 고민하는 편이 더 나을 것이다.

셀리그먼이 주장하는 덕목이란?

앞서 살펴본 대로 행복에 즐거운 생활, 참여하는 생활, 의미 있는 생활이라는 세 가지 요소가 있다고 가정한 셀리그먼과 그의 동료들은 이런 긍정적인 생활 방식을 갖게 되는 인격적인 특성을 파악하는 것이 중요하다고 믿었다. 그들은 문화마다 보편적으로 통용되는 여섯 가지 덕목이 있다고 주장했다. 여섯 가지 덕목이란 지식, 용기, 인간성(열정과 다른 사람에 대한 배려), 정의, 절제(자기 제어 능력), 초월(우주와의 연관성을 찾을 수 있는 능력)이다.

성격 강점에는 어떤 것들이 있을까?

여섯 가지 덕목은 24개의 성격 강점Character strength으로 나뉜다. 이 성격 강점에는 창의성, 호기심, 열린 마음, 학습에 대한 애정, 지혜와 지식에 대한 관점, 성실, 용감함, 인내, 용기에 대한 열정, 친절함, 사랑, 인간성을 위한 사회적 지능, 공정성, 리더십, 정의를 위한 팀워크, 용서, 겸손함, 신중함, 절제를 위한 자기 조절, 아름다움과 뛰어남에 대한 인정, 감사, 희망, 유머 감각, 초월을 위한 믿음이 해당된다.

덕목과 성격 강점에 대해 셀리그먼은 어떤 말을 할까?

셀리그먼과 그의 동료들은 이런 개념들이 얼마나 보편적인지, 그리고 삶의 만족도와 상관관계가 얼마나 큰지 살펴보기 위한 연구를 실시했다. 40개국에서 실시된 연구에서 그들은 피험자들에게 24개의 성격 강점을 얼마나 가지고 있다고 생각하는지 점수를 매기게 했다. 나라마다 성격 강점에 대한 점수는 매우 유사하게 나타났다. 사람들은 친절함, 공정성, 성실, 감사, 열린 마음을 가장 많이 가지고 있다고 평가했다. 그에 비해 그리 흔치 않은 성격으로는 신중함, 겸손함, 절제를 위한 자기 조절이 있었다. 연구원들은 또한 감정적 특성(용기에 대한 열정, 감사, 희망, 사랑)을 나타내는 강점이 지적인 특성(호기심, 학습에 대한 애정)보다 삶의 만족도와 더 관련이 많다는 사실을 발견했다.

행복을 늘려주는 연습법이 있을까?

2005년에 셀리그먼은 트레이시 스틴Tracy Steen, 박난숙, 크리스토퍼 피터슨Christopher Peterson과 함께 행복감을 늘릴 수 있는 대단히 단순하고 비용 효과적인 연구를 통해 얻은 결과를 발표했다. 그들은 웹사이트상에서 연구를 실시했다. 웹사이트에는 방문객들에게 행복감을 늘려주는 연습에 참여하라는 권고문과 함께 일부 참여자에게는 가짜 연습이 주어질 수 있다는 경고가 쓰여 있었다. 가짜 조건은 적극적인 치료 조건과 비교하기 위해 주기적으로 제시되었다. 다음 연습 가운데 하나를 부여받고 실험 참여자들에게는 일주일 동안만 연습할 수 있는 시간이 주어졌다. 가짜 조건을 부여받은 피험자들에겐 매일 밤 어린 시절 추억을 적는 과제가 주어졌다.

이 실험에는 다음과 같은 다섯 가지 치료 조건이 있었다. 감사 방문(참여자는 자신에게 친절을 베푼 사람 가운데 한 번도 제대로 감사를 표해본 적이 없는 대상에게 일주일 안에 감사 편지를 써서 전달해야 했다), 살면서 좋았던 일 세 가지(참여자는 그동안 겪었던 일 가운데 좋았던 세 가지를 매일같이 기록하고 그 원인을 생각해야 했다), 최선을 다한 일(참여자는 최선을 다했던 때에 대해 적고 그 당시 자신의 강점이 무엇인지 파악한 후 적은 내용을 일주일 동안 매일매일 생각해야 했다), 자신의 강점을 다른 식으로 활용하기(참여자는 자신의 강점 다섯 가지를 파악한 후 일주일 동안 매일매일 새로운 방식으로 활용해야 했다), 자신의 강점 파악하기(참여자는 다섯 가지 대표적인 강점을 파악한 후 일주일 동안 그 강점들을 활용해야 했다).

가짜 조건과 이 조건들은 모두 연습을 마친 직후의 행복지수를 향상시켰고 우울지

수는 감소시켰다. 그로부터 일주일 후 가짜 조건을 받은 참여자들의 행복지수는 평상시 수준으로 되돌아왔고 그 후 6개월 동안 변함이 없었다. '최선을 다한 일'과 '자신의 강점 파악하기'의 효과 또한 연습이 끝나고 일주일 만에 사라졌다. '감사 방문'의 효과는 그보다 좀 더 길게 유지되어 약 한 달간 지속되었다. 그러나 놀랍게도 '살면서 좋았던 일 세 가지'와 '자신의 강점을 다른 식으로 활용하기' 효과는 연구가 진행되던 6개월 내내 지속되었다. 향상된 행복 수준을 유지한 사람들은 6개월간의 연구 기간 동안 계속해서 연습을 했던 것으로 보인다.

긍정 심리 치료란?

2006년도에 셀리그먼, 타얍 라시드Taayab Rashid, 아카시아 팍스Acacia Parks는 보다 형식적인 긍정 심리 치료PPT 연구 결과를 발표했다. 이 연구에서 그들은 웹사이트 기반 연구에서 이용된 연습을 보다 강력한 심리 치료 형태로 수정했다. 첫 번째 연구에는 40명의 경미한 수준으로 우울한 대학생들과 중간 수준으로 우울한 대학생들이 피험자로 선정되었다. 19명의 학생들은 일주일에 두 시간씩 6주 동안 집단 치료를 받아야 했고, 21명은 아무런 치료도 하지 않는 대조군에 배정되었다. 치료에는 웹사이트 기반 연구에서 이용한 것과 비슷한 여섯 가지 연습법이 포함되었다. 마지막 시간은 연구가 끝난 뒤에도 치료를 통해 얻은 것을 유지하고 연습을 계속하는 방법에 초점이 맞춰졌다.

통계 분석 결과, PPT 집단에 속한 학생들의 경우 대조군 학생들보다 우울지수는 낮은 반면 삶의 만족도는 높아졌고 향상된 행복 수준은 치료가 끝난 후 최소 1년 동안 지속된 것으로 나타났다. 두 번째 연구는 우울증 증세가 좀 더 심각한 중증 우울증 환자들에게 개인 상담 치료를 받게 한 후 똑같은 중증 우울증 환자들 가운데 일반 치료를 받은 대조군(심리 치료만 받거나 심리 치료와 약물 치료를 함께 받은 사람들)과 비교했다. 이때도 앞서 실시했던 두 연구와 똑같은 기법을 활용한 개인 치료를 실시했는데, 대신 중증 우울증 증상에 맞게 조절되었다. 최대 12주가 지난 후 PPT를 받은 환자들은 평소와 다름없는 치료를 받은 환자들보다 행복감을 더 많이 느꼈고 우울증이 현저히 나아졌으며 긍정적인 기분을 훨씬 더 많이 느낀 것으로 나타났다.

여러 문화에서의 행복

문화별로 느끼는 행복은 어떻게 비교할 수 있을까?

국제적인 관점에서 행복을 바라보는 문헌이 점점 늘고 있다. 각기 다른 나라의 행복을 연구하는 것은 공공 정책 기획자에게 매우 유용할 수 있다. 행복을 고취시키는 사회적 · 정치적 요소들을 파악할 수 있기 때문이다. 다른 행복 연구와 마찬가지로 행복에 대한 주관적인 생각을 측정하는 가장 좋은 방법은 사람들에게 "당신은 행복하십니까?"라고 직접 묻는 것이다. 연구원들은 또한 삶의 만족도를 묻기도 한다.

국제 행복 연구는 어떤 문제점을 가지고 있을까?

이런 종류의 연구에는 두 가지 문제가 있다. 첫째, 행복이 의미하는 바가 문화마다 다를 수 있다. 두 번째 문제는 연구 대상의 선정과 관련이 있다. 각 나라의 표본은 반드시 전체 인구 구성을 대표해야 한다. 예를 들어 교육받지 못한 시골 사람들보다 설문에 답변할 가능성이 더 높다는 이유로 학력 수준이 높은 도시인들을 더 많이 표본에 포함시키면 행복지수는 그 나라 전체 인구의 행복지수를 대변하지 못할 것이다. 그러나 비교 문화 연구원들은 이 문제를 잘 인식하고 있기 때문에 연구를 고안할 때 이런 문제를 최소화하려고 노력한다.

세계 행복 데이터베이스란?

루트 벤호벤은 1980년대부터 행복에 관한 비교 문화를 연구해온 네덜란드 사회학자다. 그는 전 세계 여러 국가들이 실시한 행복 연구 데이터를 수집해 웹사이트에 세계 행복 데이터베이스를 구축해놓았다.(www.worlddatabaseof happiness.eur.nl) 이 웹사이트에는 행복의 상관관계에 관한 데이터도 포함되어 있다. 예를 들어 정치적 자유,

남녀평등은 행복과 어떤 상관관계가 있을까? 벤호벤은 가장 불만스러움(0)부터 가장 만족스러움(10)까지 총 11등급으로 나눈 연구들의 결과를 수집했다.

각 나라마다 행복에 기여하는 요인은 무엇일까?

대체로 부유한 나라의 국민들이 더 행복한 것으로 나타났다. 그러나 국가의 부와 행복지수가 완전히 일치하는 것은 아니다. 따라서 돈은 행복 요소의 일부에 해당될 뿐이다. 벤호벤의 연구에 따르면 전쟁, 정치적 불안정, 전체주의 정부, 경제적 혼란이 행복지수를 낮추는 것으로 나타났다. 또한 민주주의, 안전, 남녀평등, 다양한 사회 프로그램, 정치적 안정성, 정치 경제적 자유가 행복을 고취시키는 것으로 밝혀졌다. 벤호벤이 '인류애'라고 지칭했던 사회적 응집력 또한 행복의 주요인으로 나타났다.

가장 부유한 국가들은 행복을 도모하기 위해 어떤 일을 할까?

1인당 국민소득을 기준으로 상위 10위권 국가들 가운데 아이슬란드, 스위스, 노르웨이, 룩셈부르크만 가장 행복한 국가 10위 안에 들었다. 나머지 여섯 국가들은 14번째로 행복한 국가(아일랜드)에서 55번째로 행복한 국가(홍콩)까지 행복 순위가 다양하게 나타났다. 싱가포르는 32번째로 행복한 국가에 올랐다.

4만 7000달러에 달하는 연간 평균 소득으로 1인당 국민소득에서 네 번째로 부유한 국가에 오른 미국은 평균 행복지수가 7.0으로 나타나 27번째로 가장 행복한 국가에 올랐다.

행복의 불평등은 어떤 작용을 할까?

벤호벤은 국가 내의 행복지수 불평등에도 관심을 가졌다. 즉 한 국가의 국민들 사이의 행복지수가 얼마나 비슷한지를 살펴본 것이다. 그는 행복지수의 표준 편차를 근거로 불평등-조정 행복이라고 불리는 측정법을 만들었다. 표준 편차는 개별적인 지수와 평균 지수의 차이를 나타내는 통계적 측정법이다. 그의 계산에 의하면, 가장 행복하면서도 가장 평등하게 행복한 다섯 국가는 몰타, 덴마크, 스위스, 아이슬란드 그리고 네덜란드다. 중간에 해당되는 다섯 국가로는 미국, 필리핀, 이란, 한국, 인도가 있다. 가장 낮은 다섯 국가에는 아르메니아, 우크라이나, 몰도바, 짐바브웨, 탄자니아가 해당된다.

평균 행복은 역사적으로 어떻게 변해왔을까?

벤호벤의 연구에 따르면, 평균 행복지수가 역사적으로 높아진 것으로 나타났다. 부유한 국가들 사이에서는 이런 변화가 크지 않았지만 개발도상국의 경우 이런 변화가 뚜렷하게 나타났다. 그러나 미국에서는 지난 60년간 실질적인 행복지수의 변화가 없었다. 리처드 이스털린Richard Easterlin은 이런 사실을 이용해 지난 60년간 미국에서 점점 높아진 생활 수준이 행복에 영향을 끼치지 않았다고 주장했다. 선진국과 개발도상국의 연구 결과를 고려하면 돈이 부족하고 생활 수준이 낮을 때 행복과 생활 수준의 관계가 크다는 사실을 알 수 있다. 그러나 생활 수준이 어느 정도 합리적인 정도에 도달한 후에는 부유하다고 해서 더 행복해지는 게 아닌 것으로 나타났다.

부유한 국가 국민들이 가난한 국가 국민들보다 더 행복할까?

394쪽 행복지수는 세계 행복 데이터베이스에서 발췌한 것이다. 이 지수들은 2016년에서 2018년까지의 행복지수를 보여준다. 각 나라의 소득 정보는 CIA에서 제공하는 국가별 소개 자료CIA World Fact Book에서 발췌한 것이다. 1인당 국민소득은 각 나라 국민의 평균 소득을 나타낸다.

394쪽 표를 통해 알 수 있는 것처럼 0(가장 행복하지 않은)부터 10(가장 행복한)까지의 평균 행복지수는 국가의 소득층에 따라 다르다. 평균적으로 부유한 국가 국민들이 더 행복한 것으로 나타났다.

평균 행복지수(0~10점)

6.44	6.02	5.43	4.91
1인당 국민소득이 많은 국가부터 적은 국가 순으로			
1~25위	26~50위	51~75위	76~100위
룩셈부르크	이탈리아	우루과이	도미니카 공화국
스위스	푸에르토리코	팔라우	도미니카 연방
노르웨이	대한민국	트리니다드 토바고	나우루
아일랜드	몰타	파나마	가봉
카타르	스페인	몰디브	보츠와나
아이슬란드	쿠웨이트	칠레	투르크메니스탄
미국	브루나이	크로아티아	태국
싱가포르	키프로스	폴란드	세인트 빈센트 그레나딘
덴마크	슬로베니아	루마니아	세르비아
호주	바레인	코스타리카	페루
네덜란드	대만	그레나다	벨라루스
스웨덴	에스토니아	모리셔스	콜롬비아
오스트리아	체코	러시아	피지
핀란드	포르투갈	말레이시아	수리남
산마리노	사우디 아라비아	세인트 루시아	에콰도르
독일	그리스	멕시코	남아프리카 공화국
캐나다	슬로바키아	중국	마케도니아
벨기에	리투아니아	아르헨티나	나미비아
이스라엘	세인트 키츠 네비스	레바논	보스니아 헤르체고비나
프랑스	라트비아	불가리아	이라크
영국	앤티가 바부다	카자흐스탄	파라과이
일본	바베이도스	터키	이란
뉴질랜드	오만	적도 기니	자메이카
아랍 에미리트	헝가리	브라질	알바니아
바하마	세이셸	몬테네그로	가이아나

가장 행복한 나라 10개국과 가장 행복하지 않은 나라 10개국은 어디이며, 행복과 1인당 국민소득과 어떤 관계를 가지고 있을까?

세계 행복 데이터베이스는 아이슬란드를 세계에서 가장 행복한 나라로 꼽았다.

다음 표는 2016년부터 2018년까지 가장 행복한 나라 10개국과 가장 행복하지 않은 나라 10개국으로 선정된 국가들을 나타낸 것이다. 전체적으로 행복한 국가들이 가장 부유한 국가에 속하며 가장 행복하지 않은 국가들은 가장 행복한 국가들에 비해 소득 수준이 훨씬 낮았다. 그러나 1인당 국민소득만으로는 얼마나 행복한지 알 수가 없다. 행복지수 상위 10개국에 선정된 국가 중에 1인당 국민소득이 가장 높은 나라가 가장 행복한 나라는 아니기 때문이다. 또한 예를 들어 콜롬비아의 1인당 국민소득은 6,508달러밖에 안 되지만 멕시코의 1인당 국민소득은 1만 5,300달러나 된다. 보츠와나의 1인당 국민소득 역시 콜롬비아나 마케도니아의 1인당 국민소득과 별 차이가 없음에도 행복지수는 큰 차이를 보인다.

가장 행복한 나라 10개국과 1인당 국민소득

국가	평균 행복지수(0~10)	1인당 국민소득	1인당 국민소득 순위
핀란드	7.76	$48,870	14
덴마크	7.60	$59,800	9
노르웨이	7.55	$77,980	3
아이슬란드	7.49	$67,040	6
네덜란드	7.48	$52,370	11
스위스	7.48	$83,720	2
스웨덴	7.34	$51,240	12
뉴질랜드	7.30	$40,630	23
캐나다	7.27	$46,210	17
호주	7.24	$53,830	10

* 세계행복보고서 2019

가장 행복하지 않은 나라 10개국과 1인당 국민소득

국가	평균 행복지수(0~10)	1인당 국민소득	1인당 국민소득 순위
남수단	2.85	$275	190
중앙아프리카공화국	3.08	$448	185
아프가니스탄	3.20	$513	181
탄자니아	3.23	$1,105	162
르완다	3.33	$825	171
예맨	3.38	$943	166
말라위	3.41	$371	187
시리아	3.46	*	*
보츠와나	3.48	$7,859	80
아이티	3.59	$784	173

* 시리아는 $4400에서 내전으로 인해 $1500 아래로 떨어진 것으로 보고 있다.

돈의 심리학

합리적 경제적 인간관이란?

현대 경제 이론이 처음으로 개발된 1700년대부터 경제학자들은 사람들이 돈과 매우 단순한 관계를 맺고 있다고 생각해왔다. 합리적 경제적 인간관Rational eocnomic man은 인간이 계산기와 같이 행동한다고 간주한다. 돈을 쓰고, 빌리고, 저축하는 방법에 관한 최종 결정은 우리가 쓰는 것과 버는 것에 관한 합리적인 평가를 근거로 한다는 것이다. 지출하는 돈과 벌어들이는 돈을 비교하여 결정을 내리는 것이다. 이 계산을 잘못하면 결국 실수를 알아차리고 행동을 수정하게 된다고 이 이론은 주장한다.

합리적 경제적 인간관 이론은 어떤 문제점을 가지고 있을까?

이 이론이 틀린 경우가 많다는 점이 문제다. 2008년에 일어난 커다란 경제 위기를 생각해봐도 사람들의 행동이 비합리적인 경우가 많다. 경제 위기가 발생하기까지 미국 전역에서 막대한 부채가 쌓이고 있었다. 미국 연방준비은행에 따르면, 2007년도 미국 가정의 저축액 중앙치는 거의 0에 달했고 국민 대다수의 소득 중앙치는 몇 년 동안 변화가 없었다. 그에 비해 가계 부채는 계속 증가하여 2004년과 2007년 사이에 11퍼센트나 늘어났으며 그전 3년간은 34퍼센트나 증가했다. 2004년부터 2007년까지 신용카드 부채 중앙치는 25퍼센트나 늘었다. 즉, 벌어들이는 돈보다 지출하는 돈이 더 많았던 것이다. 같은 기간 인플레이션이 비교적 낮았던 점을 고려하면 물가 상승 때문에 가계 부채가 늘어난 것도 아님을 알 수 있다. 이는 곧 온 국민이 흥청망청 써댔다는 것을 뜻한다.

심리학이 경제적인 사건의 복잡성을 모두 설명해줄 수는 없다. 보다 큰 정치적, 법적, 환경적, 문화적 요인이 작용했을 것이다. 그러나 점점 더 많은 경제학자들이 돈에 대한 사람들의 감정 반응을 중요시하고 있다.

행동경제학이란?

행동경제학Behavioral economics은 경제학, 심리학, 신경과학을 연결하는 다분야 학문이다. 합리적 경제적 인간관에 대응하기 위해 발달한 행동경제학은 최종 결정을 내리는 사람의 실제 심리에 초점을 맞춘다. 사람들은 돈에 관한 결정을 어떻게 내릴까? 사람들이 간과하는 사각지대는 무엇일까? 감정은 언제 개입될까? 21세기 들어 첫 10년 동안 이 분야의 연구가 폭발적으로 일어났다. 관련 과학자로는 대니얼 카너먼Daniel Kahneman, 아모스 트버스키Amos Tversky, 대니얼 에리얼리Daniel Ariely, 리드 몬터규Read Montague, 리처드 탈러Richard Thaler가 있다. 또 조나 레러Jonah Lehrer와 제이슨 즈와이그Jason Zweig와 같은 과학 저널리스트들이 저술한 책도 있다.

경제 활동에서 위험과 보상의 평가는 어떤 역할을 할까?

경제에 관한 모든 결정에는 위험과 보상이 따른다. 예를 들어 잘못된 투자나 별 가치가 없는 것에 큰돈을 허비하는 등 돈을 잃는 것은 위험에, 돈을 벌거나 가치 있는 것을 구매하는 것은 보상에 해당된다.

진화는 위험과 보상에 대한 평가에 어떤 영향을 주었을까?

동물이 생존하기 위해서는 위험과 보상을 파악하지 않으면 안 된다. 보상에는 음식, 섹스, 사회적 지위 등이 포함되고 위험에는 약탈, 동일 종 내의 폭력, 자원의 상실 등이 포함된다. 인간의 감정은 주변에 존재하는 생존 관련 신호를 빠르고 효율적으로 인식할 수 있도록 진화해왔다. 욕망, 행복, 슬픔, 두려움, 분노와 같은 핵심 감정이 위험과 보상에 관한 정보를 처리하는 데 도움을 준다. 감정과, 감정을 조절하는 뇌 부위가 진화적으로 비교적 오래된 것이기 때문에 인간의 핵심 감정 가운데 대부분은 영장류, 고양이나 개와 같은 포유류도 느낀다.

돈에 관한 결정을 내릴 때 감정은 얼마나 중요하게 작용할까?

우리는 합리적인 분석을 통해 경제적인 사항을 결정한다고 생각하지만 사실 가장 많이 관여하는 것은 감정이다. 돈에 관한 결정을 내릴 때 감정을 담당하는 뇌 부위가 매우 활발해진다는 사실이 뇌 영상 연구를 통해 입증되었다. 실제로 생각과 관련된 뇌 부위보다 감정적인 뇌가 더 활발해지는 경우가 많다. 따라서 돈의 심리를 이해하기 위해서는 돈에 관한 결정에 감정이 미치는 영향을 이해하지 않으면 안 된다.

주식시장을 공부해본 사람이라면 투자자들이 감정적으로 행동한다는 것을 알 수 있다. 사람들은 본능적으로, 잠재적인 위험에 재빨리 대응하려고 노력하기 때문에 논리보다 직감을 따른다.(iStock)

돈의 심리에서 두려움과 욕망은 어떤 역할을 할까?

경제 결정과 관련된 주요 감정이 있다. 두려움은 돈을 잃지 않도록 우리를 자극하고, 욕망은 돈이나 돈으로 살 수 있는 물건을 추구하도록 자극한다. 돈에 대한 욕망이 지나쳐서 걷잡을 수 없는 사람은 탐욕스러워진다.

경제적 결정을 내릴 때 감정 때문에 발생하는 문제로는 어떤 것이 있을까?

감정은 환경에 적응할 수 있도록 수백만 년을 진화해왔지만 완벽한 도구라고는 할 수 없다. 감정은 우리를 잘못된 길로 이끌기도 하며 무엇보다 거의 전적으로 현재에만 국한된다. 지금 당장 필요한 것에 대해서는 감정이 많은 것을 알려주지만 미래에 필요한 것에 대해서는 제대로 알려주지 못한다. 때문에 생각하고 주의 깊게 분석할 필요가 있는 것이다. 둘째, 감정은 자극 구속적Stimulus bound이다. 즉 주변의 신호에 크게 반응하며 때로는 지나칠 정도로 반응하기도 한다.

우리는 장기적인 결과보다 즉각적인 결과를 얼마나 더 중시할까?

의사 결정을 하는 데 단기적인 결과가 장기적인 결과보다 더 많은 영향을 미친다는 확실한 근거가 있다. 실제로 즉각적인 만족감보다 장기적인 결과를 먼저 고려하기 위해서는 상당한 정신적 노력을 기울여야 한다. 한 예로 신용카드 사용을 들 수 있다. 드라젠 프렐렉Drazen Prelec과 덩컨 시메스터Duncan Simester가 2001년에 실시한 실험을 살펴보면 돈을 얼마나 사용하는지 즉시 느끼지 못하기 때문에 신용카드 사용이 늘어난다는 사실을 알 수 있다. 연구원들은 농구 티켓을 경매하는 상황을 설정해놓고 참가자들 절반에게는 신용카드로, 나머지 절반은 현금으로 지불하게 했다. 예상대로 신용카드를 사용한 사람들의 입찰가가 현금 입찰가보다 두 배나 높았다. 로런스 오수벨Laurence Ausubel은 두 가지 상업 모기지 상품에 대한 소비자들의 반응을 살펴보는 연구를 실시했다. 첫 번째 모기지 상품은 티저 금리(변동 금리 대출자에게 처음 1, 2년 동안 적용되는 낮은 금리-옮긴이)는 낮지만(6개월간 4.9%) 그 후에는 16퍼센트의 금리가 적용되는 상품이었다. 두 번째 모기지 상품은 티저 금리는 높지만(6.9%) 그 후에는 14퍼센트의 금리가 적용되는 상품이었다. 오수벨은 첫 번째 모기지 상품을 선택하는 소비자들이 두 번째 모기지 상품을 선택하는 소비자들보다 세 배나 많다는 사실을 발견했다. 즉 소비자들은 단기적으로는 돈을 아낄 수 있지만 장기적으로는 더 많은 돈이 드는 모기지를 선택한 것이다.

자극 구속이란 무슨 뜻일까?

사람들은 장기적인 사안보다 즉각적인 사안에 더 집중하는 것은 물론이고 즉각적인 위험이나 보상을 나타내는 주변의 신호에 이끌린다. 이런 신호들은 위험과 보상의 판단에 영향을 주어 완전히 잘못된 결정을 내리게 만들기도 한다. 예를 들어 수영복 매장에서 수영복을 입어볼 때와 아이스크림 가게 앞을 지나가는 상황 중에 사람들이 다이어트를 해야겠다고 결심하는 경우는 언제일까?

닻 내림 효과란?

닻 내림 효과Anchoring effect란 관련 없는 자극제가 결정을 내리는 데 큰 영향을 미치는 현상을 말한다. 예를 들어 대니얼 에리얼리와 그의 동료들은 여러 가지 물품에 대한 경매 실험을 실시했다. 이 실험에 참여한 사람들은 입찰 가격을 적기 전에 먼저 사회보장번호(우리나라의 주민등록번호와 비슷한 개념-옮긴이)의 마지막 두 자리를 적어야 했다. 사회보장번호는 경매와 아무 논리적 연관이 없지만 높은 숫자를 적은 사람들이 낮은 숫자를 적은 사람들보다 무려 세 배나 더 큰 입찰가를 제시한 것으로 나타났다.

틀 효과란?

틀 효과Framing effect에 따르면, 정보가 제시되는 방식이 정보에 대한 반응에 영향을 준다고 한다. 다시 말해 위험이나 보상이 강조되면 위험과 보상에 대한 판단에 영향을 끼친다는 것이다. 베네데토 데 마르티노Benedetto de martino와 그의 동료들은 2006년에 다음과 같은 실험을 실시했다. 그들은 사람들에게 50달러를 주고 두 가지 가운데 하나를 선택하게 했다. 첫 번째는 50달러 중에 20달러를 갖는 것이고 두 번째는 이기면 50달러를 받고 지면 50달러를 잃는 도박을 하는 것이었다. 실험 결과, 참가자 가운데 42퍼센트만 도박에 참여했다. 그러나 얻는 것보다 잃는 것을 강조하며 똑같은 선택을 하게 했을 때는(즉 도박에 참여하지 않는 참가자들이 20달러를 갖는 것이 아니라 30달러를 잃게 된다고 말했을 때) 피험자 중 62퍼센트가 도박을 했다. 의사 결정은 위험과 보상이 어떤 형태로 제시되는지에 따라 영향을 받는다. 이런 성향을 잘 알고 있는 광고주들이 틀 효과를 많이 이용한다.

위험과 보상이 일어날 확률을 우리는 얼마나 잘 판단할까?

감정은 확률을 잘 계산하지 못한다. 우리는 위험이나 보상에 대한 강도를 민감하게 파악하고 높은 가치의 보상이나 위험에 대해서는 감정적으로 고조되지만 위험이나 보상이 일어날 확률은 잘 계산하지 못한다. 예를 들어 많은 사람들이 고혈압보다 테러리스트 공격을 더 두려워하지만 선진국의 경우 테러리스트 공격을 받고 죽을 확률보다 고혈압으로 인한 심장 마비로 죽을 가능성이 훨씬 더 높다.

손실 회피란?

대니얼 카너먼과 아모스 트버스키가 1970년대에 창시한 손실 회피Loss aversion 개념은 즉각적인 상실 신호에 대한 감정적 반응을 나타낸다. 감정적으로 우리는 이미 가진 것을 지키고 손실을 피하기 위해 노력하도록 되어 있다. 따라서 장기적으로는 아무리 돈을 더 많이 벌게 해주는 것이라도 단기적으로 돈을 잃게 만드는 선택은 피하는 경향이 있다. 이런 경향이 자극 구속적이라는 점을 명심할 필요가 있다. 즉 실제로 손해 볼 가능성이 아니라 손해가 발생할 가능성을 나타내는 신호에 더 많이 반응한다는 것이다. 그런 신호가 없을 때는 보상 신호에 의해 잘못된 선택을 내릴 수 있다. 신용카드를 사용할 때 더 많이 낭비하는 것처럼 말이다. 이 때문에 신호를 교묘하게 조정하면 행동에 큰 영향을 줄 수 있다.

앞서 설명한 틀 효과에 관한 마르티노의 실험이 손실 회피 경향을 뒷받침해준다. 의사 결정에 관한 책을 통해 조나 레러가 발표한 또 다른 실험은 손실 회피 효과를 보여준다. 이 실험에서 피험자인 의사들은 치명적인 질병의 발생과 관련된 시나리오를 받았다. 첫 번째 조건에서는 사람들을 살릴 수 있는 두 가지 방식을 제시했다. 첫 번째 방식은 600명 가운데 200명을 살릴 수 있는 방식이고, 두 번째 방식은 600명을 모두 살릴 수 있는 가능성이 3분의 1이고 600명 모두 죽을 가능성이 3분의 2라고 설명했다. 실험 결과, 의사들의 28퍼센트만 더 위험한 두 번째 전략을 선택했다. 죽을 가능성에 관한 수치를 들며 똑같은 전략을 제시했을 때 78퍼센트의 의사들이 더 위험한 전략을 선택했다. 이를 통해 높은 수준의 전문가들이 의사 결정을 내릴 때도 감정적인 편견이 영향을 준다는 것을 알 수 있다.

'싸게 사서 비싸게 판다'는 전략이 인간의 본성에 맞지 않는 이유는 무엇일까?

싸게 사서 비싸게 파는 것은 주식시장의 기본 전략이다. 주가가 쌀 때 사서 비쌀 때 파는 것이다. 그러면 최대의 수익을 올릴 수 있다. 주가가 내려갈지 올라갈지 예측하는 것이 어렵다는 문제 말고도 이런 행동은 기본적인 감정적 본성을 거스른다는 문제가 있다. 행동주의에서 살펴보았던 것처럼 사람들은 보상받은 행동을 반복하고 벌 받은 행동을 중단하게 되어 있다. 주가가 올라가면 주식을 구매한 행동이 보상을 받는 것이기 때문에 주식을 구매하고 싶다는 생각이 든다. 그러나 주가가 내려가면 그 주식을 구매한 우리의 행동은 벌을 받는 것이기 때문에 주식을 구매하려 들지 않는 것이다.

그렇다면 경제 의사 결정을 하는 데 인지가 하는 역할이 있을까?

물론 경제적인 결정을 내릴 때 사람들은 생각을 이용한다. 경제적인 결정을 내리는 사람의 심리에 작용하는 것은 단순히 감정만이 아니다. 우리는 미래를 계획하고, 복잡한 상황을 분석하고, 금액을 계산할 때 인지를 활용한다(결국 돈은 숫자를 기본으로 하지 않는가). 그러나 분석 능력에는 한계가 있는데 경제적 결정을 내릴 때 그런 한계가 작용한다.

분석 능력에는 어떤 한계가 있을까?

사람들은 뛰어난 지적 능력을 가지고 있지만 경제 정보를 분석하는 능력에는 분명 한계가 있다. 우선 복잡한 생각을 담당하는 뇌 부위인 전두엽이 처리할 수 있는 양이 제한적이다. 전두엽이 제공하는 복잡한 인지 능력은 상당한 에너지를 소모하고 다수의 신경 회로를 필요로 한다. 다시 말해 경제 정보에 관한 지적인 분석이 매우 '소모적'이라는 것이다. 따라서 우리의 뇌는 많은 정보를 빨리 처리할 수 있게 하는 에너지 효율적인 손쉬운 방식에 많이 의존한다. 이런 방식들은 현실에서 살아나는 데 도움을 주지만 우리를 잘못된 길로 인도하기도 한다. 돈에 관한 생각에 영향을 미치는 세 가지 손쉬운 방식으로는 덩이 짓기, 정황 포착 그리고 감정과 인지 간의 제로섬 게임이 있다.

덩이 짓기Chunking는 의사 결정에 어떤 영향을 줄까?

1956년에 조지 밀러가 처음으로 강조한 것처럼 한 번에 마음속에서 처리할 수 있는 정보의 개수는 7±2이다. 따라서 기억력을 늘리기 위해서는 정보를 커다란 덩어리로 나누어야 한다. 이 방법은 큰 덩어리들이 본래 작은 단위로 이루어졌다는 사실을 잊어버릴 때까지는 효과가 있다. 예를 들어 앤드루 가이어Andrew Geier, 폴 로진Paul Rozin, 게오르기 도로스Gheorghe Doros의 2006년 연구 논문에 기록된 것처럼 사람들은 작은 국자를 사용할 때보다 큰 국자를 사용할 때 사탕을 더 많이 먹는다. 또 의사 결정에 관한 조나 레러의 2009년 저서에서 접시나 포장 단위가 더 클 때 사람들은 음식을 더 많이 먹는다고 주장했다. 자신이 먹는 사탕이 총 몇 개인지, 음식량이 얼마나 되는지 헤아리는 대신 국자 수나 접시 수만 계산하기 때문이다. 패스트푸드점이 점보 사이즈를 판매할 때 이런 경향을 이용한다.

정황에 대한 민감성은 의사 결정에 어떤 영향을 끼칠까?

사람들은 어떤 사항이나 항목의 절대 가치를 제대로 평가하지 못한다. 대신 비교 가치를 따지는 경향이 있다. 즉 한 물체에 대한 추정 가치가 상황에 따라 크게 달라진다는 것이다. 리처드 탈러는 사람들에게 5달러 싸게 사려고 20분을 더 걸어가야 한다면 15달러짜리 계산기나 125달러짜리 가죽 재킷 중에 어떤 것을 선택할지 물었다. 68퍼센트의 사람들이 계산기를 싸게 사기 위해 20분을 걸어가겠다고 응답했지만 가죽 재킷을 5달러 싸게 사기 위해 20분을 더 걸어가겠다는 사람들은 29퍼센트에 불과했다. 절약하는 금액은 똑같지만 계산기 가격에 비하면 5달러가 큰돈이기 때문에 계산기를 살 때 5달러를 절약하는 것이 더 가치 있어 보였던 것이다. 반대로 가죽 재킷의 가격에 비해 5달러는 비교적 적은 금액이기 때문에 그만큼 가치가 없다고 판단했던 것이다.

지나치게 많은 정보는 충동 제어를 어떻게 방해할까?

지능과 감성의 관계는 제로섬 게임과 비슷하다. 자동차에 연료가 필요한 것처럼 뇌에도 에너지가 필요하다. 지나치게 많은 에너지가 전두엽으로 주입되면 감정적인 충동을 억제한다. 이는 바바 시브Baba Shiv와 알렉산더 페도리킨Alexander Fedorikhin의 1999년 실험을 통해서도 입증되었다. 이 실험에서는 피험자들에게 쉬운 과제(두 자리 숫자 기억하기)와 어려운 과제(일곱 자리 숫자 기억하기)를 주었다.

우리가 한 번에 일곱 자리까지만 기억할 수 있다는 점을 명심하라. 과제를 수행한 피험자들은 초콜릿 케이크나 건강에 좋은 과일 샐러드를 선택할 수 있었다. 쉬운 과제를 마친 사람들은 건강 음식을 선택하는 경향이 더 많았고, 어려운 과제를 한 사람들은 초콜릿 케이크를 선택하는 경향이 있었다. 연구원들은 어려운 기억력 과제를 수행하는 데 에너지가 소비되었기 때문에 그로 인해 충동을 거부하는 뇌의 능력이 고갈된 탓이라고 해석했다.

MRI 연구가 실행되기 전부터 광고주들은 구매 결정을 내리는 데 감정적인 뇌가 작용한다는 사실을 이미 파악했다. 예를 들어 립스틱을 판매하는 기업은 립스틱을 아름답고 젊으며 매력적인 삶과 연관 짓는다. 그러나 립스틱이 이 모든 것을 제공한다고 믿는 것은 비현실적인 생각이다.

사회적 정황은 어떨까?

가치에 대한 평가는 또한 사회적 요인에 의해서도 큰 영향을 받는다. 명품을 사기 위해 사람들이 소비하는 금액을 생각해보라. 가방이 정말 1000달러의 가치가 있을까? 시계는 어떤가? BMW에 로고를 달지 않고 아무도 그 차가 BMW인지 알아볼 수 없다면 얼마나 많은 사람들이 8만 달러나 주고 BMW를 살까?

사람들이 터무니없이 높은 가격을 내고 명품 브랜드를 사는 이유는 제품 자체에 그만한 가치가 있기 때문이 아니라 제품에 사회적 의미가 담겨 있기 때문이다. 결국 사람들이 구매하는 것은 제품이 아니라 사회적 지위다. 그래서 영화배우나 유명 운동선수와 같은 이들이 운동복, 시리얼, 매트리스 같은 제품을 홍보하고 수백만 달러를 받는 것이다.

마찬가지로 공평한 연봉, 합리적인 가격, 구매 가치에 대한 느낌 또한 사회적 정황에 따라 판단되는 경우가 많다. 동료들의 연봉은 얼마일까? 이웃 사람은 얼마를 주고 자동차를 구매했을까? 사회적인 정황을 활용하기 위해 자사의 제품을 어떻게 포지셔닝해야 하는지를 배운 광고주들은 이런 경향 또한 잘 인식하고 있다.

돈의 생물학

신경경제학이란?

신경경제학Neuroeconomics은 돈에 반응하는 뇌 영역을 연구하는 학문이다. 경제적인 결정의 근간이 되는 심리 과정에 대해 배우면 배울수록 경제 결정을 내릴 때 활성화되는 뇌 영역이 어느 부분인지 더 잘 파악할 수 있다. 이제는 '우리가 사고 싶을 것을 보았을 때 뇌의 어느 부분이 활성화되는가? 가격표를 보거나 도박을 할 때는 어떤가? 돈을 잃을 때는 어느 부분이 반응하는가?'와 같은 질문을 던질 수 있다.

과학자들은 신경경제학을 어떻게 연구할까?

이제는 뇌를 들여다보는 방법이 다양해졌다. MRI, PET, SPECT와 같은 뇌 영상 기술은 뇌의 스냅 사진을 찍는 기술로, 피의 흐름이나 포도당 흡수율을 기록하여 한 시점의 뇌 활동 패턴을 그린다. 그러나 fMRI 뇌 영상 기술의 개발로 상황이 완전히 바뀌어버렸다. 이제는 자성을 띤 원자의 행동을 기록함으로써 시간의 흐름에 따른 뇌의 활동을 관찰할 수 있게 된 것이다. 사진으로 보던 기술이 동영상으로 발전했다. 이것은 연속적인 심리 과정이 이루어지는 동안 뇌의 활동을 조사할 때 매우 중요하게 쓰인다. fMRI 기술 덕분에 이제는 사람들을 스캐너에 집어넣고 실험을 진행하면서 동시에 뇌가 어떻게 반응하는지 관찰할 수 있다.

재정 관련 결정과 관련된 뇌 부위는 어디일까?

재정 관련 결정과 관련된 심리 과정에 관여하는 뇌 부위가 몇 군데 있다. 이런 뇌 부위들은 비교적 확실하게 인지 처리 과정과 감정 처리 과정으로 나뉜다. 전전두피질은 주의 깊은 분석, 양적인 추론, 미래의 결과에 대한 고려를 담당한다. 즉 미래의 계획이

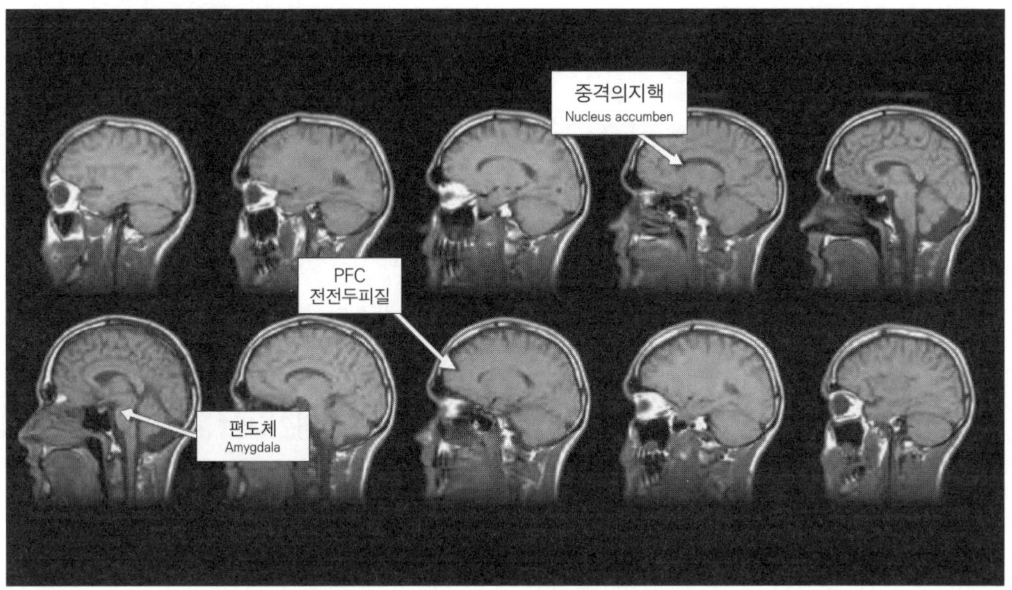

이것은 MRI 뇌 스캔 사진이다. 화살표가 가리키는 곳이 돈에 대한 반응과 관련된 부위다. 전전두피질(PFC)은 재정 관련 결정의 장기적인 결과 분석과 관련이 있다. 편도체는 특히 두려움을 나타내는 신호에 반응하며, 보상 체계를 처리하는 핵심 영역인 중격의지핵은 보상을 주는 자극에 반응하게 만든다.(iStock)

이루어지는 곳이다. 뇌의 중간 깊숙이 위치한 몇몇 작은 부위들은 경제생활의 감정적인 측면을 조절한다. 도파민 작동성 보상 회로의 중심점인 중격의지핵은 보상을 추구하는 욕망, 동기와 관련이 있다. 편도체는 특히 두려운 자극에 민감하다. 사실상 피질의 일부이지만 전두엽, 두정엽, 측두엽 사이에 끼여 있는 섬엽은 고통과 역겨운 느낌에 반응한다. 섬엽은 또한 돈을 잃을 때 반응한다.

전전두피질은 어떤 기능을 담당할까?

전전두피질은 전두엽 맨 앞부분에 위치한다. 전두엽은 뇌의 겉을 싸고 있는 주름진 부분인 대뇌피질의 앞쪽 절반을 구성한다. 전전두피질은 뇌의 다른 부분에서 전해진 정보를 통합해 현재 상황에 관한 개요를 파악하며, 주변 상황 속에 있는 자아의 표상을 만들기도 하지만 미래 상황에 대한 표상을 만들기도 한다. 이런 식으로 전전두피질은 계획하고, 목표를 설정하며 목표를 추진하기에 적합하도록 행동을 수정하는 능력을 뒷받침한다. 전전두피질은 또한 비용 계산과 같은 간결하고 주의 깊은 정보 분석과도 관련이 있다.

현재 벌어지고 있는 사건뿐 아니라 앞으로 일어날 가능성이 있는 사건의 표상을 만들고 유지할 수 있기 때문에 전전두피질은 생각을 유연하게 만들고 문제에 대한 창의적이고 새로운 해결책을 떠올리게 하기도 한다. 이는 감정과 관련된 진화적으로 오래된 뇌 부위와 대조적이다. 진화적으로 오래된 뇌 부위들은 자극에 더 의존하고 현재의 신호를 더 많이 따른다. 또 전두엽은 감정 반응을 억제하는 역할도 한다. 충동과 자극을 조절하는 대뇌 변연계를 비롯한 뇌 영역을 억제하는데, 다시 말해서 전두엽은 생각을 통해 감정과 충동을 조절하게 만든다.

전전두피질의 단점은 무엇일까?

앞서 설명한 것처럼 전두엽은 상당한 에너지를 소비하고 뇌의 넓은 부분의 활동을 필요로 한다. 그런데 전전두피질의 기능이 강력하긴 하지만 느리고 비효율적이다. 따라서 주변 상황을 파악하는 데 전두엽에만 의존한다면 많은 정보를 잃게 될 것이다. 뿐만 아니라 전전두피질은 개인적인 가치를 고려하지 않는다.

무엇이 우리에게 중요하고 중요하지 않은지, 주어진 상황의 가치를 알려주는 것은 감정이다. 사실 무엇이 개인적으로 얼마나 중요한지 알 수 없다면 결정을 내릴 수가 없다. 예를 들어 안와 전두 피질의 병변이 있는 사람은 결정을 내릴 수가 없다. 안와 전두 피질은 현재 사건과 미래 사건을 파악하는 감정에 관한 정보를 통합하는 영역이다. 또한 지나치게 많이 생각하면 왜곡된 결정을 내릴 수 있다.

1993년에 티머시 윌슨과 그의 동료들은 여대생들에게 다섯 개의 포스터 가운데 하나를 고르게 하는 실험을 실시했다. 피험자들을 두 집단으로 나누었는데 한 집단에는 포스터를 선택하기 전에 각각의 포스터가 얼마나 마음에 드는지 1부터 9까지 점수를 매기게 했다. 두 번째 집단은 포스터를 선택하기 전에 각각의 포스터를 좋아하거나 싫어하는 이유를 묻는 설문지에 답해야 했다. 몇 주가 지난 뒤 두 번째 집단에 속했던 피험자들의 경우 75퍼센트가 자신의 결정을 후회했지만 첫 번째 집단에 속했던 피험자들 가운데 결정을 후회한 사람은 아무도 없었다. 이 경우 지나친 분석이 효과적인 의사 결정을 방해했던 것으로 나타났다.

구매 결정을 내릴 때 전전두피질은 얼마나 관여할까?

기본적으로 구매 결정은 얼마를 얻거나 잃는지, 즉 개인적인 가치에 관한 것이어서 구매 결정을 내리는 데 전전두피질은 큰 역할을 하지 않는 것으로 보인다. 브라이언 넛슨Brian Knutson, 조지 로스타인George Lowestein과 동료들이 2007년에 실시한 fMRI 실험에 따르면, 구매 결정을 내릴 때 전두엽은 보상을 처리하는 중격의지핵이나 고통을 처리하는 섬엽만큼 활성화되지 않는 것으로 나타났다. 이는 선택에 대한 합리적인 평가보다 고통과 욕망의 균형에 의해 구매 결정이 내려진다는 점을 시사한다.

도파민 작동성 보상 체계는 어떤 기능을 수행할까?

도파민 작동성 보상 체계는 뇌의 중간 부분을 가로지르는 회로다. 다양한 심리 현상에 이 체계가 중심 역할을 하기 때문에 지난 10년 동안 많은 관심을 받아왔다. 도파민 작동성 보상 회로는 중뇌의 한 부분인 벤트럴 테그맨텀Ventral tegmentum에서 시작한다. 도파민 신경 물질을 가진 뉴런의 세포체를 찾을 수 있는 곳이 이곳이다. 이 특정한 도파민 경로는 변연 관련 도파민 경로라 불리며, 뇌의 중간 부분에 있는 변연 체계를 지나간다.

도파민 작동성 뉴런은 결국 보상 회로의 중요한 마디인 중격의지핵에 연결된다. 보상 회로는 보상 신호에 반응하며 보상을 추구하도록 유기체를 움직인다. 이런 식의 움직임은 사람에 따라 욕망, 흥분, 갈망으로 나타날 수 있다. 보상 체계는 경제생활과 밀접한 연관이 있는데 돈이나 돈으로 살 수 있는 물건을 바랄 때마다 보상 체계가 활성화된다.

보상 체계는 동기에 얼마나 큰 영향을 줄까?

보상 체계가 동기에 매우 큰 영향을 끼친다는 점을 명심해야 한다. 보상 체계가 발화하면 우리의 욕망은 걷잡을 수 없이 커진다. 아주 극단적인 상태에서는 위험이나 앞으로 벌어질 결과를 고려하지 않은 채 중독성 있는 갈망을 하기도 한다. 따라서 돈을 버는 흥분감에 빠져 있을 때는 보상 체계가 전두엽의 억제 효과 또는 주의 효과를 능가할 수 있다.

도파민 체계는 어떻게 기대치를 설정할까?

도파민 작동성 보상 체계는 보상이 있을 때만 반응하는 것이 아니라 어떤 신호가 보상을 나타내고 어떤 신호가 나타내지 않는지를 배우기도 한다. 따라서 보상 회로는 기대치를 설정하는 데 중심 역할을 한다. 보상을 나타내는 신호와 그렇지 않은 신호를 구분해야 보상 관련 신호를 감지했을 때 보상을 추구하도록 만들 수 있기 때문이다.

도파민 체계의 단점은 무엇일까?

보상 체계는 보상의 존재를 인식하여 보상을 추구하고 얻을 수 있도록 수백 년에 걸쳐 진화를 거듭해왔다. 하지만 그렇다고 해서 완벽한 것은 아니다. 우선 보상 체계는 보상의 강도에 반응하는 것이지 보상 가능성에 반응하는 것이 아니다. 둘째, 보상 체계는 새롭거나 간헐적인 보상에 지나치게 반응한다. 셋째, 무작위 보상에는 제대로 반응하지 않는다.

보상 확률 민감성의 부족은 어떤 결과를 가져다줄까?

도파민 작동성 보상 체계는 보상의 강도에 반응한다. 브라이언 넛슨의 fMRI 실험을 예로 들면 보상이 1달러였을 때보다 5달러였을 때 중격의지핵이 두 배로 강하게 반응했다. 그러나 이 체계는, 보상이 실제로 일어날 가능성, 즉 보상 확률은 처리하지 않는다. 낮은 확률과 높은 확률의 보상을 구분하지 못하기 때문에 사람들이 로또에 매료되는 것이다. 당첨금이 수백만 달러일 때 로또 구매율이 크게 증가하는 이유가 무엇일까? 도파민 작동성 보상 체계가 보상의 강도에 의해 자극받지만 낮은 당첨 확률은 기록되지 않기 때문이다. 전두엽이 확률 정보를 처리하지만 보상 체계가 전두엽을 능가한다.

2007년의 와인 실험은 의사 결정 방식에 관해 무엇을 알려줬을까?

2007년에 힐크 플래스먼Hilke Plassman과 동료들은 피험자들을 fMRI 스캐너에 앉혀놓고 와인 시음을 하게 하는 실험을 실시했다. 세 병의 와인을 각기 다른 다섯 병에 나누어 마치 다섯 종류의 와인이 있는 것처럼 보이게 하고, 원래 병에 붙어 있던 가격표도 떼고 새로운 가격표를 붙였다. 가격은 다르게 표시되었지만 실제로는 같은 와인인데도 피험자들은 가장 비싼 와인을 선호했다. 이때 가격표에 가장 강한 반응을 보이는 뇌 부위가 전전두피질이었다. 이는 전전두피질이, 우리가 실제로 느끼는 것과 상관없이 중요하다고 여기는 것에 따라 우리의 경험을 다르게 판단한다는 뜻이다. 이처럼 의사 결정을 내릴 때 지능에 지나치게 많이 의존하면 잘못된 특징에 초점을 맞출 수 있다. 그러니 효과적인 의사 결정을 하기 위해서는 생각과 감정 사이에 균형을 잡아야 한다.

우리는 가격표에 따라 와인을 평가할까? 한 연구에 따르면, 실제로 사람들이 가격표에 따라 와인을 판단한다고 한다. 두 병에 담긴 와인이 똑같아도 비싼 가격표가 붙은 와인이 싼 가격표가 붙은 와인보다 좋다고 생각하는 것이다.

보상 체계는 간헐적인 보상에 어떻게 반응할까?

도파민 작동성 보상 체계는 특히 간헐적인 보상에 민감하다. 어떤 행동이 간헐적으로 강화되면 그 행동에 대한 보상이 불규칙적이라 예측할 수가 없다. 도파민 뉴런은 새롭고 놀라운 것에 민감하기 때문에 행동이 예측할 수 없는 방식으로 강화되면 매번 보상이 주어질 때마다 놀라움으로 인식된다. 실제로 예기치 못한 보상은 예측 가능한 보상에 비해 서너 배 더 많이 반응하게 만든다. 이런 패턴 때문에 간헐적 보상으로 정의되는 도박에 사람들이 빠져드는 것이다.

보상 체계는 어떻게 우리를 도박에 빠져들게 할까?

도박이 도파민 작동성 보상 체계를 활성화시키고, 병적으로 도박을 하는 사람들은 보상 체계가 비정상이라는 근거가 있다. 조나 레러는 파킨슨병을 앓는 여인의 사례를 제시하며 이런 주장을 뒷받침했다. 파킨슨병은 기저핵에 있는 도파민 뉴런의 소멸로 인해 생기는 병이다. 대개 파킨슨병은 뇌의 도파민 양을 늘려주는 치료제를 쓴다. 이 여성을 도파민 작용 물질(도파민 활동을 늘리는 약물)로 치료하자 파킨슨병의 증상이 상당히 호전되었다. 그러나 안타깝게도 그녀는 갑자기 심각한 도박 중독에 걸렸고, 결국 돈과 집을 잃고 결혼 생활까지 파탄 나게 되었다. 약물 치료를 중단하자 도박 문제는 사라졌다.

도파민 작동성 보상 체계는 무작위 보상에 어떻게 반응할까?

도파민 작동성 보상 체계는 무작위 보상을 제대로 처리하지 못한다. 이 체계는 패턴을 인식하도록 진화했기 때문에 아무런 패턴이 없을 때에도 패턴으로 해석하려는 경향이 있다. 따라서 과거 사건을 가지고 미래의 사건을 예측하는 능력을 과대평가하게 되는 것이다. 주식을 고를 때 사람들이 얼마나 지나친 자신감을 갖는지 생각해보면 이해할 수 있을 것이다. 주식시장이나 부동산시장이 활황기를 맞고 있으면 사람들은 그런 현상이 영원히 지속될 것이라 가정하는 경향이 있다. 사실 운 좋은 일의 연속적인 발생은 언제든 막을 내릴 수 있다. 사람들은 과거에 큰돈을 벌었다는 이유로 미래에도 큰돈을 벌 것이라 생각하며 어리석은 투자를 한다. 그렇게 미래 사건을 예측하는 우리의 능력을 과신하는 것이다. 이런 이유로 금융 시장에 거품이 이는 것이다.

편도체는 어떤 역할을 할까?

편도체는 변연계의 중요한 부분이다. 편도체는 두려운 신호, 즉 위험 신호에 특히 반응한다. 편도체가 활성화되면 시상하부의 활동을 자극하여 자율신경계에 메시지를 보낸다. 그러면 심박이 빨라지고 땀이 나며 숨이 가빠지는 등 생리적인 스트레스 반응을 일으킨다.

편도체는 재정적인 손실 신호에도 크게 반응한다. 즉각적인 손실 위험을 알리는 신호를 감지하면 편도체가 활성화된다. 이는 다시 감정적인 반응을 자극하는데 그런 감정적 반응이 의식에 도달할 수도 있고 도달하지 않을 수도 있지만 어쨌든 의사 결정에는 영향을 미친다. 이런 반응으로 인해 손실을 피하려는 경향이 생기는 것이다. 중격의지핵과 도파민 작동성 보상 체계처럼 편도체 역시 즉각적인 신호에 반응하지만 현재 상황과 미래 상황에 대한 신호의 의미는 제대로 판단하지 못한다. 그런 역할은 전두엽이 담당한다.

섬엽의 역할은 무엇일까?

섬엽은 전두엽, 두정엽, 편두엽 사이에 끼여 있는 피질의 한 영역이다. 섬엽은 신체 내부 상태에 관한 정보를 피질에 전달한다. 이런 식으로 섬엽은 혐오감과 고통을 느끼게 만든다. 섬엽은 우리가 돈을 잃는 경험을 할 때 활성화된다. 예를 들어 구매하려는 물건의 가격표를 볼 때 섬엽의 활동이 증가하는데 현금으로 지불할 때보다 신용카드로 지불할 때 섬엽의 활동이 줄어든다.

사회적으로 순응하는 결정을 내릴 때 뇌에서는 어떤 일이 벌어질까?

사회적 동물인 우리는 사회적으로 용납된 방식에 따라 행동하고 무리와 반대되는 행동을 거부하는 경향이 있다. 그레고리 번스Gregory Burns의 연구와 저널리스트 제이슨 즈와이그의 기사에 따르면, 인지 테스트를 받는 사람들이 혼자 답을 골랐을 때 답을 수정한 경우는 84퍼센트였지만 또래들 네 명의 잘못된 답을 보여주었을 때 답을 수정한 경우는 59퍼센트에 그쳤다. 피험자들의 답변과 또래들의 답변이 일치했을 때 전전두피질의 활동이 감소했는데, 이는 곧 독립적인 사고가 감소했음을 나타낸다. 그러나 무리와 다른 답을 적었을 때는 편도체의 활동이 증가하여 두려운 반응을 보인 것을 알 수 있다.

제 7 장

집단역학과 공론

집단역학

집단역학은 왜 중요할까?

집단역학 연구가 중요한 이유는 집단이 중요하기 때문이다. 삶의 모든 면에서 우리는 집단과 관계한다. 우리는 가족의 품에서 자라고 학교에서 교육을 받는다. 또 직장에서 일하고, 우리만의 가족을 꾸리며 살아간다. 또한 지역 사회에서 살고 한 가지 이상의 인종 집단에 속하며 특정한 성별로 분류된다.

집단은 일상생활의 틀을 잡아주고 우리의 정체성과 자존감에 막대한 영향을 끼치며 주변 세상을 인식하는 방식까지 정해준다. 따라서 우리의 심리와 심리를 형성하는 뇌는 모두 집단에 참여하기 쉽게 진화해왔다.

집단이 부분의 합보다 클까?

집단역학은 집단 구성원들의 행동에는 나타나지 않는 집단만의 특성이 있다는 것을 기본 가정으로 삼는다. 다시 말해 집단은 자체적인 특성을 갖고 있다. 집단의 구성원이 바뀌어도 집단이 유지되는 것을 보면 집단역학이 존재한다는 것을 알 수 있다. 구성원 개개인이 들어오고 나가도 집단의 특성은 유지된다. 문화가 의미하는 것이 결국 그런 것이다. 기관, 사회, 인종, 종교 단체, 기업을 막론하고 구성원과 구분되는 집단만의 규범, 가치, 관습이 존재한다. 그렇다고 구성원 개개인이 중요하지 않다는 것은 아니다. 다만 집단은 구성원과 별도로 집단만의 지속적인 정체성과 특성을 개발할 수 있다.

집단을 어떻게 정의할 수 있을까?

집단을 정의하는 방식은 다양하다. 집단은 공통된 운명을 가진 사람들의 집단이나 같은 사회 구조를 가진 사람들의 집단 또는 직접 마주하며 상호 관계하는 사람들의 집단으로 정의될 수 있다. 루퍼트 브라운Rupert Brown은 2000년에 출간한 저서에서 다음과 같은 정의를 제시했다. "집단이란 스스로를 한 집단의 구성원이라고 간주하는 두 명 이상의 사람들로 구성된 것." 또한 집단 구성원이 아닌 사람이 적어도 한 명 이상 집단이라고 인정해주어야 한다.

집단역학 연구에 사회심리학은 어떤 역할을 할까?

제2차 세계대전 당시의 끔찍한 학살이 이루어진 후 많은 분야의 학자들이 동조라는 개념을 연구하는 데 집중했다. 평소에는 평범했던 사람들이 어떻게 홀로코스트라는 잔악한 범행에 그토록 많이 가담할 수 있었을까? 그처럼 극단적인 행동을 낳을 정도로 집단에 동조해야 한다는 압박감이 크게 작용할 수 있을까? 이런 궁금증이 집단 행동 조사에 박차를 가했다. 그로 인해 사회심리학Social psychology으로 알려진 심리학의 한 분야에서 집단의 구조와 행동에 관한 조사가 이루어졌다. 사회심리학자들은 집단의 규범과 동조에 관한 연구를 실시했다. 집단역학의 선구자 가운데에는 쿠르트 레빈Kurt Lewin, 1890~1947이라는 사회심리학자가 있다.

정신분석은 집단역학 연구에 어떤 영향을 주었을까?

사회심리학자들은 집단의 획일성, 즉 집단 구성원들이 똑같은 행동을 보이는 방식에 관심을 가졌지만 일부 정신분석학자들은 집단 구성원들 사이의 상호 작용에 관심을 보였다. 임상의들은 환자를 대하면서 집단의 역학이 사람들의 관계에 영향을 준다는 사실을 발견했다. 특히 집단 구성원들이 서로 연합하고, 파벌로 나뉘고, 집단 리더와 힘을 합치거나 리더에 반항한다는 사실을 인식했다. 이 운동의 선구자는 윌프레드 비온이며 집단 치료 운동의 또 다른 임상의로는 어빈 얄롬Irvin Yalom, 1931~ 이 있다.

집단 정체성이란?

집단 정체성은 집단 구성원들과 비구성원들 모두 집단을 뚜렷한 단위로 인정해주는 것을 뜻한다. 집단 정체성은 집단의 행복에 중대한 요소로, 집단행동의 대부분이 집단의 정체성을 도모하고 유지하는 역할을 한다. 예를 들어 특정한 의식, 복장, 말하는 패턴이 집단 구성원과 비구성원을 구분하는 데 도움을 주고 집단의 정체성을 고취시킨다. 이런 경향은 10대 패거리나 종교 단체, 군대에서도 볼 수 있다.

집단 정체성은 개인 정체성에 어떤 영향을 끼칠까?

구성원 개개인은 개인 정체성을 집단의 구성원 자격에 맞게 바꾼다. 집단의 구성원 자격을 통해 얻을 수 있는 것이 사회 정체성이다. 특정 집단에 소속감을 느끼는 사람들은 그 집단과 가치, 목표, 믿음을 공유한다. 또한 구성원의 자존감은 타 집단에 대한 자기 집단의 상대적 지위는 물론 집단 내에서 자신이 차지하는 위치와 가치에 영향을 받는다. 때문에 낮은 지위나 평가절하된 집단에 속한 사람들은 개인적인 자존감에도

이 사진은 하시디즘Hasidism 유대교도들의 모습을 보여준다. 검은색 허리띠, 털모자, 긴 검은색 코트, 페요스peyos라고 알려진 옆에 길게 만 머리 등 독특한 복장을 주목하라. 이런 복장은 내집단과 외집단의 구분을 강화하고 집단 정체성을 유지하는 데 중대한 역할을 한다.

상처를 입는다. 마찬가지로, 사람들은 스스로 가치 있게 생각하거나 다른 사람들이 가치를 인정해주는 집단에 속했을 때 자존감이 높아진다.

집단 규범이란?

집단 규범은 집단에 속하는 구성원들의 행동을 통제하는 규칙과 구성원들에 대한 기대치를 뜻한다. 회사를 예로 들면 회사원들은 회사원다운 복장을 하고 전문가답게 행동해야 한다. 지나치게 캐주얼한 옷을 입는다거나 불법 행위에 가담하거나 근무 중 술을 마신다거나 노골적으로 성적인 행위나 폭력적인 행동을 해서는 안 된다. 또 강한 노동관을 보여야 한다. 그에 비해 10대 폭력 서클의 구성원들은 충성심을 보여야 하고, 거칠고 폭력적인 모습을 보여야 하며 일반적인 권위를 존중하지 않아야 한다.

구성원이 집단 규범을 어기면 어떻게 될까?

구성원이 집단 규범을 어기면 집단은 구성원이 규범을 따르도록 조치를 취한다. 술 취한 상태로 출근해서 동료에게 성희롱을 한 후 회사 집기를 부순 직원에게 어떤 일이 벌어질지 생각해보라. 그 즉시 회사는 직원이 행동을 고치도록 조치를 취하거나 해고할 것이다.

집단 응집력이란?

집단 응집력이란 구성원들이 집단과 동일시하고 집단에 헌신하는 정도를 말한다. 그것은 전체적으로 집단이 얼마나 가깝고 밀접한지를 반영한다. 응집력 있는 집단은 강한 그룹 정체성을 가지며 집단 규범을 철저히 따른다. 초기 사회심리학자들은 구성원들이 서로 좋아하는 정도를 나타내는 것이 집단 응집력이라고 믿었다. 그러나 후대 연구원들은 구성원들이 집단 구성원에게 느끼는 애착이 아니라 그룹의 아이디어에 대해 느끼는 애착을 반영하는 것이 응집력이라고 주장했다. 다시 말해 집단 구성원들이 집단의 목표와 가치에 얼마나 동의하고 따르는지를 나타내는 것이다.

집단 응집력을 향상시키는 요소로는 어떤 것들이 있을까?

집단 응집력을 고취시키는 여러 가지 요소가 있다. 그중에는 구성원들이 감정적으로 의미를 가지는 목표의 공유와 그 목표에 도달한 경험이 포함된다. 리더십 스타일 도 중요하다. 능력 있는 리더는 집단의 목표와 집단의 사회적·감정적 욕구를 모두 잘 파악한다. 또한 외집단과의 비교나 반대 요소 또한 집단 응집력을 고취시킬 수 있다. 스포츠 팀 간의 라이벌 의식처럼 이 요소는 악의 없고 득이 되는 경우도 있다. 그러나 이런 성향은 외집단을 악마 취급하거나 집단 응집력을 고취시키기 위해 집단 간의 긴장감을 고조시키면서 부정적으로 작용할 수도 있다. 그 결과 인종차별주의, 편견, 심지어 전쟁이 일어나기도 한다.

입회 의식은 어떤 기능을 할까?

입회 의식은 여러 문화의 다양한 집단에서 찾아볼 수 있다. 집단에 받아들여지기 전에 입회자는 입회 의식을 거쳐야 하는데 심한 경우에는 불편함, 고통, 수치심을 느끼는 일을 겪기도 한다. 그런 의식은 집단에 대한 입회자의 충성심과 복종심을 늘리고 내집단과 외집단 사이의 경계를 강화한다. 사회심리학자들은 입회 의식의 역학을 이론화했다. 어떤 사회심리학자들은 인지 부조화가 중요한 역할을 한다고 주장한다. 리언 페스팅거Leon Festinger가 1957년에 처음 창시한 이 이론에 따르면, 사람들은 모순적 사고를 합리화하는 경향이 있다고 한다. 따라서 입회자는 '이 집단에 들기 위해 모든 어려움을 견딘다는 것은 내가 이 집단에 진심으로 들어가고 싶다는 뜻이다'라고 합리화하게 되는 것이다.

현대 사회에서 벌어지는 입회 의식으로는 어떤 것이 있을까?

인류학자들은 오랫동안 근세 사회에서의 입회 의식을 다루어왔다. 예를 들어 서아프리카 풀라니족의 경우 청소년기에 들어선 아이들은 성인이 되기 위한 의식으로 다

남학생 사교 클럽의 괴롭힘은 현대 입회 의식의 한 예다. 입회자는 엄청난 양의 물이나 술을 마시는 등 다양한 의식을 거쳐야 한다. 괴롭히는 관행이 소송과 심지어 죽음으로 이어지기도 하지만 이런 관행이 유행한다는 것은 입회 의식이 집단 정체성과 응집력에 심리적으로 얼마나 중요하게 작용하는지를 보여준다.(iStock)

른 아이들과 서로 채찍질을 하는 전투에 참가해야 한다. 10대 소년들이 이와 비슷한 과정을 겪는 일은 뉴기니의 다른 부족에서도 찾아볼 수 있다. 현대 서양 문명에서 벌어지는 많은 의식의 경우 입회 의식이라고 부르지는 않아도 그 기능을 하는 경우가 있다. 해병대 신병 훈련소나 남학생 사교 클럽의 괴롭힘, 레지던트 의사들의 36시간 교대 근무가 그런 예다. 입회자는 집단에 받아들여지기 전에 힘들고 수치심을 느끼는 테스트를 거쳐야 한다.

집단의 동조가 개인의 의견에 어떤 영향을 미칠까?

사람들은 저마다 독립적인 자신만의 의견을 갖는다고 생각하지만, 연구 결과를 보면 모든 생각과 행동에서 집단의 영향을 강하게 받는 것으로 나타났다. 사람들은 집단 규범을 따라야 한다는 압박감을 느끼며, 그룹과 반대되는 의견과 행동을 보일 때는 불안감을 느낀다. 그레고리 번스의 fMRI 연구 결과, 사람들이 집단에 동조하지 않는 결정을 내릴 때 편도체의 활동이 증가했다. 편도체는 두려운 반응과 관련된 뇌 영역이다. 많은 사회 심리 연구 또한 집단을 따라야 한다는 압박감이 물리적인 현실을 인지하는 데 영향을 준다는 사실을 보여주었다. 네 명의 또래가 모두 잘못된 의견을 제시할 경우, 피험자들은 초록색을 파란색이라고 부르는 등 명백한 물리적 사실조차 부인한다.

집단의 동조가 가장 뚜렷하게 나타날 때는 언제일까?

동조는 사람들이 자신의 의견을 확신하지 못하는 새로운 상황이나 애매한 상황에서 가장 뚜렷하게 나타난다. 사람들이 많은 걸 알고 있고 자신의 의견에 확신을 갖는 경우에는 집단사고에 별로 휩쓸리지 않는다. 사람들은 또한 그룹의 정체성이 새롭거나 불안정할 때 더 동조한다. 이런 현상은 특히 10대에서 뚜렷하게 나타나는데 10대의 사회 정체성 전체가 새롭고 불안하기 때문이다. 많은 청소년들이 복장, 음악, 취미, 심지어 친구를 선택할 때에도 다른 청소년들을 따라야 한다는 강한 압박감을 느낀다. 대부분의 성인들은 이런 결정을 중시하지 않거나 개인적이라고 생각할 뿐 심각한 사회적 압박으로 여기지 않는다.

집단은 새로운 아이디어에 어떻게 반응할까?

일반적으로 집단은 보수적이어서 쉽게 변하지 않는다. 집단은 항상성을 유지한다. 다시 말해 변화에 직면할 때 예전 상태를 다시 회복하려고 노력한다는 것이다. 따라서 집단 구성원들은 소수의 의견보다 다수의 의견에 더 많이 반응한다. 이는 1956년 솔로몬 애시Solomon Asch의 동조 현상을 다양하게 변형한 실험을 통해서도 입증되었다.

비동조자가 영향력을 행사하는 때는 언제일까?

그렇다고 집단이 새로운 아이디어를 완전히 배척하는 것은 아니다. 소수가 영향력을 행사할 기회도 있다. 다수의 의견이 강한 지지를 받지 않고 개인적, 감정적 무게가 실려 있지 않은 경우 집단은 새로운 아이디어와 소수의 이견에 좀 더 귀를 기울이게 된다. 또한 소수 집단이 일관적인 입장을 보이면 그렇지 않을 때보다 더 큰 영향력을 발휘한다. 다수의 영향력은 공개석상이나 토론을 거친 후에 가장 커지는 것으로 나타났다. 일탈에 대한 사회적 비용이 큰 만큼 공개석상에선 동조하는 경향을 보이는 것이다. 그러나 시간이 흘러 새로운 아이디어의 근원지가 잊히면 새로운 아이디어가 점점 더 많은 영향력을 갖게 된다. 이는 전체주의 정부가 반대 의견을 억압하기 위해 애쓰는 이유를 설명해준다. 아무리 인기 없는 의견도 시간이 지나면 상당한 영향력을 가질 수 있다는 사실을 전체주의 정부는 알고 있기 때문이다.

모든 집단의 역할이 똑같을까?

집단에는 동일한 가치, 행동, 관점이 마련되어 있지만 그렇다고 집단 구성원들이 모두 서로의 역할을 대신할 수 있다는 것은 아니다. 대다수 집단의 경우 구성원들은 저마다 다른 역할을 맡는다. 예를 들어 회사에서는 직원마다 고유한 업무와 책임이 있다. 집단 역할은 지위에 따라 다른데, 대부분의 집단에서는 어느 정도 지위에 대한 위계 질서가 있다. 즉 다른 역할에 비해 더 많은 권력을 가지는 역할이 있다.

윌프레드 비온은 누구인가?

윌프레드 비온Wilfred Bion, 1897~1979은 집단 심리 치료의 선구자다. 멜라니 클라인Melanie Klein, 1882~1960과 비슷한 부류의 정신분석학자였던 그는 집단의 심리가 개인의 심리와 유사하다고 주장했다. 선대 연구원들처럼 그 역시 많은 집단 과정의 원초적인 특성, 즉 집단이 이따금 보이는 감정적으로 무절제하며 퇴보된 행동을 보고 충격을 받았다. 현대 독자들에겐 이상해 보일 수 있는, 매우 복잡한 감정적 생활 이론을 이용하여 그는 집단역학에 관한 소중한 통찰을 제시했다.

비온은 집단 심리의 원초적인 특성이 개인 심리의 가장 원초적인 측면과 상응한다고 믿었다. 미숙하거나 원초적인 마음은 극단적인 흑백논리로만 생각한다(좋다/나쁘다, 사랑/미움). 성숙한 마음은 복잡성을 이해하기 때문에 사람에게 좋은 점과 나쁜 점이 혼합되어 있다는 것을 안다. 세상은 흑백이 아니라 회색빛으로 존재한다. 사람들이 미숙한 사고방식으로 퇴보할 수 있는 것처럼 집단도 회색빛을 잃고 극단으로 치우칠 수 있다.

분열이란?

비온의 가장 가치 있는 업적은 집단 분열이라는 개념을 창시했다는 것이다. 분열이란 집단이 공통된 경험의 각기 다른 부분을 대변하는 적대적 파벌로 나뉘는 것을 뜻한다. 분열 현상을 나타내는 사례는 많다. 변화를 원하는 집단 일부가 현 상태를 유지하려는 파벌에 맞서 분열될 수 있다. 한 리더의 추종자들이 라이벌 리더의 추종자들에 맞서 분열하기도 한다. 논란의 대상이 되는 구성원을 지지하는 사람과 반대하는 사람들 사이에 분열이 일기도 한다. 이런 분열은 매우 적대적이어서 그전까지 화합이 잘

되던 집단에 갑자기 내분이 생길 수도 있다. 거의 모든 사람들이 살아가면서 한번쯤은 직장, 가족 간의 마찰, 심지어 종교 단체 내의 갈등처럼 일상생활에서 이런 식의 분열을 겪는다.

이런 분열은 집단역학을 반영하는 것이지, 개인적인 행동의 결과를 나타내는 것은 아니라는 점이 중요하다. 사람들이 이런 파벌을 한 개인의 잘못이 아니라 집단 과정으로 인식하면 쓸데없이 서로 탓하고 지적하는 일 없이 집단의 응집력을 되살리기 위해 노력하게 된다.

분열은 집단의 분극화와 어떤 관련이 있을까?

집단의 분극화란 개개인이 혼자 있을 때보다 집단에 속했을 때 더 극단적인 입장을 취하는 경향을 말한다. 이런 현상이 생기는 요인은 다양한데 그중에서도 사회적 압력이 중요한 역할을 한다.

리언 페스팅거는 사람들이 자신의 입장과 또래의 입장을 비교한 후 집단 규범에서 벗어나지 않는 행동을 취한다고 주장했다. 그로 인해 집단 전체는 점점 더 극단적인 입장을 취하게 되는 것이다.

유진 번스타인, 아미람 비노커Amiram Vinokur와 같은 연구원들은 집단의 경우 집단 토의를 통해 수집한 엄청난 양의 정보로 인해 집단의 의견을 더 확신하게 되지만 개인의 경우에는 자기 의견밖에 없기 때문에 그만큼 확신하지 못한다고 주장했다.

그러나 집단의 분극화는 구성원들이 정보를 공유하지 않을 때에도 발생한다. 집단의 분극화 과정으로 분열이 심해지는 현상을 쉽게 볼 수 있다. 집단 내에 파벌이 형성되면 새로운 두 집단은 극단적인 입장으로 대립한다. 이런 현상은 분열을 강화할 뿐이다.

집단 규범을 따르는 사람들의 성향을 보여준 실험으로는 어떤 것들이 있을까?

집단 규범의 힘을 보여주는 두 가지 중요한 사회 심리 연구가 있다. 무자퍼 셰리프 Muzafer Sherif는 1936년에 선구적인 실험을 실시하면서 피험자들을 자동운동 효과 Autokinetic effect라고 불리는 시각적인 착각 현상에 노출시켰다. 자동운동 효과란 깜깜한 방에서 아주 작은 불빛을 비춰주면 불빛이 움직이는 것처럼 보이는 것을 뜻한다.

셰리프는 피험자들에게 빛이 얼마나 움직였는지 가늠해보라고 했다. 처음에는 피험자들이 혼자 테스트를 받게 했고 두 번째는 두세 명이 한꺼번에 테스트를 받게 했다. 그는 혼자 테스트를 받은 경우 빛의 움직임에 대한 피험자 개개인의 측정치가 크게 다르다는 점을 발견했다. 그러나 두세 명이 한꺼번에 테스트를 받을 경우 사람들의 추정치가 동일한 답으로 수렴되는 경향을 보였다. 사람들의 인지를 결정짓는 집단 규범이 형성되었던 것이다.

1956년에 솔로몬 애시는 또 다른 실험 결과를 발표했다. 우선 시각적 판단을 하는 실험에 참여할 피험자들을 모집했다. 그러고는 피험자들을 작은 집단으로 나눈 뒤 여러 개의 선이 그려진 그림들을 보여주었다. 각 집단은 목표선을 세 가지 비교선 중 하나와 일치시켜야 했다. 사실 집단 구성원 가운데 실제 피험자는 오직 한 사람밖에 없었다. 다른 사람들은 실험 내용을 알고 있는 사람들로 답변의 3분의 2에 대해 만장일치로 오답을 제시하게 되어 있었다.

이 연구의 핵심은 집단 구성원들이 오답을 제시했을 때 실제 피험자인 '순진한' 피험자가 올바른 답을 할 것인지 아니면 다른 구성원들과 마찬가지로 잘못된 답을 할 것인지를 살펴보는 것이었다. 그 결과, 순진한 피험자들이 잘못된 답변에 동조한 경우는 36퍼센트로 나타났다. 이 연구가 중요한 이유는 객관적으로 보기에 나머지 사람들의 답이 틀렸다는 것이 분명한데 사람들이 집단의 규범을 따라 자신의 답을 수정한다는 사실을 보여주었기 때문이다.

편견과 인종차별

편견과 인종차별주의는 어떻게 정의할 수 있을까?

편견과 인종차별주의는 집단 심리의 부정적인 면을 보여준다. 편견과 인종차별은 역사적으로 엄청난 고통을 초래했기 때문에 편견과 인종차별이 어떤 식으로 작용하는지 이해하는 것은 대단히 중요하다. 편견과 인종차별은 모두 집단의 구성원에 대한 다른 집단의 부정적인 관점을 나타낸다. 루퍼트 브라운은 외집단이라는 이유로 외집단 구성원들을 향해 비판적인 태도, 부정적인 감정, 차별적인 행동을 보이는 것을 편견으로 정의한다. 인종차별주의는 편견의 한 형태로, 한 민족 집단의 구성원들을 향해 편파적인 태도나 행동을 보이는 것을 뜻한다. 인종의 정의에도 여러 가지가 있지만 아프리카, 유럽, 아시아 사람들처럼 일반적으로 특정 대륙에 속한 민족 그룹을 가리킨다. 사회심리학자들은 편견에 오랫동안 관심을 가져왔으며, 편견을 파악하는 데 많은 기여를 했다.

고정관념화란 무엇이고 사회적 편견과 어떤 관련이 있을까?

고정관념은 편견과 밀접한 관계가 있다. 사회과학에서 쓰이는 고정관념이라는 용어는 1922년 월터 리프먼Walter Lippmann이 창시한 것이다. 예전에는 이 용어를 인쇄 업계에서 사용했었다. 다른 사람에 대한 고정관념을 가지면 그 사람의 여러 특성이 특정 집단의 구성원을 나타내는 한 가지 특성에서 기인한 것이라고 생각한다. 요즘 흔히 볼 수 있는 고정관념으로는 아시아인들이 근면하고 일을 열심히 하며, 히스패닉은 남자다움을 과시하고, 도서관 사서는 내성적이라는 생각 등이 있다. 정의에 따르면, 고정관념은 개개인의 개성을 무시하고 제한적이다. 또 부정적이고 멸시적인 가정을 하게 만든다. 이 경우 고정관념은 선입견이 된다. 확실히 선입견은 고정관념에 크게 의존한다. 예를 들어 캄보디아인에 대한 특정 관점을 갖지 않은 상태에서 캄보디아인들을 싫어한다고 말할 수는 없는 법이다.

분류화 경향이 어떻게 고정관념화로 이어질까?

경험을 범주로 분류하는 경향은 사람이 인지할 때 나타나는 기본적이고 보편적인 현상이다. 이렇게 분류하는 이유는 주변에서 마주하는 끊임없는 복잡성을 이해하기 위해서다. 이는 인간의 사고에 반드시 필요한 부분으로 정보를 효율적이고 신속하게 처리하게 해준다. 범주라는 것이 없다면 삶 전체가 혼란으로 가득 찰 것이다. 때문에 사회적 범주화를 통해 우리는 사람들을 범주로 나눈다.

사회적 범주화는 사회생활에 중요한 부분으로 영아기처럼 아주 어릴 때도 나타난다. 연구 결과 영아들은 성별, 나이, 친숙한 정도에 따라 사람들을 구분하는 것으로 나타났다. 사람들은 또한 반사적으로 내집단(자신이 구성원으로 속한 집단)의 구성원들과 외집단의 구성원들을 구분한다. 뿐만 아니라 집단 내에서의 차이를 최소화하고 집단 간의 차이를 극대화하려는 성향을 가지고 있다. 사람들은 외집단을 내집단보다 더 부정적으로 평가하는 경향도 가지고 있다. 이런 식으로 사회적 범주는 일반적인 고정관념, 특히 부정적인 고정관념을 갖는 데 도움이 된다.

고정관념은 판단에 어떤 영향을 줄까?

고정관념은 의사 결정에 영향을 주는 자동적이고 무의식적인 편견을 만든다. 사람들은 자신이 정형화된 방식으로 생각한다는 점을 인식하지 못하고, 다양한 외집단에 대한 자신의 시각이 정확한 정보를 근거로 한 것이라고 생각한다. 또 모순적인 정보가 제시된 상황에도 고정관념을 고수하는 경향을 보인다. 이는 사람들이 고정관념을 뒷받침하는 정보를 선호하고, 고정관념과 모순이 되는 정보를 무시하거나 간과하는 경향이 있기 때문이다.

또한 고정관념은 대개 이기적이어서 강력한 내집단에 속한 사람들은 외집단에 비해 자신들의 입장을 유리하게 합리화시킨다. 수백 년 동안 여성들은 감정적이고 유치하다고 여겼으며, 미국 흑인들은 게으르고 멍청하다고 묘사되었다. 최근에는 동성애자들이 성적인 약탈자로 묘사되어 학교와 군대에 위협적이라는 인식이 생기기도 했다.

이런 식의 관점은 외집단으로부터 권력과 혜택을 빼앗는 행동을 정당화한다. 그러나 고정관념이 모두 강력한 것은 아니며 어느 정도 유연성을 갖춘 것도 있다. 정형화하는 성향 또한 환경에 영향을 받을 수 있다. 예를 들어 성별에 집중하도록 유도된 피험자들은 성별에 대한 고정관념에 따라 생각한다. 그러나 성별에 대한 암시가 주어지지 않으면 그런 경향은 뚜렷하게 나타나지 않는다.

고정관념이 그 대상에게는 어떤 영향을 끼칠까?

부정적인 고정관념은 그 대상에게 급속도로 스며드는 파괴적인 영향을 미친다. 실험실에서 사람들에게 무작위로 고정관념을 부여하면 사람들은 그 고정관념에 맞는 행동을 보이기 시작한다. 현실에서 평생 동안 지속적으로 고정관념의 대상이 되어온 사람들의 경우 자신에 대한 부정적인 메시지를 쉽게 내면화한다. 실제로 고정관념을 갖지 않은 사람의 관점에서 자신을 바라보고 사람들이 인식하는 대로 행동하지 않으려면 상당한 노력을 기울여야 한다. 케네스와 메이미 클라크Kenneth and Mamie Clark가 1940년대에 실시한 연구에 따르면, 미국 흑인 아이들의 경우 인종차별의 비극적 영향이 자아개념에 담겨 있는 것으로 나타났다.

사회적 편견을 이해하는 데 집단 간의 관계가 어떤 관련이 있을까?

결국 사회적 편견은 집단 간의 관계에 관한 것이다. 사람들은 특정 집단의 구성원이라는 이유로 다른 사람들에 대한 편견을 갖는다. 때문에 집단 간의 관계 역학을 이해하면 사회적 편견을 조명하는 데 도움이 된다.

집단 간에 갈등이 빚어지는 주원인은 무엇일까?

이는 한마디로 답하기 어려운 문제다. 집단 간의 갈등을 일으키는 원인에 관한 여러 이론이 존재하지만 안타깝게도 한 가지 이론만으로는 다양한 집단 사이의 관계를 완전하게 설명할 수가 없다. 한 이론은 사회적 편견이 필요한 자원의 부족으로 인한 좌절에서 비롯된다고 하고, 또 다른 이론은 집단의 목적이 상충될 때 서로를 폄하하게 된다고 주장한다. 그런가 하면 집단 정체성의 본질 자체가 집단 간의 긴장을 유발한다고 지적한 연구도 있다. 사람들이 자신을 한 집단의 구성원으로 인정하는 순간 다른 집단을 좀 더 부정적으로 생각하는 경향이 있다는 것이다.

내집단의 쇼비니즘은 자연스러운 것일까?

자신이 속한 집단을 속하지 않은 집단보다 선호하는 경향은 타고난 인간의 본성으로 보인다. 많은 연구 결과, 사람들은 다른 집단보다 자신이 속한 집단이 더 긍정적인 특성을 가지고 있다고 생각하는 것으로 나타났다. 이런 현상은 여러 문화에서 공통적으로 나타났다. 1976년, 메릴린 브루어와 도널드 캠벨은 동아프리카에 있는 30개의 부족 집단을 대상으로 실시한 설문 조사 결과를 발표했다. 그들은 피험자들에게 여러 가지 특성에 관해 자기 부족과 다른 부족을 평가하라고 했는데 27개의 집단이 자기 집단을 다른 집단보다 더 긍정적으로 평가했다.

내집단 선호주의, 즉 쇼비니즘Chauvinism(배타적 애국주의)은 실험 연구를 통해서도 인위적으로 만들어질 수 있다. 1950~1960년대에 발표된 무자퍼, 캐럴린 셰리프와 동료들의 대표적인 연구를 살펴보자. 그들은 여름 캠프에 참가할 열두 살 소년들을 모집했다. 두 팀으로 나뉜 소년들은 서로의 흠을 잡는 경기에 참여했다. 경기가 끝난 후 소년들은 매우 분명한 내집단 쇼비니즘을 보였다.

그들은 자기 팀의 성과가 다른 팀의 성과보다 뛰어나다고 평가했다. 뿐만 아니라 집단별 과제를 끝낸 소년들의 90퍼센트가 가장 친한 친구를 내집단 구성원 가운데 하나로 지목했다. 흥미로운 점은 경기 전에는 가장 친한 친구가 다른 집단에 속했다고 답한 소년들이 많았다는 점이다. 어떤 경우에는 경기를 시작하기도 전에, 집단별 과제를 끝낸 직후 외집단을 폄하하는 소년들도 있었다.

집단의 목표는 집단 간의 관계에 어떤 영향을 줄까?

집단 목표의 역할을 다룬 집단 간 갈등에 관한 이론이 있다. 이 이론에 따르면, 두 집단의 목표가 상충할 경우 긴장감이 고조될 가능성이 높다고 한다. 이 경우 집단의 쇼비니즘이 시작되고 사람들이 다른 집단을 지나치게 부정적으로 평가하며 자신의 집단은 이상화한다. 여러 연구 결과, 집단 간의 상충되는 관심사로 인해 외집단에 대한 부정적인 관점과 내집단의 응집력이 모두 증가하는 것으로 나타났다. 긴장이 고조되면 집단은 한층 더 양극화되어 서로에 대해 점점 더 극단적인 입장을 취한다. 따라서 외집단을 사악하고 나쁜 의도를 가진 집단으로 치부하는 한편 내집단은 윤리적으로 합당하다고 여기면서 자신들의 행동을 합리화한다. 똑같은 땅을 두고 싸우는 이스라엘과 팔레스타인의 교착 상태처럼 정치적인 상황에서 이 같은 일을 많이 목격할 수 있다. 한편, 두 집단의 목표가 같을 경우, 집단 간의 긴장과 집단 쇼비니즘은 줄어든다.

공통된 목표가 집단 간의 관계를 향상시킬까?

집단 간의 편견을 줄이는 한 가지 방법은 공통된 목표를 세우는 것이다. 앞서 제시한 여름 캠프를 예로 들면 두 팀이 공통된 목표를 향해 협력해야 하는 과제가 주어졌을 때 상대 팀에 대한 공격성과 내집단 선호도가 줄어들었다. 다른 몇몇 연구들도 비슷한 결과를 보여줬다. 이때 성공적으로 공통된 목표를 이루는 것이 중요한 역할을 한다. 공통된 목표를 달성하는 데 실패하면 긴장이 고조되는데, 과거에 집단 간에 갈등이나 경쟁이 있었던 경우에는 특히 그렇다. 그런 경우 양 집단이 실패의 책임을 서로의 탓으로 돌리게 된다.

자원 부족은 어떤 역할을 할까?

1939년 존 달러드John Dollard가 주장한 집단 간의 공격성에 관한 최초의 이론은 자원의 부족에 초점을 맞췄다. 이 이론에 따르면, 집단은 기본적인 욕구를 박탈당했다고 느끼기 때문에 분노하게 된다. 이런 폭력성은 자신의 자원을 박탈한 상대나 화풀이하기 편한 대상, 즉 희생양에게 향한다. 레너드 버코위츠Leonard Berkowitz와 테드 로버트 거Ted Robert Gurr와 같은 후대 연구원들은 이 이론을 개정하여 집단 간의 공격성이 자원의 실제적인 부족이 아니라 상대적인 부족에서 비롯된다고 주장했다. 다시 말해 사람들이 얼마나 많이 가지고 있는지가 중요한 것이 아니라 자신이 마땅히 가져야 한다고 기대하는 수준에 비해 얼마나 많이 가지고 있는지가 중요하다는 것이다. 이 개념은 돈과 행복의 관계에 관한 연구와도 일치한다. 두 경우 모두, 사람들의 감정적인 반응은 실제로 가지고 있는 것보다 가져야 한다고 믿는 것과 더 관련이 있다.

케네스와 메이미 클라크는 어떻게 인형을 사용해 인종차별주의가 미국 흑인 아이들의 자아 개념에 미치는 영향을 입증했을까?

1940년대 실시된 연구를 통해 케네스와 메이미 클라크는 인종차별주의가 미국 흑인 아이들의 자아 개념에 미치는 영향을 조사했다. 그들은 아이들에게 두 종류의 플라스틱 아기 인형을 주었다. 피부색만 빼고 인형들은 똑같았다. 어떤 것은 피부색이 하얗고 어떤 것은 검었다. 예상대로 아이들은 인형의 인종을 구분할 수 있었다. 그보다 중요한 점은 아이들이 검은 인형보다 흰 인형을 더 선호했으며 흰 인형에 더 긍정적인 특성을 부여했다는 것이다. 뿐만 아니라 초상화를 그려보라고 했을 때 많은 아이들이 실제 피부색보다 밝은 색으로 얼굴을 칠했다. 이 연구는 1954년 브라운Brown과 캔자스 주 토피카 교육부 사이의 대법원 소송에 이용되었는데, 대법원은 공립학교에서 인종별로 학급을 구분하는 것은 헌법에 위배된다는 판결을 내렸다.

1940년대 실시된 연구에 따르면, 흑인 아이들은 흑인 인형보다 백인 인형을 더 선호하는 것으로 나타났는데 학내에서 이루어지던 인종별 격리가 불법이라는 대법원의 판결을 이끌어내는 데 도움을 주었다.

박탈의 규준은 어떻게 생길까?

그렇다면 우리가 마땅히 가져야 한다고 생각하는 규준은 어떻게 생긴 것일까? 우리의 규준은 어느 정도 과거의 경험을 근거로 만들어진다. 오랫동안 열악한 조건에서 살아온 집단은 다른 집단을 향해 공격적인 태도를 갖게 된다. 그러나 비교하게 만드는 더 강력한 원천은 타 집단인 것으로 보인다. 주변 다른 집단에 비해 자원이 부족하다고 느끼는 집단일수록 분노를 느낄 가능성이 많기 때문에 사회적 불만으로 이어질 수 있다. 1972년 리브 배너먼Reeve Vanneman과 토머스 페티그루Thomas Pettigrew는 논문을 통해 집단 박탈Collective Deprivation과 개인 박탈Egoistic Deprivation을 구별했다.

집단 박탈이란 자신이 속한 집단이 다른 집단에 비해 궁핍하다고 느끼는 것이다. 개인 박탈은 집단의 구성원 자격으로서가 아니라 개인적으로 궁핍하다고 느끼는 것이다. 여러 연구 결과, 집단 박탈이 사회적 편견과 더 관련이 많은 것으로 나타났다. 그러나 집단의 구성원 자격으로서뿐만 아니라 개인적으로 박탈되었다고 느끼는 이중 박탈Double deprivation이야말로 가장 심각한 수준의 사회적 편견으로 이어진다.

희생양은 어떻게 생기는 걸까?

강한 집단이 약한 집단에 폭력을 행사할 때 희생양이 생긴다. 즉 어려움을 겪고 있는 강한 집단이 화풀이하기 편하고 힘없는 대상에게 분노를 표출하는 것이다. 이 과정을 집단 간 희생양 만들기Between-group scapegoating라고 한다. 정신분석학적으로 집단을 연구하는 이론가들은 집단 내 희생양 만들기를 다루기도 하는데 집단 간 희생양 만들기와는 성격이 다르다.

희생양 만들기는 모든 사회적 편견을 설명해줄 수 없지만 희생양 만들기가 중요한 역할을 했던 사례를 생각해볼 수는 있을 것이다. 한 예로 제1차 세계대전의 참상 이후 독일에서 히틀러와 나치주의가 생긴 일을 들 수 있다. 제1차 세계대전에서 패한 독일은 베르사유 조약에 따라 매우 가혹한 조건을 받아들일 수밖에 없었다. 그로 인해 독일의 경제가 붕괴되었고 한때 자긍심을 가졌던 독일을 치욕스럽게 만들었다. 독일의 자긍심과 집단 정체성을 재구축하기 위해 히틀러는 독일의 모든 문제가 유대인 때문에 발생했다며 유대인들을 희생양으로 삼았다. 그 결과물이 홀로코스트였다.

희생양의 또 다른 예로는 1940년 칼 호블랜드Carl Hovland와 로버트 시어스Robert Sears가 행한 연구에서 찾아볼 수 있다. 그들은 1882년에서 1930년 사이 미국 남부에서 벌어진 흑인에 대한 폭력과 목화 가격 사이의 상관관계를 연구하여 부적 상관관계인 것을 밝혔다. 경제가 침체할수록 흑인에 대한 가혹 행위가 늘어났던 것이다.

사회적 편견은 어떻게 줄일 수 있을까?

세계 속에 여러 민족과 다양한 사람들이 산다는 점을 고려하면 사회적 편견을 줄이는 방법을 이해하는 것은 매우 중요하다. 1950년대에는 고든 올포트Gordon Allport가 집단 내 접촉 이론Intergroup-contact theory을 창시했다. 이 이론에 따르면, 긍정적인 조건에서의 집단 내 접촉이 사회적 편견을 줄일 수 있다고 한다. 이를 위해서는 공통된 목표를 향한 협력, 집단 간의 동등한 지위, 지역 당국과 문화적 규준의 지지 등이 필요하다. 그 후 이 이론을 뒷받침하는 연구가 상당히 진행되었다.

2003년에는 스티븐 라이트Stephen Wright와 도널드 테일러Donald Taylor가 이 이론을 다시 살펴보면서 상위 수준 집단Superordinate group과의 동일시 효과를 주장하기도 했다. 다시 말해 각기 다른 집단이 한 가지 공동체나 보편적 인간성의 일부처럼 대단히 중요한 집단의 부분으로 화합하는 것을 뜻한다.

한 남자가 학교에서 벌어지는 인종차별에 반대하는 시위를 하고 있다. 연구 결과, 집단들에 동일한 사회적 지위, 공동 목표를 부여하고 지역 당국이 이를 뒷받침하면 집단 내 긴장이 줄어든다고 한다.(iStock)

집단 간 우애가 사회적 편견을 줄일까?

타 집단 구성원들과 긍정적인 감정을 경험하면 부정적인 고정관념을 줄일 수 있다. 그런 점에서 볼 때 타 집단의 구성원들과 친구가 되는 것이 특히 효과적이다. 그 이유는 몇 가지로 나눌 수 있다. 첫째, 잘 아는 누군가에 대해 단순하고 부정적인 고정관념을 가지는 일이 거의 불가능하기 때문이다. 둘째, 관계가 좋을 땐 상대방과, 상대방이 속한 그룹을 동일시하기 때문이다. 다시 말해 상대방과의 관계가 자신의 일부가 되는 것이다. 이를 가리켜 '자아에 상대방 포함시키기'라고 부르는데 이는 스티븐 라이트, 아서 아론Arthur Aron과 동료들이 창시한 개념이다.

도덕성

심리학자들은 도덕성을 어떻게 이해할까?

도덕성은 옳고 그름에 관한 판단을 말하며 인지 분석, 즉 이성과 감정적 반응에 의해 결정된다. 심리학은 과학적인 관점에서 도덕성을 연구한다. 심리학적 연구는 어떤 것이 도덕적이고 어떤 것이 도덕적이지 않은지 도덕적인 결정의 내용을 판단하는 것이 아니라 도덕적 결정과 판단을 내리는 과정을 연구한다. 따라서 도덕적으로 용인할 수 있는 것과 없는 것을 사람들이 어떻게 결정하는지를 살펴본다.

어떤 선택이 도덕적인지 심리학이 결정할 수 있을까?

미리 대답하자면 아니다. 도덕적인 결정을 내리는 것은 과학이 할 일이 아니다. 도덕성은 궁극적으로 가치와 옳고 그름에 관한 것이다. 심리학은 과학이므로 가치의 영역은 다루지 않는다. 그건 철학이나 종교가 할 일이다. 그러나 심리학은 다양한 행동이 다른 사람들에게 미치는 영향, 다양한 선택이 가진 심리적인 영향에 관한 정보를 제공할 수 있다. 이 정보는 다시 개인과 사회가 도덕적 결정을 내릴 수 있도록 도와준다. 또 심리학자들은 도덕적 선택과 도덕의 발달 과정을 연구하기도 한다. 사람들이 어떻게 도덕적 결정을 내리는지, 여러 사람들에게 도덕성이 갖는 의미가 무엇인지 등을 연구함으로써 사람들의 도덕적 의사 결정 능력을 향상시켜 사람들이 좀 더 사려 깊고, 성숙하며, 이로운 도덕적 결정을 내릴 수 있게 해준다.

도덕성은 사회적 집단과 어떤 관련이 있을까?

도덕성이 없으면 집단생활은 불가능하다. 집단을 화합하게 만드는 것이 도덕성이기 때문이다. 도덕성은 곧 구성원들을 연결해주는 접착제인 것이다. 모든 사람들이 다른 사람이나 집단 전체의 행복은 개의치 않고 제멋대로 행동하면 집단은 무질서 상태에 빠질 것이다. 인류는 강력한 자기 보호, 자기 향상 동기와 충동을 가지고 진화를 거듭해왔다. 따라서 동기의 대부분은 전적으로 이기적이다. 우리의 욕망, 분노, 두려움은 대개 다른 사람에게 손해를 입히면서 개인적인 관심사를 성사시키려고 노력하게 만드는 역할을 한다. 때로는 이로 인해 다른 사람을 착취하거나 폭력을 행사하기도 한다. 그러나 사람들은 또한 사회적인 동물로 진화해왔다. 우리는 사회적 조직을 중심으로 움직이며 우리 감정의 대부분은 사회적 기능을 한다. 이기적인 동기와 더불어 우리는 도덕적 능력도 갖추면서 진화해와, 자신의 관심사와 다른 사람의 관심사 사이에 균형을 이뤄야 한다는 생각이 유전자 속에 깊숙이 새겨져 있다.

도덕성은 어떤 진화적인 근거를 가지고 있을까?

장 피아제, 로런스 콜버그와 같이 도덕성을 연구한 초기 심리학자들은 도덕적 발달의 지적인 면에 초점을 맞추었다. 그들은 도덕적 판단을 내리는 데 있어 지성의 역할을 연구했다. 이처럼 편협한 초점에 반대한 캐럴 길리건은 연민과 보살핌의 중요성을 강조했다. 스티븐 핑커Steven Pinker와 같은 후대 심리학자들은 인간의 도덕성에 진화적인 근거가 있다고 강조한다. 2008년에 발표한 논문에서 핑커는 사람들이 가장 강하게 고수하는 윤리적인 입장이 지성이나 연민과는 아무 상관 없을지도 모른다고 주장했다. 예를 들어 성인 오빠와 여동생이 합의하에 근친상간을 했다거나 몇 년 동안 키워오던 개가 자연사한 후 개 주인이 그 개를 먹었다거나 집주인이 국기를 잘라 먼지떨이로 썼다는 이야기를 들으면 많은 사람들이 공포심을 보인다(이런 이야기들은 심리학자 조너선 헤이트Jonathan Haidt가 처음으로 묘사한 것이다).

이런 식의 연구를 통해 심리학자들은 우리가 특정한 상황에 감정적으로 혐오감이나 공포를 느끼도록 진화해왔다는 결론을 내렸다. 그런 특정한 상황은 진화적으로 중요성을 띠고 있으며 오래 지속될 경우 인류 전체를 파괴시킬 수도 있다. 예를 들어 많은 동물의 종에서도 발견되는 근친상간 금기는 유전자 풀Gene pool의 변형을 방지하는 역할을 한다. 가족 구성원을 먹는 것에 대한 혐오감은(반려동물도 가족의 일부다) 친족 생존을 위해 반드시 필요한 것이다. 결국 사람들은 특정한 도덕적 본능을 갖도록 진화해왔다.

도덕적 본능의 다섯 가지 범주란?

비교 문화를 연구한 결과, 아주 다른 문화에서도 공통적으로 나타나는 도덕적 판단이 있는 것으로 밝혀졌다. 조너선 헤이트는 도덕적으로 중요한 다섯 가지 범주가 있다고 주장했다. 그 범주는 손해/보살핌, 내 집단/충성, 권위/존중, 깨끗함/거룩함, 공정함/상호 이익이다. 여러 문화에서 사람들은 무고한 사람에게 해를 가하는 것을 비난하고 슬퍼한다. 공동체를 배신하는 것 또한 부정적으로 여긴다. 권위에 대한 존중과 공동체 구성원에 대한 공정한 대우 또한 여러 문화에 보편적으로 나타나는 것으로 보인다. 깨끗함/거룩함 범주는 혐오감과 관련 있는 것으로 음식 규정, 성행위, 배뇨, 배변 등과 같은 문제에 관한 도덕적 판단을 나타낸다.

도덕적 믿음에 관한 극단적인 변형은 어떻게 설명할 수 있을까?

사람들이 도덕적 선택에 대해 강하게 반대할 수 있다는 사실을 깨닫는 데는 그리 오랜 시간이 걸리지 않는다. 요즘 낙태와 동성애 결혼에 관해 벌어지는 논란을 보면 사람들이 똑같은 수준의 도덕적 신념을 가지고 전혀 다른 의견을 주장할 수 있다는 사실을 알 수 있다.

다섯 가지 범주의 순위를 정하는 방식이 사람과 집단마다 다르다고 생각하면 이런 현상을 이해할 수 있다. 예를 들어 권위에 대한 존중은 개인주의 문화보다 집단주의 문화에서 더 높이 평가된다. 개인주의 문화에서는 공정성을 더 우선시한다. 예언자 마호메트에 대한 덴마크 만화를 놓고 이슬람 문화와 서유럽 문화가 대립했던 2005년의 논란도 이런 식으로 설명할 수 있다. 이슬람 문화에선 만화가가 이슬람 예언자를 조롱한 것이 도덕적 범죄라 느꼈고(권위/존중, 내 집단/충성), 서유럽 국가들은 만화가가 폭력에 대한 두려움 없이(손해/보살핌) 자유롭게 표현할 권리(공정성/상호 이익)를 가지고 있다고 느꼈다.

자유당과 보수당은 도덕성을 이해하는 방식이 다를까?

다섯 가지 범주의 도덕적 중요성에 대한 태도는 정치적 믿음에도 영향을 미친다. 조너선 헤이트와 그의 동료들이 대규모 웹 기반 연구를 통해 자유당과 보수당을 비교한 결과, 자유당은 보수당에 비해 손해/보살핌과 공정성/상호 이익을 소중히 여겼고 보수당은 권위/존중, 내 집단/충성, 깨끗함/거룩함을 소중하게 여기는 것으로 나타났다. 나이, 성별, 교육, 소득 수준을 감안해도 이런 차이는 여전히 나타났다.

도덕성과 이성 능력은 어떤 관련이 있을까?

상황을 인지, 즉 이성적으로 분석하는 능력은 도덕적 판단의 중요한 부분이다. 피아제와 콜버그처럼 도덕 발달을 연구한 초기 심리학자들은 도덕적으로 성숙하는 데 인지 발달이 중요하다고 강조했다. 그들은 도덕적으로 성숙하기 위해서는 다른 사람의 관점에서 생각하는 것(즉 상대방의 입장에서 생각하는 것)과 많은 상황에서 일반화될 수 있는 추상적인 규칙을 인식하는 두 가지 인지 능력이 필요하다고 주장했다.

도덕성에 관한 많은 철학자들의 사상에도 비슷한 생각이 담겨 있다. 예를 들어 독일 철학자 이마누엘 칸트Immanuel Kant, 1724~1804는 정언명령Categorical imperative이라는 개념을 창시했는데 정언명령이란 모든 사람들이 보편적으로 인정하는 윤리적 행동 기준을 인식하는 것을 뜻한다.

'사람들이 자신에게 해주길 바라는 대로 사람들을 대하라'는 황금률은 분명 우리가 다른 사람의 입장을 생각할 수 있다고 추정한다. 발달심리학자들이 보여준 것처럼 이런 인지 능력은 어린 시절 천천히 발달하기 시작하여 성인이 되어서까지 지속적으로 발달한다. 아이들은 추상 능력이나 다른 사람의 관점에서 생각하는 능력이 성숙하지 않기 때문에 아이들을 평가할 때는 성인과 같은 똑같은 도덕적 잣대를 이용해서는 안 된다.

도덕성은 공감과 어떤 연관이 있을까?

공감 또한 도덕적 반응의 중요한 일부다. 다른 사람의 고통을 느끼고 똑같은 상황에서 우리가 느낄 고통을 상상할 수 있는 능력은 다른 사람의 행복을 배려하는 기초가 된다. 사이코패스나 자폐증을 앓는 사람처럼 공감 능력이 없는 사람들은 비도덕적인 방식으로 행동할 수 있다. 공감이나 이성적인 분석이 도덕적 결정에 얼마나 큰 영향을 미치는가는 상황에 따라 다르다. 우리가 내린 결정에 의해 영향을 받는 사람과 개인적으로 접촉한다면 영향을 받는 대상이 추상적이어서 직접 접촉하지 않는 경우보다 공감과 감정이 크게 작용한다. 공감이나 이성이 도덕적인 결정을 좌우하는 데 상황이 얼마나 큰 역할을 하는지 보여주는 예로 '전차 문제'에 관한 연구가 있다.

'전차 문제'란?

'전차 문제'란 철학자 필리파 푸트Philippa Foot와 주디스 자비스 톰슨Judith Jarvis Thomson이 처음 생각한 도덕적 딜레마로, 이에 관한 많은 연구가 진행되었다. 시나리오는 이런 식이다. 전차 운전사가 의식을 잃은 후 전차가 걷잡을 수 없이 빠른 속도로 선로를 달리고 있다. 아무 조치도 취하지 않으면 달려오는 전차를 보지 못한 채 선로 위에서 일하고 있는 다섯 명의 일꾼을 치게 될 판이다. 하지만 전차의 경로를 다른 선로로 변경하는 스위치를 작동하면 그 일꾼들을 구할 수 있다. 그런데 다른 선로 위에는 일꾼 한 사람이 일하고 있다. 당신은 다섯 일꾼을 구하기 위해 스위치를 작동하여 한 일꾼을 희생시키겠는가?

이런 상황에서 대부분의 사람들은 그렇다고 말한다. 순전히 논리적인 기준으로 볼 때는 합리적인 대답이다. 그러나 다섯 명의 일꾼을 구하기 위해 한 사람을 전차 앞에 던질 수밖에 없는 상황으로 가정하면 대부분의 사람들은 그렇게 하지 않을 것이라고 대답한다. 우리가 상처를 주는 사람과 밀접한 관계에 있을 때 우리의 도덕적인 결정은 논리보다는 감정에 더 의존할 가능성이 크다. 또 이 두 시나리오를 생각하는 사람들의 뇌를 fMRI로 촬영했을 때 각기 다른 뇌 부위가 활성화되는 것으로 나타났다.

전차 선로 위에서 일하는 다섯 명의 근로자를 구하기 위해 다른 한 근로자가 일하고 있는 선로로 노선을 바꿀 수 있다면 당신은 그렇게 하겠는가?(iStock)

도덕적 반응과 관련된 뇌 부위는 어디일까?

앞서 논의한 대로 도덕적 판단은 감정, 인지와 관련이 있으며 어느 것이 더 중요하게 작용하는지는 그 당시 겪는 상황에 따라 달라진다. 조슈아 그린Joshua Green, 조너선 코언Jonathan Cohen과 동료들은 사람들에게 fMRI 뇌 영상 촬영을 실시하면서 전차 문제를 비롯한 유사 시나리오에 대해 생각하게 했다. 이 연구원들은 도덕적 딜레마를 도덕적-개인적 시나리오와 도덕적-객관적 시나리오로 나누었다.

한 사람을 직접 죽여야 하는 전차 시나리오, 즉 전차 앞에 한 사람을 밀어버리는 것은 도덕적-개인적 시나리오에 해당된다. 죽는 사람과 직접적이고 물리적인 접촉이 없는 전차 문제, 즉 스위치를 작동하는 시나리오는 도덕적-객관적 시나리오다. 도덕적-개인적 시나리오를 생각할 때 사람들의 내측 전두 영역과 전측 대상회 영역이 활성화되었다. 내측 전두 영역은 대인 관계, 공감 처리와 관련된 영역이다. 전측 대상회 영역은 뇌의 각기 다른 부분에서 전해지는 모순적인 메시지를 처리하는 것과 관련이 있다. 사람들이 도덕적-객관적 시나리오를 생각할 때는 배외측 전두 영역이 가장 활발했다. 배외측 전두 영역은 논리적인 생각과 분석을 담당하는 영역이다.

이는 우리 행동으로 인해 직접 피해를 당하는 사람과 관계가 멀수록 직감과 감정보다 점점 더 차갑고 논리적인 분석에 근거해 도덕적인 결정을 내린다는 점을 나타낸다. 이런 합리적인 도덕적 결정은 공리적인 판단이라 불리는데 일종의 비용/효과 분석과 관련된다.

아이들은 몇 살부터 도덕적인 문제를 이해하기 시작할까?

아이들은 학령기 전 네 살가량부터 기초적인 도덕적 이해력을 갖기 시작한다. 옳고 그름에 대한 아이들의 초기 감각은 엉성하고, 주로 어른들이 말해주는 것이나 벌 받게 된 행동을 근거로 이루어진다. 만 7세 정도가 되면 아이들은 행동을 지배하는 보편적인 규칙의 중요성을 파악하기 시작한다. 처음에는 단순하고 융통성 없는 방식으로 규칙을 적용한다("우, 바보라고 했어. 바보라는 말은 나쁜 말이야!"). 시간이 지나면서 아이들은 그런 규칙이 가진 목적을 더 잘 이해하게 된다. 하지만 다른 사람들의 기분에 반응하는 능력은 영아처럼 어린아이들에게도 찾아볼 수 있다. 또한 네 살배기 아이도 해를 입히지 않도록 사람들을 보호하는 것같이 진정한 도덕적 목적을 이행하는 금지 항목과, 소파 위에 올라서면 안 된다는 단순한 선호도를 나타낸 금지 항목을 구별할 수 있다.

도덕성은 역사적으로 얼마나 많이 변했을까?

인류가 보편적으로 도덕적 판단을 내리는 경향을 보여준다는 과학적 근거가 있지만 도덕성에 관한 관점은 역사적으로 크게 변해왔다. 현대 사회에서 끔찍하게 비도덕적으로 여기는 일들이 항상 그렇게 여겨왔던 것은 아니다. 고대 그리스인들은 용감하고 강하다는 명성과 그에 따른 명예가 도덕성의 기본이라고 생각했다. 명예를 찾기 위해서라면 여러 도시를 약탈하고 다녀도 전혀 상관이 없었다. 19세기 중반 미국에서는 노예 제도가 비도덕적인 것으로 간주되지 않았다. 뿐만 아니라 한때 매우 비도덕적으로 여겼던 행동을 지금은 더 이상 비도덕적으로 여기지 않는다. 몇십 년 전만 해도 혼전 성관계는 대단히 비도덕적인 것으로 간주됐지만 이제는 널리 용납되는 편이다. 마찬가지로 권위 있는 사람들 사이의 공공연한 의견 충돌도 예전보다 훨씬 더 많이 허용되고 있다. 이런 변화를 조너선 헤이트의 다섯 가지 도덕 범주에 비추어보면 서양 사회에서는 공정성/상호 이익이 강해진 반면 권위/존중, 내 집단/충성에 관한 도덕성은 줄어든 것을 알 수 있다.

이 그림은 그리스 영웅 아킬레우스가 전쟁에서 헥토르를 물리친 모습을 묘사한 것이다. 고대 사람들은 명예라는 개념을 토대로 도덕성을 이해했기 때문에 다른 사람을 죽이는 것 또한 명예로운 일이라 생각했다. 이는 현대 사회의 도덕성과 극명히 대조된다.(iStock)

콜버그는 도덕적 발달에 어떻게 접근했을까?

로런스 콜버그Lawrence Kohlberg, 1927~1987는 도덕 발달 분야의 선구자다. 장 피아제의 영향을 받은 그는 도덕적 이성을 조사하는 대규모 연구를 실시했다. 피아제와 마찬가지로 그는 발달하면서 변하는 이성 능력, 즉 지능 발달에 관심을 가져 특정한 상황을 나타내는 짤막한 글인 비네트를 이용하는 연구를 실시했다. 그는 도덕적 딜레마가 담긴 시나리오를 작성해 피험자들에게 제시했다. 가장 유명한 비네트는 하인즈라는 남자가 아내의 생명을 구하기 위해 약국을 부수고 들어가 약을 훔치는 내용으로 이루어져 있다. 콜버그는 도덕 발달을 인습 이전 수준, 인습 수준, 인습 이후 수준의 세 가지 수준으로 나누었는데 각 수준별 두 단계씩 총 여섯 단계가 있다.

첫 번째 수준인 인습 이전 수준은 열 살 미만의 아이들에게서 흔히 찾아볼 수 있다. 이 수준의 도덕성은 행동하는 사람의 행동의 결과에 따라 도덕성이 결정된다. 즉 행동하는 당사자가 벌을 받는지 보상을 받는지에 따라 도덕성이 달라지는 것이다. 두 번째 수준인 인습 수준은 행동의 도덕성이 사회적 관계의 결과에 따라 달라진다. 세 번째, 네 번째 수준은 인습 이후 도덕성이라 불린다. 이 단계에 들어선 사람은 정의에 대한 추상적인 개념과 정의로운 사회에 관심이 있다. 콜버그는 모든 아이들이 동일한 단계를 똑같은 순서대로 밟는다고 믿었다. 그런데 많은 연구들이 처음 두 단계는 지지하지만, 세 번째 단계에 대한 과학적인 근거는 처음 두 단계보다 훨씬 약하다. 콜버그는 성인의 도덕적인 근거에도 관심을 가졌다. 연구 결과, 실제로 성인들 또한 도덕 발달 수준이 각기 다른 것을 알 수 있었다.

캐럴 길리건은 콜버그의 도덕 발달 이론을 어떻게 반박했을까?

캐럴 길리건은 콜버그의 이론이 순전히 남성의 관점에서 이루어진 편향된 이론이며 추상적인 사고와 객관적인 법칙의 강조가 감정보다 사고를 선호하는 전형적인 남성의 편견을 반영한다고 주장했다. 또한 그녀는 여성이 남성보다 감정과 대인 관계를 더 강조하는 경향이 있기 때문에 3단계(인습적인 도덕성의 첫 단계)로 나타날 가능성이 더 높다고 주장했다. 그렇다고 해서 여성이 남성보다 도덕성이 떨어진다는 것이 아니라 여성은 남성과 다른 식으로 도덕적 판단을 내린다는 것이다. 결국 여성은 '다른 목소리로' 도덕적 선택을 내린다는 것인데 '다른 목소리로'는 그녀가 1982년에 저술한 책의 제목이기도 하다.

길리건의 비판은 지능에만 초점을 맞춘 콜버그의 이론에 중요한 문제점을 제기했지만 그녀 역시 여성의 도덕적 지성을 지나치게 단순화시켰다는 비판을 받았다. 다른 연구들은 여성이 남성에 비해 3단계로 나타날 가능성이 더 크지 않다고 했다. 일반적으로 여성과 남성 모두 도덕적 결정을 내릴 때 정의와 공감을 고려한다.

비도덕적인 행동을 합리화하기 쉬운 이유는 무엇일까?

금융계의 거물 버나드 매도프Bernard Madoff는 역사상 가장 큰 피라미드 사기 행각을 벌인 인물이다. 매도프는 금융계에서 존중받는 인물이었고 헌신적이고 가정적인 남자였지만 그는 친구, 가족, 동료, 그리고 많은 자선단체들을 상대로 500억 달러를 갈취했다. 그런 행동을 하면서 매도프는 스스로의 행동을 정당화했을까? 알 수는 없지만 그랬을지도 모른다고 생각할 수 있다. 사람들은 도덕적 범죄를 항상 합리화하고 정당화한다. 실제로 인지의 본질 자체가 우리의 도덕률에 명확히 반대되는 행동을 쉽게 정당화할 수 있게 해준다.

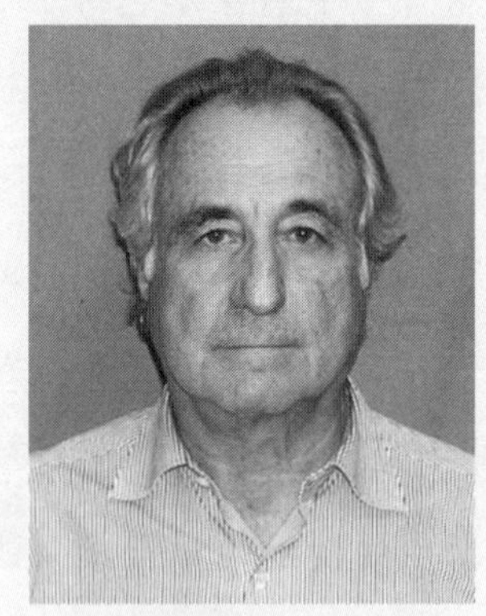

매도프는 고객들로부터 수백만 달러를 갈취한 폰지 사기 행각으로 150년 형을 선고받았다. 매도프처럼 이미 성공을 이룬, 존경받는 인물이 그런 사기 행각을 설명하기 위해 어떤 변명을 댈 수 있을까?

인지는 감정과 절대 동떨어질 수 없다. 감정은 우리가 가진 모든 생각을 편향되게 제시하는데 이 과정은 대부분 무의식적으로 이루어진다. 다시 말해 감정은 우리가 사건을 편향적으로 해석하게 만든다. 우리에게는 감정적으로 중요한 사건을 우리의 감정과 일치하게 해석하는 경향이 있다. 뿐만 아니라 욕망 또한 우리의 생각에 부정적인 영향을 끼친다. 어떤 것이 사실이길 바랄 때 우리는 그것이 사실이라고 스스로를 납득시킨다. 때문에 어떤 식으로든 우리 행동에 관한 외부의 확인을 받을 필요가 있는 것이다. 스스로를 감시하는 일을 제대로 하는 사람이 거의 없기 때문이다.

직장에서의 심리

집단역학은 직장에 어떤 영향을 줄까?

집단역학의 기복에 가장 많이 노출되는 곳이 아마 직장일 것이다. 사내 정치, 리더십 문제, 생산성, 직원 도덕성…… 이 모든 것이 집단 과정을 보여준다. 직장에서의 집단역학을 연구하는 분야를 가리켜 조직심리학Organizational psychology이라고 한다.

조직이란 무엇일까?

조직은 공통된 목적을 위해 조직적인 방식으로 모인 사람들의 집단이다. 이 같은 정의에 따르면, 공통된 목적을 내세워 결성된 모든 집단이 해당되지만(예를 들어 종교 단체, 사회 조직, 공동체 등) 이 책에서는 돈을 받고 일하는 목적으로 모인 집단만을 조직으로 일컫는다.

조직들은 어떻게 다를까?

조직들은 규모와 계급이라는 두 가지 중요한 면에서 다를 수 있다. 다섯 명으로 이루어진 신생 기업처럼 조직은 매우 작을 수도 있고, 3만여 명의 직원을 보유한 다국적 기업처럼 대단히 클 수도 있다. 작은 조직일수록 격식에 얽매이지 않는 경향이 있고 큰 조직일수록 정책과 절차의 표준화에 의존하는 성향을 띤다. 조직은 또한 계급 면에서도 다양할 수 있다. 계급이 없는 조직의 경우 구성원들 사이에 권력의 차이가 없다. 이런 조직으로는 협동조합이나 퀘이커 종교 단체를 들 수 있다. 이렇게 계급이 없는 조직에서는 만장일치를 통해서만 의사 결정을 내린다. 즉, 조직 전체가 동의할 때까지 의사 결정이 이루어지지 않는다.

계층적 조직에서는 의사 결정과 계급이 수직적으로 이루어진다. 부하 직원들은 상사에게 보고하고 상사는 다시 자신의 상사에게 보고한다. 이 사슬은 최고위에 전달될 때까지 계속된다. 계층적 구조가 뚜렷한 조직으로는 미군과 가톨릭교회를 들 수 있다. 대부분의 기업은 이러한 양극 사이 어딘가에 해당된다. 그리고 상업 조직의 대다수는 매우 계층적인 구조를 가지고 있다.

조직심리란?

조직심리는 업무 조직 내에서의 인간의 행동과 관계를 연구하는 분야다. 조직심리학자들은 조직의 구조가 회사의 성과, 생산성, 사기, 직원 간의 관계에 어떤 영향을 주는지를 연구한다. 조직심리학자들은 개인적인 특성과 행동에도 관심이 있지만, 조직의 집단역학이 조직의 성과에 어떤 영향을 주는지 보다 큰 그림에도 관심이 있다. 이런 종류의 정보를 가장 자주 접하는 소비층이 주로 큰 기업이기 때문에 조직심리 연구는 대개 전통적인 기업 내에서 실시되었다. 그러나 조직심리에 대해 밝혀진 사실들은 여러 업무 환경에 적용될 수 있다.

초기 조직 이론으로는 어떤 것이 있을까?

조직심리 이론이 처음 창시된 때는 19세기로 거슬러 올라간다. 대대적인 산업화가 벌어지던 시기에 초기 조직 구조 이론가들은 정교하게 정비된 기계처럼 정밀한 조직 구조를 만들려고 했다. 프레더릭 윈슬로 테일러Frederick Winslow Taylor, 1856~1915는 과학적인 경영이라는 개념을 창시했다. 그는 직장에서 일하는 엔지니어의 효율성에 실증적인 과학적 방법을 적용할 수 있다고 믿었다. 그의 업무는 공장 조립 라인의 개발에 영향을 주었다. 이 분야의 또 다른 선구자는 독일의 유명한 사회학자인 막스 베버Max Weber, 1864~1920다. 테일러가 업무의 구조에 초점을 맞췄다면 베버는 권한 구조에 초점을 맞춰 계층적으로 조직된 관료주의의 정밀성과 통제를 이상화했다. 그의 목적은 근로자의 행동과 회사의 정책을 규칙에 의해 통제되는 완전히 객관적인 체계로 표준화하는 것이었다.

인적 요인은 어떻게 다루었을까?

베버와 테일러의 조직 모델은 모두 직장을 기계처럼 다루었다. 근로자들은 톱니바퀴의 이에 해당됐다. 직장이 돌아가는 데 근로자의 동기와 의욕은 그리 중요하지 않았던 것이다. 실제로 테일러는, 근로자들에게는 일하고자 하는 타고난 동기가 없다고 여기며 그보다는 당근(임금)과 채찍(바람직하지 않은 행동에 대한 부정적인 결과)을 통해야만 근로자들이 동기를 가질 수 있다고 믿었다. 베버 또한 객관적이고 합리적인 관료주의 규칙의 특성이 비합리적이고 감정적인 충동을 해결해준다고 강조했다.

이처럼 극단적으로 비인간적인 모델에 대한 반발이 일어났는데 인간관계론Human relations approach은 사람들이 금전적 보상은 물론이고 감정적 · 사회적 욕구에 의해 자극을 받는다고 주장했다. 인적 요인을 무시하는 것은 사람들을 일하게 만드는 거대한 부분을 놓치는 것이다. 호손 연구Hawthorne studies로 알려진 유명한 실험의 놀라운 결과가 이런 운동을 낳았다. 그러나 근로자들의 감정적 경험에 초점을 맞춰 근로자의 사기를 고취시키는 데 성공하긴 했지만 생산성에는 거의 영향을 주지 않는 것으로 나타났다. 이 이론의 이후 버전인 신인간관계 학파는 관리자들이 업무 성과와 회사 생활의 사회적 · 감정적 측면에 모두 관심을 가져야 한다고 주장했다.

시스템 접근법이란?

시스템 접근법Systems approach은 일반적인 시스템 이론에 관한 루트비히 폰 베르탈란피Ludwig von Bertalanffy의 1967년 연구에서 비롯되었다. 이 접근법은 조직이 기계보다 살아 있는 유기체에 더 가깝다고 인식한다. 시스템은 상호 작용하는 부분들로 이루어진 전체로, 부서, 사업부, 업무 그룹, 팀처럼 상호 작용하는 하위 시스템으로 구성되어 있다. 하위 시스템의 관계가 시스템의 구조를 형성한다. 따라서 시스템 이론은 업무 환경에서 개인과 그룹 간의 관계를 특히 중시한다. 전통적인 조직 이론은 조직 구성원들이 모두 똑같은 목표를 공유해야 한다고 주장하지만 시스템 접근법은 각기 다른 하위 시스템이 전혀 다른 관심사와 의제를 가질 수 있다는 점을 인정한다.

사내 정치는 어떨까?

최고 경영자들은 생산성의 문제에 가장 큰 관심을 보이지만 직원들은 대부분 직장에서 보내는 일상에 더 관심이 많다. 사내 정치는 그런 일상적인 회사 생활 가운데 무시할 수 없는 가장 어려운 부분이다. 1998년에 발표한 보고서를 통해 에릭 안드리센 Erik Andriessen과 피터 드렌트 Pieter Drenth는 다중 관계인 모델 Multiple parties model을 논했다. 관리자-근로자 관계에 관한 마르크스 이론의 영향을 받아 1970년대에 창시된 이 이론은 조직 내에서 벌어지는 권력 다툼을 강조한다.

'호손 효과'란?

1920~1930년대에 시카고의 웨스턴 전기 회사의 호손 공장에서 일련의 실험이 실시되었다. 실험은 프레더릭 윈슬로 테일러의 과학적 경영 이론의 관점에서 진행되었다. 연구원들은 업무 조건을 여러 가지 방식으로 조작하여 생산성을 가장 많이 향상시키는 조건이 무엇인지를 밝히고자 했다. 그들은 실내 온도와 습도, 근무 시간, 근로자들의 수면 시간, 식사 등을 비롯해 다양한 변수를 관찰했다.

이런 식으로 한두 해가 지나자 성과가 크게 향상되었다. 처음에는 그 요인을 실험 요소의 조작 때문으로 여겼다(예컨대 실내 조도의 변화). 그러나 업무 조건을 원래 상태로 되돌렸을 때도 향상된 생산성은 그대로 유지되었다. 연구원들은 마침내 근로자들의 성과 향상 원인이 업무 조건의 변화가 아니라 연구 속에 내재된 인적 요소라는 것을 깨달았다. 연구를 실시하는 동안 연구원들은 계속해서 근로자들과 상담을 했고, 회사 생활의 모든 상세한 사항을 주의 깊게 관찰했다. 그로 인해 근로자들이 스스로를 권한을 가진 소중한 존재로 여기면서 성과가 급격히 향상된 것이었다.

권력이 작용하는 곳은 어디일까?

권력은 무궁무진한 혜택을 제공한다. 그중에서도 특히 자신의 삶을 통제하는 능력이 커지는 장점이 있다. 이런 능력은 삶의 만족도와 높은 상관관계가 있다. 권력은 또한 많은 사람들이 목표로 삼는 사회적 지위를 제공한다. 직장에서 권력에 이르는 길은 몇 가지가 있는데 상과 벌의 분배를 통제하거나(권한), 전문성을 갖추거나, 개인적인 매력을 활용하는 방법 등이다. 권력의 추구는 강력한 동기를 유발하기 때문에 권력이나 권력을 상징하는 것을 손에 넣기 위해 여러 하위 시스템 간에 빈번한 경쟁이 일어나기도 한다.

여러 부서나 사업부가 사무 공간, 예산 통제, 직원 채용은 물론, 고급 사무실 같은 지위의 상징을 놓고 싸우는 모습을 생각해보라. 물론 이러한 경쟁은 직원이나 직원들의 연합처럼 하위 시스템 내의 보다 작은 단위 사이에도 벌어진다. 또 권력을 추구하거나 권력을 유지하기 위해 사람들은 제휴와 연합을 꾀하기도 한다. 연합 네트워크는 사내 정치의 강력한 도구다. 그러나 이런 술책의 대부분은 의식적으로 이루어지지 않는다는 점을 인식하는 것이 중요하다. 의도적인 계산이 이런 행동의 작은 일부로 작용할 수 있다.

얼마나 계층적인 구조로 이루어졌는가에 따라 권력을 갖고 싶다는 동기가 달라질까?

계층적 체계가 강할수록 사람들이 권력을 더 많이 추구한다고 추측할 수 있다. 권력의 차이가 클수록 사람들은 다른 사람들에 비해 자신이 가진 권력이 작다는 사실을 더 많이 인식하게 되고 상대적으로 부족한 권력에 더 많이 불안해하게 된다. 방대한 연구를 통해 알 수 있는 것처럼, 사람들이 자신이 가진 것에 만족하고 안 하고는 자신이 가진 것과 주변 사람들이 가진 것을 비교하는 사회적 비교의 영향을 받는다.

리더십은 얼마나 중요할까?

리더는 분명 중요한 존재다. 많은 문헌을 통해 볼 수 있듯이 리더는 결근, 사기, 이직률, 집단 생산성, 의사 결정, 심지어 회사 수익에도 영향을 준다. 그러나 집단 생산성에 중요한 영향을 미치는 것이 리더의 자질만은 아니다. 때로는 집단이 자율적으로 기능하여 적극적인 리더십이 필요하지 않을 때도 있다. 또 조직 구조와 문화, 조직이 속한 사회의 경제적 상황처럼 외부적 요인이 리더의 영향력보다 더 크게 작용할 수도 있다.

특정한 인격 특성을 가지면 더 나은 리더가 될 수 있을까?

예전에 실시된 연구들은 능력 있는 리더십에 기여하는 성격적 특성을 연구했다. 그러나 밝혀진 것은 아무것도 없었다. 보다 나은 리더가 되는 데 필요한 성격적 특성에 관해 명확한 결론을 내리기에는 상반된 자료가 너무 많았다. 하지만 중요한 점은 리더십 스타일과 업무의 성격이 맞아야 한다는 것이다. 상황에 따라 필요한 리더십이 각기 다르다.

카리스마는 어떤 역할을 할까?

초기 막스 베버 시대부터 반복적으로 등장하는 개념 중에 카리스마적 리더라는 것이 있다. 평상시 관리를 할 때는 대부분 카리스마적인 성격이 필요하지 않지만 근로

나폴레옹이 이집트에서 군대를 이끄는 장면. 어떤 성격을 가져야 좋은 리더가 될 수 있는지 명확한 결론을 내린 연구는 없지만 카리스마적인 리더들은 혼란의 시기에 능력을 발휘할 수 있다.(iStock)

자들이 가치, 목표, 집단 규범의 큰 변화가 필요하다는 점을 인식하고 영감을 받아야 하는 혼란의 시기에는 유용하게 작용한다. 이런 식의 리더십을 일컬어 변혁적 리더십Transformational leadership이라고 한다.

과업 지향형 리더십 스타일과 사회 정서적 리더십 스타일의 차이점은 무엇일까?

과업 지향형 리더는 매출 극대화, 병원에서의 환자 치료, 많은 수의 대표 제품 출시와 같이 집단의 목표를 성취하는 데 가장 효율적인 방법에 초점을 맞춘다.

과업 지향형 리더는 집단의 목표를 명확히 정하고, 근로자 개개인에게 책임 업무를 부여하며 목표를 달성하는 데 장애가 될 만한 사항을 확인한다. 그에 비해 사회 정서적 리더는 구성원들의 전체적인 사기를 고취시키려고 노력한다. 집단 응집력과 사기 진작, 근로자 개개인의 감정과 욕구, 집단 내 관계를 재고하는 것이 이에 해당된다. 연구 결과, 과업 지향형은 효율성을 늘리고 사회 정서에 초점을 맞추면 근로자의 만족도가 올라가는 것으로 나타났다. 그러나 근로자의 만족도가 항상 성과와 관련 있는 것은 아니다. 따라서 대부분의 조직심리학자들은 리더가 업무와 근로자의 사회 정서적 욕구에 모두 관심을 가져야 한다고 주장한다.

직장의 구조는 얼마나 중요할까?

리더가 해야 할 일 가운데 하나는 구조를 만드는 것이다. 구조는 모든 조직의 중대한 부분으로, 제대로 기능하기 위해서는 규칙, 정책, 명확한 역할이 있어야 한다. 그러나 구조와 유연성 간의 적당한 균형을 유지하기란 매우 어렵다. 구조가 부족하면 그룹 목표를 향한 효율적이고 조화로운 노력을 이룰 수가 없다. 또 혼란, 부패, 권력 남용으로 이어질 수 있다. 반대로 구조가 지나치게 강조되면 조직이 경직되어 변화나 지역 조건의 변수에 대처하지 못한다. 때문에 격식을 갖춘 구조의 규정을 벗어난 반체제적인 시스템이 생길 수 있다. 이는 지나치게 경제를 통제하는 국가에서 암거래가 성행하는 것과 유사한 현상이다.

의사 결정권은 얼마나 나누어야 할까?

의사 결정이 부하 직원들에게 배분되거나 최고위층에 집중된 정도는 조직에 따라 다르다. 따라서 중앙 집중식 의사 결정 방식을 취하는 조직부터 의사 결정에 직원들의 참여도가 높은 조직까지 다양하다. 참여적 의사 결정 방식은 의사 결정이 이루어지는 데 부하 직원들이 많이 관여할 수 있다. 연구 결과, 의사 결정에 더 많이 참여할수록 해당 결정에 대한 직원의 만족도가 높지만 그렇다고 해서 반드시 더 나은 성과로 이어지진 않는 것으로 나타났다. 따라서 참여적 의사 결정이 가장 유용한 때와 크게 중요하지 않은 때를 조사하기 위한 연구가 실시되었다.

연구 결과, 근로자들의 교육 수준이 높고 지적이며 상당한 전문성을 가지고 있을 때 참여적 의사 결정이 더 효과적인 것으로 나타났다. 뿐만 아니라 당면한 업무가 매우 복잡하고 의사 결정을 내리는 데 지역 조건에 대한 지식이 중요하게 작용할 때 참여적 의사 결정은 중요한 역할을 한다. 또한 의사 결정이 지대한 영향을 미치는 위기의 시기에 참여적 의사 결정을 하는 것이 유용하다.

리더십 스타일과 다양한 의사 결정 조건 사이의 적합성에 관해 무엇을 알 수 있을까?

1973년에 발표한 논문을 통해 빅터 브룸Victor Vroom과 필립 예튼Philip Yetton은 독재적 의사 결정과 참여적 의사 결정 스타일이 저마다 가장 효율적으로 이루어지는 상황을 살펴보았다. 그들은 모든 상황에 들어맞는 리더십 스타일이 있는 것이 아니라 리더들이 각기 다른 상황에 맞춰나가야 한다고 믿었다. 그들은 의사 결정에 영향을 주는 일곱 가지 특성을 열거했는데 그중에는 의사 결정에 필요한 정보의 양, 의사 결정의 중요성, 결정된 사안에 대한 직원들의 지지 등과 같은 문제들이 포함되었다. 이 일곱 가지 특성을 기반으로 그들은 의사 결정 트리Decision tree를 만들었고, 그 결과 열두 가지 상황이 가능한 것으로 나타났다. 그들은 각각의 상황마다 다섯 가지 의사 결정 스타일(AI, AII, CI, CII, GII) 중에 적절한 것을 선정했다. CII는 열두 가지 상황 중에 아홉 가지에 적절한 것으로 나타났고 CI와 GII는 열두 가지 상황 중에서 일곱 가지에 적절한 것으로 나타났다. 흥미롭게도 가장 독재적인 스타일인 AI와 AII는 각각 세 가지 상황과 다섯 가지 상황에만 적절한 것으로 나타났다. 이 연구는 독재적인 스타일보다 협의적인 스타일이 적절한 상황이 더 많다는 점을 나타낸다.

	리더십 스타일
독재적 I-AI	부하 직원들의 의견을 묻지 않고 리더가 독자적으로 결정
독재적 II-AII	선별한 부하 직원들의 의견을 물은 후 리더가 결정
협의적 I-CI	모든 구성원들의 의견을 물은 후 리더가 결정
협의적 II-CII	그룹에 전체적으로 의견을 물은 후 리더가 결정
그룹 의사 결정 II-GII	리더가 참여한 집단이 다 함께 의사를 결정

직원들에게 동기를 부여하는 것은 무엇일까?

과학적 관리 이론을 펼치면서 프레더릭 윈슬로 테일러는 초기 행동주의자들이 연구한 방식으로 동기에 접근했다. 그는 직원들이 자체적으로 일할 동기를 가지는 것이 아니라 사람들이 임금과 같은 보상을 받거나 해고되는 두려움과 같은 벌을 피하기 위해 일한다고 믿었다. 인간관계론은 직원들의 정서적 · 사회적 욕구를 고려했다. 후대 조직심리학자들은 인간의 동기가 복잡하다는 점을 인식했다.

에이브러햄 매슬로의 욕구 위계에 영향을 받은 많은 이론가들이 직원들의 동기 욕구에 대한 다면적인 이론을 창시했다. 1972년에는 클레이턴 알더퍼[Clayton Alderfer]가 세 부분으로 이루어진 근로자 동기 모델을 창시했다.

그 세 부분이란 존재 욕구(기본적인 물리적 욕구), 관계 욕구(사회관계와 지원), 성장 욕구(매슬로의 자아실현 욕구와 비슷한 잠재력 실현)를 말한다.

워퍼드[Wofford]와 스리니바산[Srinivasan]은 1983년에 근로자 성과가 다음과 같은 네 가지 요소를 반영한다고 주장했다. 능력, 동기, 역할에 대한 인식 그리고 상황의 제약. 관리자의 역할은 각각의 요소들이 관련될 때마다 해결하는 것이다.

허즈버그의 동기 이론은 무엇이었을까?

1959년 프레더릭 허즈버그Frederick Hertzberg, 1923~2000와 동료들은 펜실베이니아의 한 기업에 종사하는 200명의 중간층 엔지니어와 회계원들을 대상으로 실시한 설문 조사 결과를 발표했다. 그들은 피험자들에게 회사 생활의 장단점을 물었다. 피험자들은 잦은 성취 인정 기회, 도전 기회 증가, 승진 기회와 자율성 확대를 장점으로 꼽았다. 단점으로는 회사의 경영 결정과 정책 결정에 관한 문제, 인정, 임금, 상사와의 관계를 들었다.

허즈버그는 설문 조사를 통해 직무 만족 요인은 직무에 내재되어 있는 반면(업무 자체가 가지고 있는 특성), 직무 불만족 요인은 상황에 따른 외부적인 것이라고 결론 내렸다. 그는 이런 결과를 통합해 근로자 동기 유발의 두 요인 이론Two-factor theory을 만들었다. 이는 동기 위생 이론Motivation-Hygiene theory으로도 알려져 있다. 그 후 수년 동안 이 연구는 각기 다른 환경에서 여러 차례 반복적으로 실시되었다.

그러자 사람들이 긍정적인 결과를 내부적 요인(자체적인 요인)으로 꼽고 부정적인 결과를 외적 요인으로 돌린다는 일관된 결과가 나타났다. 다시 말해 우리가 성공한 이유는 우리 스스로 잘했기 때문이고 잘못된 일은 다른 사람들 탓으로 돌린다는 것이다. 허즈버그의 연구 결과는 조직심리에 큰 영향을 미쳤다.

관리자들이 해야 할 일과 하지 말아야 할 일에는 어떤 것이 있을까?

다음은 조직심리, 집단역학, 가족 체계를 다룬 문헌에서 뽑은 조언을 모은 것이다.

관리자들이 해야 할 일

작업 그룹의 경계를 명확하게 정하고 지원한다.

- 하위 체계 영역을 분명히 정한다. 직원들 개개인의 책임 업무를 정하고 직원들의 역할, 책임감, 의사 결정 영역 사이의 경계를 정한다.
- 내집단과 외집단 경계를 유지한다. 자신의 작업 그룹과 외부 시스템 사이에 완충 역할을 한다.
- 그룹 위계질서를 분명히 한다. 누가 어떤 의사 결정을 내리고 누가 누구에게 보고하는지 명확하게 한다.

긍정적인 행동을 인정한다.

- 긍정적인 행동을 보상한다. 말로 하는 칭찬은 효과가 크다. 그러나 시간이 지나면 직원들은 말로만 칭찬하는 것보다 급여 인상이나 성장과 발전 기회 부여와 같이 좀 더 큰 것을 원하게 된다.

직원이 맡은 업무를 직원이 통제할 수 있게 한다.

- 권한은 주지 않고 책임만 부여하는 것만큼 직원을 지치게 만드는 것은 없다.

직원들의 말을 경청한다.

- 정보는 아래로만 전달되어야 하는 것이 아니라 위로도 전해져야 한다. 직원들의 의견을 묻고 문제가 있을 때마다 직원들이 편안하게 자신을 찾아와 의논할 수 있게 하라.

관리자가 해서는 안 될 일

좋아하는 직원을 가린다.

- 개인적으로 좋아하는 직원이 없을 수는 없지만 부하 직원을 대하는 자신의 행동에 영향을 주어서는 안 된다. 상과 벌은 자신이 좋아하고 싫어하는 직원에게 주는 것이 아니라 직원의 행동에 따라 주는 것이다. 집단은 관리자의 행동이 예측 가능하며 공정하다고 여길 수 있어야 한다.

필요할 때 한계를 정하는 일을 피한다.

- 직원이 규칙을 따르지 않을 경우, 관리자는 직원이 적절한 행동을 보일 수 있게 조치를 취해야 한다. 나쁜 사람이 되거나 부하 직원이 자신을 싫어할까 두려워하지 마라. 당신의 행동이 공정하고 적절하다면, 그 순간에는 해당 직원이 불만을 가질지 모르지만 시간이 지나면 모든 직원들로부터 인정받을 것이다. 적절한 한계를 정하지 않으면 작업 그룹 전체가 고통받을 것이고 당신에 대한 신용은 떨어질 것이다.

작업 그룹의 위계 질서를 무시한다.

- 작업 그룹 내의 위계 질서가 형성되어 있는 한 그 질서를 따라야 한다. 감독관의 부하 직원에게 부적절한 권한을 주며 감독관을 무시해서는 안 된다. 누군가를 승진시켜야 한다면 공식적으로 계급을 바꾸어라.

무언가 잘못되었을 때 섣부른 결론을 내린다.

- 문제를 판단하고 문제에 대한 책임 여부를 가릴 수 있도록 상황을 반드시 조사해야 한다. 직원들에 대한 선입견을 가지고 잘못된 상황을 불공평하게 추측해서는 안 된다.

성격에 맞는 직무 유형이 있을까?

성격에 맞는 직무 유형을 살펴보는 연구가 있다. 스트롱-캠벨 흥미 검사Strong-campbell interest inventory는 개인적인 관심사, 성격, 그에 따른 직업을 살펴보는 검사법이다. 직업 상담사들은 이 검사를 비롯해 여러 유사한 검사들을 이용하여 사람들이 진로를 결정하는 데 도움을 준다. 관심사에 따라 사람들은 다음과 같은 여섯 가지 성격 영역으로 구분된다. 현실적, 조사적, 예술적, 사회적, 기업적, 관습적RIASEC. 그다음 피험자의 검사 점수 패턴을 비슷한 검사 점수 패턴을 가진 직업군에 맞춘다. 예를 들어 기계공이나 건설 근로자들은 현실적인 면에서 높은 점수를 나타내고, 생물학자와 사회과학자들은 조사적인 측면에서 높은 점수를 나타내며, 임상심리학자들과 고등학교 교사들은 사회적인 측면에서 높은 점수를 얻는다. 캠벨 흥미 기술 검사Campbell interest and skill Survey와 스트롱 흥미 검사Strong interest inventory 등 이 검사의 신버전도 개발되었다.

마이어-브릭스 성격 검사란?

이사벨 브릭스 마이어스와 그녀의 어머니 캐서린 브릭스가 개발하고 1962년에 처음으로 발표한 마이어-브릭스 성격 유형 지표는 회사에서 널리 이용된다. 카를 융의 성격 유형 이론을 바탕으로 개발된 마이어-브릭스 성격 검사Myers-Briggs personality test는 네 가지 이분 요소(극과 극으로 이루어진 쌍)에 대한 점수를 바탕으로 사람들을 16가지 성격 유형으로 분류한다.

첫 번째 이분 요소인 외향성(E) 대 내향성(I)은 외부적 사회적 세상을 따르는 정도와 내면적 사고와 숙고를 따르는 정도를 측정한다. 두 번째 요소인 감각(S) 대 직관(N)은 사람들이 정보를 모으는 방식을 나타낸다. 즉 구체적인 사실에 초점을 맞추는지, 아니면 정보를 패턴으로 정리하는지를 살펴본다. 세 번째 요소, 생각(T) 대 감정(F)은 사람들이 의사 결정을 내리는 방식과 관계된다. 사람들이 사실과 원칙을 중시하는가, 아니면 대인적인 문제를 더 중시하는가? 마지막 요소인 판단(J) 대 인식(P)은 사람들이 결말을 짓는 방식을 나타낸다. 사람들이 결정을 내리는 것을 선호하는가, 아니면 계속 새로운 정보를 모으면서 결론짓지 않는 상태를 유지하는가?

16가지 성격 유형은 각각의 이니셜로 나타나며 특정한 직업군과 연결된다. 예를 들어 외향성(E)에서 높은 점수를 기록한 사람은 영업직에 맞을 수 있고, 감각(S)에서 높은 점수를 받은 사람들은 기계공에 더 적합할 수 있다. 이 검사가 직관적으로는 들어맞는 것 같지만 과학적인 효용성이 부족하다는 비판을 받기도 했는데 이런 비판에도 불구하고 이 검사는 다방면에서 널리 쓰이고 있다.

직업적으로 성공한 사람들은 어떤 성격적 특성을 가지고 있을까?

사회생활에서 성공하는 정도에 기여하는 요인은 많다. 그런 요인들 중에는 기회, 교육, 경제적 조건, 지연 등과 같은 외적 요소도 있다. 하지만 특정한 성격적 특성도 성공에 기여한다는 근거가 있다. 2001년에 마르셀라 로디카 루카Marcela Rodika Luca가 291명의 루마니아 엔지니어들을 대상으로 실시한 연구에 따르면, 창의성과 자기 관리가 지능보다 성공에 더 많이 기여하는 것으로 나타났다. 뿐만 아니라 지능은 직업적인 성공보다 학업과 더 밀접한 관련이 있는 것으로 밝혀졌다. 물론 이 연구에 이용된 표본은 높은 수준의 지능을 가진 사람들로 구성되었다. 따라서 높은 지적 능력을 요구하는 직무를 수행하는 사람의 경우 특정 수준의 지능이 충족되는 한, 그보다 지능이 뛰어나다고 해서 더 성공할 가능성이 커지는 것은 아니다.

성공 지향을 살펴본 몇몇 연구에 의하면 성공을 원하는 사람들은 성공을 목표로 삼고, 그에 대한 계획을 세우며, 이를 이루기 위해 노력할 의지가 있는 것으로 나타났다. 또 인간관계의 중요성을 강조한 여러 연구 결과를 보면, 좋은 대인 관계 기술이 직장에서 중요하게 작용한다는 것을 알 수 있다. 뿐만 아니라 자신의 상황을 직접 통제할 권한을 가지고 있다는 믿음, 즉 내적 통제감 역시 성공에 기여하는 것으로 나타났다. 사람들이 자신의 삶을 스스로 통제할 수 있다고 믿을수록 목표를 달성하기 위해 적극적인 행동을 보이는 경향이 크다는 연구 결과가 있다. 그에 비해 외적 통제감을 가진 사람들은 소극적인 행동을 보인다.

직원이 해야 할 일과 해서는 안 되는 일에는 어떤 것이 있을까?

다음은 연구 문헌에서 뽑은 직원들을 위한 생존 팁이다.

자신이 체계의 일부라는 점을 명심한다.

- 당신은 홀로 존재하는 것이 아니다. 제품을 제조하든 식사를 공급하든 미용을 하든, 당신은 조직의 관심사를 충족하기 위해 존재하는 거대한 네트워크의 일부다. 다른 사람들의 행동이 자신에게 영향을 미치듯 당신의 행동도 다른 사람들에게 영향을 준다.

당신에게 요구되는 것이 무엇인지 이해하고 최선을 다해 능력을 발휘한다.

- 당연한 말이지만, 많은 직원들이 놀라울 정도로 쉽게 잊는다.

맡은 업무에 문제가 생겼을 땐 상사에게 알려라.

- 안 좋은 인식을 심어줄까 봐 두려운 마음에 자신의 결함을 숨기는 오류를 범하지 마라. 상사라면 대부분 당신이 지원이나 교육을 필요로 하거나 당신의 직무를 방해하는 문제가 있을 경우 당신을 도와줄 것이다. 그러나 나중에 가서 불필요하게 놀라는 일은 아무도 좋아하지 않는다.

다른 관점에서 상황을 보려고 노력하라.

- 그러면 동료나 상사와의 갈등을 줄일 수 있다.

자신의 욕구, 선호 사항, 불만 사항을 조직 구성원의 관점에서 제시하라.

- 직무를 수행하고 생산적인 구성원이 되려면 X, Y, Z가 필요하다고 말하라. 당신이기 때문에, 당신이 특별하기 때문에, 혹은 다른 사람보다 당신이 뛰어나기 때문에 그런 것들이 필요하다는 식으로 표현하지 마라.

갈등은 행동에 입각해서 제기하라.

- "내 이메일에 답변하지 않으면 나는 제시간에 일을 마칠 수가 없어요." 책임을 전가하거나 인신공격하지 말고 사실만 말하라.

갈등이 생겼을 때 당사자들 사이에서 해결하거나 아니면 상사에게 도움을 청하라.

- 다른 동료를 자기편으로 끌어들여 상대방을 비방하지 마라.

사내 정치가 벌어지는 상황에서는 일시적인 잡음과 직무를 구분하라.

- 일하는 데만 전념하려고 노력하면 결국에는 모든 것이 잘될 것이다.

공공 영역에서의 심리

공공 영역에서는 심리가 어떤 역할을 할까?

예전에는 심리학이 개인의 사생활에만 초점을 맞추었으나 시간이 지나면서 범위가 확대되었다. 19세기 빌헬름 분트Wilhelm Wundt, 1832~1920의 인지 연구부터 심리학은 사회심리, 조직심리처럼 집단에 대한 연구로 분야를 넓힌 것이다. 최근에는 심리학이 공공 영역에 대한 심리로까지 발전하여 정치인의 성격, 투표 행동, 투표 유형에 관한 연구를 실시하고 있다.

정치인들은 특정한 성격을 가지고 있을까?

정치인들의 성격적 특성에 관한 실증적인 연구는 별로 없지만 정신분석학자들과 임상의들이 이 문제를 많이 언급했다. 정치인들의 사생활에 대한 언론 보도를 통해 임상의들은 정치인의 심리적 특징을 추측할 수 있는 기회를 가지게 되었다. 언론을 통해 공개된 정보가 심리 치료사가 환자를 치료하면서 수집하는 정보와 많이 유사하기 때문이다. 무엇보다 눈에 띄는 점은 각기 다른 임상의들이 매우 비슷한 결론을 도출했다는 것이다. 임상의들이 밝히는 가장 흔한 특성 가운데 하나가 자기애다. 아마도 정치인들에 대한 가장 많은 언론 보도가 스캔들을 다루기 때문인지도 모른다.

1998년에 실시된 연구에 따르면, 정치인들이 일반 대중보다 자기도취적 특성을 더 많이 가지고 있다고 한다.(iStock)

자기애란?

사실 자기애는 자기의식이 매우 약하고 불안정한 것을 나타낸다. 자기애에 빠진 사람들은 연약한 자존감에 대한 보상으로 자아상에 사로잡히고 수치심이나 모욕에 지나치게 민감한 반응을 보인다. 전형적인 자기도취자는 거창한 자기의식을 가지고 있기 때문에 매우 거만한 데다, 자신이 사람들에게 관심, 지위, 인정을 받아야 한다고 생각한다. 최근에는 낮은 자존감으로 괴로워하면서도 스스로에게 거창한 것을 기대하는 역나르시시즘에 초점을 맞춘 연구가 실시되고 있다. 《진단과 통계 편람 4판*The Diagnostic and Statistical Manual, fourth edition*(DSM-IV이나 DSM-IV-TR)》에는 자애성 성격 장애Narcissistic personality disorder에 해당되는 아홉 가지 기준이 담겨 있다.

자애성 성격 장애를 나타내는 정신 질환 진단 및 통계 편람 기준은 무엇인가?

미국 정신의학협회가 2000년에 발행한 정신 질환 진丹 및 통계 편람DSM IV-TR판은 정신 질환 진단 및 통계 편람 중에 가장 최신 버전이다. 자애성 성격 장애의 DSM-IV-TR 기준에 충족하는 사람은 여러 가지 상황에서 당당함, 관심에 대한 지나친 욕구, 공감 부족을 나타낸다. 다음 아홉 가지 기준 가운데 다섯 가지 이상이 해당되면 자애성 성격 장애가 있는 것이다.

1. 지나치게 거만함.
2. 무조건 성공할 것이라는 환상에 사로잡힘.
3. 자신은 특별한 사람이므로 지위가 높은 사람이나 집단만이 자신을 이해할 수 있다고 생각함.
4. 지나친 존경을 요구함.
5. 당연히 다른 사람들이 자신의 욕구와 욕망에 맞춰주어야 한다고 생각함.
6. 대인 관계를 악용함.
7. 타인에 대한 공감 부족.
8. 다른 사람들을 시기하거나 다른 사람들이 자신을 시기한다고 믿음.

9. 오만불손한 태도나 행동.

자기애적 성격 검사란?

자기애적 성격 검사NPI, Narcissistic Personality Inventory는 DSM 초기 버전에 나오는 기준을 근거로 자애성 성격적 특성을 평가하는 자기 보고 설문지다. 1979년에 래스킨Raskin과 홀Hall이 발표한 이래 NPI는 널리 이용되어왔다. 1984년에 로버트 에먼스Robert Emmons는 총 NPI 점수를 다음과 같은 네 가지 하위 요인으로 나누었다.

리더십/권위, 우월 의식/오만함, 자아도취/자기 예찬, 착취적/특권 의식.

에먼스는 처음 세 가지 하위 요인이 자신감, 외향성, 주도적, 야망과 같은 적응성 성격과 관련되는 데 비해 네 번째 하위 요인은 정신 질환 척도와 관련 있다는 사실을 발견했다. 이 연구는 자애적인 특성이 긍정적인 면과 부정적인 면을 모두 갖추고 있음을 보여준다.

정치인들이 다른 사람들에 비해 NPI 점수가 더 높을까?

정치인들의 자기애적 특성을 실증적으로 연구한 얼마 안 되는 연구 가운데 로버트 힐Robert Hill과 그레고리 유시Gregory Yousey가 대학교수 123명, 정치인 42명(네 주의 입법자), 성직자 99명(개신교 목사와 천주교 신부), 사서 195명을 대상으로 NPI 조사를 실시한 연구가 있다. 1998년에 실시된 이 연구는 총점에서 통계적으로 의미 있는 차이가 있다는 사실을 밝혀냈다. 그중 정치인들의 점수가 나머지 세 집단의 점수보다 높았다. 네 개의 요인에 관해서는 정치인들이 리더십/권위 요인에서 가장 높은 점수를 기록했고, 착취적/특권 의식 요인에 대해서는 성직자들이 가장 낮은 점수를 나타냈다.

즉 정치인들이 다른 집단에 비해 전체적인 면에서 자아도취성이 강한 것으로 나타났는데 이 차이는 리더십/권위 요인의 높은 점수 때문이라는 것을 알 수 있다. 흥미로운 점은 통계적 유의성에 도달하지는 않았지만 정치인들이 우월 의식/오만함 요인과 착취적/특권 의식 요인에서도 가장 높은 점수를 기록했으며 교수들은 자아도취/자기 예찬 요인에서 가장 높은 점수를 기록했다. 그러나 통계적 유의성이 없으므로 이런 차이는 우연히 발생했을 가능성이 있다.

자기애 때문에 정치인이 되는 것일까 아니면 정치인이 되었기 때문에 자기도취자가 되는 것일까?

이는 중요한 문제다. 이 문제를 조사한 연구는 거의 전무하지만 대부분의 임상의들은 성격과 직업이 상호 작용을 한다고 믿고 있다. 성공적인 정치인이 되기 위해서는 필요한 자질을 처음부터 갖추고 있어야 한다. 자신감, 외향성, 야망을 갖추어야 성공적인 정치 캠페인을 펼칠 수 있기 때문이다. 그러나 정치권력을 경험하는 것 또한 대단히 강한 심리적 효과를 낳는다. 권력과 대중의 관심에 도취된 정치인들은 자신이 특별한 대우를 받을 자격이 있고, 자신에게는 불가능한 일이 전혀 없다는 생각을 갖게 된다.

이런 역학은 유명 연예인들에게도 똑같이 작용한다. 관리되고 조작된 대외적 이미지가 요구되기 때문에 정치인들은 사적인 행동을 책임질 필요가 없다고 느끼게 된다고 임상의들은 말한다. 대외적인 인격이 실제 모습과 완전히 다르기 때문이다. 중요한 것은 이미지이지 실제 행동이나 믿음이 아니다. 정신과 의사인 로버트 밀먼Robert Millman은 명성과 권력이 자기애적 성향에 미치는 강력한 영향을 가리키는 '습득한 상황적 자기애Acquired situational narcissism'라는 용어를 창시하기도 했다.

많은 정치인들이 스캔들에 빠지는 이유는 무엇일까?

정치인들은 금전적 사기, 권력 남용, 섹스 스캔들로 곤경에 빠지곤 한다. 정치적으로 영악한 사람들이 그렇듯 무모한 행동을 하는 이유가 무엇인지 궁금하지 않을 수가 없다. 정치인들은 그런 잘못이 드러날 것이라고 생각하지 못하는 것일까? 앞서 살펴본 것처럼 정치인들은 일반 대중보다 자아도취적 기질을 더 많이 가지고 있다. 그런 기질은 선출된 의원이라는 화려한 스포트라이트를 받아 더 강해진다. 권력이 최고조에 달하면 특권 의식과 자신을 이길 자가 없다는 반착각 상태에 빠질 수 있다. 섹스 스캔들에 대해서는 진화론적인 이유가 포함될 수도 있다.

성 선택 이론에 따르면, 수컷은 여러 상대와 관계를 가져야 진화적 우위를 취할 수 있다. 많은 동물 종 가운데 수컷은 여러 암컷을 거느리기 위해 사회적 지배권을 추구한다. 즉 젊고 다양한 상대와 관계를 맺음으로써 우두머리 수컷이 진화적 적응도를 극대화하는 것이다. 인간 세계에서는 그런 행동이 보편적이지 않지만 유례가 없는 것도 아니고 드문 현상도 아니다. 따라서 경쟁적이고 과격한 선거 정치판에서 성공한 사람들의 성격적 특성과, 많은 정치인들이 보여야 하는 충실한 자기 통제라는 대외적인 모습은 본래부터 모순적인 것인지도 모른다.

전 미국 대통령 후보였던 존 에드워즈는 자신의 자아도취적 태도에 관해 무슨 말을 했을까?

2008년 대선이 끝난 후 민주당 대통령 예비선거에서 강력한 대권 후보로 지목되었던 존 에드워즈John Edwards의 혼외정사 사실이 드러났다. ABC 뉴스와의 인터뷰에서 에드워즈는 자신의 행동이 세간의 관심을 받는 캠페인이 벌어지는 동안 급속히 커진 자아도취적 태도 때문이었다고 밝혔다. "2006년에 나는 심각한 판단 오류를 내려 가족과 나의 신념을 저버리는 행동을 했다. 나 스스로 실수임을 인정한 후 아내에게 다른 여성과 관계를 가졌다고 털어놓았다. 그리고 아내의 용서를 빌었다. ……몇 번 캠페인을 벌이던 중에 나는 내가 특별한 사람이라 믿게 되었고, 그로 인해 이기적이고 자아도취적으로 변했다." 그는 캠페인을 하면서 "원하는 것은 무엇이든 할 수 있다고 믿게 되는 자기 본위, 자기도취증에 끌렸다"고 말했다. "나는 천하무적이었다. 따라서 문제 될 게 없었다."

(2008년 8월 8일자 《뉴욕 타임스*New York Times*》와
2009년 6월 19일자 《뉴욕 포스트*New York Post*》에서 인용)

유명 연예인들도 정치인과 마찬가지로 자기도취적일까?

2006년, 마크 영과 드루 핀스키는 200명의 유명 연예인들을 대상으로 NPI 검사를 실시했는데 연예인들은 일반 대중과 MBA 학생들로 구성된 대조군보다 NPI에서 월등히 높은 점수를 기록했다. 또 여성 연예인들이 남성 연예인들보다 훨씬 더 높은 점수를 기록했다. 이는 일반 대중과 정반대되는 현상이었다. 리얼리티 TV 연예인들이 가장 높은 NPI 점수를 기록했고, 그다음은 개그맨, 배우, 음악가 순이었다. 흥미로운 점은 NPI 점수와 연예계에 종사한 햇수와는 아무런 상관관계가 없다는 것이었다. 이는 연예인들이 연예계에 발을 들여놓기 전부터 이미 자아도취적인 성향을 가지고 있기 때문인지도 모른다.

스타 숭배에 관해서는 무엇을 알 수 있을까?

연구원들의 관심을 받은 영역으로 스타 숭배가 있다. 몰입-중독 모델 관점에서 이 현상을 살펴본 몇몇 연구들은 극단적인 형태의 스타 숭배가 중독의 일종인지 모른다고 주장했다. 다른 연구는 경미한 스타 숭배는 흔한 현상이며 정신 질환과는 상관없지만 심한 경우에는 정서 장애와 상관관계가 있을 수 있다는 결과를 발표했다.

존 몰트비[John Maltby], 제임스 하우런[James Houran], 린 매커천[Lynn McCutcheon]은 2003년에 연예인 태도 지수와 개정된 아이젱크 성격 검사[Revised eysenck personality questionnaire]로 알려진 성격 측정 검사를 219명의 학생들과 390명의 지역 주민들에게 실시했다. 그들은 스타 숭배 유형과 성격적 특성 사이에 경미하지만 통계적으로 유의한 관련성을 발견했다. 사회적 · 오락적 목적으로 스타 숭배에 참여하는 사람들에게는 적응적 성격 특성인 외향적 특성이 강하게 나타났다. 스타 숭배에 개인적으로 많은 정성과 시간을 들이는 사람들은 불안하고 우울한 정서 반응을 나타내는 높은 신경증적 성향을 보였다. 그리고 정신 질환의 경계에 해당될 정도로 스타 숭배에 몰입하는 사람들은 정신증적 성향이 높게 나타났다. 아이젱크 검사에서는 정신증적 성향을 정신병보다는 공격성, 사이코패스, 사회적 소외감이라고 여긴다.

섹스 스캔들에 휘말린 미국 정치인으로는 누가 있을까?

섹스 스캔들에 휘말린 정치인들의 수는 놀라울 정도로 많은 데다 소속 정당 또한 다양하다. 게리 하트Gary Hart는 섹스 스캔들이 터졌을 당시 1988년 민주당 대선 예비 후보였다. 민주당 소속 뉴욕 주지사였던 엘리엇 스피처Elliot Spitzer는 2008년에 터진 섹스 스캔들 때문에 주지사를 사임했다. 공화당 존 타워John Tower도 혼외정사 사실이 드러나면서 1989년에 상원의 승인을 얻지 못해 각료 직에 오를 수 없었다. 플로리다 주 공화당 의원인 마크 폴리Mark Foley 역시 2006년에 미성년 의회 수습 기사와 부적절한 신체 접촉을 한 사실이 드러나면서 사임했다.

뉴욕 주지사 엘리엇 스피처는 매춘부가 연관된 스캔들이 터진 후 2008년에 사임했다.

투표 행태

사람들은 왜 투표를 할까?

민주주의에서는 투표율이 절대적으로 필요하다. 때문에 심리학자들은 정치 과학자들과 함께 사람들을 투표하게 만드는 요소를 연구해왔다. 전통적인 합리주의적 관점에서 비용과 혜택을 살펴보면 투표 행위가 그다지 합리적이지 않다고 주장할 수 있을 것이다. 투표를 하려면 시간과 에너지가 드는 데다 투표소까지 가기 위해 하루 휴가를 내야 한다면 돈까지 드는 셈이기 때문이다. 자신이 투표한다고 해서 선거 결과가 달라질 것이라고 여기는 사람은 아무도 없다. 그럼에도 불구하고 사람들은 투표를 한다.

사람들의 선거 정치 참여는 민주주의 체제를 존속시켜주는 중요한 요소다. 심리학자들과 다른 분야의 관련자들은 투표를 하게 만드는 동기가 무엇인지 고민했다. 그리고 여러 요소 가운데 특히 습관, 사회적 압력, 이타주의, 유전자의 역할을 꼽았다.

사람들은 습관적으로 투표하는 것일까?

투표 기록을 살펴본 결과 모든 선거에 주기적으로 투표하는 사람들이 있는 반면, 유권자가 중시하는 이슈가 달린 '이슈 선거'에만 투표하는 사람들이 있는 것으로 나타났다. 웬디 우드Wendy Wood, 존 올드리치John Aldrich, 제이컵 몽고메리Jacob Montgomery에 따르면 주기적인 유권자, 즉 '습관적 유권자'는 여러 선거 주기를 거치는 동안 같은 집에서 살고 있을 가능성이 크다고 한다.

사람들이 투표하는 이유가 사회적 압력 때문일까?

연구원들은 투표 행태에 미치는 사회적 압력도 살펴보았는데, 공개적인 노출에 대한 두려움 때문에 사람들이 투표소로 향하는 것으로 나타났다. 정치 과학자 도널드 그린Donald Green은 2006년 대선 예비 선거 전에 9만 명의 미시간 주민들에게 편지를 보냈다. 나머지 9만 명의 주민들은 아무 편지도 받지 못했다. 그가 보낸 편지는 총 네 종류였다. 한 편지에는 투표하는 것이 시민의 의무라는 단순 내용을 적었고, 두 번째 편지는 수신인들에게 투표 기록(사람들이 투표를 했는지 안 했는지 여부)이 공개된다는 내용을 적어 보냈다. 세 번째 편지에는 그때까지 수신인의 투표 행태에 관한 정보가 포함되었으며, 네 번째 편지에는 수신인의 이웃들의 과거 투표 행태가 적혀 있었다. 또 수신인의 투표율이 그 지역으로 배달되는 또 다른 편지를 통해 전해질 것이라는 말도 적혀 있었다. 그 결과, 네 번째 편지를 받은 사람들의 투표율이 가장 크게 증가했으며(8.1%), 그다음은 세 번째 편지 수신인(4.9%)과 두 번째 편지 수신인(25%) 순이었다. 투표하는 것이 시민의 의무라는 편지를 받은 사람들의 투표율은 1.9퍼센트 증가하는데 그쳤다.

유전자가 투표 행태에 중요한 역할을 할까?

제임스 파울러James Fowler와 로라 베이커Laura Baker는 가족들의 투표 행태에 관한 일련의 연구를 실시했다. 그들은 입양된 아이들의 당파 관계가 입양한 부모 및 형제자매와 유사하다는 사실을 발견했다. 이는 당파 관계가 문화적으로 전달된다는 것을 의미한다. 연구원들이 일란성 쌍둥이와 이란성 쌍둥이로 이루어진 대규모 표본을 대상으로 투표 행태를 비교한 결과, 일란성 쌍둥이가 이란성 쌍둥이에 비해 투표 행태는 더 유사했지만 후보 선택은 유사하지 않다는 점을 발견했다. 연구 결과를 종합해보면 투표율은 유전자와 관련 있지만 당파 관계는 환경과 관련이 있음을 알 수 있다.

투표 행태가 순전히 지적인 행동이 아닌 것은 분명하다. 연구원들은 사회적 압력, 이타주의, 유전자와 같은 다른 요소들이 작용한다는 사실을 발견했다.(iStock)

이타주의는 투표 행태에 어떤 역할을 할까?

이타주의가 투표율에 영향을 미친다고 주장하는 연구원들도 있다. '독재자 게임'이라 불리는 실험은 피험자들에게 돈을 준 다음 피험자의 이름을 모르는 다른 사람과 돈을 나누게 하는 것이다. 2007년의 실험에서 제임스 파울러와 신디 캠Cindy Kam은 돈을 나눈 사람들이 그렇지 않은 사람들보다 투표에 참여할 확률이 더 크다는 사실을 발견했다. 또한 리처드 잰코스키Richard Jankowski는 이타주의적인 주장에 동의한 사람들이 1994년 선거에서 더 많이 투표했다는 사실을 발견했다. 아마 이타주의가 사회적 약속, 특히 사회적 집단과의 교감, 사회적 집단의 행복에 대한 책임감과 관련 있기 때문일 것이다. 또 이타주의에 유전적 요소가 있다고 추측할 수도 있다. 이는 투표율의 유전적 영향을 설명해주기도 한다.

사람들은 어떻게 투표 결정을 내릴까?

후보자들은 후보 선택을 뒷받침하는 심리에 큰 관심을 가지고 있다. 고전적으로 합리적인 전통에 따르면, 사람들은 자신의 관심사나 가치를 가장 잘 대변하는 후보를 결정해 그에게 투표한다고 한다. 그러나 심리학자 드루 웨스턴Drew Western은 사람들이 투표를 할 때 합리적인 분석 이상의 것에 의존한다고 주장했다. 후보자의 자질, 투표 기록, 이슈에 대한 입장을 주의 깊게 분석하는 것은 특히 시사에 어두운 사람들에게는 시간도 많이 들고 어려운 일이다. 따라서 사람들은 후보자에 대한 개인적인 호감도, 후보자와의 공감, 뜨거운 쟁점, 강한 감정 반응을 일으키는 단순한 메시지를 근거로 뽑을 사람을 결정하는 지름길을 택한다. 여기서 주목할 점은 이런 감정적인 정보의 처리가 무의식적으로 이루어진다는 것이다. 다른 선택과 마찬가지로 사람들은 합리적인 분석에 따라 결정을 내린다고 생각하지만 실제로는 감정에 이끌려 결정하는 것이다.

정치인들은 정치 캠페인을 펼칠 때 심리를 어떻게 이용할까?

투표 행태에 감정적인 영향이 미친다는 점을 고려하면, 정치 컨설턴트 업계 전체가 유권자에게 어필할 수 있도록 후보자를 가장 잘 포장하는 방법을 찾으려고 노력한다는 사실이 놀랍지 않을 것이다. 즉, 많은 선거 캠페인이 유권자의 감정적 반응을 자극해 유권자의 결정에 영향을 미칠 수 있게 노력한다는 것이다. 이를 위한 강력한 방법으로는 연합 조건형성이 있다.

정치인들은 특정한 이슈나 후보자에 관해 부정적이거나 긍정적인 연합을 만들려고 노력한다. 그런 연합은 주의 깊은 언어 사용, 꼼꼼하게 디자인된 시각적 이미지, 정서적으로 의미 있는 상징의 의도적인 이용을 통해 형성될 수 있다. 예를 들어 성조기는 거의 모든 전국적인 선거에 이용된다. 또 진부하긴 하지만 정치인들이 아기를 안은 사진을 쉽게 볼 수 있다. 이런 이미지를 통해 후보자와 애국심, 가정에 대한 지원을 연관짓게 만든다.

룬츠는 의견에 영향을 주는 언어의 사용에 대해 무슨 말을 했을까?

정치 컨설턴트 프랭크 룬츠Frank Luntz는 대중의 의견에 영향이 미치는 언어 표현을 전문으로 다루는 사람이다. 그는 언어를 통해 듣는 사람의 관심을 불러일으키고 듣는 사람의 기억 속에 깊은 인상을 심어놓으며, 긍정적이거나 부정적인 정서 반응을 일으킨다. 2007년에 출간한 저서에서 룬츠는 반복, 일관성, 단순하고 평범한 언어, 기억하기 쉬운 표현 그리고 짧은 문장으로 이루어진 미사여구가 가장 효과적이라고 주장했다. 연설의 심리적인 특성도 중요하다. 정치인의 말은 리드미컬하게 흘러서 듣기 좋아야 한다. 메시지가 일관적이어야 하지만 어느 정도 참신한 내용을 담는 것도 듣는 사람의 관심을 끌어모으는 중요한 방법이다. 또 시각적 이미지가 말보다 더 강하게 작용할 수 있다. 룬츠가 실질적인 내용보다 스타일을 중시한다는(그래서 사실상 커뮤니케이션을 조작한다는) 비판을 받기는 했지만 그는 내용도 중요하다고 주장했다. 연사는 반드시 신용이 있어야 한다. 정치인이 믿기 힘든 말을 하면 청중은 더 이상 그 말을 듣지 않는다.

심리가 투표 형식에 영향을 줄까?

인지, 인식, 운동 기능에 역사적으로 관심을 가져온 심리학은 투표 형식의 연구에도 기여할 수 있다. 투표 형식을 고안할 때 고려해야 할 두 가지 문제가 있다. 하나는 투표가 실용적이어야 한다는 것이다. 즉, 사람들이 쉽게 투표할 수 있어야 한다. 이 문제는 특히 인식적 · 인지적 · 신체적 어려움을 가진 고령의 유권자들에게 해당된다.

2005년에 실시한 연구에서 티파니 재스트르젬브스키Tiffany Jastrzembski와 닐 차네스Neil Charness는 고령의 유권자들에게 전자 투표 기계를 선보였는데 이 투표 기계는 두 가지 다른 점을 가지고 있었다. 조작 방식이 터치스크린이나 키패드였고 선거전이 한 번에 하나씩 나타나는 유형과 한꺼번에 나타나는 유형이 있었다. 이를 통해 네 가지 투표 형식이 만들어졌다. 고령의 유권자들은 터치스크린을 조작하고 선거전이 한 번에 하나씩 제시될 때 가장 투표를 잘한 것으로 나타났다. 또한 특정 후보에게 유리하게 투표 형식을 고안해서도 안 된다.

1998년에 조앤 밀러Joan Miller와 존 크로스닉John Krosnick이 실시한 연구에 따르면, 1992년도 오하이오 주 선거에서 치른 118개의 선거전 가운데 48퍼센트가 이름순에 영향을 받은 것으로 나타났다. 평균적으로 투표용지 맨 위에 나오는 후보가 아래쪽에 있는 후보보다 2.5퍼센트 더 많이 득표하는 것으로 나타났다. 2.5퍼센트라는 수치는 크게 느껴지지 않을 수도 있지만 선거에서 이기기에는 충분한 수치다.

제 8 장

이상심리학: 정신 건강과 정신 질환

정의와 분류

정신 질환은 어떻게 정의될까?

정신 질환은 지구 상에 존재하는 모든 문화에 존재할 것이다. 고대 그리스·로마 시대에 쓰였던 문헌에서도 정신 질환을 정의하는 내용을 찾아볼 수 있다. 직접 정신 질환을 앓았거나 지인 중에 정신 질환을 앓았던 사람들은 그로 인한 극심한 고통과 기능 장애가 어느 정도인지 알 수 있을 것이다. 그렇긴 해도 정신 질환을 정확하게 정의하기는 쉽지 않다. 정신 질환 진단 및 통계 편람DSM의 최신 버전에 따르면, 정신 질환은 괴로움이나 기능 장애를 유발하는 심리 패턴이며, 환자가 속한 문화의 표준을 넘어서는 것이라고 정의되어 있다.

도마뱀 인간은 어떤 사람이었을까?

음모론에 의하면, 유명 정치인과 세계적 리더들이 이 외계에서 온 일루미나티라고 불리는 도마뱀 인간이라고 한다.(iStock)

망상은 일반적으로 정신 장애의 한 증상으로 진단된다. 망상은 망상을 하는 사람이 속한 문화에서 비정상적으로 여기는, 고정되고 그릇된 믿음으로 정의할 수 있다. 그러나 망상과, 특정 하위문화에서 용인되는 믿음을 구별하는 것이 말처럼 쉽지만은 않다. 이것은 매우 기이한 믿음인 경우에도 마찬가지다.

예를 들어 데이비드 아이크 David Icke는 세상이 일루미나티 Illuminati(초기 음모론에서 비롯된 용어-옮긴이)라고 불리는 음모 집단에 의해 돌아간다는 생각을 매우 성공적으로 퍼뜨렸다. 일루미나티란 다른 행성에서 지구로 온 도마뱀 인간이라는 외계 인종의 후예로 형태를 바꿀 수 있고 인간의 형상을 할 수도 있다. 그는 조지 W. 부시, 힐러리 클린턴, 고故 다이애나 왕세자비 등 오늘날 주요 정치 · 경제 인사들이 사실 도마뱀 인간이라고 주장했다. 도마뱀 인간에는 그레이 Grays, 크링클리 Crinklies, 톨 블론즈 Tall Blonds, 톨 로봇 Toll Robots, 아누나키 Annunaki라는 분파가 있는데 조지 W. 부시는 아누나키에 속한다고 한다.

이런 믿음이 망상일까? 대부분의 사람들은 이런 생각이 문화적으로 비정상적이고 그릇된 것이라고 생각한다. 그러나 데이비드 아이크를 추종하는 사람들이 많이 있고 그의 저서도 꽤 팔렸다. 따라서 특정한 하위문화에서는 이런 믿음이 정상으로 보일 수도 있다. 이 같은 상황이 정신 질환 증상인지 아닌지 구분하는 일이 얼마나 어려운지를 보여준다.

이상행동과 정신 질환은 어떤 관계를 가지고 있을까?

이 문제는 쉽게 답하기가 어렵다. 정신 질환이 괴로움이나 기능 장애를 유발하지만 행동의 병적인 측면을 판단할 때는 문화적 표준도 일정 부분 고려해야 하기 때문이다. 따라서 정신 질환이라는 개념은 정상에 대한 개념과도 관련이 있다. 이는 모든 이상행동이 병적인 것인지 모든 정상적인 행동이 정신적으로 건강한 것인지 의문을 갖게 한다. 왜냐하면 사람들은 병적이지 않은 이상행동을 보일 수 있기 때문이다. 독창적인 행동이나 관습적이지 않은 행동을 정신 질환으로 진단할 수는 없다. 또한 정상적인 행동이라고 해서 모두 건강한 행동이라 할 수도 없다. 마약 복용, 폭력, 섭식 장애는 특정한 사회적 집단 내에서는 흔한 행동일 수 있으나 이런 행동들은 모두 괴로움이나 기능 장애를 유발한다. 따라서 매우 극단적인 형태의 정신 질환은 진단하기 쉽지만(극심한 정신병이나 심한 우울증 등) 정신 건강과 정신 질환 사이의 경계가 명확하지 않은 상황도 많다.

정신 질환을 분류하는 이유는 무엇일까?

모든 진단 체계는 분류에 의존한다. 그렇다면 분류는 어떤 기능을 할까? 정신 질환에 관한 표준화된 분류가 없다고 상상해보자. 임상적인 관찰 내용을 설명할 공통된 표현이 없다면 임상의, 연구원, 공공 정책을 만드는 사람들이 협동할 수 없다. 질병의 유행, 병인학(원인), 결과, 진행 상태를 연구할 수도 없을 것이다. 과학적인 자료를 근거로 하지 않으면 치료법을 체계적으로 개발하고 시험할 수도 없다. 그러면 치료법은 완성되지 못한 채 임시방편으로만 쓰일 것이고 결국 과학적 사실이 아닌 개인적인 의견을 근거로 만들어질 것이다.

정신 질환은 어떻게 분류될 수 있을까?

정신 질환이나 정신 장애는 증상, 원인, 병의 경과에 따라 분류된다. 질병의 경과란 시간이 지나면서 질병이 진행되는 모습을 나타낸다. DSM-IV-TR은 정신 질환을 16개의 범주로 나누고 있는데 각 범주마다 여러 가지 진단이 포함된다. 이런 범주의 예로 섭식 장애, 정신이상, 충동 조절 장애, 기분 장애, 불안 장애 그리고 일반적인 질병으로 인한 정신 장애를 들 수 있다.

DSM-V란?

DSM은 정신 질환 진단 및 통계 편람을 일컫는다. DSM-IV는 1994년에 출간된 DSM의 네 번째 판이다. DSM-IV 개정판(DSM-IV-TR)은 2000년에 출간되었다. 이 개정판에는 진단에 관한 내용이 거의 변한 게 없지만 지침서의 문헌 검토가 업데이트되어 있다. DSM 시스템은 정신 질환을 진단하는 표준화된 방법을 제시한다. DSM은 세계보건기구WHO, World Health Organization가 출간한 《국제질병분류법*ICD, International Classification of Diseases*》에 맞춰 개발되었다. 정신 질환 진단은 다섯 가지 축으로 나뉘는데 그중 첫 번째 축은axis I은 정신분열증이나 심각한 우울증과 같은 특정한 임상적 장애를 가리킨다. 두 번째 축axis II은 성격 장애와 정신지체처럼 사람의 심리적인 기능 전체에 영향을 주는 만성적인 상태를 나타낸다. 세 번째 축은 사람의 심리 상태에 영향을 줄 수 있는 일반적인 의학적 상태에 적용되고, 네 번째 축은 심리 사회와 환경적 스트레스, 다섯 번째 축은 1에서 100까지 이루어진 일반적인 수준의 적응 기능(전체 기능 평가, GAF 점수)을 나타낸다.

DSM 시스템은 어떤 역사를 가지고 있을까?

흥미롭게도 공식적인 정신 질환 분류 시스템이 처음으로 개발된 이유는 미국의 인구조사를 돕기 위해서였다. 미국의 인구를 정확히 측정하고자 했던 통계국은 정신병원에 입원한 환자들까지 조사 대상에 포함시키려 했다. 1840년에는 통계국에 의해 분류된 정신 질환의 범주가 하나밖에 없었다. 그러나 1880년이 되자 그 범주는 조증, 우울증, 편집증, 진행성 마비, 치매, 알코올 중독, 간질 등 일곱 개로 늘어났다.

공식 정신과의사협회가 정신 질환의 진단을 더 이상 정부에 맡기지 않고 자체적인 분류 시스템을 고안하기로 결정한 것은 1917년이었다. 후에 미국정신의학회APA,

American Psychiatric Association가 되는 이 협회는 미국정신위생위원회와 협력하여 정신 질환에 대한 명명법(표시 체계)을 개발했다. 이 시스템은 주로 정신병원에 입원해 있는 중증 환자들에게만 적용되었다. 제2차 세계대전 이후 정신적으로 전쟁 후유증을 앓는 참전 용사들이 생기면서 일반 지역에 사는 외래 환자들까지 포함시킬 수 있게 진단 체계가 확대되었다. DSM 초판은 1952년, DSM-III는 1980년에 출간되었으며 DSM-III-R은 1987년, DSM-IV는 1994년에 출간되었다. DSM-V의 출간은 2013년으로 예정되어 있다.

정신과 분류는 시대에 따라 변할까?

사람의 심리와 문화는 매우 복잡하고 다양해서 정신 질환을 진단하는 완벽한 시스템을 만드는 것은 대단히 어렵다. DSM 초판은 그 당시 우세하던 심리학 이론에 큰 영향을 받았고 실증적인 연구와는 별 관련이 없었다. 따라서 일부 진단은 논란거리가 되었고 지금에 와서는 문화적 편견이 담긴 것으로 판단되는 것도 있다. 예를 들어 동성애는 1974년까지 정신 장애로 기록되었다. DSM의 최신 버전들은 실증적인 연구를 더 많이 활용하긴 했으나 진단 분류에 충분한 과학적 타당성이 부족하다는 비평도 있다. 그러나 어떤 분류 체계라도 결점이 없을 수는 없기 때문에 아무리 최신 DSM 버전이라도 언젠가는 시대에 뒤처져 새로운 버전을 필요로 할 수밖에 없을 것이다.

분류 체계의 단점은 무엇일까?

분류 체계가 아무리 복잡하고 정교하다 해도 치료법에 대한 지침서밖에 될 수 없다는 점을 인식하는 것이 중요하다. 진단은 원형에 불과하다. 다시 말해 이상적인 지침밖에 되지 않는다. 따라서 분류에 완벽하게 들어맞는 사람은 드물다. 실제로 어떤 진단 범주에도 맞지 않는 환자들이 많다. 또한 분류 체계가 증상의 패턴에 적용된다는 점을 기억하는 것이 중요하다. 따라서 환자를 전체적으로 설명해주지도 않고 설명해 줄 수도 없다. 이런 이유로 DSM-IV-TR은 '정신분열증 환자'로 지칭하지 않고 '정신분열증을 가진 사람'이라고 지칭한다.

DSM-V에는 어떤 내용이 변경될까?

DSM-V는 2013년에 출간될 예정이다. 그러나 미국정신의학협회가 의견을 구하기 위해 2010년 초에 이미 개정될 내용을 제시했다. 구체적 진단에 대한 기준과 분류에 대한 변화와 더불어 일반적인 변경 사항도 제시되었다. 우선 다섯 축의 진단 시스템 가운데 세 개의 축이 하나의 축으로 합친다. DSM-IB에서는 축1이 임상적 장애를 나타냈고, 축2가 성격 장애와 정신지체를 나타냈으며, 축3은 의학적 상태와 관련 있는 의학적 장애를 나타냈다. DSM-V에는 이 모든 것이 한 범주로 분류될 예정이다. DSM-V는 또한 이전 DSM 판들보다 심각성의 평가를 더 많이 강조한다. 다시 말해서 임상의는 특정 장애를 가진 환자와 갖지 않은 환자로 단순하게 구분하는 것이 아니라 우울함, 불안감 등과 같은 다양한 임상적 특성의 심각성에 따라 환자를 평가해야 한다. DSM-V의 진단 범주는 이전 판과 마찬가지지만 차원적 평가에 대한 내용이 추가될 예정이다. DSM-V 체계가 아직 확실히 정해지지 않았으므로 이 책에선 DSM-IV와 DSM-IV-TR의 진단 체계에만 초점을 맞출 것이다.

문화는 정신 질환에 어떤 역할을 할까?

DSM 진단의 대부분이 여러 문화에서 공통적으로 나타나지만 각기 다른 문화에 살고 있는 사람들이 심리적인 괴로움을 표현하는 방법은 다양하다. 여러 문화에서 우울증은 슬픔에 대한 자각보다 신체적인 질병에 대한 집착과 더 관련이 있다. 마찬가지로 정신분열성 망상과 환각은 문화적인 특성에 큰 영향을 받는다. 스스로를 메시아로 착각하는 사람들이 예루살렘에 많은 반면, CIA의 감시를 받는다고 착각하는 사람들은 미국에 더 많다. 독특한 방식으로 정서적 괴로움을 표현하는 문화도 있다. DSM-IV-TR에는 특정 문화에서만 찾아볼 수 있는 증후군을 가리키는 문화 증후군을 별도로 다루고 있다. 중요한 점은 그런 증상들이 해당 문화에서는 질병이나 장애 행동으로 인식된다는 것이다. 그런 증후군을 보이는 사람들은 대부분 강한 부정적인 감정에 휩싸인다. 라틴아메리카의 아타케 데 네르비오스, 중국을 비롯한 동남아시아의 코로 그리고 미국 원주민들 사이에 발생하는 유령병 등이 이에 해당된다.

증후군으로는 어떤 것들이 있을까?

DSM-IV-TR에는 특정 문화에서만 찾아볼 수 있는 뚜렷한 정서, 행동 장애, 즉 문화 증후군을 별도로 다루고 있다.

- 아타케 데 네르비오스Ataque de nervios: 라틴아메리카, 특히 카리브해에 사는 사람들이 흔히 보이는 증상이다. 아타케는 괴로운 사건을 겪은 후 갖게 되는 극심한 감정적 괴로움을 표출하는 방법을 뜻한다. 관련 증상으로는 걷잡을 수 없이 소리를 질러대거나 우는 행동, 가수 상태, 폭력적인 언어나 신체적인 행동, 떨림, 기절 등이 있다. 아타케를 정신병 발작으로 오진할 수 있으나 아타케는 정신병이라기보다 신체적 증상을 통해 감정적인 괴로움을 표현하는 공황 발작이나 전환 장애에 더 가깝다.

- 부페 델리랑트Bouffee delirante: 서아프리카와 아이티에서 발견되는 증상으로, 상황을 혼동하고 방향 감각을 상실하며 환영이 보이거나 환청이 들리는 등 갑작스럽게 불안하고 흥분한 상태를 보인다. 이것은 DSM-IV의 단기 정신병적 장애와 매우 유사하다.

- 코로Koro, 음경 소실 공포증: 중국, 태국, 인도를 비롯한 동남아시아에서 발견되는 기이한 증상이다. 코로라는 단어는 본래 말레이시아어로 알려져 있지만 이 증상을 나타내는 용어는 지역에 따라 다르다. 예를 들어 중국에서는 숙양縮陽, 수오양鎖陽 등으로 불리고 인도에서는 진지니아 베마JinJinia bemar로 불린다. 이 증후군에 걸린 사람은 성기(여성의 경우 가슴)가 움츠러들고 죽을 수도 있다는 극심한 불안감에 시달린다. 음경을 도둑맞을지도 모른다는 유사한 두려움이 아프리카 일부에서 발견되기도 했다. 미국에선 이런 증상을 기이한 망상으로 여기지만 코로는 전환 장애로 진단하는 것이 좀 더 정확하다.

주요 정신 질환

정신분열증이란?

정신분열증은 정신 질환 가운데 가장 심각한 질환이다. 유사한 증상을 나타내는 임상 자료 중에는 성문 역사 초기에 기록된 것도 있지만 '정신분열증'이라는 용어와 현재 통용되는 정신분열증에 관한 정의는 비교적 최근에 만들어졌다. 조울증과, 후에 정신분열증이라고 불리는 조발성 치매를 최초로 구분한 사람은 독일의 정신과 의사인 에밀 크레펠린Emil Kraepelin, 1856~1926이다. '분열된 마음'이라는 그리스어를 따 '정신분열증'이라는 용어를 만든 사람은 스위스의 정신과 의사인 오이겐 블로일러Eugen Bleuler, 1857~1939다. DSM-IV에 의하면, 정신분열증은 다음 증상 가운데 두 가지 이상이 나타날 경우를 뜻한다. 망상, 환각, 와해된 언어, 와해되거나 긴장한 행동, 음성 증상Negative symptom. 이런 증상들이 적어도 한 달 이상 계속되어 상당한 사회적 · 직업적 장애와 스스로를 돌볼 수 없는 상태가 되어야 정신분열증이라 할 수 있다. 증상에 따라서는 6개월 이상 지속되어야 정신분열증으로 보는데, 약물에 의한 정신병이나 의학적 상태와 같은 또 다른 상태가 원인이 되어서는 안 된다.

정신분열증 증상은 어떻게 정의될까?

정신분열증에 대한 DSM-IV의 진단에는 여러 가지 정신병 증상에 대한 설명이 들어 있다. 정신병은 현실 검증력, 즉 비슷한 상황에 있는 다른 사람들이 보는 현실을 인정하는 능력이 상당히 결여된 것을 뜻하며 수많은 유형이 있다.

- 망상은 문화 속에 비정상적으로 간주되는 고정되고 그릇된 믿음을 뜻한다.
- 기괴한Bizarre 망상은 화성에 있는 영국 여왕이 자기 머릿속에 박힌 칩에 메시지를 보낸다고 믿는 것처럼 물리적으로 불가능한 망상을 뜻한다. 비기괴

한Non-bizarre 망상은 연예인이 자신을 사랑한다거나 FBI가 자신을 도청하고 있다는 믿음처럼 물리적으로 가능한 망상을 뜻한다.

- 환각은 실제로 있지 않은 것을 인지하는 것을 뜻한다. 환각은 청각적·시각적·후각적·촉각적 환각이 있다. 그중에서 가장 흔한 것이 청각적 환각, 즉 환청으로 한 사람 이상의 목소리가 들리는 증상이다.
- 와해된 언어와 행동은 일반적으로 일관적이고 논리적인 생각의 흐름이 깨지는 사고의 와해를 뜻한다.

여태까지 설명한 이 증상들은 양성 증상Positive symptom 또는 역기능적 특성을 가리킨다. 반면 음성 증상은 건강한 특성의 부재, 구체적으로 말해서 감정이 둔하거나 없는 증상, 동기, 주도력, 에너지, 인지 활동이 무뎌지는 증상을 뜻한다.

사고 장애란?

사고 장애Thought disorder란 중증 정신병 가운데 가장 치명적인 장애로 환자를 무력하게 만든다. 이는 사고가 정리되는 방법을 가리킨다. 사고 장애는 사람이 생각하는 것, 즉 사고 과정의 내용이 아니라 생각을 종합하는 방식과 관련이 있다. 환자가 논리적이고 체계적으로 생각을 정리하는가? 아니면 서로 관련 없는 생각들이 뒤죽박죽 섞여 이해하기 어려운가?

사고 장애에는 여러 종류가 있다.

- 관념화의 부족은 적절한 사고 내용의 부족을 뜻한다. 거의 아무 생각 없는 상태를 가리킨다.
- 이와는 반대로 사고의 과잉 생산은 마음속에서 여러 가지 생각들이 마구 쏟아져 나오는 것을 뜻한다.

다음 용어들은 생각의 조직화를 나타내는 것으로, 경미한 정도에서 어느 정도 정상

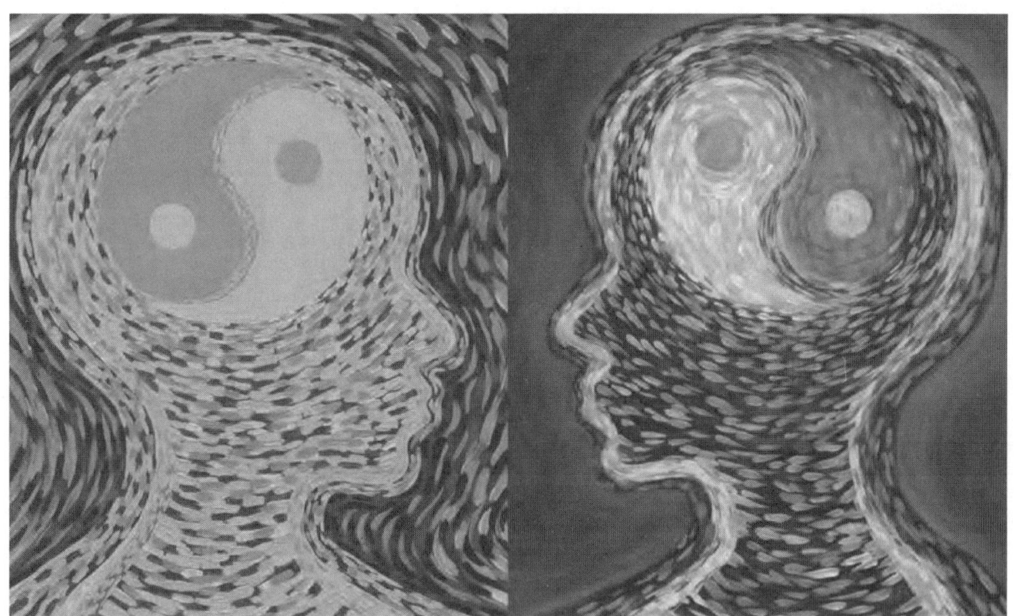

정신분열증이 해리성 정체감 장애라고 알려진 다중 인격을 의미한다고 생각하는 사람들도 있다. 그러나 정신분열증은 망상, 환각, 와해된 행동과 같은 정신병적 증상을 나타낸다.

적인 상태 그리고 전혀 이해할 수 없는 상태 등 심각한 정도를 나타낸다.

- 지엽적인 사고는 사람이 한 주제를 말하다가 주제를 이리저리 바꾸긴 하지만 여전히 내용을 이해할 수 있는 상태를 말한다.
- 우원적 사고Circumstantial thought는 변죽을 울리다가 요점을 말하는 것을 뜻한다. 우원적 환자에게 질문을 하면 환자는 이것저것 한참 말하다가 결국에는 답을 말한다.
- 빗나가는 사고Tangential thought는 좀 더 심각한 상태다. 노력하면 이 증상을 보이는 환자가 하는 말을 이해할 수 있지만 집중하지 않을 땐 여러 가지 생각 사이의 연관성을 파악하기가 어렵다.
- 사상의 비약은 빗나가는 사고와 비슷하지만 생각의 과잉 생산이 매우 활발하게 일어난다.
- 연상의 해이Looseness of association를 보이는 사람의 말은 이해할 수 없다. 생

각의 일부분을 이해할 순 있지만 이런 증상을 보이는 사람은 서로 관계가 없는 생각들의 흐름 속에 빠진다.

- 단어 샐러드Word salad는 단어들 사이에 아무 관련이 없는 횡설수설을 뜻한다.

사고 장애는 여러 정신 질환의 증상에 해당되지만 심각한 사고 장애는 정신분열증의 가장 두드러진 특성이라 할 수 있다.

이중인격은 정신분열증과 같은 것일까?

대중이 이해하는 정신의학 용어가 실제 의미와는 다른 경우가 많다. 예를 들어 '이중인격'이라는 용어는 정신분열증과 자주 혼동된다. 이중인격은 정확히 말해 해리성 정체감 장애DID, Dissociative identity disorder를 뜻하는 것으로 예전에는 다중 인격 장애라고 불렀다. 정신분열증이 정신병 증상을 가리키는 진단인 데 비해 DID는 해리성 장애라는 범주로 분류된다. DID는 일반적으로 어린 시절 지속적인 성적 학대나 신체적 학대를 경험하는 것처럼 극심한 충격에 대처하기 위한 수단으로 생기는 증상이다. 사람들은 충격으로 인한 감당할 수 없는 감정을 관리하기 위해 의식적인 경험을 여러 개의 정체성으로 나눈다. 이를테면 귀여운 소녀, 책임감 있는 젊은이, 반항적인 청소년이라는 인격을 갖는 경우가 있다. 그러나 여러 가지 인격을 가졌다는 점을 제외하면 DID를 가진 사람들은 정신이상자가 아니다. 그에 비해 정신분열증에 걸린 사람들은 하나의 인격을 가지고 있지만 끊임없는 정신이상 증세로 고통받는다.

정신분열증은 완치될 수 있을까?

현재로서는 완치가 불가능하다. 정신분열증은 평생 지속되는 병이다. 그러나 치료할 수는 있다. 정신 질환 약물의 눈부신 발전으로 망상, 환각, 와해된 행동과 같은 양성 증성을 상당히 줄일 수 있다. 안타깝게도 음성 증상을 치료할 수 있는 수단은 그리

많지 않다. 그러나 정신분열증의 심각성은 개인마다 다르기 때문에 치료법에 더 잘 반응하는 사람도 있고 그렇지 않은 사람도 있다. 정신분열증을 앓는 많은 사람들이 일반 사회에 살면서 사회적인 관계를 누리고, 심지어 자원봉사나 파트타임으로 일하기도 한다. 그러나 정신병 증상을 조절하고 가능한 한 정상적인 생활을 하기 위해 끊임없이 정신병 치료 약물을 복용해야 한다.

정신병은 모두 정신분열증일까?

정신분열증 기준에 부합하지 않아도 정신병을 앓을 수는 있다. 특정 의학적 질환과 약물로 인해 정신병 증상을 보이는 경우도 있다. 사실 마약 중독자가 정신병 증상을 보일 때는 그것이 정신 질환에 의한 것인지 마약 복용으로 인한 것인지 구분하기가 쉽지 않다. 주요 우울 장애Major depressive disorder나 양극성 장애Bipolar disorder와 같은 기분 장애를 가진 사람들, 심각한 스트레스를 받는 사람들 또한 정신이상 증세를 보일 때가 있다. 단기 정신병적 장애는 짧고 일시적인 정신이상 증세를 보이는 것으로 대개는 약물을 복용하지 않아도 정상으로 돌아온다.

양극성 장애란?

전에는 양극성 장애를 가리켜 조울병이라고 불렀다. 양극성 장애는 기분 장애로 분류되며 최소한 한 차례의 조증 삽화와 한 차례 이상의 우울증 삽화를 보이는 상태를 나타낸다. 조증 삽화란 적어도 일주일 동안 명랑하거나 극도의 행복감을 느끼거나 짜증을 내는 상태를 말한다. 조증 삽화를 보이는 사람은 평소보다 훨씬 활기를 느끼면서 많은 활동과 계획을 하고 충동적인 성향을 보인다.

좀 더 구체적으로 설명하면, 다음 증상 가운데 세 가지 이상이 나타나야 한다(짜증을 내는 증상만 보일 경우에는 네 가지 이상이 나타나야 한다). 과장된 자존감이나 당당함, 수면 시간 감소, 말수가 많아지거나 계속 말해야 한다는 압박을 느낌, 사상의 비약, 산만함, 목표 중심적인 행동의 증가, 위험하고 즐거운 행동의 증가. 조증 삽화를 보이는 사람들의 경우 무모하고 지나친 소비 행동, 성행위 또는 마약 복용과 같은 행동을 자주 보인다. 게다가 조증 삽화가 발생하는 동안 정신이상 증상도 보일 수 있는데 그런 증상들은 고조되고 확대된 기분과 일치하는 경향이 있다. 예를 들어 조증 삽화를 보이는 사람이 국무부를 운영하기 위해 워싱턴에 간다는 과장된 망상을 할 수 있다. 양극성 장애를 가진 사람들은 정신분열증을 가진 사람들에 비해 증상이 전혀 나타나지 않는 시기가 길기 때문에 정상적인 생활을 할 수 있다. 그러나 평소에 아무 증상을 보이지 않는 사람들도 정신 건강을 유지하기 위해 약물을 복용해야 한다.

사고 장애의 예로는 어떤 것들이 있을까?

다음 남성의 글은 사상의 비약 증세를 보여준다.

- 코트 TV는 나의 이야기를 보도하지 않음으로써 시청자들에게 부패 경찰관이 근무 중 순직한 진정한 영웅의 가족보다 더 중요하다는 사실을 보여준다. 코트 TV는 용감한 두 명의 경찰관이 70번 구역에서 나온 것처럼 코트 TV가 닭 대가리만큼이나 나의 이야기를 중시했다면 경찰관들이 자유 시간에 자원하여 나의 아버지를 체포할 증거를 확보할 수 있었을 것이라는 사실을 안다. 그러면 기부가 이루어졌을 것이고 새로운 트렌드가 시작되었을 것이다…….
- 나쁜 경찰에게는 코트 TV라는 친구가 있다. 좋은 경찰은 닭 대가리만큼의 가치도 없다…….
- 맥도널드 직원들은 대부분 총을 소지하지 않는 열심히 공부하는 학생들이다. 그들은 웬디스 햄버거 직원처럼 괴롭히는 사람보다 괴롭힘을 당할 가능성이 훨씬 더 높다. 반면 부패한 경찰들은 총을 소지하고 다니며, 코트 TV 기자들은 옛날 기자들과 같은 근성이 없을 것이라고 생각한다. 내가 피켓을 들고 뉴욕을 돌아다닌 개월 수를 생각하면 좋은 변호사와 의사들이 다가와 나를 도와주었을 것이라고 생각할지도 모른다. 집 없고 학대받는 사람들과 경찰관, 소방관 과부와 아동 기금을 도와주는 정직하고 좋은 변호사와 의사가 있을 것이라고 생각할지도 모른다.

우울증이란?

조증과 달리 우울증은 많은 사람들이 살아가면서 한번쯤 경험하는 증상이다. 따라서 우울증이라는 용어는 매우 광범위한 경험을 아우른다. 일시적으로 슬픈 기분이 드는 상태는 가장 경미한 정도에 해당된다. 누군가를 잃었거나 속상한 사건이 일어난 후 한동안 슬픔을 느끼는 것 또한 정상적인 경험에 속한다. 그러나 슬픈 기분을 지속적으로 느낀다면 우울증으로 볼 수 있다.

힘겨운 경험을 겪고 나서 우울한 기분을 느끼는 것은 매우 흔한 일이지만 심각한 우울증은 경미하고 일시적인 우울증과는 확연히 다르다. DSM-IV는 가장 심각한 형태의 우울증을 주요 우울증 삽화Major depressive episode로 지칭한다.

다음 증상 가운데 다섯 가지 이상이 2주 동안 나타나면서 그전 상태와 차이가 있는 경우 주요 우울증 삽화에 해당된다고 할 수 있다.

증상으로는 지속적으로 우울한 기분, 활동력 감소, 체중의 급격한 증가 또는 감소(다이어트가 원인이 아닌 경우), 수면의 증가나 감소(불면증 또는 과면증), 끊임없이 움직이거나 움직임이 느려지는 증상(심리 운동적 흥분이나 지체), 활력 감퇴, 무가치감과 죄책감, 죽음이나 자살에 대한 생각이 있다. 이런 삽화가 한 번 이상 일어날 경우 주요 우울 장애가 있다고 진단된다. 이 경우 이런 삽화가 생기는 이유가 양극성 장애나 약물 복용에 의한 우울증과 같은 또 다른 정신 질환으로 발생하지 않은 경우를 가리킨다.

정신 질환과 창의성 사이에는 어떤 관계가 있을까?

창의적인 사람들이 정신 질환을 앓는 경우가 많다는 사실이 자주 언급되어왔다. 특히 작가들 사이에서 이런 주장이 들어맞는다는 연구 결과가 있다. 기분 장애는 우울증과 양극성 장애를 앓는 작가들 사이에서 가장 흔히 나타나는 정신 장애다. 따라서 이런 예술가들의 자살률이 특히 높다. 작가 어니스트 헤밍웨이Ernest Hemingway와 버지니아 울프Virginia Woolf는 자살을 했고, 시인 앤 섹스톤Anne Sexton과 실비어 플래스Sylvia Plath도 스스로 목숨을 끊었다. 창의성과 기분 장애가 어떤 이유로 연관되는지는 분명하지 않다. 연구원들은 기분 장애의 강렬한 정서가 창의적인 사람들의 민감함을 고조시킬지 모른다고 추측할 뿐이다. 또 양극성 장애를 가진 사람들이 경조 상태에 있을 때는 대단히 생산적이고 창의적이다. 경조증은 조증의 경미한 형태로, 기능 장애를 가져오지는 않을 정도로 기분이 좋아지고 에너지와 자신감이 고조되는 상태를 말한다.

빈센트 반 고흐를 괴롭혔던 정신병은 무엇이었을까?

네덜란드 출신의 빈센트 반 고흐Vincent van Gogh, 1853~1890는 가장 위대한 19세기 화가로 꼽힌다. 생전에는 그다지 알려지지 않았던 그의 작품이 지금은 수백만 달러를 호가한다. 정신병을 앓고 있던 반 고흐는 여러 차례 자살을 시도했다. 그리고 1890년, 37세의 나이로 자살하고 만다. 여러 보고서에 따르면, 정신병이 발작하지 않을 때에는 고흐가 차분하고 협조적이며 그림에 몰두했다고 한다.

19세기 화가 빈센트 반 고흐가 정신 질환을 앓았다는 사실은 잘 알려져 있다. 그러나 정확히 어떤 질환을 앓았는지는 아직도 논란거리로 남아 있다.

그동안 많은 사람들이 그를 죽음으로 몰고 간 정신병의 특성에 관한 이론을 제기했다. 실제 환자가 없는 상태에서 진단을 내리는 것은 불가능하지만, 반 고흐는 남동생 테오에게 보내는 귀중한 편지 다발을 남겼다. 이 편지들을 읽어보면 그가 우울증과 더불어 정신병 증상을 보였다는 것을 알 수 있다.

그러나 정신과 의사인 디트리히 블루머Dietrich Blumer는 2007년에 발표한 논문에서 반 고흐가 흥분하고 활력을 느끼며 지나친 종교적 열성을 보였던 일도 편지로 남겼다고 언급했다. 이런 증상이 조증 삽화를 나타낼 수도 있지만 블루머는 반 고흐가 측두엽 간질을 앓았고 그 당시 유행하던 독한 알코올 음료인 압생트 섭취로 간질 증상이 악화되었다는 결론을 내렸다. 반 고흐가 간질과 양극성 장애를 모두 앓았을 가능성도 있다. 안타깝게도 그의 여동생 또한 정신 질환을 앓아(정신분열증일 가능성이 있다) 결국 정신병원에 수용되었다.

강박 장애란?

강박 장애OCD는 불안 장애로 분류된다. OCD는 일반적으로 불안감을 고조시키는 반복적이고 무분별하며 거슬리는 강박관념과, 강박관념에 의해 야기된 불안감을 줄이기 위한 반복적이고 무분별한 강박 행동이라는 특성을 가지고 있다. 흔한 강박관념으로는 위험한 일에 처하거나 감염되거나 타인에게 상처를 입히거나 윤리적으로 용납될 수 없는 행동을 저지를까 봐 우려하는 비현실적이고 지나친 두려움이 있다. 흔한 강박 행동으로는 반복적으로 닦고, 확인하고, 줄을 맞추고, 정리하고, 저장해놓는 행동들이 있다.

이런 증상들이 지나치게 자주 일어날 경우 정상적인 생활이 불가능할 수도 있지만, OCD를 앓는 사람들은 자신의 행동이 병적이라는 것을 어느 정도 인식한다. 따라서 OCD는 자신의 믿음이 진실이라고 확신하는 망상과는 다르다. OCD가 경미한 사람의 경우, 이를테면 매일 저녁 컴퓨터를 끄는 것과 같은 행동을 할 때, 정상적으로 필요한 시간보다 15분 정도 더 걸릴 수 있다. OCD가 심각한 경우에는 샤워를 할 때 신체의 각 부분을 여러 차례 의례적으로 씻어 아홉 시간이 걸릴 수도 있다.

자폐증이란?

자폐증은 어린 시절에 발병하는 질환으로, 전반적 발달 장애Pervasive developmental disorders의 범주에 포함되며, 사회적 교류, 의사소통, 관심 범위에 속하는 결핍이나 이상행동에 따라 구분된다. 자폐아들은 눈 맞춤과 일반적인 사회 교류를 피한다. 또 정상적인 또래 관계를 이루지 못하고 장난감을 나누거나 함께 어울려 놀려는 태도를 보이지 않는다. 의사소통 기술도 비정상적이어서 언어 발달이 늦고 인칭대명사를 적절히 사용하지 못하며 틀에 박히고 반복적인 언어를 사용한다("너희 엄마가 온다! 너희 엄마가 온다!"). 자폐아들은 또한 관심사가 제한되어 있어 특정한 물체나 주제에 강박적으로 집착한다. 예를 들어 자폐증을 앓는 사람이 기차에 관한 강박적인 관심을 가지면 기차 스케줄을 모조리 외운다. 뿐만 아니라 고집스럽게 일정을 지키며 일정이 어긋나면 무척 괴로워한다. 이런 증상 가운데 일부는 꽤 연구되었지만 아직 DSM 체계가 확보하지 못한 또 다른 특성들도 많이 있다.

자폐증을 앓는 사람들은 마음 이론Theory of mind이 부족한 경우가 많다. 마음 이론이란 다른 사람의 주관적인 경험을 이해하는 능력으로, 공감하기 위해 반드시 필요한 첫 단계다. 마음 이론이 결여되어 있기 때문에 자폐증을 앓는 사람들은 사회적 교류를 이해하는 데 어려움을 겪으며 사회 상황에서 큰 스트레스를 받는다.

아스퍼거 증후군은 자폐와 어떻게 다를까?

최근 몇 년 동안 아스퍼거 증후군Asperger's syndrome에 대한 관심이 증가했다. 아스퍼거 증후군이 경미한 자폐증의 한 형태인지 아니면 별개의 장애인지는 명확하지 않다. 자폐증과 마찬가지로 아스퍼거 증후군도 사회 교류가 결여되어 있고 어린 시절부터 관심사가 제한되어 있다는 특징을 보인다. 그러나 언어 발달이 지체되지 않기 때문에 아스퍼거 증후군을 가진 아이들의 언어 능력은 자폐아보다 뛰어나다. 뿐만 아니라 아스퍼거 증후군을 앓는 사람들에게는 일반적으로 인지 지체 증상을 찾아볼 수 없지만 자폐증을 앓는 사람들에게는 정신지체 증상이 흔하게 나타난다. 비교적 가벼운 정도의 아스퍼거 증후군을 앓는 사람들은 합리적인 분석, 사실적인 정보, 물체 조작(이를테면 컴퓨터 프로그래밍, 엔지니어링, 수학 등과 같은) 분야에서 큰 성공을 거둘 수 있지만 사회적 상황과 타협하는 데에는 여전히 어려움을 겪을 수 있다.

정신 질환의 원인은 무엇일까?

정신 질환에는 여러 가지 복잡한 원인이 있으므로 한 가지 원인만 꼽기는 어렵다. 정신 질환의 원인이 되는 많은 요인들이 알려져 있는데 이 요인들을 일컬어 위험 인자라고 부른다. 여러 정신 질환이 유전적 요소를 가지고 있으며 세로토닌, 도파민 같은 신경 전달 물질의 생산과 관련된 특정 유전자는 몇 가지 형태의 정신 질환과 연관이 있다. 또 어린 시절 환경이 중요한 역할을 한다. 안정적인 환경은 정신 질환으로부터 보호해주지만 혼란스럽고 등한시하며 충격적인 환경은 정신 질환에 걸릴 위험성을 높인다. 또한 어린 시절과 성인기에 겪는 높은 스트레스가 정신 질환의 원인이 되기도 한다.

외상 후 스트레스 장애Post-traumatic stress disorder, 급성 스트레스 장애와 같은 특정한 장애들은 스트레스를 많이 받는 사건들과 관련되어 있다. 뿐만 아니라 물리적인 환경도 정신 건강과 정신 질환에 영향을 미친다. 환경 독소, 마약 복용, 심지어 태아 때 산모가 마약을 복용한 경우도 모두 정신 질환 발달의 원인이 될 수 있다.

그렇다면 정신 건강은 타고나는 것일까 아니면 환경의 영향을 받는 것일까?

정신 건강 분야에 관한 유전 대 환경의 논쟁은 극과 극을 달려왔다. 20세기 중반에는 환경적인 원인이 지나치게 강조되었다. '정신분열증 유발 엄마', '냉장고 엄마'와 같은 표현들이 정신분열증이나 자폐증과 같은 장애에 대한 불필요한 책임을 어머니에게 떠넘겼다. 1980년대부터 이런 논란은 다시 생물학적이고 유전적인 접근으로 바뀌어 환경의 영향을 무시하는 경우까지 발생했다. 그러나 21세기에 접어들면서 유전 대 환경의 논쟁에 대한 통합적인 접근법이 발달하기 시작했다. 지금은 모든 심리 과정이 유전자와 환경의 상호 작용 때문이라는 점이 널리 이해되고 있다. 우리가 환경과 상호 작용하는 방식에 영향을 줌으로써 유전자는 환경에 영향을 끼치고, 이는 다시 세상이 우리에게 반응하는 방식을 좌우하게 만든다. 조사 결과, 그 반대도 마찬가지인 것으로 나타났다. 환경 또한 유전자에 영향을 준다. 이를테면 엄마와 접촉하는 정도처럼 환경 조건에 따라 특정 유전자가 켜지거나 꺼진다.

실리콘밸리에 자폐증을 앓는 사람들이 많은 이유는 무엇일까?

2001년 잡지 《와이어드*Wired*》에 실린 스티브 실버맨Steve Silberman의 기사에 따르면, 미국 전역에서 자폐증 진단을 받는 사람들이 현저히 증가했다고 한다. 의술의 발달로 정확한 진단을 받는 사람들이 늘어난 것인지 환경 독소로 인해 실제로 자폐증 환자가 증가한 것인지는 명확하지 않다. 미국 데이비스 캘리포니아 대학교 신경발달장애연구소M. I. N. D. Institute가 2002년에 캘리포니아 입법부에 제출한 보고서에 따르면, 1987년부터 1998년 사이에 캘리포니아에서 자폐증 진단을 받은 사람의 수가 273퍼센트 증가한 것으로 나타났다. 보고서는 그 원인이 의학의 발달 때문이 아닌 것으로 보고 있다. 실버맨은 여러 IT 집중 지역과 실리콘밸리에서 자폐증과 아스퍼거 증후군 진단 건수가 평균보다 더 많이 늘었다고 보도했다.

심리학자 사이먼 배런코언Simon Baron-Cohen이 처음으로 주장한 연합 짝짓기Associative mating라는 개념이 이런 현상을 설명해줄지 모른다. 아스퍼거 증후군이나 자폐증 특성(자폐증 스펙트럼 특성이라고도 한다)을 보이는 사람들은 전산에 필수적인 논리적이고 분석적인 사고에 뛰어난 재능을 가지고 있다. 또 자폐증 스펙트럼 장애는 물리학, 수학, 엔지니어링 학생이나 전문가의 친척들 사이에서 많이 발견되기도 했다. 따라서 1980년대에 일어난 테크놀로지 업계의 확장으로 그전보다 자폐증 스펙트럼 특성을 가진 사람들이 더 많이 모이게 되었다. 비슷한 유전자를 가진 남성과 여성이 이런 식으로 만나 결혼을 하고 아이를 가지면서 자신의 유전자를 다음 세대에 물려주어 자폐증 스펙트럼 유전자가 더 한 곳으로 집중되는 것이다.

1980년대부터 캘리포니아 실리콘밸리에서 자폐증 진단 건수가 급격히 증가했다는 보고가 있다.

한 가지 유전자가 정신 질환을 일으킬 수 있을까?

현재까지 밝혀진 바에 의하면, 주요 정신 질환은 단일 유전자 장애가 아니다. 헌팅턴병Huntington's disease과 같은 의학, 신경 장애와 달리 정신 장애는 한 가지 유전자 때문에 발생하는 것이 아니다. 정신 장애와 관련된 많은 유전자가 있지만(예를 들어 뉴류린-1Neureulin-1, 카테콜오메틸트란스페라제Catechol-O-methyltransferase, 디스빈딘Dysbindin 유전자가 정신분열증과 관련된 것으로 밝혀졌다) 이것들은 원인이라기보다 유전 인자라 할 수 있다. 이런 유전자를 가진 사람들이 모두 정신 장애를 갖는 것이 아니고 정신 장애를 가진 사람들이 모두 이런 유전자를 가진 것도 아니기 때문이다. 따라서 유전학자들은 대부분의 정신 장애가 특정 유전자 시리즈 전체와 관련이 있을 것이라고 추측하고 있지만 현재까지는 일부만 밝혀진 상태다.

이런 취약한 유전자들 가운데 하나라도 보유하고 있으면 장애를 일으킬 위험이 증가하지만 그럴 확률은 그리 크지 않다. 하지만 취약한 유전자가 많으면 많을수록 정신 장애를 일으킬 위험성은 더 커진다.

정신 질환 중에 다른 것보다 더 유전적인 영향을 많이 받는 것이 있을까?

정신 질환에 따라 유전이나 환경의 중요성이 각기 다르게 작용한다. 정신분열증, 양극성 장애, 자폐증, 강박 장애와 같은 심각한 정신 질환은 유전적 요인이 강하고 환경은 지원적인 역할을 하는 것으로 나타났다. 외상 후 스트레스 장애, 해리 장애, 다양한 성격 장애들은 환경적 요인이 큰 반면 유전은 부차적인 역할을 한다.

유명한 사람 중에 정신 질환을 앓았던 사람은 누구일까?

역사적으로 많은 유명인들이 정신 질환이나 장애를 앓았다. 전 미국 대통령인 에이브러햄 링컨은 주요 우울 장애를 앓았다.(iStock)

다음 여덟 명의 유명인들은 모두 큰 성공을 거뒀으나 정신 질환을 앓았던 사람들이다. 정신 질환을 앓는 사람들을 치료하는 여러 조직들이 정신 질환에 대한 오명을 줄이기 위한 차원에서 유사한 목록을 수집하는데, 정신 질환 환자들을 지지하는 단체인 전미정신질환자협회NAMI, National Alliance on Mental Illness는 웹사이트를 통해 아래와 같은 목록을 공개했다. 이런 진단들 가운데 일부는 당사자가 죽은 뒤에 내려진 것이라 논란의 대상이 되기도 했다.

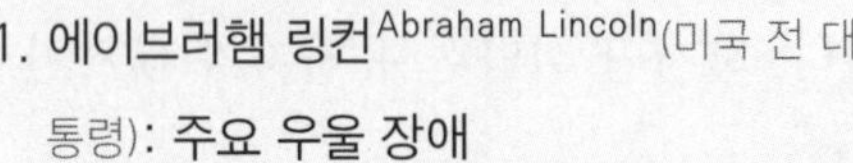

1. 에이브러햄 링컨Abraham Lincoln(미국 전 대통령): 주요 우울 장애

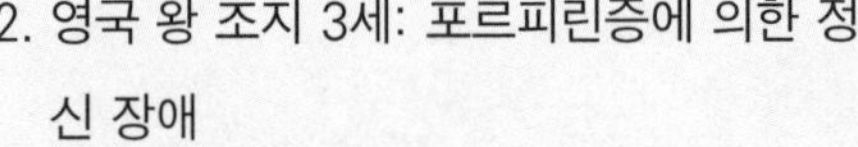

2. 영국 왕 조지 3세: 포르피린증에 의한 정신 장애

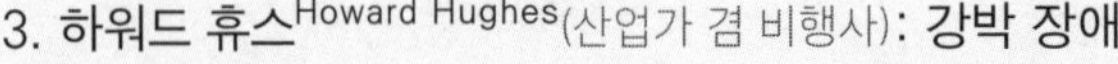

3. 하워드 휴스Howard Hughes(산업가 겸 비행사): 강박 장애
4. 윌리엄 스타이런William Styron(작가): 주요 우울 장애
5. 비비언 리Vivian Leigh(배우): 양극성 장애
6. 빈센트 반 고흐(화가): 전두엽 간질
7. 존 내시John Nash(수학자 겸 경제학자): 정신분열증
8. 윈스턴 처칠Winston Churchill(전 영국 수상): 주요 우울 장애

성격 장애

축1 장애와 성격 장애는 어떻게 다를까?

앞부분에서 살펴보았던 증후군들을 가리켜 축1 장애라고 한다. 그것은 생각, 감정, 행동 기능의 장애가 발생하는 특정한 패턴을 뜻한다. 모든 정신병이 축1 진단에 해당되는 것은 아니다. 때로는 문제가 특정 행동 패턴에 국한되지 않고 광범위한 경우도 있다. 이때 문제는 환자의 성격 전체와 관련이 있다. 심리학자들과 다른 정신 건강 전문가들은 성격에 깊이 배어든 문제가 정신병으로 나타날 수 있다는 데 동의하지만 성격 장애를 이해하는 방법에 대해서는 의견이 분분하다. 사실 성격 자체에 대한 정의가 완전하게 결정된 것은 아니다.

성격은 어떻게 정의할까?

성격을 연구하는 방법은 여러 가지가 있지만 사람의 인지, 감동, 행동 반응을 포함하여 환경을 인식하고 환경과 상호 작용하는 안정적인 패턴을 일반적으로 사람의 성격이라고 정의할 수 있다. 성격에는 다른 사람들과 관계를 맺는 전형적인 방식은 물론 자아 인식도 포함된다. 성격은 대부분 청소년기 후반이나 성인 초기에 형성되며 보수적이어서 바뀌기 어렵다. 그렇다고 해서 성격이 완전히 정형화된다는 뜻은 아니다. 성격은 성인기 내내 변할 수 있다.

성격 병리는 어떻게 정의할까?

일반적으로 성격 병리는 괴로움이나 기능 장애를 유발하며 당사자가 속한 문화 표준을 넘어서는 지속적인 성격 패턴으로 정의할 수 있다. 성격 병리에 관한 문헌은 전체적으로 범주별, 차원별, 스키마별 접근 방식 등 세 가지로 나눌 수 있다. 범주별 접근 방식은 다양한 성격 병리가 DSM과 같이 특정한 범주로 나뉠 수 있다고 주장한다. 차원별 접근 방식은 사람마다 다양한 성격적 특성의 강도가 다르며, 이런 특성들의 점수 분포가 각기 다르다고 주장한다. 가장 잘 알려진 차원별 접근 방식은 폴 코스타Paul Costa와 로버트 매크레이Robert McCrae가 주장한 5대 성격 특성이다.

정신분석 이론과 인지 심리 치료Cognitive psychotherapy에서 비롯된 스키마별 접근 방식은 좀 더 복잡하다. 이 접근 방식에 따르면, 성격은 자기 자신과 자신이 관계를 맺는 다른 사람들에 대한 기대치에 의해 형성된다고 한다. 이런 기대치, 즉 스키마는 대부분 무의식적으로 작용하며 어떤 상황에 처했을 때 우리의 생각, 감정, 행동을 이끌어 준다.

성격 병리의 원인은 무엇일까?

성격 병리가 발생하는 원인은 환경적 요인과 유전적 요인이 있다. 스키마 접근 방식은 부모, 주요 인물과의 초기 관계가 지속적인 성격 특성을 정한다고 주장하면서 환경적 원인을 제기한다. 정신과 의사인 로버트 클로닝어Robert Cloninger는 성격, 즉 인성이 기질temperament과 성격character으로 이루어진다고 주장했다. 기질이란 유전자에 의해 결정되는 생물학적 기반의 성격 특성을 뜻한다. 성격은 환경에 의해 가장 많은 영향을 받는 인성의 일부를 뜻한다. 이런 식으로 그는 유전적 · 환경적 요인을 통합해 인성을 설명했다.

스키마 접근 방식이란?

이 책에서 말하는 스키마 접근 방식은 관련 상황 속의 인지, 감정, 행동 반응을 이끌어주는, 자신과 다른 사람에 대한 기대치에서 성격이 비롯된다고 보는 이론을 가리킨다. 이론에 따라 이런 기대치는 스키마, 표상 또는 내적 작동 모델이라고 불리기도 한다. 스키마는 어린 시절 경험에서 비롯된 것으로, 성인기에 들어서면 전혀 바뀌지 않는 것은 아니지만 웬만해선 바뀌기 어렵다. 예를 들어 아이의 엄마가 다정하고, 아이의 마음을 이해해주고, 감정적으로 안정되어 있다면 아이는 세상을 안전하고, 자애로운 곳이라고 깨달을 것이다. 그러면 아이는 만나는 사람마다 열린 마음으로 친근하게 대하는 법을 배울 것이고, 그 결과 유사한 긍정적인 반응을 이끌어낼 것이다. 반면 아이를 거부하고 상처를 주는 무관심한 환경에서 아이가 자랐다면 아이는 세상을 의심스럽고 비관적으로 볼 것이다. 그런 부정적인 세계관이 아이의 행동을 이끌어 다른 사람들로부터 부정적이고 거부적인 반응을 이끌어내고, 이는 다시 아이의 비관적인 스키마를 확인시켜주게 된다.

이런 일반적인 성격 병리 모델은 방대한 연구를 통해 실증적으로 뒷받침되면서, 많은 유형의 심리 치료 발달에 이용되었다. 그러나 성격 병리 모델 자체를 통해 진단을 내리는 것은 불가능해서 진단 체계에는 큰 영향을 주지 못했다. 또한 성격 병리 모델은 학습된 부분만 설명하기 때문에 타고난 면은 다루지 않는 단점이 있다.

스키마 접근 방식은 어떤 역사를 가지고 있을까?

일반적인 스키마에 대한 개념은 정신분석 이론에서 비롯되었다. 정신분석학 초기와 19세기 후반, 20세기 초반에는 대부분 충동과 방어, 성적 본능과 공격 본능 그리고 이런 본능들을 억제할 필요성에만 초점을 맞췄다. 시간이 흐르면서 오토 랭크Otto Rank, 멜라니 클라인Melanie Klein, D. W. 위니콧D. W. Winnicott, 해리 스택 설리번Harry Stack Sullivan, W. R. D. 페어반W. R. D. Fairbarn과 같은 정신분석학자들이 초점을 확대해 주변 세상에 관여하는 환자들의 특징적인 방식까지 포함시켰다.

이들 선구적인 정신분석학자들은 모두 성인 환자의 성격 특성이 어린 시절 부모와 어느 정도 관계가 있다고 주장했다. 이후 대상관계라는 명칭으로 더 잘 알려지게 된 이 접근 방식은 특정한 세계관이 환자의 마음에 새겨지기 때문에 아주 어린 시절의 관계가 성인의 성격에 영향을 준다고 추정했다.

기질이란?

심리학 역사 내내 지속된 논란 중 하나가 성격은 타고난 것인가 학습된 것인가 하는 점이다. 어린 시절 관계가 성인의 성격에 영향을 준다는 사실을 뒷받침하는 근거가 꽤 많지만 수줍음, 외향성, 감성 추구, 충동 제어와 같은 성격 특성이 유전적으로 결정된다는 근거도 있다. 1990년대 초반에는 로버트 클로닝어가 기질과 성격을 합쳐 인성을 이룬다고 주장했다. 그는 정보 처리 방식에 영향을 주는, 유전적으로 타고난 특성을 기질이라고 정의했다.

그가 주장하는 기질의 세 가지 구체적인 특성으로는 위험 회피, 새로움 추구, 사회적 민감성이 있다. 이후 그는 목표를 향해 인내하려는 경향을 보여주는 끈기를 추가했다.

위험을 회피하려는 성향인 위험 회피와 위험이 수반되더라도 자극을 찾는 성향인 새로움 추구는 모두 문헌을 통해 지지를 받았으며 유전적인 요인을 가지고 있는 것으로 여기고 있다. 위험 회피는 신경 전달 물질인 세로토닌에 의해 조절되고, 새로움 추구는 도파민과 노르에피네프린과 연관이 있다.

클로닝어가 말하는 성격이란 무엇일까?

클로닝어가 말하는 성격이란 앞서 설명한 스키마 접근과 매우 유사하다. 그는 성격이 환경과 상호 작용하는 학습된 패턴과 관련된 것으로서 대부분 어린 시절 형성된 세계관을 나타낸다고 믿었다.

클로닝어가 주장한 세 가지 성격 특성으로는 **자발성**(주도성, 책임감, 개인적인 힘), **협동심**(유용함, 친사회적 태도) 그리고 **자기 초월**(영적으로 향하는 마음, 자기도취를 벗어나는 능력)이 있다. 그의 기질 성격 척도Temperament and character inventory는 네 가지 기질과 세 가지 성격 차원을 측정하는 일곱 단위로 된 자기 보고 설문지다.

유전적인 성격 특성에는 어떤 것이 있을까?

클로닝어의 구분에 따르면, 인성적 특성 가운데 일부는 학습되고 일부는 타고난다고 한다. 이런 구분은 어떤 인성적 특성이 어느 범주에 드는가의 문제로 이어진다. 유전 연구는 많은 유전자들이 행동 활성이나 억제 암호를 지정한다고 주장한다. 다시 말해 인성에 영향을 주는 유전자 가운데 다수가 감성 추구, 충동적, 외향적 특성의 암호를 지정하거나, 근심하고 위험을 회피하며 내성적인 특성의 암호를 지정한다는 것이다. 알코올 중독, 경계선 성격 장애, 반사회적 성격 장애Antisocial personality disorder, 주의력 결핍 장애와 같은 정신 장애들은 행동 활성화 유전자와 연관이 있고 우울증, 불안감, 내성적인 특성이나 장애는 행동 억제 유전자와 관련이 있다.

학습되는 인성적 특성에는 어떤 것이 있을까?

행동 활성화나 억제와 관련된 인성적 특성은 유전적 영향을 강하게 받고 신뢰, 도덕성, 공감, 사교적인 능력과 관계된 특성들은 환경의 영향을 강하게 받는다.

켄들러의 연구는 인성의 유전자에 관해 무엇을 알려줄까?

정신과 의사인 케네스 켄들러Kenneth Kendler와 그의 동료들은 다양한 인성적 특성과 정신 증상의 유전 가능성을 살펴보기 위해 일련의 쌍둥이 연구를 실시했다. 쌍둥이 연구는 유전자가 100퍼센트 일치하는 일란성 쌍둥이와 50퍼센트의 유전자만 일치하는 이란성 쌍둥이를 비교하는 연구다. 이란성 쌍둥이보다 일란성 쌍둥이가 똑같은 진단을 받는 경우가 더 많다면 그 장애는 유전적인 요소를 가지고 있다고 보는 것이다. 2794명의 노르웨이 쌍둥이들로 구성된 표본에 대한 매우 복잡한 통계 분석을 통하여 켄들러와 동료들은 열 가지 DSM-IV 인성 장애 진단 가운데 약 25퍼센트가 유전적 원인으로

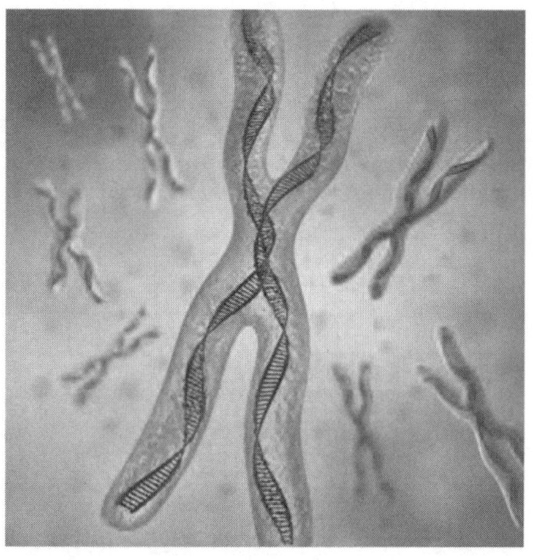
유전자가 성격적 특성의 원인이 되기도 하지만 환경 또한 중요하다.(iStock)

발생하고 약 75퍼센트가 환경과 같은 비유전적 원인에 의해 발생한다는 결론을 내렸다. 또한 연구원들은 한 가지 이상의 장애가 발병할 위험성에 영향을 주는 공통 요인인 요인분석도 실시했다.

요인분석은 쌍둥이들이 비슷하게 보이는 장애군이나 그렇지 않은 장애군을 확인하는 작업이다. 쌍둥이가 모두 X라는 성격 장애를 보이면 그들은 Y라는 성격 장애도 가지고 있을까? 이런 식으로 연구원들은 유전적 영향이나 환경적 영향을 가진 장애군이나 요인들을 파악한다. 이 연구에서는 세 가지 유전 요인이 발견되었다. 전체적으로 부정적인 감정 요인, 충동/행동 조절 요인 결핍 그리고 억제/회피 요인이 여기에 해당된다. 흥미로운 점은 환경적 요인은 함께 작용하는 경우가 없다는 것이다. 다시 말해 환경 위험 요인은 각각의 성격 장애마다 각기 다르게 작용한다.

성격 병리는 어떻게 진단할까?

성격 병리는 병적인 성격 특성을 여러 범주로 나누어 진단한다. 성격 장애에 대한 DSM 진단 방식이 정신 건강 분야의 공식적인 진단 체계다. DSM 체계는 성격 장애를 다음과 같이 정의한다.

"한 개인의 문화에서 기대하는 바와 현저히 다르고, 변하지 않을 정도로 몸에 배어 있으며, 청소년기나 초기 성인기에 시작되어 시간이 지나면서 자리를 잡아 괴로움이나 장애를 유발하는 지속적인 내적 경험과 행동 패턴." DSM-IV-TR은 열 가지 성격 장애를 A, B, C군집으로 분류했다. 11번째 진단인 '달리 분류되지 않는 성격 장애Personality disorder not otherwise specified'는 열 가지 진단에 해당되지 않는 사람들을 위한 것이다.

우울 성격 장애와 수동적 공격적 성격(소극주의적)은 부록에 추가되어 보다 자세한 연구가 이루어지길 기다리고 있다. 편집증, 분열성, 분열형 성격 장애를 포함하는 A군집 장애는 특이하고 기괴한 행동 패턴의 특성을 보이고, 연극성, 경계선, 자기애, 반사회성 성격 장애가 포함된 B군집 장애는 충동적이고 감정적이며 변덕스러운 행동 패턴을 보인다. C군집 장애에는 회피성, 의존성, 강박성 성격 장애가 해당되며 심한 불안감과 관련이 있다.

성격 장애에 대한 DSM-IV 진단의 강점과 한계는 무엇일까?

DSM-IV 진단은 평가자 간 신뢰도와 내적 일관성을 보여왔다. 다시 말해 환자들에 대한 여러 평가자들의 진단이 비슷하고, 각 진단에 대한 각기 다른 기준이 서로 강한 상관관계를 보인다. 또한 DSM-IV 진단은 자살 경향, 마약 복용, 대인 관계 문제, 범죄 활동 등과 같은 주요 임상적 특성을 예측하는 데도 유용한 것으로 입증되었다. 즉 DSM 성격 진단은 임상적으로도 의미가 있다. 그러나 이 체계에도 문제는 있다. 우선 범주별 접근법은 심각한 정도를 나타내지 않는다. 이 방식을 통해서는 환자의 경계선 장애가 경미한지 심각한지 알 수 없는데 심각한 정도가 어떤 장애를 가지고 있는가보다 더 중요할 수 있다. 둘째, 진단이 상호 배타적이지 않으므로 환자가 한 가지 이상의 진단 기준에 해당될 수 있다. 셋째, 진단 목록이 완전하지 않기 때문에 DSM-IV로 쉽게 진단되지 못하는 성격 병리 유형이 많다.

차원적 접근 방식이란?

DSM과 같은 범주별 접근법이 포괄적인 성격 유형을 정립하려 하는 데 비해 차원적 접근법은 사람에 따라 다른 주요 성격적 특성을 살피고 있다. 성격의 5요인 모델은 연구 문헌에서 상당한 주목을 받았다. 폴 코스타와 로버트 매크레이가 제시한 성격의 다섯 요인[OCEAN]은 경험에 대한 개방성[Openness to experience], 성실성[Conscientiousness], 외향성[Extroversion], 친화성[Agreeableness], 신경성[Neuroticism]을 가리킨다. 이 특성들은 요인분석 연구를 통해 처음으로 확인되었다. 요인분석 연구는 방대한 감정 언어 목록으로 구성된 평가 방식을 통해 어떤 단어들이 동일한 집단으로 분류되는지를 분석하는 연구다.

성격적 특성은 다섯 범주로 나뉘었다. 이 다섯 범주를 가리키는 명칭은 연구마다 조금씩 다르지만 현재는 OCEAN이 가장 널리 이용되고 있다. 이 특성들은 임상적으로 의미 있는 결과와 연관되고 시간이 지나도 변하지 않으며 유전적인 요소도 가지고 있지만, 임상적 관찰이 아니라 단어 목록에 대한 통계적 분석에서 비롯되었음을 명심하는 것이 중요하다. 따라서 이 특성들을 임상적으로 활용하는 데는 한계가 있다. 5요소 모델은 또한 성격에 대한 실제적 이론을 제공하지 않고 실증적인 결과만 제공한다는 점에서 비판을 받아왔다.

경계선 성격 장애란?

경계선 성격 장애Borderline personality disorder는 가장 심각한 DSM 성격 장애 가운데 하나다. B군집으로 분류되는 경계선 성격 장애는 매우 변덕스럽고 광포한 행동을 나타내는 특징을 가지고 있다. DSM-IV 진단 기준에 부합하려면 다음 사항 중 최소한 다섯 가지 이상이 해당되어야 한다. 실제적이거나 상상에 의한 유기遺棄를 피하려고 필사적으로 노력하는 행동, 다른 사람들에 대한 이상화와 평가절하가 반복되는 불안정하면서도 매우 강렬한 대인 관계 패턴, 대단히 불안정한 자아상을 통해 나타나는 자아 정체감의 혼란, 최소한 두 분야에서의 충동성(섹스, 약물 남용, 폭식 등), 반복적인 자살 시도, 시늉, 위협 또는 자해 행위(자살하려는 의도 없이 스스로에게 상처를 입히는 행위 등), 만성적인 공허감, 부적절한 분노 표출 등 분노 조절의 어려움, 스트레스로 인한 일시적 편집형 사고나 심각한 해리 증상.

경계선 성격 장애를 어린 시절의 성적 학대와 같은 심각한 외상 경험과 연관 짓는 연구가 많다. 그렇다고 해서 이 장애를 가진 사람들이 모두 그런 일을 겪은 내력이 있는 것은 아니다.

자애성 성격 장애란?

자기애란 매우 약하고 불안정한 자기 인식을 가리키는 말이다. 나약한 자존감을 보상하기 위해 자기애적 사람들은 자아상에 몰두하며 수치심이나 모욕을 받았다고 생각할 때마다 매우 민감한 반응을 보인다. 전형적인 자기도취자는 웅대한 자아상을 가지고 있고 자신을 지나치게 중시하며 타인의 관심과 지위, 인정을 받고 싶어 한다. 자애성 성격 장애에 대한 DSM-IV 진단 기준에 부합하려면 다음 아홉 가지 기준 가운데 최소한 다섯 가지가 해당되어야 한다.

자신의 중요성에 대한 과장된 지각, 끝없는 성공에 대한 환상, 자신을 특별하다고 여기면서 특별하고 지위 높은 사람이나 단체만 자신을 이해할 수 있다는 믿음, 과도한 칭찬 요구, 다른 사람들이 자신의 욕구에 맞춰주길 바라는 특권 의식, 착취적 대인 관계, 감정이입 능력 결여, 타인을 질투하거나 타인이 자신을 질투한다는 믿음, 거만하고 방자한 태도나 행동.

자애성을 가지는 것이 반드시 나쁘기만 한 것일까?

자존감, 사회적 지위, 성취에 대한 욕구는 보편적인 인간 심리다. 게다가 자기중심적이지 않거나 불안정한 행동을 전혀 보이지 않는 사람들도 거의 없다. 따라서 자애성 성격 장애는 정상적인 인간의 성향이 포함된 행동이 극단적으로 나타나는 것이라 할 수 있다. 또 어느 정도의 자기애는 적응력을 나타내는 것일 수 있다는 연구 결과도 있다.

1984년에 로버트 에먼스가 실시한 연구 결과를 보면 몇 가지 자애적 특성이 자신감, 외향성 주도성, 야망 등과 같은 적응적 성격 특성의 수치와 상관관계가 있는 것으로 나타났다. 에릭 러스Eric Russ와 동료들이 2008년에 실시한 연구에서는 거창한/악의에 찬, 나약한, 고기능적/강한 과시욕 등 자애성 성격 장애의 세 가지 하위 유형이 발견되었다. 세 번째 하위 유형은 나머지 두 유형보다 정신병리학적 측면은 낮고 적응 기능은 한참 더 높은 것으로 나타났다. 따라서 야망, 주도성, 자신감에 관한 한 어느 정도 자기애를 가지는 것이 적응하는 데 도움이 된다고 할 수 있다. 그러나 심각한 자기애적 특성을 가진 사람들은 대인 관계와 정서에 상당한 문제가 있고 심지어 사회생활을 해나가는 데 어려울 때도 많다.

반사회적 성격 장애란?

반사회적 성격 장애ASPD를 가진 사람들은 도덕성이 심각하게 결여되어 있다. 그들은 냉담하고 착취적인 행동을 보이며 타인과 공감하지 못하고 후회하는 법이 없다. 이 장애와 관련된 충동적이고 무모한 행동으로 인해 ASPD는 B군집 성격 장애로 분류된다. 이런 유형의 성격 장애를 가진 사람들을 사이코패스라고도 부르며, 교도소에 수감

된 사람들 중에 ASPD를 가진 사람들이 특히 많다. DSM-IV에 따르면, 이 장애를 가진 사람은 전반적으로 타인의 권리를 무시하는 행태를 보이는데 다음 기준 가운데 최소한 세 가지 이상이 해당될 때 ASPD를 가진 것으로 진단한다. 반복적인 범법 행위, 빈번한 거짓말과 가명 사용 또는 자신의 이익을 위해 타인을 속이는 사기성, 충동적이고 미래를 계획하지 않음, 쉽게 화를 내고 공격적임, 자신과 타인의 안전을 무시함, 시종일관 무책임하고 일정한 직업을 꾸준히 유지하지 못하거나 재정적 책임을 다하지 못함, 타인에게 해를 입히거나 학대하고 다른 사람의 물건을 훔치는 일을 아무렇지 않게 느끼거나 합리화하는 등 양심의 가책을 느끼지 않음. 그러나 이런 식의 정의는 성격적 특성보다는 행동에 초점을 맞추었다는 점과 15세 미만의 아이들에 대한 행동 장애(ASPD를 가진 아동)에 대한 근거가 필요하다는 점에서 비판을 받았다.

현재의 사람들이 과거에 비해 더 자기애적일까?

어느 정도의 자기애는 적응하는 데 도움이 되지만 높은 수준의 자기애는 심각한 문제를 유발할 수 있다. 자기애적 특성은 사회적 환경으로부터 받아들이는 피드백이나 가치의 종류에 매우 민감하게 작용하는 것으로 보인다. 따라서 자기애적 특성에는 문화적인 요소가 포함될 수 있다.

2008년에 심리학자 진 트웬지Jean Twenge와 동료들은 1979년부터 2006년 사이에 실시된 연구에 참가한 대학생 1만 6475명의 자기애적 성격 척도 검사NPI, Narcissistic Personality Inventory 점수를 비교했다. 여러 연구 자료를 한꺼번에 분석하는 메타분석 기법을 이용해 이들은 지난 몇십 년 동안 NPI 점수가 상당히 높아진 사실을 발견했다. 1980년대 초의 규준을 사용했을 때 2006년도 학생들의 평균 점수가 50번째 백분위수에서 65번째로 높아졌다. 또한 2006년도 대학생들의 평균 점수가 마크 영과 드루 핀스키의 2006년 연구를 통해 밝혀진 연예인 표본의 평균 점수와 거의 일치하는 것으로 나타났다. 흥미롭게도 NPI 점수가 이처럼 변한 이유는 대부분 여성들의 자기애가 증가했기 때문인 것으로 나타났다. 전통적으로 남성들이 여성들보다 NPI 점수가 높았지만 2006년에는 여성들의 점수가 남성들의 점수와 큰 차이를 보이지 않았다.

분열형 성격 장애란?

분열형 성격 장애는 앞서 살펴본 세 가지 성격 장애와는 제법 다르다. A군집 장애로 분류되는 분열형 성격 장애를 가진 사람들은 억제되고 사회적으로 고립되는 경향이 있어 B군집 장애를 가진 사람들과 극적인 대조를 이룬다. 일반적으로 분열형 성격 장애는 사회적 상황에 처했을 때 불편함을 느껴 괴상하고 기이한 행동을 보이는 특징을 가지고 있다.

다음 아홉 가지 기준 가운데 다섯 가지 이상을 보이는 경우가 DSM-IV 진단 기준에 해당된다. 관계 사고(관계 망상은 아님), 기이한 믿음이나 마술적 사고(의심, 텔레파시), 별난 행동, 특이한 사고와 언어(모호하거나 지나치게 자세한 표현), 의심이나 편집형 사고, 부적절하거나 위축된 감정 표현, 기이하거나 특이한 행동 또는 모습, 직계 가족 외에 친구가 없음, 지나친 사회적 불안감.

관계 사고를 가진 사람들은 실제로 아무 관계가 없는데도 불구하고 외부 사건이 자신과 관련되었다고 믿는다. 예를 들어 방에 들어가면 방 안에 있는 사람들이 모두 자신의 이야기를 하고 있다고 믿는 것이다. 분열형 성격 장애를 가진 사람들은 가족 중에 정신분열증을 앓았던 집안 내력이 있는 경우가 많다. 따라서 정신분열증과 관계있는 유전적 요소가 이 장애를 유발하는 원인이 되는지도 모른다.

환경이 장애를 일으키는 원인이 되는 경우에도 여전히 성격 장애라고 할 수 있을까?

정의에 의하면, DSM-IV의 정신 질환은 개인이 속한 문화의 표준을 넘어서고 동시에 괴로움이나 기능 장애를 유발하는 경우를 말한다. 그런데 DSM-IV 성격 장애의 기준에 부합하면서도 보호적인 환경 때문에 괴로움이나 기능 장애를 느끼지 않는 경우가 있다. 예를 들어 막강한 권력을 가지고 있거나, 부유하거나 유명한 사람들은 그보다 못한 사람들 속에서는 절대 용납될 수 없는 행동을 하고도 부정적인 사회적 결과를 경험하지 않을 수 있다. 사실 신문은 연예인이나 정치인의 충격적인 행동을 보도하는 기사로 넘쳐난다. 연예인이나 정치인이 그런 행동을 했음에도 불구하고 계속 성공을 이루는 경우 그런 행동을 성격 장애라고 할 수 있을까? 이런 식의 질문은 쉽게 답할 수 없다. 다만 진정으로 성격 장애를 앓고 있는 사람들은 부정적인 결과가 나타나기 시작해도 그런 행동을 고치지 못할 것이라고 추측할 뿐이다. 건강한 사람들은 필요에 따라 자신의 행동을 수정해나간다.

DSM-V에서는 성격 장애 진단에 관한 어떤 점이 수정될까?

미국심리학회는 성격 장애 진단에 상당한 변화가 있을 것이라고 밝혔다. 우선 성격 장애 진단을 다른 모든 정신 장애, 의학적 장애와 함께 축1로 합치고자 한다. 또 실제 진단 범주의 대부분을 없애고, 반사회적/사이코패스적, 회피적, 경계선, 강박적, 분열형의 다섯 가지 성격 장애만 남기려 한다. 각 환자들은 자기 기능과 대인 관계 기능적인 측면에서 장애의 심각성에 대한 평가를 받을 것이다. 이를 통해 자신과 타인을 얼마나 성숙하고 안정적으로 이해하는지 판단할 수 있다. 또한 환자들은 부정적 정서성, 내향성, 적대감, 탈억제, 강박관념, 정신분열 성향에 대한 여섯 가지 성격적 특성에 대한 평가를 받게 되는데 각 영역마다 여러 가지 특성들이 포함된다. 예를 들어 탈억제에는 충동성, 산만함, 무모함이라는 특성이 포함된다. 많은 임상 이론과 연구를 고려했으나 이 체계는 대단히 복잡하다. 때문에 현실에서 적용하기가 한층 더 어려워질지도 모른다.

이오시프 스탈린은 사이코패스였을까 아니면 단순히 성공적인 독재자였을까?

스탈린은 그의 통치 기간 동안 끔찍한 범죄를 저질렀다. 그의 행동은 반사회적 성격 장애의 기준에 부합할까?

DSM-IV는 정신병이 괴로움이나 기능 장애를 유발해야 한다고 규정한다. 다시 말해 자신에게 불리한 자멸적인 특성을 가지고 있어야 한다는 것이다. 그렇다면 타인에게 괴로움과 기능 장애를 일으키는 경우는 어떤가? 자신의 행동이 스스로에게는 도움이 되고 타인에게는 괴로움을 줄 때도 그것을 정신병이라 할 수 있을까? 이런 문제점을 보면 때때로 정신병을 구성하는 것과 그렇지 않은 것을 결정하기가 얼마나 어려운지 알 수 있다. 뿐만 아니라 이런 문제점은 정신병과 극단적인 비도덕성을 구분하는 것 또한 어렵다는 사실을 보여준다.

이오시프 스탈린Iosif Stalin, 1879~1953이 이런 경우에 해당된다. 1922년 공산당 서기장으로 선출된 스탈린은 1924년 블라디미르 레닌Vladimir Lenin이 사망하자 소련에 대한 절대 권력을 손에 쥔다. 그는 1953년 사망할 때까지 절대 권력을 보유했다. 레닌 사망 후 5년 동안 그는 수백만 명의 사람들을 사형시켰으며 자신에게 반대한다고 의심되거나 반대할 가능성이 있는 사람들은 모두 시베리아로 강제 추방하여 고문하고 사형에 처했다. 또한 수백만 명의 사람들을 죽음으로 몰고 간 가뭄이 발생하게 만들었거나 가뭄을 악화시켰다는 혐의도 받고 있다.

역사가들은 스탈린이 최소 2000만 명의 사람들을 죽게 했다고 믿는다. 그렇다면 스탈린은 반사회적 성격 장애에 대한 DSM-IV 기준에 부합할까? 그는 반사회적 성격 장애에 대한 DSM-IV 진단 가운데 적어도 다섯 가지에는 해당되는 것으로 보인다. 권력을 쥐기 전에 반복적으로 법을 어겼으며, 권력을 쥔 다음에는 자신의 욕구를 충족시키는 법을 제정했다. 또 절대 권력을 유지하기 위해 거짓말을 하고 다른 사람들을 속였다. 대량 학살자인 그는 분명 화를 잘 내고 공격적이었을 것이다. 그는 타인의 안전에 대해서는 무시하는 태도를 보였으며, 타인을 잘못 대한 데 대한 후회나 자책감도 느끼지 않았다.

스탈린은 젊은 시절에도 공격적인 행동과 범법 행위를 보였다. 이런 행동은 15세 미만의 행동 장애 기준에 해당된다. 그러나 똑똑하고 대단히 성공적인 정치가였던 그는, 수천만 명의 사람들을 죽이긴 했지만 일흔넷의 나이로 사망할 때까지 절대 권력을 유지할 수 있었다. 따라서 대량 학살을 초래한 그의 행동이 다른 사람들에게는 분명 괴로움과 기능 장애를 가져다주었지만 그 자신에게는 아무런 불이익을 주지 않았을지도 모른다.

약물 남용

중독이란?

일반적으로 중독이라는 용어는 어떤 물질이나 행동을 해가 될 만큼 강박적으로 바라거나 갈망하는 상태를 말한다. 1964년 세계보건기구는 '중독'이라는 단어가 지나치게 일상적으로 이용되어 정확한 의미를 갖지 못한다면서 정신 건강에 '중독'이라는 단어를 사용하지 말 것을 당부했다. 그에 따라 DSM과 ICD 같은 주요 진단 체계는 중독이라는 단어 대신 약물 남용이나 의존이라고 진단한다. 하지만 중독은 전문 분야는 물론 대중문화에서도 널리 이용되는 용어다. '중독'이라는 단어가 일반적으로 헤로인이나 코카인과 같은 화학 물질을 지칭하지만 사람들은 강박적인 도박이나 섹스 중독처럼 행동에도 중독될 수 있다. 실제로 DSM-V를 위해 행동 중독이라는 새로운 범주에 대한 검토가 이루어지고 있다.

오락성 약물 복용과 중독은 어떤 차이가 있을까?

미국 국민의 절반가량이 살면서 한번쯤은 불법 약물을 복용한다. 알코올까지 포함한다면 오락성 약물을 복용하는 사람들의 수는 훨씬 더 늘어날 것이다. 이처럼 많은 사람들이 정신에 영향을 주는 약물을 복용하지만 아무런 해를 보지 않는다. 그러나 중독은 전혀 다르다. 헤로인, 코카인, 메스암페타민과 같은 중독성 강한 약물에 중독되면 인생을 망칠 수 있다. 직업, 신체적인 건강, 가족, 심지어 지역 사회 전체가 마약 중독으로 파괴될 수 있다. 뿐만 아니라 약물에 의존하는 사람들의 약 10퍼센트는 대개 약물에 의한 우울증으로 인해 자살로 생을 마감한다.

중독, 약물 남용, 약물 의존은 어떻게 다를까?

중독은 약물이나 행동에 대한 지나친 의존이나 강박적인 사용을 아우르는 용어다. DSM-IV는 약물 남용을 부정적인 결과에도 불구하고 지속적으로 지나치게 사용하는 것이라고 정의한다. 좀 더 구체적으로 말하면 약물 남용은 반복적으로 약물을 사용함으로써 중요한 역할 의무를 충족하지 못하고, 신체적으로 위험한 상황에 노출되며(이를테면 음주운전 같은), 법적인 문제가 반복적으로 발생하고, 부정적인 사회적 결과가 반복되는데도 계속 사용하는 경우를 일컫는다.

약물 의존은 그보다 더 심각한 장애다. 사회적, 직업적, 재정적 문제를 일으키는 것은 물론 생리적으로도 약물에 중독되기 때문이다. 가장 중요한 두 가지 특징으로는 내성과 금단 현상을 들 수 있다. 또 분명한 생리적 · 심리적 손해에도 불구하고 지속적으로 약물을 사용함에 따라 시간이 지나면서 섭취하는 약물 양의 증가, 약물 의존도를 줄이려는 지속적인 열망, 줄이려는 노력의 실패, 약물로 인해 허비하는 시간, 중요한 활동의 희생이 뒤따를 수 있다.

내성과 금단 현상이란 무엇일까?

사람들이 내성을 갖게 되면 마약에 대한 민감성이 떨어져 똑같은 효과를 보기 위해 점점 더 많은 약물을 섭취해야 한다. 내성을 갖는 정도는 마약에 따라 다르다. 예를 들어 암페타민과 아편의 내성은 일반적으로 알코올의 내성보다 강하다. 실제 헤로인이나 모르핀 같은 아편을 남용하는 사람들에게는 약을 끊은 뒤에도 몇 년 동안 진통 효과에 대한 내성이 생길 수 있다. 따라서 아편을 복용하거나 의존한 내력이 있는 사람들의 고통을 치료하는 데는 일반 사람들보다

약물을 남용하는 사람들은 부정적인 결과에도 불구하고 계속해서 약물을 복용한다. 이들은 마약 내성과 금단 현상까지 경험한다.(iStock)

훨씬 더 많은 오피오이드 진통제가 필요하다.

금단 현상은 약물 복용을 중단했을 때 발생하는 생리적 현상을 가리킨다. 뇌가 화학 물질에 적응하기 때문에 화학 물질을 제거하면 뇌는 통제 불가능한 상태에 빠진다. 금단 현상은 위험할뿐더러 대단히 고통스럽기까지 하다. 약물에 따라 심박 수의 변화, 구토, 혼란스러움, 고통, 심지어 발작과 같은 금단 현상이 일어날 수 있다. 예를 들어 코카인을 복용했을 때 활기와 희열을 느끼는 사람은 코카인을 끊었을 때 피로와 우울을 경험한다.

중독은 즐거운 것일까?

약물 의존으로 고통받는 사람들 가운데 중독이 즐겁다고 말하는 사람은 거의 없다. 많은 중독자들이 마약을 복용하면 처음에는 즐겁지만 중독이 심해지면서 즐거움을 느끼는 만큼 마약을 갈망하게 된다고 말한다. 따라서 갈망이나 금단 현상과 같은 불편함을 해소하기 위해 사람들은 다시 마약을 복용하는 것이다.

도파민은 중독에 어떤 작용을 할까?

화학 물질 중독과 행동 중독에 도파민 체계가 중심적인 역할을 한다고 주장하는 연구 결과가 늘고 있다. 코카인, 암페타민, 니코틴과 같은 마약은 도파민 체계에 직접적인 영향을 준다. 헤로인과 마리화나는 도파민 체계에 간접적인 영향을 미친다. 도파민 뉴런은 복측 피개 영역Ventral tegmental area이라 불리는 중뇌 영역의 깊숙한 곳에서 생성된다. 이 도파민 뉴런들은 뇌의 중앙을 통과해 중격의지핵이라고 알려진 전뇌의 작은 구조물과 연결된다.

중변연 도파민 경로Mesolimbic dopamine tract라고 불리는 이 체계는 보상 자극을 추구하는 조직의 활성화와 관련 있는 것으로 보이는 도파민 보상 체계의 중심부다. 다시 말해 이 체계는 열망과 동기를 갖게 되는 동물의 경험에 핵심 역할을 한다. 보상 체계의 활성화는 희열, 에너지, 열정 등 즐거운 느낌을 자극한다. 많이 남용되는 약물의 경우

이 화학 체계를 직접 자극하여 즉각적이고 강렬한 즐거움을 느끼게 만든다. 사실상 뇌의 자연스러운 화학 물질과 같은 반응을 일으키는 것이다.

안타깝게도 자연은 그런 공짜 반응을 허용하지 않는다. 시간이 지나면서 외부 화학 물질을 통한 도파민 보상 체계 활성화는 뇌의 구조를 변화시키기 때문에 도파민 체계를 조절하는 능력이 떨어진다.

마약 중독은 뇌를 어떻게 변화시킬까?

마약은 뉴런들 간의 상호 작용을 조절하는 화학적 메신저인 뇌의 신경 전달 물질에 작용한다. 마약은 신경 전달 물질에 직접적인 영향을 미치기 때문에 신경 전달 물질의 기능에도 급격한 변화가 생기는 경우가 많다. 예를 들어 신경 전달 물질의 활동을 모방하는 외부 화학 물질에 반응하여 뉴런이 신경 전달 물질의 생성을 줄이는 경우가 있다. 수용체 자리 또한 소멸한다. 이런 뉴런의 실제 구조 변화가 중독 과정에 기여한다. 뇌가 신경 전달 물질의 생성을 줄이거나 처리하는 기능을 저하시키면 갈망이 자리하게 된다. 동일한 수준의 심리적 효과를 보기 위해 똑같은 약물을 점점 더 많이 필요로 하게 되는 마약 내성 또한 뉴런의 구조 변화와 관계가 있다. 또 뉴런의 변화가 뇌의 부피를 줄여 뇌 수축이 일어날 수 있는데 이는 인지, 정서, 생리적 저하와 연관된다.

더 중독성 강한 마약이 있을까?

마약마다 중독성이 다른 이유는 최소한 두 가지다. 하나는 마약의 반감기 때문인데, 이는 마약이 체내를 통과하는 시간을 뜻한다. 반감기가 짧은 마약은 효과가 빠르고 급격한 금단 현상을 보여 중독을 일으키게 된다. 반감기가 긴 마약은 짧고 강렬한 효과가 덜하며 금단 현상도 급격하지 않다. 그러나 마약이 체내에서 완전히 배출되기까지 더 많은 시간이 걸리기 때문에 금단 현상이 오래 지속될 수 있다. 마약으로 인해 도파민이 급증하는 정도 또한 중독 가능성에 영향을 미친다. 코카인, 니코틴, 암페타민 등은 모두 도파민 활동을 증가시키지만 그 정도는 큰 차이가 있다.

메스암페타민의 중독성이 큰 이유는 무엇일까?

메스, 크리스털 메스, 아이스, 크랭크라고도 알려진 메스암페타민은 미국 서부 연안 지역에서 퍼지기 시작해 미국 중심부를 거쳐 현재 대서양 연안으로 퍼지고 있는 신종 마약이다. 미국에서 유행하기 시작한 것은 얼마 안 되지만 메스암페타민이 맨 처음 개발된 것은 19세기였고, 제2차 세계대전이 벌어지는 동안 일본인과 독일인이 복용하기도 했다. 메스암페타민은 복용한 사람들이 비교적 단시간 내에 후회하게 되는, 대단히 중독성이 강한 마약이다.

메스암페타민의 중독성이 큰 이유 가운데 하나는 코카인보다 더 강하고 니코틴보다 더 넓은 영역에서 도파민 급증을 일으키기 때문이다. 이 마약으로 인한 도파민 급증은 기준치보다 10~12배 정도 높고 음식이나 섹스와 같은 자연적인 보상으로 인한 도파민 급증 수치보다 5~10배 정도 높은 수준이다. 또한 도파민 급증이 수 시간에 걸쳐 지속된다. 이처럼 도파민 방출이 급격히 늘어나면 신경 독성Neurotoxicity이라 불리는 과정에서 도파민 뉴런이 망가진다. 사람이나 동물이 메스암페타민을 복용하면 수일 내에 도파민 뉴런이 변하고 그 효과는 수개월에서 수년 동안 지속될 수 있다.

중독을 일으키는 유전적 요인이 있을까?

지난 몇십 년 동안 중독을 일으키는 유전적 요인이 있다는 결과를 내놓은 연구가 많다. 신경 전달 물질 세로토닌과 관련된 특정 유전자가 이른 나이의 알코올 중독과 연관된 것으로 나타났지만 그것이 알코올 중독 자체와 연관이 있는 것인지 아니면 행동 조절을 제대로 하지 못해서 그런 것인지는 명확하지가 않다. 케네스 켄들러와 동료들은 유전자와 환경이 여섯 가지 약물의 남용이나 의존에 미치는 영향을 살펴보기 위해 쌍둥이 연구를 실시했다. 그들은 대마초(마리화나), 코카인, 환각제, 진정제, 각성제 그리고 아편을 조사했는데 1196명의 남성 쌍둥이들을 비교한 결과 각각의 약물 중독이 평균 55퍼센트의 유전적 영향과 45퍼센트의 환경적 영향을 받는다는 결론을 내렸다.

또한 일반적으로 마약에 쉽게 중독되는 취약한 유전자가 있지만 그렇다고 해서 특정 마약에 더 잘 중독되는 것은 아닌 것으로 나타났다. 환경 역시 마찬가지다. 특정 마약을 더 많이 남용하게 만든다기보다 모든 종류의 마약 남용 또는 의존 가능성에 영향을 준다. 흥미로운 점은 아편 중독의 경우 유전(23%)보다는 환경의 영향(78%)을 더 많이 받는다는 것이다. 아마도 다른 약물만큼 아편이 흔치 않은 까닭에 주변에서 아편을 구할 수 있는지의 여부에 아편 남용이 큰 영향을 받는 것인지도 모른다.

유아기의 외상과 중독에는 어떤 관계가 있을까?

어린 시절의 외상, 무관심과 성인기의 중독 사이에 연관이 있다는 상당한 근거가 있다. 다시 말해 중독된 성인들이 중독되지 않은 성인들에 비해 어린 시절 외상과 무관심을 더 많이 경험한 것으로 나타났다. 심리학 연구와 신경생물학적 연구 모두 부적절한 육아 방식과 어린 시절의 해로운 경험이 감정과 행동을 조절하는 능력을 비롯한 자기 제어 능력을 심하게 저하시킨다는 결과를 보고했다. 마약 복용이 적어도 처음에는 부정적인 감정을 줄이고 긍정적인 감정을 고조시키기 때문에 그런 경험을 한 경우에는 마약이 매력적으로 느껴질 수 있다. 효과적인 감정 조절 능력이 없는 상태에서 긍정적인 감정을 느낄 수 있는 지름길에 강하게 매력을 느끼는 것이다. 또한 충동 조절 능력이 떨어지는 사람들은 자신이 마약을 얼마나 복용하는지 감시할 가능성이 적어 오락성 마약 복용이 중독으로 이어질 가능성이 크다.

중독과 범죄 사이에는 어떤 관계가 있을까?

마약 중독이 범죄의 원인이 되는 이유는 다양하다. 첫째, 중독으로 인해 일자리를 유지할 수 없게 되어 마약을 구입할 돈을 마련할 수가 없다. 그런 상황에서 마약 중독자는 마약을 구입하기 위해 범죄를 저지를 수 있다. 흔한 범죄 행위로는 강도, 매춘이 있다. 둘째, 마약 남용이 판단을 흐리게 하고 충동을 조절하지 못하게 하여 무모한 범죄 행각을 저지를 가능성을 키운다. 실제로 자동차 사고의 55퍼센트와 살인의 50퍼센트 이상이 알코올 중독과 관련 있는 것으로 추정된다. 셋째, 대부분의 서양 국가들은 가장 흔한 마약 남용을 불법으로 규정한다. 그러나 불법으로 규정했다고 해서 마약에 대

마약과 범죄는 밀접한 연관이 있다. 마약 중독으로 일자리를 잃은 사람들이 범죄를 저지르는 경우가 있기 때문이다.(iStock)

한 수요가 완전히 사라지는 것은 아니다(많은 사람들이 불법으로 규정했기 때문에 수요가 줄어들었다고 주장하기도 한다). 따라서 불법 마약 거래가 암암리에 이루어지면서 범죄 영역을 형성하게 된다. 1920년대 알 카포네Al Capone가 있던 시절에는 불법 마약 거래에 대한 경쟁으로 폭력 범죄가 발생하기도 했다.

중독자들은 중독을 얼마나 조절할 수 있을까?

마약 중독은 정신이상 증상이 아니다. 마약을 복용하는 이들은 언제나 자신이 마약을 복용한다는 사실을 인식하고 스스로 마약을 복용하겠다고 선택하는 사람들이다. 따라서 중독자들이 자기도 모르게 마약을 복용하고 마약 복용을 조절할 능력이 없다고는 할 수가 없다. 그러나 중독은 분명 뇌의 구조를 바꾼다. 중독성이 가장 강한 마약의 경우 마약을 갈망하는 정도는 압도적으로 커지고 자기 파괴적인 행동을 억제하는 능력은 매우 약해진다. 이는 행동을 감시하고 사회적 판단을 내리며 해로운 행동을 억제하는 뇌 영역이 현저히 저하되는 동시에 보상 체계가 지나치게 가동하기 때문이다. 따라서 중독된 사람들은 어느 정도 자신의 행동을 제어할 수 있지만 중독되지 않은 사람들에 비해 제어 능력이 떨어진다고 말하는 편이 공정할 것이다.

중독에서 벗어나는 변화 단계는 어떤 식으로 진행될까?

변하겠다는 동기가 중독 치료의 주요소다. 자신의 행동을 바꾸겠다는 의지가 생각이 전혀 없는 중독자들도 있고 그런 의지가 오래가지 않는 중독자들도 있다. 1994년 제임스 프로차스카James Prochaska, 존 노크로스John Norcross, 카를로 디클레멘트Carlo DiClemente는 사람들이 중독에서 벗어나려고 결심할 때 거치는 여섯 단계를 설명한 변화 단계The stages of change 모델을 발표했다. 이 모델은 중독 치료에 널리 이용되고 있다.

첫 번째 단계는 계획 전 단계Pre-contemplation라고 불린다. 이 단계에서는 중독자가 자신에게 문제가 있다고 믿지 않으며 중독에서 벗어나라는 주변의 충고를 받아들이지 않는다. 또 문제 자체를 부인할 수 있다.

그다음 단계는 계획 단계Contemplation라고 불린다. 이 단계에서는 중독자가 문제를 인식하고 중독에서 벗어나기 위해 조치를 취해야 한다고 생각한다. 세 번째 단계는 준비 단계Preparation다. 중독자가 변화하기 위한 준비를 하기 시작하는 단계로, 예를 들어 중독자가 마약 중독 치료법을 알아보거나 마약 복용을 중단할 필요성에 대해 가족이나 친구와 의논하는 것이다. 그러나 아직은 마약을 끊는 것을 주저한다.

네 번째 단계는 행동 단계Action다. 이 단계에선 중독자가 마약을 끊는 실질적인 행동에 돌입한다. 마약 중독 치료를 위한 12단계 그룹에 참여하거나 외래 치료 센터를 찾아가거나 입원 치료를 받기도 한다. 이 단계에 접어든 중독자는 중독과 관련된 광범위한 심리적 · 사회적 패턴을 바꿔야 할 필요성을 인식하기도 한다.

성공적으로 마약을 끊은 중독자는 다섯 번째 유지 단계Maintenance에 돌입한다. 그러나 다시 마약을 복용할 가능성이 남아 있으므로 또 마약에 빠지지 않도록 주의해야 한다. 따라서 알코올 중독자 갱생회Alcoholics anonymous와 같은 12단계 프로그램을 활용하는 그룹의 지속적인 지원과 치료가 필요할 수 있다. 또한 감정, 대인 관계, 책임감을 다루는 방식을 지속적으로 주시할 필요가 있다.

여섯 번째 단계인 마무리 단계^Termination^에서는 성공적으로 마약 중독에서 벗어난 사람이 더 이상 마약에 대한 유혹도 느끼지 않게 된다. 하지만 사람들이 이 변화 단계들을 순서대로 쉽게 밟는 것은 아니다. 아래 단계로 후퇴했다가 다시 돌아오는 경우도 허다하다.

중독을 치료하는 방법에는 어떤 것들이 있을까?

다행히 중독을 치료하는 방법은 많다. 금단 현상을 치료하고, 마약에 대한 갈망을 줄이며 약물에 대한 즐거움을 줄이는 치료제도 있다. 심리 사회적 치료에는 중독된 사람이 마약을 복용하려는 선택을 중단하고, 마약에 대한 갈망을 물리치며 마약을 복용하지 않고도 일상적인 감정 문제와 대인 관계 문제를 해결할 수 있도록 도와주는 다양한 치료 요법들이 있다.

치료법은 제한이 적은 것부터 많은 것까지 다양하다. 마약을 끊으려는 결심, 지역 사회에서 제 역할을 하는 정도, 다른 심리적 · 의학적 문제, 가족이 뒷받침해주는 정도, 중독의 수준에 따라 중독자에게는 더 복잡하거나 덜 복잡한 치료법이 요구된다. 중독이 심하지 않고 높은 수준의 사회적 기능을 행하는 사람의 경우 외래 치료나 알코올 중독자 갱생회와 같은 12단계 프로그램을 통해 성공적으로 치료될 가능성이 크다. 제대로 생활할 수 없을 정도로 중독된 사람의 경우 입원 치료(금단 현상을 견딜 수 있게 도와주는 곳), 입원 재활 치료 센터(단기 입원을 통해 중독을 치료하는 곳), 1, 2년 동안 머물러야 하는 장기 치료 센터와 같이 좀 더 복잡한 치료법이 필요하다.

중독을 치료하는 의약품에는 어떤 것이 있을까?

여러 의약품이 금단 현상을 치료하는 데 이용된다. 일반적으로 금단 현상은 마약과 비슷한 의약품을 이용해 치료한다. 이런 식으로 중독자는 천천히 화학 물질을 끊게 된다. 알코올 금단 현상을 치료하는 의약품에는 벤조디아제핀Benzodiazepine이라고 알려진 항불안제의 일종이 포함되는데 특히 디아제팜Diazepam(발륨)과 클로르디아제폭시드Chlordiazepoxide(리브리엄Librium)가 가장 많이 이용된다. 헤로인, 아편, 모르핀, 옥시코돈(옥시콘틴OxyContin)과 같은 아편제를 끊었을 경우 생기는 금단 현상은 메타돈Methadone이나 클로니딘Clonidine으로 치료한다. 메타돈 유지법은 아편제 중독을 치료하는 가장 흔한 의약품 치료 방법으로 마약에 대한 갈망과 금단 현상을 줄여준다. 날트렉손Naltrexone 또한 아편제와 알코올 강화 효과를 막아 마약에 대한 갈망을 줄이게 한다.

메타돈은 어떤 도움을 줄까?

메타돈은 효과가 장기적인 아편이 든 의약품으로 인가된 메타돈 유지법 치료 병원의 감독 아래 아편 중독자들에게 처방된다. 메타돈은 대부분의 남용되는 아편제보다 오래 작용하기 때문에 중독자가 안정적인 혈액 수치를 유지할 수 있어 금단 현상이나 마약을 갈망하는 일이 줄어든다. 또 다른 아편제보다 취하는 기분이 훨씬 덜해서 오락성 마약으로 이용될 가능성이 낮다. 메타돈 유지법이 심각한 아편제 중독과 관련된 범죄, 폭력, 의학적 문제, 치사율을 줄인다는 믿을 만한 연구 결과가 있다. 그러나 중독자들이 완전히 마약을 끊는 것이 아니라 몇 년 동안 메타돈에 의존하는 경우도 있어 메타돈 유지법에 대한 논란이 일고 있다. 아편제 마약 중독을 치료하는 다른 의약품으로는 부프레노르핀Buprenorphine과 LAAM이 있다. 그러나 LAAM은 드물지만 심장 질환이라는 부작용을 일으킬 가능성이 있어 미국이나 유럽에서는 유통되지 않는다.

안타부스는 어떻게 작용할까?

디설피람Disulfiram(안타부스Antabuse)은 알코올에 대한 불편한 신체 반응을 일으키는 것으로, 알코올 중독을 치료하는 데 이용된다. 디설피람은 알코올의 대사 작용을 방해하기 때문에 복용한 후 알코올을 섭취하면 메스꺼움, 구토 등 여러 불쾌한 증상을 유발한다. 게다가 최소한 일주일 정도 체내에 머물기 때문에 술을 마시지 않게 하는 강력한 동기 요인이 될 수 있다. 그러나 장기간 복용하면 간의 손상을 유발할 수 있기 때문에 바람직하지 않다. 뿐만 아니라 디설피람을 복용하는 동안 술을 마시면 치명적일 수 있기 때문에 그런 사실을 알고도 술을 마시는 충동적인 환자들에게는 권하지 않는다. 이 의약품은 약을 복용해서라도 알코올 중독을 치료하고자 하는 의지가 굳은 환자들에게만 유용하다. 술을 끊을 생각이 별로 없는 사람이라면 안타부스 복용을 중단하고 말 것이기 때문이다.

중독에 가장 효과적인 심리 치료는 무엇일까?

중독을 치료하는 심리 치료법은 다양하다. 집단 치료는 중독 증상을 줄이고 문제를 직시하게 하며 절제를 향한 노력을 지원하고 격려해준다. 사회적 동물인 우리는 또래의 영향을 많이 받으며 집단 규범을 따르려는 성향을 가지고 있다. 집단 치료는 이런 보편적인 성향을 건설적으로 이용할 수 있다. 개인 치료는 약물 없이 살아가는 데 초점을 맞춘다. 개인 치료는 중독의 효과를 교육시키고, 마약에 대한 갈망을 해소하는 방법을 길러주며, 중독 증상의 재발을 막을 수 있게 도움을 준다. 또한 약물을 복용하지 않고도 대인 관계를 구축하고 스트레스를 해소할 수 있게 도와준다.

동기 면담MI, Motivational interviewing은 윌리엄 밀러William Miller와 스티븐 롤닉Steven Rollnick에 의해 개발된 비교적 새로운 요법이다. MI는 행동 바꾸기를 망설이는 환자의 태도에 초점을 맞춘다. 면담 시간 동안 환자는 약물 남용의 장단점을 생각해보고 자신의 목표를 찾아보게 된다. 이처럼 비심판적이고 사색적인 방식으로 진행되는 상담을 통해 상담자는 환자가 변화할 결심을 다지게 만들고자 노력한다.

12단계 프로그램이란?

약물 남용을 치료하는 대부분의 치료법이 정신 건강 전문의의 도움을 필요로 하는 데 비해 12단계 프로그램은 순전히 회원들에 의해서만 운영되는 프로그램이다. 알코올 중독자 갱생회(AA)는 최초로 12단계 프로그램을 실시한 단체다. 뉴욕의 주식 브로

중독을 치료하는 데 집단 치료가 효과적임이 입증되었다.

커 빌 윌슨Bill Wilson과 오하이오의 외과 의사 로버트 스미스Robert Smith가 1935년 처음 결성한 AA는 현재 전 세계 150여 개국에서 1200만 명 이상의 회원을 보유하고 있다. AA는 알코올 섭취를 중단하고자 하는 알코올 중독자들을 지원하는 단체다. 회원들은 매일 모임에 참석하거나 모임이 자주 있는 경우 하루에도 여러 번 모임에 참석할 수 있다. 〈익명 알코올 중독자 모임Alcoholics anonymous〉이라는 제목의 간행물은 1939년에 처음 간행되었는데 현재 4판이 출간된 상태다. 이 간행물은 중독 치유를 향한 12단계 프로그램을 비롯하여 행동을 바꾸고 절제하는 방법에 대한 구체적인 지침을 제시한다. 12단계에는 술을 절제하지 못하는 사실을 인정하기, 더 많은 권한을 가진 사람에게 부탁하기, 자신의 도덕 수준을 솔직하게 가늠하기, 과거의 잘못된 행동 수정하기 등이 포함된다. 약물 중독자 모임Narcotics anonymous, 과식자 모임Overeaters anonymous, 섹스 중독자 모임Sex addicts anonymous, 도박 중독자 모임Gamblers anonymous과 같이 다양한 12단계 프로그램이 있다.

심리 치료

심리 치료란?

기본적으로 심리 치료는 대화와 관련이 있다. 치료사들은 대화를 통해 환자의 고통을 줄이고자 한다. 심리 치료를 하기 위해서는 한 번 이상의 대화가 필요하지만 대화를 강조한다는 점에서 물리 치료, 언어 치료, 직업 치료, 의학적 치료 등의 치료와는 다르다고 할 수 있다. 첫 번째 심리 치료 환자인 아나 오Anna O는 심리 치료를 '말하는 치료법'이라고 설명했다. 베르타 파펜하이머Bertha Papenheimer로도 알려진 아나 오는 지그문트 프로이트가 1895년 발표한 〈히스테리에 대한 연구Studies on Hysteria〉에 실린 사례 속 인물이다.

심리 치료는 어떤 식으로 이루어질까?

심리 치료는 적어도 세 가지 방법을 통해 사람들의 기분이 나아지게 한다. 그 세 가지 방법이란 사회적 지원, 통찰 그리고 기술 구축을 뜻한다. 연구 결과, 사회적 지원이 정신 건강의 거의 모든 면에 강력한 효과를 보이는 것으로 나타났다. 사람들이 스트레스를 받을 때는 다른 사람과 문제를 의논하는 것이 큰 도움이 된다. 그러나 심리 치료는 단순히 사회적 지원을 제공하는 데 그치지 않는다. 만일 그렇다면 훈련받은 전문가들이 굳이 필요할 이유가 없다. 가족이나 친구가 충분히 사회적 지원을 해줄 수 있기 때문이다. 심리 치료는 사람들이 통찰을 얻을 수 있게 도와주기도 한다. 또 자신의 동기, 감정, 행동에 대해 스스로 파악하게 하고 자신이 타인에게 미치는 영향을 깨닫게 도와준다.

스스로를 더 많이 이해할수록 사람들은 살아가면서 부딪히는 어려움에 대처하는 능력을 더 많이 갖게 된다. 뿐만 아니라 제대로 살아가는 데 필요한 심리적 기술이 부족한 사람들도 있다. 예를 들어 분노 조절, 갈등 해소, 긍정적인 감정 유지, 불안감 유발

자극 대처, 자기 파괴적인 충동 조절에 어려움을 느끼는 사람들처럼 말이다. 심리 치료는 이런 문제를 더 잘 다루는 기술을 사람들에게 가르친다.

심리 치료가 효과가 있을까?

본래 심리 치료의 효과에 대한 심리 치료사들의 주장을 뒷받침하는 자료는 별로 없었다. 사람들은 심리 치료사의 말에만 의존해야 했는데, 회의론자들에게는 그다지 설득력이 없었다. 심리 치료에 대한 실증적인 연구는 1950년대부터 시작되었지만 몇십 년 만에 거대한 운동으로 성장했다. 현재는 심리 치료 연구라는 별도의 분야가 존재하며 심리 치료에 대한 긍정적인 효과를 뒷받침하는 자료도 상당히 많다. 따라서 이제는 심리 치료가 효과적이라고 자신 있게 말할 수 있다.

주요 심리 치료 방식에는 어떤 것이 있을까?

새로운 종류의 심리 치료 방법이 계속 나오고 있지만 주요 심리 치료는 다음 세 가지 방식이 있다. 정신분석 또는 정신 역동 치료Psychodynamic therapy, 인지-행동 접근법 그리고 인본주의 접근법. 이외에도 가족 체계 접근법과 집단 심리 치료 등의 치료 방식이 있다.

정신분석이란?

정신분석은 지그문트 프로이트의 주도로 시작되었다. 1939년 프로이트가 사망한 이후 많은 발전이 이루어지긴 했지만 기본 틀은 그대로 남아 있다. 정신분석은 무의식적인 생각, 행동, 욕망의 패턴을 인식하게 함으로써 정서적인 괴로움을 줄이는 것을 목표로 한다. 정신분석은 정신분석가와 일대일 관계를 통해 환자의 심리 작용을 장기적으로 탐험하는 방식으로 이루어진다.

전통적인 정신분석은 일주일에 3~5번의 치료 시간을 가지며 치료 시간 동안 정신분석 대상자(환자)는 소파에 눕고 정신분석가는 환자가 보지 않게 뒤에 서 있는다. 이런 식으로 이루어지는 이유는 정신분석 대상자가 자기 마음 깊숙한 곳에 접근할 수 있도록 편안하고 사색적인 분위기를 조성하기 위해서다. 정신분석 대상자는 떠오르는 생각을 모두 표현해야 하는데, 이 과정을 일컬어 자유연상Free association이라고 한다. 정신 분석가들은 또한 어린 시절 경험과 관계가 성인의 관계에 큰 영향을 미친다고 믿는다. 자유연상을 통해 무의식적인 어린 시절의 느낌이 떠오르면 성인의 마음으로 이해하고 고칠 수 있다는 것이다.

정신 역동 치료란?

정신분석 이론이 정신 건강 분야 전체에 상당한 영향을 주긴 했지만 전통적인 정신분석법은 20세기 초반 전성기를 이룰 때만큼 흔하게 이용되지 않는다. 그 대신 현대 생활의 금전적 · 시간적 제약에 발맞춰 정신 역동적 심리 치료법이 발달했다. 일반적으로 정신 역동 치료는 일주일에 한두 번, 한 회당 45분간의 치료 시간을 갖는다. 치료사와 환자는 마주하고 자리에 앉는다. 누울 수 있는 소파도 없다. 그러나 무의식적인 생각, 감정, 욕망을 강조하고 어린 시절 배웠던 패턴이 성인이 된 후의 감정 경험과 대인 관계에 영향을 미친다는 믿음은 변함없이 유지되고 있다.

정신분석과 더불어 정신 역동 치료는 대개 수년에서 무한대로 진행될 수 있고 비교적 비非지시적이다. 치료사의 목표는 환자에게 새로운 방식의 행동을 가르치거나 해답을 제시하는 것이 아니라 환자가 자기 탐구를 하도록 인도해주는 것이다. 다시 말해 정신분석과 정신 역동 치료는 통찰을 가져다주는 사회적 지원을 제공할 뿐 특별한 기술을 가르치지 않는다.

1995년에 《컨슈머 리포트》는 심리 치료 효과에 대해 무엇이라고 했을까?

1995년에 《컨슈머 리포트*Consumer Report*》가 심리 치료의 효과에 대한 대규모 연구 결과를 발표했다. 그들은 가전제품과 서비스에 대한 독자의 의견을 조사하는 대규모 연구의 일환으로 정신 건강 설문지를 배포했다. 설문지를 보낸 18만 명 가운데 2만 2000명이 응답했는데 정신 건강 설문지에 응답한 사람들은 7000명이었다. 그중 3000명은 가족이나 친구, 성직자와 감정적인 문제를 의논한 적이 있다고 답했고, 4100명은 정신 건강 전문가, 지원 집단, 가정의 등에게 도움을 청한 적이 있다고 했다. 정신 건강 전문가를 찾은 적이 있다고 응답한 2900명 중에 심리학자를 찾은 사람이 가장 많았고(37%), 그다음은 정신과 의사(22%), 사회복지사(14%) 순이었다.

조사 결과, 훈련된 정신 건강 전문가를 찾을 때 긍정적인 심리 치료 효과를 보는 것으로 나타났다. 처음 치료를 받을 때 기분이 매우 안 좋거나, 어느 정도 안 좋다고 느꼈던 사람들의 90퍼센트가 설문 조사를 할 당시 매우 좋거나, 좋거나 아니면 적어도 그렇게 느낀다고 답했다. 또한 오래 치료받은 사람일수록 효과가 더 좋았다. 심리학자, 정신과 의사, 사회복지사로부터 치료를 받은 사람들은 다른 전문가의 치료를 받은 사람들보다 결과가 더 좋았는데, 그 차이는 시간이 지날수록 더욱 커졌다. 하지만 특별히 효과가 뛰어난 치료법은 없었다.

그러나 이것은 대부분의 심리 치료 연구와는 전혀 다른 종류의 연구라는 점을 인식해야 한다. 대부분의 심리 치료 연구는 정해진 치료 기간, 수동 치료법, 환자 선택에 대한 구체적인 기준을 갖춘 고도로 통제된 효능감 연구다. 효과성 연구는 그렇게 많이 통제되진 않지만 현실을 더 많이 대변한다. 환자들은 스스로 치료사를 선택하고 모든 문제를 제시하며 환자와 치료사가 합의하는 한 얼마든지 치료를 받을 수 있다. 또 치료사는 환자에 맞게 치료 방식을 구성할 수 있는데, 그 때문에 다양한 치료 방식의 효과가 별 차이를 보이지 않는지도 모른다. 치료법이 효과가 없을 땐 치료사가 다른 방식으로 전환할 수도 있다.

전이와 역전이란?

전이Transference와 역전이Countertransference는 정신분석과 정신 역동 치료의 중심 개념이다. 정신분석이 처음 발달했을 당시 프로이트는 정신분석 대상자가 정신분석가에 대해 부적절하고 강렬한 감정을 가질 수 있다는 사실을 깨달았다. 환자가 자신의 정신적 갈등을 정신분석가에게 '전이'할 가능성이 있다고 믿은 그는 이런 전이가 임상 소재의 일부라는 사실을 인식했다. 정신분석 대상자가 정신분석가에게 느끼는 감정을 탐구하면 정신분석 대상자의 마음속에서 벌어지는 일을 많이 알아낼 수 있다.

역전이는 분석가가 정신분석 대상자에 대해 부적절하고 강렬한 감정을 가지는 현상을 말한다. 정신분석이 발달하던 초기에는 역전이가 억제되고 조절되어야 하는 분석가의 유치한 반응을 보여주는 부정적인 것으로 인식되었으나 현재는 정신 역동 연구를 통해 역전이를 치료 과정의 일부로 인식하고 있다. 하지만 전이나 역전이 현상을 다룰 때는 분석가가 요령을 가지고 주의 깊게 치료를 진행하는 것이 대단히 중요하다. 분석가와 환자 사이의 관계를 직접 논의하는 것은 어색하고 스트레스 쌓이는 일이기 때문에 분석가는 반드시 조심스럽고 건설적인 방식으로 전이와 역전이 현상을 알려주어야 한다.

정신분석의 1인 모델과 2인 모델의 차이는 무엇일까?

지난 몇십 년간 대인 관계 학파와 관계 학파와 같은 비교적 새로운 정신분석 학파들은 그동안 따랐던 1인 모델 심리학을 버리고 2인 모델 심리학으로 옮겨갔다. 이는 현대의 정신분석 치료사들이 더 이상 빈 스크린 모델Blank screen model 식으로 이루어지는 정신분석을 믿지 않는다는 뜻이다. 빈 스크린 모델이란 치료를 받는 환자의 경험을 환자의 심리 과정의 산물로 여기는 방식이다. 치료사는 환자가 자신의 느낌과 생각을 투영하는 빈 화면에 불과하다. 따라서 치료사는 환자의 경험에 어떤 기여도 하지 않는다.

현대의 정신분석 사상가들은 이제 치료사와 환자가 모두 심리 치료에 기여한다고 믿는다. 치료사는 느끼며 관계하는 살아 있는 존재다. 때문에 치료사의 행동을 아무리 잘 통제한다 해도 치료사의 기법에서 인간적인 면을 완전히 제거할 수는 없다. 또한 치료사의 감정적 경험이 치료가 진행되는 동안 벌어지는 상호 관계와 환자의 감정을 나타내는 매우 소중한 정보의 근원이 될 수 있다. 예를 들어 치료사가 치료 시간 동안 짜증을 낸다면 이는 환자가 수동적 공격성 행동을 가지고 있음을 나타내는 것인지도 모른다. 마찬가지로 치료사가 슬픈 감정을 느꼈다면 이는 환자가 미처 알아차리지 못한 슬픈 감정을 나타내는 것일 수 있다. 단, 치료사가 느끼는 감정 상태의 원인이 모두 환자에게 있다는 식으로 불공평한 판단을 내리지 않기 위해서는 치료사의 역전이를 주의 깊게 해석해야 한다. 따라서 정신분석과 정신역학 치료를 하기 위해서는 다년간의 훈련이 필요하다.

방어기제란?

정신분석 이론에 따르면, 사람들은 자신을 불안하게 만드는 느낌과 생각으로부터 스스로를 보호하기 위해 방어기제Defense mechanism를 사용한다고 한다. 이 같은 정신적인 조종을 통해 우리는 불편한 정보를 인식하지 못하게 스스로를 보호한다. 지그문트 프로이트의 여섯 자녀 중 막내인 아나 프로이트Anna Freud, 1895~1982는 1936년에 출간된 《자아와 방어기제*The Ego and the Mechanisms of Defense*》에 열 가지 방어기제를 소개했다.

방어기제 유형

방어기제	설명
전위Displacement	실제로 어떤 사람이나 상황에 대해 느끼는 감정을 또 다른 사람이나 상황을 향해 표출하는 것을 뜻한다. 실제로는 자신을 두고 출장 간 부모에게 화난 아이가 자신을 돌봐주는 베이비시터에게 화내는 경우를 예로 들 수 있다.
투입Introjection	투입은 사람들이 불안감을 유발하는 사람이나 행동을 내면화하여 소극적인 태도에서 적극적으로 변하는 것을 뜻한다. 예를 들어 괴롭힘을 당한 아이가 자신의 무력함을 억누르기 위해 다른 아이들을 괴롭히기 시작하는 것이다. 이는 공격자와의 동일시 현상Identifying with the aggressor과 유사하다.
격리Isolation	격리란 어떤 사건에 대한 인식이 감정적 경험과 동떨어진 것을 뜻한다. 벌어진 모든 상황을 인식하면서도 그 사건에 대한 감정적인 의미는 전혀 깨닫지 못하는 것이다.

투사Projection	사람들이 또 다른 사람에게 감정을 투사하며 자신의 감정을 그 사람에게 전가한다. "내가 너를 미워하는 것이 아니야. 네가 나를 미워하는 것이지"라는 식으로 말이다.
퇴행Regression	퇴행은 초기 발달 단계로 되돌아감으로써 불안감을 피하는 것이다. 예를 들어 성적으로 눈뜨기 시작한 청소년이 그 사실을 감당하지 못해 성적 능력을 갖기 전인 유아기로 퇴행할 수 있다.
억압Repression	프로이트는 억압이 정신적으로 위협적인 내용을 피하는 데 사용되는 기본적인 방어기제라고 믿었다. 억압은 괴로운 감정, 생각, 기억을 전혀 의식하지 않는 것이다.
반동 형성	사람이 실제로 느끼는 감정과 정반대되는 감정을 표현하는 것이다. 예를 들어 상대방에게 화가 난 사람이 지나치게 상대방을 배려하는 식이다.
역전이나 자기로 전향 Reversal or Turning Against the Self	다른 사람에게 느끼는 부정적인 감정을 감당할 수 없을 때 사람들은 그 감정을 내면으로 돌리면서 화가 나는 대상을 인식하지 않고 자책하거나 스스로에게 벌을 준다.
승화Sublimation	금지된 충동을 사회적으로 가치 있는 행동으로 바꾸는 것을 말한다. 예를 들어 어린 시절 가졌던 공격적인 성향을 외과 의사로 승화시킬 수 있다.
취소Undoing	사람들이 무언가에 대해 대단히 모순적인 태도를 가지고 있을 때 어떤 행동을 통해 한 가지 감정을 표출한 후, 그와 반대되는 감정을 표현하기 위해 자신이 한 행동과 정반대 행동을 한다.

행동 심리 치료란?

행동 심리 치료Behavioral psychotherapy는 행동주의에서 비롯되었다. 행동주의는 사람이 새로운 행동을 배우는 두 가지 기본 방식이 고전적 조건형성과 조작적 조건형성이라고 주장한다. 이런 논리는 20세기 초반에 실시된 과학적인 연구를 통해 성립되었다. 그러나 행동주의 원칙이 심리 치료 기법으로 활용된 것은 1950년대부터다.

고전적 조건형성이란?

고전적 조건형성이란 중립적인 사건이나 물체가 감정적으로 의미 있는 물체나 사건(무조건 자극, UCS)과 짝지어지면 사람들이 중립적인 물체나 사건(조건 자극, CS)에 대해 새로운 방식으로 반응하는 법을 배운다는 것이다. 예를 들어 연인과 헤어지는 순간이나 만족스러운 휴가처럼 감정적으로 중요한 시간UCS에 특정한 노래CS를 들으면 그

노래에 대해 강한 감정을 가지게 된다. 새롭게 학습된 반응은 조건 반응CR, Conditioned response이라고 부른다.

고전적 조건형성은 심리 치료에 어떻게 이용될까?

고전적 조건형성 기법은 불안 장애를 치료하는 데 대단히 효과적이다. 사람들이 다양한 자극을 두려움과 연관 짓도록 학습되면 불안 장애를 갖게 된다. 때문에 불안 장애를 치료하려면 두려운 물체(이를테면 개와 같은)와 두려운 반응이 연관성을 갖지 않게 해야 한다. 이렇게 조건 자극(개)이 조건 반응(개에 대한 두려움)과 분리되어야 한다. 자극 홍수법, 체계적 둔감화Systematic desensitization와 같은 기법은 사람들을 두려운 대상에 점진적으로(체계적 둔감화), 또는 한꺼번에(자극 홍수법) 노출시킨다. 두려운 대상이 아무런 해도 주지 않는다는 사실을 알면 두려운 반응은 사라진다. 조건 자극이 조건 반응과 따로 떼어져 더 이상 개에 대한 두려움을 느끼지 않게 되는 것이다. 또 예전에 두려움을 느끼던 물체와 편안함 및 고요라는 느낌과 새로운 연관이 지어질 수도 있다. 다시 말해 조건 자극과 새로운(긍정적인) 반응이 새롭게 짝지어지는 것이다. 깊이 숨 쉬기, 즐거운 장면에 대한 시각화, 근육 이완과 같은 이완 기법은 예전에 두려움을 느끼던 물체를 보았을 때 긴장을 풀 수 있게 도와준다.

체계적 둔감화란?

두려운 자극을 떨쳐버리게 만드는 데 가장 흔히 사용되는 기법이 체계적 둔감화다. 환자들은 먼저 두려움을 더 많이 느끼는 순으로 상황을 적는다. 예를 들어 개를 두려워하는 사람이라면 개에 대해 생각하는 상황, 개 사진을 보는 상황, 저 멀리 있는 개를 보는 상황, 개집에 갇혀 있는 개를 보는 상황, 몇십 미터 앞에 있는 개를 보는 상황, 몇 미터 앞에 있는 개를 보는 상황, 개가 바로 옆에 서 있는 상황 그리고 개를 만지는 상황까지 순차적으로 적는다. 0에서 100점 가운데 각각의 상황이 얼마나 많은 불안감을 유발하는지 적는다. 예를 들어 개를 상상하는 상황은 5점이고, 개 사진을 보는 상황은

10점, 개를 만지는 상황은 65점에 해당될 수 있다.

그런 다음 환자에게 불안감을 유발하는 상황에서 침착할 수 있도록 이완 기법을 가르친다. 이때 환자는 앞서 자신이 적은 순서대로 불안감을 가장 덜 느끼는 상황부터(개를 상상하는 상황) 불안감이 점점 고조되는 상황을 거쳐 불안감을 가장 느끼는 상황(개를 만지는 상황)에 노출된다. 각각의 상황에 노출될 때마다 환자는 지나친 불안감을 느끼지 않을 때까지 이완 기법을 사용하라는 지시를 받는다. 이것은 매우 효과적인 기법으로 고소공포증, 광장공포증, 시험에 대한 불안감 등 각종 불안감을 극복하는 데 유용하게 쓰인다.

조작적 조건형성은 어떤 식으로 작용할까?

조작적 조건형성 원칙에 따르면, 어떤 행동이 반복될 가능성은 그 행동에 대한 결과에 따라 달라진다고 한다. 보상된 행동은 반복될 가능성이 높고 벌 받은 행동은 반복될 가능성이 적다. 따라서 그 결과를 조작함으로써 행동을 변화시킬 수 있다.

조작적 조건형성 원리는 심리 치료에 어떻게 이용될까?

1950년대 B. F. 스키너B. F. Skinner, 1904~1990가 지지한 행동 수정은 조작적 조건형성 원칙을 기반으로 한다. 행동 수정은 주의 깊게 고안된 보상(또는 긍정적 강화)을 이용해 원하는 행동을 장려한다. 마찬가지로 보상을 없애면 바람직하지 않은 행동을 줄일 수 있다. 또 바람직하지 않은 행동의 빈도를 줄이기 위해 벌을 사용하는 경우도 있다. 그러나 벌은 부정적인 반응을 일으키므로 긍정적인 강화만큼 자주 이용되지 않는다. 한마디로 요약해서 행동 수정은 어떤 행동을 하는 사람들에게 동기를 부여하는 보상과 벌을 조작함으로써 행동을 바꾸는 것을 뜻한다.

이런 기법은 정신지체자나 정서적으로 문제 있는 아이들을 치료할 때뿐 아니라 아이를 기르거나 동물을 훈련시킬 때도 이용된다. 조작적 조건형성 기법은 구치소, 학교, 직장처럼 어느 정도 사회적 제재가 필요한 상황에서도 널리 이용된다. 그러나 이

기법은 자신의 행동을 바꾸어야겠다는 내면적인 결심이 부족한 사람들에게 가장 효과가 크기 때문에 개인 치료에는 많이 이용되지 않는 편이다. 심리 치료를 찾는 사람들은 이미 변화하겠다는 결심을 했기 때문이다.

인지 심리 치료란?

행동주의는 인지혁명으로 과학계가 다시 마음을 존중하기 시작한 1960년대까지 미국 심리학계를 주도했다. 그전까지 행동주의자들은, 주관적인 경험은 과학적으로 살펴볼 가치가 없는 것으로 치부했다. 인지 혁명을 이용해 에런 벡Aaron Beck, 1921~, 앨버트 엘리스Albert Ellis, 1913~2007, 마틴 셀리그먼Martin Seligman, 1942~ 과 같은 심리학자들이 인지 심리 치료라는 새로운 형태의 심리 치료를 개발했다.

인지 치료의 세 분야는 모두 심리적인 괴로움이 적응력 없는 생각에서 비롯된 것이라고 전제한다. 부정적인 생각이 부정적인 감정을 유발하고, 부정적인 감정은 다시 자멸적인 행동으로 이어진다는 것이다. 이런 식으로 부정적인 결과가 발생하면 다시 부정적인 생각이 강화되어 악순환이 이루어진다. 제약을 두지 않고 비지시적인 방식으로 심리적인 괴로움을 탐구하는 정신분석 치료와 달리 인지 치료사들은 불건전한 생각 과정을 적극적으로 파악하고 그런 생각을 보다 건전한 방식으로 재구성하도록 환자들을 훈련시킨다.

인지 왜곡이란?

인지 치료를 할 때 치료사들은 환자들이 인지 왜곡Cognitive distortion이라는 거름망을 통해 세상을 경험한다고 지적한다. 인지 왜곡은 우울한 정신 상태를 갖게 만드는 습관적인 사고방식이다. 부정적이고 비관적인 세계관을 유지하기 위해 정보가 왜곡되는 것이다. 정신과 의사인 데이비드 번스David Burns는 《필링 굿*Feeling Good: The New Mood Therapy*》에서 다음과 같은 인지 왜곡을 설명했다.

- **실무율적 사고**All-or-nothing thinking: 인생을 흑백논리로 본다. 완전히 성공하지 않으면 철저하게 실패한 것이다.
- **과잉 일반화**Overgeneralization: 단 한 번의 부정적인 사건을 지나치게 확대 해석한다. 한 번 나쁜 경험을 하면 평생 실패한다고 생각한다.
- **정신적 여과**Mental filter: 한 가지 부정적 세부 사항에 집착함으로써 보다 큰 그림에 대한 관점에 어두운 영향을 끼치게 한다. 멋진 파티를 열고도 기분이 안 좋아 보였던 한 손님만 신경 쓰는 식이다.
- **긍정적 측면의 평가절하**: 긍정적인 정보를 평가절하할 이유를 찾는다. 시험에 통과했다면 시험이 쉽게 출제되었기 때문이다. 옆집에 사는 소녀가 자신에게 잘해준 것은 자신을 동정하기 때문이다. 이런 식의 인지 왜곡은 긍정적인 근거가 있어도 세상에 대한 부정적인 관점을 유지하게 만든다.
- **비약적 결론**: 아무 근거가 없는 상황에서 부정적인 결론을 내린다.
- **지레짐작**: 다른 사람이 자신에 대해 느끼거나 생각하는 것을 안다고 착각하는 것이다. 이 경우 다른 사람이 자신에 대해 부정적인 생각이나 느낌을 갖는다고 여긴다.
- **미래 예언**: 일이 나쁘게 끝날 것이라고 예측한 후 그런 예측이 이미 벌어진 것이나 다름없다는 식으로 행동한다.
- **비극화 또는 축소화**: 비극적인 사고는 어떤 사건의 부정적인 영향이나 의미를 확대 해석하고 과장한다. 축소할 때는 일반적으로 긍정적인 무언가에 대한 중요성을 축소한다.
- **감정적 추론**: 자신의 감정과 현실을 구분하지 않는다. 자신이 무언가를 느끼면 그것이 반드시 사실일 것이라고 억측한다.
- **당위**: 지속적인 죄책감이나 의무감을 느껴야 동기를 가질 수 있다고 생각한다. 자신이 온갖 일을 '해야 하거나', '하지 않으면 안 된다'고 느낀다. 강요당한다고 느끼지 않는 한 스스로 제 역할을 할 수 없다고 믿는다.
- **낙인찍기**: 부정적인 사건이나 행동을 그 사람의 전체적인 성격으로 일반화시킨다. 예를 들어 남편은 이기적인 촌놈이고, 자신은 비참한 실패자이며, 이웃

은 거만한 사람이라고 생각하는 식이다.

- **개인화**: 자신과 상관없는 무언가의 원인이 자신에게 있다고 생각한다. 상사가 문을 닫고 사무실 안으로 들어가면 그건 상사가 자신에게 화가 났기 때문이다. 친구가 우울한 건 그녀가 남자 친구와 헤어졌을 때 내가 충분히 민감하게 대처하지 못했기 때문이다.

행동 치료의 ABC란?

행동 치료의 기본 중 하나는 다양한 행동의 결과를 파악하는 것이다. 어떤 사람의 행동을 바꾸고 싶다면 그 행동을 강화하는 것이 무엇인지부터 생각해야 한다. 그 사람으로부터 그런 행동을 이끌어내는 긍정적인 결과가 있는가? 보통 이런 경우 명확한 답이 없다.

행동 치료의 기본 기법 가운데 하나가 기능적 행동 분석이다. 이 과정은 행동을 주의 깊게 관찰하면서 선행 사건(그전에 무슨 일이 벌어졌는가?, A), 행동(그 사람이 정확히 무엇을 했나, B), 그리고 결과(그 후 어떤 일이 벌어졌는가?, C)라는 ABC를 기록한다.

이런 식으로 표적 행동을 관찰하고 나면 행동을 강화하는 것이 무엇인지 파악할 수 있다. 예를 들어 아이가 매일 밤 토하는데 부모가 그 이유를 알지 못한다고 가정하자. 기능적 행동 분석 결과 부모가 아이를 잠자리에 눕히고 난 뒤 아이가 토한다는 사실이 밝혀졌다. 처음에는 부모가 다시 방에 들어오게 하려고 아기가 울음을 터뜨린다. 한동안 부모가 들어가지 않으려고 애쓰다가 결국 엄마가 들어가면 아이는 먹은 것을 토한다. 그러면 엄마는 아이가 토한 것을 치우고 아이를 달래느라 45분간 아이와 함께 보낸다. 기능적 분석은 토하는 행동을 통해 엄마의 관심을 받기 때문에 아이가 계속해서 토한다는 점을 명확히 밝혀준다. 이런 식의 문제를 해결하는 방법은 아이의 울음에 따른 부수적인 사건을 바꾸는 것이다. 우는 아이를 달래기 위해 방에 들어가는 것이 아니라 정해진 시간에 방에 들어가는 식으로 말이다. 그러면 아이의 울음은 부모의 행동을 조절할 힘을 잃게 된다. 처음에는 부모가 자주 방에 들어가 아이가 잠시 동안만 혼자 있게 한다. 그러고는 점점 들어가는 시간 간격을 늘려 부모 없이도 혼자 잠들 수 있도록 아이를 적응시킨다. 아이가 밤새도록 잘 잘 수 있게 조건형성을 하는 유명한 퍼버 방식Ferber method의 기본이 이런 식으로 이루어진다.

인본주의 심리 치료란?

인본주의 심리 치료Humanistic psychotherapy는 20세기 중반에 탄생한 것으로, 미국 심리학을 주도하던 두 중심 세력에 대한 반발로 생겨났다. 행동주의는 이론심리학계를 주도했고 정신분석은 임상심리학을 주도했다. 칼 로저스, 프리츠 펄스, 빅터 프랭클, 롤로 메이와 같은 심리 치료사들이 지지한 인본주의 심리 치료는 행동주의와 정신분석에 대안을 제시하는 심리학의 세 번째 세력으로 간주된다. 정신분석이 심리적 갈등 해소에 초점을 맞추고, 행동주의가 행동 변화에 초점을 맞추는 데 비해 인본주의 심리는 성장 가능성을 강조했다. 인본주의 심리 치료는 자아실현, 무조건적인 긍정적 존중, 의미 추구와 같은 개념들을 통해 만족감, 행복, 삶의 의미를 찾는 기본적인 인간의 욕구를 강조했다.

인본주의 심리 치료의 목적은 정신 질환을 줄이는 데 있는 것이 아니라 인간의 잠재성을 실현시키는 데 있다. 때문에 정신분석과 정신 역동 치료처럼 과거를 강조하는 것이 아니라 현재를 더 강조한다. 또한 정신분석과 행동주의에서는 전적으로 배제되었던 영적인 면이 인본주의 심리 치료에는 포함되어 있다.

그러나 인본주의 심리 치료와 정신 역동 치료 사이에는 겹치는 부분이 꽤 많다. 그리고 선구적인 인본주의 심리학자들 가운데 다수가 정신분석 훈련을 받은 사람들이다. 인본주의 심리 치료와 정신분석 치료는 모두 심리 치료사와 환자가 일대일로 만나 이야기를 나누는 형식으로 이루어진다. 두 방식 모두 이야기를 통해 감정적으로 관련된 생각, 느낌, 문제를 탐구하는 것이 삶을 향상시키는 데 도움이 된다고 가정한다. 또 두 치료 방식 모두 사람들이 감정을 다루는 방법과 다른 사람과 관계를 맺는 방식에 초점을 맞춘다.

빈 의자 기법이란?

빈 의자 기법Empty chair technique은 프리츠 펄스가 창시한 게슈탈트 치료에서 이용되는 유명한 기법이다. 환자는 누군가에게 이야기하는 것처럼 빈 의자를 향해 말을 한다. 그러고는 그 대상에게 자신이 느끼는 모든 감정을 털어놓는다. 이런 식으로 자신이 실제로 느끼는 감정을 파악하고 그 감정을 말로 표현하는 법을 연습하면서 실제 대상에게 직접 의사 표현을 하지 못하도록 방해하는 두려움이 무엇인지 확인한다. 흥미롭게도 빈 의자 기법은 행동주의 기법인 체계적 둔감화와 유사하다. 실제 대상이 없는 상황에서 두려운 대화를 연습함으로써 환자는 덜 불안한 상태에서 불안감을 야기하는 대상을 대면하게 된다. 이를 통해 환자가 낮은 수준의 불안감을 극복하면 그보다 더 불안감을 야기하는 다음 상황으로 나아갈 수 있다. 어쩌면 빈 의자를 향해 이야기하던 사람이 실제 대상과 이야기를 나누는 수준으로 진보할지도 모른다.

가족 치료란?

20세기 후반은 심리 치료 분야에 혁신이 일었던 시기로, 전통적인 정신분석에서 벗어난 새로운 심리 치료 분야가 많이 생겨났다. 가족 치료는 그전까지 이루어졌던 심리 치료의 기본 요소인 개인에 대한 강조에 도전장을 제시한 치료법이다. 가족 체계 이론은 가족이 하나의 체계로 작동하기 때문에 다른 가족 구성원들과 동떨어진 상태에서

가족 치료를 뒷받침하는 이론은 개인이 개별적인 개체가 아니라 복잡한 가족 체계의 일부로 작용한다는 것이다. 따라서 가족 구성원 중 한 사람을 치료하기 위해서는 치료사가 가족 전체를 이해하는 것이 중요하다.(iStock)

가족의 한 구성원만 이해하는 것은 불가능하다고 믿는다. 특히 결혼한 커플이나, 부모에 의존하며 부모와 함께 사는 아이들의 경우 더욱 그렇다.

살바도르 미누친Salvador Minuchin의 구조적 가족 치료, 제이 헤일리Jay Haley의 전략적 가족 치료, 칼 휘태커Carl Whitaker와 버지니아 사티어Virginia Satir의 경험 가족 치료 등 변형된 가족 치료가 많지만 가족 치료사들은 모두 가족 전체나 아니면 최소한 핵심 구성원이 다 함께 치료에 참석하는 것이 중요하다고 믿는다. 가족을 하나로 인식함으로써 치료사들은 개인 치료만으로 이룰 수 있는 것과 전혀 다른 효과를 볼 수 있다.

가족 치료사들은 가족 구성원들 사이의 상호 관계 방식을 살펴본다. 엄마와 큰아이가 함께 아빠에게 반항하는가? 별거 중인 부모가 서로 대화를 나눌 수 있게 하려고 아이가 학교에서 문제를 일으키는가? 부모가 아이에게 지나친 권한을 실어주면서 자녀와의 사이에 적절한 경계선을 정하지 못하는가? 가족 치료는 가족 구성원들이 이 같은 문제성 있는 패턴을 인식하고 다 함께 변화하기 위해 노력하도록 도와주는 것이다. 정신 역동 치료와 달리 가족 치료는 과거보다는 현재 벌어지고 있는 상호 관계를 중점적으로 다룬다. 물론 현재와 같은 식의 상호 관계가 이루어지는 데 큰 역할을 한 과거사도 되돌아본다.

어떤 문제에 어떤 치료가 가장 효과적일까?

여러 방식의 치료가 모두 효과적이라는 자료가 많지만 특정한 심리 문제를 해결하는 데 가장 효과적인, 특정한 심리 치료 방식이 따로 있다는 연구 결과도 있다. 행동 치료는 공포증, 공황장애, 강박관념과 같은 불안 장애에 가장 효과가 있다. 인지 치료는 경미한 수준에서 중간 정도 수준의 우울증을 해결하는 데 효과적이다. 병적인 도박, 자해적인 행동, 분노 조절을 못하는 등 충동적이고 강박적인 행동은 행동적 요소와 인지 요소를 활용한 기술 구축 치료Skill-building therapy에 가장 잘 반응한다.

경미하거나 중간 정도 수준의 성격 장애를 가진 사람들은 정신 역동 치료와 같은 통찰 중심의 장기적인 치료에 반응하지만 장애 정도가 심각할 경우에는 기술 구축 치료도 필요할 수 있다. 예를 들어 변증법적 행동 치료DBT는 경계선 성격 장애를 치료하기 위해 특별히 고안된 것이다. DBT는 행동 원칙을 근거로 삼고 기능적 행동 분석을 활용하며 경계선 성격 장애와 관련된 감정 조절 결핍과 대인 관계 문제를 치료한다.

심리 치료에서 훈련은 얼마나 중요할까?

환자들이 비전문가와 이야기할 때나 훈련된 정신 건강 전문가와 이야기할 때나 만족도가 똑같다는 연구 결과가 많다. 심각하지 않은 문제에 대해서는 많은 사람들이 전문적인 훈련을 받지 않아도 확신과 지원을 제공할 수 있지만 훈련은 분명 중요한 것이다. 1995년 《컨슈머 리포트》에 따르면, 일반적으로 사람들은 비전문가의 치료보다 훈련된 정신 건강 전문가의 치료를 통해 상태가 더 개선되고 행복감을 더 많이 느끼는 것으로 나타났다. 뿐만 아니라 오랫동안 치료를 받을 때 비전문가와 전문가 사이의 차이는 더 커진다.

치료의 성공에 가장 중요하게 작용하는 요소는 무엇일까?

심리 치료 결과를 예측하는 요소, 즉 심리 치료의 성패에 기여하는 요인이 무엇인지 연구한 문헌을 보면 치료사와 환자의 요소가 모두 기여하는 것으로 나타났다. 치료사 요인 중에는 진지함과 (환자가 느끼는) 공감 같은 인성 변수가 매우 중요한 것으로 나타났다. 치료 결과에 대한 긍정적인 기대 또한 중요하다. 환자 측 변수로는 변화하겠다는 결심, 희망, 치료에 대한 긍정적인 기대가 긍정적인 결과를 낳는 것으로 나타났다. 환자의 일반적인 사회적 역할 수준과 사회 지원 역시 치료 결과에 영향을 준다. 세상에서 제 역할을 잘하고 지지적인 관계를 더 많이 가진 환자일수록 치료 후 상태가 더 나아지는 경향이 있다. 또한 환자와 치료사 모두 긍정적인 유대감을 형성하고 공통된 목적을 가질 때 치료가 성공할 가능성이 더 크다고 강조한다.

치료사를 선택할 때 살펴보아야 할 것은 무엇일까?

치료사 선택은 중요한 결정이지만 환자의 욕구를 가장 잘 충족시켜줄 수 있는 치료사를 쉽고 빠르게 고르는 방법은 없다. 치료사와 환자의 관계가 치료 결과에 영향을 주는 중요한 요소이므로 자신이 편안하다고 느끼는 치료사를 선택하는 것이 당연하다. 다른 모든 인간관계처럼 이것은 어느 정도 개인적인 선택이라 할 수 있다. 치료사가 어떤 사람과 완벽하게 맞는다고 해서 그 사람의 친구와도 잘 맞는다는 법은 없다. 구체적인 문제에 대한 도움을 얻기 위해 치료사를 찾을 때는 그 분야에 전문성을 가진 사람을 찾아야 한다. 앞서 살펴본 대로 불안 장애가 행동 치료에 가장 잘 반응하듯이 문제에 따라서는 특정한 치료 방식을 이용하는 것이 가장 좋을 때도 있다.

그러나 대부분 여러 치료 방식의 효과가 비슷하기 때문에 치료사의 중심 이론(예를 들어 정신 역동 중심인지, 인본주의 심리 치료 중심인지, 아니면 인지 치료 중심인지 등)은 환자와 치료사의 성향과 관련이 있다. 예를 들어 사람들은 지시적인(치료사가 치료법을 정하는) 치료사를 원할지 아니면 탐구적인(개방적인 논의를 도모하는) 치료사를 원할지, 숙제를 주는 사람을 원할지 주지 않는 사람을 원할지, 말을 많이 해주는 사람을 원할지 자신의 말을 더 많이 들어주는 사람을 원할지, 어린 시절 관계를 살펴보는 사람을 원할지 현재 당면한 문제를 해결하는 데 초점을 맞추는 사람을 원할지, 아니면 단기 심리 치료를 원할지, 장기 치료를 원할지(몇 주에서 몇 달 또는 몇 년) 고려할 수 있다.

치료사의 성격 또한 치료 유형에 영향을 준다. 어떤 치료사들은 점잖고 지지적인 반면, 상대를 생각해서 엄격한 방법으로 도움을 주는 '엄한 사랑'을 행하는 사람도 있다. 전자와 같은 치료사를 선호하는 환자들도 있는 반면 전자와 같은 치료사가 너무 부드럽다고 생각해 그보다 엄한 치료사를 찾는 환자들도 있다.

치료는 얼마나 지속되어야 할까?

치료 학파는 치료 기간에 대해 각기 다른 철학을 가지고 있다. 인지 행동 치료는 단기적인 데 반해 인본주의 심리 치료와 정신 역동 치료는 그보다 긴 편이다. 정신 분석은 대개 수년 동안 지속된다. 연구 결과, 문제가 경미하고 비교적 최근에 발생한 경우에는 장기 치료가 필요하지 않을 수 있으나 그보다 심각하고 복잡하며 오래 지속된 문제일수록 더 많은 시간이 필요한 것으로 나타났다. 치료 기간은 또한 환자의 선호도에 따라 달라진다.

현 증상에 대한 해결책에 만족을 느껴 증상이 개선되는 즉시 치료를 중단하는 환자들도 있다. 반대로 보다 큰 자아 탐험과 인성 발달에 관심을 가지고 오랫동안 치료를 받는 사람들도 있다. 1995년 《컨슈머 리포트》에 따르면, 치료를 오래 받는 환자일수록 더 만족하는 것으로 나타났다. 물론 이는 치료에 만족한 사람들이 더 오랫동안 치료를 받을 수 있기 때문에 선택 편향적인 결론일 수 있다.

정신약리학

의약품은 정신 질환 치료에 어떤 영향을 주었을까?

현대 정신약리학Psychopharmacology(정신과 치료제)의 발전으로 정신 질환을 앓고 있는 사람들의 삶이 급격하게 변화했다. 한때 괴로움과 역기능, 대개 불결한 상태로 살아가야 했던 정신 질환자들이 이제는 지역 사회에서 어느 정도 만족스럽게 살아갈 수 있다. 이처럼 현대 정신약리학이 상당한 혜택을 가져다주긴 했지만 그렇다고 해서 부작용이 전혀 없는 것은 아니다.

첫째, 모든 의약품은 부작용을 가지고 있는데 그중에는 제법 위험한 것도 있다. 둘째, 정신 질환 치료제는 처방 받은 대로 복용했을 때만 효과가 있다. 때문에 복용법을 지키지 않는 것이 아마 치료에 실패하는 가장 큰 이유일 것이다. 셋째, 치료제의 효험과 안전성을 조사하는 임상 시험을 하기 위해서는 많은 비용이 든다. 이로 인해 현재는 민간 기업, 특히 제약 업계에서 임상 시험 비용을 지원하는데 수익 구조 때문에 공정과는 거리가 멀다. 따라서 일부 전문가들과 환자들은 장기적인 치료제 복용의 안정성을 우려하기도 한다.

정신과 치료제는 크게 어떻게 나뉠까?

하나의 범주에만 해당되지 않는 치료제도 있지만 정신과 치료제는 대개 다음의 범주로 나뉜다. 정신병 치료제, 항우울제, 항불안제 그리고 기분 안정제. 각 범주마다 관련된 신경 전달 물질이 있다.

정신병 치료제에는 어떤 것들이 있고 어떤 식으로 작용할까?

정신병 치료제는 일반적으로 전형적 정신병 치료제와 비전형적 정신병 치료제, 두 가지로 나뉜다. 전형적 정신병 치료제는 파리의 한 연구소에서 클로르프로마진(소라진Thorazine)이 개발된 1950년대 초기에 생겨났다. 할로페리돌(할돌Haldol), 티오리다진(멜러릴Mellaril), 플루페나진(프롤릭신Prolixin)을 비롯한 이런 치료제는 도파민 신경 전달 물질 체계, 특히 D2 신경 전달 물질 수용체에 작용한다.

정신병 치료제는 효과가 매우 뛰어나지만 다양한 부작용을 일으킨다. 입안이 마르고 시각이 흐려지며 정신 상태가 혼란스러워지는 항콜린 효과Anticholinergic effect는 클로르프로마진, 티오리다진과 같은, 효능이 약한 전형적 정신병 치료제 복용 시에 나타난다. 추외체 부작용EPS, Extra-pyramidal side effect은 할로페리돌, 플루페나진과 같은 효과가 뛰어난 전형적 정신병 치료제를 복용할 때 흔히 발생한다. EPS 증상으로는 근육 떨림과 몸이 뻣뻣해지는 증상이 있다.

비전형적 정신병 치료제로는 리페리돈(리스페달), 올란자핀(자이프렉사Zyprexa), 쿠에타핀(세로켈Seroquel), 지프라시돈(지오돈Geodon), 아리피프라졸(아리셉트Aricept)이 있는데 1990년대에 시장에 출시되었다. 최초의 비전형적 정신병 치료제인 클로자핀(클로자릴Clozaril)은 그보다 더 오래전에 출시되었지만 치명적인 백혈구 생산 장애인 과립구감소증의 위험이 대두되면서 시장의 외면을 받았다. 비전형적 정신병 치료제는 세로토닌, 도파민, 노르에피네프린을 비롯한 다양한 신경 전달 물질에 작용한다. 비전형은 전형적 정신병 치료제가 일으키는 부작용이 아니라 비전형적 정신병 치료제만의 부작용을 따로 가지고 있다. 인슐린 저항, 고혈압, 체중 증가, 혈당 증가 등의 대사 증후군을 일으킬 가능성이 더 높다는 것이다. 대사 증후군은 당뇨병과 심장 질환에 대한 위험을 고조시킨다.

비전형적 정신병 치료제가 등장하면서 클로자핀에 대한 새로운 관심이 고조되었다. 클로자핀은 현재 가장 효과가 뛰어난 정신병 치료제로 여기는데 부작용 때문에 다른 치료제가 효과를 보지 못했을 경우에만 사용된다.

흔히 처방되는 정신병 치료제에는 어떤 것들이 있을까?

모든 치료제는 화학 구조를 나타내는 일반 명칭과 브랜드명을 나타내는 상품명이 있다. 어떤 치료제의 특허권이 소멸되면 다른 제약 회사들이 유사한 치료제를 제조할 수 있지만 일반적인 명칭으로만 판매된다. 다음은 흔히 이용되는 치료제와 용처를 나타낸 표다.

흔히 처방되는 정신병 치료제

상표명	일반 명칭	약물 범주	주요 신경 전달 물질
프로작	플루옥세틴	항우울제	세로토닌
셀렉사	시탈로프람	항우울제	세로토닌
졸로프트	서트랄린	항우울제	세로토닌
클로노핀	클로나제팜	항불안제	가바
아티반	로라제팜	항불안제	가바
발륨	디아제팜	항불안제	가바
할돌	할로페리돌	정신병 치료제	도파민
리스페달	리스페리돈	정신병 치료제	혼합
자이프렉사	올란자핀	정신병 치료제	혼합
에스칼리스/ 리소비드	리디움	기분 진정제	?
데파킨	밸프로산	기분 진정제	가바?
뉴로틴	가바펜틴	항경련제/ 기분 진정제	가바?

CATIE 연구란?

비전형적 정신병 치료제가 등장하면서 사람들은 새로운 세대의 치료제가 그전 치료제보다 뛰어나다고 생각했다. 비전형 치료제의 부작용이 전형 치료제보다 덜할 뿐 아니라 정신분열증의 양성과 음성 증상을 모두 치료하는 데 더 효과적이라고 여겼기 때문이다(양성 증상은 적극적인 정신병 증상을 나타내고, 음성 증상은 사회에 참여하지 못하고 힘이 없으며 무감각해지는 정신분열증 증상을 뜻한다).

2005년에 발표된 CATIE 연구는 비전형이 전형적 정신병 치료제보다 뛰어나다는 가정에 문제를 제기한 연구다. 이 연구는 세 가지 비전형적 정신병 치료제(케티아핀, 리스페리돈, 지프라시돈)와 중간 정도의 효능을 가진 정신병 치료제, 페르페나진(트릴라폰 Trilafon) 사이에 차이가 없다는 사실을 증명했다. 올란자핀(자이프렉사)이 페르페나진보다 뛰어난 것으로 나타났지만 올란자핀은 또한 대사 증후군이 발생할 가능성이 가장 높았다. 참고로 이 연구는 정부 기관인 미국 정신건강연구소National Institute of Mental Health의 기금을 받아 실시된 것으로, 제약 회사들과는 무관하다.

항우울제에는 어떤 것들이 있으며 어떤 작용을 할까?

항우울제는 우울증을 치료하는 약물이다. 현재 가장 많이 이용되는 항우울제는 세로토닌 신경 전달 물질 체계에 작용하는 세로토닌 재흡수 저해제SSRI, Serotonin reuptake inhibitor다. 흔히 처방되는 SSRI로는 플루옥세틴(프로작), 서트랄린(졸로프트), 시탈로프람(셀렉사), 파록세틴(팍실) 등이 있다. SSRI는 다른 종류의 항우울제보다 효과도 뛰어나고 안전하지만 그렇다고 해서 부작용이 없는 것은 아니다. 가장 문제가 되는 부작용이 성 기능과 관련된 것이다. SSRI는 또한 불안한 상태와 강박 장애를 치료하는 데도 도움이 된다.

1980년대에 SSRI가 등장하기 전까지는 헤테로사이클릭Heterocyclic이 가장 빈번하게 처방되는 항우울제였다. 흔히 이용되는 헤테로사이클릭으로는 이미프라민(토프라닐 Tofranil), 아미트리프틸린(엘라빌Elavil), 노르트리프틸린(파멜로Pamelor) 등이 있다. 고리 구조로 이루어진 약물의 분자를 따서 명칭이 만들어진 헤테로사이클릭은 세로토닌과 노

일부 심리학자들도 의약품을 처방하는 면허를 가지고 있지만, 대부분의 정신병 치료제는 정신과 의사나 1차 진료 기관 의사들에 의해 처방된다.(iStock)

르에피네프린 신경 전달 물질 체계를 강타하는데 그중에서도 노르에피네프린을 더 강하게 강타한다. 헤테로사이클릭은 또한 히스타민과 아세틸콜린 신경 전달 물질 체계에도 영향을 준다. 헤테로사이클릭의 부작용은 SSRI 부작용보다 더 위험하다. 또 과다 복용할 경우 심장 질환 부작용을 유발해 치명적일 수 있다.

또 다른 부류의 항우울제로는 모노아민 산화효소 억제제MAOI, Monoamine oxidase inhibitor가 있다. MAOI는 1950년대 초에 발견되었는데 1960년대 초에 치명적인 부작용 가능성이 제기되었다. MAOI는 뇌졸중을 일으킬 정도로 혈압을 올리는 고혈압성 위기의 원인이 될 수도 있다. MAOI를 오피오이드(아편 비슷한 작용을 하는 합성 진통 마취제-옮긴이), SSRI 같은 약물과 함께 복용하거나, 티라민이 풍부한 음식과 함께 섭취할 경우 이런 위기가 발생할 수 있는데, 숙성된 치즈, 훈제 고기, 소시지, 알코올 음료는 모두 티라민이 풍부하다.

MAOI는 가장 위험한 항우울제이지만 효과는 매우 뛰어나다. 때문에 치료 저항성 우울증을 앓는 환자 중에 티라민이 적은 음식을 섭취할 수 있다면 MAOI를 복용하는 것도 합리적인 대안이 될 수 있다. MAOI에 해당되는 것으로는 페넬진(나르데이트 Nardate)나 트라닐시프로민(파네이트Parnate) 등이 있다.

항불안제에는 어떤 것이 있고 어떻게 작용할까?

항불안제에는 바비튜레이트와 벤조디아제핀이라는 최소 두 부류가 있다. 두 부류의 약물은 모두 가바 신경 전달 물질 체계에 작용한다. 세코바비탈(세코날Seconal), 펜토바비탈(넴부탈Nembutal)과 같은 바비튜레이트가 좀 더 오래된 부류의 치료제에 해당되는데, 요즘은 문제성 많은 부작용 때문에 일반 항불안제로는 거의 처방되지 않는다. 바비튜레이트는 침습적 시술을 하기 전 환자를 안정시킬 때와 같이 세심히 관리되는 상황에서는 여전히 유용하게 이용된다.

바비튜레이트를 대신해 불안 장애를 치료하는 데 사용되는 것이 벤조디아제핀이다. 알프라졸람(재낵스Xanax), 로라제팜(아티반Ativan), 클로나제팜(클로노핀Klonopin), 디아제팜(발륨)과 같은 치료제는 과다 복용해도 치사율이 낮고 바비튜레이트보다 중독성이 적다. 그러나 벤조디아제핀 또한 중독성이 있기 때문에 갑자기 복용을 중단하면 금단 현상이 생길 수 있다. 약물의 반감기(체내에서 약물이 완전히 빠져나가는 데 필요한 시간)에 따라 중독 가능성이 달라진다. 알프라졸람처럼 반감기가 짧은 벤조디아제핀의 경우 클로나제팜처럼 반감기가 긴 치료제에 비해 중독과 금단 현상을 겪을 위험이 크다.

기분 안정제란?

기분 안정제는 양극성 장애를 가진 환자들이 조증과 우울함을 피할 수 있게 도와주는 치료제인데 말 그대로 기분을 안정시킨다. 가장 흔한 기분 안정제로는 리디움, 밸프로산(데파킨), 카르바마제핀(테그레톨Tegretol) 등이 있다. 기분 안정제가 작용하는 방식에는 조금 불가사의한 면이 있다. 다른 부류의 정신병 치료제와 달리 기분 안정제는 특정 신경 전달 물질과 명확한 관련이 없다. 어떤 기분 안정제는 세포막의 나트륨 통로를 바꾸기도 하고, 어떤 기분 안정제는 가바 신경 전달 물질 체계에 작용하는 것으로 보인다. 카르바마제핀과 밸프로산과 같은 대부분의 기분 안정제는 항발작제(간질 치료제) 기능을 하기도 한다. 기분을 안정시키는 데 이용되는 다른 항발작제로는 가바펜틴(뉴로틴), 라모트리진(라믹탈Lamictal), 토피라메이트(토파맥스Topamax) 등이 있다. 기분 안정제는 또한 불안과 충동을 치료하기도 한다.

치료 약물이 심리 치료를 대신하게 될까?

SSRI가 폭발적으로 성장했던 1980년대 후반에는 약물이 심리 치료를 대신할지도 모른다는 생각이 만연했지만 요즘은 치료 약물이 심리 치료를 대신할 것이라고 생각하는 사람은 거의 없다. 약물이 증상을 치료하고 심각한 정신 질환 치료에 큰 도움을 주는 것은 사실이다. 그러나 심리 치료에 중심 역할을 하는 사람이라는 요소를 약물이 대신할 수는 없다. 또한 약물과 심리 치료는 다른 문제를 치료한다. 약물은 정신병, 조증, 심각한 우울증, 불안감, 동요를 치료하는 데 매우 효과가 있고 심리 치료는 문제 많은 성격 장애, 파괴된 자기 이미지, 손상된 대인 관계 기술을 치료하는 데 효과적이다. 또 특정한 심리 치료는 불안 장애와 경미한 우울증에서 중간 등급의 우울증을 치료하는 데도 효과적이다. 일반적으로 약물은 우울증과 불안감을 단시간에 제거하지만 심리 치료는 약물보다 효과가 오래가고 부작용도 훨씬 적다.

새로운 약물은 어떻게 개발될까?

치료제를 개발하고 시판하는 과정은 길고 복잡하며 비용이 많이 든다. 대학, 정부, 기업 연구소에서 진행되는 기본적인 생화학 연구가 치료제 개발 방향을 제시한다. 실제 약물 개발은 대부분 규모가 큰 제약 업계의 자금으로 기업 연구소에서 진행된다. 치료제가 개발되면 효험, 안전성, 내약성에 대한 시험을 거친다. 효험은 표적 증상을 얼마나 잘 치료하는가를 나타낸다. 안전성은 유해 사례라고도 부르는 위험한 부작용이 없는지 살펴보는 것이다. 내약성은 환자가 치료제를 견딜 수 있는 능력을 나타낸다. 약이 안전해도, 즉 위험하지 않아도 내약성이 없을 수 있다. 약물이 메스꺼움이나 두통을 유발하는 경우처럼 말이다.

FDA 검사는 어떤 단계를 거칠까?

미국에서는 어떤 약물이 치료제로서 미국 식품의약국FDA의 승인을 얻기 전에 몇 단계로 이루어진 FDA 검사를 받아야 한다. 1단계 연구에서는 약물이 소수의 건강한 자원 피험자들에게(20~80명) 주입되었을 때 내약성과 안전성이 입증되어야 한다. 2단계에서는 약물이 보다 많은 수의 환자들에게(100~300명) 투약되어 내약성과 안전성은 물론 어느 정도의 효험도 입증되어야 한다. 3단계에서는 약물이 1000~3000명으로 구성된 다수의 환자들을 대상으로 실험했을 때 효험, 내약성, 안전성을 가지고 있다는 것이 입증되어야 한다.

약물의 효과는 어떻게 알 수 있을까?

새로운 약물의 효험을 검사하는 표준 방법은 무작위 대조 실험RCT, Randomized controlled trial을 통하는 것이다. RCT에서는 다수의 환자들로 구성된 피험자 표본을 대상으로 시험 약물을 이용한 검사나 대조군 치료를 실시한다. 대조군 약물은 또 다른 치료제가 될 수도 있고 위약(효과가 있는 약물처럼 보이는 가짜 약)일 수도 있다. 검사는 의사나 환자 모두 환자가 검사 대상 약물을 복용하는지 위약을 복용하는지 알 수 없는 이중맹검법을 통해 이루어져야 한다. 정해진 기간이 지나면 증상이 향상되었는지 집단 사이에 비교가 이루어진다. 위약을 복용한 피험자들보다 적극 치료를 받은 환자들의 증상이 개선되면 그 약은 효험이 있는 것으로 간주된다.

약물은 왜 위약과 비교되는 것일까?

약을 복용한다는 생각만으로도 증상이 나아지는 환자들이 많기 때문에 위약 통제는 반드시 필요하다. 위약 효과란 위약을 복용한 환자들의 증상이 나아지는 것을 뜻한다.

약에 아무런 효과가 없어도 의사를 보고 약을 처방받는 것만으로도 상당히 안심될 수 있다. 위약 효과는 실제 벌어지는 현상으로, 일부 치료 연구에서는 30~40퍼센트까지 효과가 나타나는 경우도 있다. 따라서 치료 연구를 실시할 때는 환자의 증상이 개선된 것이 위약 효과가 아니라 효과 있는 약물의 성분 때문이라는 것을 입증하기 위해 위약 통제를 포함시켜야 한다.

정신병 치료제가 남용되는 경우가 많은 이유는 무엇일까?

임상 시험을 통해 정신병 치료제가 안전하고 내약성이 있다는 것이 입증되고 수천 명의 환자들에게 수년 동안 투약되었지만 일부 처방약의 경우 약물 남용으로 이용되는 경우가 있다. 이런 식으로 오용될 가능성이 가장 큰 약물에는 어떤 것들이 있을까? 약효가 빠르게 나타나고 기분을 고조시키는 경향이 있으며 반감기가 짧은 약물일수록 오용될 가능성이 높다. 그래서 아편제와 벤조디아제핀이 남용될 가능성이 가장 큰 약물에 해당된다. 항우울제, 정신병 치료제, 기분 안정제는 자주 남용되지 않는다.

어떤 약물이 가장 효과가 큰지 어떻게 알 수 있을까?

FDA 규정은 시중에 판매되는 약물이 위약이나 대조 약물에 비해 안전성과 효험이 있음을 입증하게 한다. 그러나 어떤 약물이 가장 효과가 좋은지 판단하기 위해 여러 약물을 비교할 것을 요구하지는 않는다. 제약 회사들은 자사의 약품이 가장 효과가 뛰어난 것처럼 보이게 하려고 재정적인 지원을 한다. 따라서 자사의 제품에 대한 안 좋은 결과가 나올 수도 있는 고품질의 객관적인 연구를 실시하기 위해 수백만 달러를 지원하는 일은 없다. 새로운 약이 더 낫다는 착각을 없애준 CATIE 연구도 사기업에서 실시한 것이 아니라 정부 차원에서 실시한 것이다. 때문에 약물 대 약물을 공정하게 비교하는 고품질의 연구를 지원하기 위해서는 독립적인 기금이 마련되어야 한다.

제약 업계는 정신의학 업무에 어떤 영향을 미칠까?

제약 업계는 정신의학 업무에 크나큰 영향을 미친다. 1980년대부터 미국 정부는 업계의 규제 완화를 위해 움직여왔다. 철학적 · 정치적 변화와 더불어 제약 업계는 소비자를 상대로 직접 마케팅을 하고 학계 연구 센터와 공동 연구를 펼칠 수 있는 자유를 얻었다.

정신의학 치료제의 엄청난 발전과 함께 제약 업계의 수익도 크게 늘었을 뿐만 아니라 정신의학 연구, 출간, 연수 등 모든 면에 관여하게 되었다. 최근 벌어지는 이런 변화에 반발하는 사람들도 있지만 어떤 질환에 어떤 약이 가장 효과적인지에 대한 대세를 형성하는 데 여전히 제약 업계가 깊숙이 관여하고 있다.

안타깝게도 각기 다른 약품의 비교 효과에 관한 공정한 정보를 제공하는 CATIE 연구와 같은 독립적인 조사가 거의 이루어지지 않고 있다. 그렇다고 해서 제약 업계에서 실시하는 임상 조사가 전혀 무의미하다는 것은 아니다. 다만 자사의 수익원에 부정적인 영향을 주는 연구 결과를 발표할 제약 회사는 거의 없기 때문에 공정하게 이루어지기가 힘들다.

2006년에 로버트 켈리와 동료들은 542개의 약품에 관한 자료가 포함된 301개의

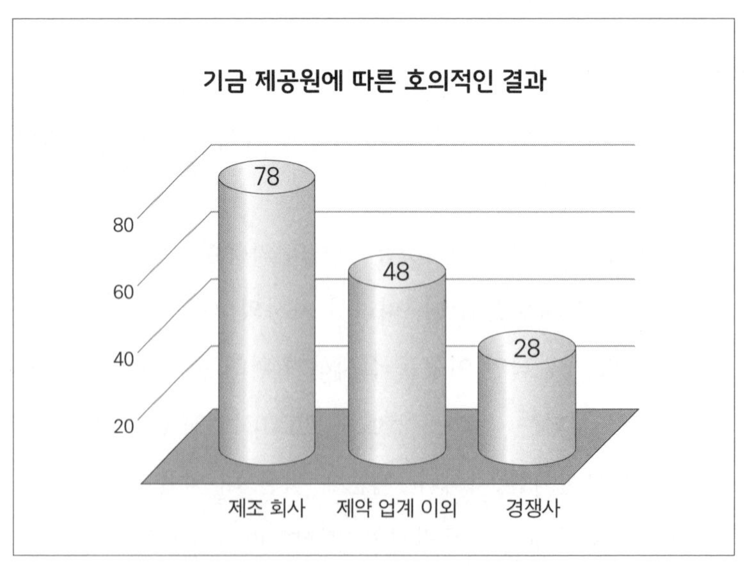

약품을 제조한 제약 업체가 연구 기금을 제공한 연구의 경우 호의적인 결과가 나올 가능성이 더 높다.

논문을 조사했다(똑같은 약물을 살펴본 약물들이 많이 있다). 각 약품에 대한 연구 결과가 긍정적인지 부정적인지와 더불어 연구 기금을 제공한 업체가 함께 조사되었다. 도표를 통해 알 수 있듯이 약품을 제조한 제약 회사가 연구 기금을 제공한 경우 78퍼센트가 자사의 약품에 대해 호의적인 결과를 발표했으며, 경쟁사가 기금을 제공한 약품에 대해 호의적인 결과를 발표한 연구 결과는 28퍼센트에 불과했다. 그리고 제약 업체로부터 아무런 기금도 받지 않은 연구에서는 48퍼센트가 긍정적인 결과를 보았다.

다시 말해서 제약 회사가 연구 기금을 제공하지 않을 때는 긍정적인 결과가 나올 확률이 50대 50이라는 것이다. 하지만 다른 상황에서는 그렇지 않은 것으로 나타났다. 어떻게 이런 일이 벌어질 수 있을까? 제약 회사들이 실시한 연구가 유효하지 않다는 뜻일까? 대부분의 연구원들은 이것이 과학적인 문제라기보다는 선별적인 발표에 있다고 믿는다. 제약 회사들이 자사의 약품을 지지하는 연구 결과를 발표하는 경우는 많지만 그렇지 않은 연구 결과를 발표하는 경우는 드물기 때문이다.

ECT란?

ECT는 전기 충격 요법Electroconvulsive therapy을 나타내는 말로, 쇼크 요법이라고도 한다. 두개골 몇 군데에 전극을 부착한 후 전극을 통해 두개골로 약한 전류를 흐르게 한다. 그러면 보통 20~30초 동안 경련이 일어난다. 무시무시한 평판에도 불구하고 ECT는 심각한 우울증에 탁월한 효과를 보인다. 특히 자율신경계 증상을 많이 가진 우울증인 멜랑콜리아에 효과가 있다. 자율신경계 증상이란 에너지 상실, 수면 장애, 식욕 부진, 집중력 장애, 신체 능력 저하와 같은 우울증 신체 증상을 뜻한다. ECT의 부작용은 자주 실시하지 않을 경우 그리 심하지 않은 편이다. 가장 흔한 부작용은 ECT를 받을 당시의 상황을 기억하지 못하는 것이다. ECT는 대개 노년층을 대상으로 실시된다.

ECT는 왜 평판이 안 좋은 것일까?

정신과에서 이용되는 많은 생물학적 치료에 비하면 ECT는 1930년대에 개발된 치료법이다. 오랜 시간을 거치면서 상당히 정교해졌기 때문에 이제는 50년 전보다 주의 깊게 이용된다. 과거에는 지금보다 더 다양한 장애를 치료하는 데 ECT가 이용되었다. 때로는 행동을 조절하기 위해 이용되는 경우도 있었다. ECT는 조증과 정신병도 치료할 수 있지만 지금은 우울증을 치료하는 데 주로 이용된다.

과거에는 지금보다 훨씬 더 강한 전류를 사용했다. 또 전극이 뇌의 양쪽에 부착되는 양측 ECT가 이용되었지만 현재는 일측 ECT가 자주 이용된다. 일측 ECT는 양측 ECT만큼 효과가 뛰어나지는 않지만 부작용은 적은 편이다.

또한 과거에는 근이완제가 이용되지 않았기 때문에 환자들이 뇌졸중에 걸리거나 심지어 뼈가 부러지는 경우도 있었다. 지금은 ECT를 실시하기 전에 일반적으로 환자에게 근이완제를 주고 마취를 시킨다. 때문에 환자가 깨어나면 시술에 대한 기억을 할 수가 없다. 뿐만 아니라 전자 감시 기계가 있어 ECT가 실시되는 동안 심박과 호흡이 정상적인지 확인한다.

대중심리학

대중심리학이란?

대중심리학은 대중을 목표로 삼으며 대중매체를 통해 전달된다. 대중심리학은 연인 관계, 스트레스 관리, 자녀 양육, 성생활 등 심리와 관련된 주제를 다루는데 잡지 기사, 라디오나 텔레비전 토크쇼, 일반 서적, 다양한 웹사이트에서 찾을 수 있다. 대중심리학의 장점은 다양한 사람들에게 다가갈 수 있고, 일반 대중에게 심리학 이론을 해석해주는 효과적인 수단이 된다는 것이다. 단점은 정보가 거의 통제되지 않는다는 점이다. 대중심리학에서 알려주는 정보는 심리과학이나 임상적인 경험에 의해 뒷받침될 수도 있고 되지 않을 수도 있다.

대중심리학은 어떤 역사를 가지고 있을까?

'대중심리학'이라는 용어가 새롭긴 하지만 대중심리학이라는 개념 자체는 새로운 것이 아니다. 인간이 존재하면서부터 인간의 행동은 관심을 받아왔다. 그와 함께 평범한 사람보다 삶의 고난에 대해 더 많이 아는 누군가로부터 조언을 얻으려는 욕망이 생겨났다. 고대 그리스 사람들은 그런 조언을 얻기 위해 신탁을 찾았다. 수백 년 동안 예언자, 점쟁이, 주술가가 그런 역할을 맡기도 했지만 종교적인 인물이 주로 그런 역할을 담당해왔다. 최근에는 상담 칼럼이 대중매체를 통해 실연당한 사람이나 우울한 사람, 다른 일로 문제를 겪는 사람들에게 조언해주고 있다. 전문 정신 건강 분야가 생긴 이후에는 학계나 의학계에서 인정받는 인물들이 인기를 얻고 있다. 안타까운 점은 학계나 의학계의 전문가들 중에 대중심리학 업계에 종사하는 사람들이 모두 자신이 다루는 주제에 관한 전문 훈련을 실제로 받은 것은 아니라는 점이다.

대중심리학자는 면허가 있는 전문 심리학자와 어떻게 다를까?

대중심리학 분야에서 성공하기 위해 자격증이 필요한 것은 아니다. 면허를 가진 심리학자들의 경우 공식적으로 심리학자가 되기 전까지 혹독한 훈련을 받아야 하지만 토크쇼 진행자는 일반 대중에게 조언해주기 전에 (그들 말로 매우 어렵다고 하는) 대중 엔터테인먼트 기술만 습득하면 된다. 심리학자나 정신 건강 전문가들 중에도 대중심리학에 발을 들여놓는 사람이 있다. 그러나 불문학 박사 학위를 가진 사람이 '박사'로 불리며 대중 심리 텔레비전 쇼에 등장하는 것을 막을 사람은 아무도 없다. 때문에 대중심리학은 과학적인 기반의 심리학 지식보다는 엔터테인먼트의 역할을 더 많이 한다고 할 수 있다.

조이스 브러더스 박사는 누구인가?

조이스 브러더스 박사Joyce Brothers(1929~)는 대중심리학의 선구자 중 하나로 다양한 대중매체를 통해 일반 대중에게 자신의 전문 지식을 알려온 심리학자다. 그녀는

1958년 '조이스 브러더스 박사Dr. Joyce Brothers'라는 텔레비전 토크쇼를 통해 대중심리학자로 데뷔했다. 이후 45년간 많은 텔레비전과 라디오 쇼에 출연한 그녀는 《사랑과 결혼에 대한 카운슬링*What Evey Woman Ought to Know about Love and Marriage*》, 《감정에 대한 브러더스 박사의 지침서*Dr. Brother's Guide to Your Emotions*》를 비롯해 13권의 책을 저술했다. 브러더스 박사는 심리학자가 되기 위해 교육을 받은 사람으로, 컬럼비아 대학교에서 심리학 박사를 취득했으며 1958년에 뉴욕 주에서 심리학자 면허를 취득했다.

앤 랜더스와 애비게일 밴 뷰렌은 누구인가?

앤 랜더스Ann Landers와 애비게일 밴 뷰렌Abigail Van Buren은 1950년대부터 1990년대까지 대단히 성공적인 상담 칼럼을 집필한 쌍둥이 자매의 필명이다. 1918년 아이오와에서 태어난 그들은 심리학이나 관련 분야에서 정식 교육을 받은 적이 없다.

에스더 '에피' 프리드먼 레더러Esther 'Eppie' Friedman Lederer, 1918~2002은 1955년부터 《시카고 선타임스Chicago Sun-Times》의 앤 랜더스라는 상담 칼럼을 담당하다 1987년에 《시카고 트리뷴Chicago Tribune》으로 바꾸었다. 버짓 렌터카Budget Rent-A-Car의 설립자이기도 한 줄스 레더러Jules Lederer라는 부유한 비즈니스맨과 결혼한 그녀는 자신의 칼럼을 집필하기 위해 다양한 인맥을 쌓았다.

그녀의 평범한 문체와 상식적인 충고가 많은 사람들의 공감을 얻으면서 그녀의 칼럼은 1000여 개의 신문에 실리게 되었다. 1956년에는 쌍둥이 동생 폴린 '포포' 프리드먼 필립스Pauline 'Popo' Friedman Philips가 애비게일 밴 뷰렌이라는 필명으로 《샌프란시스코 크로니클*San Francisco Chronicle*》에 경쟁 칼럼인 '디어 애비Dear Abby'를 집필하기 시작했다.

쌍둥이 자매 중 누구도 정신 건강 분야의 교육을 받은 적이 없었지만 그들은 자신들의 지식과 능력에 대한 한계를 명확히 밝히면서 독자가 상담해온 문제가 신문 상담 칼럼의 영역을 넘어선다고 판단될 때는 전문가의 도움을 받으라고 충고하기도 했다.

닥터 필은 누구인가?

필립 맥그로Philip McGraw, 1950~ 는 닥터 필Dr. Phil로 알려진 방송인이다. 1979년에 노스텍사스 대학교에서 임상심리학과 박사 학위를 취득하고 텍사스에서 면허를 취득한 닥터 필은 심리학 상담소를 개업해 한동안 운영하기도 했으나 심리 치료 비즈니스를 그만두고 대중심리와 법심리학 분야에 발을 들여놓았다. 그러다 1990년대 중반에 법률 체계와 관련된 심리학 분야인 법심리학 분야에 관한 연구를 통해 유명한 토크쇼 진행자 오프라 윈프리Oprah Winfrey를 만났다. 그는 오프라 윈프리 쇼가 쇠고기 업계를 모욕했다며 소송을 제기한 목장주들에 맞서 오프라 윈프리의 변호를 돕기 위해 고용된 것을 계기로 오프라 윈프리 쇼에 주기적으로 등장하게 되었다. 2002년에는 닥터 필이라는 제목으로 자신만의 토크쇼를 시작한 그는 여전히 텍사스에 살면서도 자신의 심리학자 면허가 기한이 지나자 자연스럽게 무효화되게 내버려두었다. 방송인으로 살아가기 위해 캘리포니아로 이주했으나 캘리포니아 주 심리학자 면허위원회가 그의 쇼를 심리학보다는 엔터테인먼트에 더 가깝다고 판단하는 바람에 캘리포니아에서는 심리학자 면허를 취득하지 않았으며, 현재 그가 하는 일은 심리학자 면허를 필요로 하지 않는다.

닥터 로라는 누구인가?

닥터 로라Dr. Laura는 또 다른 유명 방송인이다. 원래 라디오 업계에 종사하며 여러 권의 책을 저술한 로라 슐레싱어Laura Schlessinger, 1947~ 는 컬럼비아 대학교에서 생리학 박사를 취득했고 서던캘리포니아 대학교에서 결혼, 자녀, 가족 카운슬링에 관한 박사 후 수료증을 취득했다. 그녀는 12년 동안 카운슬러로 종사했다고 밝혔다. 사회적으로 보수적인 관점을 가지고 있는 것으로 알려진 닥터 로라는 시청자들의 질문에 답할 때 도덕적, 종교적, 정신 건강적인 측면을 모두 고려하는 것으로 유명하다. 이런 형식은 환자를 다룰 때 개인적 관점과 전문적인 관점을 구분해야 하는 전문 심리학자들의 업무와 차이가 있다.

제 9 장

외상의 심리학

외상의 심리적 영향

심리적 외상이란?

심리적 외상은 심각한 신체 상해나 죽음 등 극적인 심리적 · 신체적 손상을 위협하는 사건을 뜻한다. 외상적 사건은 두려움, 공포, 무력감을 느끼게 하는데, 자신에게 직접적인 위험을 느끼는 것과 관련이 있지만 다른 사람이 위험한 상황을 목격해도 정신적 충격을 받을 수 있다. 지진, 쓰나미, 허리케인과 같은 자연 재해도 외상적 사건에 해당되지만 전쟁, 폭행, 강간처럼 인간의 행동에서 비롯된 것도 있다.

정신적 외상을 연구하는 이유는 무엇일까?

지난 19세기 정신분석 사례 연구가 시작된 이래, 심각한 정신적 외상이 심리적 기능에 지속적으로 영향을 미친다는 사실이 밝혀졌다. 정신적 외상이 심각한 심리적 고통을 초래하고, 정신적 외상 내력이 매우 다양한 종류의 정신적 · 심리적 장애의 위험 인자라는 사실을 보여주는 대규모 연구가 있다.

정신적 외상과 관련된 심리적인 문제에는 어떤 것들이 있을까?

자연재해나 폭행처럼 성인기에 겪는 급성 정신적 외상과 지속적인 성폭행, 신체적 폭행 등 어린 시절 경험하는 만성적인 정신적 외상을 구별하는 것이 중요하다. 일반적으로 정신적 외상은 불안감, 우울증은 물론 음주, 분노 폭발, 자살 시도의 원인이 되고 외상 후 스트레스 장애[PTSD]로 알려진 증후군과도 관련된다. 성인기에는 이미 성격이 대부분 형성된 상태지만 어린 시절에는 성격이 계속 형성되고 있다. 따라서 어린 시절 겪는 만성적인 정신적 외상은 성격 발달에 장기적이고 막대한 영향을 끼친다.

어린 시절 심각한 학대를 받았던 사람들은 심각한 성격 장애를 가질 수 있다. 그런 사람들은 자학적인 행동을 하면서 자신에게 상처를 입히거나 화상을 입히기도 한다. 해리 증상도 흔하게 나타난다. 해리 증상은 실재하지 않는 느낌을 느끼고 정신적 · 신체적 경험과 분리되는 현상이다. 특정한 느낌, 생각, 행동을 인식하지 못하는 일도 벌어지는데 심한 경우에는 해리성 정체감 장애(전에는 다중 성격 장애라고 불렀다)가 생길 수도 있다. 해리성 정체감 장애란 자신의 몸 안에 여러 인격이 존재한다고 믿는 것을 뜻한다.

프로이트의 유혹 이론은 어린 시절의 정신적 외상을 어떻게 설명할까?

유혹 이론에 관한 프로이트의 초기 연구를 시작으로 정신적 외상 심리학 분야에 많은 발전이 이루어졌다. 프로이트는 원래 빅토리아 시대 유럽에서 흔하게 발생했던 히스테리에 관심을 가졌었다. 실제로는 아무 문제가 없는데도 사람들이 온갖 신체적 문제가 있다고 불평했던 것인데, 지금은 그런 불평을 가리켜 전환 장애라고 부른다. 많은 환자들을 상담한 프로이트는 유혹 이론을 창시했었는데, 유혹 이론이란 어린 시절 받은 유혹에 의해 히스테리가 초래된다는 것이었다. 즉 어린 시절 성 학대를 경험할 경우 히스테리를 갖게 된다는 것이다.

몇 년 만에 프로이트는 성 학대만을 히스테리의 원인으로 꼽기에는 히스테리가 지나치게 흔하다고 믿으면서 자신이 창시한 유혹 이론을 버렸다. 유혹 이론이 성립되려면 프로이트 자신이 생각한 것보다 아동 성 학대가 일어날 가능성이 훨씬 더 많아야 했기 때문이다. 경험에 초점을 맞추었던 그는 대신 환상에 집중하기 시작했다. 아이가 실제로 성적 학대를 받은 것이 아니라 어머니나 아버지에 의해 유혹당하는 억압된 환상을 가질 수 있다는 것이다. 실제로 벌어진 외상적 사건에서 외상적 환상으로 초점이 옮겨지면서 어린 시절 외상에 대한 연구는 50년간 빛을 보지 못하다가 1970~1980년대에 들어서야 다시 세상의 주목을 받게 되었다.

전쟁은 외상 연구 발전에 어떤 역할을 했을까?

프로이트가 유혹 이론을 버리는 바람에 막 싹트기 시작한 정신 건강 분야가 외상에 대한 심리적 영향에 관한 연구를 멀리하게 되었지만 제1차 세계대전에서 돌아온 군인들로 인해 정신적 외상의 영향이 다시 관심을 받기 시작했다. 전쟁은 대단히 충격적인 일이다. 집을 떠난 젊은이들은 끊임없이 자신과 동료의 죽음에 대한 위협을 느낀다. 그들 스스로도 어쩔 수 없이 민간인들까지 폭행하고 살해할 수밖에 없다.

제1차 세계대전에서 돌아온 많은 군인들이 '전쟁 신경증', 지금은 외상 후 스트레스 장애라고 알려져 있는 감정적 고통을 호소했다. 하지만 당시에는 이런 군인들의 고통을 도덕적 나약함으로 여기면서 제대로 인정해주지 않았다. 제2차 세계대전 이후 전쟁 피로증이라 불리기도 했던 이 문제가 다시 대두되면서 외상 후 정신병에 대한 연구, 치료, 인식이 어느 정도 발전하게 되었다.

그러나 정신 건강 분야가 정신적 외상의 감정적인 여파를 제대로 연구하고 치료법을 개발하기 시작한 것은 베트남전이 끝난 후부터였다. 베트남전이 끝나고 5년 뒤인 1980년에 외상 후 스트레스 장애에 대한 진단이 DSM-III에 실리게 되었다.

외상 후 스트레스 장애란?

외상 후 스트레스 장애PTSD는 심각한 정신적 외상을 경험한 후에 갖게 되는 특정 증상을 말한다. 이 증상은 다음과 같은 세 가지 군집으로 나뉜다. 사건을 일깨워주는 요소를 지속적으로 피하는 것(마비 증상), 사건을 지속적으로 재경험하는 것(침입 증상), 그리고 자율신경 각성. 마비 증상을 가진 사람들은 감정적 반응이 무디다. 무감각, 다양한 활동의 회피, 외상적 사건에 대한 기억 상실, 다른 사람과 함께하는 활동에 대한 무관심 등이 이 군집에 해당된다. 침입 증상의 경우 정반대의 일이 벌어진다. 외상적 사건에 대한 기억 상실 대신 외상적 사건에 대한 기억이 끊임없이 떠오른다. 외상적 사건이 처음부터 다시 시작되는 것처럼 악몽이나 기억이 떠올라 재차 정신적 외상을 받게 된다. 또한 울부짖음, 분노 폭발, 공황 발작과 같은 정서적인 문제가 발생한다. 자율신경 각성이란 자율신경계가 과도하게 작용하는 것을 뜻한다. 조금의 위험을 감지해도 조치를 취할 수 있도록 몸이 끊임없이 각성 상태에 있는 것이다. 그러면 지나치게 놀라는 반응을 보이거나 집중력 장애, 수면 장애, 심박 수 증가, 발한, 지속적인 근육의 긴장과 같은 증상이 나타날 수 있다.

PTSD를 일으키는 사건의 위험 인자에는 어떤 것이 있을까?

정신적 외상을 겪는다고 해서 모든 사람들이 PTSD를 갖는 것은 아니다. 정신적 외상은 종류가 다양한 데다 똑같은 사건이라도 사람마다 다르게 반응하기 때문이다. PTSD를 갖게 될 위험성에 영향을 주는 정신적 외상의 요소에는 여러 가지가 있다. 그 원인이 자연재해인지 아니면 사람인지, 사람이 원인이 되었다면 우발적인 것인지(자동차 사고처럼) 아니면 고의적인 것인지(강도처럼) 등의 요소가 사람의 반응에 영향을 준다. 고의성이 많을수록 더 충격적이다. 정신적 외상의 심각성도 매우 중요하다. 얼마나 큰 위험을 느꼈는가? 얼마나 큰 신체적 고통을 겪었는가? 얼마나 많은 폭력이 벌어졌는가? 죽은 사람이 있는가? 이 모든 문제들이 외상의 여파에 영향을 준다. 또한 외상적 사건이 벌어진 기간도 중요하다. 외상적 사건이 빨리 지나갔는가 아니면 오래 지속되었는가? 외상적 사건이 한 번에 그쳤는가 아니면 끊임없이 벌어졌는가(강도 대 전쟁처럼) 역시 중요하게 작용한다. 기간이 길수록 만성적이고 심각하며, 고의적이고 악의적인 정신적 외상일수록 더 많은 심리적인 손상을 일으킨다.

사람이 유발한 정신적 외상의 감정적 영향은 자연재해로 인한 감정적 영향과 어떻게 다를까?

허리케인 카트리나와 2004년에 발생한 쓰나미 같은 자연재해가 생존자들에게 미치는 감정적 영향도 엄청나지만 타인에 의한 정신적 외상, 특히 의도적으로 해를 가한 경우 그 영향은 실로 파괴적이라 할 수 있다. 우리는 사회적인 동물이어서 심리의 대부분이 대인적인 관계와 관련된다. 다른 사람의 손에 의해 엄청난 고통을 겪는다면 세계관 전체가 의심으로 휩싸일 수 있다. 좋은 사람들이 과연 있는 것일까? 다른 사람을 믿을 수 있을까? 물리적인 환경의 안전성을 상실하는 것도 대단히 무섭지만 그렇다고 해서 날씨에 도덕성을 기대하지는 않는다. 자연재해는 자체적으로 인간의 품위에 대한 기본적인 믿음을 위협하는 법이 없다. 그러나 타인에 대한 신뢰를 잃으면 심각한 우울증과 사회적 고립을 느껴 괴로워하게 된다.

화재나 지진 같은 자연재해를 겪으면 감정적인 외상으로 이어질 수 있지만, 타인에 의해 가해진 외상이 주는 감정적 영향은 훨씬 더 심각한 결과를 초래한다.(iStock)

어떤 특성을 지닌 사람이 PTSD에 걸릴 가능성이 클까?

똑같은 사건을 겪은 사람들이 모두 똑같이 정신적 외상을 겪는 것은 아니다. PTSD가 발생할 위험성에 영향을 주는 개인적인 요소에는 어떤 것들이 있을까? 조사 결과를 보면 정신적 외상을 받은 내력이 있는 사람, 이미 정신적인 문제를 가지고 있거나 성격 장애를 가진 사람, 사회적 지원이 적은 사람 그리고 통제위가 외적인 사람의 경우 외상적 사건을 겪은 후 PTSD에 걸릴 가능성이 더 큰 것으로 나타났다. 또한 사건이 벌어질 당시에 해리 반응을 보일 경우 PTSD에 걸릴 가능성이 큰 것으로 나타났다. 외적 통제위Locus of control를 가진 사람들은 자신의 삶에서 벌어지는 사건들이 외적인 힘에 의해 발생하는 것이기 때문에 자신의 삶을 스스로 통제할 수 없다고 믿는다. 반면 내적 통제위를 가진 사람들은 자신의 인생을 스스로 통제할 수 있다고 믿는다. 그런 사람들은 더 긍정적이고 더 적극적으로 문제를 해결하려고 노력한다.

정신적 외상의 생물학적 영향에는 어떤 것이 있을까?

정신적 외상은 신경생물학에 상당한 영향을 끼치는데 실제로 정신적 외상에 따른 생리적 변화가 발생할 수 있다. 우선 정신적 외상은 강렬한 스트레스 반응을 일으킨다. 스트레스 반응을 조절하는 것은 HPA 축(시상하부-뇌하수체-부신)이다. 스트레스를 받으면 HPA 축이 활성화되면서 당질코르티코이드라는 스트레스 호르몬을 방출한다. 이 호르몬은 자율신경계를 활성화시키는데 그로 인해 심박이 빨라지고, 호흡이 얕아지면서 빨라지며, 소근군에서 대근군으로 피가 흐른다. 이는 우리의 몸이 위협에 즉시 반응하게 만든다.

평소에는 부교감신경계가 자율신경계를 휴지 상태로 유지하여 몸이 스트레스 반응에서 회복되게 한다. 하지만 정신적 외상을 받으면 스트레스 체계 전체가 고장 나 HPA 축에 이상이 생기고 자율신경계(특히 교감신경계)가 과도하게 작용한다. 그러면 면역 체계가 약화되어 몸이 쇠약해지고 신체 조절 체계의 많은 부분이 엄청난 스트레스를 받는다. 뇌가 완전히 발달하지 않은 어린 시절에는 심각한 정신적 외상이 뇌의 발달을 방해하여 장기적인 손상을 입힐 수 있다.

해리란?

해리는 주의와 인식이 변경되는 현상을 뜻한다. 해리 증상을 보이는 사람들은 실제로 벌어진 사건에 대한 느낌, 생각, 기억을 자각하지 못할 수가 있다. 때때로 벌어진 사건의 모든 것을 기억하면서도 감정적으로는 어떤 느낌도 느끼지 못한다. 또는 로봇처럼 개인적인 경험에서 분리되는 느낌을 갖기도 한다. 이런 현상을 일컬어 이인증Depersonalization이라 부른다. 이인증은 주변 세상을 실제가 아니라고 느낄 때 발생한다. 해리는 주변 세상에 대한 인식이 바뀌는, 변화된 의식 상태인 가수 상태와 유사하다.

해리는 정신적 외상을 겪은 사람들 사이에서 흔히 나타나는 증상으로, 견딜 수 없는 감정에 사로잡히지 않도록 자신을 보호하는 역할을 한다. 정신적 외상이 벌어지는 동안 해리 상태에 빠져든 것을 기억하는 사람도 있다. "그날 침대 위에 누워 있던 건 내가 아니야. 나는 천장 어딘가를 떠다니고 있었어." 비록 해리가 정신적 외상을 견디고 살아남게 도와주긴 하지만 해리 증상은 정신적 외상을 처리하고 일상생활로 돌아오는 능력을 방해하므로 외상적 사건이 종료된 후에 문제를 일으킬 수 있다.

외상적 기억은 실제로 억제될까?

억압된 기억에 관한 문제는 상당한 논란거리가 되어왔다. 많은 연구원들과 임상의들이 학대받은 기억을 떠올리지 못하다가 몇 년이 지난 후에야 생각해내는 환자들에 관한 연구를 실시했다. 기억은 대개 악몽, 감정 폭발, 자살 경향 등과 같은 침입적 외상 후 증상이 급증하면서 떠올랐다. 1980년대와 1990년대에는 정신적 외상으로 인한 억압된 기억에 대한 관심이 고조하면서 심리 치료 중에 갑자기 '떠오른 기억'으로 인해 고소가 급증하고 결백한 사람들이 범죄 혐의로 기소되는 현상이 벌어지기도 했다. 이런 지나친 현상의 발생으로 정신 건강 분야 안에서 갑자기 떠오른 기억을 무시하는 파벌이 생기기도 했다. 그러나 어린 시절 정신적 외상을 겪고 살아남은 성인 환자들을 치료하는 전문가들은 외상적 사건이 벌어지고 한참이 지나서야 어린 시절의 기억을 떠올리는 환자들을 자주 만난다.

잘못된 기억을 주입시키는 것이 가능할까?

엘리자베스 로프터스Elizabeth Loftus, 1944~ 오랫동안 기억의 변화를 연구해온 연구원이다. 그녀는 갑자기 떠올린 기억에 문제를 제시한 것으로 유명하다. 그녀의 연구에 따르면, 기억은 변할 가능성이 크고 남의 영향을 받을 가능성도 크기 때문에 암시에 의해 잘못된 기억이 주입될 수도 있다고 한다. 다시 말해 실제로 벌어지지 않은 일을 기억하게 만드는 일이 그리 어렵지 않다는 것이다. 로프터스의 연구는 심리 치료를 하면서 어린 시절 겪었던 정신적 외상을 이끌어내는 일이 위험할 수도 있다는 점을 강조한다. 임상의들은 학대받은 내력이 있을지도 모르는 환자들을 매우 조심스럽게 대해야 한다. 기억이 없다는 것은 학대받은 일이 없다는 사실을 나타내는 것일지도 모른다는 점을 항상 염두에 두고 유도신문을 하지 않도록 세심한 주의를 기울여야 한다.

정신적 외상은 어떤 식으로 치료할까?

정신적 외상은 대부분 심리 치료로 치료하지만 급성 PTSD 증상은 항불안제나 항우울제 같은 의약품으로 치료한다. 급성 외상이 발생한 직후에는 자율신경 강박을 줄일 수 있게 도움을 받아야 한다. 다시 말해 진정할 수 있도록 도움을 받아야 한다. 그런 사람들은 이제 안전하다는 것과 경계를 풀어도 좋다는 확신을 받아야 한다. 또한 회복 과정 내내 사회적 지원을 받는 것이 중요하다. 여러 사람이 함께 정신적 외상을 겪는 경우 매우 강한 유대감이 형성된다.

위기를 겪은 직후에는 무슨 일이 벌어졌는지 말하는 것이 도움이 된다. 특히 똑같은 외상을 경험한 다른 사람들에게 자신의 경험을 털어놓는 것이 큰 도움이 된다. 이때가 지원 단체나 비공식적인 보고가 도움이 되는 때다. PTSD 증상이 생겼을 경우, 인지 행동 기법을 이용해 개인 치료를 하는 것이 증상을 줄이는 데 도움이 된다. 이완 기법은 자율신경 각성 과민을 줄여주고 점진적인 탈감작법Gradual desensitization(자극에 대한 신체적 · 심리적 반응을 최소화하는 기법-옮긴이)은 정신적 외상을 떠올릴 만한 것들은 모두 피하려는 경향을 극복할 수 있게 도와준다. 또한 심리 교육은 정신적 외상을 이해할 수 있게 도와준다. 정신적 외상에 대한 인지 왜곡, 특히 지나친 자책감도 해결해야 한다.

자책감은 무력함이라는 극단적인 감각을 물리치는 역할을 하기 때문에 정신적 외상을 겪은 사람들에게서 흔히 나타난다. "그것이 모두 나의 잘못이라면 나는 그렇게 무력하지 않은 것이다"라는 식으로 생각하기 때문이다. 사람들은 또한 자신에게 권한이 있다는 느낌을 가져야 하기 때문에 어느 정도 통제감을 부여하는 건설적인 행동을 하도록 독려해야 한다. 예를 들어 신문이나 정부 관리에게 편지를 쓴다거나 사건을 공개적으로 밝히거나 기념 의식을 갖는 것 등은 사람들이 스스로 권한을 가지고 있다는 느낌을 갖도록 도움을 준다.

어린 시절 겪은 장기적인 외상 치료법은 성인기에 겪은 급성 외상 치료법과 다를까?

보다 만성적인 어린 시절의 외상은 치료하는 시간도 더 오래 걸리고 더 더디게 회복된다. 이런 외상을 치료하기 위해서는 자해, 자살 경향, 심각한 성격 장애와 같은 기능적인 문제를 먼저 해결해야 한다. 환자가 고통스러운 감정에 휩싸이거나 위험한 증상을 보이지 않고도 정신적 외상에 대해 이야기할 수 있어야 직접 외상을 치료하는 조치를 취할 수 있다. 얼마 지나지 않아 이런 상태에 도달하는 사람이 있는가 하면 몇 년이 지나야 가능한 사람도 있다. 감정 통제와 행동 통제를 하지 못하는 사람의 경우 평생 정신적 외상을 치료하지 못할 수도 있다. 이런 사람을 치료할 때는 자기 통제 능력과 평소에 제 역할을 하는 능력을 강화하는 데 초점을 맞추어야 한다.

아동 학대

심리학에서 아동 학대가 중요하게 다루어지는 이유는 무엇일까?

무시무시하고 생명을 위협하는 사건은 모두 정신적 외상이라고 한다. 이에 비해 아동 학대는 부양 자녀를 학대하는 좀 더 구체적인 의미를 지닌다. 학대는 아이의 기본적인 욕구에 관심을 보이지 않는 방치에서부터 고의적으로 해를 가하는 정도에 이르기까지 다양하다. 고의적으로 해를 입히는 경우에는 폭력, 성추행 등이 포함된다. 일반적으로 아동 학대는 다음과 같은 네 범주로 나뉜다. 방치, 정서적 · 심리적 학대, 신체적 학대 그리고 성적 학대. 아동 학대는 그로 인한 피해와 여파가 엄청나기 때문에 심리학 분야에서는 많은 관심을 받아왔다. 아동 학대는 거의 모든 심리적인 기능을 손상시킨다.

아이들이 고통받는 학대에는 어떤 것이 있을까?

오른쪽 표에서 볼 수 있듯이 가장 흔한 형태의 아동 학대는 아동 방치다. 이 통계 수치는 2007년에 미국 보건성US Department of Health and Human Services이 출간한 아동 학대 보고서에서 발췌한 것이다. 심리적인 학대가 두 번째로 가장 드문 아동 학대로 나와 있는데, 이 수치는 실제로 벌어지는 빈도와 거의 무관하다고 생각한다. 심리적 학대가 가장 흔한 아동 학대일 것으로 추정되지만 아이에게 즉각적인 신체적 위험을 가하지 않기 때문에 제대로 보고되지 않을 가능성이 크다.

2007년 미국 아동 학대 유형

학대 유형	백분율
방임	59.0
중복 학대	13.1
신체적 학대	10.8
성적 학대	7.6
심리적 학대	4.2
의료적 방치	0.9
기타	4.2

2019년 한국 아동 학대 유형

학대 유형	건수
중복 학대	11,792건
정서적 학대	5,862건
신체적 학대	3,436건
방임	2,604건
성적 학대	910건

중앙아동보호전문기관 자료 참조.

아동 학대를 저지르는 사람은 누구일까?

미국 보건성의 2007년도 통계 자료에 따르면, 아동 학대를 가장 많이 저지르는 사람은 부모로 나타났다. 그중 어머니가 가해자인 경우는 38.7퍼센트이고 어머니 외 1인이 가해자인 경우는

5.7퍼센트였다. 아버지가 가해자인 경우는 17.9퍼센트이고 아버지 외 1인이 가해자인 경우는 0.9퍼센트였으며 아버지와 어머니 모두 가해자인 경우는 16.8퍼센트였다. 보육 시설 직원이 가해자인 경우는 전체의 0.5퍼센트에 해당됐고 친구 · 이웃이 가해자인 경우는 0.4퍼센트, 여성 친척은 1.7퍼센트, 남성 친척은 3.1퍼센트였다. 부모의 애인이나 동거자가 가해자인 경우도 있었는데 남성 동거자의 경우 2.3퍼센트, 여성 동거자의 경우는 1.7퍼센트였다.

아동 학대의 여파에는 어떤 것이 있을까?

앞서 설명한 것처럼 어린 시절에 겪은 외상은 성인기에 겪는 외상과 다르다. 성인의 경우 대부분의 성격이 형성된 상태지만 아이의 심리적인 능력은 아직 완전히 발달하지 못했기 때문이다. 아동 학대는 아이의 심리 발달을 방해하여 감정을 조절하고 충동을 제어한다. 그로 인해 목표를 이루기 위해 계획을 세우고 노력하며 대인 관계를 형성하고 안정되고 긍정적인 자아상을 유지하는 아이의 능력을 저해하거나 왜곡한다. 또 학대받은 아이들은 또래와 관계를 맺는 데 어려움을 느끼고 성적이 좋지 않으며 학대받지 않은 아이들에 비해 잦은 병치레를 할 가능성이 더 크다. 따라서 아동 학대는 평생 동안 불안감, 우울증, 충동 제어 장애, 심각한 성격 장애를 일으킬 위험을 높인다. 그보다 더 안타까운 점은 학대로 인해 아이가 세상을 잔인하고 무정한 곳으로 인식하고 자신은 사랑, 보호, 존중을 받을 가치가 없다고 여기는 것이다.

어린 시절 외상이 주는 신경생물학적 영향에는 어떤 것이 있을까?

뇌가 발달하는 동안 겪는 외상은 뇌세포 구조에 영향을 끼칠 수 있다. 외상은 뉴런의 축삭 주위에 지방질 성분의 막이 자라는 수초 형성을 방해한다. 수초는 뉴런에 전기 충격이 흐르는 속도를 높인다. 외상은 또한 세포들 사이의 연결이 형성되는 시냅스 형성과 세포의 형태 형성도 방해한다. 종합해보면 외상은 뇌의 밀도와 연결성을 떨어뜨린다. 따라서 감정, 기억, 행동 제어와 관련된 뇌 부위의 뇌세포가 손상된다. 그렇게 영향을 받는 부위로는 편도체, 해마 그리고 전두엽이 있다.

복합적 PTSD란?

복합적 PTSD는 만성적이고 심각한 아동 학대의 장기적인 영향과 관련이 있다. 복합적 PTSD는 성인기에 발생한 급성 외상의 영향인 일반적인 PTSD와는 상당히 다르다. 복합적 PTSD는 집중, 기억, 의식, 감정 조절의 장기적인 변화 그리고 불안정하고 왜곡된 부정적 자기 인식과 같은 성격적 특성, 대인 관계 문제 등을 유발한다. 이런 문제들은 어린 시절 심각한 학대를 받았던 사람들에게서 나타나는 해리, 자학, 자기 파괴적 행동, 감정 격노를 초래할 수 있다. 아직까지 만성적 PTSD라는 공식적인 진단은 존재하지 않지만 DSM의 향후 개정판에 포함시킬지의 여부를 현재 검토하고 있다.

아동 학대의 장기적인 손상을 증가시키는 요소에는 어떤 것이 있을까?

아동 학대를 받은 사람들이 모두 똑같은 결과로 고통을 느끼는 것은 아니다. 그 결과에 영향을 주는 여러 요소가 있다. 첫 번째 요소는 학대의 심각성이다. 폭력적이고 잔인하며 빈번하고 오래 지속되는 학대의 영향은 분명 가벼운 학대보다 크다. 가해자와의 관계도 매우 중요하다. 피해자가 가해자에게 감정적으로 많이 의존하고 가해자와의 관계가 가까울수록 손상이 크다. 따라서 학대적인 어머니가 가장 큰 손상을 입히며 그다음은 학대적인 아버지, 친척, 친구, 지인 그리고 낯선 사람 순이다.

아동 학대가 한 세대에서 다음 세대로 이어지는 경우도 많지만 이런 고리는 끊어질 수 있다. 아동 학대 피해자들의 대다수는 어른이 되어도 자신의 아이를 학대하지 않는다.(iStock)

학대의 세대적 주기란 무엇일까?

끔찍하게도 아동 학대는 한 세대에서 다음 세대로 이어진다. 자녀를 학대하는 부모의 경우 그 자신이 학대받은 내력이 있는 경우가 많다. 마치 자신이 학대받은 대로 아이들을 학대하도록 자동적으로 학습된 것 같다. 그러나 학대받은 아이들의 경우 대다수는 자라서 자신의 자녀를 학대하지 않는다. 또한 어린 시절 학대의 충격을 완화시키는 몇 가지 요소도 있다. 예를 들어 아동 학대 피해자의 학력이 높고 사회적 지원이 마련되어 있으며 경제적으로 안정되어 있을 경우 자기 아이를 학대할 가능성은 낮다.

동 학대의 여파로부터 보호해주는 요소에는 어떤 것이 있을까?

이모, 할머니나 할아버지, 보살펴주는 이웃 등 또 다른 보호자와 친한 관계를 맺을 경우 아동 학대의 해로운 영향을 완화시킬 수 있다. 또 학대 문제가 그 즉시 제기되어 더 이상 아이가 학대받지 않도록 보호될 경우에는 아이가 계속 세상을 신뢰할 수 있다. 가해자가 가족 구성원이 아닌 경우에는 이런 일이 간단하게 이루어진다. 그러나 가해자가 부모인 경우처럼 아이가 가해자와 밀접한 관계에 놓여 있을 때 가해자로부터 격리시키면 오히려 아이가 커다란 상실감을 느낄 수도 있다.

심리 치료는 피해 아동이 자신에게 벌어진 일을 이해하고 자책과 같은 학대에 대한 왜곡된 관점을 바로잡으며 학대와 가해자에 대한 복잡하고 모순적인 감정을 해소하도록 도와준다. 그런 도움이 아동 학대로 인한 부정적인 심리적 영향으로부터 보호해줄 수 있다. 또 학교나 교회처럼 보다 큰 공동체와의 연계, 가정에서의 적절한 훈육, 안정적인 가정도 아동 학대의 부정적인 심리적 영향으로부터 보호해준다.

회복력 있는 아이에 관해서는 어떤 점이 알려져 있을까?

앞서 설명했던 것처럼 아동 학대를 받은 사람들이 모두 심각한 정신병을 갖는 것은 아니다. 실제로 학대적인 배경에서 자란 아이들의 3분의 1이 사회적으로 잘 적응하는 건강한 성인이 된다는 추정치도 있다. 그렇게 올바로 자라는 아이들의 경우 회복력이 있는 것으로 간주된다. 회복력이 있다는 말은 스트레스를 받아도 다시 일어나 발전해 나간다는 것을 뜻한다. 조사 결과, 아이의 회복력과 관련된 몇 가지 요소가 있는 것으로 나타났다. 지능, 가족 외의 사람들과 감정적 교감을 나누는 능력, 자기 조절 능력,

긍정적인 자아상, 내적 통제위 등이 모두 회복력을 증진시킨다. 내적 통제위를 가진 사람들은 자신이 주변 환경을 합리적으로 통제할 수 있고, 자신의 행동이 주변을 변화시킬 수 있다고 믿는다. 또한 회복력 있는 아동 학대 피해자들은 회복력이 덜한 피해자보다 학대에 대해 자책할 가능성이 적다.

성적 학대

성적 학대란?

아동의 성 학대는 아이와 성인 또는 아이보다 나이가 더 많은 아이 사이에 벌어지는 부적절한 성적 접촉을 뜻한다. 조앤 리엠Joan Liem, 재클린 제임스Jacqueline James와 동료들이 1997년 연구에서 사용한 정의에 따르면, 성적 학대란 13세 이하의 아동과 그 아이보다 다섯 살 이상 나이가 많은 사람 간의 모든 성적 접촉을 의미한다. 지역에 따라 법이 다르지만 성인이 미성년과 성적 접촉을 하는 경우는 대개 불법에 해당된다. 성적 학대는 성기 노출에서 신체 일부를 애무하는 행위, 직접 성기를 접촉하는 행위 그리고 입이나 질 속으로 성기를 삽입하는 행위에 이르기까지 다양하다. 성적 학대는 아동 학대 유형 가운데 심리적으로 가장 큰 손상을 입히는 것이라 할 수 있다.

성적 학대는 폭력적일까?

아동 성추행의 경우 거의 폭력적이지 않다. 대부분의 아동 성추행은 아이를 교묘히 속이거나 꾀어 피해 아동에게 접근한다. 꽤 많은 아동 성추행자들이 자신의 목적을 이루는 데 필요한 정도의 힘만 이용하며 폭력을 행사하는 가해자는 소수에 불과하다. 그러나 대개는 극단적인 사건이 언론의 주목을 가장 많이 받기 때문에 일반 대중은 아동 성 학대가 폭력적으로 이루어진다는 왜곡된 시각을 갖고 있다.

아동 성 학대는 어떤 영향을 끼칠까?

아동 성 학대로 인한 심리적인 손상은 매우 다양하지만 그중에서도 낮은 자존감, 우울증, 해리, 신뢰 결핍, 강한 수치심이 가장 흔하게 발생한다. 사실 복합적 PTSD 진단은 대부분 성 학대 피해자들의 연구를 통해 생겨났다. 경계선 성격 장애 또한 아동 성 학대와 밀접한 연관이 있다. 많은 성 학대 피해자들이 성인이 된 후 성 기능에 이상을 보이기도 한다. 성적 접촉에 대한 두려움과 혐오감으로 성생활을 지나치게 억압하는 피해자도 있다. 이와는 정반대로 강박적이고 충동적이며 무모한 성행위를 하며 난잡하게 살아가는 사람들도 있다. 베스 브로드스키Beth Brodsky와 동료들이 2008년에 실시한 연구에 따르면, 아동 성 학대의 여파가 다음 세대까지 이어질 수 있다고 한다. 어린 시절 성 학대를 받은 어머니를 둔 자녀의 경우 그렇지 않은 어머니를 둔 자녀에 비해 자살 시도율이 큰 것으로 나타났다.

성적 학대는 다음 세대로 대물림될까?

많은 형태의 아동 학대처럼 성적 학대도 대물림될 수 있다. 어린 시절 성 학대를 당한 성인의 경우 자신도 자녀를 성적으로 학대하거나 아니면 자녀를 학대하는 사람과 함께 살 수 있다. 그렇다고 해서 아동 성 학대의 피해자가 자라서 모두 자신의 자녀를 학대하는 것은 아니다. 어린 시절 성적 학대를 받은 사람들 가운데 다수가 자녀에게 성 학대를 대물림하지 않는다. 하지만 학대받는 아이들의 부모가 그렇지 않은 아이들의 부모에 비해 성적으로 학대받은 내력을 가지고 있을 가능성이 더 크다.

근친상간은 다른 종류의 성적 학대와 어떻게 다를까?

근친상간의 성 학대는 아이가 가해자와 혈연관계일 경우 발생한다. 근친상간의 성 학대는 가해자가 피해자에게 지속적으로 쉽게 접근할 수 있기 때문에 발생 빈도가 높고, 침해적이며 장기적으로 벌어지는 경향이 있다. 조사 결과, 근친상간 피해자들은 전체적으로 다른 유형의 아동 성 학대 피해자들에 비해 심리적 고통을 훨씬 더 많이 받는 것으로 나타났다. 아이는 성 학대로 인한 영향만 받는 것이 아니라 근친상간으로 인해 대인 관계에 대한 전체적인 시각까지 왜곡된다. 특히 아이가 부모나 친한 보호자에 의해 학대를 당하는 경우 타인을 신뢰하고 스스로를 가치 있다고 믿으며 자신의 욕구와 경계선을 소중히 생각하거나 심지어 제대로 인식하는 능력까지도 심한 타격을 받을 수 있다. 가해자가 아이의 보호자 역할을 하는 것이 아니라 아이를 이용하고 착취하기 때문이다. 이런 상황을 겪은 아이는 대개 이런 일이 정상도 아니고 용납되어서도 안 되며 잘못을 저지른 사람이 가해 어른이라는 사실을 이해하기 어려워한다.

소아 성애란?

소아 성애는 사춘기 이전의 아동에게 지속적인 성적 매력을 느끼는 정신 장애다. 그러나 모든 아동 성추행자들이 소아 성애자는 아니다. 예를 들면 아이에게 성적 매력을 느끼기 때문이 아니라 약물에 중독되었거나 아니면 아이가 범죄를 저지르기 쉬운 대상이기 때문에 아동 성범죄를 저지르는 경우도 있다. 또한 모든 소아 성애자가 아동 성추행자는 아니다. 아이에게 지속적이고 강한 성적 매력을 느끼지만 그런 욕구를 행동으로 옮기지 않는 사람도 있다. 청소년 성추행자 역시 반드시 소아 성애자라 할 수 없다. 소아 성애는 청소년기 이전의 아동에게만 성적 매력을 느끼기 때문이다. 그래서 청소년에게 매력을 느끼는 성인을 가리켜 청소년애자라고 부르기도 한다.

소아 성애에도 여러 유형이 있을까?

몇 가지 범주의 소아 성애가 있지만 진짜 소아 성애자와 기회주의적 소아 성애자를 구분하는 것이 가장 중요하다. 비슷한 용어로는 고정 소아 성애자와 퇴보형 소아 성애자, 우선 소아 성애자와 상황적 소아 성애자가 있다. 진짜 소아 성애자는 청소년기 이전의 아동에게 지속적인 성적 매력을 느낀다. 기회주의적 소아 성애자는 아동에게만 성적 매력을 느끼지 않는다. 기회주의적 소아 성애자가 아이와 성관계를 맺는 경우는 피해자에게 쉽게 접근할 수 있거나 약물 남용으로 정상적인 억제 능력을 상실했거나 성인 성 파트너를 편하게 대하기 어려울 때 등 상황에 따라 달라진다. 따라서 기회주의적 소아 성애자는 비소아 성애자인 아동 성추행자와 중복되기도 한다.

소아 성애의 원인은 무엇일까?

현재까지는 이 질문에 대한 명확한 답이 존재하지 않는다. 다만 여러 가지 가능성이 제기되었을 뿐이다. 세 가지 가능한 원인으로는 부족한 사교 능력, 신경학상 장애(또는 뇌 손상), 어린 시절 성적 학대를 받은 경험을 들 수 있다.

소아 성애자는 사교 능력이 부족할까?

연구원과 임상의들은 소아 성애자가 낮은 자존감과 부족한 사교 능력을 가지고 있기 때문에 성인과 관계를 맺기 두려운 나머지 아이들에게 매력을 느끼는 것이라고 주장한다. 일부 소아 성애자의 경우 이런 주장이 맞을 수 있지만 사회적으로 높은 지위를 가진 능력 있는 사람, 심지어 결혼한 사람 중에도 소아 성애자가 있는 것을 보면 반드시 그렇지만도 않은 것이 분명하다.

신경 손상으로 인해 소아 성애가 발생할 수 있을까?

소아 성애자가 일종의 신경 장애나 뇌 손상을 입은 사람이라는 주장이 있다. 그런 주장을 뒷받침하는 근거도 있다. 몇몇 뇌 손상 연구를 통해 비정상적인 뇌 기능이 원인일 수 있다는 주장이 제기되었고, 뇌 손상을 입은 후 소아 성애를 갖게 된 사례도 있다. 그러나 이런 소아 성애 연구에서 사용된 표본에는 문제가 있다. 대부분의 연구 표본이 범죄자들로 구성되어 있기 때문이다. 다시 말해 연구 대상이 검거된 아동 성추행자들로 한정된다는 것이다. 한 번도 잡힌 적이 없거나 소아 성애 욕구를 행동으로 옮긴 적이 없는 사람들을 연구하는 경우는 거의 없다. 전반적으로 기소된 범죄자들은 일반인에 비해 지능이 낮고 충동 조절 문제를 가지고 있으며 높은 수준의 정신병적 성격 장애를 가질 가능성이 크다. 따라서 생물학적 연구 결과가 소아 성애 자체와 관련이 있는 것인지 아니면 범죄자들이 흔히 가지고 있는 문제와 관련된 것인지는 분명치 않다.

소아 성애자는 어린 시절 성적으로 학대받은 경험이 있을까?

어린 시절 성적 학대를 받은 경험과 성인이 되어 소아 성애를 갖게 되는 것 사이에는 분명한 관계가 있는 것으로 보인다. 많은 연구들이 대조군보다 소아 성애자 표본에서 어린 시절 성적 학대를 받은 경험이 훨씬 높다는 결과를 내놓고 있다. 또 소아 성애자는 성범죄를 제외한 일반 범죄와, 심지어 성인을 상대로 성범죄를 저지른 범죄자에 비해 어린 시절 성적 학대를 받은 경험이 더 많은 것으로 나타났다. 어린 시절의 외상이 뇌에 주는 영향에 대해 점점 더 많은 것을 파악하게 되면서 어린 시절 성적 학대를 받은 경험이 성적 취향을 조절하는 뇌 일부에 장애를 가져다주어 성장한 후 소아 성애를 갖게 되는 원인으로 작용할 수 있다는 가능성도 제기되고 있다.

아이가 성적 학대를 받았다는 것을 알 만한 징후로는 어떤 것이 있을까?

아이들은 성적으로 학대받았다는 사실을 다른 사람에게 알리지 않는 경우가 많다. 부모를 믿고 부모와의 사이가 좋다고 해도 가족 외의 다른 사람에 의해 성적 학대를 받은 경우 수치심, 혼란, 가해자가 보복할 경우를 우려해 아무에게도 알리지 않는다. 아이가 너무 어려 자신이 무슨 일을 겪었는지 제대로 이해하지 못하기도 한다. 이런 경우 아이의 행동에서 단서를 얻을 수도 있다. 갑작스러운 불안, 우울, 사회적 고립, 자존감 저하, 수면 장애 등 아이의 행동이 급격하게 변할 수도 있다. 이제까지 잘 적응하던 아이가 갑자기 학교를 무단결석하거나 성적이 나빠지거나 체중이 많이 늘거나 주는 경우도 있다. 아이가 비정상적이거나 난폭한 성적 행동을 저지르는 것 또한 성적 학대를 경험했다는 또 다른 단서가 된다. 특정한 어른을 갑자기 두려워하거나 피하는 경우도 마찬가지다. 물론 이런 행동의 변화는 성적 학대 외의 다른 원인에 의해서도 발생할 수 있다. 따라서 아이의 정서에 문제가 생겼다고 해서 반드시 성적 학대를 당했다고 생각할 필요는 없다. 그러나 아이가 학대받은 사실을 항상 말로 표현하는 것이 아니라 급격한 행동의 변화를 통해 표출하는 경우도 많다는 사실을 인식하는 것은 중요하다.

가정 폭력

가정 폭력이란?

가정 폭력은 친밀한 남녀 관계나 연인 관계에서 벌어지는 모든 종류의 폭력을 뜻한다. 일반적으로 가정 폭력은 남편과 아내 사이의 폭력을 가리키지만 결혼하지 않고 동거만 하거나 동거하지 않고 사귀는 커플 사이에서도 벌어질 수 있다. 가정 폭력은 게이나 레즈비언 커플과 같은 동성애 커플 사이에서도 벌어질 수 있다. 폭력의 심각성은 뺨을 때리거나 밀치는 등 가벼운 수준에서 주먹질, 발차기 등 좀 더 심각한 정도, 오랫동안 폭행하거나 화상을 입히거나 뼈를 부러뜨리는 등 극단적인 정도를 넘어 살인에 이르기까지 다양하다.

가정 폭력과 아내 구타는 어떻게 다를까?

가정 폭력은 가해자와 폭력의 정도, 폭력이 벌어지는 기간 등을 구체적으로 나타내지 않는 매우 일반적인 용어다. 그에 비해 아내 구타는 좀 더 구체적인 뜻을 담은 것으로, 남성 파트너가 여성에게 가하는 체계적인 위협, 통제, 공포, 신체적 폭력 패턴을 말한다. 그런 행동을 하는 이유는 여성을 자기 마음대로 조종하기 위해서다.

가정 폭력에 대한 사회의 입장은 역사적으로 어떻게 변했을까?

친밀한 관계에 있는 사람들 사이에서 벌어지는 폭력은 놀랍게도 아주 최근까지 그다지 사회의 주목을 받지 못했다. 그러다 1960년대부터 시작된 시민운동의 일환으로 페미니즘이 매맞고 사는 여성 문제의 심각성과 피해자들에 대한 사회의 관심을 불러일으켰다. 몇몇 연구원들과 운동가들이 적어도 수십 명, 많게는 수백 명의 맞고 사는 여성을 인터뷰한 결과 사회가 심각성을 과소평가하고, 합리화하고, 무시한 가정 폭력이 얼마나 오랫동안 이루어졌는지 끔찍한 이야기를 들을 수 있었다. 경찰은 가정 폭력을 가정사로 치부했고 성직자는 여성의 안전을 위해 가족이 함께 살아야 한다는 필요성만 강조했으며 법원은 가해자를 기소하려 들지 않았다. 1970년대를 시작으로 가정 폭력과 아내 구타의 파괴적인 영향에 관심을 불러일으키는 운동이 시작되었다. 또 매맞고 사는 여성을 위한 보호소가 세워졌고 새로운 법률이 제정되었으며 경찰, 성직자, 당국은 문제의 심각성에 대한 교육을 받기 시작했다.

가정 폭력을 이해시키는 데 페미니즘은 어떤 역할을 했을까?

가정 폭력에 대한 인식을 높이는 데 여성운동이 중심 역할을 했다. 최초로 아내 구타의 심리적 · 신체적 · 경제적 · 문화적 양상을 자세히 다루고, 아내 구타 문제에 대중의 관심을 불러 모은 이들은 페미니스트 작가들이었다. 그러나 여성운동은 결국 정치운동이었기 때문에 아내 폭력의 정치적 근원이 강조되었다. 구체적으로 설명하면, 아내 구타가 사회적으로 여성을 억압하려는 생각에서 비롯되었다고 여긴 것이다. 남성이 지배하는 가부장적인 사회에서는 여성을 소유물로 여기고 마음대로 통제하려는 준합법적인 수단으로 아내 구타가 이루어진다.

초기 여성운동 이후 가정 폭력 연구는 어떤 식으로 변했을까?

최근 연구는 가정 폭력 문제에 관해 초기 페미니스트 작가들이 접근했던 방식보다 한층 폭넓은 관점으로 접근한다. 요즘에는 개방형 인터뷰와 임상 기록 대신 실증적인 연구가 더 강조된다. 또한 동성 폭력과 가정 폭력이 자녀에게 미치는 영향, 친밀한 파트너 사이의 폭력에 관계하는 사람들의 심리적인 특성, 여성이 주도하는 폭력의 역할에도 관심을 가진다. 모든 가정 폭력이 여성을 억압하려는 가부장적인 태도에 의해 발생하는 것은 아니라는 실증 연구 결과를 주목할 필요가 있다. 전형적인 아내 폭력 사례도 있지만 학대받는 무력한 피해자가 항상 여성은 아니라는 점이다. 때로는 폭력을 행사하거나 전형적인 구타 가해자가 행하는 심리적인 학대를 가하는 가해자가 여성인 경우도 있다. 또 동성 커플 사이의 폭력은 여성에 대한 사회적 억압으로는 쉽게 설명될 수 없다. 그럼에도 불구하고 초기 페미니스트들이 설명한 것에 비해 후대 연구가 좀 더 복잡한 그림을 보여주긴 해도 사회 속에서 여성이 가지는 문화적 · 경제적 · 법적 입장에 따라 가정 폭력의 본질과 빈도가 달라진다는 점만은 틀림없다.

구타 증후군의 핵심 개념에는 어떤 것이 있을까?

가정 폭력 연구가 1970년대의 정치적 상황을 넘어 넓은 분야로 확대되긴 했지만 페미니스트 작가들이 주장한 몇 가지 핵심 발상을 살펴보면 구타 관계의 심리적인 역학을 파악할 수 있다. 구타 관계에 관여하는 사람들의 성별에 상관없이 구타는 피해자에게 오래 지속되고 매우 파괴적인 영향을 미치는 심리적 특성을 가지고 있다. 세 가지 중요한 개념으로는 폭력 주기, 강압적 통제, 충격적인 유대감이 있다.

남성과 여성 모두 배우자를 학대할 수 있지만 여성이 경제권이나 법적인 권한을 덜 가진 사회에서는 여성에 대한 폭력이 더 흔하게 발생한다.(유토이미지)

레노어 워커의 폭력 주기 모델이란?

심리학자 레노어 워커Lenore Walker는 맞고 사는 여성에 대해 방대한 내용을 바탕으로 책을 펴냈다. 1979년에 출간된 《맞고 사는 여성*The Battered Woman*》을 통해 그녀는 구타 가해자의 폭력적 행동이 보이는 일관된 패턴을 설명하는 폭력 주기라는 개념을 소개했다. 맞고 사는 여성들과의 심층 면접을 근거로 워커는 폭력 주기의 세 단계를 설명했다. 폭력 주기의 세 단계란 긴장 구축 단계, 극심한 구타 단계, 허니문 단계를 뜻한다. 긴장 구축 단계는 극심한 구타가 벌어지기 전에 발생한다. 이 시기에는 가해자가 대단히 격정적이고 공격적으로 변한다. 조금만 어려운 일이 있어도 언어폭력을 가하거나 화를 내면서 예기치 않게 긴장감을 형성한다. 이때가 되면 맞고 사는 여성은 언제든 파트너가 심각한 분노 폭발을 일으킬 수 있다는 사실을 알기 때문에 파트너의 마음을 가라앉히거나 폭력을 모면하려고 노력한다. 그런 여성은 살얼음판 위를 걷는 심정으로 파트너 주변을 맴돈다.

시간이 지나면(이 시간은 며칠에서 몇 년까지 다양할 수 있다) 긴장이 고조되어 결국 폭력적인 학대로 폭발하는데 이 단계를 극심한 구타 단계라 한다. 주먹질, 발길질, 물건을 이용한 구타, 계단 아래로 밀치기 등이 이루어지며 강제적인 성행위가 일어나기도 한다. 학대는 가해자가 지쳐 긴장을 모두 해소할 때까지 몇 시간 동안 지속될 수도 있다. 허니문 단계는 가해자가 후회하며 다시는 때리지 않겠다고 약속하고 여자의 사랑을 다시 얻으려고 노력하는 시기다. 여자가 헤어지기를 원하면 남자는 자살하겠다고 위협하거나 선물, 애정 어린 관심으로 사랑을 표하며 여자의 마음을 달래려고 노력한다. 이런 현상은 다시 긴장 구축 단계가 새롭게 시작될 때까지 계속된다. 워커의 이론은 가정 폭력 연구와 치료에 상당히 큰 영향을 주었지만 지나치게 단순화한 데다 모든 가정 폭력 사례에 적용될 순 없다는 비판을 받았다. 그러나 대부분의 임상의들은 워커의 이론이 가정 폭력 사례의 일부를 나타낸다는 데 동의한다.

에반 스타크의 강압적 통제 모델이란?

2007년에 에반 스타크Evan Stark는 《강압적 통제: 남자들이 사생활에서 여자를 옭아

매는 방법Coercive Control: How Men Entrap Women in Personal Life》을 출간했다. 강압적 통제에 관한 스타크의 발상은 새로운 것이 아니다. 사실 이 아이디어는 1970년대에 생겨났다. 그러나 맞고 사는 여성을 30년간 연구한 스타크는 가정 폭력 연구가 페미니스트 근본을 저버리고 신체적인 폭력에만 지나치게 초점을 좁혔다고 느꼈다. 그의 관점에 의하면, 가장 해로운 것은 구타 관계의 심리적인 영향이다. 강압적 통제란 구타당하는 여성을 심리적으로 지배하려는 체계적인 시도를 가리킨다. 스타크는 이것이 모든 구타 관계의 핵심이라고 주장했다.

가해자가 이용하는 전술은 다양하다. 그중에는 피해자의 사생활 가운데 가장 은밀한 사항(옷, 외모, 먹는 음식 등)을 일일이 관리하고, 지나칠 정도로 소유욕을 가지며 의심, 질투, 언어폭력, 욕설을 퍼붓고, 사소한 일이나 심지어 혼자 상상한 일을 가지고 예측할 수 없이 화를 내거나, 구타당하는 여성을 모든 사회적 지원책으로부터 고립시키고 심하지 않은 신체적인 폭력을 끊임없이 행하는 것(머리 잡아당기기, 꼬집기, 밀치기 등)이 있다. 이런 전술은 모두 두려움과 자신감 상실을 불러일으키는 분위기를 조성하여 피해자의 자존감, 자율성, 가해자의 지배에 저항하는 능력을 무너뜨린다. 심각한 폭력이 행사될 때는 피해자의 무력감이 한층 더 강화된다. 폭력은 독립된 목적을 가지는 것이 아니라 피해자를 무너뜨림으로써 결국 평생 잡아두려는 큰 프로그램의 일환으로 이루어진다.

가정 폭력은 다른 유형의 강압적 통제와 비슷할까?

몇몇 작가들이 언급한 것처럼 강압적 통제 전술은 포로를 사로잡아 공포를 느끼게 만드는 다른 상황에서 이용되는 전술과 놀라울 정도로 유사하다. 정치범, 사이비 종교인, 매춘에 길들여진 어린 소녀들이 강압적 통제 전술에 자주 노출된다. 목적은 똑같다. 피해자의 자신감과 자율성을 무너뜨려 억류자 마음대로 조종하려는 것이다.

주디스 허먼은 감금의 심리적인 영향에 대해 어떻게 말했나?

1992년 주디스 허먼Judith Herman, 1942~ 은 가정 폭력에서 정치적 테러에 이르기까지 외상적 학대의 심리적인 영향을 살핀 《트라우마Trauma and Recovery》를 출간했다. 그중에서도 감금의 영향을 다룬 장章이 특히 가정 폭력과 관련이 있다.

사실상 감금은 일종의 세뇌 작용을 할 수 있다. 심각한 구타 상황에서 가해자는 피해자를 감금한 뒤피해자의 수면 주기, 먹는 음식, 신체적인 안전 그리고 가장 중요한 타인과의 접촉 등 세상 전체를 통제함으로써 서서히 피해자의 마음을 조종하게 된다. 지속적인 언어폭력과 점점 심해지는 신체적인 학대를 통해 피해자는 자존감을 상실한다. 자신의 세상을 스스로 통제할 수 있다고 생각했던 피해자의 자신감이 깨지는 것이다. 피해자가 얻을 수 있는 정보를 가해자 마음대로 조절하고 피해자의 현실을 지속적으로 부인함으로써 피해자의 현실 감각이 파괴된다. 또한 다른 사람들을 멀리함으로써 구타 가해자는 자신이 가진 왜곡된 세계관을 점검해볼 수 있는 외부 현실을 없앤다. 피해자의 자기의식을 망가뜨리는 강력한 방법은 피해자의 도덕적 신념을 저버리게 만드는 것이다. 피해자에게 감정적으로 충격적인 성행위를 하게 하거나 또 다른 피해자를 학대하는 일에 동참하게 만든다. 재소자나 사이비 종교인을 세뇌하거나 '무너뜨리는' 데도 비슷한 기법이 이용된다.

이 연구가 제시하는 가장 중대한 점은 상황이 받쳐주는 한 누구든 똑같은 심리적인 영향을 받을 수 있다는 것이다. 또한 누구든 구타 관계에 빠질 수 있다. 물론 다른 사람에 비해 학대적인 관계에 특히 잘 빠지는 사람들이 있다. 어린 시절 학대받은 경험이 있거나 폭력적인 가정에서 자란 이들이 그렇지 않은 사람에 비해 구타 관계에 더 쉽게 빠지고 머무를 수 있다. 또 나이가 어릴수록, 주요 심리 문제를 가진 사람일수록 구타 관계에 더 취약하다.

패티 허스트는 누구이고 오늘 날까지 그녀가 기억되는 이유는 무엇일까?

1974년 2월 4일, 신문 재벌 윌리엄 랜돌프 허스트William Randolph Hearst의 손녀딸이었던 당시 열아홉 살의 패티 허스트Patty Hearst가 캘리포니아 대학교 버클리 캠퍼스에서 납치당했다. 공생해방군SLA이라고 자청하는 사람들이 그녀를 납치했다고 주장했다. 몇 개월 동안 패티는 옷장 속에 갇힌 채 구타당하고 강간당했다. 1974년 4월, 패티가 은행 강도 사건에 가담한 모습이 사진에 포착되었다. 그리고 1975년 9월, 그녀는 무장 강도 행각으로 체포되었다. 검사 측은 그녀가 납치자들로부터 도망쳐 나올 기회가 있었는데도 도망치지 않고 자발적으로 범행에 가담했다고 주장했다. 패티 허스트는 유죄 판결을 받고 35년 형을 선고받았지만 나중에 7년 형으로 감형되었다. 그녀는 구치소에서 21개월간 복역한 후 지미 카터 대통령에 의해 감형되어 풀려났다. 몇 년 후 그녀는 자신이 겪은 일을 적으면서 고문과 감금으로 인해 어떻게 자신을 납치한 사람들에 동화되었고, 실제로 도망칠 수 있는데도 불구하고 그들의 요구에 협조하게 되었는지를 설명했다.

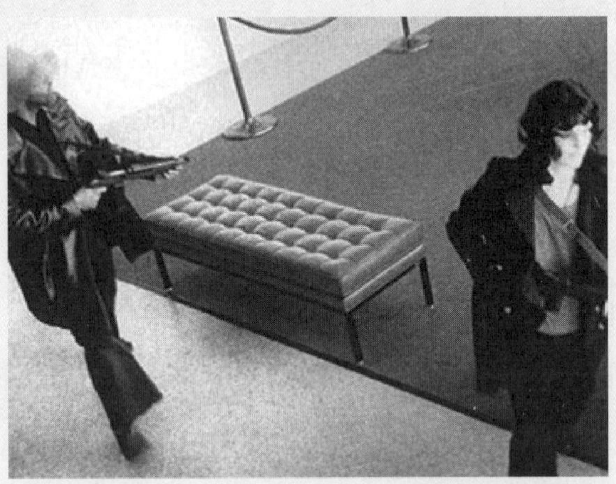

자신을 납치한 사람과 교감하게 되는 납치 피해자의 전형적인 예로 패티 허스트의 사례를 들 수 있다. 허스트는 1974년에 자신을 납치한 사람들의 지시에 따라 무장 강도 행각을 벌이기까지 했다.

외상성 애착이란?

외상성 애착은 구타 관계의 힘을 이해하는 데 도움이 되는 또 다른 개념이다. 사람들은 극심한 스트레스를 받는 상황에 놓이면 타인과 강력한 감정적 유대감을 형성하려는 욕구를 느낀다. 예를 들어 참전 용사들은 자기 부대에 속한 다른 군인들과 평생 끈끈한 관계를 유지한다. 구타 관계라는 급성 외상으로 인해 피해자도 사회적 유대감을 형성해야 한다는 강렬한 욕구를 느끼게 된다. 그러나 이 경우 피해자는 사회적으로 고립되기 때문에 자신을 구타하는 사람 이외에는 유대감을 형성할 대상이 없다. 따라서 자신에게 고통을 가하는 사람에게 감정적으로 의존하는 것이다.

맞고 사는 여성은 왜 가해자를 떠나지 않는 것일까?

맞고 사는 여성이 구타 관계를 계속 유지하는 이유에는 여러 가지가 있다. 첫째, 법적 · 경제적 · 문화적 문제 같은 현실적인 이유가 있다. 둘째, 가해자를 떠날 경우 자신의 안전이나 심지어 생명의 위협을 받을 수도 있다는 두려움을 느낄 수 있다. 셋째, 구타 관계가 절대 떠날 수 없다고 느낄 때까지 자신감을 무너뜨리는 심리적 영향을 주기 때문이다.

맞고 사는 여성이 떠나지 않는 현실적인 이유에는 어떤 것이 있을까?

비록 몇십 년 전보다는 덜하지만 현실적인 측면에서 보면 맞고 사는 여성이 가해자를 떠나기가 매우 어려울 때가 많다. 충분치 못한 경제 능력, 부족한 법적 보호책, 가족과 성직자의 지원 부족이 모두, 맞고 사는 여성이 구타 관계를 빠져나가는 걸 방해한다. 지금은 가정 폭력에 대한 대중의 인식이 많이 높아졌지만 특히 맞고 사는 여성에게 자녀가 있는 경우, 혼자 살아가는 데 필요한 자원이나 지원이 충분하지 못할 때가 많다. 뿐만 아니라 맞고 사는 여성은 자신의 안전이나 가족의 안전을 두려워할 만큼 충분한 이유를 가지고 있다. 가해자들은 대개 아내가 집을 떠나면 그녀 혹은 그녀의 가족을 죽이겠다고 위협한다. 이런 위협은 그냥 하는 소리가 아니다. 배우자에 의한 살인이 가장 흔한 여성 살인 사건 유형으로 특히 별거 시점이 가장 위험하다.

맞고 사는 여성이 가해자를 떠나지 않는 심리적인 이유는 무엇일까?

강압적 통제의 목적은 피해자의 독립심을 무너뜨리는 것이다. 언어폭력, 공포, 예측 불가능, 강제적인 사회적 고립은 모두 피해자의 자기의식과, 더 나아가서는 피해자의 현실 감각을 무너뜨린다. 심리적으로 무너진 여성들은 가해자 없이는 살 수 없다고 느끼기도 한다. 맞고 사는 여성이 구타 가해자를 떠난 이후 다시 돌아오는 이유가 바로 이런 심리적인 이유 때문이다.

헤다 누스바움과 조엘 스타인버그는 누구인가?

헤다 누스바움Hedda Nussbaum은 1987년 불법으로 입양한 딸 리사 스타인버그가 구타 당한 뒤 사망한 일로 미국 전체의 관심을 받았다. 1989년 아이를 죽인 혐의로 그녀와 동거하던 조엘 스타인버그Joel Steinberg가 기소되었다. 처음에는 딸을 보호하지 못한 책임을 물어 누스바움도 아이를 죽인 혐의로 기소되었다. 그러나 누스바움 역시 조엘의 학대 대상이었다. 결국 법정은 다년간의 신체적 · 성적 · 심리적 고문으로 인해 누스바움이 심리적 · 신체적으로 조엘에 대항할 수 없었으며, 따라서 딸의 생명을 지켜주지 못했다고 판단했다. 조엘의 지속적이고 잔인한 폭행으로 누스바움은 평생 회복될 수 없는 신체적 손상을 입었던 것이다.

가정 폭력은 아이들에게 어떤 영향을 미칠까?

가정 폭력이 아이들에게 끔찍한 영향을 주는 것은 분명하다. 가정 폭력을 목격한 아이들의 경우 가정 폭력의 피해자가 겪는 것과 유사한 심리적 상처를 경험한다. 신체적인 학대를 당한 아동이나 그것을 목격한 아동 모두 우울증, 공격성, 대인 관계 문제, 학교생활 문제를 많이 겪는 것으로 나타났다. 다시 말해 가정 폭력을 목격한 아이들도 가정 폭력의 피해자인 것이다. 또 폭력적인 가정에서 자란 아이들은 친밀한 사이에 폭력이 이루어지는 것을 정상적인 일로 생각할 수 있다. 그런 아이들이 성인이 되면 배우자를 신체적으로 학대하거나 자신에게 신체적인 학대를 가하는 사람과 결혼할 가능성이 크다.

가해자는 남성만 해당될까?

초기 페미니스트 학자들은 배우자에게 폭력을 행사하는 사람이 남성으로만 국한된다고 주장했다. 그러나 커플을 조사한 여러 연구 결과, 실제로 남성보다 여성이 경미한 폭력을 행사할 가능성이 더 큰 것으로 나타났다. 607명의 대학생들을 대상으로 2007년에 실시한 연구를 통해 로즈마리 코건Rosemarie Cogan과 티파니 페넬Tiffany Fennell은 여성의 53퍼센트와 남성의 38퍼센트가 배우자나 연인을 상대로 신체적인 폭력을 행사한 경험이 있다는 사실을 발견했다. 2006년에 수전 오리어리Susan O'Leary와 에이미 슬렙Amy Slep이 어린 자녀와 함께 사는 453쌍의 커플들을 조사했을 때도 비슷한 결과가 나타났다. 1년 동안 여성들이 경미한 신체 폭력과 심각한 신체 폭력을 행사한 중앙치는 각각 3회와 2회였다. 남성의 경우에는 1년 동안 두 차례의 경미한 행동과 한 차례의 심각한 폭력을 행사했다. 또한 남성과 여성 모두 여성이 행사하는 폭력이 남성이 행사하는 폭력에 비해 덜 위험하고 문제성 있다고 인식하는 것으로 나타났다.

그러나 범죄율 통계는 방금 인용한 연구 결과와 다른 이야기를 들려준다. 남성들이 여성들에 비해 배우자나 연인을 상대로 범죄적 폭행을 저지를 가능성이 훨씬 더 높고, 배우자나 연인에 의한 여성 살해 사건이 그 반대의 경우보다 더 흔한 것으로 나타났기 때문이다. 실제로 배우자나 연인에 의한 살해가 여성 살해의 가장 흔한 형태다. 이런 결과를 종합하면 여성도 남성만큼 경미하거나 중간 정도 수준의 폭력을 행사할 수 있지만 배우자나 연인을 상대로 생명을 위협할 정도로 심각한 폭력을 저지르는 경우는 남성이 더 많은 것을 알 수 있다.

1994년의 유명한 살인 사건 재판은 어떻게 미국 내 가정 폭력 문제를 제기하게 되었을까?

니콜 심슨과 로널드 골드먼 살인 혐의로 체포되었던 오 제이 심슨.

1994년, 니콜 심슨Nicole Simpson과 로널드 골드먼Ronald Goldman의 살인 사건은 엄청난 스캔들을 불러일으켰다. 유명한 전 미식축구 선수이자 별거 중인 니콜의 남편이었던 오 제이 심슨O. J. Simpson이 텔레비전을 통해 중계된 경찰 추격 끝에 살인 혐의로 체포되었다. 오 제이가 폭력을 행사할 때마다 니콜이 여러 차례 911 긴급 전화를 건 기록 등 심슨 가족의 가정 폭력 기록이 남아 있었다. 또 살해당하기 수년 전 멍든 니콜의 얼굴이 사진에 찍히기도 했다.

명백한 살해 사건이라는 검찰의 주장에도 불구하고 오 제이 심슨은 무죄로 풀려났다. 그의 변호사인 조니 코크런Johnny Cochran이 배심원의 초점을 오 제이 심슨의 유죄 여부에서 로스앤젤레스 경찰국의 신용도로 교묘히 돌려놓았기 때문이다. 이후 심슨은 불법 사망 민사 소송에서 유죄 판결을 받았다. 재판이 끝난 후 인종 간의 스캔들에 대한 대중의 반응으로 미국 내 끊이지 않는 인종차별 논란에 언론의 관심이 집중되었다. 그러나 안타깝게도 이렇게 대대적으로 알려진 사건이 가정 폭력 문제에 대한 관심을 불러일으키진 못했다.

나라별 가정 폭력 발생률은 어떻게 다를까?

가정 폭력 발생률, 특히 여성에 대한 폭력 발생률은 문화마다 극적인 차이를 보인다. 세계보건기구의 2009년 보고서에 따르면, 한 번이라도 동거해본 경험이 있는 여성들 사이에 배우자로부터 구타당한 비율은 15~72퍼센트까지 다양하게 나타났다. 배우자

폭행 발생률은 도시보다 시골에서 더 높다. 평생 배우자나 연인에게 성적이나 신체적 폭행을 당한 비율은 에티오피아 시골의 경우 72퍼센트, 페루 시골 69퍼센트, 방글라데시 시골 62퍼센트로 나타났다. 그에 비해 일본 도시의 경우 15퍼센트, 세르비아와 몬테네그로 도시 24퍼센트, 브라질 도시의 경우 29퍼센트였다. 배우자의 평생 학대 발생률보다 연간 발생률이 훨씬 낮긴 하지만 학대는 한 번만 발생하고 그치는 것이 아니다. 한 번 발생한 적이 있다면 재발할 가능성이 크다.

여성에 대한 폭력이 많은 이유는 무엇일까?

빈곤, 전쟁, 정치적 · 경제적 불안정이 여성에 대한 폭력 발생률을 증가시킨다. 뿐만 아니라 알코올 중독, 어린 시절 가정 폭력에 노출된 경우에도 가정 폭력을 일으킬 가능성이 크다. 그러나 가장 중요한 요인은 가정 폭력에 대한 문화적인 태도와 여성의 권리다. 여성에게 아무런 권한도 없고 남성이 여성을 소유물처럼 생각한다면 가정 폭력은 계속 만연하게 될 것이다.

문화마다 여성의 권리는 어떻게 다를까?

여성의 평등권은 불과 40년 전부터 널리 인정받기 시작했다. 이슬람 국가에서는 여성의 역할이 매우 제한적이며 종교적으로 보수적인 사람들은 여성이 남성에게 전적으로 복종해야 한다고 믿는다. 따라서 여성의 법적 권한은 문화에 따라 크게 다르다. 대부분의 선진 서양 국가에서는 여성이 남성과 똑같은 법적 권한을 가진다. 하지만 다른 나라에서는 여성에게 금지되는 것이 많다. 법적으로 일할 권리를 갖거나, 대출을 받거나 재산을 소유하거나 이혼을 주도하거나 아이 양육권을 가지는 것이 금지되며 심지어 법정 증언도 남자의 증언으로만 국한되기도 한다. 남아프리카공화국과 같은 개발도상국에서는 새롭고 발전된 법적 지원책이 마련되어 다양한 여성의 권리를 뒷받침하고 있다. 그러나 그런 법률은 제대로 시행되지 않는 데다 특히 시골에서는 거의 인정하지 않는 게 실상이다. 사우디아라비아에서는 남자가 동행하지 않는 한, 여성이 운전을 하거나 여행하는 일을 금하고 있다.

가정 폭력에 대한 사회적 태도는 문화마다 어떻게 다를까?

페미니스트 운동이 가정 폭력 문제에 대중의 관심을 불러일으키기 시작한 것은 불과 몇십 년 전의 일이다. 대부분의 산업화된 국가는 이제 가정 폭력 문제를 인식하고 그것을 막는 법률을 제정해놓고 있다. 예를 들어 캐나다의 경우 2002년 현재 맞고 사는 여인을 위해 524곳의 보호소가 마련되어 있다. 남아프리카공화국과 같은 개발도상국에도 가정 폭력을 금지하는 법률이 있지만 실제로는 제대로 시행되지 않으며, 가정 폭력에 대한 대중의 교육을 위한 정부 차원의 지원책이나, 맞고 사는 여성을 위한 보호소가 마련되어 있지 않다. 불가리아, 짐바브웨 같은 국가에서는 가정 폭력을 금하는 법률이 아예 존재하지 않는다. 가정 폭력을 허용하는 나라도 많다. 그런 나라에서는 가정 폭력 문제가 법적·의학적 체계는 물론 가족과 지역 사회에 의해서도 과소평가되고, 남성과 여성 모두 남성이 아내를 신체적으로 '훈육할' 권한을 가진다고 믿고 있다.

제 10 장

법정심리학

법정심리학이란?

'법정'은 사법 체계를 뜻한다. 법정 문제에는 범법자의 기소는 물론 법의 적용, 시행과 관련된 모든 것이 포함된다.

법정심리학Forensic Psychology은 비교적 새로운 분야로, 빠르게 성장하고 있다. 법정심리학자들은 민법과 형법의 많은 면에 관여한다. 민법의 경우 이혼 중재, 양육권 판단은 물론 권한, 장애 판단도 포함된다. 형법의 경우에는 피고자의 정신 상태를 판단하고(특히 정신이상이라고 항변하는 경우), 관련된 심리적 요소에 대한 전문가의 증언을 제시한다.

또 법정심리학자들은 강력범과 성범죄자를 위한 특별 프로그램을 비롯하여 재소자들을 위한 심리 치료를 제공하기도 한다. 법정심리학자들은 경찰과 협력하기도 한다. 그들은 경찰 지원자들을 선별하고 경찰을 비롯한 다른 사법 기관 직원들을 대상으로 스트레스 관리, 슬픔 극복, 외상 상담을 해주기도 한다. 뿐만 아니라 법정심리학자들은 아동 증언의 신뢰도, 성범죄자의 상습적 범행, 충동과 공격성, 청소년 범죄와 같은 주제에 관한 과학적인 연구를 실시하기도 한다.

범죄자 프로파일링이란?

범죄자 프로파일링은 범죄 현장에 남은 증거를 기반으로 심리적 · 인구학적 · 행동적 특성을 파악하는 것을 뜻한다. 최근 30여 년 동안 법 집행 분야에서 범죄자 프로파일링이 인기를 얻었고, 현재는 여러 국가에서 널리 이용되고 있다. 그동안 범죄자 프로파일링의 이론과 체계를 정립하려는 시도가 많았지만 그런 이론과 체계가 효과 있다는 과학적인 근거는 거의 없다. 범죄자 프로파일링이 과학적으로 입증될 수 있는지에 대한 연구원들의 의견은 분분하다. 앤서니 피노조토Anthony Pinnozotto와 노먼 핑켈Norman Finkel의 1990년 연구에서 프로파일러들이 수사관, 심리학자, 학생들로 이루어진 대조군에 비해 성범죄자의 인구학적 특성은 정확히 파악하는 것으로 나타났지만 살인자들에 관해서는 수사관보다 정확성이 떨어지는 것으로 나타났다.

범죄 행동의 심리

범죄 행동에 관해 심리학이 알려줄 수 있는 것은 무엇인가 ?

모든 범죄 행동은 법을 위반하겠다는 의식적인 선택에서 비롯된다. 우발적이거나 고의적이지 않은 행동으로 저지른 경우는 범죄에 해당되지 않는다. 가난, 이웃의 범죄율, 사회 규범, 법 시행 기회의 부족과 같은 환경적인 요소들이 범죄율에 기여하는 것은 분명하지만 심리적 요소 또한 범죄 행위 결심에 중심 역할을 한다.

모든 범법자들이 비정상적인 심리적 특성을 가지고 있을까?

법을 위반하는 사람들이 모두 비정상적인 심리적 특성을 가진 것은 아니다. 범법 행위는 여러 가지 요소에서 비롯될 수 있다. 그러나 다른 사람보다 범죄 행위에 가담할 가능성을 높이는 특정한 심리적 특성이 있긴 하다.

범죄 심리란 것이 있을까?

몇십 년 동안 정신 건강 분야는 범죄 행위에 가담할 가능성이 큰 사람들의 성격적 특성을 분류하고 연구하고자 했다. 다시 말해 범죄 심리를 진단하려고 한 것이다. DSM-IV와 DSM-IV-TR은 습관적으로 사회 규범과 도덕률을 위반하는 사람들을 가리켜 반사회적 성격 장애를 가진 것으로 진단한다.

반사회적 성격 장애란?

반사회적 성격 장애ASPD를 가진 사람들은 냉담하고 착취적인 행동과 타인에게 공감하거나 후회하는 일이 없다는 특징을 가지고 있다. DSM-IV에 따르면, 반사회적 성격 장애를 가진 사람은 다음 기준 가운데 최소한 세 가지에 해당되는 타인의 권리를 무시하는 행동 패턴을 보인다.

불법적인 행동의 반복, 잦은 거짓말, 가명 사용, 개인적 이익을 위해 타인을 기만함, 충동적, 미래에 대한 계획이 없음, 짜증을 내고 공격적임, 자신과 타인의 안전을 무모할 정도로 무시함, 책임감을 느끼는 경우가 없어 직장을 계속 다니거나 경제적 의무를 다하지 못함, 타인에게 상처를 입히거나 못된 행동을 하고 타인의 물건을 훔치는 행동을 합리화하거나 아무렇지 않게 생각하며 절대 후회하는 법이 없음.

그러나 이런 정의는 성격 특성이라기보다는 행동에 지나치게 초점을 맞췄고, 15세 이하 아이들의 행동 장애(ASPD의 아동용 버전)에 관한 증거가 부족하다는 이유로 비판을 받아왔다.

사이코패스란?

사이코패스는 DSM-IV의 반사회적 성격 장애와 구분되어야 한다. 반사회적 성격 장애 진단은 범죄 행위 내력에 크게 의존하지만 사이코패스는 범죄 행동과 관련된 실제 성격적 특성과 더 가깝다. 이런 성격적 특성으로는 냉담, 표면적이고 얕은 감정, 공감 부족, 무책임, 타인을 해한 데 대한 후회나 죄책감의 결여, 타인을 착취하고 조종하며 탐욕스러운 행동에 가담하는 것 등을 꼽을 수 있다.

사이코패스 재소자들은 그렇지 않은 재소자들보다 더 심각하고 폭력적인 범죄를 저지른 사람들이다. 또 출소 후 다시 범죄를 저지를 가능성이 크다. 게다가 우발적인 범죄보다는 사전에 계획된 범죄를 저지르는 경향이 있다. 마이클 우드워스Michael Woodworth와 스티븐 포터Stephen Porter가 2002년에 125명의 살인범들을 대상으로 실시한 연구에서 사이코패스가 아닌 91명의 재소자들보다 34명의 사이코패스 재소자들이 계획 범죄를 저지른 경우가 더 많았다(48.4% 대 93.3%).

사이코패스는 어떻게 판단할까?

현재 사이코패스에 관한 가장 유명한 전문가는 로버트 헤어Robert Hare, 1934~ 라는 심리학자다. 그는 헤어 사이코패스 체크리스트Hare psychopathy checklist라는 심층 면접을 통해 사이코패스를 측정하는 방법을 개발했다. 첫 번째 버전은 1980년에 출시되었고, 개정판PCL-R은 1991년에 나왔다. PCL-R은 반구조적 인터뷰 결과, 범죄 기록, 진료 기록을 토대로 점수를 매기는 20항목으로 이루어진 임상 평가 척도다. 사이코패스에게 직접 얻는 정보는 대개 믿을 만하지 않기 때문에 피험자를 잘 아는 사람을 대상으로 부수적인 면접도 실시한다. 40점 만점으로 남성과 여성 범죄자의 평균 점수는 22~24다. 헤어는 사이코패스 기준 점수를 30점으로 정해놓았다. 그는 사이코패스가 하나의 단면이라기보다 한 범주에 더 가깝다고 주장한다. 이는 어떤 사람을 사이코패스인지 사이코패스가 아닌지 구분할 수 있다는 뜻이다. 그러나 헤어의 의견과 달리 사이코패스적 특성이 성격의 한 부분에 속한다고 믿는 연구원들도 있다.

사이코패스는 얼마나 흔할까?

헤어는 재소자들의 50~75퍼센트가 반사회적 성격 장애 기준에 부합되지만 사이코패스 기준 점수를 넘어서는 사람은 15~25퍼센트에 불과하다고 믿고 있다. 또한 사이코패스가 전체 인구의 1퍼센트 정도를 차지한다고 추정한다. 따라서 사이코패스는 반

마피아 두목은 비정상적인 심리적 특성을 가지고 있을까? 또 반사회적 성격 장애나 범죄 행위를 일으키는 사이코패스로 진단될까? 그들의 범죄 행위는 분명 어느 정도 반사회적 성격 장애와 사이코패스 기준에 부합되지만 마피아라는 그들만의 하위문화에서 작용한다는 것이 단독으로 저지르는 범죄 행위와 다르다고 할 수 있다. 조직범죄 문화에서는 마피아 두목이 심리적으로 비정상적이라고 여기지 않을 것이다.(iStock)

사회적 성격 장애에 비해 더 심각한 장애지만 다행히 반사회적 성격 장애만큼 흔하지는 않다.

사이코패스의 특성에는 어떤 것이 있을까?

초기에 헤어는 PCL-R 테스트를 받은 재소자들로 구성된 대규모 표본에 대한 요인분석을 실시했다. 요인분석은 동일한 군집으로 분류되는 항목을 파악하고 하위 척도를 만드는 데 이용된다. 이 연구를 통해 다음과 같은 두 가지 요인이 확인되었다. 대인관계/정서적 요인(요인 1)과 사회적으로 벗어난 생활 방식 요인(요인 2). 2003년에 헤어는 초기에 만들었던 원 모델을 네 가지 요인 모델로 개정했다. 요인 1은 대인 관계 요인(인상 관리, 과장, 병적인 거짓말, 타인 조종)과 정서적인 요인(후회 결핍, 얕은 정서, 냉담함/공감 부족, 책임감 인식 결여)으로 나뉘었다. 요인 2는 생활 방식 요인(자극 추구, 기생적

생활, 목표 결여, 충동적, 무책임함)과 반사회적 요인(공격적, 어린 시절 행동 문제, 심각한 범법 행위, 여러 가지 범죄 행위)으로 나뉘었다. 세 가지 요인 모델을 주장한 다른 심리학자들은 헤어와 마찬가지로 요인 1은 둘로 나누었지만 요인 2는 행동 요인으로 그대로 유지했다. 몇 년이 지나면서 헤어의 PCL-R과 유사한 요인 구조를 갖춘 테스트 도구들이 개발되었다.

테드 번디는 누구일까?

완벽한 사이코패스 사례로 연쇄살인범 테드 번디Ted Bundy, 1946~1989를 들 수 있다. 잘생기고 교육 수준이 높으며 지적인 그는 정치에 적극적으로 참여했고 워싱턴 주지사와 친분을 쌓기도 했다. 번디는 또한 두 여성과 오랫동안 사귀기도 했는데, 그들은 그가 연쇄살인범이라고는 생각지도 못했다. 결국 그는 30명의 여성을 죽였다고 인정했는데 사람들은 피해자가 더 많을 것으로 추측하고 있다. 그는 붕대나 깁스, 목발을 하고 여성들에게 접근해 자신의 물건을 들어달라고 요청하는 식으로 여성들을 속이고 조종해서 자신의 자동차나 외딴 곳으로 유인한 후 강간하고 고문한 뒤 살해했다. 분명 그는 충동적인 살인이 아니라 계획되고 계산된 살인을 저질렀다. 세상이 알고 있던 그의 꾸며진 이미지와 살인 행각 사이의 극적인 대립은 그가 냉담하고 사디스트적이며 교묘하고 감정적으로 분리된 전형적인 사이코패스의 성격적 특성을 가지고 있음을 보여준다.

반사회적 행동과 반사회적 태도는 어떻게 다를까?

헤어의 가장 중요한 업적은 요인 1과 요인 2를 구분했다는 점이다. 이는 사이코패스가 반사회적 태도와 반사회적 행동이라는 비교적 뚜렷한 두 가지 성격적 특성으로 이루어져 있음을 나타낸다. 첫 번째 특성은 차갑고 냉담한 성격적 특성을 가리킨다. 두 번째 특성은 충동적이고 공격적이며 행동 제어 능력이 결여된 것을 나타낸다. 이런 특성은 원인도 다르고 신경생물학적 근원도 다르며 다른 행동을 초래한다. 두 가지 요인의 상관관계가 0.5, 즉 25퍼센트가 겹치지만 이 두 가지 요인은 분명 다르다.

헤어의 요인 1은 무엇과 상관관계가 있을까?

요인 1에는 냉담하고 교묘하며 이기적인 사이코패스의 감정적 인간관계적 양상, 즉 핵심적인 성격적 특성이 해당된다. 요인 1은 자기애적 성격 장애, 히스테리성 인격 장애, 권모술수적 특성과 상관관계가 있다. 또한 폭력, 재범 위험성, 비정상적인 감정 처리(낮은 불안감, 낮은 공감)와도 상관관계가 있다. 그러나 나이, 교육 수준, 사회 경제적 지위와는 아무런 상관관계가 없다.

헤어의 요인 2는 무엇과 상관관계가 있을까?

요인 2는 반사회적 행동과 비정상적인 생활 방식과 관련이 있다. 요인 2는 약물 남용, 범죄 행동, 반사회적 성격 장애와 상관관계가 있다. 또한 IQ, 교육 수준, 사회 경제적 지위, 나이와는 부적 상관관계를 가진다. 다시 말해 낮은 사회 경제적 지위, 교육 수준, IQ를 가진 사람들이 반사회적 행동을 보일 가능성이 크다는 것이다. 이는 또한 사람들이 나이 들면서 반사회적 행동은 줄어든다는 것을 뜻한다. 그러나 사이코패스의 핵심적인 성격적 특성은 나이와 상관없고 사회 경제적 지위, 교육 수준 등 다른 인구학적 특성과도 뚜렷한 관련이 없다.

자기애적 특성이 반사회적 태도와 행동에 어떤 작용을 할까?

반사회적인 사람은 자기애적 특성을 상당히 많이 가지고 있고 두 가지 성격 유형이 겹치는 경우가 많지만 전자와 후자는 구분해야 한다. 자기애는 반사회적 인격과 같은 것이 아니다. 대단히 자기애적인 사람들 가운데 다수가 반사회적 특성을 보이지 않는다. 헤어의 테스트에서 볼 수 있듯이 과장, 공감 부족, 자신의 목적을 위해 타인을 이용하는 것이 사이코패스적인 사람들에게서 흔히 볼 수 있는 특성이다. DSM-IV의 자기애적 성격 장애의 정의에 따르면 과장, 공감 부족, 자신의 욕구에 타인이 맞춰줄 것이라는 기대가 이 장애를 진단하는 기준이 된다. 그러나 진짜 사이코패스들은 대인 관계를 중시하지 않는다. 그저 다른 사람들이 중요하지 않은 것이다. 그들에게 다른 사람들은 자신의 목적을 이루기 위한 수단에 불과하다. 반면 자기애는 대인 관계를 상당히 중시하고 타인의 인정과 확인을 중시한다. 나르시시스트는 자신에게 지나치게 집착하지만 그렇다고 해서 냉담하거나 잔인하거나 사디스트적인 것은 아니다. 그러나 상황이 받쳐준다면 대단히 자기애적인 사람들도 범죄 행위를 저지를 수 있다. 부, 명성, 권력에 대한 욕망과 평범한 사람들에 비해 자신이 뛰어나다는 과장된 믿음 때문에 법적 · 윤리적 선을 넘게 되는 것이다.

지능은 범죄 행위에 어떤 역할을 할까?

대부분의 범죄 행위는 충동과 충동적인 공격성과 관련 있는데 지능은 충동과 강한 상관관계를 가진다. 반사회적 행동과 다양한 인지 검사에 대한 낮은 점수가 강한 상관관계를 가진다는 방대한 문헌이 있다. 사실 충동이란 생각하지 않고 행동하는 것을 뜻한다. 따라서 상황에 대해 합리적으로 생각하는 능력이 행동 제어의 중대한 요소가 된다. 이는 사건에 대한 대안적인 설명과 다른 문제 해결 방식을 생각해보는 능력을 수반한다. 가장 중요한 것은 앞으로 벌어질 결과를 미리 생각해보는 능력이다. 인지 능력 저하가 헤어의 요인 2에서 측정하는 행동 문제와 상관있다는 것에 주목할 필요가 있다.

인지 기능과 헤어의 요인 1에 따른 사이코패스의 핵심적인 성격 특성의 관계에 대해서는 알려진 바가 별로 없다. 분명 역사적으로 대단히 머리 좋은 사이코패스가 있었고 상당한 권력을 쥔 사람도 있었다. 그런 사람들은 충동적이지 않고 세심하게 사전 계획을 하는 능력이 있다. 또 사이코패스가 특히 집중에 관해서는 미묘하게 비정상적인 인지 능력을 가지고 있다는 근거가 있다. 그들은 오로지 자신의 목표에만 집중하고 주변 정보에는 비교적 반응하지 않는 편이다.

엔론 스캔들은 기업 경영자의 사이코패스적 특성을 나타내는 것일까?

엔론[Enron]은 텍사스에 본사를 둔 거대 에너지 기업으로, 1990년대에 미국 전역에서 눈에 띄는 성장을 이루었다. CEO 켄 레이[Ken Lay]는 선거운동에 기부하면서 미국 대통령과 고위 정치인들과 친분을 쌓았다. 2001년에 엔론은 불법 회계로 파산했으며 그로 인해 수십만 명들이 일자리를 잃었고 수십억 달러의 손해를 끼쳤다. 이로 인해 레이는 임원인 제프리 스킬링[Jeffrey Skilling]과 피후견인인 앤드루 패스토[Andrew Fastow]와 함께 사기 혐의로 기소되어 실형을 선고받았다.

일부 기업 거물들의 탐욕이 사이코패스적으로 여겨질 수도 있지만 그런 사람들이 반사회적 성격장애의 모든 기준을 충족시킬 가능성은 적다.(iStock)

이 사람들이 전형적인 사이코패스였을까? 이들이 반사회적 인격 장애 기준에 부합될까? 인터뷰 내용을 통해 추측해볼 뿐이지만, 이 세 사람이 자기애의 피해자로 전락했을 가능성이 크다. 권력과 부, 엄청난 성공의 영예에 유혹된 그들은 윤리적 · 법적 선을 넘더라도 이익을 늘리기로 작정한 것이다. 수천 명의 엔론 직원들을 구하는 것보다 그들은 자신의 야망을 더 중시했다. 그렇게 물질적인 성공에 치중한 나머지 결국 엔론 스캔들을 일으킨 것처럼 금융인들의 그릇된 행동을 독려하는 사회적 가치에도 의문을 가질 필요가 있다.

범죄자들은 스스로 범죄 행각을 그만둘까?

범죄자들이 스스로 범죄 행각을 그만둔다는 분명한 증거가 있다. 가장 심각하고 폭력적인 범죄는 대개 40세 이하의 사람들이 저지른다. 캐시 위돔[Cathy Widom]과 마이클 맥스필즈Michael Maxfields에 따르면, 범죄 행위를 저지르는 중심 연령이 20~25세라고 한다. 또한 헤어의 사이코패스 체크리스트의 요인 2가 측정하는 반사회적 행동은 나이와 부적 상관관계를 가진다. 사람이 나이 들면 일반적으로 충동적인 공격적 행동과 무모한 행동이 줄어든다. 이런 현상은 나이 들면서 신체적인 활력이 떨어지는 현상과도 관련이 있다. 그러나 범죄자가 많은 힘을 쓰지 않아도 되는 계획적인 범죄 행위는 나이 든다고 해서 크게 줄지 않는다. 헤어의 자료가 보여주듯 사이코패스적 성격 특성(요인 1)은 나이가 든다고 해서 주는 것이 아니라 나이에 상관없이 일정하게 유지된다. 학살을 일삼는 독재자와 조직범죄의 두목처럼 반사회적 행동을 일삼는 사이코패스적인 사람들이 80대가 되어도 계속해서 범죄 활동을 하는 이유가 된다.

반사회적 특성의 원인

반사회적 특성의 원인은 무엇일까?

범죄 행위의 위험 인자를 다룬 방대한 문헌이 있다. 이 연구는 유전, 인지, 성격, 가족, 지역 사회의 영향을 비롯해 다양한 위험 인자를 강조한다. 그러나 이런 연구는 반사회적 행동과 사이코패스적 성격 특성을 구분하지는 않는다.

반사회적 특성의 발달에 환경은 어떤 역할을 할까?

환경은 반사회적 특성 발달에 대단히 중요한 역할을 한다. 강력 범죄로 재소된 사람들의 대부분이 사회 경제적으로 지위가 낮은 집안과 소외 계층 출신이라는 사실은 결코 우연이 아니다. 반사회적 행동에 기여하는 생물학적 · 유전적 요소에 관해 점점 더 많은 사실을 파악해가고 있지만 인간 행동의 모든 면에 환경이 상당히 큰 영향을 준다는 점을 기억하는 것이 중요하다. 환경은 유전자 발현을 비롯한 사람의 생명 활동도 좌우한다.

신경생물학은 반사회적 특성 발달에 어떤 역할을 할까?

지난 몇십 년간 진행된 신경생물학 연구의 폭발적인 성장으로 반사회적 행동을 뒷받침하는 신경생물학적 요인이 계속해서 밝혀지고 있다. 이제는 반사회적 행동과 관련된 뇌 부위와 반사회적 행동에 기여하는 생물학적 조건, 반사회적 행동을 일으킬 위험성을 높이는 유전자까지 파악되었다.

신경생물학과 환경 사이에 상호 작용이 있을까?

현재 진행되는 연구에 따르면, 유전(유전자와 생물학)과 환경이 평생 동안 상호 작용한다는 사실을 보여준다. 유전자로 인해 특정한 성격적 특성과 심리적 능력을 갖게 된다(지능, 언어 능력, 위험 선호도 등). 사실 정신적 능력의 외적 한계를 정하는 것은 유전자다. 환경은 우리가 가진 능력을 최대한 발휘하거나 발휘하지 못하게 한다. 환경은 어떤 행동이 사회적으로 용납될 수 있는지, 어떤 행동이 보상을 받거나 벌을 받을지 알려주기도 한다. 또한 유전 · 생물학적 위험 인자와 환경적 위험 인자가 있을 때 반사회적 특성이 상당히 두드러진다. 예를 들어 생물학적으로 취약하고 매우 위험한 환경에서 자란 아이는 생물학적 취약성이나 환경적 취약성 하나만 가지고 있는 아이에 비해 심각한 반사회적 특성을 훨씬 더 많이 가진다.

반사회적 행동의 발달에 기여하는 사회적 요인은 무엇일까?

개인과 사회적 위험 요인의 관계가 대단히 중요하다. 가난, 낮은 교육 수준, 사회 기관의 부족, 적절한 사회 지원 체계의 부족, 반사회적 또래, 위험하고 폭력적인 주변 환경이 모두 청소년의 사회적 · 심리적 발달에 파괴적인 영향을 끼칠 수 있다. 이 모든 요소가 공존하는 경우 아이가 범죄 행동에 가담할 위험성은 상당히 커진다.

2002년에 마그다 스타우타머로에버Magda Stouthamer-Loeber와 동료들은 871명의 소년들로 구성된 표본을 대상으로 6년 동안 심각하고 지속적인 청소년 범죄의 위험 인자와 보호 인자가 무엇인지 살펴본 연구 결과를 발표했다. 그들은 특히 주변 이웃의 일반적인 사회 경제적 지위의 영향을 살펴보았다. 주변 이웃의 사회 경제적 지위로는 1990년 인구조사 자료를 기반으로 가계 소득 중앙치, 편부모 가정, 빈곤층에 해당되는 가족의 백분율 등을 살펴보았다.

이웃은 총 네 범주로 나뉘었다. 사회 경제적 지위가 높은 집단, 중간 집단, 낮은 집단과 사회 경제적 지위가 낮고 대부분의 이웃들이 공동주택에 사는 집단으로 말이다. 13~19세 소년들의 경우, 주변 환경의 사회 경제적 지위와 범죄 행동 사이에 명확한 관계가 있었다. 연구 결과 주변 이웃의 사회 경제적 지위가 높은 집단의 17.7퍼센트, 중간 집단의 32.4퍼센트, 낮은 집단의 41.7퍼센트 그리고 대다수의 이웃이 공동주택에 거주하고 사회 경제적 지위가 낮은 집단은 69.4퍼센트가 심각한 청소년 범죄 행동에 연루되는 것으로 나타났다. 다시 말해 사회 경제적 지위가 가장 낮은 지역에 사는 소년들이 사회 경제적 지위가 가장 높은 지역에 사는 소년들보다 심각한 범죄 행동을 보일 가능성이 네 배나 높았다.

사회 규범은 범죄 행동을 결정하는 데 어떤 역할을 할까?

범죄 행동은 법을 위반하는 것을 뜻하는데 대부분 사회 규범도 깨뜨린다. 그러나 청소년 범죄 집단, 테러리스트 집단, 조직폭력배처럼 범죄 행동이 사회적으로 용납되는 하위문화에서는 범죄 행동에 가담하는 것이 비정상적인 심리 과정이라기보다는 사회적 집단에 속하고 싶은 욕망을 나타낸다고 할 수 있다. 다른 경우에는 사람들이 자유 선택이 아니라 다른 폭력 집단으로부터 보호를 받기 위해서 또는 강압을 못 이기고 폭력 집단에 가입한다. 이처럼 폭력 집단이 난무할 가능성이 크고, 사회로부터 소외된, 사회 경제적 지위가 낮은 주변 환경에서 자라면 젊은 사람, 특히 젊은 남성의 사회적 발달에 파괴적인 영향을 끼칠 수 있다.

청소년 범죄의 원인이 되는 가족 요인으로는 어떤 것이 있을까?

부적절하거나 학대적인 양육 방법, 우울증과 같은 부모의 심리 상태, 형제자매의 반사회적 행동이 모두 아이의 반사회적 행동을 초래할 위험성을 높인다.

성별은 반사회적 특성에 어떤 역할을 할까?

범죄 통계에 관한 한 가지 분명한 사실은 범죄자 가운데 남자의 수가 압도적으로 많다는 것이다. 2001년에 캐시 위돔과 마이클 맥스필즈가 실시한 연구에 따르면, 667명의 젊은이들로 구성된 표본 가운데 범죄로 체포된 남성 대 여성의 비율이 2.5대 1로 나타났다. 폭력 범죄의 경우 남성 대 여성의 비율은 6.7대 1로 증가했다.

또한 여성의 반사회적 행동은 외상, 학대와 큰 관련이 있는 것으로 나타났다. 위돔과 맥스필즈의 연구를 예로 들면 학대받은 여성이 폭력 범죄를 저지를 가능성은 학대받

10대 폭력 집단은 용납되는 행동이 명확히 규정된 짜임새 있는 구조를 갖춘 사회 집단인 경우가 많다. 폭력 집단 구성원의 행동을 이해하려고 노력할 때는 폭력배 개개인의 심리에 초점을 맞추기보다는 폭력 집단이 난무할 수 있는 사회적 환경을 고려하는 것이 더 도움이 될지도 모른다. 다시 말해 폭력 집단 속에서 폭력적으로 행동할 수밖에 없는 사회적 환경 때문에 폭력적으로 변할 가능성이 크다는 것이다.(iStock)

지 않은 여성보다 227퍼센트 높은 반면, 학대받지 않은 남성에 비해 학대받은 남성이 폭력 범죄를 저지를 가능성은 17퍼센트 더 높았다. 이런 성별의 차이가 문화적 영향인지 아니면 생물학적 영향인지는 정확히 알 수가 없다. 역사적으로 여러 문화에서 남성 범죄자의 수가 월등히 많다는 것은 테스토스테론과 같은 남성 호르몬이 연관된 생물학적 요인이 작용할 가능성이 높다는 것을 나타낸다.

아동 학대가 반사회적 특성의 원인이 될까?

어린 시절 학대를 받으면 청소년과 성인이 되었을 때 범죄 활동에 가담할 가능성이 커진다는 근거가 있다. 2001년도 연구에서 캐시 위돔과 마이클 맥스필즈는 1575명의 체포 기록을 살펴보았다. 1575명의 표본 가운데 908명은 아동 학대를 받거나 방치된 경험이 있었고, 학대받은 적이 없는 667명은 나이, 성별, 민족, 가족의 사회 경제적 지위 면에서 학대받은 집단에 상응하는 피험자들로 선별되었다. 모든 학대 사례는 아이가 11세 이하였던 1967년과 1971년 사이에 벌어졌다. 1994년까지 학대받거나 방치된 집단의 27.4퍼센트가 청소년 범죄로 체포된 반면 학대받지 않은 집단은 17.2퍼센트만 청소년 범죄로 체포되었다. 뿐만 아니라 학대/방치된 집단의 41.6퍼센트가 어른이 되었을 때 범죄 행위로 체포된 반면, 학대받지 않은 집단의 경우 32.5퍼센트만 성인이 되어 범죄 행각을 벌이다 체포된 경험이 있었다. 강력 범죄를 저질러 체포된 비율은 학대/방치 집단의 경우 18.1퍼센트, 학대받지 않은 집단의 경우에는 13.9퍼센트였다. 따라서 학대받은 아이들이 그렇지 않은 아이들보다 청소년 범죄를 저질러 체포될 경우는 60퍼센트 더 높은 것으로 나타났고 성인 범죄를 저질러 체포될 경우는 30퍼센트 더 높은 것으로 나타났다.

학대받은 아이들은 모두 반사회적 특성을 갖게 될까?

학대 아동의 대다수는 반사회적 특성을 갖지 않는다. 일부 추정에 따르면, 학대받은 아동의 3분의 1이 심각한 심리적 손상을 입지 않은 채 자라난다고 한다. 하지만 아이가 반사회적 특성을 갖게 될 위험은 학대가 심할수록, 그리고 가난, 낮은 교육 수준 등 기타 요인이 존재할수록 높아진다.

청소년 범죄를 일으킬 위험성을 높이는 심리적 특성에는 어떤 것이 있을까?

나중에 자라서 범죄 행동을 저지를 위험성을 높이는 심리적 특성은 다양하다. 인지 능력과 언어 능력의 부족, 문제점 많고 짜증을 잘 내는 기질, 자기 제어와 자기 조절 능력 부족, 낮은 자존감, 사회적 대인 관계 기술의 부족이 모두 범죄 행위를 저지를 위험성을 높인다.

청소년 범죄를 저지를 가능성에 기여하는 생물학적 요소는 무엇일까?

영양 부족, 건강 관리 결여, 태아 때 마약에 노출되는 경우, 수면 부족 등은 모두 정상적인 뇌의 성장을 방해하고, 사회적 인지 발달을 방해한다. 또한 무모하고 제어하지 못하는 행동과 관련된 여러 가지 유전자도 있다. 주의력 결핍 장애, 여러 가지 학습 장애와 같이 생물학적 기반을 가진 정신 상태도 행동 제어를 방해하여 범죄 행동을 일으킬 위험성을 높인다.

사이코패스 범죄자의 신경생물학에 대해 알려진 것은 무엇일까?

사이코패스들은 감정 자극에 대한 반응이 낮은 것으로 나타났다. 다시 말해 감정을 담당하는 뇌 부위가 건전한 사람들과 심지어 사이코패스가 아닌 재소자들의 뇌 부위만큼 감정 자극에 강하게 반응하지 않는다. 사이코패스가 감정 정보를 처리하는 데 어려움을 느낀다는 문헌도 많다. 사이코패스가 아닌 범죄자들과 비교했을 때 사이코패스는 목소리 톤, 얼굴 표정, 말하는 문장을 통해 타인의 감정을 파악하는 능력이 떨어진다. 뿐만 아니라 슬픔에 둔감하다. 또한 인지 테스트를 실시하는 동안 좌뇌와 우뇌가 제대로 협조하지 않으며 특히 좌뇌가 일반 사람들만큼 활동적이지 않다. 이는 우뇌의 감정 처리가 좌뇌의 언어 처리와 조화를 이루지 못한다는 것을 뜻한다. 감정을 이해하기 힘든 이런 어려움은 사이코패스의 특성인 공감의 결여와 연관된다.

반사회적 특성의 신경생물학에 관해 알려진 것은?

반사회적 특성의 신경생물학에 관해서는 알려진 바가 많다. 그러나 충동과 관련된 신경생물학적 특성과 사이코패스와 관련된 신경생물학적 특성은 다를 수 있으므로 두 가지를 구분하는 것이 중요하다. 대단히 충동적이고 폭력을 많이 보이는 사람들은 안와 전두 영역의 활동이 일반 사람들보다 덜 활발하다. 전두엽에 속하는 이 부분은 안와 바로 위에 위치하는데 행동 제어와 관련이 있다. 일부 연구원들은 안와 전두엽이 행동 계획과 벌 받은 기억을 연결한다고 주장한다. 다시 말해서 '내가 이 사람을 때리면 나도 맞을 거야'와 같은 추측을 할 수 있다는 것이다. 안와 전두엽이 손상되면 처벌에 대한 두려움이 크지 않아 충동적이고 무모한 행동을 막을 수가 없다.

또한 충동적 폭력성을 보일 때 배외측 전두엽의 기능이 감소한다는 증거도 있다. 배

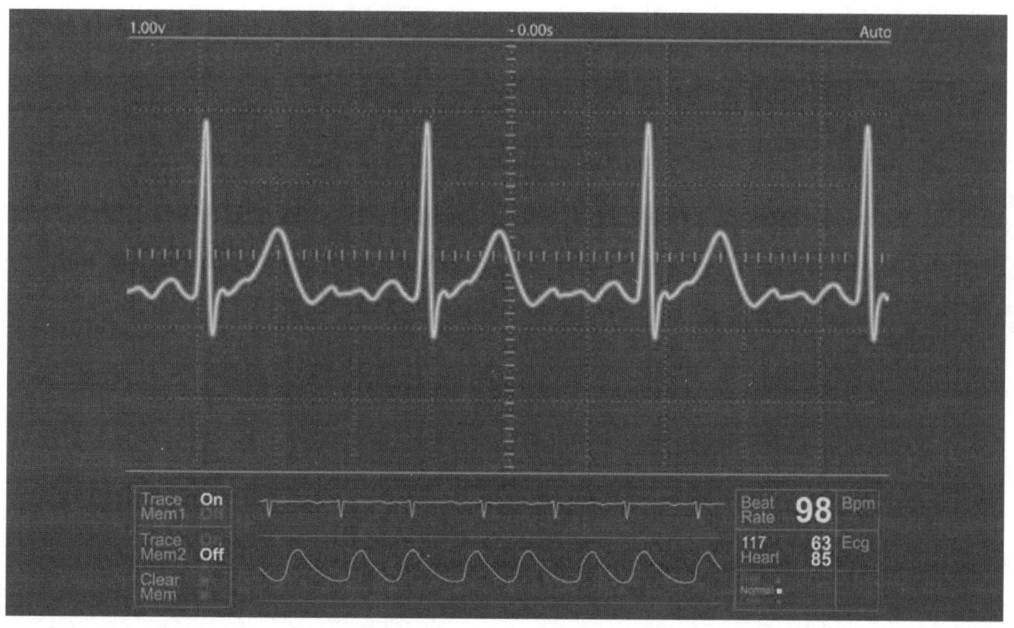

아내와 말다툼을 벌일 때 심박이 줄어드는 폭력적인 남성은 공격적-사디스트적 경향이 높은 것으로 나타났다.(iStock)

외측 전두엽은 복잡한 추상적 사고와 관련 있는데 이 능력은 충동적으로 폭력을 저지르는 사람들에게 주로 손상된 것으로 나타난다. 충동적인 사람들은 세로토닌 체계도 비정상적일 수 있다. 세로토닌 신경 전달 물질 또한 행동 제어와 관련 있는 것으로 보인다. 지나치게 활동적인 세로토닌 체계를 가진 사람들은 행동을 매우 제어하는 반면, 세로토닌 체계의 활동이 부족한 사람들은 대단히 충동적이다.

심박을 통해 사이코패스에 대해서 알 수 있는 것은 무엇인가?

화가 났을 때의 심박을 측정하면 충동적-공격적인 사람과 사이코패스를 구분할 수 있을지도 모른다. 존 고트먼과 동료들이 1995년에 행한 연구에서 그들은 61명의 아내 구타자들을 아내와 언쟁을 벌일 때의 심박 수에 따라 두 집단으로 나누었다. 언쟁이 벌어지는 동안 심박 수가 느려지는 집단과 빨라지는 집단으로 말이다. 다시 말해 첫 번째 집단은 언쟁을 벌이는 동안 심박 수가 더 빨라지는 것이 아니라 오히려 더 느려진다는 것이다.

그러나 두 번째 집단과 비교했을 때 첫 번째 집단은 언쟁을 벌이는 동안 언어폭력과 분노를 더 많이 표출했으며, 이 집단에 속한 사람들의 아내는 더 많은 슬픔과 공포를 느끼는 것으로 나타났다. 또한 첫 번째 집단에 속한 사람들은 가족 외의 사람들에게도 폭력을 행사한 내력이 있으며 어린 시절 가정 폭력을 목격한 경험이 있는 것으로 나타났다. 그들은 공격적-사디스트적 성격 장애와 반사회적 성격 장애 테스트에서 심박 수가 빨라지는 남성에 비해 높은 점수를 기록했다. 요약하면 심박 수가 낮아지는 아내 구타자들이 전형적인 사이코패스에 더 가까운 반면 심박 수가 빨라지는 아내 구타자들은 충동적-공격적인 성향이 더 많은 것으로 나타났다.

사이코패스에 관한 생물학적 결과를 어떻게 설명할 수 있을까?

간단히 말해서 사이코패스에 관한 생물학적 연구 결과, 사이코패스들은 지나치게 하나에 집중하고 감정에 무디며 화가 났을 때 더 흥분하는 것이 아니라 덜 흥분하는 것으로 밝혀졌다. 이런 결과를 어떻게 이해해야 할까? 한 가지 가능한 설명은 사이코패스적인 사람들이 더 위협적이고 폭력적인 환경에서 자랐다는 점이다. 때문에 이들은 자신이 원하는 것을 얻고 잔인한 세상에서 살아남기 위해 감정적인 반응을 지나치게 억누르고 자신이 원하는 것에만 집중하는 법을 배웠다. 처음에는 무자비한 세상에서 살기 위한 생존 방식으로 시작된 것이 안타깝게도 영원히 계속되는 것이다.

반사회적 특성은 유전적 근거를 가지고 있을까?

반사회적 특성을 뒷받침하는 유전적 기반이 있다는 근거가 점점 늘고 있다. 2008년에 맷 포먼Mat Forman과 동료들은 1985~1986년 사이에 스웨덴에서 태어난 1480명의 쌍둥이들을 대상으로 청소년 사이코패스 특성 척도Youth psychopathic traits inventory를 실시하는 연구를 진행했다. 일란성 쌍둥이와 이란성 쌍둥이들 사이의 상관관계를 비교한 연구원들은 사이코패스적 특성에 강한 유전적 기반이 있고, 과장/교묘함과 냉담함/무감각 하위 척도보다 충동적/무책임함 하위 척도가 뚜렷하게 나타난다는 결론을 내렸다. 반사회적 행동의 40~50퍼센트가 유전에 의한 것이라고 주장하는 학자들도 있다. 그러나 반사회적 행동의 얼마만큼이 타고난 것이고 얼마만큼이 환경의 영향을 받은 것인지는 확실히 파악하기가 어렵다. 무엇보다 유전 가능성은 환경의 차이보다 유전적 차이만 측정하는 쌍둥이 연구를 통해 판단되기 때문이다. 쌍둥이들의 경우 환경도 매우 유사한 편이다. 따라서 환경적 요인이 과소평가될 수 있다.

반사회적 특성과 연결된 유전자로는 어떤 것이 있을까?

상당한 관심을 받았던 유전자로 모노아민 산화효소AMAOA라는 것이 있다. 모노아민 산화효소는 감정, 행동과 관련된 핵심 신경 전달 물질, 특히 세로토닌, 노르에피네프린, 도파민의 신진대사와 관련된 효소(이 또한 MAOA라고 불린다)의 유전 암호를 지정하는 역할을 한다. 이 유전자의 변종이 MAOA 효소 활동을 줄이는데 반사회적인 사람들에게 더 흔히 발견된다. 그러나 이 유전자는 반사회적 행동보다 충동성의 유전 암호를 지정할 가능성이 크다. G1438A라고 불리는 또 다른 유전자가 세로토닌 체계의 5HT2A 하위 유형과 관련이 있다. G-대립유전자로 알려진 이 유전자의 변종(또는 다형성)은 남자 청소년들이 보이는 규칙 위반 성향의 증가와 관련 있다. 이는 S. 알렉산드라 버트S. Alexandra Burt의 2009년 연구에 의해 증명되었다. A-대립유전자로 알려진 또 다른 변종은 낮은 수준의 규칙 위반 성향과 관련이 있는데, 우연히도 이 유전자를 가진 아이들의 경우 또래들 사이에 인기가 별로 없는 것으로 나타났다. 다시 말해서 G-대립유전자를 가진 남자아이들이 규칙을 더 많이 위반하고 또래들 사이에 인기가 더 많다.

중독과 범죄 사이에는 어떤 관계가 있을까?

마약 중독은 충동성과 강한 상관관계가 있으며, 주로 반사회적 특성을 가진 사람들이 불법 마약을 남용한다. 안타깝게도 마약 남용과 중독으로 인해 반사회적 행동이 늘어나기도 한다. 그 이유를 살펴보면 첫째, 마약 중독은 중독된 사람이 직장을 잃게 함으로써 마약을 구입할 경제적 수단을 없앤다. 이런 상황에서 마약 중독자들은 마약을 구입할 돈을 구하기 위해 범죄를 저지르기도 한다. 가장 흔한 범죄로는 강도, 매춘이 있다. 둘째, 불법 마약의 경우 판단과 충동 조절 기능을 손상시켜 무모한 범죄를 저지를 가능성을 높인다. 실제로 자동차 사고의 55퍼센트, 살인의 50퍼센트가 알코올 중독과 관련 있는 것으로 추정된다. 셋째, 대부분의 서양

마약 산업의 범죄적인 특성 때문에 마약 거래상들 사이의 경쟁이 무시무시한 폭력 사건으로 번지고, 마약과 관련되어 수많은 사람들이 죽는 결과를 초래한다. 범죄를 줄이기 위해 마약을 합법화해야 한다고 주장하는 분석가도 있다. 그에 반해 마약을 합법화하면 마약 중독만 늘어날 뿐이라고 주장하는 분석가도 있다.(iStock)

국가들은 가장 흔하게 남용되는 마약을 불법으로 규정하고 있다. 그러나 불법으로 규정한다 해서 마약에 대한 수요가 없어지는 것은 아니다. 따라서 불법 마약에 대한 암거래가 이루어지고 범죄가 발생한다. 수십 년 전부터 불법 마약 거래에 대한 경쟁이 엄청난 폭력으로 이어지고 있다.

구체적인 범죄 유형

폭력 범죄의 심리에 관해 알려진 것은 무엇인가?

대부분의 폭력 범죄는 충동적 공격성을 수반한다. 따라서 일반적으로 폭력범들이 충동적 공격성과 관련된 특성을 많이 가지고 있다는 사실이 놀랍지 않다. 폭력범들은 대개 젊은 남성인데 일반 대중에 비해 공격성을 잘 조절하지 못하고 IQ와 교육 수준 및 사회 경제적 지위가 낮은 경향이 있다. 그들은 또한 어린 시절 신체적인 학대를 받고 방치되었을 가능성이 높다. 인지적으로 그들은 자신이 저지른 행동의 결과를 미리 추측하는 데 어려움을 느끼며, 소견이 좁고, 융통성 없고, 기본적으로 피해망상적인 생각을 가지고 타인의 의도를 해석하는 경향이 있다. 따라서 모호한 제스처를 위협적이고 적대적으로 해석하여 그 즉시 공격적인 반응을 취한다. 충동적이지 않은 범죄자들은 냉담하고 착취적이며 무감각한 사이코패스의 특성을 가지고 있을 가능성이 크다.

폭력적이지 않은 범죄자들의 심리에 대해 우리는 무엇을 알고 있을까?

도둑이나 마약 복용처럼 비폭력적인 범죄를 저지른 사람들은 분명 폭력범보다 폭력성이 덜하다. 또한 공격성을 조절하는 것도 폭력범만큼 어렵지 않다. 그러나 이런 범죄는 충동성과 연관되어 있고, 대개 비폭력적인 범죄자들의 경우 어린 나이, 낮은 IQ와 교육 수준 등 충동과 관련된 많은 특성을 가지고 있다. 비율적으로 살펴보면 여성의 경우 폭력적인 범죄보다 비폭력적인 범죄를 저지를 가능성이 더 높다.

아동 성추행자에 대해서는 무엇을 알 수 있나?

아동 성폭행의 영향이 대단히 크기 때문에 법정심리학자들은 아동 성추행범을 연구하는 데 상당히 많은 노력을 들인다. 아동 성추행자들은 다른 범죄자에 비해 비교적 나이가 많고 다른 유형의 범죄자만큼 충동적이지 않은 것으로 나타났다. 물론 일부 아동 성추행범의 경우 매우 충동적인 경향을 보이기도 한다. 아동 성추행범들 중에는 자신의 목적을 달성하기 위해 폭력을 가하기도 하지만 대부분의 아동 성추행범들은 먹을 것을 준다거나 교묘히 속이거나 꾀는 방법으로 아동에게 접근한다. 대부분의 아동 성추행자들은 여자아이를 성추행하는 이성애자 남성이지만 남자아이를 성추행하는 남성의 경우 훨씬 더 많은 수의 남자아이들을 희생양으로 삼는데 경우에 따라서는 수백 명에서 수천 명에 이르기도 한다. 그러나 보통은 희생자가 두세 명에 불과하다. 오직 지속적인 소아 성애 경향을 가진 극소수의 사람들만 장기간에 걸쳐 수백 명이나 수천 명의 아동들을 대상으로 성추행을 저지른다.

아동 성추행자에는 어떤 유형이 있을까?

아동 성추행자들을 연구하는 많은 전문가들이 다양한 성추행자 유형에 놀라움을 금치 못한다. 확실한 점은 아동 성추행자가 한 가지 유형이 아니라는 것이다. 로버트 프렌트키Robert Prentky, 레이먼드 나이트Raymond Knight, 오스틴 리Austen Lee는 임상적 경험과 연구 문헌을 근거로 한 2008년 논문에서 아동 성추행자의 유형이 몇 가지로 나뉜다고 주장했다.

그중 가장 중요하게 꼽을 만한 기준은 고정형 아동 성추행자와 회귀형 아동 성추행자의 구분이다. 고정형 아동 성추행자는 사춘기 전의 아동들에게 오랫동안 성적인 매력을 느끼는 사람을 말한다. 그런 사람은 재범률이 높고, 소아 성애적 자극에 성적으로 흥분하며 다른 유형의 아동 성추행자에 비해 피해자의 수가 많다. 회귀형 아동 성추행자는 기본적으로 소아 성애를 가지고 있지 않지만 상황에 따라 아동을 성적 대상으로 삼는다. 그런 사람은 충동 조절 문제가 있거나 사교 기술이 부족하거나 사이코패스적인 경향이 있거나 마약을 남용했을 가능성이 있다. 또 다른 기준은 사회적 능력과 관련이 있다. 일부 아동 성추행자들은 성인과 사귈 만한 사교 기술이 부족하기 때문에 아이들을 상대로 성추행을 저지르기도 한다. 종합해보면 아동 성추행자들은 다음의 네 가지 범주로 구분될 수 있다. 높은 고착형/낮은 사회적 능력 높은 고착형/높은 사회적 능력, 낮은 고착형/낮은 사회적 능력 그리고 낮은 고착형/높은 사회적 능력으로 말이다. 이렇게 분류된 아동 성추행자들은 접촉 정도, 신체적인 상해, 가학 행위에 따라 다시 세분화된다.

동성애적 아동 성추행자는 실제로 동성애자일까?

남자아이들을 상대로 성범죄를 저지르는 남성들은 여자아이들을 상대로 성범죄를 저지르는 남성과 다르다. 그러나 남자아이들을 대상으로 성범죄를 저지른다고 해서 성인 남성에게 성적으로 매료되는 동성애 성인 남성과 공통점이 많지는 않다. 첫째, 동성애적 소아 성애자들의 다수가 여자아이들도 성추행한다. 한 연구에 따르면, 그 수치가 60퍼센트에 달한다고 한다. 둘째, 윌리엄 마셜William Marshall과 동료들이 1988년에 행했던 중요한 연구를 살펴보면 남자아이들을 대상으로 성범죄를 저지르는 사람들의 3분의 2가 성인 남성의 사진보다 성인 여성의 사진을 보고 성적으로 더 흥분하는 것으로 나타났다.

아동 성추행자들은 대부분 어린 시절에 성추행을 당한 경험이 있을까?

아이들을 성추행하는 어른들의 경우 어린 시절 성적 학대를 받았던 경험이 있는 사람들의 비율이 놀라울 정도로 큰 것으로 나타났다. 아동 성추행자들은 성범죄자가 아닌 범죄자들과 심지어 성인을 대상으로 성범죄를 저지른 범죄자보다 어린 시절 성적 학대를 받았을 가능성이 더 크다. 1995년에 크리스토퍼 배글리Christopher Bagley와 동료들이 공동체 기반의, 비법정 표본을 대상으로 실시한 연구에 따르면 어린 시절 여러 차례 성적 접촉이 있었다고 응답한 남성들이 어린 시절 성 학대를 받은 경험이 없다고 응답한 남성들에 비해 40배나 더 아이들과 성적 접촉을 가질 경향이 큰 것으로 나타났다(7.7%대 0.2%).

아동을 대상으로 한 성범죄자와 어른을 대상으로 한 성범죄자는 어떻게 다를까?

리사 코언Lisa Cohen과 동료들은 2007년에 아동을 대상으로 성범죄를 저지른 392명의 범죄자들과, 성인을 상대로 성범죄를 저지른 209명을 비교하는 연구를 실시했다. 아동을 대상으로 성범죄를 저지른 사람의 경우, 나이가 더 많고, 남자아이를 희생양으로 삼거나 남자아이와 여자아이를 모두 범죄 대상으로 삼는 경향이 있으며 무력이나 흉기를 잘 사용하지 않는 경향이 있다. 또한 그들은 침해적인 범행을 저지를 가능성이 적고 피해자를 강간할 가능성이 낮았다. 다시 말해 성인 강간범들과 비교했을 때 아동 성추행자들은 나이가 더 많고 덜 폭력적이며 범죄 대상을 여성으로 제한하는 경우가 덜하다.

아이의 증언에 대해 심리학은 무엇을 말해줄 수 있을까?

때때로 아이가 증인으로 법정에 출석하는 경우가 있다. 아동 성 학대 재판의 경우 특히 그렇다. 그렇다면 아이의 증언은 얼마나 믿을 수 있을까? 연구 결과, 아이들은 특정 사건을 기억해내는 능력이 어른만큼 뛰어난 것으로 나타났다. 그러나 아이들의 기억은 다른 사람의 암시에 매우 취약하다. 다시 말해 아이는 실제로 벌어지지 않은 일을 떠올리도록 유도되기 쉽고 그렇게 떠올린 기억이 정확하다고 판단하기 쉽다. 따라서 아이의 증언에 관한 신뢰성은 질문관의 기법에 따라 크게 달라진다. 유도신문을 하고, 똑같은 질문을 여러 차례 하고, 한 가지 답이 다른 답보다 더 바람직하다는 식으로 질문할 경우 아이로부터 부정확한 증언을 이끌어낼 가능성이 크다. 뿐만 아니라 아이들은 권위적인 성인, 특히 제복을 입은 사람들에게 쉽게 위협을 느끼기 때문에 실제로 자신이 기억하는 것이 아니라 어른이 듣고 싶어 한다고 믿는 것을 말할 수 있다. 아이의 증언이 잘못 이용되었을 때 어떤 일이 벌어지는지를 보여주는 비극적인 사례가 켈리 마이클스Kelly Michaels의 재판이다.

켈리 마이클스 재판이란?

켈리 마이클스는 1980년대에서 1990년대 초에 발생했던, 어린이집에서 벌어진 아동 성추행에 관한 집단 히스테리의 피해자로 전락한 26세의 유아원 근로자다. 1988년 마이클스는 아동 성범죄와 관련된 115건의 범죄로 기소되었는데, 모든 범죄가 그녀가 일한 유아원에서 벌어졌다는 주장이 제기되었다. 3~5세의 아동 20명의 증언을 근거로 그녀는 47년 형을 선고받았다. 아이들의 진술에는 성기에 땅콩 잼을 바르거나 그릇이나 레고블록으로 아이의 성기를 해하는 등 괴이하고 변태적인 성행위가 포함되었다. 아이들의 몸에서 신체적 학대의 근거를 전혀 찾아볼 수 없었다는 점도 결과를 뒤집기에는 역부족이었다.

항소심에서 재판 결과가 번복되기 전까지 마이클스는 구치소에서 5년간 복역했다. 그런데 아이들의 증언 내용을 검토한 결과, 질문 기법이 매우 의심스러웠다. 아이들에게 원하는 답변을 얻기 위해 똑같은 질문을 계속하거나 꼬드기거나 선물을 주는 등의 행위가 벌어진 것이다. 아이들은 사실이 아닌 것을 말하라는 강압이 이루어지고 있다는 사실을 이해하기엔 너무 어렸다. 이런 재판이 벌어진 후 연구원들은 아이들의 증언이 왜곡될 수 있는 여러 가지 방식에 관심을 갖기 시작했다.

화이트칼라 범죄자들은 다른 범죄자와 어떻게 다를까?

화이트칼라 범죄는 다른 범죄에 비해 치밀한 사전 계획, 인지적 정교함, 직업적 성공이 뒷받침되어야 한다. 수십만 달러를 유용한 회계사, 회계원, 투자 은행가들은 수년 동안 자신의 행동을 숨기면서 범죄를 저지른다. 또 애초에 그런 책임 있는 요직에 올랐다는 것은 전형적으로 충동적인 범죄자에게서 찾아볼 수 없는 충동 조절, 계획, 만족 지연 능력을 가지고 있음을 뜻한다. 화이트칼러 범죄자White-collar criminal들은 다른 범죄자에 비해 교육 수준과 사회 경제적 지위가 높은 경향이 있다. 화이트칼러 범죄자들의 다수가 높은 수준의 자기애적 특성을 가지고 있으며, 돈과 돈이 가져다주는 지위에 매력을 느낀다고 추측할 수 있다. 권력에 대한 지나친 탐욕이 다른 사람의 돈을 훔치는 죄책감을 능가하는 것이다. 때문에 그런 사람들은 범법 행동을 억제하지 못한다. 일부 화이트칼러 범죄자들의 경우 반사회적 특성이나 사이코패스 특성을 가지고 있지만 다른 유형의 범죄자들만큼 충동적이지 않을 수 있다.

연쇄살인범의 심리에 관해서는 무엇을 알 수 있을까?

운 좋게도 연쇄살인범은 극소수에 불과하다. 보통 연쇄살인범이 대중의 주목을 받을 땐 언론이 대대적으로 다루는 경향이 있는데 안타깝게도 언론과 대중의 이런 관심이 연쇄살인범의 행동을 오히려 부추길 수 있다.

살인자가 몇 건의 살인을 저질러야 연쇄살인범으로 분류되는지 정확히 판단하기는 힘들다. 적어도 네 번 이상 살인을 저지른 사람을 연쇄살인범으로 분류한다는 정의도 있다. 연쇄살인범들은 혼자서 행동하거나 공범과 함께 범죄를 저지르는 경향이 있으며 보통 낯선 사람을 살해한다. 중요한 점은 연쇄살인범들의 경우 돈, 권력, 정치적인 목적이 아니라 심리적인 만족감을 위해 살인한다는 것이다. 대부분 살해를 통해 성적인 흥분감을 느끼는데 그런 범죄의 경우 의식을 행하는 듯한 행각을 벌이거나 가학 행위를 저지른다.

법정심리학자들은 연쇄살인범이 피해자에 대한 절대 권력 의식에 자극되며 범죄를 상상하고 계획하는 데 많은 시간을 들인다고 말한다. 대부분의 연쇄살인범들이 심각한 정서 장애를 가지고 있으며, 대다수가 충격적이고 고통스러운 어린 시절을 보낸 경험이 있다. 1988년에 실시된 한 연구에 따르면, 69퍼센트의 연쇄살인범이 알코올 중독 집안에서 자랐고 74퍼센트가 어린 시절 정신적인 학대를 받은 것으로 나타났다. 하지만 연쇄살인범들은 그렇게 충동적이지는 않다. 사실 가장 성공한 연쇄살인범들은 범죄를 효과적으로 계획하며 수십 년 동안 잡히지 않은 채 살아간다.

조직적인 연쇄살인범과 조직적이지 않은 연쇄살인범은 어떻게 다를까?

범죄 프로파일러들 사이에는 범죄 현장 증거에 따라 연쇄살인범이 두 가지 부류로 나뉠 수 있다는 이론이 인기를 얻고 있다. 첫 번째 유형은 조직적이고 계획적이며 용의주도한 방식으로 범죄를 저지르는 사람들이다. 이들은 사체를 유기하고 숨기려 하며 증거를 훼손하고 살해 도구를 가져간다. 조직적이지 않은 연쇄살인범은 그렇게 세심하고 조심스럽지 못하다. 그들은 즉흥적인 살해 도구를 이용하고 사체를 가리지 않은 상태로 남겨두며 살해 현장에 옷의 흔적을 남기고 피해자의 물건을 여기저기 흩어진 상태로 내버려둔다. 두 유형의 연쇄살인범은 또한 각기 다른 방식을 이용해 고문, 강간, 살해를 한다고 추정된다.

그런데 놀랍게도 이런 이론을 뒷받침하는 과학적인 근거는 거의 없다. 데이비드 칸터David Canter와 동료들은 2004년에 수백 명의 연쇄살인범들의 기록을 연구하여 조직적·비조직적 분류를 테스트한 결과를 발표했다. 그들은 연쇄살인범들이 대단히 조직적이라는 사실을 발견했다. 연쇄살인범이 수년 동안 체포되지 않은 채 여러 차례 살인 행각을 저지르고 다녔다는 점을 고려하면 이런 결과는 완벽하게 들어맞는다. 비조직적인 특징은 흔치 않지만 거의 모든 피험자들에게 어느 정도 찾아볼 수 있었다. 따라서 데이비드 칸터 등은 연쇄살인범을 분류하는 새로운 방식을 주장하며 다음과 같은 네 가지 새로운 범주로 나누었다.

사체 절단형, 처형형, 성적 통제형 그리고 약탈형. 첫 번째 유형은 피해자를 살해한 후 사체를 절단하는 것이다. 두 번째 유형은 피해자가 쓸모없어질 때 그 즉시 죽이는 것이다. 세 번째 유형은 피해자가 살아 있는 동안 성적으로 고문을 가하며 타인에 대한 완전한 통제 의식을 느끼는 것이다. 네 번째 유형은 피해자가 가진 것을 샅샅이 뒤져 약탈하는 유형이다.

연쇄살인범 제프리 다머와 존 웨인 게이시의 심리에 관해 우리는 무엇을 알 수 있을까?

연쇄살인범들은 언론의 관심을 상당히 받는 경향이 있다. 제프리 다머Jeffrey Dahmer와 존 웨인 게이시John Wayne Gacy는 미국에서 유명한 연쇄살인범이다. 다머는 1990년대 초반에 체포되었고 게이시는 1970년대 말에 체포되었다. 온순한 태도에 겉보기에는 범죄를 저지를 것처럼 생기지 않은 게이시는 최소한 30명의 젊은 남성들을 성폭행하고 살해했다. 흥미로운 점은 화가이기도 했던 게이시가 이상하리만치 순진하고 유치한 자연 풍경과 디즈니의 일곱 난쟁이와 같은 아동 만화를 그렸다는 것이다. 그에게서 보여진 계획되고 조직적인 범죄의 특성과 겉으로는 존경을 받으면서 개인적으로는 살해를 일삼는 사이코패스적 분열은 연쇄살인범의 특성이라 할 수 있다. 반면 다머는 젊은 나이부터 알코올 중독에 걸리고 성범죄를 저지르는 등 정신적인 문제가 있었던 것으로 나타났다. 이 둘은 모두 구치소에서 사망했다.

정신 질환과 법

정신 질환과 범죄 행동 사이에는 어떤 관계가 있을까?

정신 질환과 범죄 행동의 관계는 복잡하다. 정신 질환자를 그렇지 않은 사람과 똑같은 잣대로 심판할 수 있을까? 합리적인 생각을 할 수 없는 사람을, 의식적이고 합리적으로 범죄 행위를 저지르겠다고 결정한 사람과 똑같이 처벌하는 것이 공정할까? 이와는 반대로, 정신 질환이 있다는 이유만으로 범죄 행각에 대한 책임을 면제해줘도 될까? 공정한 대우를 받아야 하는 인권과 반사회적 행동으로부터 사람들을 보호해야 하는 사회적 권리 사이의 균형을 어떻게 잡아야 할까? 사법 체계는 이런 철학적인 문제를 정신적 능력, 과실 여부, 감형 요소라는 개념을 통해 해결한다.

정신 질환과 정신적 능력 사이에는 어떤 관계가 있을까?

정신적 능력에 관한 문제는 정신 질환과 과실 여부의 문제보다 더 자주 등장한다. 사람들에게 정신적 능력이 있다는 것은 자신에게 가장 이로운 일을 할 지적 · 감정적 능력이 있음을 뜻한다. 범죄적인 측면에서 볼 때 이는 재판을 받거나 자기 자신을 변호하는 데 직접 참여하는 것을 의미한다. 시민적인 차원에서는 자신의 재산을 관리하거나 의료 관련 결정을 내리거나 그 밖에 자신의 일을 관리하는 능력을 뜻하는 말이다. 스스로를 보살필 정신적 능력이 떨어지거나 특정한 일을 할 수 없다고 여기는 사람의 경우, 변호사가 정신적 능력이 안 되는 사람을 대신하여 결정을 내리고 그 사람에게 최선의 일을 행할 법적 책임을 진다.

정신 질환과 유죄 여부 사이에는 어떤 관계가 있을까?

누군가 범죄 행동에 책임을 진다는 것, 즉 과실이 성립되기 위해서는 범죄를 저지를 의도가 있어야 한다. 다시 말해 범죄를 저지르겠다는 의도적인 선택을 내려야 한다는 것이다. 의도는 심리적인 상태라 입증하기가 어려우므로 범죄를 저지를 의도가 있었다는 것을 증명하기 위해서는 범인의 정신 상태를 살펴보아야 한다. 정신 질환이나 '미친' 사람의 경우, 심리적으로 범죄 의도를 가질 만한 판단 능력이 없을 수 있다. 그런 사람은 자신이 무슨 일을 저지르는지 알지 못하거나 자기 자신을 제어하지 못한다. 심각한 정신 질환을 앓는 사람을 일반인과 똑같은 기준으로 판단해서는 안 된다는 데 대부분의 사람들이 동의하지만 정신 질환으로 인해 범죄 행동이 정당하게 면제될 때가 언제인지는 정확히 구분하기 어렵다. 정신 질환이 있는 사람에게 과실이 있을 수 있을까? 정신 질환은 어떻게 정의해야 할까?

정신이상에 의한 면책이란 무슨 뜻일까?

정신이상에 의한 면책이란 피고가 정신이상으로 인해 범죄 의도를 가질 수 없기 때문에 자신이 저지른 범죄에 대해 법적 책임을 질 수 없다는 것을 의미하는 합법적인 방어 수단이다. 법에서 말하는 정신이상은 임상적인 의미와는 사뭇 다르다. 미국에서는 정신이상에 관한 합법적인 정의가 주별마다 다르다.

유죄이지만 정신이상이 인정된다는 판결은 무엇일까?

지난 몇십 년간 미국의 몇몇 주는 유죄이지만 정신 질환이 인정된다는 판결을 내렸다. 재판부는 피고가 정신이상으로 인해 범죄에 대한 책임을 면책받는 것은 아니지만 정신 질환이 범죄 행위에 일조했음을 인정해주는 것이다. 유죄이지만 정신이상 판결을 받은 피고는 정신병원에 이송되거나 구치소에 있는 동안 정신과 치료를 받게 된다.

정신이상 면책 방어는 얼마나 성공할까?

설문 조사 결과, 사람들은 정신이상 면책 방어를 교활한 범죄자와 비윤리적인 변호사가 남용하는 전술로 여기는 것으로 나타났다. 그러나 실제로 이용되는 경우는 매우 드물다. 전체 재판의 0.85퍼센트, 즉 1000건의 재판 가운데 한 건에 대해 정신이상 면책 방어가 이루어지고 그중 성공하는 건은 3분의 1도 안 된다.

정신 질환을 가진 사람이 범죄 의도를 가질 만큼 심리적 능력이 되지 않을지도 모르지만 법적으로 정신이상을 증명하기란 쉽지 않다.(iStock)

유나바머는 누구인가?

테드 카진스키Ted Kaczynski는 어렸을 때부터 이상한 아이였다. 태어난 지 6개월 만에 심각한 알레르기 반응을 일으켰고 온몸에 두드러기가 발생했다. 이후 8개월 동안 그는 입원과 퇴원을 반복하면서 어머니로부터 떨어져 지냈다. 퇴원하여 집에 돌아왔을 때 그는 다른 사람들과의 교류에 전혀 반응하지 않았다. 어린 시절 내내 대단히 수줍음을 많이 탔던 그는 사람들과의 접촉을 고통스러우리만치 회피했다. 특히 낯선 사람과 다른 아이들의 경우에는 필사적이었다. 하지만 그는 수학에 뛰어난 재능을 보였고, 오로지 수학 문제를 푸는 데만 집중했다.

한 번도 제대로 된 진단을 받지는 못했으나 이런 모습은 분명 자폐증이나 아스퍼거 증후군에 가깝다. 그의 어머니도 이런 가능성을 생각해보았고 자폐증을 전문으로 다루는 정신분석가인 브루노 베텔하임Bruno Bettelheim에게 보낼 생각도 했었다고 한다.

카진스키는 열여섯 살 때 하버드 대학교에 입학했고 미시건 대학교에서 뛰어난 성적으로 수학과 박사를 취득했다. 그리고 캘리포니아 대학교 버클리 캠퍼스 교수로 발탁되었다. 하지만 안타깝게도 그에게 가르치는 일은 너무나 힘겨운 일이었다. 대인 관계를 관리할 능력이 부족했던 것이다.

그는 버클리를 떠나 동생과 함께 몬태나 숲에 있는 오두막집을 구입했다. 그리고 그곳에 홀로 이주해 어머니와 동생과도 연락을 끊고 대단히 고립적인 생활을 했다.

숲 속에서 살며 전적으로 자급자족할 수 있는 능력을 키운 그는 또한 기술에 반대하는 이념을 갖게 되었다. 그는 점차 기술을 환멸하게 되었고 자연 세상을 파괴하는 인간에 혐오감을 느끼게 되었다. '테크노 산업 시스템'을 파괴할 유일한 방법이 폭력적인 저항밖에 없다고 믿었던 그는 1970년대 말 과학 교수, 엔지니어링 교수, 컴퓨터 상점 주인, 항공 업계 등 기술과 연결된 사람들에 반대하는 폭파 운동을 시작했다. FBI는 그를 유나바머Unabomber, 즉 대학교와 항공사 폭파범이라고 이름 붙였다.

이후 18년간 그가 보낸 16개의 폭탄으로 3명이 죽고 23명이 다쳤다. 1995년, 그는 자신의 반기술 이념을 소개하는 성명서를 발표했다. 성명서를 본 동생 데이비드가 카진스키의 글씨체를 알아보고 FBI에 연락하여 카진스키는 1996년에 체포되었다. 그의 변호사는 정신이상 면책 변호를 펼쳤고 재판부에 의해 선임된 정신과 의사가 그를 피해망상성 정신분열증으로 진단했다.

자신의 정치적인 사명이 정신 나간 사람의 미친 짓으로 치부되기를 원치 않았던 카진스키는 그 진단을 필사적으로 거부했다. 그는 유죄를 인정했고 가석방 없는 무기징역을 선고받았지만 동생이 FBI에 알렸다는 점을 감안하여 사형은 면했다.

카진스키가 미쳤던 것일까? 그가 어느 정도 정신 질환으로 진단될 만한 병을 앓고 있었던 것만은 틀림없는 사실이다. 하지만 그는 자신의 의도를 아주 명확히 알고 있었으며 자신이 저지른 폭력적인 행동의 가치에 대해 논리적으로 주장할 수 있었다. 때문에 정신 질환을 앓았든 앓지 않았든, 범죄 의도를 가지고 있었던 것만큼은 확실하다.

다섯 명의 자녀를 죽인 안드레아 예이츠는 법적으로 정신이상을 주장할 수 있을까?

사람들의 말에 따르면, 안드레아 예이츠Andrea Yates는 헌신적인 아내이자 독실한 기독교 신자였고 다섯 명의 아이를 보살피는 다정한 엄마였다. 하지만 안타깝게도 그녀는 정신적으로 문제가 있었다. 그녀는 정신병과 우울증으로 병원에 입원한 적이 몇 번 있으며, 항우울제와 정신병 치료제를 복용한 내력이 있었다. 또 두 번이나 자살을 시도하기도 했다.

2001년 6월 20일, 예이츠는 자신의 집 욕조에서 다섯 명의 아이를 모두 익사시킨 후 경찰에 전화를 걸어 자신이 저지른 일을 털어놓았다. 예이츠는 사탄이 자신의 몸속으로 들어왔기 때문에 아이들의 몸속에 들어가기 전에 그들을 죽여야 했다고 말했다. 죽으면 아이들은 순수한 상태로 천국에 갈 수 있다는 것이었다. 그렇지 않으면 영원히 지옥에 빠질 것이라고 그녀는 말했다.

변호사는 정신이상에 의한 면책 변호를 했지만 그녀는 2002년에 유죄 판결을 받고 무기징역을 선고받았다. 그러나 2006년에 검찰 측 전문가 증인 가운데 한 명이 위증한 사실이 드러나면서 그녀의 선고가 번복되어 정신이상에 의한 무죄 선고를 받고 주립 병원에 송치되었다.

정상참작 요인이란?

정상참작 요인을 입증하는 데 정신 질환을 나타내는 근거가 효과적으로 이용된다. 이 경우, 피고인은 범죄에 대한 유죄 판결을 받지만 정신 질환 근거를 참작한 선고가 내려진다. 이런 재판은 정신이상에 의한 무죄 변호보다 입증해야 하는 부담감은 훨씬 덜하다.

범죄성에 대한 신경생물학적 연구는 법에 어떤 영향을 줄까?

최근 뇌 영상 기술의 놀라운 발전으로 반사회적 성격 장애와 행동의 신경생물학적 측면에 관한 많은 사실이 밝혀졌다. 예를 들어 폭력적인 흉악범의 경우 전두엽의 기능이 떨어지고, 사이코패스 재소자의 경우 편도체의 반응이 활발하지 않은 것으로 나타났다. 그렇다면 이것이 범죄에 대한 유죄 여부에는 어떤 의미를 띨까? 뇌가 비정상적이라면 폭력범들의 과실이 덜하다고 할 수 있을까? 공감을 처리하는 뇌의 능력이 떨어진다면 사이코패스라도 범죄에 대한 책임이 덜한 것일까?

뇌 기능의 작은 차이가 '감옥에서 벗어날 수 있는 카드'로 쓰여선 안 된다. 대부분의 심리학자들은 사람들이 직접 선택하고 자신의 행동을 조절할 수 있는 한, 책임을 져야 한다는 데 동의한다. 이에 반해 비정상적인 뇌가 정상참작 근거로 이용되는 경우도 있다. 예를 들어 폭력적이지 않은 초범의 경우 최근에 외상을 겪은 근거가 있다면 형량이 줄어들 수 있다. 그러나 신경생물학 연구의 가장 중요한 의미는 향후 벌어질 범죄로부터 사회를 보호하기 위해 반사회적 행동을 치료하고 방지하는 것을 돕는 것이다.

성격 장애와 과실 여부 사이에는 어떤 관계가 있을까?

성격 장애는 당사자가 속한 문화에서 비정상으로 여기며 괴로움과 역기능을 초래하는 지속적인 생각, 감정, 행동, 대인 관계 패턴으로 정의된다. DSM-IV에 각기 다른 11가지 성격 장애가 포함될 정도로 성격 장애는 공식적으로 인정되는 정신 상태다. 성격 장애가 있다고 해서 범죄 행동의 과실이 줄어들까? 일부 성격 장애가 반사회적 행동과 연관되거나, 심지어 반사회적 행동을 보이는 경우 성격 장애가 있는 것으로 여기는 점을 생각하면 이는 특히 중요하게 고민해보아야 할 문제다. 다시 말해서 범죄자를 변호하기 위해 성격 장애 진단을 이용하는 것은 터무니없는 순환적 판단을 낳을 수도 있다. '내가 저지른 범죄 행위에 나는 책임이 없다. 왜냐하면 나는 반사회적 성격 장애를 가지고 있는데, 이는 나의 범죄 행위를 보면 알 수 있다'라는 식으로 말이다.

그러나 성격 장애는 인지적 비정상이 경미하다는 점에서 정신 질환과는 다르다. 동기와 비정상적인 대인 관계가 더 문제 된다. 따라서 성격 장애가 있다고 해서 범죄 의도를 가질 수 없다는 것은 말이 되지 않는다. 성격 장애 진단은 법적인 상황보다는 임상적인 상황에 훨씬 더 적절하게 쓰인다.

용어 정리

가바GABA (감마 아미노낙산)
억제적 신경 전달 물질. 신경 체계를 가라앉힌다. 가바 신경 전달 물질은 신경 안정제 역할을 하기도 하는 항불안제의 표적이 된다.

가설
연구를 실시하기 전에 연구원들이 기대하는 결과에 대한 사전 예측.

가설 연역법 Hypothetico-deductive reasoning
피아제의 형식적 조작기에 발견되는 추론 방식으로, 한 문제에 대해 여러 가지 가능한 가설을 세우고 각각의 가설을 테스트하는 계획을 세우는 것을 뜻한다. 이처럼 가설에서부터 추론하는 형식은 과학적 실험에서 사용되는 추론법과 동일하다.

간헐적 강화
행동에 대한 보상이 간헐적으로 주어지는 강화 계획.

감각
감각은 빛의 패턴, 음파, 촉각적인 자극과 같은 가공되지 않은 감각 자료를 그 즉시 매핑하는 것.

감각운동기Sensory-motor stage
장 피아제의 발달 단계 이론에서 감각운동기는 만 2세까지 해당된다. 이 단계의 아이는 물리적인 접촉, 즉 감각 경험(촉감, 시각)이나 운동 행동(발로 차거나 손으로 잡는 것)을 통해서만 세상을 파악한다.

강박 장애 Obsessive-compulsive disorder
대개 불안감을 증가시키는 반복적이고 무감각하며 침해적인 생각인 강박관념과, 반복적이고 충동적이며 무감각한 행동을 초래하는 강박 행동의 특징을 가진 정신 장애.

강화 수반성 Reinforcement contingency
강화의 빈도와 예측 가능성처럼 조작적 조건형성에서 행동이 강화되는 상태를 뜻한다.

강화Reinforcement
조작적 조건형성에서 행동의 결과로 인해 행동이 반복될 가능성이 높아질 때 그 행동은 강화되었다고 한다.

거울 뉴런 Mirror neuron
타 동물의 움직임과 자기 자신의 유사한 움직임에 모두 반응하는 전운동 피질에서 발견된 뉴런 집단.

게슈탈트 심리 치료 Gestalt psychotherapy
1940년대에 프리츠 펄스가 창시한 심리 치료 학파. 게슈탈트 심리학과 달리 게슈탈트 심리 치료는 막스 베르트하이머의 지각 실험에서 파생되었다.

게슈탈트 심리학 Gestalt psychology
게슈탈트 심리학의 핵심 이론은 마음이 정보를 일관성 있는 전체, 즉 게슈탈트로 적극적으로 구성한다는 것이다. 마음은 수동적으로 감각 자극을 받아들이는 것이 아니라 정보를 적극적으로 구성하는 주체다.

게슈탈트Gestalt
게슈탈트는 지각되는 전체를 가리킨다. 전체는 부분들 사이의 관계에서 비롯된다.

격막Septum
격막은 여러 기능 중 특히 즐거운 경험과 관련된 작은 뇌 부위다.

결정성 지능 Crystallized intelligence

여러 정보, 언어 지식, 사회적 관습에 대한 지식 등 학습된 기술을 가리키는 용어. 유동성 지능과 달리 결정성 지능은 나이 든 후에도 남아 있다.

경계선 성격 장애 Borderline personality disorder

매우 변덕스럽고 광포한 행동을 보이는 성격 장애.

계통발생Phylogeny

계통발생은 어떤 생물의 종이 원시 상태에서 현재까지 발전해온 과정을 뜻한다.

고랑Sulcus

뇌 표면의 접힌 홈을 가리켜 고랑이라고 한다. 고랑은 틈과 같이 생겼다.

고전적 조건형성 Classical conditioning

감정적으로 의미 있는 자극과 행동을 짝지음으로써 행동을 변화시키는 조건형성의 한 형태. 연합 조건형성이라고도 한다.

고정관념

사람들에 대한 고정관념을 가지고 있다는 것은 특정 집단의 일원임을 나타내는 한 가지 특성을 근거로 다른 특성까지 추정하는 것을 뜻한다.

골상학Phrenology

이론심리학계 밖에서 유행했던 운동으로 성격적 특성과 두개골의 모양을 연결시키려 했다.

교락Confound

연구 결과를 방해하여 무효화시키는 외부 변수.

구성주의Constructivism

장 피아제가 지지한 운동으로, 세상의 지식이 주변 환경에 대한 직접적인 경험에서 비롯되어 적극적으로 구성된다는 주의.

구조 모델 Structural model

원초아, 자아, 초자아에 포함된 정신 구조에 대한 프로이트의 이론.

구조주의Structuralism

마음의 요소를 파악하려는 목적으로 빌헬름 분트가 창시한 심리학 학파.

구체적 조작기 Concrete operational stage

장 피아제의 발달 이론 중 이 단계는 만 7~11세에 발생한다. 이 단계가 되면 아이들은 물리적인 세상에 대한 기본 규칙을 습득하고, 공간과 시간의 법칙을 이해한다.

글루타민산Glutamate

뇌의 주요 흥분성 신경 전달 물질. 글루타민산은 신경 체계를 활성화시키고 학습, 기억과 관련이 있는 것으로 보인다.

금단 현상

마약 중독자가 마약을 끊었을 때 발생하는 생리적 증후군. 뇌가 마약이라는 화학 물질에 적응했기 때문에 화학 물질을 제거하면 뇌는 불규칙한 상태에 빠진다.

긍정 심리학 Positive psychology

마틴 셀리그먼이 지지한 행복 연구 분파.

기능주의Functionalism

윌리엄 제임스가 선도한 심리학파로, 마음이 기능하는 방식에 초점을 맞추었다. 기능주의는 빌헬름 분트의 구조주의에 대한 반발로 생겨났다.

기저핵Basal Ganglia

기저핵은 피각putamen, 담창구Globus pallidus, 미상핵Caudate nucleus을 포함하는 뇌 영역 집단으로 행동과 운동 행동에 중점적으로 관여한다.

기질Temperament

학습된 것이 아니라 유전적으로 타고난 성격적 특성.

낯선 상황 Strange situation

영아의 애착 상태를 분류하는 데 이용되는 20분짜리 과정. 생후 12~18개월의 아기와 엄마가 여러 차례 떨어지고 재회하는 상태를 살펴본다.

내적 작동 모델 Internal working model

보호자와의 반복적인 애착 경험에서 비롯된 보호자와 자신의 심상 지도 또는 심리적 각본을 뜻하는 말로, 애착 이론에서 나온 용어다.

내집단In-group

자신이 구성원으로 속한 집단.

내측Medial

내측은 몸의 중심선과 가까운 것을 뜻한다(외측은 몸의 중심에서 먼 것을 뜻한다). 내측은 일반적으로 뇌나 뇌 영역의 안쪽 부분을 가리킬 때 사용된다.

내향성Introversion

융의 이론에서 파생된 인격 특성. 내향적인 사람은 내면, 주관적인 경험에 치중한다.

노인학Gerontology

노화와 노후 생활에 초점을 맞춘 연구 분야.

뇌간Brain stem

가장 오래되고 가장 원시적인 뇌 부위로 호흡, 체온 조절, 수면 주기, 심장 기능 등과 같이 살아가는 데 반드시 필요한 기초적인 생리 작용을 조절한다.

뉴런Neuron

기본적으로 뇌를 구성하는 뇌세포.

대사 증후군

높은 콜레스테롤, 고혈당, 체중 증가와 같은 증상을 보이는 대사 장애로 비전형적 정신병 치료제에 의해 발생하는 부작용이다.

대상 영속성 Object permanence

물체가 물리적으로 보이지 않아도 마음속으로 물체의 이미지를 떠올릴 수 있는 능력을 가리키는 말로 장 피아제가 창시한 용어.

대상 항상성 Object constancy

다른 사람에게 분노를 느낄 때에도 그 사람에 대한 애정을 느낄 수 있는 능력을 나타내는 개념으로 정신분석가인 마거릿 말러가 창시했다.

대상회Cingulate gyrus

대상회는 여러 개의 피질하 영역을 싸고 있는 긴 구조물로 집중, 감정, 의사 결정을 비롯한 인지 기능을 수행한다.

도파민Dopamine

신경 전달 물질의 주요 부류 중 하나. 도파민은 즐거움, 정신병, 신체 운동 조절과 관련이 있다.

동화Assimilation

유기체가 새로운 정보를 기존에 존재하는 아이디어에 맞추는 방식. 장 피아제의 발달 이론에서 사용된 용어.

두정엽Parietal lobe

두정엽은 중심구에서 후두엽과의 경계(두정후두군)까지 피질의 뒤 표면 대부분을 덮는다.

등측Dorsal

상어의 등지느러미처럼 등을 가리키는 라틴어. 일반적으로 뇌나 뇌 영역의 윗부분을 가리킨다.

라마르크 진화 Lamarckian evolution

장 바티스트 라마르크가 주장한 18세기 진화론. 동물의 행동에 대한 반응으로 유전적 변화가 발생한다는 학설이다. 그는 동물이 환경에 적응하면 이런 변화가 어떻게든 동물의 자손에게 전해진다고 주장했다.

로르샤흐 검사 Rorschach inkblot test

흑백이나 컬러로 된 잉크 얼룩 이미지가 담긴 열장의 카드로 구성된 투사적 검사.

리비도Libido

모든 애정과 욕망을 뒷받침하는 기본적인 자극 본능을 나타내는 정신분석 이론 용어.

마술적 사고 Magical thinking
학령기 전 아이들에게 주로 나타나는 추론법으로 인과관계에 관한 잘못된 추론을 수반한다.

마음 이론 Theory of mind
자신이 믿는 대로 세상을 경험한다는 사실을 인정하고 마음의 본질을 이해하는 능력.

망상
고정된 거짓 믿음. 망상은 정신병의 증상으로 간주된다.

무의식
무의식이란 사람이 의식하지 못하는 정신적 내용을 가리키는 것으로 인식에서 벗어난 사고나 느낌을 뜻한다. 정신분석 이론에서 중점적으로 초점을 맞추는 것이 무의식이다.

무조건 자극 Unconditioned stimulus
무조건 자극은 학습되지 않은 자연스러운 반응을 일으키는 자극을 뜻한다.

문측Rostral
머리라는 뜻의 라틴어로, 일반적으로 뇌나 뇌 영역의 앞부분을 가리킨다.

미측Caudal
라틴어로 꼬리를 뜻하는 말로, 일반적으로 뇌나 뇌 영역의 뒷부분을 지칭할 때 사용된다.

반사회적 성격 장애ASPD
냉담하고 착취적인 행동, 공감이나 후회의 부족 등 도덕성이 심각하게 결여된 성격 장애.

방어기제Defense mechanism
우리를 불안하게 만드는 느낌과 생각으로부터 스스로를 보호하기 위해 무의식적으로 정신을 조작하는 것을 가리키는 정신분석 용어.

백질White matter
수초 형성된 축삭은 백색을 띠고 있다. 따라서 이런 섬유질로 구성된 뇌 조직을 백질이라고 부른다.

번식 성공도 Reproductive success
유기체가 성공적으로 다음 세대에 유전자를 물려주는 현상. 유전자 및 유전자와 관련된 특성이 다음 세대에 살아남는다.

번식 적응도 Reproductive fitness
한 세대의 유전자를 다음 세대로 물려주는 능력이 향상되는 정도.

범죄과학Forensic
법률 체계를 가리키는 말이다. 범죄과학에서 다루는 문제로는 법을 위반한 사람의 기소, 법의 적용과 시행 등이 있다.

변수
심리 연구의 기본 단위. 심리학에서 연구하려는 모든 특성이나 행동은 수치로 측정될 수 있도록 변수로 바뀐다. 시간이나 개인에 따라 다른 특성을 연구하기 때문에 변수라는 용어를 사용하는 것이다.

변연계Limbic system
감정의 중심 역할을 하는 뇌 중앙부의 구조물. 변연계로 정의되는 부위는 다양하지만 흔히 편도체, 해마, 격막, 뇌궁, 유두체, 시상의 앞핵, 대상회가 포함된다.

변증법적 행동 치료 Dialectical behavior therapy
경계선 성격 장애를 가진 사람들의 자기 파괴적인 행동을 치료하는 심리 치료의 한 형태.

보상
반복될 가능성을 늘려주는 행동의 긍정적인 결과.

보상 체계 Reward system
욕망의 경험과 밀접한 연관이 있는 도파민 함유 뉴런의 경로를 말한다. 이 다목적 동기 기관은 약물 갈망(코카인, 메스암페타민, 알코올, 담배), 도박, 음식 섭취, 섹스 시 활성화된다.

복측Ventral

몸의 배를 가리키는 라틴어. 뇌나 뇌 영역의 아랫부분을 묘사할 때 이용된다.

부적 강화 Negative reinforcement

어떤 행동의 빈도를 높이기 위해 행동에 따른 부정적인 결과를 제거하는 것을 뜻한다.

분리-개별화 Separation-individuation

아이가 독립적인 자아의식을 갖게 되는 과정을 나타낸 마거릿 말러의 이론.

분석심리학

카를 융이 프로이트의 정신분석학파와 결별한 후 개발한 정신생활 이론.

불안정 애착 Insecure attachment

불안정 애착을 느끼는 아이는 자신의 애착 신호를 봐도 엄마가 감정적으로 반응하지 않을지 모른다는 불안함을 느낀다.

브로드만 영역 Brodman area

1909년, 콜비니언 브로드만Korbinian Brodman이 피질 지도를 개발했다. 그는 뉴런이 구성되는 방식(세포구축학)을 근거로 피질을 52개의 각기 다른 영역으로 나누었다. 인간의 뇌에는 45개의 브로드만 영역만 있다. 나머지 7개는 원숭이 뇌에 있다.

블랙박스 이론 Black box theory

마음이 자극과 반응 사이에 삽입된 불투명한 블랙박스에 불과하다는 행동주의자적 관점.

비전형적 정신병 치료제 Atypical antipsychotics

올란자핀(지프렉사), 리스페리돈(리스페달), 쿠에타핀(세로퀠)과 같은 약품이 포함된 비교적 새로운 부류의 치료제. 2세대 정신병 치료제로 알려져 있다.

사고 장애 Thought disorder

생각의 구성이 망가지는 정신병 증상.

사망학Thanatology

죽음과 죽는 과정에 대한 연구.

사이코패스Psychopathy

냉담하고 표면적이며 얕은 감정, 공감 부족, 책임감 결여, 타인을 해한 데 대한 후회나 죄책감 결여, 타인을 향해 교묘하고 착취적이며 고압적인 행동을 보이는 경향 등의 특성을 가진 성격 유형.

사회생물학Sociobiology

사회생물학 분야는 사회적 행동에 진화론의 원리를 명쾌하게 적용한다.

사회심리학Social psychology

사람들이 사회적 집단에서 행동하는 방식을 연구하는 심리학 분파.

삼위일체 모델 Triune model

폴 맥린은 뇌를 파충류 뇌, 구포유류 뇌, 신포유류 뇌라는 세 영역으로 나누었다. 그는 이 영역들이 진화의 각기 다른 단계를 나타낸다고 믿었다.

상관관계Correlation

두 가지 변수가 함께 증가하거나 감소하는 정도를 나타내는 통계 측정.

상대주의Relativism

지식을 절대적인 것이 아니라 개개인의 관점에 따라 달라지는 것으로 보는 견해.

샤머니즘

샤먼이라 불리는 특별한 사람이 공동체와 영혼들의 세상을 이어준다고 믿는 전통적인 전근대적 사회에서 벌어지던 관행. 영혼의 세상과 잇기 위해 샤먼은 춤, 음악, 정신에 작용하는 식물을 이용해 무아지경과 같은 상태에 빠진다.

선택적 세로토닌 재흡수 억제제SSRI

세로토닌 체계에 작용하는 항우울제.

섬엽Insula

측두엽, 전두엽, 두정엽 사이에 끼여 있는, 피질 내부에 위치한 뇌 부위. 섬엽은 체내로부터 나오는 감각 정보, 특히 불쾌한 음식 맛과 혐오감을 처리한다.

성 선택 Sexual selection

성행위와 관련된 자연선택의 일종. 짝에게 접근할 수 있는 기회를 높여주는 신체적인 특성이나 행동 패턴은 진화적 우성 인자에 해당된다.

성격 장애

DSM-IV는 성격 장애를 "한 개인의 문화에서 기대하는 바와 현저히 다르고, 변하지 않을 정도로 몸에 배어 있으며, 청소년기나 초기 성인기에 시작되어 시간이 지나면서 자리를 잡아 괴로움이나 장애를 유발하는 지속적인 내적 경험과 행동 패턴"이라고 정의한다.

성도착증

비정상적인 성적 욕망과 행동을 나타내는 기술 용어.

세로토닌Serotonin

신경 전달 물질의 주요 부류. 세로토닌은 기분, 충동 제어, 수면, 식욕, 성 기능과 관련 있다.

소거Extinction

행동을 잊어버리는 현상. 자극과 반응(고전적 조건형성의 경우) 또는 행동과 강화(조작적 조건형성의 경우) 사이의 연관이 사라지면 조건 행동은 사라진다.

소뇌Cerebellum

작은 뇌라는 뜻의 라틴어로 피질 뒤편 아래쪽에 위치한 크고 둥글납작한 구조물이다. 소뇌는 운동 협응, 자세, 움직임이 원만하게 이루어지도록 조절하는 역할을 한다.

수상돌기Dendrite

수상돌기는 뇌세포체에서 나무처럼 뻗어나온 것들을 말한다. 수상돌기는 세포의 입력부로 다른 뉴런의 축삭으로부터 나온 전기 정보를 세포체 속으로 운반한다.

수소Myelin

축삭을 감싸고 있는 지방질을 일컬어 수소라고 하는데 축삭을 따라 이동하는 활동 전위율을 높인다.

수압 모델 Hydraulic model

본성, 즉 동기를 유발하는 힘이 액체처럼 흐르는 물질이라고 여겼던 프로이트의 관점. 수압 모델은 프로이트보다 수백 년 전에 생겨난 모델이다.

수초 형성 Myelination

뉴런의 축삭이 수소라고 불리는 지방질 덮개에 의해 싸이는 과정을 뜻한다. 수초는 뉴런을 따라 이동하는 전기 자극의 속도를 높인다.

스키마Schema

흔하게 발생하는 사건의 지도 또는 표상. 스키마는 피아제의 발달 이론과 인지 심리 치료에서 이용된 용어다.

시냅스 틈 Synaptic cleft

시냅스 전 뉴런과 시냅스 후 뉴런 사이의 공간을 가리키는 말이다.

시냅스 형성 Synaptogenesis

뇌에서 형성되는 새로운 시냅스 연결.

시냅스Synapse

한 세포의 수상돌기와 또 다른 세포의 축삭 종말 사이의 접점.

시상하부Hypothalamus

배고픔, 섹스, 갈증과 같은 자극적인 욕구와 관련된 뇌 구조물로, 뇌의 생리적 중심을 조절하는 역할을 한다. 시상하부는 자율신경계의 주요 통제 센터다.

신경 생성 Neurogenesis

뇌 속에 새로운 뉴런이 자라는 것.

신경 전달 물질
뉴런들이 서로 의사소통을 하기 위해 이용하는 화학 물질.

신경경제학Neuroeconomics
돈에 대한 반응과 관련된 뇌 부위에 관한 연구.

신경과학neuroscience
뇌와 뇌 기능에 관한 과학.

신경관Neural tube
배아 세포 초기 판의 바깥층에서 발달되는 기다란 관 모양의 구조물. 신경관은 뇌와 척추로 발달한다.

신뢰도Reliability
테스트의 신뢰도란 주어진 특성을 일관성 있게 측정하는 능력을 말한다.

신피질Neocortex
인간의 뇌의 바깥층을 형성하는 여섯 층의 조직. 피질이라고도 부른다.

심리 사회적 단계 Psychosocial stage
프로이트의 심리 성적 단계를 성적 욕망보다 대인 관계를 강조하는 아동 발달 이론으로 각색해놓은 에릭 에릭슨의 발달 단계.

심리 성적 단계 Psychosexual stage
아동 발달에 관한 프로이트의 이론에서 아이들은 유아기에서 성인기로 성장하면서 다섯 가지 심리 성적 단계를 거친다. 다섯 단계는 구강기, 항문기, 남근기, 잠재기, 생식기로 이루어져 있다.

심리학
마음과 행동에 대한 체계적인 연구.

아스퍼거 증후군 Asperger's Syndrom
자폐증보다는 덜 심각한 자폐증의 변종 장애. 자폐증과 달리 언어 발달 장애가 없고 지능도 손상되지 않은 경우가 많다.

아편제
오피오이드opioids의 식물형이나 합성형. 섭취된 아편제는 인간 뇌의 오피오이드 수용체와 결합한다. 따라서 뇌는 내생(내부적으로 형성된) 오피오이드에 반응하는 것과 같은 방식으로 아편제에 반응하게 된다.

아형 보유 Pedomorphism
성인 동물이 청소년기의 특성을 유지하는 진화적 과정을 가리키는 말.

안드로겐Androgen
남성 성호르몬. 제대로 연구된 안드로겐의 일종으로 테스토스테론이 있다.

안와 전두 피질 Orbital frontal cortex
이 뇌 영역은 눈 바로 위, 전두엽 바로 아래에 위치한다. 안와 전두 피질은 특히 위험하거나 무모한 행동을 억제하는 충동 제어에 중요한 역할을 한다.

안정 애착 Secure attachment
안정적으로 애착된 아이는 자신의 애착 욕구에 엄마가 반응을 보일 것이라고 안정적으로 느낀다.

알츠하이머병
알츠하이머병은 나이가 들면서 신경섬유 매듭이라고 불리는 비정상적인 성장이 일어나고 아밀로이드 플라크Amyloid plaque가 제대로 작동하지 못하도록 뇌의 기능을 파괴하는 뇌 질환이다.

애착 이론 Attachment Theory
본성과, 엄마와 아이 사이의 유대감의 중요성에 대한 과학적 기반의 이론. 영아기 때 보호자와 갖는 관계가 성장 후 성격 발달에 심오한 영향을 끼친다는 정신분석적 관념을 실증적으로 지지하는 초기 운동 가운데 하나.

애착Attachment
아기가 엄마로부터 보호받으려는 생물학적이고 진화적인 적응 욕구.

약물 남용
DSM-IV-TR에 따르면, 약물 남용은 상당히 부정적인 결과에도 불구하고 마음을 바꾸는 화학 물질을 반복적으로 이용하는 것을 뜻한다.

약물내성
약물내성이 생기면 약물에 대해 무감각해지기 때문에 똑같은 효과를 보기 위해서는 약물을 점점 더 많이 섭취해야 한다.

양극성 장애 Bipolar disorder
과거에 조울증이라 불리던 정신 장애로, 적어도 한 번 이상의 조증 일화와 일반적으로 한 번 이상의 주요 우울증 일화가 발생하는 특징을 가지고 있다.

양성 증상 Positive symptom
환청, 망상과 같은 병적 행동이 나타나는 정신 질환 증상.

양적 연구 Quantitative study
양적 연구에서는 행동을 수치로 전환한다.

에스트로겐Estrogen
여성 성호르몬.

역전이Countertransference
심리 치료사가 환자를 향해 느끼는 강렬하고 부적절한 감정을 나타내는 정신분석 용어. 이는 치료사의 감정적 갈등을 나타낼 수도 있고 환자의 무의식적인 감정을 나타낼 수도 있다.

연합 조건형성 Associative Conditioning
고전적 조건형성의 또 다른 명칭. 감정적으로 의미 있는 자극과 행동을 짝지어 행동을 변화시키는 방식.

오이디푸스 콤플렉스
프로이트의 이론에 따르면, 만 4~7세가량의 어린 소년은 오이디푸스 위기를 거쳐 초자아가 형성된다고 한다. 어린 소년은 어머니를 사랑한다. 아버지를 라이벌로 인식한 소년은 아버지를 향해 살인적인 분노를 느끼지만 아버지의 권위를 인정하고 남성의 역할과 동일시함으로써 오이디푸스 콤플렉스가 해소된다.

오피오이드
통증 반응을 줄여주는 역할을 하는 뇌 화학 물질. 오피오이드는 우리 몸이 스스로 만들어내는 자연 진통제다.

옥시토신Oxytocin
인간과 여러 동물들의 다양한 사회적 행동과 연관된 뇌 화학 물질.

외상 후 스트레스 장애PTSD, Post-traumatic stress disorder
심각한 외상을 겪은 후 나타나는 심리 상태. PTSD는 무감각 증상, 침해적 증상, 자율신경 과각성Autonomic hyperarousal의 특징을 가진다.

외집단Out-group
내집단에 속하지 않는 사람들의 집단.

외측Lateral
외측은 몸의 중심선에서 먼 것을 의미하고 내측은 몸의 중심선과 가까운 것을 의미한다. 외측은 일반적으로 뇌나 뇌 영역의 바깥 부분을 가리킬 때 사용된다.

외향성Extroversions
융 이론에서 파생된 성격 특성. 외향적인 사람은 기본적으로 외부 현실, 타인, 물체에 관심을 갖는다. 외향적인 사람은 일반적으로 사교적이며 남과 어울리기를 좋아한다.

요인분석Factor analysis
각기 다른 항목이 모여 별도의 군집을 형성하는 방법을 보여주는 통계 기법.

우생학Eugenics
유전적으로 열등한 사람들의 자녀 출산을 제한하는, 20세기 초에 유행했던 운동.

우울증

지속적으로 슬픈 기분을 느끼는 정신 상태. 대부분의 사람들이 살면서 경미한 우울증을 경험하지만 심각한 우울증의 경우 정신 질환으로 여긴다.

운동 행동 Motor behavior

몸과 몸의 움직임에 의한 신체 행동.

원초아id

글자 그래도 해석하면 '바로 그것'이라는 뜻을 가지고 있다. 프로이트는 원초아를 가리켜 문명이 기능하기 위해 억제되어야 하는, 동물적인 열정을 담고 있는 마음의 일부라고 했다.

원형Archetype

카를 융이 창시한 개념. 원형은 이를테면 엄마 원형, 아이 원형처럼 살아가면서 보편적으로 겪게 되는 상황에 대처하는, 아주 오래된 기본 방식을 나타내는 경험과 행동 패턴을 뜻한다.

위상 모델 Topological model

무의식, 전의식, 의식으로 구성된 마음의 층에 초점을 맞춘 프로이트의 정신생활 이론.

위약Placebo

적극 치료와 구분할 수 없는 비적극 치료. 예를 들어 실제 알약과 똑같이 생긴 설탕 알이 위약이 될 수 있다. 위약 조건은 임상 실험에서 적극 치료와 비교하기 위해 일상적으로 이용된다.

유동성 지능 Fluid intelligence

기억, 처리 속도, 한 번에 처리될 수 있는 정보의 양과 같은 즉각적인 정보 처리 기술. 유동성 지능은 나이 들면서 감소하고 질병과 상처에 민감하다.

음성 증상 Negative symptom

동기, 자발성, 감정 표현의 부족과 같이 건전한 행동이 결여되어 있는 정신 질환 증상. 음성 증상은 일반적으로 정신분열증과 관련이 있다.

이상치Outlier

표본 가운데 다른 가치와 동떨어진 극단적인 값을 갖는 것.

이행 능력

혼자 힘으로 걷고, 뛰고, 움직이는 능력.

인공지능Artificial Intelligence

컴퓨터 기반의 지능 작동 모델.

인본주의 심리 치료 Humanistic psychotherapy

정신분석과 행동주의의 지배에 반대해 생겨난 심리 치료 분파. 인본주의 심리 치료는 정신병과 달리 개인적인 성장에 초점을 맞춘다.

인본주의 심리학 Humanistic psychology

1950년대 시작된 심리학 이론과 관행을 나타내는 것으로 자유의지와 선택의 중요성을 강조했다.

인지

집중, 기억, 구상 등과 같은 생각이나 지능 작용.

인지 심리 치료 Cognitive psychotherapy

적응력 없는 생각에 의해 심리적인 문제가 발생한다고 가정하는 심리 치료의 한 형태. 부정적인 생각은 부정적인 감정을 일으키고, 이는 다시 자기 파괴적인 행동을 일으킨다.

인지과학Cognitive science

진화심리학, 언어학, 전산학, 철학, 신경생물학에서 차용한 비교적 새로운 과학 분야. 인지과학자들은 심리 과정과 뇌의 작용을 복잡한 컴퓨터 프로그램으로 나타내고자 한다.

인지혁명Cognitive revolution

심리학의 블랙박스 모델이 거부되고 인지가 관심 대상으로 부상한 1950년대와 1960년대에 벌어진 이론심리학의 폭발적인 변화.

일반화 가능성 Generalizeability

연구 결과가 표본보다 큰 전체 집단에 적용될 때 그 연구 결과가 일반화될 수 있다고 한다.

자기 보고 설문 Self-report questionnaire

피험자가 일련의 질문에 스스로 대답하여 한 가지 이상의 심리적 특성에 관한 정보를 제공하는 심리 검사의 일종.

자기 숙고 기능 Self-reflective functioning

자신의 정서를 사려 깊고 일관성 있게 살펴보는 능력.

자아Ego

원초아와 초자아 사이를 조절하는 정신 구조물을 가리키는 프로이트의 개념. 자아는 현실 원리에 작동하여 세상이 항상 자신이 바라는 대로 되는 것은 아니라는 사실을 인식한다.

자아실현Self-actualization

에이브러햄 매슬로에 의해 유행하게 된 용어. 어떤 사람의 창의적, 감정적, 지적 잠재력이 완전히 실현되는 완전한 자기표현 상태.

자애성 성격 장애 Narcissistic personality disorder

자존감이 지나치게 높고 관심, 지위, 인정을 지나치게 필요로 하는 특징을 가지는 성격 장애.

자연선택Natural selection

한 세대에서 다음 세대로 전해지는 유전적 기반의 특성에 자연환경이 미치는 영향.

자율신경계

온몸에 퍼져 있는 이 체계는 심혈관, 호흡기, 근육, 위장 체계를 움직여 몸이 행동할 수 있게 한다.

자폐증

어린 시절 진단되는 장애로 사회적 교류, 커뮤니케이션, 관심 분야가 비정상이라는 특징을 가지고 있다.

잠재기Latency period

프로이트가 주장한 만 7~12세 사이에 발생하는 심리 성적 단계로 그전까지 거쳤던 심리 성적 단계의 열정이 가라앉아 겉으로 드러나지 않는 단계를 뜻한다. 그런 열정은 사춘기 때 다시 나타난다.

적자생존

적자생존이란 특정 환경에 가장 잘 적응하는 특성을 제공하는 유전자가 다음 세대로 유전될 가능성이 가장 크다는 것을 의미한다.

전 조작기 Pre-operational stage

장 피아제의 지능 단계 중 두 번째 단계. 만 2~7세 사이에 발생한다. 이 단계에 들어선 아이들은 상징화하는 법을 습득한 상태다. 아이들은 즉각적으로 벌어지지 않는 사건에 대해서도 생각할 수 있다.

전뇌Forebrain

신피질, 변연계 등 진화적으로 가장 새로운 뇌 부위로 발달하는 신경관의 일부분.

전이Transference

환자가 치료사를 향해 느끼는, 어린 시절 감정적 갈등에서 비롯된 강렬하고 부적절한 느낌을 일컫는 정신분석 용어.

전측Anterior

뇌나 뇌 영역의 앞부분을 가리킨다.

전향적 연구 Prospective study

일정 기간 동안 여러 시점에 자료를 수집하는 연구 방식. 이 방식을 이용하면 기억으로 자료가 왜곡될까 봐 우려하는 일 없이, 시간이 지나면서 다양한 특성이 어떻게 발전하는지 살펴볼 수 있다.

전형적 정신병 치료제 Typical antipsychotics

비전형적 정신병 치료제 이전에 나왔던 정신병 약물의 한 부류. 1세대 정신병 치료제로도 알려져 있다.

절정 경험

에이브러햄 맨슬로가 이용한 용어. 모든 것이 연결되어 있고, 모든 부분이 똑같이 중요한, 연합되고 통합된 전체로 세상을 이해하는 완전한 인식과 집중 상태를 뜻한다.

정신 역동 치료 Psychodynamic psychotherapy

정통 정신분석보다 더 유연하고 덜 집중적인 치료 유형으로, 정신분석 학파에서 파생했다.

정신병 Psychosis

다른 사람들이 인지하는 현실을 이해하는 능력이 상실된 정신 상태.

정신분석 이론 Psychoanalytic theory

프로이트가 개척한 분야로, 비정상적 심리 작용에 관한 이론을 나타낸다.

정신분열증 Schizophrenia

망상, 환각과 같은 정신적 증상을 보이는 정신 질환.

정신약리학 Psychopharmacology

기분, 인지, 행동과 같은 심리 작용에 영향을 주는 약물에 대한 연구.

정적 강화 Positive reinforcement

보상이라고도 불린다. 정적 강화는 행동이 반복될 가능성을 높이는 긍정적인 결과를 가리킨다.

조건 자극 Conditioned stimulus

조건 자극은 본래 중성 자극Neutral stimulus이었던 것이 무조건 자극과 짝지으면서 반응을 나타내게 만드는 자극을 말한다.

조건형성 Conditioning

관련된 사건이나 행동의 결과에 따라 행동이 형성되는 학습의 한 형태.

조발성 치매 Dementia praecox

에밀 크레펠린이 창시한 용어로, 이후 정신분열증으로 불린다.

조작

장 피아제의 발달 이론 가운데 마음속으로 물체를 다루는 능력을 가리키는 용어.

조작적 조건형성 Operant conditioning

행동의 결과를 이용해 행동의 반복이 일어날 가능성을 조절하는 조건형성의 한 형태.

조작화

관찰된 특성이나 행동을 과학적 연구 변수로 해석하는 것.

조절 Accommodation

새로운 정보를 받아들임으로써 스키마가 바뀌는 방식을 말한다. 장 피아제의 발달 이론에서 사용된 용어.

조증

기분이 들뜨거나 기쁘거나 화를 잘 내는 특징을 보이는 정신 질환. 조증을 보이는 사람은 평소보다 에너지가 넘쳐 흐르며, 주도적이고 충동적인 행동을 하는 증상을 보인다.

조직심리학 Organizational psychology

직장에서의 사람의 행동을 연구하는 심리학 분파.

종단적 연구 Longitudinal study

오랜 시간, 때에 따라서는 수십 년 동안 행동을 관찰하는 연구.

주요 우울 장애 Major depressive disorder

2주 동안 수면 장애, 식욕 장애, 무가치감, 에너지 상실, 죽음에 대한 생각이 지속되는 심각한 우울증.

죽음 본능

폭력과 공격성을 일으키는 동기를 일컫는 정신분석학적 개념. 타나토스라고도 한다.

중격의지핵 Nucleus accumbens

뇌의 도파민 작동성 보상 체계의 중심 마디.

중뇌Midbrain

중뇌개와 대뇌각으로 발달하는 신경관의 일부다. 대뇌각에는 중요한 신경 전달 물질을 만들어내는 뉴런들이 들어 있는 몇몇 뇌 부위가 포함된다.

중독

약물을 복용하거나 행동을 하지 않으면 못 배기거나 약물이나 행동에 지나치게 의존하는 것.

중앙치Median

표본의 정가운데에 해당되는 수. 이 수보다 큰 수가 절반이고 작은 수가 절반이다.

지각Perception

지각은 감각을 따른다. 가공되지 않은 감각 자료가 뇌에서 좀 더 복잡한 패턴으로 합성되기 때문에 주변에 있는 물체를 인식할 수 있는 것이다.

진단 및 통계 편람DSM, Diagnostic and Statistical Manual

정신 질환을 비롯한 여러 정신 상태를 진단하는 공식 지침. DSM-IV-TR은 2000년에 출간되었다. DSM-V는 2013년에 출간될 예정이다.

진화

동물의 종種이 현재의 형태로 발전해온 방식에 관한 현대적 과학 이론.

진화적 적응도 Evolutionary fitness

한 세대의 유전자를 다음 세대로 물려주는 능력. 유전자 A의 비율이 전 세대보다 현 세대에 더 높다면 유전자 A를 가진 유기체의 진화적 적응도가 입증된 것이다.

집단 무의식 Collective unconscious

융의 집단 무의식은 인간성 전체를 나타내는 진화적 유산을 뜻한다. 집단 무의식은 개인의 삶에 국한되지 않고 특정 개인과 상관없는, 위대한 존재의 진실까지 아우른다.

집행 기능 Executive function

전두엽과 연관된 정신적 능력. 계획, 분석, 대체 행동 고려, 추상화, 변화 등이 포함된다.

처벌

행동에 대한 부정적인 결과를 조성하여 행동이 일어날 가능성을 줄이는 방법.

체감각 띠 Somatosensory strip

촉감을 위한 기본적인 감각 영역을 가리켜 두정엽의 전측 영역에 있는 체감각 띠라고 부른다.

체계적 둔감화 Systematic desensitization

불안 장애 치료에 사용되는 행동 치료 기법. 두려운 물체와 불안감 사이의 연결을 없애기 위해 불안감을 점점 더 야기하는 상황에 환자를 점진적으로 노출시키는 방법이다.

초인지Metacognition

자신과 타인의 사고에 대해 생각하는 능력으로 사고 작용을 나타낸다.

초자아Superego

프로이트의 이론에서 초자아는 도덕성의 원천이다. 초자아는 부모로부터 배우는 규율과 훈육을 내면화함으로써 생겨난다.

최빈치Mode

표본에 가장 많이 나타나는 수치를 뜻한다.

축삭Axon

뉴런(뇌세포)의 출력부로, 한 뉴런에서 다른 뉴런까지 전기 정보를 운반한다.

충동 제어

행동의 부정적인 결과를 고려하여 잠재적으로 파괴적인 행동을 제어하는 능력.

측두엽Temporal lobe

엄지손가락처럼 생긴 피질의 두 부분.

치매

치매는 일반적으로 기억, 공간 기술, 집행 기능(계획, 추상적 사고, 자기 점검 등)과 같은 지능의 상실을 수반한다.

타나토스Thanatos

프로이트가 창시한 죽음 본능을 가리키는 용어. 그는 폭력과 공격성을 일으키는 주요 동기가 이 죽음 본능이라고 믿었다.

타당도Validity

과학적 타당도란 연구의 정확성을 가리킨다. 실험 결과가 실험 주제에 관해 얼마나 정확한 내용을 알려주는가?

통계

두 개 이상 변수(지능, 공격성, 우울한 정도 등과 같은 관심 요소)의 관계를 측정하는 수학 기법.

투사적 검사 Projective test

피험자들에게 그림을 보고 이야기를 만들라는 등의 과제를 완성하게 하여 생각, 느낌, 행동 방식의 특성을 파악하는 심리 테스트의 일종이다. 피험자는 어떤 정보가 드러나는지 인식하지 못한다.

편도체Amygdala

편도체는 중뇌 깊숙이 묻혀 있는 아몬드형의 구조물이다. 편도체는 환경으로부터 전해진 감정적으로 의미 있는 신호에 조기 반응하며 특히 두려움을 유발하는 자극제에 반응한다.

평균Mean

평균을 나타내는 통계적 용어.

표본

연구를 위해 보다 큰 전체 집단에서 선별된 사람들의 집단. 심리학 연구에서는 소규모 표본을 관찰하여 보다 큰 전체 집단에 대한 결론을 도출하려고 한다.

표상Representation

심상 지도, 아이디어, 사건에 대한 개념. 표상은 물체, 일상, 대인 관계를 가리킬 수도 있다.

표준 편차

표준 편차는 개별 점수가 평균 점수와 얼마나 큰 차이가 있는지를 측정한다. 점수들이 모두 평균값 주변에 모여 있는가, 평균에서 벗어나 퍼져 있는가?

피질Cortex

뇌의 외피로 뇌의 위와 옆을 덮고 있는 주름진 표면.

피질하 영역 Subcortical region

피질하 영역은 피질 아래에 위치한 뇌 부위. 피질하 영역에는 뇌의 맨 아래쪽에 있는 소뇌와 뇌간, 뇌의 중간쯤에 위치한 시상과 관련 영역 그리고 시상을 둘러싸고 있는 변연계가 포함된다.

하측Inferior

뇌나 뇌 영역의 아랫부분을 가리키는 용어.

학습 이론

학습이 일어나는 방식에 관한 행동주의자적 관점을 나타내는 것으로, 주어진 자극에 반응하여 새로운 행동을 반복적이고 일관적으로 행할 때 학습이 이루어진다는 이론.

해마Hippocampus

기억과 깊은 관계가 있는 측두엽 내측의 애벌레 모양 구조물.

행동 수정 Behavioral modification

사람들의 행동을 바꾸기 위해 행동 원칙을 적용하는 심리 치료의 한 형태.

행동 심리 치료 Behavioral psychotherapy

고전적 조건형성과 조작적 조건형성을 기반으로 하는 심리 치료의 한 형태.

행동경제학Behavioral economics

경제에 관한 의사 결정 심리에 초점을 맞춘 경제, 심리, 신경과학을 연구하는 복합 학문 분야.

행동주의Behaviorism

관찰 가능한 행동만 타당한 심리학 연구 대상이 된다고 주장하는 심리학파. 행동주의는 대부분 조건형성 과정을 통해 새로운 행동이 학습되는 과정에 초점을 맞춘다.

형식적 조작기 Formal operational stage

장 피아제의 발달 이론에 따르면, 이 단계는 만 12세가량부터 시작되며 실제 사건뿐 아니라 가능하거나 가정적인 사건을 효과적으로 생각하는 능력을 수반한다.

호미니드Hominid

인간과 관련된 종의 집단. 호미니드종으로는 호모 사피엔 사피엔(인간), 호모 사피엔 네안데르탈렌시스(네안데르탈인), 호모 에렉투스, 호모 하빌리스, 오스트랄로피테쿠스 속이 있다.

환각

실제로 있지 않은 무언가를 지각하는 경험.

활동전위Action Potential

뉴런이 발화하면 축삭 길이만큼 전기 충격을 가해 축삭 종말에 이르게 한다. 이 발화를 일컬어 활동전위라고 한다.

회Gyrus

뇌의 접힌 부분 바깥쪽 표면.

회백질Grey matter

수상돌기와 세포체(신경교세포와 모세혈관 포함)를 구성하는 뇌 조직.

횡단적 연구 Cross-sectional study

한 시점의 행동을 평가하는 연구.

효과 법칙 Law of effect

에드워드 손다이크에서 유래된 법칙으로, 행동의 결과에 따라 행동의 반복 여부가 결정된다는 것이다.

후구Olfactory bulb

후각과 관련된 뇌의 영역이다. 인간에게는 변연계와 전두엽 아랫부분 사이에 끼여 있는 조그만 구가 두 개 있다.

후뇌Hindbrain

뇌간과 소뇌로 발달하는 신경관의 일부.

후두엽Occipital lobe

피질 뒤쪽 아래 끝 부분이 후두엽이다.

후측Posterior

뒤쪽에 놓인 뇌 영역.

후향성 연구 Retrospective study

기억이나 과거 행동의 보고를 기반으로 한 데이터를 이용하는 연구.

ECT

전에는 충격 요법이라고 불렸던 전기 충격 요법. 두피에 전극을 부착한 후 뇌에 전기 충격을 가한다. 심각한 우울증에 효과적인 치료법.

fMRI

기능성 자기공명영상. 이 기술로 시간의 흐름에 따른 뇌 활동 사진을 얻는 일이 가능해졌다.

HPA 축HPA axis

HPA 축은 시상하부, 뇌하수체, 부신을 잇는 축이다. 이 세 가지는 신체의 스트레스 반응과 밀접한 관련이 있다.

IQ 테스트

인지 능력 테스트로 일반적인 지능을 가늠하는 IQ 점수, 즉 지능지수를 제공한다.

참고 문헌

Administration on Children, Youth and Families, U.S. Dept of Health and Human Services (2009) *Child Maltreatment 2007*. Washington, DC: U.S. Government Printing Office.

Ainsworth, M.D.S., Blehar, M., Waters, E., and Wall, S. (1978). *Patterns of Attachment*. Hillsdale, NJ: Erlbaum.

Alcoholics Anonymous World Services (2002). *Alcoholics Anonymous: The Story of How Many Thousands of Men and Women have Recovered from Alcoholism*, 4th edition. New York: AAWS.

Alderfer, C.P. (1972). *Existence, Relatedness, and Growth: Human Needs In Organizational Settings*. New York: Free Press.

Allman, J. (2000). *Evolving Brains*. New York: Scientific American Library.

American Psychological Association (1994). APF Gold Medal Award: Bernice L. Neugarten, *American Psychologist, 49*, 553-55.

American Psychiatric Association (2000). *Diagnostic and Statistical Manual of Mental Disorders, Fourth Edition, Text Revision*. Washington, DC: American Psychiatric Press.

Andersen, R.A. (1997). "Multimodal Integration for the Representation of Space in the Posterior Parietal Cortex," *Philosophical Transactions of the Royal Society London*, 352: 1421-28.

Andreiessen, E.J.H, and Drenth, P.J.D. (1998). "Leadership: Theories and Models." In P.J.D. Drenth, H. Thierry, and C.J. de Wolff (Eds.) *Handbook of Work and Organizational Psychology*, 2nd edition. Volume 4: *Organizational Psychology*. East Sussex, UK: Psychology Press, pp. 327-55.

Ariely, D. *Predictable Irrationality: The Hidden Forces that Shape Our Decisions*. New York: Harper Collins.

Armstrong, D., Lawrence, W.G., and Young, R.M. (1997). *Group Relations: An Introduction*. London: Process Press.

Aron, A., Fisher, H.E., and Strong, G. (2006). "Romantic Love." In Anita L. Vangelisti and Daniel Perlman (Eds.). *The Cambridge Handbook of Personal Relationships*. New York, NY: Cambridge University Press, pp. 595-614.

Aronson, V. (2000). *Ann Landers and Abigail Van Buren. Women of Achievement*. Philadelphia: Chelsea House.

Asch, S.E. (1956). "Studies of Independence and Conformity: I. A Minority of One Against a Unanimous Majority." *Psychological Monographs*, 70(a), 1-70.

Ausubel, L. (1999). *Adverse Selection in the Credit Card Market*, Working paper. College Park, MD: Department of Economics, University of Maryland.

Bagley, A.D., Abramowitz, C.S., and Kosson, D.S. (2009). "Vocal Affect Recognition and Psychopathy: Converging Findings across Traditional and Cluster Analytic Approaches to Assessing the Construct." *Journal of Abnormal Psychology, 118* (2), 38-398.

Bagley, C., Wood, M., and Young, L. (1994). "Victim to Abuser: Mental Health and Behavioral Sequels of Child Sexual Abuse in a Community Survey of Young Adult Males." *Child Abuse & Neglect*. 18: 683-69.

Bai, M. (2005). "The Framing Wars." *New York Times*, July 17.

Bailey, J.M., Dunne, M.P., and Martin, N.G. (2000). "Genetic and Environmental Influences on Sexual Orientation and Its Correlates in an Australian Twin Sample." *Journal of Personality and Social Psychology, 78* (3), 524-36.

Bailey, J.M., Gaulin, S., Agyei, Y., and Gladue, B.A. (1994). "Effects of Gender and Sexual Orientation on Evolutionarily Relevant Aspects of Human Mating Psychology." *Journal of Personality and Social Psychology, 66* (6), 1081-93.

Bailey, J.M., and Zucker, K.J. (1995). "Childhood Sex-typed Behavior and Sexual Orientation: A Conceptual Analysis and Quantitative Review," *Developmental Psychology, 31* (1), 43-55.

Barash, D.P. (1982). *Sociobiology and Behavior*, 2nd edition. New York: Elsevier.

Barrett, L., Dunbar, R., and Lycett, J. (2002). *Human Evolutionary Psychology*. Princeton, NJ: Princeton University Press.

Barlett, D.L., and Steele, J.B. (1979/2004). *Howard Hughes: His Life and Madness*. New York: W.W. Norton.

Baron-Cohen, S. (2006). "The Hyper-systemizing, Assortative Mating Theory of Autism." *Progress in Neuro–Psychopharmacology & Biological Psychiatry, 30*, 865-72.

Bartol, C.R., and Bartol, A.M. (Eds.) (2008). *Current Perspective in Forensic Psychology and Criminal Behavior*, 2nd edition. Thousand Oaks, CA: Sage Publications.

Baumeister, R.F. (2000). "Gender Differences in Erotic Plasticity: The Female Sex Drive as Socially Flexible and Responsive." *Psychological Bulletin, 126* (3), 347-74.

Baumrind, D. (1991). "The Influence of Parenting Style on Adolescent Competence and Substance Use." *Journal of Early Adolescence*, 11, 56-95.

Berk, L.E. (2008). *Exploring Lifespan Development*. Boston, MA: Allyn and Bacon.

Berkowitz, L. (1989). "Frustration-aggression Hypothesis: Examination and Reformulation." *Psychology Bulletin, 106*, 59-73.

Blumer, D. (2002). "The Illness of Vincent van Gogh." *American Journal of Psychiatry, 159*, 519-26.

Bordnick, B.S., Thyer, B.A., and Ritchie, B.A. (1994). "Feather Picking Disorder and Trichotillomania:An Avian Model of Human Pathology." *Journal of Behavior Therapy and Experimental Psychiatry*, 25: 189-96.

Bownds, M.D. (1999). *The Biology of the Mind: Origins and Structures of Mind, Brain, and Consciousness*. Bethesda, MD: Fitzgerald Science Press.

Bowlby, J. (1969/1999). *Attachment*, 2nd edition, *Attachment and Loss*, Vol. 1, New York: Basic Books.

Bowlby, J. (1973). "Separation: Anxiety & Anger." In *Attachment and Loss*, Vol. 2 (International Psycho- analytical Library, no. 95). London: Hogarth Press.

Bowlby, J. (1980). "Loss: Sadness & Depression." In *Attachment and Loss*, Vol. 3 (International Psycho- analytical Library, no. 109). London: Hogarth Press.

Brent, J. (2008). *Inside the Stalin Archives New York: Discovering the New Russia*. New York: Atlas & Company Publishers.

Bretherton I (1985). "Attachment Theory: Retrospect and Prospect." In *Monographs of the Society for Research in Child Development*, Vol. 50, no. 1/2, pp. 3-35.

Brickman, P., Coates, D., and Janoff-Bullman, R. (1978). "Lottery Winners and Accident Victims: Is Happiness Relative?" *Journal of Personality and Social Psychology, 36*, 917-27.

Breuer, J., and Freud, S. (1955/1895). *Studies on Hysteria*. New York: Basic Books.

Brewer, M.B., and Campbell, D.T. (1976). *Ethnocentrism and Intergroup Attitudes: East African Evidence*. New York: Sage Publications.

Brodsky, B.S., Mann, J.J., Stanley, B., Tin, A., Oquendo, M., Birmaher, B., Greenhill, L., Kolko, D., Zelazny, J., and Brown, R. (2000). *Group Processes*. 2nd edition. Malden, MA: Blackwell Publishing.

Bruce, C.A. (2007). "Helping Patients, Families, Caregivers, and Physicians, in the Grieving Process." *Journal of the American Osteopathic Association*, 107, 7 supplement, 33-40.

Bucks, B.K., Kennickell, A.B., Mach, T.L, and Moore, K.B. (2009). "Changes in U.S. Family Finances from 2004-2007: Evidence from the Survey of Consumer Finances," *Federal Reserve Bulletin, 95*, A1-A56.

Bureau of Democracy, Human Rights and Labor (2004). *2003 Country Reports on Human Rights Practices*. Washington, DC: U.S. Department of State. (http://www.state.gov/g/drl/rls/hrrpt/2003/index.htm). Accessed 10/17/2009.

Bureau of Justice Statistics (2007). *Criminal Offender Statistics*. Washington, DC: United States Department of Justice. (http://www.ojp.usdoj.gov/bjs/crimoff.htm# women). Accessed 12/1/2009.

Bureau of Justice Statistics (2007). *Intimate Partner Violence in the U.S.: Victim Characteristics*. Washington, DC: nited States Department of Justice. (http://ojp.usdoj.gov/bjs/intimate/victims.htm). Accessed 10/17/2009.

Burke, A.K., Melhem, N.M., and Brent, D. (2008). "Familial Transmission of Suicidal Behavior: Factors Mediating the Relationship between Childhood Abuse and Offspring Suicide Attempts." *Journal of Clinical Psychiatry, 69* (4), 584-96.

Burlingame, G.M., and Barlow, S.H. (1996). "Outcome and Process Differences between Professional and Nonprofessional Therapists in Time-limited Group Psychotherapy." *International Journal of Group Psychotherapy, 46* (4), 455-78.

Burns, D. (2000/1980). *Feeling Good: The New Mood Therapy*. New York: Quill, Harper Collins.

Buss, D.M. (1989). "Sex Differences in Human Mate Preferences: Evolutionary Hypotheses Tested in 37 Cultures." *Behavioral and Brain Sciences*, 1, 12-49.

Campbell, D.P., and Borgen, F.H. (1999). "Holland's Theory and the Development of Interest Inventories." *Journal of Vocational Behavior*, *55*, 86-101.

Canter, D.V., Alison, L.J., Alison, E., and Wentink, N. (2004). "The Organized/ Disorganized Typology of Serial Murder: Myth or Model." Psychology, *Public Policy and Law*, *10*, 293-320.

Center for Disease Control (2006). *National Vital Statistics Report*. 54 (20), 1-7.

Chase, A. (2004). *A Mind for Murder: The Education of the Unabomber and the Origins of Modern Terrorism*. New York: Norton.

Chiacchia, K.B. (2000). "Insanity Defense." In B.B. Stickland (Ed.) *Gale Encyclopedia of Psychology*. Detroit, MI: Gale Group.

Churchland, P.S. (2002). *Brain-Wise: Studies in Neurophilosophy*. Boston, MA: Massachusetts Institute of Technology.

Christensen, A., Jacobson, N.S. (1994). "Who (or What) Can Do Psychotherapy: The Status and Challenge of Nonprofessional Therapies." In *Psychological Science*. *5* (1), 8-14.

Clark, K.B. (1988). *Prejudice and Your Child*. 2nd edition, Middletown, CT: Wesleyan University Press.

Coalson, D., and Raiford, S. (Research Directors) (2008). *Wechsler Adult Intelligence Scale-4th Ed.* (*WAIS-IV*). San Antonio, TX: Pearson.

Cogan, R., Fennell, T. (2007). "Sexuality and the Commission of Physical Violence to Partners and Non-partners by Men and Women." In *Journal of Consulting and Clinical Psychology*, *75* (6), 960-67.

Cloninger, R.C., Svrakic, D.M., and Prsybeck, T.R. (1993). "A Psychobiological Model of Temperament and Character." *Archives of General Psychiatry*, *50*, 975-90.

Cohen, L.J. (2005). "Neurobiology of Antisociality." In C. Stough (Ed.) *Neurobiology of Exceptionality*. New York: Kluwer Academic/Plenum Publishers, pp. 107-124.

Cohen, L.J. (2007). "Psychological Tests in Inpatient Psychiatry." In Lydia S. Boyar (Ed.) *New Psychological Tests and Testing Research*. New York: Nova Science Publishers.

Cohen, L.J., and Galynker, I.G. (2002). "Clinical Features of Pedophilia and Implications for Treatment." *Journal of Psychiatric Practice*, *8* (5), 276-89.

Cohen, L.J., and Galynker, I.G. (2009). "Psychopathology and Personality Traits of Pedophiles: Issues for Diagnosis and Treatment." In *Psychiatric Times*, *26* (6).

Cohen, L.J., and Slade, A. (1999). "The Psychology and Psychopathology of Pregnancy: Reorganization and Transformation." In Zeanah, C. (Ed.) *Handbook of Infant Mental Health*. New York: Guilford Press, pp. 20-36.

Cohen, L.J., Stein, D., Galynker, I.I., and Hollander, E. (1997). "Towards an Integration of Psychological and Biological Models of OCD: Phylogenetic Considerations." *CNS Spectrums*, *2*: 26-44.

Cory, G.A., and Gardner, R. (2002). *The Evolutionary Neuroethology of Paul MacLean: Convergences and Frontiers*. Westport, CT: Praeger Publishers.

Costa, P.T., Jr., and McCrae, R.R. (1992). "Normal Personality Assessment in Clinical Practice: The NEO Personality Inventory." *Psychological Assessment*, *4*, 5-13.

Crain, W.C. (1985). *Theories of Development*. Upper Saddle River, NJ: Prentice-Hall.

Crary, D. (2007). "U.S. Divorce Rate Lowest since 1970." *The Associated Press*. (http://www.Breitbart.com). Accessed May 10, 2010.

Cummings, J.L., and Trimble, M.R. (2002). *Concise Guide to Neuropsychiatry and Behavioral Neurology*. 2nd edition. Washington, DC: American Psychiatric Publishing, Inc.

Dahmer, L. (1994). *A Father's Story*. New York: William Morrow & Co.

Daley , D.C., and Marlatt, G.A. (1997). *Managing Your Drug and Alcohol Problem. Therapist Guide*. San Antonio, TX: The Psychological Corporation.

Damasio, A. (2003). *Looking for Spinoza: Joy, Sorrow, and the Feeling Brain*. New York: Harcourt.

Davidson, R.J., Kabat-Zinn, J., Schumacher, J., Rosenkranz, M., Muller, D., Santorelli, S.F., Urbanowski, F., Harrington, A., Bonus, K., and Sheridan, J.F. (2003). "Alterations in Brain and Immune Function Produced by Mindfulness Meditation." *Psychosomatic Medicine, 65* (4), 564-70.

Davis, K.E., and Roberts, M.K. (1985). "Relationships in the Real World: Descriptive Approaches to Personal Relationships." In K.J. Gergen and K.E. Davis (Eds.). *The Social Construction of the Person*. New York: Springer-Verlag.

DeMartino, B., Kumaran, D., Seymour, B., and Dolan, R.J. (2006). "Frames, Biases and Rational Decision-making in the Human Brain." *Science, 33*, 684-87.

Diamond, L.M. (2003). "What Does Sexual Orientation Orient?: A Biological Model Distinguishing Romantic Love and Sexual Desire." *Psychological Review, 110* (1), 173-192.

Diener, E., Lucas, R.E., and Scollon, C.N. (2005). "Beyond the Hedonic Treadmill: Revising the Adaptation Theory of Well-being." *American Psychologist, 60*, 305-314.

Dodman, N.H., Moon-Fanelli, A., Mertens, P.A., Pflueger, S., and Stein, D.S. (1997). "Veterinary Models of OCD." In E. Hollander, D. Stein, (Eds.) *Obsessive—Compulsive Disorders: Diagnosis, Etiology, Treatment*. New York: Marcel Dekker. pp. 99-145.

Dollard, J., Doob, L.W., Miller, N.E., Mowrer, O.H., and Sears, R.R. (1939). *Frustration and Aggression*. New Haven, CT: Yale University Press.

Dubin, M.W. (2002). *How the Brain Works*. Malden, MA: Blackwell Science, Inc.

Dubovsky, S.L., and Dubovsky, A.N. (2007). *Psychotropic Drug Prescriber's Survival Guide: Ethical Mental Health Treatment in the Age of Big Pharma*. New York: Norton.

Dunne, K. (2004). "Grief and Its Manifestations." *Nursing Standard, 18*, 45-53.

Dutton, D.G. (2007). "The Complexities of Domestic Violence." *American Psychologist, 62* (7), 708-9.

Edwards, A. (1977) *Vivien Leigh: A Biography*. New York: Simon & Schuster.

Emmons, R.A. (1984). "Factor Analysis and Construct Validity of the Narcissistic Personality Inventory." *Journal of Personality Assessment, 48*, 291-300.

Epstein, H. (2009). "Dreams from the Monster Factory: A Tale of Prison, Redemption and One Woman's Fight to Restore Justice to All by Sunny Schwartz, with David Boodell." *New York Review of Books, 66* (10), 30-33.

Erikson, E.H. (1950). *Childhood and Society*. New York: Norton.

Exner, J.E. (1997). *The Rorschach: A Comprehensive System. Vol. 1, Basic Foundations and Principles of Interpretation*. 4th edition. Hoboken, NJ: John Wiley and Sons.

Fallon, J. (2006). "Neuroanatomical Background to Understanding the Brain of the Young Psychopath." (http://law.osu.edu/osjcl/Articles/Volume3_2/Symposium/Fallon-PDF-03-29-06.pdf). Accessed June 1, 2010.

Ferber, R. (2006). *Solve Your Child's Sleep Problems*. New York: Fireside.

Festinger, F.E. (1957). *A Theory of Cognitive Dissonance*. Evanston, IL.: Row, Peterson, & Co.

Fisher, Helen E. (1998). "Lust, Attraction and Attachment in Human Reproduction," *Human Nature, 9* (1), 23-52.

Flores, E., Cicchetti, D., and Rogosch, F.A. (2005). "Predictors of Resilience in Maltreated and Nonmaltreated Latino Children." *Developmental Psychology, 41*, 338-51.

Fonagy, P., and Target, M. (2003). *Psychoanalytic Theories. Perspectives from Developmental Psychopathology* (Whurr Series in Psychoanalysis). New York: Brunner-Routledge.

Forman, M., Lichtenstein, P., Larsson, H., and Andershed, H. (2008). "Genetic Effects Explain the Stability of Psychopathic Personality from Mid- to Late-Adolescence." *Journal of Abnormal Psychology, 117*, 606-17.

Fowler, J.H., and Kam, C.D. (2007). "Beyond the Self: Social Identity, Altruism, and Political Participation." *Journal of Politics, 69*, 813-27.

Fowler, J.H., Baker, L.A., and Dawes, C.T. (2008). "Genetic Variation in Political Participation," *American Political Science Review, 102*, 233-48.

Franzoi, S.L. (2007). *Psychology: A Journey of Discovery*. (3rd ed.) Cincinnati, OH: Atomic Dog Publishing.

Freud, S. (1965/1966). *Introductory Lectures on Psychoanalysis*. New York: Norton.

Gangestad, S.W., Bailey, J.M., and Martin, N.G. (2000). "Taxometric Analyses of Sexual Orientation and Gender Identity." *Journal of Personality and Social Psychology, 78* (6), 1109-21.

Gao, G. (2001). "Intimacy, Passion and Commitment in Chinese and U.S. American Romantic Relationships." *International Journal of Intercultural Relations. 25* (3), 329-42.

Gardner, H. (2000). *Intelligence Reframed: Multiple Intelligences for the 21st Century*. New York: Basic Books.

Gay, P. (1988). *Freud: A Life for Our Time*. New York: W.W. Norton.

Geier, A., Rozin, P., and Doros, G. (2006). "Unit Bias: A New Heuristic that Helps Explain the Effect of Portion Size on Food Intake." *Psychological Science, 17*, 521-27.

Geraerts, E., Schooler, J.W., Merckelbach, H., Hauer, B.J.A., Ambadar, Z., and Jelicic, M. (2007). "The Reality of Recovered Memories: Corroborating Continuous and Discontinuous Memories of Childhood Sexual Abuse." *Psychological Science. 18* (7), 564-68.

Gerber, A.S., Green, D.P., and Larimer, C.W. (2008). "Social Pressure and Voter Turnout: Evidence from a Large-Scale Field Experiment." *American Political Science Review, 102*, 33-48.

Gerner, L. (2006). "Exploring Prenatal Attachment: Factors that Facilitate Paternal Attachment during Pregnancy." *Dissertation Abstracts International: Section B: The Sciences and Engineering, 66(7–B)*, 3934.

Gibbs, N. (2009). "What Women Want Now: A Time Special Report." *Time*, October 26, 2009, 25-29.

Giedd, J.N., Blumenthal, J., Jeffries, N.O., et al. (1999). "Brain Development during Childhood and Adolescence: A Longitudinal MRI Study." *Nature Neuroscience, 2* (10): 861-63.

Gillespie, J.F. (1999). "The Why, What, How, and When of Effective Faculty Use of Institutional Review Boards." In G.D. Chastain and R.E. Landrum (Eds.). *Protecting Human Subjects: Departmental Subject Pools and Institutional Review Boards*. Washington, DC: American Psychological Association, pp. 157-77.

Ginsburg, H., Opper, S. (1979). *Piaget's Theory of Intellectual Development*, 2nd edition. Englewood Cliffs, NJ: Prentice Hall.

Glad, B. (2002). "Why Tyrants Go Too Far: Malignant Narcissism and Absolute Power." *Political Psychology, 23* (1).

Goldberg, E. (2001). *The Executive Brain: Frontal Lobes and the Civilized Mind*. New York: Oxford University Press.

Goldstein, R. (2006) *Betraying Spinoza: The Renegade Jew Who Gave Us Modernity*. New York: Shocken Books.

Goleman, D. (1997). *Emotional Intelligence: Why It Can Matter More than IQ*. New York: Bantam.

Gottman, J.M. (1993). "A Theory of Marital Dissolution and Stability." *Journal of Family Psychology, 7* (1), 57-75.

Gottman, J.M., Fainsilber Katz, L., and Hooven, C. (1996). "Parental Meta-emotional Philosophy and the Emotional Life of Families: Theoretical Models and Preliminary Data." *Journal of Family Psychology, 10* (3), 243-68.

Gottman, J.M., Jacobson, N.S., Rushe, R.H., Shortt, J.W., Babcock, J., La Taillade, J.J., and Waltz, J. (1995). "The Relationship between Heart Rate Reactivity, Emotionally Aggressive Behavior, and General Violence in Batterers." *Journal of Family Psychology, 9* (3), 227-48.

Gould, R. (1980). "Transformational Tasks in Adulthood." In S.J. Greenspan and G.H. Pollock (Eds.). *The Course of Life: Psychoanalytic Contributions toward Understanding Personality Development*. Vol. III: *Adulthood and the Aging Process*. Bethesda, MD: National Institute of Mental Health.

Gould, S.J. (1985). *Ontogeny and Phylogeny*. Cambridge, MA: Belknap Press.

Gould, S.J. (1996). *The Mismeasure of Man*. New York: W.W. Norton.

Graham, J., Haidt, J., and Nosek, B.A. (2009), "Liberals and Conservatives Rely on Different Sets of Moral Foundations." *Journal of Personality and Social Psychology, 96* (5), 1029-46.

Green, E.G.T. (2005). "Individualism in Cross-Cultural Psychology: Separating Self-Reliance and Success Orientation / L'individualisme en psychologie interculturelle: Sé paration de l'autosuffisance et de l'orientation vers le succès." *Revue Internationale de Psychologie Sociale. 18* (1-2), 11-34.

Greenberg, J.R., Mitchell, S.A. (1985). *Object Relations in Psychoanalytic Theory*. Cambridge, MA.: Harvard University Press.

Greenberg, M. (2008). "Just Remember This." *New York Review of Books*, December 4, pp. 10-14.

Greene, J. (2007). "Why Are VMPFC Patients More Utilitarian?: A Dual-Process Theory of Moral Judgment Explains." *Trends in Cognitive Sciences, 11* (8), 322-23.

Greene, J.D., Sommerville, R.B., Nystrom, L.E., Darley, J.M., and Cohen, J.D. (2001). "An fMRI Investigation of Emotional Engagement in Moral Judgment." *Science, 293*, 2105-2108.

Gurman, A., and Kniskern, D.P. (1991). *Handbook of Family Therapy*, Volume II. Bristol, PA: Brunner/Mazel.

Gurr, T.R. (1970). *Why Men Rebel*. Princeton, NJ: Princeton University Press.

Hagedoorn, M., Van Yperen, N.W., Coyne, J.C., van Jaarsveld, C.H.M., Ranchor, A.V., van Sonderen, E., and Sanderman, R. (2006). "Does Marriage Protect Older People from Distress?: The Role of Equity and Recency of Bereavement." *Psychology and Aging, 21* (3), 611-20.

Hales, S., Zimmermann, C., and Rodin, G. (2008). "The Quality of Death and Dying." *Archive of Internal Medicine. 168*, 9, 912-18.

Hall, C.S. (1979/1954). *A Primer of Freudian Psychology*. New York: New American Library.

Hare, R.D. (2008). "Psychopathy: A Clinical Construct Whose Time Has Come." *Current Perspective in Forensic Psychology and Criminal Behavior*, 2nd edition. Thousand Oaks, CA: Sage Publications.

Hazan, C., and Diamond, L.M. (2000). "The Place of Attachment in Human Mating." *Review of General Psychology, 4* (2), 186-204.

Hearst, P., with Patricia Campbell Hearst (1982). *Her Own Story* (originally published as *Every Secret Thing*). New York: Avon.

Herdt, G.H. (Ed.) (1998). *Rituals of Manhood: Male Initiation in Papua New Guinea*. Piscataway, NJ: Transaction Publishers.

Herman, J. (1992). *Trauma and Recovery: The Aftermath Of Violence—From Domestic Abuse to Political Terror*. New York: Basic Books.

Herzberg, F., Mausner, B., and Snyderman, B.B. (1959). *The Motivation to Work*. New York: John Wiley.

Hettema, J.M., Neale, M.C., Myers, H.M., Prescott, C.A., and Kendler, K.S. (2006). "A Populationbased Twin Study of the Relationship between Neuroticism and Internalizing Disorders." *American Journal of Psychiatry, 163*, 857-64.

Hill, R.W., and Yousey, G.P. (1998). "Adaptive and Maladaptive Narcissism among University Faculty, Clergy, Politicians, and Librarians." *Current Psychology: Developmental, Learning, Personality, Social, 17*, 163-69.

Hogg, M.A., and Cooper, J. (Eds.) (2007). *The SAGE Handbook of Social Psychology*. London, UK: Sage Publications.

Hoberman, H.M., Lewinsohn, P.M., and Tilson, M. (1988). "Group Treatment of Depression: Individual Predictors of Outcome." *Journal of Consulting and Clinical Psychology, 56*, 3, 393-98.

Horn, J.L., and Cattell, R.B. (1966). "Refinement and Test of the Theory of Fluid and Crystallized General Intelligence." *Journal of Educational Psychology, 57*, 253-70.

Horowitz, J.E. (1985). "Sexual Abuse of Children: A Review of Victim Symptomatology, Offender Behavioral Patterns, and Treatment Methods." *American Mental Health Counselors Association Journal, 7* (4), 172-79.

Hovland, C., and Sears, R.R. (1940). "Minor Studies in Aggression: VI. Correlation of Lynchings with Economic Indices." *Journal of Psychology, 9*, 301-10.

Hulsker, J. (1971). "Vincent's Stay in the Hospitals at Arles and St.-Remy: Unpublished Letters from the Reverend Mr. Salles and Doctor Peyron to Theo van Gogh," *Vincent. 1* (2), 24-44.

Hunt, D.M. (1999). *O.J. Simpson Facts and Fictions*. Cambridge, MA: Cambridge University Press.

Hunt, M. (2007). *The Story of Psychology*. 2nd edition. New York: Anchor Books.

Hyde, J.S. (1990). "Meta-Analysis and the Psychology of Gender Differences." *Signs, 16*, 55-73.

Ickes, D. (2001). "Children of the Matrix: How an Interdimensional Race Has Controlled the World for Thousands of Years-and Still Does." Wildwood, MO: Bridge of Love Publications.

Insel, T.R., and Collins, F.S. (2003). "Psychiatry in the Genomics Era." *American Journal of Psychiatry, 160*, 616-20.

Insel, T.R. (1997). "A Neurobiological Basis of Social Attachment." *Journal of American Psychiatry, 154*, 726-35.

Jacobi, J. (1942/1973). *The Psychology of C.G. Jung*. New Haven, CT: Yale University Press.

Jankowski, R. (2007). "Altruism and the Decision to Vote: Explaining and Testing High Voter Turnout." *Rationality and Society, 19* (1), 5-34.

Jastrzembski, T., and Charness, N. (2007). "What Older Adults Can Teach Us about Designing Better Ballots." *Ergonomics in Design, 15* (44), 6-12.

Jeffery, K.J., and Reid, I.C. (1997). "Modifiable Neuronal Connections: An Overview for Psychiatrists." *Archives of General Psychiatry, 154* (2), 156-64.

Johnson, W., and Krueger, R.F. (2006). "How Money Buys Happiness: Genetic and Environmental Processes Linking Finances and Life Satisfaction." *Journal of Personality and Social Psychology, 90*, 680-691.

Joint Committee on Standards for Educational and Psychological Testing of the American Educational Research Association, the American Psychological Association, and the National Council on Measurement in Education (2004). *Standards for Education and Psychological Testing*. Washington, DC: American Educational Research Association.

Jones, James H. (1997). *Alfred C. Kinsey: A Public/Private Life*. New York: Norton.

Judge, T.A. (2009). "Core Self-Evaluations and Work Success." *Current Directions in Psychological Science, 18* (1), 58-62.

Kaplan and B.J. Saddock (Eds.) *A Comprehensive Textbook of Psychiatry—II*. Volume 1, 2nd edition. Baltimore: Williams & Wilkins Co.

Kaslow, N.J., and Thompson, M.P. (2008). "Associations of Child Maltreatment and Intimate Partner Violence with Psychological Adjustment among Low SES, African American Children." *Child Abuse & Neglect, 32* (9), 888-96.

Kelly, R., Cohen, L.J., Semple, R.J., Bialer, P., Lau, A., Bedenheimer, A., Neustadter, E., Barenboim, A., and Galynker, I.I. (2006). "Relationship between Drug Company Funding and Outcomes of Clinical Psychiatric Research." *Psychological Medicine, 36*, 1-9.

Kemp, S. (1998). "Medieval Theories of Mental Representation." *History of Psychology, 1*, 4, 275-88.

Kendler, K., Aggen, S.H. Czaijkowski, N., R-yhsamb, E., Tambs, K., Torersen, S., Neale, M.C., Reichborn-Kendler, K., Jacobson, K.C., Prescott, C.A., and Neale, M.C. (2003). "Specificity of Genetic and Environmental Risk Factors for Use and Abuse/Dependence of Cannabis, Cocaine, Hallucinogens, Sedatives, Stimulants, and Opiates in Male Twins." *American Journal of Psychiatry, 160* (4), 687-95.

King, D.B., Viney, W., and Woody, W.D. (2008). *A History of Psychology: Ideas and Context*. 4th edition. New York: Pearson Education.

Kjennerud, T. (2008). "The Structure of Genetic and Environmental Risk Factors for DSM-IV Personality Disorders." *Archives of General Psychiatry, 65*, 1438-46.

Klaus, M.H., and Klaus, P.H. (1985). *The Amazing Newborn: Making the Most of the First Weeks of Life*. Reading, MA: Addison-Wesley Publishing Company.

Knutson, B., Scott, R., Wimmer, G.E., Prelec, D., and Loewenstein, G. (2007). "Neural Predictors of Purchases." *Neuron, 53*, 147-56.

Knutson B., Adams C.M., Fong, G.W., and Hommer, D. (2001). "Anticipation of Increasing Monetary Reward Selectively Recruits Nucleus Accumbens." *Journal of Neuroscience, 21*, RC159, 1-5.

Koffka, K. [1924] (1980). *Growth of the Mind*. New Brunswick, NJ: Transaction Books.

Koslow, S.H. (1995). *The Neuroscience of Mental Health II. A Report on Neuroscience Research. Status and Potential for Mental Health and Mental Illness*. Rockville, MD: National Institute of Mental Health.

Lee, J.A. (1977). "A Typology of Styles of Loving." *Personality and Social Psychology Bulletin, 3*, 173-82.

Lehrer, J. (2009). *How We Decide*. New York: Houghton Mifflin Harcourt.

Leiblum, S.R. (Ed.) (2007). *Principles and Practice of Sex Therapy*, 4th edition. New York: The Guilford Press.

Lemonick, M.D., and Park, A. (2001). "The Nun Study: How One Scientist and 678 Sisters Are Helping Unlock the Secrets of Alzheimer's." *Time*. May 14, 2001.

Levinson, D., With Darrow, C.N., Klein, E.B., Levenson, M.H., and McKee, B. (1978). *Seasons of a Man's Life*. New York: Ballantine Books.

Levinson, D. (1987). *Season's of a Woman's Life*. New York: Ballantine Books.

Lewis, M. (1997). "The Self in Self-conscious Emotions." In J.G. Snodgrass and R.L. Thompson (Eds.) "The Self across Psychology: Self-Recognition, Self-Awareness, and the Self Concept." *Annals of the New York Academy of Sciences, 818*, 119-42.

Lezak, M.D., Howieson, D.B., and Loring, D.W. (2004). *Neuropsychological Assessment*. 4th edition. New York: Oxford University Press.

Lieberman, J.A., Stroup, T.S., McEvoy, J.P., Swartz, M.S., Rosenheck, R.A., Perkins D.O., Keefe, R.S.E., Davis, S.M., Davis, C.E., Lebowitz, B.D., Severe, J., and Hsiao, J.K., for the Clinical Antipsychotic Trials of Intervention Effectiveness (CATIE) Investigators (2005). "Effectiveness of Antipsychotic Drugs in Patients with Chronic Schizophrenia." *New England Journal of Medicine, 353*, 1209-23.

Liem, J.H., James, J.B., O'Toole, J.G., and Boudewyn, A.C. (1997). "Assessing Resilience in Adults with Histories of Childhood Sexual Abuse." *American Journal of Orthopsychiatry, 67* (4), 594-606.

Linnoila, M., Virkkunen, M., Scheinen, M., Nuutila, A., Rimon, R., and Goodwin, F. (1983). "Low Cerebrospinal Fluid 5-Hydroxyindoleacetic Acid Concentration Differentiates Impulsive from Nonimpulsive Violent Behavior." *Life Science, 33*, 2609-14.

Loftus, E.F., and Ketcham, K. (1994). *The Myth Of Repressed Memory: False Memories and Allegations of Sexual Abuse*. New York: St. Martin's Press.

London, K. (2008). "Investigative Interviews of Children: A Review of Psychological Research and Implications for Police Practices." In *Current Perspective in Forensic Psychology and Criminal Behavior*, 2nd edition. Thousand Oaks, CA: Sage Publications.

Lopez, M., Kosson, D.S., Weissman, D.H., and Banich, M.T. (2007). "Interhemispheric Integration in Psychopathic Offenders." *Neuropsychology, 21* (1), 82-93.

Lucas, R. (2007). "Long Term Disability Is Associated with Lasting Changes in Subjective Wellbeing: Evidence from Two Nationally Representative Longitudinal Studies." *Personality Processes and Individual Differences, 92* (4), 717-30.

Luntz, F. (2007). *Words that Work: It's Not What You Say, It's What People Hear*. New York: Hyperion.

Luria, A.R. (1966/1980). *Higher Cortical Functions in Man*. 2nd edition. New York: Basic Books & Consultants Bureau Enterprises, Inc.

Lyubomirsky, S., King, L., and Diener, E. (2005). "The Benefits of Frequent Positive Affect: Does Happiness Lead to Success?" *Psychological Bulletin, 131*, 803-55.

Lyubomirsky, S., Sheldon, K.M., and Schkade, D. (2005). "Pursuing Happiness: The Architecture of Sustainable Change." *Review of General Psychology, 9*, 111-31.

Maciejewski, P.K., Zhang, B., Block, S.D., and Progerson, H.G. (2007). "An Empirical Examination of the Stage Theory of Grief." *Journal of the American Medical Association, 297*, 7, pp. 716-23.

MacLean, P.D. (1974). *Triune Conception of the Brain and Behaviour* (The Clarence M. Hincks memorial lectures). Toronto, ON: University of Toronto Press.

MacLean, P. (1982). "On the Origin and Progressive Evolution of the Triune Brain." In *Primate Brain Evolution: Methods and Concepts*. E. Armstrong and D. Falk (Eds.). New York: Plenum 1982, 291-316.

Mahler, M.S., Pine, F., and Bergman, A. (1975). *The Psychological Birth of the Human Infant: Symbiosis and Individuation*. New York: Basic Books.

Maikovich, A.K., Jaffee, S.R., Odgers, C.L., and Gallop, R. (2008). "Effects of Family Violence on Psychopathology Symptoms in Children Previously Exposed to Maltreatment." *Child Development, 79* (5), 1498-1512.

Main, M., Kaplan, N., and Cassidy, J. (1985). "Security in Infancy, Childhood, and Adulthood: A Move to the Level of Representation," *Monographs of the Society for Research in Child Development, 50*, 1/2, pp. 66-104.

Maltby, J., Houran, J., McCutcheon, L.E. (2003). "A Clinical Interpretation of Attitudes and Behaviors Associated with Celebrity Worship." *Journal of Nervous and Mental Disease. 191* (1), 25-29.

Marangell, L.B., and Martinez, J.M. (2006). *Concise Guide to Psychopharmacology*. 2nd edition. Washington, DC: American Psychiatric Publishing.

Markstrom, C.A., and Kalmanir, H.M. (2001). "Linkages between the Psychosocial Stages of Identity and Intimacy and the Ego Strengths of Fidelity and Love." *Identity, 1* (2), 179-96.

Marshall, W.L., Barbaree, H.E., and Butt, J. (1988). "Sexual Offenders against Male Children: Sexual Preferences for Gender, Age of Victim and Type of Behavior." *Behavior Research and Therapy, 26*, 383-91.

Maslow, A.H. (1987). *Motivation and Personality*, 3rd edition. New York: Harper & Row.

Maslow, A.H. (1964/1987). *Religions, Values, and Peak-Experiences*. New York: Penguin Books.

Mayo Clinic Health Solutions (2008). "Alzheimer's Disease: New Research Brings Hope. Special Report," *Mayo Clinic Health Letter*. Supplement. October, 1-8.

McCrae, R.R., and Costa, P.T., Jr. (1996). "Toward a New Generation of Personality Theories: Theoretical Contexts for the Five-Factor Model." In J.S. Wiggins (Ed.). *The Five-Factor Model of Personality: Theoretical Perspectives*. New York: Guilford, pp. 51-87.

McGowan, P.O., Sasak, A., D'Alessio, A.C., Dymov, S., Labont&ecute;, B., Szyf, M., Turecki, G., and Meaney, M.J. (2009). "Epigenetic Regulation of the Glucocorticoid Receptor in Human Brain Associates with Childhood Abuse." *Nature Neuroscience, 12*, 342?48.

McMahon, D. (2006) *Happiness: A History*. New York: Grove Press.

Michaud, S., and Aynesworth, H. (1999). *The Only Living Witness: The True Story of Serial Sex Killer Ted Bundy*. Irving, TX: Authorlink Press.

Miller, G.A. (2003). "The Cognitive Revolution: A Historical Perspective." *Trends in Cognitive Sciences. 7*, 141-44.

Miller, J.M., and Krosnick, J.A. (1998). "The Impact of Candidate Name Order on Election Outcomes." *Public Opinion Quarterly, 62* (3), 291-330.

Miller, W.R., and Rollnick, S. (1991). *Motivational Interviewing: Preparing People for Change*. New York: Guilford.

M.I.N.D. Institute (2002). *Report to the Legislature on the Principal Findings from the Epidemiology of Autism in California: A Comprehensive Pilot Study*. Davis, CA.: University of California, Davis. (http://www.ucdmc.ucdavis.edu/mindinstitute/newsroom/study_final.pdf) Accessed October 17, 2010.

Minuchin, S., and Fishman, H.C. (1981). *Family Therapy Techniques*. Cambridge, MA: Harvard University Press.

Mitrushina, M., Boone, K.B., Razani, J., and D'Elia, L.F. (2005). *Handbook of Normative Data for Neuropsychological Assessment*, 2nd edition. New York: Oxford University Press.

Moffitt, T.E. (2005). "The New Look of Behavioral Genetics in Developmental Psychopathology: Gene-Environment Interplay in Antisocial Behaviors." *Psychological Bulletin, 131* (4), 533-54.

Moffitt, T.E., Gabrielli, S.F., Mednick, S.A., and Schulsinger, F. (1981). "Socioeconomic Status, IQ and Delinquency." *Journal of Abnormal Psychology, 90* (2), 152-56.

Mora, George (1975). "Historical and Theoretical Trends in Psychiatry." In A.M. Freedman, H.I. Muller (2008). "Criminal Profiling: Real Science or Just Wishful Thinking?" *Current Perspective in Forensic Psychology and Criminal Behavior*, 2nd edition. Thousand Oaks, CA: Sage Publications.

Munsey, C. (2008). "Why Do We Vote?" *Monitor on Psychology, 39*, 60-63.

Murray, H.A. (1943). *Thematic Apperception Test Manual*. Cambridge, MA: Harvard University Press.

Myers, Isabel Briggs, McCaulley, Mary H., Quenk, Naomi L., and Hammer, Allen L. (1998). *MBTI Manual (A Guide to the Development and Use of the Myers Briggs Type Indicator)*. 3rd edition. Menlo Park, CA: Consulting Psychologists Press.

Nair, J. (2004). "Knowing Me, Knowing You: Self-Awareness in Asperger's and Autism." In B.D. Beitman and J. Nair (Eds.) *Consulting Psychologists Press Self-Awareness Deficits in Psychiatric Patients: Neurobiology, Assessment, and Treatment*. New York: W.W. Norton.

Nasar, S. (1998). *A Beautiful Mind: The Life of Mathematical Genius and Nobel Laureate John Nash*. New York: Touchstone.

National Institute of Health (2008). "Alcohol's Effects on the Adolescent Brain." *eNotAlone* (http://www.enotalone.com/article/11157.html). Accessed June 1, 2010.

Nussbaum, H. (2005). *Surviving Intimate Terrorism*. Baltimore: PublishAmerica.

O'Leary, S.G., and Slep, A.M.S. (2006). "Precipitants of Partner Aggression." *Journal of Family Psychology, 20* (2), 344-47.

O'Malley, S. (2004). *Are You There Alone?: The Unspeakable Crime of Andrea Yates*. New York: Simon & Schuster.

Ozer, E.J., Best, S.R., Lipsey, T.L., and Weiss, D.S. (2003). "Predictors of Posttraumatic Stress Disorder and Symptoms in Adults: A Meta-Analysis." *Psychological Bulletin, 129*, 52-73.

Panksepp, J. (1998). *Affective Neuroscience: The Foundations of Human and Animal Emotions*. New York: Oxford University Press.

Patterson, C.L., Uhlin, B., and Anderson, T. (2008). "Clients' Pretreatment Counseling Expectations as Predictors of the Working Alliance." *Journal of Consulting Psychology, 55*, 528?34.

Piaget, P. (1951/1962). *Play, Dreams and Imitation in Childhood*. New York: W.W. Norton.

Pickvance, R. (1986). *Van Gogh in Saint-Remy and Auvers*. New York: The Metropolitan Museum of Art.

Pinker, S. (2008). "The Moral Instinct." *New York Times Magazine*, January 13.

Plato (1999). *Phaedrus*. B. Jowett, Trans. Seattle, WA: The World Wide School.

Plassman, H., O'Doherty, J., Shiv, B., and Rangel, A. (2007). "Marketing Actions Can Modulate Neural Representations of Experienced Pleasantness." *Proceedings of the National Academy of Sciences, 105*, 1050-54.

Prelec, D., and Simester, D. (2001). "Always Leave Home Without It." *Marketing Letters, 12*, 5-12.

Prentky, R.A., Knight, R.A., and Lee, A.F.S. (2008). "Child Sexual Molestation: Research Issues." *Current Perspective in Forensic Psychology and Criminal Behavior*, 2nd edition. Thousand Oaks, CA: Sage Publications.

Price, M. (2008). "Building a Better Ballot: Psychologists' Research Seeks to Make Voting Methods More Fair and Accessible." *Monitor on Psychology, 39*, 64-65.

Prochaska, J.O., Norcross, J.C., and DeClemete, C.C. (1994). *Changing for Good*. New York: William Morrow.

Quinones-Jenab, V., Ed. (2001). "The Biological Basis of Cocaine Addiction." *Annals of the New York Academy of Science*, 937.

Rachman, I.M., Unnerstall, J.R., Pfaff, D.W., and Cohen, R.S. (1998). "Estrogen Alters Behavior and Forebrain c-fos Expression in Ovariectomized Rats Subjected to the Forced Swim Test." *Proceedings of the National Academy of Science, 95*, 13941-46.

Raine, A. (2002). "Biosocial Studies of Antisocial and Violent Behavior in Children and Adults: A Review." *Journal of Abnormal Child Psychology, 30* (4), 311-26.

Raskin, R., and Hall, C.S. (1979). "A Narcissistic Personality Inventory." *Psychological Reports, 45*, 590.

Rawson, R.A. (2006). *Methamphetamine: New Knowledge, New Treatments. Clinician's Manual*. Center City, MN: Hazelden Publishing, pp. 1473-81.

Renard, John (2002). *The Handy Religion Answer Book*. Detroit, MI: Visible Ink Press.

Rieger, G., Linsenmeier, J.A.W., Gygax, L., and Bailey, J.M. (2008). "Sexual Orientation and Childhood Gender Nonconformity: Evidence from Home Videos." *Developmental Psychology, 44* (1), 46-58.

Robbins, J. (1998). *Diet for a New America*. Tiburon, CA: H.J. Kramer.

Röhl, J.C.G., Warren, M., and Hunt, D. (1998). *Purple Secret: Genes, "Madness" and the Royal Houses of Europe*. London, England: Bantam Press.

Ronson, Jon (2001). "Beset by Lizards." *Guardian*. (http://www.guardian.co.uk/books/ 2001/mar/17/features.weekend). Accessed July 18, 2009.

Rothbart, M. (1981). "Measurement of Temperament in Infancy." *Child Development. 52*, 569-78.

Russ, E., Shedler, J., Bradley, R., Westen, D. (2008). "Refining the Construct of Narcissistic Personality Disorder: Diagnostic Criteria and Subtypes." *American Journal of Psychiatry, 165*.

Sachs-Ericsson, N., Blazer, D., Plant, E.A., and Arnow, B. (2005). "Childhood Sexual and Physical Abuse and the 1-Year Prevalence of Medical Problems in the National Comorbidity Survey," *Health Psychology, 24*, 32-40.

Sadeh, N., Verona, E. (2008). "Psychopathic Personality Traits Associated with Abnormal Selective Attention and Impaired Cognitive Control." *Neuropsychology, 22* (5), 669-80.

Sadock, B.J., Sadock V.A. (2003). *Kaplan & Sadock's Synopsis of Psychiatry: Behavioral Sciences/ Clinical Psychiatry*, 9th edition. Philadelphia: Lippincott, Williams & Wilkins.

SAMHSA. (2007). *Results from the 2007 National Survey on Drug Use and Health: National Findings*. Rockville, MD: Office of Applied Studies, Substance Abuse and Mental Health Services Administration, United States Department of Health and Human Services.

Sandburg, C. (1954/2002). *Abraham Lincoln: The Prairie Years and the War Years*. Boston, MA: Mariner Books.

Savin-Williams, R.C., and Diamond, L.M. (1997). "Sexual Orientation as a Developmental Context for Lesbians, Gays and Bisexuals: Biological Perspaectives." In N. L. Seqal, G.E. Weisfeld, and C.C. Weisfeld (Eds.), *Uniting Psychology and Biology: Integrative Perspectives on Human Development*. Washington, DC: American Psychological Association Press, pp. 217-38.

Sbarra, D.A., and Emery, R.E. (2005). "Coparenting Conflict, Nonacceptance, and Depression among Divorced Adults: Results from a 12-Year Follow-up Study of Child Custody Mediation Using Multiple Imputation." *American Journal of Orthopsychiatry, 75* (1), 63-75.

Schaie, K.W. (1994). "The Course of Adult Intellectual Development." *American Psychologist, 49*, 304-13.

Seligman, M.E.P. (2005). "The Effectiveness of Psychotherapy: The Consumer Reports Study." *American Psychologist, 50*, 12, 965-74.

Seligman, M.E.P., Rashid, T., and Parks, A.C. (2006). "Positive Psychotherapy." *American Psychologist, 61*, 774-86.

Seligman, M.E.P., Steen, T.A., Park, N., and Peterson, C. (2005). "Positive Psychology Progress." *American Psychologist, 60*, 410-21.

Sell, R.L., Wells, J.A., and Wypij, D. (1995). "The Prevalence of Homosexual Behavior and Attraction in the United States, the United Kingdom and France: Results of National Population?-?based Samples." *Archives of Sexual Behavior, 24*, 235-48.

Sevecke, K., Pukrop, R., Kosson, D.S., and Krisher, M.K. (2009). "Factor Structure of the Hare Psychopathy Checklist: Youth Version in German Female and Male Detainees and Community Adolescents." *Psychological Assessment, 21*, 45-56.

Sherif, M. (1936). *The Psychology of Group Norms*. New York: Harper & Row.

Sherif, M., and Sherif, C.W. (1953). *Groups in Harmony and Tension: An Integration of Studies on Intergroup Relations*. New York: Octagon Books.

Shiv, B., and Fedhorikhin, B. (1999). "Heart and Mind in Conflict: The Interplay of Affect and Cognition in Consumer Decision Making." *Journal of Consumer Research, 26*, 278-92.

Siegel, D.J. (1999). *The Developing Mind: How Relationships and the Brain Interact to Shape Who We Are*. New York: Guilford Press.

Slade, A., Cohen, L.J., Sadler, L.S., and Miller, M.R. (in press). "The Psychology and Psychopathology of Pregnancy: Reorganization and Transformation." In Charles Zeanah (Ed.), *Handbook of Infant Mental Health*, 3rd edition, New York: Guilford Press.

Snook, R., Eastwood, J., Gendreau, P., Goggin, C., and Cullen, R.M. (2008). "Taking Stock of Criminal Profiling: A Narrative Review and Meta-analysis." *Current Perspective in Forensic Psychology and Criminal Behavior*, 2nd edition. Thousand Oaks, CA: Sage Publications.

Snowdon, D. (2001). *Aging with Grace: What the Nun Study Teaches Us about Leading Longer, Healthier, and More Meaningful Lives*. New York: Bantam Books.

Soubrie, P. (1986). "Reconciling the Role of Central Serotonin Neurons in Human and Animal Behavior," *Behavioral and Brain Sciences, 9*, 319-64.

Sowell, E.R., Thompson, P.M., Holmes, C.J., et al. (1999). "In Vivo Evidence for Post-Adolescent Brain Maturation in Frontal and Striatal Regions." *Nature Neuroscience, 2* (10): 859-61.

Spreen, O., and Strauss, E. (1998). *A Compendium of Neuropsychological Tests*, 2nd edition. New York: Oxford University Press.

Stark, E. (2007). *Coercive Control: How Men Entrap Women in Personal Life*. New York: Oxford University Press.

Steadman, H., McGreevy, M.A., Morrisey, J.P, Callahan, L.A., Robbins, P.C., and Cirincione, C. (1993). *Before and After Hinckley: Evaluating Insanity Defense Reform*. New York: Guilford Press.

Stein, D.J., Shoulberg, N., Helton, K., and Hollander, E. (1992). "The Neuroethological Approach to Obsessive-Compulsive Disorder." *Comprehensive Psychiatry, 33*, 274-81.

Stern, D.N. (1985). *The Interpersonal World of the Infant: A View from Psychoanalysis and Developmental Psychology.* New York: Basic Books.

Sternberg, R. (1986). "A Triangular Theory of Love." *Psychological Review, 93* (2), 119-35.

Sternberg, R. (1987). "Liking vs. Loving: A Comparative Evaluation of Theories." *Psychological Bulletin, 102* (3), 331-45.

Sternberg, R., and Gracek, S. (1984). "The Nature of Love." *Journal of Personality and Social Psychology, 4* (2), 312-29.

Stouthamer-Loeber, M., Loeber, R., Wei, E., Farrington, D.P., and Wikstron, P.O.H. (2002). "Risk and Promotive Effects in the Explanation of Persistent Serious Delinquency in Boys." *Journal of Consulting and Clinical Psychology, 70* (1), 111-23.

Storr, A. (1988). *Churchill's Black Dog, Kafka's Mice and Other Phenomena of the Human Mind.* New York: Ballantine Books.

Styron, W. (1992). *Darkness Visible: A Memoir of Madness.* New York: Vintage Books.

Sullivan, T., and Maiken, P.T. (2000). *Killer Clown: The John Wayne Gacy Murders.* New York: Pinnacle.

Swartz, A. (1997). "What Is Mirror Self-recognition in Non-human Primates, and What Is Not?" In J.G. Snodgrass, R.L. Thompson (Eds.). "The Self across Psychology: Self-recognition, Self-awareness, and the Self Concept." *Annals of the New York Academy of Sciences, 818,* 65-71.

Swedo, S.E. (1989). "Rituals and Releasers: An Ethological Model of Obsessive-Compulsive Disorder." In *Obsessive-Compulsive Disorder in Children and Adolescents.* J.L. Rapoport (Ed.). Washington, DC: American Psychiatric Press, 1989.

Task Force for the Handbook of Psychiatric Measures (Eds.) (2000). *Handbook of Psychiatric Measures.* Washington, DC: American Psychiatric Association.

Taylor, S.E., Klein, L.C., Lewis, B.P., Gruenewald, T.L., Gurung, R.A.R., and Updegraff, J.A. (2000). "Biobehavioral Responses to Stress in Females: Tend-and-Befriend, Not Fight-or-Flight." *Psychological Review, 107,* 441-29.

Tennov, D. (1979). *Love and Limerence: The Experience of Being in Love.* New York: Stein and Day.

Thaler, R. (1992). *The Winner's Curse.* Princeton, NJ: Princeton University Press.

Thompson, P.M., Hayashi, K.M., Simon, S.L., Geaga, J.A., Hong, M.S., Sui, Y., Lee, J.Y., Toga, A.W., Ling, W., and London, E.D. (2004). "Structural Abnormalities in the Brains of Subjects Who Use Methamphetamine." *The Journal of Neuroscience, 24,* 6028-36.

Twenge, J., Konrath, S., Foster, J.D., Campbell, W.K., and Bushman, B.J. (2008). "Egos Inflating Over Time: A Cross-temporal Meta-analysis of the Narcissistic Personality Inventory." *Journal of Personality, 76* (4), 875-902.

U.S. Bureau of the Census (2007) Current Population Survey. *Marital Status and Living Arrangements.* (http://www.census.gov/population/www/socdemo/ms-la.html). Accessed June 1, 2010.

U.S. Bureau of the Census, Current Population Reports, P23-180 (1992). *Marriage, Divorce, and Remarriage in the 1990's.* Washington, DC: U.S. Government Printing Office.

Vanneman, R.D., Pettigrew, T.F. (1972). "Race and Relative Deprivation in the Urban United States." *Race, 13,* 461-86.

Van Ijzendoorn, M.H., and Kroonenberg, P.M. (1988). "Cross-cultural Patterns of Attachment: A Meta-analysis of the Strange Situation." *Child Development, 59,* 147-56.

Veen, P., and Korver, T. (1998). "Theories of Organization." In P.J.D. Drenth, H. Thierry, and C.J. de Wolff (Eds.) *Handbook of Work and Organizational Psychology.* Vol. 4: *Organization Psychology,* 2nd edition. East Sussex, UK: Psychology Press, pp. 5-37.

Veenhoven, R., "Average Happiness in 145 Nations 2000-2008, *World Database of Happiness, RankRepport 2009-1a.* (http://www.worlddatabaseofhappiness.eur.nl). Accessed June 1, 2010.

Veenhoven, R. (2005). "Is Life Getting Better?: How Long and Happily Do People Live in Modern Society?" *European Psychologist, 10*(4), 330-43.

Veenhoven, R., and Kalmijn, W. (2005). "Inequality-Adjusted Happiness in Nations: Egalitarianism and Utilitarianism Married in a New Index of Societal Performance." *Journal of Happiness Studies, Special Issue on Inequality of Happiness in Nations, 6,* 421-55.

Veenhoven, R., and Hagerty M. (2006). "Rising Happiness in Nations 1946-2004: A Reply to Easterlin." *Social Indicators Research, 79,* 421-36.

Viamontes, G.I., Beitman, B.D., Viamontes, C.T., and Viamontes, J.A. (2004). "Neural Circuits for Selfawareness: Evolutionary Origins and Implementation in the Human Brain." In B.D. Beitman and J. Nair (Eds.). *Self– Awareness Deficits in Psychiatric Patients: Neurobiology, Assessment, and Treatment*. New York: W.W. Norton.

Vinokur, A., and Bernstein, E., (1974). "Effects of Partially Shared Persuasive Arguments on Groupinduced Shifts: A Group Problem Solving Approach." *Journal of Personality and Social Psychology, 29*, 305-15.

Vitebsky, Piers (1995). *Shamanism*. London, UK: Duncan Baird Publishers.

Vroom, V.H., and Yetton, P.W. (1973). *Leadership and Decision Making*. Pittsburgh, PA: University of Pittsburgh Press.

Walker, L.E. (1979). *The Battered Woman*. New York: Harper & Row.

Watson, J. (1913). "Psychology as the Behaviorist Views It." *Psychological Review, 20*, 158-77.

Weinberg, S.S. (1997). "Joyce Brothers." In P. Hyman and D. D. Moore (Eds.). *Jewish Women in America*. New York: Routledge.

Weinberger, D., Elvevag, B., Giedd, J.N. (2005). *The Adolescent Brain: A Work in Progress*. Washington, DC: The National Campaign to Prevent Teen Pregnancy (http://www.thenationalcampaign.org/resources/pdf/BRAIN.pdf). Accessed June 10, 2010.

Westen, D. (2007). *The Political Brain: The Role of Emotion in Deciding the Fate of the Nation*. New York: Public Affairs.

Whiteside, M.F., and Becker, B.J. (2000). "Parental Factors and the Young Child's Postdivorce Adjustment: A Meta-analysis with Implications for Parenting Arrangements." *Journal of Family Psychology, 14* (1), 5-26.

Widom, C.S., and Maxfield, M.G. (2001). "An Update on the 'Cycle of Violence.'" *National Institute of Justice: Research in Brief*. Washington, DC: Office of Justice Programs, U.S. Department of Justice.

Wilson, T., Lisle, D., Schooler, J., Hodges, S.D., Klaaren, K.J., and LaFleur, S.J. (1993). "Instrospecting about Reasons Can Reduce Post-choice Satisfaction." *Personality and Social Psychology Bulletin, 19*, 331-39.

Wolf, G.K., Reinhard, M. Cozolino, L.J., Caldwell, A., and Asamen, J.D. (2009). "Neuropsychiatric Symptoms of Complex Posttraumatic Stress Disorder: A Preliminary Minnesota Multiphasic Personality Inventory Scale to Identify Adult Survivors of Childhood Abuse." *Psychological Trauma: Theory, Research, Practice and Policy, 1*, 49-64.

Wofford, J.C., and Srinivasan, T.N. (1983). "Experimental Tests of Leader-Environment-Follower Interaction Theory of Leadership." *Organizational Behavior and Human Performance, 32*, 35-54.

Woodworth, M., and Porter, S. (2002). "In Cold Blood: Characteristics of Criminal Homicides as a Function of Psychopathy." *Journal of Abnormal Psychology, 111* (3), 436-45.

Woolsey, T.A., Hanaway, J., and Gado, M.H. (2003). *The Brain Atlas: A Visual Guide to the Human Central Nervous System*, 2nd edition. Hoboken, NJ: John Wiley & Sons.

World Health Organization (2009). *Violence against Women by Intimate Partners*. Geneva, Switzerland: WHO. (http://www.who.int/gender/violence/who_multicountry_study/summary_report/chapter 2/en/index2.html). Accessed 10/17/2009.

Wright, S.C., Aron, A., and Tropp, L.R. (2002). "Including Others (and Their Groups) in the Self: Selfexpansion and Intergroup Relations." In J.P. Forgas and K. Williams (Eds). *The Social Self: Cognitive, Interpersonal and Intergroup Perspectives*. Philadelphia, PA: Psychology Press, pp. 343-63.

Wright, D., and Taylor, D.M. (2003/2009). "The Social Psychology of Cultural Diversity: Social Stereotyping, Prejudice and Discrimination." *The SAGE Handbook of Social Psychology, Concise Student Edition*. M. Hogg and J. Cooper (Eds.) Los Angeles, CA: SAGE Publications, pp. 361-87.

Wyatt, G.E., Guthrie, D., and Notgrass, C.M. (1992). "Differential Effects of Women's Child Sexual Abuse and Subsequent Sexual Revictimization." *Journal of Consulting and Clinical Psychology, 60*, 167-73.

Young, S.M., and Pinsky, D. (2006). "Narcissism and Celebrity." *Journal of Research in Personality, 40* (5), 463-71.

Zweig, J. (2007). *Your Money and Your Brain*. New York: Simon & Schuster.

찾아보기

ㄹ

ㅁ

ㅂ

ㅈ